U0512067

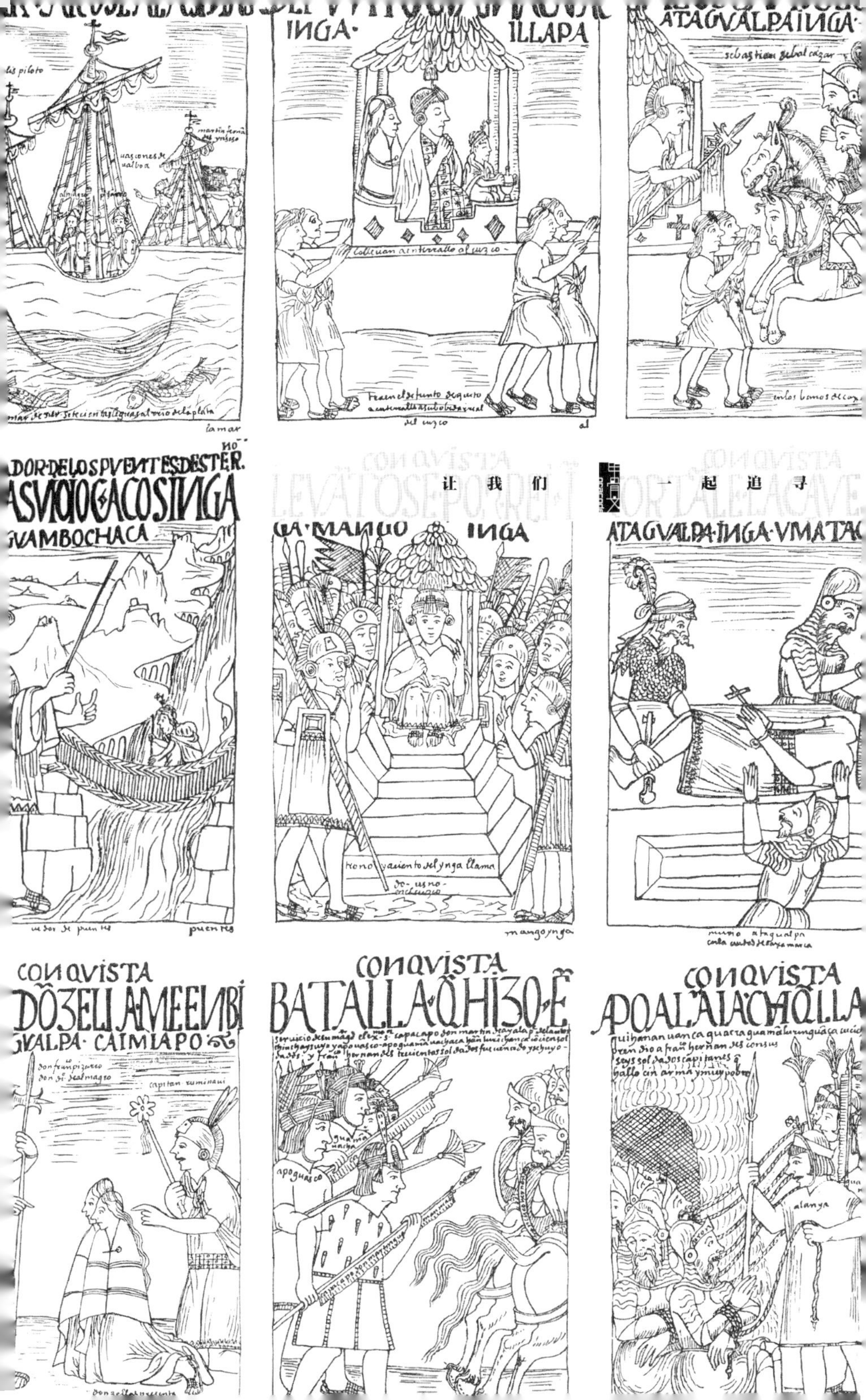

让我们　一起追寻

CONQVISTA
capitan ruminaui

CONQVISTA
BATALLA Q̃ HIZO E
apoguasco

CONQVISTA
alanya

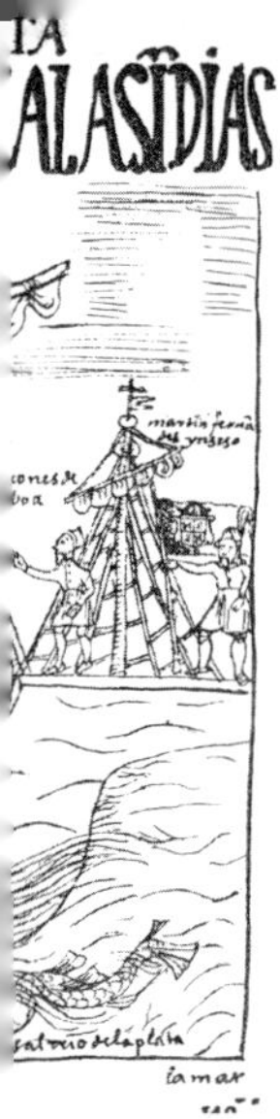

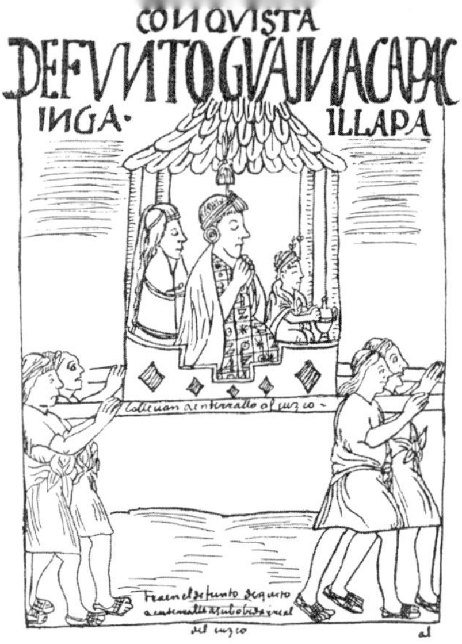

TA
ALASÍ DIAS

CONQVISTA
DEFVNTO GVAINACAPAC
INGA· ILLAPA

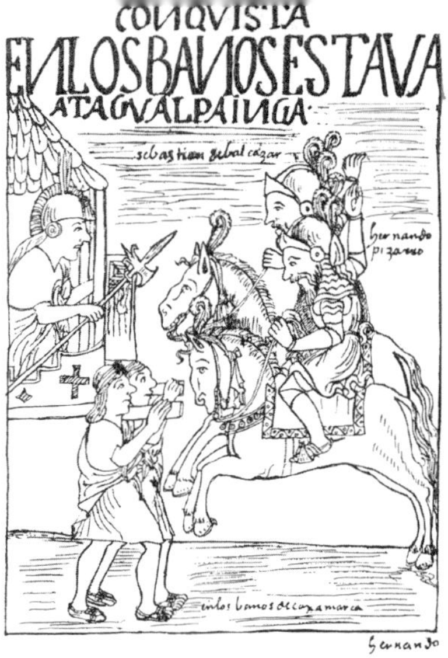

CONQVISTA
EN LOS BAÑOS ESTAVA
ATAGVALPA INGA·

GA· MANGO INGA

CONQVISTA
CORTÁLE·LA CAVESA·A
ATAGVALPA·INGA·VMATACVCHV

A
MEENBI
MAPO

CONQVISTA
BATALLA Q̃ HIZO·E

CONQVISTA
APO AL AIA CHOLLAN

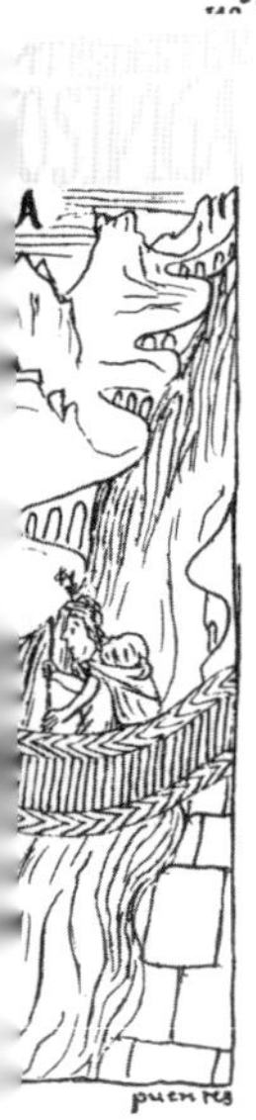

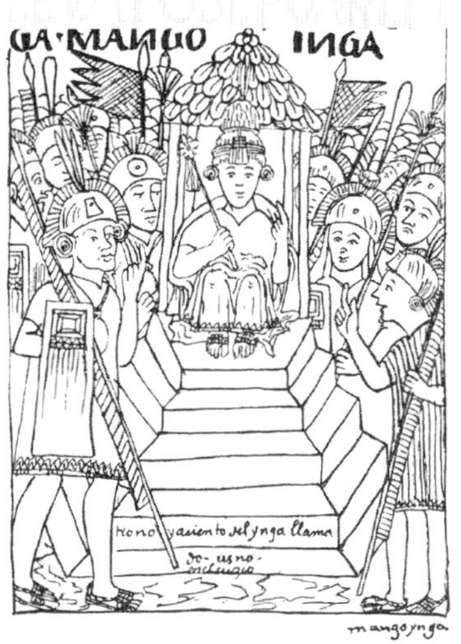

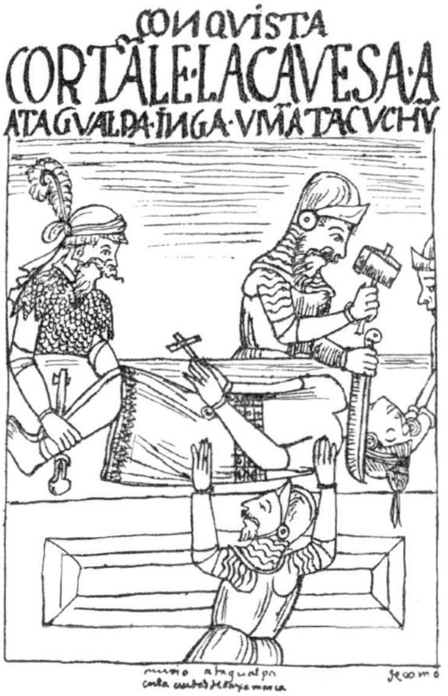

THE LAST DAYS OF THE INCAS

印加帝国的末日

[美] 金·麦夸里（Kim MacQuarrie）著　冯璇 译

社会科学文献出版社
SOCIAL SCIENCES ACADEMIC PRESS (CHINA)

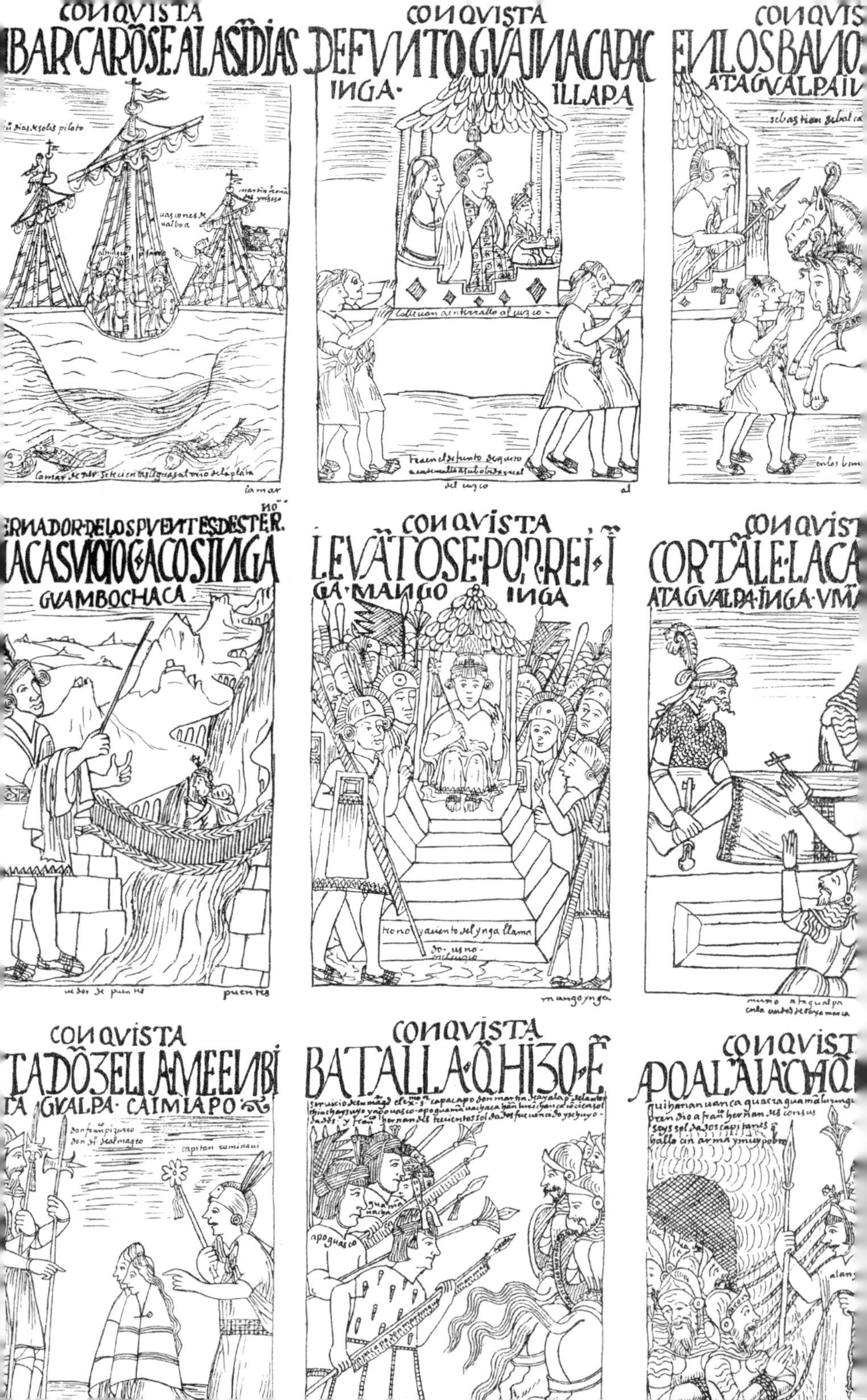
CONQVISTA
CONQVISTA
DEFVNTO GVAINACAPAC
INGA
ILLAPA
CONQVIS
ATAGVALPA
GVAMBOCHACA
puentes
CONQVISTA
LEVĀTOSE POR REI Ī
GA MANGO INGA
mangoynga
CONQVIST
CORTĀLE LA CA
ATAGVALPA INGA
CONQVISTA
TA GVALPA CAIMIAPO
capitan ruminaui
CONQVISTA
BATALLA Q̄ HIZO E
apoguasco
CONQVIST

本书获誉

对既有文献的完善……生动而富于戏剧性。

——《华盛顿邮报》(*Washington Post*)

引人入胜，不忍释卷……一本像印加黄金一样宝贵的好书。

——《历史》杂志（*History Magazine*）

除了全面透彻地记录激动人心的战争过程，以及详细描述印加人早期的游击队活动之外，金·麦夸里还把一段已经众所周知的发现马丘比丘的故事讲出了新意。

——《娱乐周刊》(*Entertainment Weekly*)

麦夸里成功地讲述了游击战争的故事，他的作品为失落的城市找回了它理应享有的荣光。

——《福布斯》(*Forbes*)

这本精彩的著作讲述了历史上最艰苦而漫长的抗争之一，一次征服改变了一片大陆的命运。

——韦德·戴维斯（Wade Davis)，人类学家，国家地理学会驻会探险家，著有《一条大河》(*One River*)

内容丰富多彩、构思磅礴大气，作者用富有技巧的叙事方法为我们论证了当文化之间出现冲突和碰撞时，不可预见的悲剧结果就会随之而来……这还是一个令人难以忘怀的探险故事，介绍了当代那些既已发现并还在继续寻找印加帝国失落部分的印第安纳·琼斯式的人物们。《印加帝国的末日》是历史题材作品的集大成者。

——布劳顿·科伯恩（Broughton Coburn），著有《珠穆朗玛峰：无情的山峰》（*Everest: Mountain Without Mercy*）

《印加帝国的末日》中充满了惊喜，它讲述的历史环环相扣，引人入胜。我已经读过无数以印加人为题材的作品，但只有这本书让我有走出教室，仿佛置身于那个很久以前就已经失落了的古城之中的感觉。

——基思·贝洛斯（Keith Bellows），《国家地理旅行者》杂志（*National Geographic Traveler*）主编

欧洲人征服了堆金积玉、令人着迷的印加帝国的故事是历史上最引人入胜也最具有悲剧性的故事之一……金·麦夸里凭借其高超的文学素养重新诠释了这一题材，《印加帝国的末日》让更广范围内的读者拥有了了解这些故事的机会。

——文森特·李（Vincent Lee），著有《被遗忘的比尔卡班巴》（*Forgotten Vilcabamba*）

献给我的父母——罗恩和乔安妮·麦夸里

目　录

大事年表 xi

1492 年　哥伦布来到今天的巴哈马群岛，这是他前往新大陆的四次航行中的第一次。

1502 年　弗朗西斯科·皮萨罗来到伊斯帕尼奥拉岛。

1502 ~ 1503 年　在自己的最后一次航行中，哥伦布考察了后来的洪都拉斯、尼加拉瓜、哥斯达黎加和巴拿马的海岸。

1513 年　巴斯克·努涅斯·德·巴尔沃亚和弗朗西斯科·皮萨罗一起穿越了巴拿马地峡，发现了太平洋。

1516 年　未来的印加君主曼可·印加出生。

1519 ~ 1521 年　埃尔南多·科尔特斯征服了墨西哥的阿兹特克帝国。

1524 ~ 1525 年　弗朗西斯科·皮萨罗第一次从巴拿马向南航行至哥伦比亚沿岸进行探险。这一次航行并没有获得什么经济上的回报。他的同伴迭戈·德·阿尔马格罗还在同原住民的争斗中失去了一只眼睛。

1526 年　弗朗西斯科·皮萨罗、阿尔马格罗和埃尔南多·德·卢克组成了黎凡特公司，这个公司的目标就是要进行征服活动。

1526～1527 年　弗朗西斯科·皮萨罗和阿尔马格罗第二次起航。皮萨罗在通贝斯与印加帝国有了第一次接触。

约 1528 年　印加帝国君主瓦伊纳·卡帕克因感染了欧洲人带入的天花而去世。他去世后，他的两个儿子阿塔瓦尔帕和瓦斯卡尔为争夺王位发起了内战。

1528～1529 年　弗朗西斯科·皮萨罗返回西班牙，获得了西班牙女王许可其征服秘鲁的授权。

1531～1532 年　弗朗西斯科·皮萨罗第三次乘船前往秘鲁，并俘虏了阿塔瓦尔帕。

1533 年　阿塔瓦尔帕被处死；阿尔马格罗抵达；弗朗西斯科·皮萨罗占领了库斯科并扶植十七岁的曼可·印加为印加的新君主。

1535 年　弗朗西斯科·皮萨罗建立了利马城；阿尔马格罗启程前往智利。

1536 年　贡萨洛·皮萨罗强占了曼可·印加的妻子
xii 库拉·奥克罗。曼可起义并包围了库斯科，
胡安·皮萨罗被杀死，印加帝国将军基佐·尤潘基带队突袭利马。

1537 年　阿尔马格罗从埃尔南多和贡萨洛·皮萨罗手中抢走了库斯科。罗德里戈·奥尔戈涅

	斯攻陷维特科斯并抓走了曼可·印加的儿子蒂图·库西。曼可逃过一劫，转移到了比尔卡班巴，从此将那里定为新的首都。
1538 年	埃尔南多·皮萨罗处死了迭戈·德·阿尔马格罗。
1539 年	贡萨洛·皮萨罗入侵并攻陷比尔卡班巴；曼可·印加逃了出来，但弗朗西斯科·皮萨罗处死了曼可的妻子库拉·奥克罗。
1540 年	埃尔南多·皮萨罗开始在西班牙监狱里服刑，刑期为二十年。
1541 年	弗朗西斯科·皮萨罗被阿尔马格罗的支持者刺杀。凶手之一的迭戈·门德斯逃到了比尔卡班巴。
1544 年	曼可·印加被迭戈·门德斯和其他六名西班牙叛逃者刺杀。贡萨洛·皮萨罗起义反对西班牙国王。
1548 年	哈奎瓦那之战；贡萨洛·皮萨罗被西班牙国王的代表处死。
1557 年	印加君主塞里－图帕克离开比尔卡班巴，迁移到库斯科附近。
1560 年	塞里－图帕克去世。蒂图·库西在比尔卡班巴登基成为印加君主。
1570 年	奥古斯丁修会修士加西亚和奥尔蒂斯试图访问比尔卡班巴；蒂图·库西拒绝让他们进入城中，于是修士们焚烧了位于丘基帕

尔塔的印加祭祀圣地。修士加西亚被驱逐。

1571 年　蒂图·库西去世；图帕克·阿马鲁成为君主。

1572 年　秘鲁总督弗朗西斯科·托莱多向比尔卡班巴宣战。最后比尔卡班巴被攻破，图帕克·阿马鲁被抓并在库斯科被处死，他是印加帝国的最后一个君主。

1572 年　印加帝国首都比尔卡班巴被废弃；西班牙人将城中的居民转移到一个新镇子，并将这里取名为圣·弗朗西斯科·德·拉·维多利亚·德·比尔卡班巴。

1578 年　七十七岁的埃尔南多·皮萨罗在西班牙去世。

1911 年　海勒姆·宾厄姆在四周内发现了三处印加遗址，分别是马丘比丘、维特科斯和伊斯皮里图大草原，当地的坎帕族印第安人称伊斯皮里图大草原为“比尔卡班巴”。

1912 年　宾厄姆在国家地理学会的资助下重返马丘比丘——这也是国家地理学会第一次资助探险活动。

xiii 1913 年　《国家地理》杂志发行专刊，用一整期的版面报道了宾厄姆发现马丘比丘的事迹。

1914～1915 年　宾厄姆第三次，也是最后一次前往马丘比丘，发现了今天被称为“印加古道”的道路。

1920 年　海勒姆·宾厄姆出版名为《印加大地》的著作，他在书中声称马丘比丘就是失落的印加城市比尔卡班巴，即最后几位印加君

	主的最终避难所。
1955 年	美国探险家、作家维克托·范哈根出版了著作《太阳之路》，书中论证了为什么马丘比丘不可能是比尔卡班巴。
1957 年	吉恩·萨沃伊来到秘鲁。
1964 ~ 1965 年	吉恩·萨沃伊、道格拉斯·沙伦和安东尼奥·桑坦德在伊斯皮里图大草原上发现了面积广大的遗迹。萨沃伊声称这个地方就是老比尔卡班巴。
1970 年	萨沃伊发表著作《安蒂苏尤：寻找亚马孙的失落城市》，描述了他在伊斯皮里图大草原及其他地方的探险。后来萨沃伊离开了秘鲁，定居在内华达州的里诺。
1982 年	文森特·李在一次登山旅行途中来到了比尔卡班巴地区。
1984 年	文森特和南希·李夫妇在伊斯皮里图大草原发现了四百多座建筑，证明这里是比尔卡班巴地区最大的聚居区，因此无疑就是曼可·印加的首都比尔卡班巴，即最后几位印加君主生活的地方。
2002 ~ 2005 年	秘鲁国家文化研究院（INC）在比尔卡班巴进行了第一次考古挖掘。
2011 年	海勒姆·宾厄姆“发现”马丘比丘一百年纪念。

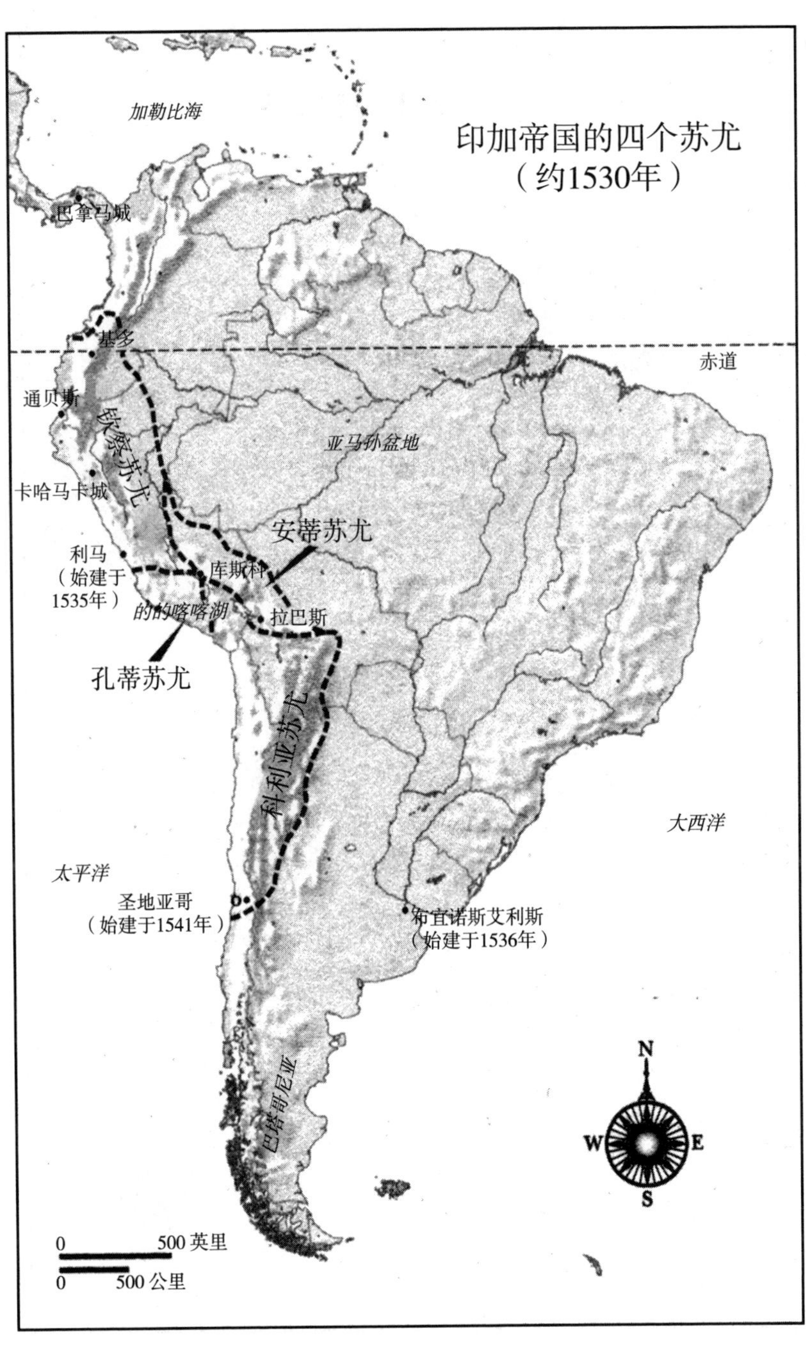
印加帝国的四个苏尤
（约1530年）
加勒比海
巴拿马城
基多
赤道
通贝斯
钦察苏尤
亚马孙盆地
卡哈马卡城
安蒂苏尤
利马
（始建于
1535年）
库斯科
的的喀喀湖
拉巴斯
孔蒂苏尤
科利亚苏尤
大西洋
太平洋
圣地亚哥
（始建于1541年）
布宜诺斯艾利斯
（始建于1536年）
巴塔哥尼亚
N
W
E
S
0
500 英里
0
500 公里

大西洋
墨西哥湾
墨西哥
（阿兹特克帝国）
古巴
伊斯帕尼奥拉岛
特诺奇蒂特兰-墨西哥城
新西班牙总督辖区
加勒比海
巴拿马
巴拿马城
基多
加拉帕戈斯群岛
（科隆群岛）
亚马孙河
秘鲁总督辖区
利马
库斯科
安第斯山脉
太平洋
新大陆的西班牙帝国
约1600年
N
W
E
S
0
500 英里
0
500 公里

前　言 1

将近五百年前，有大概一百六十八名西班牙人带着他们不多的几个非洲奴隶和印第安奴隶来到了属于今天秘鲁境内的地方。他们很快就与人口超过千万之众的印加帝国发生了冲突，这场冲突的结果像一颗巨大的流星撞上地球后产生的无数碎片一般撒满了这一整片大陆。今天前往秘鲁的人们依然能够发现这些碎片留下的痕迹：从深棕色皮肤、极端贫困的下层民众，到那些拥有西班牙贵族姓氏、肤色略浅的秘鲁精英阶层；从带尖顶的天主教大教堂和礼拜堂，到从西班牙引入的牛和猪以及西班牙人和非洲人的后裔。秘鲁占主导地位的通用语言更是一种避无可避的对历史的提醒。这里的人依然称西班牙语为卡斯蒂利亚语（*Castillano*），这个名称起源于对古老的西班牙卡斯蒂利亚王国中居民的称谓。事实上，西班牙征服了一个存在仅仅九十年的帝国并将其扼杀于萌芽状态。这个事件带来的剧烈影响至今还在秘鲁社会的各个阶层里持续发酵，无论你生活在海岸沿线，还是安第斯山脉之上，甚至是少数几个还在秘鲁的亚马孙河上游流域生活的与世隔绝的原住民部落，都无不被牵连在内。

不过，要准确地认定在西班牙人的征服活动之前和其间究竟发生了什么并不是一件容易的事。那些见证了这些事件发生的人最终大都被这些事件夺去了生命。活下来的人当中，只有少数几个就当时发生的事做了记录——当然他们大都是西班牙人。那些识文断字的西班牙人（16 世纪西班牙读书识字的人口约占总人口的 30%）来到秘鲁时已经掌握了大约三千年前埃及人发明的字母表，这个强大而实用的工具让他们能够更方便地书写。相反，印加人则依靠口述历史、家族谱系，很可能还有“结绳语”（*quipus*）来记录他们的历史。结绳语就是通过把不同颜色的绳子小心地打成不同的结，由此储存丰富信息的记事方法，是对人工记忆的一
2 种补充和提示。然而，在印加人被征服后没过多久，如何阅读结绳语信息的技艺就失传了，记录历史的人要么去世了，要么被西班牙人杀死了，于是印加人的历史也随着一辈辈人的更迭而渐渐被遗忘了。

常言说得好：“历史是由胜利者书写的。”这话对于印加人和西班牙人来说一点都不假。印加人毕竟曾经创造了一个疆域跨越二千五百英里的庞大帝国，并征服了该领域内的大多数民族。和其他许多帝国皇权一样，他们的历史也倾向于给自己的征服行动寻找光明正大的理由，同时极力赞美自己的统治者并贬低自己的敌人。印加人告诉西班牙人，是自己给这个地区带来了文明，而且自己的征服行动都受到了神明的启示和许可。不过，事实恰恰相反：印加帝国之前，这里就出现过无数个王国，历史总长超过了一千年。所以印加人的口述历史实际上融合了事实、神话传说、宗教信仰和自

我宣扬等各种内容。即便是在印加精英阶层内部，分属不同宗系血统的领导者们对历史的认识也是各说各话，互不认同。这种情况的结果就是早期的西班牙编年史作者们根据他们采访对象的不同，记录下了超过五十种不同版本的印加历史。

关于征服期间到底发生了什么的记录也完全是一边倒的，因为我们获得的都是单方面的材料。留存至今的有大约三十份当时西班牙人撰写的关于最初征服期间及随后五十年内各种事件的相关报告，但是由主要原住民或混血原住民对这同一时期事件的记录则只有三份，它们分别来自蒂图·库西、费利佩·瓦曼·波马·德·阿亚拉（Felipe Huamán Poma de Ayala）和加西拉索·德·拉·维加（Garcilaso de la Vega），即便是创作这三本编年史的原住民作者也都没有亲身经历过征服战争最初五年的关键时期。这三份文件中最早一份的完成时间是 1570 年，实际上是印加君主蒂图·库西向一个来访的西班牙人口述的一些内容的记录。此时距离他的叔祖父①、印加君主阿塔瓦尔帕被俘也已经过去了将近四十年。因此当代的作者们想要确定谁对谁做了什么时，只能参考一些绝对不客观的历史记录：一边是成堆的西班牙语信件和报道；而另一边则是仅有的三份原住民编年史作品，这三人之中最著名的一位作者——加西拉索·德·拉·维加还是一个印第安人与西班牙人的混血，他的编年史作品是用西班牙语写的，而且在他离开秘鲁五十多年之后才得以出

① 阿塔瓦尔帕是曼可的伯父，疑似笔误。——译者注

版。

至于那些留存下来的西班牙人的记录，其中还存在另一
3 个不利于人们看清历史事实的障碍：早期西班牙人所写的报告都使用一种被称作“见证书”（*probanzas*）或“记叙”（*relaciones*）的体裁。这种文章的主要目的在于试探和取悦西班牙国王。撰写这些文件的人通常是些由出身卑微的公证员临时客串的征服者，他们都清楚如果自己的报告能够脱颖而出、入了国王的法眼，那么自己将来就有可能获得更多的好处、嘉奖甚至是终身的年金。因此，早期西班牙征服者们在写汇报时并不一定关注事件本身如何发生发展，而是将更多的笔墨用来着力刻画他们行为的正当性，并适时地向国王夸耀自己的丰功伟绩。与此同时，他们还会故意淡化其他西班牙同行者们的作用（毕竟，他们将来都可能成为要来和自己分一杯羹的人）。除此之外，西班牙编年史作者们还会因为理解或语言上的障碍而错误地记录大多数他们接触到的原住民文化相关内容，同时无视和（或）低估他们手下的非洲奴隶和中美洲奴隶发挥的作用以及他们自己在当地的原住民情妇对他们产生的影响。以弗朗西斯科·皮萨罗的弟弟埃尔南多为例，他早期写过一份关于征服行动的书信，并呈给了作为西班牙国王代表的西印度群岛事务委员会。在这份长达十六页的书信中，埃尔南多反复提及了自己的成就，至于和他一同前往的另外一百六十七名西班牙同胞中，他只提及了一个人，就是他的亲哥哥弗朗西斯科。讽刺的是，这些最初的通篇以自我为中心的文章却总是一经出版就立刻受到追捧，在欧洲迅速流传开来。西班牙的历史学家们就是依据

这些内容杜撰出了自己所谓的恢宏历史，并将其一代一代地传了下去。

当代的作家们——尤其是叙述历史事实的作者——很多
时候必须在多种多样甚至相互矛盾的记述之间进行选择，不
得不依靠一些明知其不以诚信而闻名的人写的东西，不得不
翻译一些满是拼写错误且冗长空洞的手稿，不得不使用三手
甚至四手的信息来源，或者是手稿复印件的复印件。印加君
主阿塔瓦尔帕真的对某某人做了什么或说了什么吗？谁也不
能 100% 确定。那些所谓的引用有可能只是一些作者在他们
所要描述的事情发生几十年后按照他们“记得”的东西而
写下来的内容。就像量子物理学一样，我们只能“大致估 4
计”一下过去究竟发生了什么。因此，本书中使用的大量
引自 16 世纪作品的内容必须被客观地看待：就像彩绘玻璃
的一些碎片，虽然擦得亮亮的，看上去很美丽，但它们只能
就这段离我们越来越远的历史提供一种片面的甚至扭曲的
看法。

所有的历史记录难免都会强调一些事、简化一些事、暗示一些事、缩略一些事、扩展一些事，甚至对一些事避而不谈。所以任何历史故事都不可避免的是透过作者所处的时代和文化背景的棱镜来讲述的。美国历史学家威廉·普雷斯科特（William Prescott）在 1847 年创作的皮萨罗和一小拨西班牙英雄不畏艰险、以少胜多、对抗野蛮的原住民的故事，就迎合了维多利亚时代的自负和美国的天定命运论；同样，本书所持的论调无疑也符合我们这个时代的人们的普遍态度。撰写历史题材作品的作者唯一能做的就是在他的个人能

力和时代局限许可的范围内，将这些历史上著名的人物——皮萨罗、阿尔马格罗、阿塔瓦尔帕、曼可·印加——从历史的人偶架上取下，掸去表面的灰尘，尽己所能地为他们注入新的生命力，让他们可以重新演绎自己在这世上时的一段故事。故事讲完了，作者还要把他们轻轻地放回尘封的架子上，等待不久的将来有其他人讲述一个新的故事时，再重新将他们复活。

大约四百年前，一个曾经在印加帝国内生活的贵族的后裔费利佩·瓦曼·波马·德·阿亚拉倾尽自己一生中的大部分时间，撰写了一本长达一千多页、配有四百多幅手绘插图的巨著。波马·德·阿亚拉希望有一天自己的作品能够让西班牙国王纠正在后征服时代的秘鲁发生的西班牙人加诸原住民身上的诸多欺压和不公。不知道波马·德·阿亚拉是怎样携带着这样的鸿篇巨制走遍全国，前往那些已经被破坏殆尽的印加帝国遗址，采访各处的人民，再仔细地把听到、看到的东西都记录在自己的作品中的，一路上还要小心地提防自己毕生的心血不被人偷去。波马·德·阿亚拉在他八十岁高龄的时候终于完成了自己的手稿，然后把这仅有的一本手稿漂洋过海地寄送到了西班牙。他的作品显然没有如他期望的那样抵达目的地，或者说就算到了西班牙，也没有被呈递到国王手上。最可能的情况是被某个低级别的官僚接收，然后放到一边从此遗忘了。过了将近三百年之后的 1908 年，一位研究员在哥本哈根的一个图书馆里偶然发现了这本手稿，并从中获得了无价的信息。本书也引用了该手稿中的一些插图。和手稿一起寄给国王的还有一封亲笔信，年事已高的波

前　言

马·德·阿亚拉在信中写下了这样的话语：

> 我花了很长时间，准确地说是好几年来权衡、编目和整理各种各样的［历史］材料，因为我一直难以做出决断。最终，我克服了胆怯，开始着手进行这个让我向往已久的任务。我想要从我自己的盲目和无知中寻找点亮黑暗的一点光明。我也许不是贵国培养的那些什么博士或拉丁语专家，但是我斗胆认为自己是第一个能够为国王陛下提供这份服务的印第安人……在我的作品里，我总是尽力找到最可信的资料，使用那些有实质意义且被多方佐证的信息。我只记录那些有不止一两个人认可发生过的事实……国王陛下，为了印第安人和在秘鲁的西班牙基督徒的福祉，我请求您本着善良的心接受我这份微不足道的谦卑的效劳。您的接受将给我带来无上的幸福和安慰，是对我工作的最好奖赏。[1]

本书的作者也经历了与波马·德·阿亚拉类似但远不及其艰难的挑战，我所怀有的也只是和他一样的请求。

金·麦夸里

加利福尼亚州马里纳德尔雷

2006 年 9 月 10 日

7 # 第一章　发现

1911年7月24日

时年三十五岁，身材瘦削的美国探险家海勒姆·宾厄姆（Hiram Bingham）和当地的农民向导一起沿着安第斯山脉东面的一个陡峭的斜坡在一片云雾林中费力地前行。停下来休息的时候，他摘下头上的宽边软帽擦了擦眉毛上的汗珠。不一会儿，秘鲁军队的一位名叫卡拉斯科（Carrasco）的中士也沿着二人身后的小道赶了上来。后者穿着深色、有铜质扣子的制服，戴着帽子，已经走得满身是汗。中士看见另外两人，就停下了追赶的脚步，双手撑在膝盖上一个劲儿地喘气。宾厄姆被告知他们前方的山峰之上某个高耸入云的地方隐藏着一座古老的印加遗迹。但是宾厄姆也知道，在秘鲁东南部这一小片被很多人探寻的地方，关于印加遗迹的消息就像林中成群结队、穿梭鸣叫的绿色鹦鹉一样满天飞。所以身高六英尺四英寸，体重却只有一百七十磅的宾厄姆心里非常肯定，自己要寻找的印加古城肯定不在这里。事实上，宾厄姆今天连午饭都没有带，他打算尽快从谷底爬上去，随便看看这些参差不齐、高耸入云的山峰上到底散落着一些什么样的遗迹，然后就赶快回去了。这个留着一头棕色短发，又高又瘦，几乎是一副苦行僧模样的美国人跟随向导继续前进的时候，还完全不知道在仅仅几个小时之后，自己就将发现历史上最重要的遗迹之一。

那一天的空气闷热而潮湿，他们抬起头就能看到一千多英尺之上山脊顶部的目的地，然而陡坡上滴着水的茂密植被偶尔会遮挡住他们的视线。在山脊之上云雾缭绕的地方，还有被丛林覆盖着的山峰时隐时现。因为刚刚下过雨，到处都泛着水光，不时有薄雾拂过这几个向上攀爬的男人扬起的脸。陡峭的山路两边长着大片鲜艳的紫色、黄色和其他颜色 8
的兰花。这几个人还停下看了一会儿蜂鸟——其实顶多是能听到它们翅膀的嗡嗡作响，能看到一抹蓝绿色荧光在花丛中急闪而过，然后就消失不见了。仅仅半个小时之前，他们三个才小心翼翼地绕过了一条有毒的蝰蛇（*Vibora*），蛇头已经被石头砸扁了。是当地的农民干的吗？宾厄姆这么问向导的时候，后者只是耸耸肩没有回答。宾厄姆知道这种蛇就是众多能够致残甚至致命的毒蛇之一。

宾厄姆是耶鲁大学拉丁美洲历史和地理系的一名副教授，此时他特意伸手抚了抚自己靴子外面脚踝以上膝盖以下部位缠着的厚厚的布料，无疑是觉得这样的准备能够避免被毒蛇咬到。被安排陪同参与这次探险活动的卡拉斯科中士此时则已经热得解开了制服最上面的几粒扣子。走在他们前面的向导叫梅尔乔·阿特亚加（Melchor Arteaga），他是一个农民，在一千多英尺以下的谷底拥有一座小房子，就是他告诉另外两个人在高山的山脊上能找到一片印加遗迹的。阿特亚加穿着一条长裤和一件旧夹克，他颧骨很高，拥有深色头发，还有像鹰眼一般锐利的双眼，和他曾经生活在印加帝国时期的祖先一模一样。阿特亚加的左侧腮帮处有一小块隆起，因为他嘴里含着一团古柯叶，这种摄入微量可卡因的方式曾经是印加皇室才享有的特权。他能说一点西班牙语，不过更习惯说印加人的古老语言——盖丘亚语（Quechua）。宾厄姆只能说口音很重的西班牙语，完全不会说盖丘亚语；卡拉斯科中士则会说这两种语言。

前一天他们第一次到阿特亚加的家中拜访他时，后者就提到了“比丘”（Picchu）这个词。今天他们第二次听到时，这个词好像又变成了“丘比丘”（Chu Picchu），因为阿特亚加嘴里含着古柯叶，所以发音更加含糊。最终，矮个的农民牢牢地抓住了美国人的胳膊，指着他们上方若隐若现的一个巨大山峰说出了两个词“马丘-比丘”（Machu Picchu），这在盖丘亚语中的意思是“古老的山峰”。阿特亚加转过头，眯起眼睛看着美国探险家棕色的深邃双眸，然后又转头看向山峰说道：“在云端上的马丘比丘——你们会在那里找到遗迹。”

宾厄姆答应给阿特亚加一个美国银币①作为带领他们登上山峰的报酬。此时，这三个人已经爬上了半山腰。在他们脚下深深的河谷中流淌的就是乌鲁班巴河（Urubamba River），河水湍急的地方翻滚着白色的泡沫，其他部分则呈

---

① 后续章节中提到报酬是一个秘鲁索尔。——译者注

现蓝绿色。乌鲁班巴河是由安第斯山脉上的冰川融水汇聚而成的，最终会渐行渐缓，蜿蜒流入亚马孙河，后者还会继续向东延绵流淌近三千英里，穿过整片大陆。向西一百英里[①]之外的地方有坐落在安第斯山脉之上的印加人的古老首都库斯科（Cuzco）——那里就是他们曾经拥有的纵跨二千五百英里的帝国的中心点，印加人将那个位置形象地比喻为“肚脐”。 9

大约四百年前，印加人在西班牙人杀害了他们的君主，又扶植了傀儡统治者之后，突然放弃了库斯科。大批印加人迁移到了安第斯山脉东面，最终在帝国疆域东部原始森林覆盖着的蛮荒的安蒂苏尤（Antisuyu）中建设了一座新首都。印加人管这个新首都叫比尔卡班巴（Vilcabamba），在接下来将近四十年的时间里，比尔卡班巴成了印加人反抗西班牙人的激烈游击战争的指挥部。在这里，印加勇士们学会了如何驾驭缴获的西班牙马匹、如何使用缴获的西班牙火绳枪，此外他们还会联合自己在亚马孙丛林中的同盟军一起抗击敌人。那些赤身裸体的丛林中人尤其擅长使用弓箭，甚至可以一击致命。宾厄姆是在大约一年前短暂到访秘鲁时才听说了这个鲜为人知的印加人起义王国的故事，并诧异地得知竟然没有人知道这个首都现在变成了什么样子。一年后的此时，宾厄姆又返回了秘鲁，他希望自己能成为那个发现这座古城的人。

此时，在自己位于康涅狄格州的住所几千英里之外的地

① 后续章节中提到马丘比丘距离库斯科五十英里。——译者注

方，在一片覆盖着云雾林的山峰侧面，宾厄姆不禁怀疑这会不会是一段徒劳无功的旅程。实际上他的两个探险同伴——美国人哈里·富特（Harry Foote）和威廉·欧文（William Erving）此时都留在了谷底的营地中。他们并不想跟宾厄姆一起去寻找什么传说中的古城，他们无疑觉得传言往往就只是传言而已。不过宾厄姆的同伴们都知道一件事情：不管他们有多累，宾厄姆似乎永远都不会累。宾厄姆不仅是这次探险活动的领队，还是所有行动的筹划者，包括他在内的全部七名队员都由他亲自选定，探险的资金也是他一点点艰难筹措的。这次来寻找传说中失落的印加古城的探险费用主要来自出售了他继承的夏威夷地产中最后一块所得的价款，以及他承诺返回后为《哈泼斯杂志》（*Harper's* magazine）写一系列文章的预支稿费；此外还有来自美国水果公司（United Fruit Company）、温切斯特武器公司（Winchester Arms Company）和 W. R. 格雷斯公司（W. R. Grace and Company）
10 的捐款。虽然他娶了蒂凡尼家族财富继承人之一为妻，但是宾厄姆本人并没有什么钱——他从来就不是一个富有的人。

宾厄姆是家里的独子。他的父母都是严肃、虔诚的新教传教士。海勒姆·宾厄姆从小在夏威夷的火奴鲁鲁长大，他的生活几乎算得上是拮据的。正是年少时贫穷的生活让他下定决心要爬上美国社会阶层和财富的顶端，用宾厄姆自己的话说是："要成就一番大事业。"有一件童年逸事也许最能说明为什么今天的他会来到这里攀爬秘鲁的高山：宾厄姆小时候过着传教士之子的严苛生活，哪怕是最小的过错，也要受到棍棒体罚，这让他觉得自己要憋闷死了。十二岁的时候，忍无可忍的宾厄姆决定和一个朋友一起离家出走。宾厄姆曾经读过很多霍雷肖·阿尔杰（Horatio Alger）① 的小说，他在追求自己的梦想和避免可能的地狱中的永恒惩罚之间犹豫不决，最终决定最好是乘船逃回美国本土，然后从那里开始自己追寻名誉和财富的旅程。

行动当天的早上，他的心脏无疑已经紧张得要跳到嗓子眼了，可是表面上还要装成若无其事的样子。宾厄姆谎称自己是去上学，可是他一走出家人的视线就直接跑向了银行，并提取了自己的二百五十美元存款，这些钱是他父母要求他一分一分积攒起来的，说这样将来他才能有钱回到美国本土上大学。他用这些钱买了船票，还买了一身新衣服，然后把所有行李打包放进行李箱，这个箱子也是他提前藏在家附近的一个木柴堆里的。宾厄姆的计划是先想办法到纽约，找一份报童的工作，等自己攒够了钱就去非洲，因为他要到那里去做一名探险家。

“我猜这些异想天开的主意都是从他看的那些书里学来的”,[1] 后来他家邻居的妻子对宾厄姆的父母说。宾厄姆小时候确实是个不知疲倦的读者，不过他周密的计划很快就因为其他一些他不能控制的因素而失败了。首先是宾厄姆要乘坐的那艘船不知为何被延误了，当天未能出港；然后是他的好朋友兼共同出走人临阵打了退堂鼓，向自己的父亲坦白了一切。毕竟人家的家庭生活本来就和宾厄姆大不相同，也幸福

---

① 美国小说家，他的作品大都是穷孩子如何通过勤奋和诚实获得财富和成功的故事。——译者注

得多，实在没理由采取这么夸张的行动。很快，那个男孩的
父亲就通知了宾厄姆的家人。当天下午晚些时候，宾厄姆的
父亲在港口找到了自己提着小行李箱毅然决然地站在一艘大
11 船前的儿子，后者正等着这艘船载着自己漂洋过海，驶向最
终的命运。令人惊奇的是，这次事件之后，宾厄姆不但没有
受到惩罚，反而获得了更多的自由和更广泛的选择。所以二
十三年后的今天，海勒姆·宾厄姆会出现在安第斯山脉东面
的山顶上，并且即将发现世界历史上最引人注目的遗迹也就
没什么可令人惊讶的了。

1911 年 7 月 24 日正午刚过不久，宾厄姆和他的两个同行者就爬上了一段又长又宽阔的山脊顶部，这里比谷底高出了大约两千五百英尺；山脊上建着一座小棚屋，屋顶上铺着秘鲁针茅（*ichu*）晒干而成的褐色茅草。这个位置的视野极其开阔，宾厄姆可以看到环绕四周的所有景象，包括相邻的那些被丛林覆盖的山峰和天边漂浮的仿佛将这整个区域包围起来的云海。他所在的山脊左侧连接着一座高大巍峨的山峰，那就是马丘比丘。山脊右侧连接着一座同样高耸入云的山峰，名字是华纳比丘（Huayna Picchu），在盖丘亚语中是“年轻的山峰”的意思。这三个大汗淋漓的男人刚一来到小棚屋前面，屋里就走出了两个秘鲁农民，他们穿着便鞋和传统的羊驼毛编织的斗篷，用葫芦瓢里盛着的清凉的山泉水招待了这三位来客。

原来这两个本地人过去四年来一直在这里耕种这片古老的梯田。他们说这里确实有废墟，而且就在前面不远的地方，然后又给这三位客人提供了一些烹煮过的马铃薯作为食

物。据估计，在安第斯山脉上生长着五千多个不同品种的马铃薯，这里就是马铃薯的原产地。宾厄姆后来发现，山脊上共居住着三个家庭，他们种植玉米、甘薯、白马铃薯、甘蔗、豆子、辣椒、西红柿和醋栗。宾厄姆还得知，只有两条道路能进出这个偏僻的山顶，一条就是他们刚刚费力攀爬而上时走的，另一条在山的另一面，据农民们说另一条路“更加难走”。这些农民还说，他们每个月只下谷底一次，山上有泉水，还有肥沃的土地。在安第斯山脉上海拔八千英尺的地方生活的这三个农民家庭，有充足的阳光、富饶的土地和水源，确实也不怎么需要外面的世界了。这里还是个易守难攻的地方，宾厄姆无疑这么想着。喝了好几瓢泉水之后，他又四处观察了一下这里的环境。后来他写道：

> 通过卡拉斯科中士（将盖丘亚语翻译成西班牙
> 语），我了解到那片废墟“就在前面不远的地方”。在
> 这个国家里，你永远不知道这样的说法到底可不可信。 12
> “他有可能在撒谎”是对每个传言的必要注脚。也正是
> 因为如此，我并没有感到太过激动，也没有急着动身前
> 往。天气还很热，印第安人的泉水清凉可口，热情好客
> 的主人在我们到来后还在木板凳上铺了柔软的驼毛斗
> 篷，看着就很舒适。另外，这里的景色实在太迷人了。
> 有巨型绿色植物覆盖的悬崖直插入下面奔流的带着白色
> 泡沫的乌鲁班巴（河）。前面不远的河谷北面也是一个
> 花岗岩绝壁，起码有两千英尺高。左侧是孤单屹立着的
> 华纳比丘，山体各面都是根本无法攀爬的峭壁。放眼望

去，每个方向都有多石的悬崖。再远处还有云雾缭绕、白雪覆盖的群山，海拔比我们所在的地方还要再高上好几千英尺。[2]

休息了一会儿之后，宾厄姆终于起身。一个穿着带破洞的裤子和皮质便鞋、披着鲜艳的羊驼毛斗篷、戴着有亮片装饰的宽边帽的小男孩走了进来。两个大人用盖丘亚语告诉小男孩，让他带着宾厄姆和卡拉斯科中士到“废墟”去，而原本领着二人来到这里的向导梅尔乔·阿特亚加则决定留在这里和两个农民聊天。于是三个人马上启程了，男孩在前面带路，高个的美国人走在中间，卡拉斯科在最后。宾厄姆要发现一个失落城市的梦想过不了多久就会变成现实了。

离开棚屋没多远，绕过山峰的一个岬角处，我们就看到了一片意料之外的美丽景象，那里有一片用石头砌成的精美的梯田，可能足有一百来层，每层都有几百英尺长，十英尺高。[3]突然，我发现自己已经站在倒塌的建筑仅剩的墙壁面前，从这堵墙壁就能够看出印加石料工艺的最高水平。因为墙壁被几个世纪以来疯长的树木和青苔遮住了，所以很难完全看清楚，但是在树林的掩映下，透过密集的竹林和缠绕的藤蔓，我可以看到隐藏在下面的白色花岗岩都是经过细致地切割后被精妙地拼接在一起的。[4]

宾厄姆接着说道：

> 我爬上了一条用巨大的花岗岩石块建造的令人感到
> 不可思议的阶梯，阶梯旁有一片草场，印第安人在那里
> 开垦了小菜园。我沿着阶梯向前一直走到了一小块空地 13
> 上，在这里我看到了两座建筑的废墟，它们可以说是我在秘鲁见过的最美丽的建筑，不仅因为它们是使用精心挑选的带漂亮纹理的白色花岗岩建造的，还因为墙壁上的每块条石都尺寸惊人，至少有十英尺长，一人多高。我为这里的景象而着迷……[5] 我在仔细观察建筑底部的这些巨石时，几乎不敢相信自己的感官，我估计每块条石都至少重达十到十五吨。谁能相信我在这里发现了什么?[6]

幸好宾厄姆有先见之明，带了相机和三脚架，于是他把整个下午剩余的时间都用在给这些古老的建筑拍照上了。宾厄姆让卡拉斯科中士或小男孩站在他要拍摄的宏伟的印加墙壁、梯形门洞和切削精美的石块前面，每次按快门时都得提醒他们不能动。宾厄姆当天共拍摄了三十一张照片，这也是接下来几年中他将拍摄的几千张照片中最初的一批，很多照片最后都被刊登在了《国家地理》杂志（*National Geographic* magazine）上，国家地理学会还资助了他后续的探险活动。离开库斯科才不过一周的时间，海勒姆·宾厄姆就获得了他这一生里最重大的成果。虽然在他将近半个世纪的余生里，他还就任过美国参议员，不过真正让他名垂青史的仍然是这次攀登了秘鲁一座不为人知的山脊之后所找到的一切。

第二天一早在谷底的宿营地里，宾厄姆给自己的妻子写

了一封信。“亲爱的，”他在信中写道，“我们是前天晚上来到这里扎营的，在我前面向你描述过的一个舒服的角落里，我们搭了一个7（英尺）×9（英尺）的帐篷。昨天［哈里·］富特收集了一天的昆虫，［威廉·］欧文冲洗了一些照片，我爬上了几千英尺之上的一个被称作马丘比丘的古老印加城市。”[7] 宾厄姆继续写道：“那里的石料和库斯科使用的一样精美。这个城市至今还不为外界所知，这一定会成为一个大新闻。我打算尽快返回那里，并在那里待一个星期，或者更长的时间。”[8]

在接下来的四年里，宾厄姆又两次返回马丘比丘，到那里进行清理、测绘和挖掘工作，同时将他在那里发现的一切与西班牙人的古老编年史中对失落的城市比尔卡班巴的描述
14 进行对比。虽然起初他心中存有一些疑虑，但宾厄姆很快就认定马丘比丘遗迹就是传说中的抗争之城比尔卡班巴，也是印加人最后的避难所。

在他后来创作的几本著作里，宾厄姆会声称马丘比丘就是那个“‘印加人失落的城市’，是印加帝国最后几位君主最喜欢的住所，他们还在壮观的乌鲁班巴河河谷之上最难以到达的地方用白色花岗岩建造了神庙和宫殿。这里是只许可贵族、祭司和为太阳神选定的处女进入的神圣的庇护所。这里曾经的名字叫比尔卡班巴，但是如今被称作马丘比丘”。[9]

并不是所有人都认可宾厄姆发现的地方就是印加人的抗争之城这个观点。少有的那些真正研究过西班牙人古老编年史的学者们认为，在西班牙人对比尔卡班巴的描述和宾厄姆发现的这个确实非常令人惊艳的遗迹之间，其实是存在一些

偏差的。马丘比丘的堡垒真的是编年史中描述的印加人最后的根据地吗，又或者这只是已经被整个世界追捧并奉为印加问题专家的海勒姆・宾厄姆犯下的一个天大的错误？真正的抗争之城会不会还根本没有被发现呢？对于那些心存疑问的学者来说，解答疑问的唯一办法就是重看 16 世纪的编年史，找出更多印加人究竟为什么、又是如何建设了新大陆上此前从未出现过的最大的游击队首都的答案。

15 第二章　几百个全副武装的创业者

将来总有一天海水会退去一些，露出一大片土地，像他这样曾经为伊阿宋领航的人将会发现一片新大陆，到那时候，极北之地的岛屿将不再是世界的尽头。[1]

——罗马哲学家塞内卡（Seneca），于公元 1 世纪写于希斯皮里迪厄姆（*HESPERIDIUM*）［西班牙］

1536 年 4 月 21 日是复活节周的周六，在印加帝国首都库斯科的一百九十六名西班牙人中，没有几个会意识到在接下来的几周内他们就将命丧于此，即便勉强活下来的人也到鬼门关前走了一遭。如果他们能预知未来，此时一定会向他们的造物主请求赦免他们所有的罪孽，或是将他们的灵魂交托给上帝。三年前，弗朗西斯科·皮萨罗（Francisco Pizarro）和他的西班牙人队伍杀死了印加君主阿塔瓦尔帕（Atahualpa），并控制了这个纵跨二千五百英里、人口过千万的帝国中的大部分地区，然而眼下，一切似乎都处在分崩离析的边缘。在过去的几年里，西班牙人巩固了他们在这里的利益，扶植了一个傀儡君主，掳掠了不少印加妇女，奴役着上百万印加国民，还将大量的金银运回西班牙。最初的这批征服者现在都成了腰缠万贯的富人——大概相当于今天的百万富翁；那些在秘鲁定居的人还获得了大片的地产。这些征服者都被封为封建领主，成为各自家族世代的创始者。他们脱下铠甲，穿上了精致的亚麻衣物和时髦的亚麻长袜，戴 17
着装饰了华丽羽毛的帽子和招摇卖弄的珠宝。无论是在西班牙及其他欧洲王国，还是在加勒比海区域内分布的各个受西班牙统治的岛屿，秘鲁的西班牙征服者都被看作传奇一般的人物：无论老少，谁不梦想能够和他们一样名利双收。

在安第斯山脉上一万一千三百英尺高的地方，印加人曾在此用切割得完美无缺的灰色石料建造起科里坎查太阳神殿（Qoricancha），如今西班牙人则在此之上草草搭建了教堂。不过，在这个寒冷干燥的春日早晨，教堂内的铜铃响个不停。有流言传遍了这个四周环绕着绿树青山的碗状城市中的大街小巷，说印加的傀儡君主已经逃走了，而且很快将率领着十几万印第安人大军卷土重来。

西班牙人纷纷从各自的家中走出，握着钢制的长剑、匕首和十二英尺长的长矛，戴着有两个尖头的高顶头盔。他们一边给马匹备好鞍具，一边愤恨地咒骂起义的印加人都是“无赖”和“叛徒”。当天的空气清冷、稀薄，装着铁掌的战马在铺着切割石料的街上行进，发出“嗒嗒”的声响。至少有一部分征服者的心中一定浮起了这样的疑问——事态是从什么时候开始急转直下的呢？

确实，到目前为止，西班牙人一直在享受着一个接一个惊人的成功。四年前的 1532 年 9 月，弗朗西斯科·皮萨罗

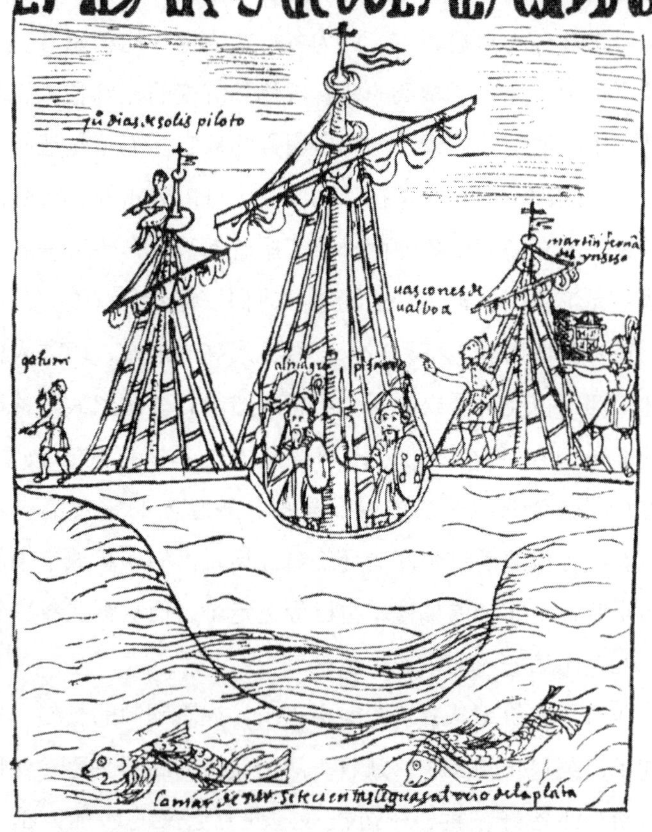

征服者弗朗西斯科·皮萨罗和迭戈·德·阿尔马格罗向着秘鲁所在的新大陆航行，插图由16世纪原住民艺术家费利佩·瓦曼·波马·德·阿亚拉创作。

带领着一百六十八名西班牙人来到安第斯山脉，其中包括六十二名有战马的骑兵和一百零六名步兵。征服者们把装着大三角帆的船队停泊在深蓝色的太平洋上，当时这片海域还被称作“南海”（Southern Sea）。西班牙人最终爬上了海拔八千英尺的地方直捣龙潭虎穴，印加帝国君主阿塔瓦尔帕带领着由至少五万名印加勇士组成的大军已经等候在那里了。

弗朗西斯科·皮萨罗当时五十四岁，是生活在巴拿马（Panama）的一个中等富裕的地主。他个子很高，肌肉发达，行动敏捷，两颊深陷，留着稀疏的络腮胡，外形上会让人联想到堂吉诃德，不过《堂吉诃德》还要再过七十三年才会被创作出来。皮萨罗拥有三十多年与印第安人战斗的经验，作为一个骑兵（不过直到他生命最后一刻为止，皮萨罗都更喜欢在地面上战斗），他沉默寡言、勇敢果决、野心勃勃、足智多谋、办事高效、圆滑老练，而且 18
和许多征服者一样，在必要的时候，他可以比任何人都冷酷无情。

无论是好是坏，反正皮萨罗身上都带着明显的属于他家乡的印记。皮萨罗来自西班牙西部的埃斯特雷马杜拉（Extremadura）。[1] 那里是一个贫穷落后的农业地区，土地贫瘠、干旱，长满了低矮的灌木丛，就像是一大片陆地包围中凸显的一块陆上孤岛一样。那周围的地区也是相对贫困的封建社会领主属地，还没有建立起统一的国家。这个地区唯一能让人记住的一点就是，生活在这里的人都是不善交际、十

---

① 在征服秘鲁的时候，埃斯特雷马杜拉是卡斯蒂利亚王国（Kingdom of Castile）的一部分。后来被称为西班牙的这个国家是卡斯蒂利亚王国和阿拉贡王国（Kingdom of Argon）逐步合并而成的。埃斯特雷马杜拉地区包括了现在的巴达霍斯省（Badajoz）和卡塞雷斯省（Cáceres），这里至今还是西班牙最贫困的地区。

分吝啬的。他们从不显露情绪，也没有一点同情心，就像养育了他们的这片土地一样坚韧和冷酷。

皮萨罗本人以及他带领的征服者队伍中的大部分成员都是属于这个类型的人，而且他们大都来自这一地区。举例来说，发现了太平洋的巴斯克·努涅斯·德·巴尔波亚（Vasco Núñez de Balboa）同样来自埃斯特雷马杜拉；发现了佛罗里达的胡安·庞塞·德·莱昂（Juan Ponce de León）也来自这里；后来穿越了今天的佛罗里达、阿拉巴马、佐治亚、阿肯色和密西西比各州的经验丰富的探险家埃尔南多·德·索托（Hernando de Soto）也是一个埃斯特雷马杜拉人（*extremeño*）。就连征服墨西哥阿兹特克帝国（Aztec Empire）的埃尔南多·科尔特斯（Hernando Cortés）也是在距离自己的表亲弗朗西斯科·皮萨罗家乡不过四十英里的地方长大的。[①] 征服了新大陆上两个最强大帝国的西班牙征服者在相距不过四十英里的地方长大这件事，一定是世界历史上最不同寻常的史实之一。

在皮萨罗年幼的时候，在他的出生地特鲁希略（Trujillo）仅有约两千名居民（*vecinos*）居住。这些居民都是享有完全市民权利的人，分别居住在三个区域里，每个区域里的居民属于同一社会阶层。第一个区域是用城墙围起来的别墅区（*villa*），位于山顶之上，从那里可以俯瞰乡村的景色。这里面建造的都是带塔楼的大房子，大门上还要醒目

---

① 科尔特斯的母亲卡塔利娜·皮萨罗·阿尔塔米拉诺（Catalina Pizarro Altamirano）是弗朗西斯科·皮萨罗父亲的堂姐妹。

地展示家族盾徽或标志，这里是骑士和一些低级别的贵族才
能居住的地方。弗朗西斯科的父亲和他的家人就住在这里。 19
第二个区域是城镇中的广场四周，位于半山腰的一片平地上。在这里生活的主要是商人、公证人和手艺人，但是后来渐渐有越来越多本来住在山顶上的贵族搬来，他们居住在占据了广场上最显赫位置的房子里，弗朗西斯科的父亲就是这些人之中的一员。第三个区域是城镇外围通往田地的道路两边，这里被轻蔑地称为“郊区”（*arrabales*），包含了“城市外围”和“贫民窟”两层含义。这里住的都是农民和工匠，无论从地理位置还是从社会阶层上说，他们都和那些住在城镇中心区的人们有明显的差距。这个地处偏远却有严格分级的城镇也映射出了当时西班牙社会的全貌。弗朗西斯科·皮萨罗就生活在最后这个区域里，从小由他的母亲带大，后者只是一个平凡的女仆。在“郊区”长大的人被称为“郊区人”（*arrabalero*），他们被认为是“粗野无礼”的，或者用现在的话说就是“出身卑微”的。“郊区人”就是弗朗西斯科·皮萨罗在前往新大陆之前一直拼尽全力想要抹去的标签。

不过，皮萨罗的耻辱还不仅仅因为他在“郊区”长大，更重要的是他的父亲根本没有正式迎娶他的母亲。所以他永远不可能继承他父亲所拥有的财产（虽然他比四个有不同母亲或父亲的弟弟都年长），他私生子的身份也意味着他要永远被别人看低一等。此外，他可能只受过一点点，或者完全没有接受过任何教育，所以他一辈子都不识字。

1493 年，皮萨罗年仅十五岁（科尔特斯八岁）的时候，哥伦布第一次穿越未知的海洋探险归来。为了宣布自己发现了所谓前往印度的新航线，他在给一位高级别官员的信中描述了自己的航行经历。这份书信很快被公布于众，并成为当时被疯狂抢购的畅销作品。

皮萨罗很可能听说过哥伦布精彩绝伦的故事，要么是混在一群热心的听众中听某个人高声朗读的，要么是听人们聊天时口口相传复述的。故事里讲到的每件事都那么离奇，像小说一般跌宕起伏。在故事里，这个最近才被发现的世界充满异域风情，就像伊甸园一般，遍地金银财宝仿佛成熟的果实一样任人采撷。而且，由于印刷机在此二十多年之前就已经被发明出来了，哥伦布的其他信件（*Carta*）也得以广泛流传，那里面的内容像划过天空的闪电一样震惊了整个欧洲：

> 20 我发现了很多岛屿，上面住着很多人，我已经代表[费迪南德国王陛下（King Ferdinand）和伊莎贝拉女王陛下（Queen Isabella）]占领了这些地方，我是通过宣告和插旗的方式进行占领的，没有人向我提出过任何异议……伊斯帕尼奥拉岛（Hispaniola）[即今天的海地和多米尼加共同占据的岛屿]上的人们以及我发现的或听说过的其他一些岛上的人，无论男女，都是赤身裸体的，就像他们刚来到人世时一样……向他们索要东西会被拒绝，但是他们愿意邀请任何人和他们一起分享这些东西，他们还展露出了对别人全心全意的关爱。不论送

给他们什么不起眼的东西，他们都会感到心满意足，而不管那个东西有没有价值……

国王陛下和女王陛下会发现我可以……给他们［国王陛下和女王陛下］提供无尽的黄金……我还可以给他们提供香料和棉花……还有乳香……芦荟……奴隶……无论他们想要多少……我相信我还找到了大黄和肉桂，而且我必将发现成百上千的其他有价值的资源……永恒的上帝，我们的主啊，是他让我们这些走在主的路上的人可以享受这看似不可能的奇迹，尤其重要的是……能让这么多人皈依我们神圣的信仰是对我们这些虔诚的祈祷者们巨大的提升，今后这也会让世俗的统治获益，因为不仅是西班牙，整个基督教世界都将得到慰藉和好处。

1493 年 2 月 15 日，写于加那利群岛（Canary Islands）外［尼尼亚号（Niña）］帆船之上

船队司令[2]

哥伦布热情洋溢的报告无疑激发了当时还只有十几岁的弗朗西斯科·皮萨罗全部的想象力。皮萨罗本人肯定已经明白在家乡的这个半岛上，自己的前途必定一片晦暗，而哥伦布描述的那个新大陆似乎蕴含着远比他的家乡能提供的多得多的可能性。

在 15 世纪晚期，西班牙王国里的阶级体系已经延续了几个世纪，而且非常严格僵化。公爵、领主、侯爵和伯爵们拥有大片的地产，但耕作于其上的是广大的农民。此外贵族 21

还享受着15世纪末期西班牙的各个王国授予他们的一切特权和荣耀。至于社会底层的那些人——农民、工匠，概括地说就是所有需要依靠出卖劳动力来维持生计的人——往往一辈子就只能归属于他生来所属的阶级。与当时欧洲其他地方一样，在西班牙的各个王国中，人们进入上流社会的可能性很小。如果一个人出生在贫困、没有文化、没有家族背景的环境里，那么他就可以像地理学者能读懂哥伦布精心描绘的地图一样读懂自己的未来。想要进入精英阶层仅有的两个途径就是与精英阶层的成员婚配（这种情况极为罕见）或在成功的军事活动中取得显赫的战功。

正因如此，在1502年，年仅二十四岁、一贫如洗、没受过教育、没有任何头衔的私生子弗朗西斯科·皮萨罗毫不令人意外地搭上了一条从西班牙出发的大船，前往了西印度群岛——也就是哥伦布声称的位于亚洲，有“印第安人”居住的群岛［当时那里被称为“西印度群岛”（Indies），由此产生“印第安人”（Indians）的叫法］。这支船队是当时要穿越大西洋的船队中规模最大的一支，共搭载了两千五百名乘客和大量的马、猪和其他动物。事实上，它的目的地就是哥伦布九年前描述过的伊斯帕尼奥拉岛。皮萨罗所乘坐的船在绿松石颜色的海水中的一座岛前抛锚停船，这座岛被浓密的绿色植物覆盖着。一艘载着几个西班牙人的小船驶向他们前来迎接，船上的人很快就告诉兴奋的乘客们：“你们来得正是时候，［因为］……这里即将爆发一场和印第安人的战斗，我们可能会抓到好多奴隶。”[3] 据当时一位年轻的乘客巴托洛梅·德·拉斯·卡萨斯（Bartolomé de Las Casas）回忆说："这样的消息给船上乘客①带来了巨大的喜悦。"[4]

我们无从考证皮萨罗有没有参加这一次战斗，不过到了 22
1509 年，也就是皮萨罗来到岛上七年之后，他已经跃升为当地总督尼古拉斯·德·奥万多（Nicolás de Ovando）统领的地方武装队伍里的一名中尉。这支组织比较松散的队伍经常被调派来"平息"原住民的反抗。我们不知道皮萨罗的具体工作职责是什么，但从他所效力的总督的行径也不难想见。奥万多曾经一次俘虏了八十四位原住民首领并将他们全部屠杀，就只是为了给岛上的居民传达一个再清晰不过的讯息：我让你们做什么，你们就得做什么。

由于西班牙人的奴役，伊斯帕尼奥拉岛和附近其他岛屿上的原住民已经所剩无几（第一批非洲奴隶是在 1510 年被引入加勒比海地区的，就是为了用来取代人数骤减的印第安居民）。大约 1509 年，皮萨罗来到了刚刚被发现的中美洲大陆。这次他依然追随着哥伦布的脚步，这位伟大的意大利航海家在 1502～1504 年的第四次航行中发现了洪都

① 二十四岁的弗朗西斯科·皮萨罗和十八岁的巴托洛梅·德·拉斯·卡萨斯同在这一艘船上，不过当时谁也不可能意识到这是多么有讽刺意味的一件事。这两个人的未来简直就是朝着完全相反的两个极端发展的。前者征服了一个有千万人口的印第安帝国，然后把印第安人像牲口一样分配给他的西班牙同胞做奴隶。后者则成为一名教士，也是征服战争期间新大陆上的印第安人遇到的最伟大的守护者。事实证明，拉斯·卡萨斯对国王查理五世的影响如此巨大，才使得保护印第安人的法律得以施行。这些法律最终使得皮萨罗的弟弟贡萨洛被处死以及皮萨罗家族在秘鲁的统治破灭。谁也说不准这两个人是否碰过面，不过当时岛上的人口也就刚过一千，而且其中大多数都生活在首都圣多明各（Santo Domingo），所以认为性格迥异、未来命运针锋相对的这两个人至少曾经在街上擦肩而过的看法应当是可信的。

拉斯和巴拿马的海岸。① 到了1513年，三十五岁的皮萨罗进一步晋升为巴斯克·努涅斯·德·巴尔波亚领导的探险队中的二把手，他们最终穿过巴拿马地峡上茂密的丛林，发现了太平洋。当巴尔波亚精神抖擞地驶入这片广袤的海洋，代表西班牙君主宣称所有权的时候，皮萨罗一定意识到自己终于获得了几乎和多年前的哥伦布一样的成就。现在他也在探索欧洲人从未见识过的地方了，而且这还仅仅是个开始。

这次穿越地峡的探险因为碰巧发现了大海而不得不戛然而止，所以后来那些把西班牙人描述为巴洛克风格、英俊、高贵的铠甲武士，挥舞着多彩旗帜，雄赳赳气昂昂地驶入太平洋，四周还有一些赤身裸体的印第安人满怀崇敬地仰望着他们之类的画作与实际情况其实是完全不符的。从一开始，这趟穿越地峡的探险就是一趟赤裸裸的寻金之旅。巴尔波亚和皮萨罗发现太平洋实际上是一次军事行动意外产生的副产品，他们真正的目的是想寻找一个据说拥有很多金银财宝的原住民部落。就在同一年，另外一位西班牙人胡安·庞塞·德·莱昂在巴哈马群岛（Bahamas）进行以寻找奴隶为目的的探险时发现了一片陆地，并将其命名为“佛罗里达”
23 (*Florida*)。西班牙人就是在贩奴和掠夺的过程中发现越来越多新大陆的。

这次探险没能找到黄金，所以当他们两手空空地在蚊虫

① 哥伦布于1506年在巴拉多利德（Valladolid）去世，享年五十四岁。他去世时皮萨罗已经在新大陆度过了四年时间。哥伦布的去世并没有获得过多关注，他本人至死仍然认为自己发现的是一条前往亚洲的新航线。

滋生的丛林中艰难跋涉时，巴尔波亚和皮萨罗变得愈发冷酷无情。途中他们抓到了一些当地的部落首领，并要求他们交代传说中的黄金藏在哪里。当部落首领们回答自己并没有听说过这样的事情后，巴尔波亚就对他们施以酷刑；可是首领们依然不能给出令他满意的答案，于是他又下令把这些人全部杀死。六年之后的 1519 年 1 月，由于与新大陆上的西班牙新总督争权，巴尔波亚最终被逮捕并被砍头。曾经作为他的副手的皮萨罗此时正是负责逮捕他的那个人。

时间来到 1521 年，四十四岁的弗朗西斯科・皮萨罗已经成了新修建的巴拿马城里最重要的地主之一。他就居住在自己和巴尔波亚一起发现的这片海洋的海岸边，与别人共有一个金矿公司。皮萨罗还享有“委托权”（*encomienda*），就是合法拥有印第安奴隶的许可。太平洋海岸线外不远处的塔博加岛（Taboga）上的一百五十个印第安人都是属于他的财产。作为拥有“委托权”的人，皮萨罗不但可以奴役这些印第安人，还有权要求他们向自己进贡。岛上有肥沃的土地可以种植庄稼，还有丰富的沙砾，皮萨罗会把这些沙砾卖给新造的大船作为压舱物。

即便如此，皮萨罗还是觉得不满足。拥有一个小岛和岛上的一百五十个印第安人算什么？其他的西班牙人，比如自己的老乡，同样来自西班牙埃斯特雷马杜拉地区的埃尔南多・科尔特斯在三十四岁的时候就已经征服了一个帝国。在 16 世纪的西班牙文化中，三十至四十五岁被认为是男性的盛年，因为此时的他们既成熟稳重，又拥有充足的精力。

不过，四十四岁的皮萨罗已经比科尔特斯开始进行征服阿兹特克帝国的大业时老了十岁了，后者花了三年时间才艰难地征服了阿兹特克帝国，而皮萨罗距离自己盛年的结束则只剩一年了。皮萨罗此时脑海中的问题无疑就是，科尔特斯发现的帝国是现在被称为新大陆的这片领域里唯一的帝国吗？会不会还有其他的帝国存在？对于皮萨罗来说，他已经
24 没有多少时间可以踌躇了。考虑到北部和东部所有有价值的东西似乎都已经被发现得差不多了，而西面连接的是无边无际的大海，那么唯一符合逻辑的寻找方向就只剩下尚未被探索的南方了。

科尔特斯的征服行动结束三年之后的 1524 年，皮萨罗和两名同伴一起建立了一个公司。他的两名同伴分别是他的埃斯特雷马杜拉老乡迭戈·德·阿尔马格罗（Diego de Almagro）和巴拿马当地的一个金融家埃尔南多·德·卢克（Hernando de Luque）。这三个人采用的就是一种起源于欧洲，此时已经在加勒比海地区的西班牙殖民地广泛使用的经济模式——私人公司（*compañía*）。

16 世纪早期的西班牙正在渐渐由封建社会向资本主义社会转型。在封建制之下，所有的经济活动都以庄园地产为中心，这些地产往往是由国王授予或分封给那些效忠于他的领主们的。领主就是土地的所有人，作为回报，领主也必须向国王效忠。除了领主和他们的家人，教区牧师，也许还有一些行政官员之外，一片封建领地中人口的最主要组成部分是农奴——正是他们的辛勤劳作才使得贵族和他们的家人衣食无忧。这个制度是严格而明确的：领主和他的家人们不需要劳动，生活在金字塔形社会层级的顶端，而广大的农民则

在他们下面终日劳苦、勉强度日。

不过，枪炮的出现让领主们的城堡不再牢不可破，所以他们已经不能再像从前那样很好地保护自己的农奴和随从了。渐渐地，农奴们迁移到了小镇里或城市中。在这些地方，劳动是为了获利的思想开始传播开来。此时人们开始联合起来，集中他们的资源，建立公司，然后雇用工人并向他们支付工资。所有的利润都归属于公司所有者，或者说资本家。任何拥有必需的技能和有效的人脉的人都可以自主创业，获取财富本身在此时成了最终目的。因此在16世纪的西班牙，如果一个人能够想办法拼凑一笔可观的财富，他就可以用这些钱实现和拥有庄园地产一样的效果，他可以为自己买来各种头衔和家族名望，提高自己的社会地位，然后还可以雇用一些仆人，甚至买几个摩尔人或非洲人做奴隶。从此，这个人就可以过上奢华享受的生活，到死还可以把他的财富留给自己的继承人。一个新的社会秩序就这样出现了。

流行的说法是征服者们都是职业军人，是受西班牙国 25
王的资助与派遣去为新兴的西班牙帝国拓展疆域的，不过实际的情况根本不是这样。现实中，这些买票上船前往新大陆的西班牙人不过是他们那些留在国内的同胞的一些有代表性的样本，他们曾经是补鞋匠、裁缝、公证人、木匠、水手、商人、铁匠、泥瓦匠、赶骡人、理发师、药剂师、钉马掌的，甚至还有音乐家。[5] 这些人里几乎没有谁做过职业军人，事实上，欧洲在那时根本就还没有出现过永久性的职业军队。

因此，前往新大陆的西班牙人中绝大多数都不是受雇于国王的，他们只是些想要到新大陆追求财富和地位的人，因为他们在自己的国家里根本不可能获得这些。加入征服新大陆探险的人们都期盼由此发家致富，这自然就意味着他们希望找到大量的原住民人口，然后依靠掠夺他们的财富、剥削他们的劳动来满足自己的生活。每支征服者队伍都是由从事各种不同职业的人组合起来的，他们通常由一个最有经验的老征服者来带领。加入队伍没有任何报酬可拿，但是所有人都盼着在征服和掠夺成功之后能分到属于自己的那一块蛋糕。分配的原则是依据个人为探险投入的多少。[6] 比如说，如果一个人带着自己的武器、穿着自己的铠甲加入队伍，那么他将来可以获得掠夺成果中一定比例的财富；但是如果他还提供了一匹马，那么他将来获得的分成就会相应地增多，以此类推。一个人投入的越多，那么在探险活动获得成功之时，他享受到的回报就越多。

从 16 世纪 20 年代开始，大多数征服探险活动的领导者实际上是以组建公司的形式进行探险的，他们一般会起草正式的合同并进行公证。[7] 因此，参与活动的人们就成了公司的合伙人，也相当于股东。与那些以提供服务或制造商品为业的公司不同的是，征服者公司的盈利计划是基于谋杀、酷刑折磨和强取豪夺的。因此，征服者们实际上并不是千里之外的西班牙国王雇用的士兵或使者，而是一种新型的资本主义风险投资的自主参与者，简言之，他们就是穿着铠甲的创业者。

26 到了 1524 年，已经四十六岁的弗朗西斯科 · 皮萨罗和他的两个合伙人建立了一个黎凡特公司（Company of the Levant），[8] 同时开始加紧招募潜在的征服者来参与他们计划的第一次风险投资活动。

这次风险投资活动的两个队长皮萨罗和阿尔马格罗从1519年开始就一起参加探险，已经建立起了一种牢固的工作关系。而且他们还是同样来自埃斯特雷马杜拉的同乡。皮萨罗在合伙事务中总是扮演领导者的角色，因为他在西印度群岛地区比阿尔马格罗多待了十多年，所以更有经验，而后者则是1514年才来到新大陆的。不过作为皮萨罗的副手，阿尔马格罗绝对是一位很有才干的组织者，因此被指定来负责即将进行的探险活动的准备工作。与他高大、精瘦的同胞不同，阿尔马格罗是个矮胖子。如一位西班牙编年史作者后来描述的那样：

> [阿尔马格罗] 个子不高，相貌丑陋，但是胆识过人、性格坚韧。他很慷慨，但是骄傲自大、喜欢吹嘘，总是没完没了地夸耀自己。他是个明智的人，绝对不敢去冒犯国王……对于别人对他的看法则完全不放在心上……我只能说……作为一个出身卑微的人，他的名声都是他自己挣来的。[9]

阿尔马格罗和皮萨罗一样，也是大字不识一个的私生子。他的母亲在他出生后不久就把他带走了，拒绝让孩子的父亲和自己的儿子有任何接触。后来，阿尔马格罗的母亲把他留给了他的一个舅舅，从此就消失不见了。舅舅不但天天打骂这个年幼的孩子，还曾经用链子拴着他的腿把他关在笼子里。最后阿尔马格罗从家里逃出来去了马德里，好不容易找到了自己的母亲，却发现她已经和另一个男人生活在一起了。她不但没有如阿尔马格罗期待的那样收留自己，反而只是隔着半开的门瞪着他，低声告诉他，他不可以留在这里。最终他的母亲离开了一小会儿，回来时递给儿子一块面包，然后就彻底地关上了自家的大门。从那以后，阿尔马格罗只能靠自己了。

对于阿尔马格罗在那之后的生活我们只有一些粗略的了解，不过最终这位未来的征服者来到了托莱多（Toledo），在那里他把一个人刺成了重伤，所以只好向南逃到了塞维利
27 亚（Seville）以逃避罪责。到 1514 年，他在自己的祖国已经彻底混不下去了，于是三十九岁的迭戈·德·阿尔马格罗搭上了一艘前往新大陆的船，在皮萨罗启程十二年之后也向着巴拿马出发了，不过当时那里的名字还叫卡斯蒂利亚德奥罗（Castilla de Oro），就是“黄金西班牙”的意思。在那里，他将结识自己未来的合伙人，十年之后的 1524 年，他和皮萨罗会率领两艘大船，载着八十名乘客和四匹马，沿着南海向南前往未被探索过的广大区域。黎凡特公司终于要自己出去闯天下了。

在他们开始探险活动的几年前，巴拿马城中就流传着各种关于南方某处有一片传说中的黄金之地的小道消息。在 1522 年，也就是皮萨罗和阿尔马格罗启程两年前，一个名叫帕斯夸尔·德·安达戈亚（Pascual de Andagoya）的征服

者沿着后来被称作哥伦比亚（以哥伦布的名字命名）的地方的海岸线向南航行了两百英里，然后又沿圣胡安河（San Juan River）逆流而上。安达戈亚寻找的是一个他认为叫作“维鲁”（Viru）或“比鲁”（Biru）的富有的部落。最终，这个部落的名字在流传的过程中渐渐发生改变，并最终被用来指代一片更加靠南的区域：秘鲁（Peru）——新大陆上自古以来为人所知的最庞大的本土帝国的所在地。

不过，安达戈亚并没发现什么，而是两手空空地回到了巴拿马。皮萨罗和阿尔马格罗稍微顺利一些，但他们只是沿着安达戈亚的足迹重新走了一遍，途中偶尔会和沿岸的原住民发生一些小规模的争斗。在一个被四处劫掠的西班牙人形象地称为“被烧光的村子”的地方，四十九岁的阿尔马格罗在和当地印第安人发生的冲突中受伤，一只眼睛永久性失明了。这里的居民对他们确实是充满敌意的，这里的土地也很贫瘠，皮萨罗和他带领的一队穿着铠甲的创业者们最终返回了巴拿马，不过并没有带回什么可以吹嘘的战利品。这次航行前后花费了将近一年的时间。

即便如此，他们还是在 1526 ~ 1528 年又率领两艘船进行了第二次航行。正是在这次参与人数多达一百六十人、历时两年的航行中，皮萨罗和阿尔马格罗才第一次感觉到自己似乎终于找对了地方。探险进行了一段时间之后，阿尔马格罗率领一艘船返回巴拿马寻求增援去了，而皮萨罗则在圣胡安河附近扎营等待他们返回。与此同时，留下的一艘船继续向南航行，进行了一些额外的探索。很快，他们就在今天的 28
厄瓜多尔海岸附近惊讶地发现远处有一艘帆船在航行。西班牙人靠近之后震惊地发现那是一艘巨大的足以到海上航行的巴尔沙木筏船，筏船以精细的棉质风帆为动力，由印第安水手驾驶。船上的二十二个印第安水手中有十一个在看到西班牙人时就跳海逃走了，剩下的则都成了西班牙人的俘虏。在强占了这艘神秘的筏船上所有的物品之后，兴致高昂的创业者们在随后写给国王查理五世（King Charles V）的信中这样描述自己的第一批战利品：

> 他们携带着各种各样的金银饰品……［还有］冠冕、腰带、手镯、护腿甲和胸甲、镊子、拨浪鼓，还有用线穿起的珠子和宝石，还有带银饰的镜子、杯子和其他饮酒用的器皿。他们还携带了很多毛料或棉质的斗篷……其他的衣物也都色彩艳丽：有大红色、猩红色、蓝色、黄色等各种颜色，而且还都绣着不同类型的华丽图案……［包括］……鸟类、兽类、鱼类和树木的形象。他们还有一些很小的用来给金子称重的砝码，就像古时候罗马人的做法一样……还有一些小小的珠绣包，里面装的是小块儿的翡翠、玉髓和其他首饰，以及小块的水晶和树脂。他们是打算把这些东西都拿去换成他们用来当钱币使用的贝壳，船上就载满了珊瑚色和白色的贝壳①。[10]

这艘能够在海上航行的筏船成了西班牙人认定这附近某

---

① 这里提到的无疑就是海菊蛤（*Spondylus*）。这些粉色的双壳贝壳价值非常高，在印加帝国中是作为祭祀圣品使用的，只有在厄瓜多尔附近的热带水域中才能找到这种贝壳。

个地方必然有一个印第安王国存在的第一个有力证据。这艘西班牙船马上载着抢来的货物返回了皮萨罗的驻扎地，让皮萨罗也上了船，然后重新向南驶去。他们在一片密林覆盖的海岸旁边抛锚停船，并给这个地方取名叫加略（Gallo），该地大约位于今天的哥伦比亚西南端。皮萨罗和其他船员就在这片蚊子成灾的海岸上等待着阿尔马格罗从巴拿马送来他们急需的补给。

随着船上库存的物资被消耗殆尽，这些西班牙人开始变得衰弱，甚至开始一个接一个地丧命，到后来一周之内就 29
有三四个人濒临生死边缘。在那段时间，整个探险队伍的士气已经跌落到了谷底，无怪乎船上的人都想返回巴拿马去。然而这次探险活动的两位决策者之一的皮萨罗丝毫没有动摇，他可是好不容易才发现了可能存在富有王国的证据。此时已经年近五十的皮萨罗是在努力了四分之一个世纪的时间之后才获得了今天这样指挥一支探险队伍的机会，一旦获得成功，他将获得最大份额的收益。如许多编年史作者后来注意到的那样，皮萨罗不擅言谈，但在行动上非常坚决，而且，在有充足动力的前提下，皮萨罗完全有能力发表一番慷慨激昂的陈词。因此，在救济船只终于赶来，他的手下都打算要放弃这次探险，登船返回巴拿马时，据说沮丧的皮萨罗拔出自己的长剑，用剑尖在沙滩上划出了一条长线，虽然已经衣衫褴褛，他还是很有气势地质问那些已经形销骨立的船员：

先生们！这条线代表着辛劳、饥饿、干渴、疲惫、

> 伤痛、疾病和所有其他各种在这次探险中必然会面临的危险，只要你还活着，你就难免会有这样的感受。那些有勇气面对并战胜这次英勇无畏的探险活动中将遇到的危险的人，请跨过这条线，用这个行动来代表你们不畏艰难的决心，也作为你们愿意成为我忠实伙伴的证明；而那些认为自己没有勇气接受这样的挑战的人，回巴拿马去吧。我并不想……［使用武力］强迫任何人。我相信上帝的光辉和荣耀，永恒的主将帮助那些留在我身边的人，哪怕我们的人数很少，主也会保佑我们永远不会像那些抛弃我们的人一样生活在贫困和匮乏之中。[11]

据说当时只有十三个人跨过了那条线，选择冒着生命危险留在皮萨罗身边，这些人后来被称为“加略之人”。其余的西班牙人都坐船返回了巴拿马，放弃了寻找“比鲁”的探险。

靠着现在仅剩的一艘船，皮萨罗和他的同伴们继续沿着海岸线南下，向着欧洲人至今还未探索过的地方行驶。这片海岸属于热带，岸上长满了粗壮的树木，还有红树林沼泽，偶尔还能看到吱吱叫着的猴子和浓密得几乎不能通行的树林。船下流淌的是凉爽的洪堡寒流（Humboldt Current），也就是从当时还未被发现的南极地区向着南美洲海岸方向流动
30 的洋流。这一队西班牙人缓缓地向南航行着，渐渐地，密林和蚊子都变得越来越少了，当到达今天的秘鲁最北端的地方时，他们终于看到了皮萨罗和只剩一只眼睛的阿尔马格罗日思夜想地寻找了很多年的东西——一个印第安城市，城中有

上千座建筑和宽阔的街道，还有远看像是船一样的东西停泊在港口。此时是1528年，对于这一小拨航行了一年多，已经衣衫褴褛、瘦骨嶙峋的西班牙人来说，他们即将迎来自己与印加帝国的第一次真正接触了。

西班牙人在临近海岸的地方停泊好之后，很快就看到几条巴尔沙木筏船从岸边向他们划来。皮萨罗知道自己的人手太少，根本不可能征服这么大一个城市，所以他应该做的是采取外交手段，借机获得更多他们无意中遇到的是什么人、来到的是什么地方的信息。眼看着印第安人的筏船越来越近，西班牙人已经穿好了铠甲、握紧了宝剑准备战斗。这些印第安人会是充满敌意的还是亲切友善的？这里还有别的城市吗？他们有金子吗？这里是一个单纯的城邦国家，还是隶属于更大王国的一个城市？

人们可以想象当西班牙人发现筏船上的印第安人不仅是友善的，而且还给他们送来食物作为礼物时长舒了一口气的心情。食物里包括一种特别的“羊肉”（其实是美洲驼的肉）、异域的水果和样子奇特的鱼，还有用罐子装的清水，另一些罐子里则装满了一种气味很冲的液体，就是现在人们所称的吉开酒（*chicha*），西班牙人很快明白这其实就是一种啤酒。登船的印第安人中有一位显然是受尊敬的首领之类的，他穿着有花纹的棉质长袍，耳垂因为巨大的耳洞而变长了，耳洞里戴着木质的塞子，而其他人则都没有佩戴这样的装饰。

当时的西班牙人还不知道，这个人要么是个印加贵族，要么就是本地的印第安人首领，这两类人就是组成统治阶级的精英群体，后来西班牙人把这些贵族统称为“大耳朵”（*orejones*），因为他们的耳朵上都戴着巨大的有象征性的圆盘来表明他们的贵族身份。[12]面前这个“大耳朵”到船上来就是为了探明这艘陌生的船到自己的水域里要做什么以及船上这些留着大胡子的陌生人是什么人（印加帝国的人和美洲地区大多数的印第安人一样，面部胡须很少）。虽然双方除了比画一些手势之外根本无法沟通，但是这个“大耳朵”对他们的各种盘问还是让西班牙人感到惊奇。
31 他们表达了诸如“他们从哪里来，来自哪片大陆，来这里想要寻找什么”[13]之类的问题。印加贵族随后又仔细地查看了他们的船，研究了上面的设施，按西班牙人的推测，他显然是要了解清楚好去向自己的主人汇报。按“大耳朵”的说法，他伟大的国王叫瓦伊纳·卡帕克（Huayna Capac），生活在内陆的某个地方。经验丰富的皮萨罗从来到新大陆那一天起，干的就是抓捕、奴役、杀害和折磨当地印第安人的行当，此时他绝对是使出了浑身解数运用一套假装友善的外交手段，在隐瞒自己真实目的的同时尽量了解对方的信息。为了感谢印第安人的礼物，皮萨罗立即给“大耳朵”送上了一公一母两头猪、四只欧洲母鸡和一只公鸡，还有一把铁质斧头，“这似乎令‘大耳朵’感到非常高兴，好像比送给他百倍的黄金还令他满意”。[14]当“大耳朵”准备返回岸上的时候，皮萨罗不失时机地下令让自己的两个手下陪同他前往，这两个人分别是阿隆索·德·莫利纳（Alonso de Molina）和一个黑人奴隶，于是他们俩也就成为第一个踏上今天秘鲁地区海岸的欧洲人和非洲人。[①] 莫利纳和那个黑人奴隶一上岸就马上成了名人。城里的居民成群结队地去围观奇特的船只和两个来自异域的访客。西班牙人后来得知这个城市叫作通贝斯（Tumbez）。

> （城里的人）全都跑出来看母猪、公猪和母鸡，公鸡的叫声让他们觉得格外有趣。不过这些都比不上那个黑人奴隶引起的轰动。人们一个劲儿地盯着他看，还让他用水洗洗好确认他满身的黑是不是什么涂上去的颜色。黑人奴隶被逗乐了，笑得露出了雪白的牙齿。人们络绎不绝地跑来看他，以至于他连吃饭的时间都没有了……无论哪里有人想看［他］，他都会去，因为在此之前，这里的人还从未见过他这样的人。[15]

与此同时，西班牙人阿隆索·德·莫利纳显然已经被眼 32
前这样一种先进的本地文明所震惊了，不过他也受到了和自己同伴类似的对待。毕竟，在 16 世纪，这两个人差不多就相当于今天的宇航员一样，是遥远的陌生文明派来的使者。

> 人们观察西班牙人［莫利纳］的胡子和白色的皮

① 四年之前的 1524 年，一个名叫阿莱绍·加西亚（Aleixo Garcia）的葡萄牙探险者其实已经带领着一支两千人的瓜拉尼印第安人劫掠队伍入侵了印加帝国的东南角，攻陷了几个位于今天的玻利维亚境内的城镇。当时的印加人在瓦伊纳·卡帕克的领导下击败了侵略者并修建了一连串的堡垒来巩固边界的防卫。1525 年加西亚在巴拉圭河（Paraguay River）上被杀死，当时距离他入侵印加帝国仅仅过去了一年，距离弗朗西斯科·皮萨罗和他带领的一小队人员登陆今天秘鲁的西北角地区还有三年时间。

肤。他们问了他许多问题，但他一个也听不懂。无论是老人、小孩儿还是妇女都愉悦地看着他们两人。阿隆索·德·莫利纳在通贝斯见到了很多建筑物和其他非凡的东西……比如灌溉水渠、大片的农田、各种水果和一些羊［美洲驼］。很多印第安妇女都来跟他讲话——她们容貌姣好，还遵循自己的习俗穿着各式各样的精致衣物。人们还送给他许多水果或其他一些他们拥有的东西让他带回船上去。他们比画着询问［这些西班牙人］要去哪里，从哪里来……那些跟他讲话的妇女中有一位非常美丽的女士还让他留在这里生活，说他可以从她们之中任意挑选一位姑娘做妻子……当他［阿隆索］回到船上的时候，他还处于刚刚发生的一切带来的震惊之中，以至于一句话也说不出来。他［最终］汇报说城里的房子都是用石头砌的，他去面见领主［当地的印加执政者］的时候，先后穿过了三道有卫兵把守的大门……印加人还用黄金白银制成的杯子给他送上饮品。[16]

随后皮萨罗又派了几个人登陆去核实莫利纳和黑人奴隶汇报内容的真假，这些人返回时说：

［他们］看到了银质器皿，还有很多银匠在工作；有些神庙的墙壁上都覆盖着银箔或金箔；那些据称是属于太阳神的女人们都非常漂亮。听到这些的西班牙人都陷入了狂喜，无不企盼着在上帝的帮助下能捞到属于自

己的那份收益。[17]

现在西班牙人的船上已经装满了新鲜的食物和水，皮萨罗和他的船员们继续沿着海岸探寻。在秘鲁的西北角一个临 33
近今天的卡沃布兰科（Cabo Blanco）的地方，皮萨罗乘坐一条独木舟上了岸。他在那里沿着曲折的海岸线上上下下探查了一番，然后召集起自己的手下，据说当时皮萨罗对所有人宣布道：“你们都是我的见证人，我会为我们的君王、为我们的主、为卡斯蒂利亚王国的皇室桂冠占领这片土地和我们发现的其他一切！”[18]

对于那些听到皮萨罗讲话的西班牙人来说，很快就会被误读成“秘鲁”的“比鲁”这个地方因为他的宣称占有就变成属于远在一万两千英里之外的西班牙君主所有了。在三十五年前的1493年，通过贿赂买到教皇之位的西班牙人教皇亚历山大六世（Alexander Ⅵ）就颁发了教宗诏书，宣布佛得角群岛向西三百七十里格以外的土地全部归属西班牙王室，而这条纵向分界线以东所有尚未被发现的地区则归属当时欧洲的另一个海上强国葡萄牙，所以巴西被划归了葡萄牙所有。仅凭教皇一句公告，西班牙皇室就获得了神圣的恩赐，从此对大片的疆土及尚未被发现的生活于其上的人民拥有了权利。根据公告的说法，这些新地方的居民都是西班牙国王的子民——剩下要做的就是找到他们并告知他们这个事实。

1501年，伊莎贝拉女王批准了这样的安排：她说新大陆上的“印第安人”都是她的“子民和奴仆”，因此这些人一经发现就要被立刻告知他们有对西班牙君主“进贡和服从”的义务。这种思维定式带来的必然结果就是新大陆上的居民无权抗拒教皇的法令，因为那当然是上帝的旨意，任何拒绝遵从上帝命令的人都成了“叛徒”或“非法的战士”。这同时也是贯穿了整个征服秘鲁的过程中反复不停出现的主题和争论，一直持续到印加的最后一位君主时期。

在皮萨罗自己看来，他的探险算是非常成功的。此时他们的船上有被称作美洲驼的欧洲人之前从未见识过的物种，可能某些西班牙人会觉得它们看起来像圣经木版画上的骆驼。船上还有做工精细的当地的陶器和金属器皿、纹路复杂的用棉线或另一种他们根本不知道是什么的被当地人称为羊驼毛的纺织材料制成的衣物。除这些之外，船上还有两个印第安男孩，他们分别被重新取名为费利皮略（Felipillo）和马丁尼略（Martinillo）。这两个男孩是西班牙人向当地人要来的，而当地人竟然还同意了。西班牙人打算把这两个男孩
34 训练成将来航行活动中的翻译。皮萨罗现在已经有了充分的证据证明他们已经与一个似乎很富有的印第安王国的边缘地区进行了接触。

不过随着自己的船只越来越靠近巴拿马，皮萨罗难免担心关于自己的发现的消息会被泄露出去，难保届时不会有其他西班牙人先于他驶向南方，夺走这个很可能回报颇丰的征服机会。所以皮萨罗只有一个办法，他必须回西班牙去亲自向国王和女王陛下申请获得攻打和掠夺这个似乎尚未与外界发生接触的印第安王国的专属权利，否则，一些匆忙组建起来的掠夺公司也许就要抢在他的前面了。皮萨罗把阿尔马格

罗留在巴拿马为他们的下次航行做准备，他本人则穿过地峡，买了一张帆船的船票，返回了那片他已经三十年没有见过的故土——西班牙。

五十一岁的弗朗西斯科·皮萨罗于1528年年中抵达了有城墙围绕的塞维利亚。曾经资助过哥伦布的费迪南德国王和伊莎贝拉女王在十几年前就已经去世了。现在在位的是他们的外孙——二十八岁的查理五世。皮萨罗很快就赶到了托莱多并在那里请求获得国王召见。此时距离一贫如洗的二十四岁青年启程前往新大陆寻找致富机会已经过去了近三十年。皮萨罗此时不但拥有三十年探险和征服的经验，协助发现了太平洋，还驾船沿着南海未知的海岸行驶到了其他任何欧洲人都没到达过的更靠南的地方。皮萨罗百般小心地将美洲驼、珠宝、衣物、少量的黄金和那两个美洲印第安男孩都带回了西班牙，那两个男孩的西班牙语都进步神速。皮萨罗打算凭借他认为的自己攥住的这张王牌——在一片被他称为秘鲁的地方发现了一个此前无人知晓的印第安帝国——来向国王施加影响。

不过，皮萨罗很快就发现自己并不是唯一一个前来游说国王的征服者。七年前征服了阿兹特克帝国的埃尔南多·科尔特斯就刚刚用一系列堪比亚历山大大帝财富的宝物让整个皇室宫廷都感到眼花缭乱。科尔特斯天生是个善于出风头的人，他带来的四十名美洲印第安人中有三人正是阿兹特克帝国君主蒙特祖玛（Montezuma）的儿子，蒙特祖玛本人已经 35
在科尔特斯征服阿兹特克帝国的斗争中不幸丧生。科尔特斯此行还带来了当地的舞蹈演员、杂技演员、变戏法的、侏儒和驼背人；除此之外，还有艳丽的羽毛头饰和斗篷、扇子、盾牌、黑曜石镜子、绿松石、玉石、银子、黄金，甚至还有一只犰狳、一只负鼠和一对咆哮的美洲豹，这一切都是这里的人们从未见识过的。

这样精彩的表演自然获得了理想的效果。虽然科尔特斯是在没有获得官方授权的情况下冒险征服阿兹特克帝国的，但是查理国王完全被展示给自己的一切所震惊了，不仅对于之前的一切忽略不计，还让伟大的征服者享受了坐在他身边的巨大荣誉。最后国王加封科尔特斯为侯爵，授予他墨西哥总司令的称号，赐予他面积广大的地产，包括其中二万三千名隶属于他的阿兹特克人奴仆，还许可他在未来的征服成果中享有8%的份额。国王权杖一挥，就让科尔特斯正式成为全欧洲最富有也是最出名的人物之一。现在，在确保自己拥有了皇室的支持以后，科尔特斯和他的征服活动就不会再成为其他西班牙人妄想争夺的目标了。

由于对科尔特斯的来访印象深刻，所以查理国王接待皮萨罗的时候也很友好。虽然皮萨罗花了近三十年才走到今天这一步，不过他的社会地位显然提高了，曾经的埃斯特雷马杜拉农民如今竟然可以站在欧洲最有权势的统治者之一面前。国王查理五世不久就会被授予神圣罗马帝国皇帝的称号，他不但是西班牙国王，还是荷兰的统治者，今天的奥地利和德国的一片区域在当时也属于他，他的领地还包括两西西里王国、加勒比海上的各个岛屿、巴拿马地峡，以及最近被科尔特斯征服的墨西哥。在国王和他的朝臣面前，皮萨罗献上了他的美洲驼，当地的衣物、器皿、陶器和其他物品。
他还描述了他和他的手下在这片刚开始被探索的地区看到的
那些事物——井然有序的通贝斯城、城中的建筑和居民，还
有那些经过复杂切割的石料，尤其是室内墙面上铺满的闪闪
发光的金箔。平时沉默寡言的征服者这次显然成功地推销了
自己的行动，在 1529 年 7 月，国王查理五世已经启程前去
出席自己的加冕仪式之后，王后伊莎贝拉（Queen
Isabella）[1] 签署了一份皇室授权（*capitulación*），许可皮萨 36
罗为唯一有权征服未被探索的秘鲁地区的人。不过王后也明
确地提出了自己要从皮萨罗那里得到的回报：

> 至于你，弗朗西斯科·皮萨罗队长，既然你有意为王室效力，你可以自费继续进行前述的征服和殖民活动，除本授权中授予你的权力之外王室在任何时候都不负责承担这些活动中可能产生的费用。
>
> 首先我许可并授予你权力……可以以王室以及卡斯蒂利亚王国的名义为王室继续在秘鲁沿海岸地区二百里格［七百英里］范围内进行前述的探索、征服和殖民活动……
>
> ［此外］你应当清楚自己是我们的主和王室共同意志的执行者，为表示对你的尊敬，以及出于协助你行动的目的，王室承诺将任命你为总督和总司令，管辖两百

---

① 国王查理五世在 1526 年 3 月 10 日迎娶了自己的表妹——葡萄牙公主伊莎贝拉，后者与自己的外祖母，曾经资助过哥伦布的卡斯蒂利亚王国的女王伊莎贝拉一世同名。

> 里格范围内秘鲁所有地区现在及将来存在的土地和村庄，你在有生之年还会获得每年七十二万五千西班牙金币（maravedis）的薪水。上述钱款从你启程开始进行占领和征服活动之日起计算，可在你从殖民地获得的属于王室的收益中扣除……
>
> 另外，我们授予你秘鲁总督和元帅的头衔，终生有效。[19]

这个合同已经是皮萨罗能期待的最好的结果了，而且经过了正式的公证、签字，加盖印章后被送到他的手上。王后陛下特别声明的就是在费用方面，皮萨罗几乎完全要靠自己解决。鉴于皮萨罗是黎凡特公司的首席执行官之一，他和他的合伙人们必须负责筹集资金来添置所有必需的工具和设备，这样他们的公司才能去开展自己最擅长的事业——掠
37 夺。要让一个印第安帝国俯首称臣所需要的装备包括船只、枪炮、刀具、弓箭、匕首、长矛、马匹、火药和补给等，这些都要靠征服者自己想办法筹集，就如他们之前进行那些探险活动时一样。

虽然皮萨罗已经组建了公司，找到了他想找的印第安帝国，获得了皇室的授权，不过他仍然需要进一步的协助。此时最重要的问题就是如何集结起一大批年轻力壮、装备齐全、愿意和他一起前往新大陆，并且能够听命于他的创业者。再没有哪里比埃斯特雷马杜拉更适合找到这样的人了。因此，觐见了国王陛下之后，皮萨罗前往了他的老家特鲁希略，打算在那里招募一批新的征服者。

皮萨罗没费吹灰之力就召集到了这样一批人，似乎每个年轻的西班牙人都想要参与这样的活动，就像现在的人们都想要投资一个火热、新颖的首发新股一样。在那样一个极度贫困的地方，土地干旱贫瘠，庄稼收成不好，所以当任何哪怕有一丁点儿可信的致富机会摆在面前时，谁不愿意抛弃一切放手一搏呢？也许他们到了新大陆上就能立即获得一大片地产，从此衣食无忧，或者说不定能够把大笔的钱财带回家乡。在特鲁希略，皮萨罗把自己的四个不同母亲或父亲的弟弟全都召集来了，他们分别是二十九岁的埃尔南多（Hernando）、十九岁的胡安（Juan）、十八岁的贡萨洛（Gonzalo）和十七岁的弗朗西斯科·马丁（Francisco Martín）[20]。兄弟五人很快就会成为这项事业的核心团队，在接下来的很多年里，无论他们面临的环境有多么艰难和危险，他们一直紧密团结、忠于彼此。

根据有些说法，皮萨罗在宫廷里进行演讲之后不久，已经收获了头衔和嘉奖的埃尔南多·科尔特斯和皮萨罗见了一面。因此，在某一段时间里，这两个各自攻占了一个帝国的男人的命运是出现过一段交集的。没有任何关于他们谈话内容的记录留存下来，但是腰缠万贯的科尔特斯很可能给自己同样充满野心的亲戚提供了一些建议，因为在他们见面之后，皮萨罗要去秘鲁重现科尔特斯在墨西哥达成的伟业的决心更加坚定了。

最终，在 1530 年 1 月，皮萨罗带领着一支载满了一群准征服者的船队从塞维利亚扬帆起航了。这些人此前没有任何前往新大陆的经验，而在将近三年之后的 1532 年

11 月，皮萨罗和他的四个弟弟最终将带领其他一百六十三名西班牙人爬上安第斯山脉，在空气开始变得清冷和稀薄的地方与伟大的秘鲁君主阿塔瓦尔帕面对面地决一死战。

第三章　安第斯山脉上的超新星 38

人们不应该只满足于抵挡住别人的进攻，而是应当先下手为强，不给别人进攻自己的机会。我们也不该预先设定我们的帝国在达到什么目标时就可以停止向前。我们所在的位置使得我们绝不能够满足于维持现状，而是要谋求继续扩张，因为一旦我们停止统治他人，就会面临被别人统治的危险。[1]

——修昔底德，《伯罗奔尼撒战争史》，公元前5世纪

印加［君主帕查库提］随后攻打了距离库斯科四十里格的索拉人（Soras）领地。当地人站出来抵抗他的入侵，质问侵略者为何要来强占他们的土地，告诉他们要么撤退，要么就会遭到武力驱逐。双方为此开战，两个索拉城镇被攻陷……镇上的人被击败，并作为俘虏被抓回了库斯科，城中充满了胜利的喜悦。[2]

——佩德罗·萨缅托·德·甘博亚，

《印加人的历史》，1572年

1532年4月，弗朗西斯科·皮萨罗的船队返回南美洲，

做好了开始征服秘鲁王国的准备，远处的印加城市通贝斯已经进入了他们的视线范围，可是相比于他上次来到这里时看到的一切，这里发生的巨大变化让皮萨罗吓了一跳。四年前，这个井井有条的城市里还有超过一千栋的住宅和用精美切割的石料建造的设施齐备的房屋。如今，整座城市已经变为一片废墟。墙壁都坍塌了，房屋都被毁了，大部分的人口也消失不见了。到底是谁走漏了风声？

40 当皮萨罗在城市的废墟中徘徊时，他向一脸茫然的居民询问了一些问题，依靠的正是他的两个翻译费利皮略和马丁尼略，就是那两个学会说西班牙语的印第安男孩。通过他们的翻译，皮萨罗开始慢慢拼凑出这里大致发生了什么，不过其中很多细节还是要再等很多年才能完全弄清楚。

1528 年皮萨罗第一次抵达通贝斯的时候，印加帝国还处于一位强大的君主瓦伊纳·卡帕克的统治之下。刚好就在那段时间，印加人也正在今天的厄瓜多尔境内进行一场军事行动，目的是要镇压当地反对印加统治的暴乱。① 印加人本身是一个人数相对较少的民族，最初只生活在非常靠南的地区，也就是库斯科河谷中。在大约 1200 ~ 1400 年这两百年间，印加人不断巩固他们在库斯科盆地中的统治地位，同时通过征服或联姻的手段吞并了周边的一些邻居并渐渐发展成一个小国家。随后，从 15 世纪初期开始，印加人突然发起了一系列持久的军事行动，征服了从安第斯山脉到沿海地区的

---

① 或者说至少某个印加人是这么告诉西班牙人的，说那里曾经出现了“暴乱”。不过在印加人关于征服扩张的意识形态中，随处可见他们为自己数不清的军事和征服行动进行辩护的政治宣传。

经过防腐处理的君主瓦伊纳·卡帕克的尸体由印第安人轿夫用轿子抬着送到库斯科去。君主的死因是感染了随着欧洲人的到来而传入的天花。

各个部落。印加人的战斗技能和组织能力显然都是极为出众的，因为他们在短短六十年的时间里就从一个领地面积直径不超过一百英里的小王国一跃成为疆域绵延二千五百英里的大帝国——仿佛是一颗在安第斯山脉核心地区爆发的超新星。

印加民族的人口从未超出过十万，而他们一点点拼凑起来的帝国其实也只是过去一千多年的时间里在安第斯山脉和沿海地区兴起又衰落的一连串王国和帝国中最新的一个而已。人类是在大约一万两千五百年至一万五千年前第一次来到南美洲的。那些人的祖先据推测是穿过白令海峡的陆桥来到了北美洲和中美洲地区的。那时世界还处于最后一个冰川期中，在接下来的三千年左右的时间里，人类开始以使用石头制造的工具狩猎及采摘野果为生。随着冰川期逐渐走向尾声，动植物也逐渐发生了变化，在大约公元前 8000 年的时候，有考古证据证明的最早的农耕出现
41 了——考古学家在今天的玻利维亚北部发现了人类种植的马铃薯的残余物。最终，在公元前 8000 ~ 公元前 3000 年这一段五千年的时间内，生活在今天秘鲁境内的人们学会了驯养动物（美洲驼和羊驼）及种植粮食作物（马铃薯、玉米、藜麦、豆类、辣椒、南瓜和番石榴等），于是他们停止了靠狩猎和采摘野果为食的生活方式，改为在乡村和城镇中永久定居。随着生产出的粮食越来越充足，本地的人口也开始逐渐增多了。在这之后，海岸边就开始出现了一些奇怪的东西。[3]

秘鲁的沿岸平原地区就是位于西边的太平洋和东边的安第斯山脉之间很窄的一块条状陆地，南北纵长大约有一千四百英里，平均宽度却还不足五十英里。这里大部分地区非常干旱，很多地方几年都不下一场雨。不过有超过三十条河流流经这条细长的沙漠地带，它们都是从安第斯山脉上流下，

最终汇入太平洋的。这些河谷地区土地肥沃，还有充足的水源——对于最初的农耕者来说是再适宜不过的地区。与此同时，由于有沿着海岸向北流动的洪堡寒流，这附近的海域也成为世上蕴含鱼类资源最丰富的海域之一。从大约公元前3200年起——也就是和埃及人建造他们的第一座金字塔差不多相同的年代——生活在秘鲁北部海岸的人们开始在大广场附近建造阶梯式的土丘和仪式性建筑，并且开始大批地定居于此，与别人不同的一点在于，他们不怎么种地，更主要的是以到海里捕鱼为生。在另一些沿岸的低地河谷地区，其他一些以种地为主的人也成群地定居下来，并开始建造他们自己的城市建筑。

关于接下来的三千年我们略去不谈，总之人口逐渐增长，可耕地资源成了人们竞相争抢的目标，虽然面临着无规则可循的气候条件，但是食物生产的手段已经愈发先进，一个河谷里的人逐渐征服了临近几条河流的谷地，于是就形成了秘鲁北部海岸地区的第一个国家，或者说王国——莫切王国（100～800年）。① 莫切王国居民的生活方式与那些在秘鲁已经生活了几千年的最初的农耕者是不同的。比如说，后者只需要生产足够自己食用的粮食及进行下一季耕种的种子就可以了。总体上他们不交税，也不隶属于任何人。[4] 然而到了第一个王国兴起之时，农民们被要求必须生产出超过他 42
们私人所需数量的食物或提供额外的劳务。这些富余的部分

① 西南美洲是世界上仅有的六个建立起了国家级别社会的地区之一。其他五个地区分别是中美洲、美索不达米亚、印度河谷、埃及、中国。

就是被无偿贡献出来以供养统治者以及一个新形成的上层阶级的。又过了几千年的时间，在海岸边各个地方和安第斯山脉上不同的地区，越来越多的秘鲁居民逐渐转变成了农民或者说纳税人这种新的人类阶级。[5]“文明”由此产生，其最初的形式可以被定义为一种基于统治者和生产食物的种植者之间因分工不同而形成复杂社会秩序的发展过程。就在秘鲁贫瘠的沙漠和安第斯的高山之上，一场革命已然上演，正是这场革命为随之而来的秘鲁文明奠定了基础。一小部分人，或者说精英阶层们逐渐获得了对数量上多得多的人民群众的统治权。

最终这里出现了一系列庞大而复杂的政治体，包括蒂瓦纳库（Tiwanaku）、瓦里（Wari）和奇穆（Chimu）。900 年，在的的喀喀湖（Lake Titicaca）地区的蒂瓦纳库文明已经繁荣了七百多年之久。他们不但竖立起了体积巨大、切割完美的独石像和神庙，还能够锻造铜质工具。蒂瓦纳库的首都位于海拔一万二千六百英尺之上的地方，城中居民数量在两万五千人至五万人之间（当时伦敦的人口大约是不到三万人）。

到 1400 年，蒂瓦纳库王国早已经消亡。此时在秘鲁西北沿海地区渐渐崛起的是奇穆帝国，在征服了一个接一个的河谷地区之后，帝国的疆域被扩大到了将近一千英里的范围，从北部的通贝斯沿着海岸一直延伸到如今秘鲁首都利马所在的位置。如果西班牙人比他们实际到达的时间早一百年来到这里，也就是 1432 年而非 1532 年的话，那么西班牙编年史作者们一定会兴奋地记录下伟大的奇穆帝国和他们所拥有的金银财宝——远在南方的渺小的印加王国则完全不会被他们看在眼里了。

当奇穆帝国的君王们忙着管理自己的帝国、修建灌溉水渠，以服劳役的形式向他们管辖之下的大批农民征税的时候，远在南方的原本弱小的印加王国突然开始扩张。根据印加传说，开始这一进程的君主名叫库西·尤潘基（Cusi Yupanqui），他可以说是印加版的“亚历山大大帝”。[6] 在15
世纪初期他的王国开始壮大的这段时期之前，印加人原本只 43
占据着安第斯山脉上海拔一万一千三百英尺的以库斯科河谷为中心的极小的一个地区。印加王国与当时秘鲁存在的其他王国并没有什么不同，都是农民将自己的权利让渡给武士君王，印加统治者声称自己理应拥有高于他人的地位的具体理由则是，自己就是太阳这一万物生存源泉的神圣后裔。

因为土地和资源都是有限的，所以分散在秘鲁各地的高山王国和小一些的政治体不是时刻安排侍卫站岗放哨来提防他人的攻击，就是在忙着计划怎么去攻击别人。一个王国要想存续下去，统治者就必须保护好自己继承或是抢占来的富饶土地，以及那些通过在田地上耕作来供养自己，并且为自己而战的农民。只有先保障了自己王国的完整性，统治者以及和他有关系的那些精英们才能继续掌握权力并保留拥有各种特权的生活方式。一个统治者可能拥有各种各样的特质，但是最基本的一点必须是善战。鉴于他们是处在一个高度竞争的环境中，边界之外任何一个好战而意欲扩张的王国都可能随时向他们发动致命的攻击，所以精英们都意识到拥有广大疆域的王国往往能占据明显的优势。王国越大，可召集的勇士就越多，也就越不容易被外来攻击打败。

根据印加的口述历史，在15世纪初期，生活在库斯科以西安达韦拉斯（Andahuaylls）中部地区的昌卡王国（Chancas）垂涎于尚很弱小的印加王国控制下的河谷地区的富饶土地，于是集结了一支军队向东行进，下决心吞并印加人的王国，从而扩大本国的疆域。因为印加人人口稀少，还因政治而处于四分五裂的状态，所以昌卡人的胜利似乎唾手可得。

当时在位的印加君主名叫维拉科查·印加（Viracocha Inca），他年事已高，不愿应战，而是选择弃城出逃，躲进一个堡垒里，这么做无异于将自己的王国拱手让人。然而，他的一个儿子库西·尤潘基抓住了这个机会：他很快和附近的一些民族结成了联盟，组建了一支军队，无畏地前去迎接昌卡人的挑战。他们那时使用的武器还是顶端有石头或铜质长钉的大木棒。在随后进行的激烈战斗中，印加人彻底击败了昌卡人。原本一次看似不可避免的灭顶之灾反而变成了一场压倒性的胜利。

44 罢黜了自己的父亲之后，库西·尤潘基选择了“帕查库提”（Pachacuti）作为自己的新名字，这个词语的意思是“大动乱、大灾难”或“将要颠覆世界之人”，用在他身上非常恰如其分，因为帕查库提很快就开始着手重整印加王国。他在首都库斯科修建了宽阔的大道，下令使用精确切割的石料建造房屋和宫殿，这种建筑风格自此之后就得名为“帝国样式”。根据编年史作者佩德罗·萨缅托·德·甘博亚的记述：

> 帕查库提接下来将自己的心思放在了人民身上。他看到自己的领地中没有足够的土地供他们耕种以维持生计，于是到城市之外四里格范围内巡视了一圈，考察了河谷的地形、环境特点和各个村庄的情况。考察结束之后，他将城市周边两里格范围内原本的居民都赶走，把这些地方的村庄纳入城市范围并分配给城中的居民。而那些被赶离家园的人则被重新安置到了别的地方。库斯科的市民们对这样的安排非常满意。帕查库提用从别人手里抢来的东西换取了城中人的认可，并且一举将坦博河谷（Tambo）① 地区据为己有。[7]

可能是因为脑海中关于最近一次昌卡人的攻击和印加王国几乎濒临灭亡的记忆还甚是清晰，帕查库提很快就将他的注意力转移到了王国的边界上。他的疆域范围至此还只是几天之内就能走遍的一小片地方。过去的印加君主们也会偶尔抢劫邻近的村庄或是向他们索要贡品，但帕查库提成了第一个大规模夺取并侵占附近土地的印加君主。他无疑已经意识到劫掠只能是一次性的获益，相反，一旦他控制了生产资料，即土地和农民，那么他的统治源泉就是取之不尽的。

很快，帕查库提带领着一支由应征入伍的农民勇士组成的军队展开了一系列军事行动，其规模是之前任何一位印加君主想都不敢想的。帕查库提带领的军队一路攻城略地，很快就将国土面积向南推进了六百英里，越过了的的喀喀湖，

① 坦博河谷就是现在的圣谷，也被称作维坎纳塔河谷（Vilcanota Valley）。

45 到达了今天的玻利维亚和智利北部地区。至于在西北方向，帕查库提同样迅速征服了各个部落、王国和散布在安第斯山脉上的一些城邦国家。帕查库提和他的儿子图帕克·印加（Tupac Inca）一系列大胆的进攻最终颠覆了占据着西北海岸地区的古老的奇穆帝国。帕查库提和他的儿子总共仅用了不超过一个人常规寿命的年限就占领了安第斯山脉上绵延一千四百英里的国土，涵盖了从今天的玻利维亚到秘鲁北部，以及邻近的大片海岸地区。印加人再也不是一个弱小、容易受到他国军队攻击劫掠的群体。帕查库提成了第一位建立起一个名副其实的帝国的印加君主。他创建的帝国是一个幅员辽阔的多民族联合体，一个通过武力征服创立的帝国，一个仅由帕查库提和一小拨印加精英统治的帝国。

帕查库提给他的新帝国取名为塔万廷苏尤（Tawantinsuyu），即“四个部分联合起来”的意思。他把自己的国家分为了四个部分，分别是：钦察苏尤（Chinchaysuyu）、孔蒂苏尤（Cuntisuyu）、科利亚苏尤（Collasuyu）和安蒂苏尤（Antisuyu）。① 首都库斯科就位于这四个苏尤的交汇点上。某种意义上说，帕查库提和图帕克·印加一起完成了一项征服大业，他们通过威吓、协商，或者是血腥的武力，最终征服了各个新地区，确定了各处应当缴税的农民的人数，安插印加人到各地作为执政者，组建行政团队负责监督并收缴税费，然后印加大军就会开拔前往

---

① 在印加人的盖丘亚语中，“*Tawantin*”是四个东西集合在一起的意思（“*tawa*”意为“四个”，“-*ntin*”的后缀表示集合体；“*suyu*”是“部分”的意思）。

下一个目标。如果当地的精英阶层愿意合作，他们就能保住自己享受特权的地位，并且为自己的配合而获得丰厚的回报；如果不合作，就会被印加人毫不留情地杀死，连同自己的支持者一起被赶尽杀绝。农民就像一种庄稼，可以以收税的方式定期被收割。事实上，听话、温顺、能创造出剩余产品的劳动者比印加人在安第斯山脉上种植的五千多个品种的马铃薯更有价值，也比供印加人定期剪毛吃肉的成群的美洲驼和羊驼更有价值。印加人想要占有的其实就是这些农民和他们耕种的土地，也正是通过以缴税的形式剥削这些农民的劳动，印加的精英阶层才得以不断扩大自己的财富、威望和权力。

图帕克·印加不仅在北部和海岸地区进行了一系列成功的军事活动，还将印加帝国的版图进一步向东扩张，率领军队从安第斯山脉上高海拔的寒冷平原下行进入酷热的亚马孙
丛林。随后他又将帝国南部边界再推进了七百多英里，越过 46
了今天的智利首都圣地亚哥。

到图帕克·印加的儿子瓦伊纳·卡帕克继位时，那个像超新星一样爆发的印加帝国已经发展到了自己的顶峰，它的扩张大业也已经接近完成。此时的帝国北至今天的哥伦比亚南部，南到智利中部，东西则是从太平洋沿岸一路翻过宽广雄伟、有多座海拔超过两万英尺山峰的安第斯山脉，再延伸到低平的亚马孙丛林。让人惊奇的是人数不超过十万的印加精英阶层最终竟然控制了超过一千万的人口。在帝国边境之外，再没有一个未被征服的王国或农民群体，剩下的就只是一些不成国家的无法控制的零散人口。印加人在这样一些地

区里划定自己的边界，并修筑堡垒来保护自己的土地免受那些无国无家的“蛮荒之人”的入侵。印加人革命性地占领安第斯山脉大面积地区的行动只靠帕查库提和图帕克·印加两代人就实现了。因此，帕查库提的孙子瓦伊纳·卡帕克即位后进行的有限的军事活动就只是巩固一下边防，并平定帝国北部最后一个起义部落的反抗。

不过，在征服了帝国北部今天厄瓜多尔境内的地区之后，瓦伊纳·卡帕克开始听到一些关于他的帝国面临着奇怪的新威胁的汇报，这种威胁远比任何一个地方性的起义都更加致命。当时可能就是从北方跑步来传信的信差“查斯基”（*chaskis*）把这个消息送到君主的宫廷之上的。信差上气不接下气地汇报说当地出现了一种疾病，一种可怕的、击垮了很多居民的疾病，受感染的人先是会全身长满可怕的疹子，然后就越来越虚弱直至死亡。更糟糕的是，这种疾病现在正向着基多（Quito）蔓延，也就是瓦伊纳·卡帕克和他的皇室随从此时居住的地方。这样的描述令君主感到毛骨悚然，他立刻决定把自己隔离保护起来并开始进行斋戒，希望能够以此避免接触这种神秘的瘟疫。然而，一切都已经晚了。根据编年史作者胡安·德·贝坦索斯（Juan de Betanzos）的记述：

> （瓦伊纳·卡帕克很快就）病倒了，恶疾夺走了他
> 思考和理解的能力，他的皮肤上像麻风病人一样起了疹
> 子，身体也变得很虚弱。他的贵族们看出他已经病入膏
> 47 肓，于是来到他的面前，在他似乎还有一点意识的时候

请他指定一位继承人，毕竟他已经时日无多了。[8]

病重的君主告诉贵族，他的儿子尼安·库尤切（Ninan Cuyoche）应当继承整个帝国，但是如果占卜的结果不祥的话，就由另一个儿子瓦斯卡尔（Huascar）继位。印加贵族们于是马上杀了一头美洲驼，开膛破肚并移除了它的肺，然后仔细地研究血管的分布，从中寻找预兆。不幸的是，血管的图案预示着无论尼安·库尤切和瓦斯卡尔哪一个人成为君主，帝国的未来都很不乐观。贵族们带着这样的消息回去向瓦伊纳·卡帕克汇报，然而这位美洲最庞大帝国的统治者此时已经一命呜呼了。贵族们遵循了君主的旨意前去寻找年轻的新国王，“但是等他们到达托梅班巴（Tumi-pampa）时，却发现……尼安·库尤切也［已经］死于这场瘟疫”。[9]

讽刺的是，瓦伊纳·卡帕克因为这场奇怪的瘟疫即将撒手人寰之时，恰巧也是他第一次收到关于奇怪的船只从北边驶来，停泊在了被征服的奇穆帝国城市通贝斯之外的消息之日。那时他已经神志不清，人们给他讲了那些浅色皮肤、留着大胡子的船上乘客，还有他们携带的那些奇怪的工具（火绳枪）竟然能发出打雷一样巨大的声响并吐出烟雾的事。这里提到的显然就是弗朗西斯科·皮萨罗在1526～1528年的第二次探险活动，当时他和手下为数不多的几个船员驾船停靠在通贝斯城外，还有一个好奇的印加贵族登船探查。皮萨罗不知道的是旧大陆上的瘟疫已经先他一步来到了秘鲁，他也不知道在他为通贝斯的富足和井然有序而惊叹之时，在印加帝国的其他地方，大批的印加人正丧命于这种疾病，其中就包括帝国的统治者瓦伊纳·卡帕克。

早在1494年哥伦布第二次航行时，旧大陆上的各种疾病就已经被船上的一些乘客传入了加勒比海地区。当时哥伦布的船上不仅搭载了乘客，也无意识地携带了各种微小病原体，这些细菌看不见摸不着，却可以引发致命的后果。最终，天花、麻疹、腺鼠疫、肺鼠疫、斑疹伤寒、霍乱、疟疾和黄热病都来了，可能是一种接一种地来，也可能是一下子
48 全部传入的。因为这里的居民此前处于相对隔绝的环境中，所以体内没有任何抗体，于是疾病迅速在他们中间蔓延开来。埃尔南多·科尔特斯到阿兹特克帝国进行探险行动之后，那里随即就爆发了大规模的天花疫情。阿兹特克人管这种可怕的疾病叫“大皮疹”（*huey zahuatl*）。16世纪的历史学家弗朗西斯科·洛佩斯·德·戈马拉（Francisco López de Gómara）这样写道：

> 这种疾病太可怕了，很多人因此丧命。人们连路都走不了，只能躺在床上。他们甚至不能动，连转个头都不行。他们不能趴着，也不能仰躺着，更不能翻身。只要他们动动身体，就会因为疼痛而发出尖叫。[10]

阿兹特克人被疾病击垮无疑为科尔特斯征服他们的帝国创造了条件。之后，天花疫情继续向南慢慢推进，像潮水一样将死亡散布到整个中美洲，最终登陆了南美洲大陆。在这里，疾病的传播总是比西班牙人的进攻快一步，因为患病的当地人在去世之前还会传染其他人。到1527年前后，哥伦

布漂洋过海携带而来的细菌终于传到了印加帝国的边境，并夺走了瓦伊纳·卡帕克和他继承人的性命。[11]

大约两年之后，当皮萨罗返回西班牙想要通过游说获得一份征服这片被称作秘鲁的地区的授权时，他无论如何也想不到，自己希望领导的征服行动其实已经开始了。从欧洲传入的天花病毒不但杀死了印加的君主，也引发了一场继位者之间的血腥战争，这场战争此时几乎要先一步毁灭这个皮萨罗盼望有朝一日将被自己征服的帝国。

和欧洲的王室一样，印加帝国采取的也是父亲将王位传给儿子的世袭制君主政体。不同之处在于，印加君主可以有多个妻子，而且不存在长子继承的概念，也就是说，长子并不自然拥有排除其他儿子单独继承王位和财产的权利。[12]实际上从很久以前，印加人就习惯了国王去世之后，多个潜在的继承者之间进行争斗的情形。

当然，欧洲也不是没有因为朝代更迭而出现争斗的历
史。事实上这种事非常常见，所以能为莎士比亚提供丰富的 49
素材来创作他那些历史剧和悲剧。欧洲人和印加人的君主政体的真正区别在于：印加人认为争斗出现是理所应当的，是一种常态而非例外。显然人们都认为，如果一个王位竞争者精于算计、勇敢无畏，能够一举夺得王位，他就更有可能会成为一名成功的帝国统治者。[13]因此，印加帝国朝代更迭的公式是能者理应居上位。即便是前任君主指定了继承人，继承人也未必就能顺利地登上王位。所以不指定继承人，或者是如瓦伊纳·卡帕克这样死前突然指定一位的情况，只能意味着众人皆有资格的王位继承之战必将更加激烈。以上就是

1527 年前后秘鲁这个地区所处的形势。

印加人的大多数说法是瓦伊纳·卡帕克死后，他的儿子瓦斯卡尔在距此一千英里以南的库斯科继位称王。与此同时，另一个儿子阿塔瓦尔帕仍然留在基多，这里是瓦伊纳·卡帕克在征服战争期间建立的一个辅助性的首都，位于今天的厄瓜多尔境内。阿塔瓦尔帕和瓦斯卡尔是同父异母的兄弟。他们的父亲去世时，这两人都是二十多岁，但是脾气秉性完全相反。阿塔瓦尔帕出生在库斯科，后来和他的父亲一起在北方生活了很多年，对于军事行动有浓厚的兴趣，而且对于与自己意见不合的人极其严苛。相反，瓦斯卡尔则出生在库斯科以南的一个小村庄里，对于军事行动漠不关心，喜欢酗酒、勾引已婚妇女，据说她们的丈夫如果胆敢提出异议，就很可能会被谋杀。[①] 如果说阿塔瓦尔帕是个严肃的人，那么瓦斯卡尔就是个花花公子。不过两人都抱有一种对王位的执念，哪怕是对他们应当获得的权益最微小的威胁也足以让他们变得冷酷无情。

虽然阿塔瓦尔帕和瓦斯卡尔拥有同一个父亲，但是他们分属于两个不同的帕纳卡（*panaqas*），即皇室后裔集团。[14] 阿塔瓦尔帕因为他的母亲而属于哈图恩埃鲁（*Hatun ayllu*），瓦斯卡尔也跟随他的母亲属于卡帕克埃鲁（*Qhapaq*
50 *ayllu*）。[②] 这两个帕纳卡之间相互竞争，毫不相让，世世代

---

① 对于瓦斯卡尔的描述来源于西班牙人胡安·德·贝坦索斯，他娶了阿塔瓦尔帕的一个姐妹，因此这些描述有可能是带有偏见的。

② 埃鲁（Ayllu）是古时安第斯山脉地区人们的一种生存策略，人们把大群体分成以家族成员为主的小组。——译者注

代都在为地位和权力而争斗。而且，因为王位继承战通常会成为大规模的公开政治战争的导火索，所以阿塔瓦尔帕的行为——没有前往库斯科参加父亲宏大的葬礼及随后举行的瓦斯卡尔的加冕仪式——都让瓦斯卡尔无法不对他产生怀疑。无疑是受到印加历史上不胜枚举的血腥宫廷政变故事带给他的影响，瓦斯卡尔的疑心病越来越严重，以至于最后还杀死了一些护送他父亲的尸体返回库斯科的亲属，就因为他担心那些人是来这里密谋造反的。

瓦斯卡尔心中的疑虑最终占据了上风，这些疑虑很可能因为兄弟两人之间的信息沟通不畅而进一步加重了，毕竟当时两个相距一千多英里的城市之间往来通信还只能靠信差的徒步接力。最终，新加冕的君主决定发动武力征讨来一次性彻底解决王位继承的问题。不过，瓦斯卡尔发动战争的决定显然是欠考虑的，这个决定几乎立刻将他自己推入了一个不利的境地。他的父亲瓦伊纳·卡帕克在北方进行过一系列的军事行动，所以帝国中战斗经验最丰富、最受过战争历练的军队都是听命于阿塔瓦尔帕的。这支军队还是由帝国中最优秀的三位将军统帅的，他们都立刻宣誓效忠阿塔瓦尔帕。相反，瓦斯卡尔勉强组建起来的军队里征召的都是几乎没有任何军事经验的印第安人。瓦斯卡尔在南方集结起一支从未经受过任何考验的大军的同时，阿塔瓦尔帕则统帅着一支经验丰富的皇家军队。即便如此，瓦斯卡尔还是很快采取了攻势，派遣他的军队向北进入今天的厄瓜多尔境内。带领这支军队的是一位名叫阿托克（Atoq，意为“狐狸”）的将领。

两支印加军队在基多以西的莫查卡萨（Mochacaxa）平

原上相遇，由阿塔瓦尔帕亲自督战的北方军队在那里获得了这场已经全面爆发的内战中的第一场胜利。即便是在战争期间，阿塔瓦尔帕处置那些胆敢挑战他权威之人的手段也极端残忍，这一点在阿托克将军被俘之后表现得尤其明显。阿托克先是受到了酷刑折磨，最终被用飞镖和长箭射杀。[15]随后阿塔瓦尔帕又下令将阿托克的头骨制成镀金的酒杯。有西班牙人发现阿塔瓦尔帕在四年之后仍然还在使用这个酒杯。

至此战争的势头已经完全转向了阿塔瓦尔帕这边。他的
51 将军们开始带领军队沿安第斯山脉一路行军，渐渐将瓦斯卡尔的军队逼回越来越靠南的地方。当阿塔瓦尔帕的军队取得了一连串的胜利之后，最终的对决在库斯科城外打响了。战斗中，印加君主瓦斯卡尔被俘，按照16世纪编年史作者胡安·德·贝坦索斯的描述：

> 瓦斯卡尔受了不少伤，他的衣物都被撕碎了。不过由于这些伤都不致命，所以［阿塔瓦尔帕的将军］查尔库奇马（Chalcuchima）不允许任何人帮他处理伤口。天亮之后人们才发现，瓦斯卡尔的手下一个也没逃出去，他的财物都成了查尔库奇马军队的战利品。有人剥下了瓦斯卡尔穿的衣服，然后把一具战死沙场的尸体的衣服给他换上。瓦斯卡尔的长袍、金质战戟［斧头］、金质头盔、带金质装饰的盾牌，还有他的彩色羽毛和战争勋章都要被送到阿塔瓦尔帕那里去。届时瓦斯卡尔也要在场，［将军］查尔库奇马和基斯基斯（Quisquis）希望阿塔瓦尔帕能够以君主的身份在被征服者面前践踏

他的财物和标志，以此显示胜者的荣耀。[16]

阿塔瓦尔帕的北方军队此时可以大摇大摆地进入库斯科了。军队是由阿塔瓦尔帕最优秀的两名将军查尔库奇马和基斯基斯带领的，他们成功地领导了历时四年的战斗行动。曾经的君王此时被剥掉了所有象征皇室身份的装饰和华服，只穿着一件沾满血污的普通人的衣物，被捆绑着徒步走在街上，而阿塔瓦尔帕的将军们则威严地坐在装饰华丽的轿子上，四周围绕着大获全胜的军队士兵。

内战的结果和他的残酷一样显而易见，谁将继承庞大的印加帝国以及归属于帝国的农民和耕地都已经有了答案。没过多久，印加士兵将瓦斯卡尔的所有妻妾和孩子都抓起来送到了库斯科城外一个叫吉帕伊（Quicpai）的地方。主事的官员“下令对每个人宣读他们的罪名，每个人都被告知了自己为什么要被处死”。[17]瓦斯卡尔的俘获者强迫他看着印第安士兵有条不紊地一个一个屠杀他的妻子和女儿，让她们挂在那里慢慢吊死。连未出世的婴儿都要被从母亲的子宫中剖 53
出来，用脐带缠住脖子吊在母亲腿边。“其他的首领和他们的女眷也都成了阶下囚，临死之前还都受了鞭刑（*chacnac*），”编年史作者贝坦索斯写道，“受尽折磨之后，他们被处决的方式是用一种战斗中才使用的战斧（*chambi*）敲碎头颅。”[18]

就这样，在最终的血腥狂欢中，阿塔瓦尔帕的将军们几乎斩尽杀绝了瓦斯卡尔的整条家族血脉。然后瓦斯卡尔开始在押解之下徒步前往北方，到那里去面对他兄弟的怒火。

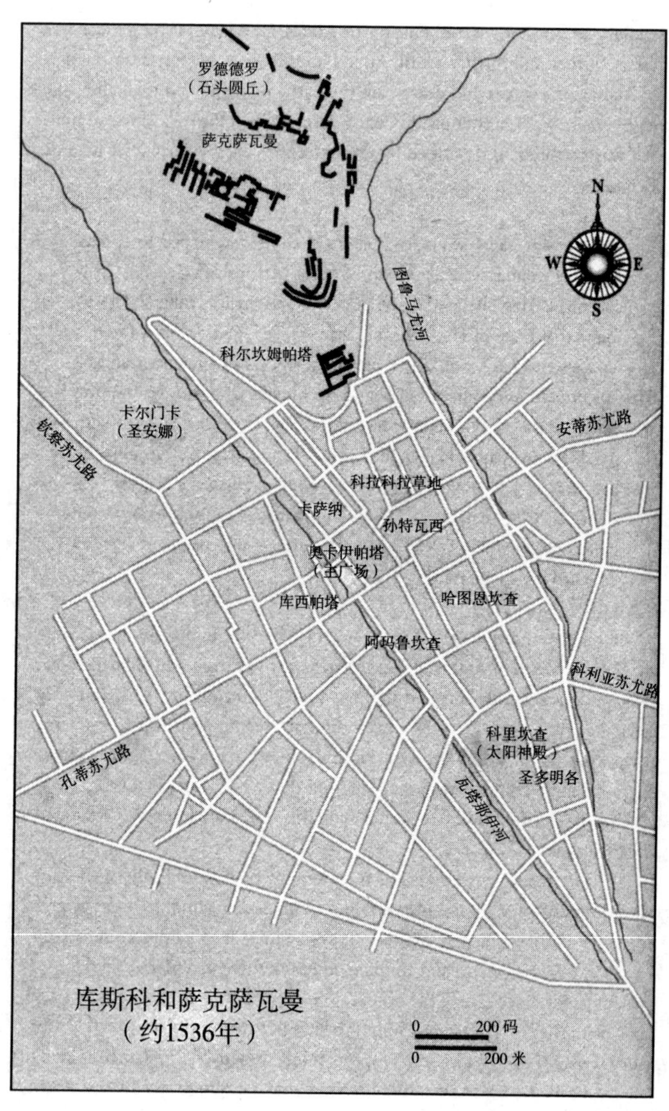

库斯科和萨克萨瓦曼
（约1536年）

与此同时，阿塔瓦尔帕已经从基多向南行进到位于今天秘鲁北部的卡哈马卡城（Cajamarca），距离库斯科还有大约六百英里。他在那里等待着将军们攻占都城的结果。即便是凭借印加人拥有的当时最先进的信息传递系统——靠信差跑步接力的方式——与瓦斯卡尔最后一战以及对他戏剧化的抓捕的消息仍然需要超过三百个信差的传递，花费至少五天的时间才能传到阿塔瓦尔帕耳中。也是要到那时，他才能得知自己已经成了印加帝国毫无争议的主人和已知的文明世界的君主。

阿塔瓦尔帕所有的注意力都集中在了他的将军们发来的虽然延迟，但持续不断的胜利的消息上。他已经开始忙着准备自己渴望已久的将在自己少年时生活的城市——库斯科举行的登基大典了。在那里，他将主持所有例行的大规模庆祝仪式，包括游行、宴会、祭礼、放荡无度的饮酒和大量的排尿。最终，他还会举行自己的登基大典——就如他的父亲、祖父、曾祖父在他之前做过的那样。阿塔瓦尔帕无疑盼望着自己能够不受打扰地统治几十年，到那时，他的每一个举动、每一句宣告都会被视为神明的旨意。

不过，阿塔瓦尔帕开始为继承帝国君主之位而光辉南迁以前，还有一个小问题不得不处理。信差们向他通报说有一队人数不多的少见的外国人正沿着安第斯山脉向着他的方向行进，在过去几个月里一直在不断地向他靠近。信差还说，那些陌生人中的一部分骑着一种高大的动物，印加人无法用任何一个词语来指称这种动物，因为他们此前从来没见过这种动物。那些人脸上留着胡须，手里拿着一种会发出雷鸣一 54
般声响并吐出烟雾的棍子。根据信差携带的结绳语绳结来看，外国人的确切数目是一百六十八名。虽然他们的人数不多，但是这些外国人表现得很狂妄，而且已经折磨并杀害了一些地方首领。不过，阿塔瓦尔帕并没有立刻下令消灭这些外国人，反而允许他们继续在他的帝国境内行进一小段。出于好奇，有军队保护的阿塔瓦尔帕忍不住想要亲眼看看这些外国人和他们奇特的坐骑。

当时是 1532 年 11 月，安第斯山脉的气候正在渐渐转入南半球的夏天。来自库斯科的最终胜利的消息还在向北传递的途中，传信的信差正徒步穿越荒凉但也拥有美好景色的安第斯山脉。此时的阿塔瓦尔帕无疑会思考，那些从西边侵入的陌生人究竟是谁？在他的大军可以像他动动小拇指一样轻易地摧毁他们的情况下，那些人为什么敢于侵入他的帝国？阿塔瓦尔帕听了关于这些大胆但显然也很愚蠢的入侵者的最新情况汇报，同时也听了从南部送来的更让他感兴趣的战报。他举起用自己的敌人阿托克的头骨制成的杯子，就着镶金的骨质杯沿喝了一大口沁凉的酒液，然后就把自己的注意力放到了他认为更紧急的事情上。

第四章　帝国与帝国的碰撞 55

就我们自己而言，并不需要找一些似是而非的借口——比如因为我们推翻了米底人（Mede）所以对我们的帝国享有权利，或是因为你们欺侮我们在先所以我们现在才来攻打你们——然后再发表一通没人会相信的长篇大论……你和我们一样清楚，在这个世界上，只有两个平等的力量之间才能谈得上权利的问题，否则就是强者随心所欲，弱者忍气吞声。[1]

——修昔底德，《伯罗奔尼撒战争史》，公元前5世纪

在通贝斯的废墟中，皮萨罗了解到秘鲁此时的军事概况。他得知自己来到了一个帝国的外围边境，帝国皇室的两个兄弟正在为争夺对帝国的统治权而进行内战。他上一次来这里时听说的统治者瓦伊纳·卡帕克现在已经去世。通贝斯城中的居民其实不属于印加民族，而是之前被印加帝国征服的奇穆帝国的人。这里之所以会变成废墟是由于城中的人在内战中选择支持两兄弟之一的瓦斯卡尔。所以通贝斯受到了另一个兄弟阿塔瓦尔帕的大军的攻击并被夷为平地。此时，阿塔瓦尔帕正带领着一支军队驻扎在东南方距此仅二百来英

里的山上，步行前往大约需要两周的时间。

关于印第安人内战、疾病和毁灭之类的令人沮丧的消息只会令征服者们更加兴奋。十二年前在墨西哥，埃尔南多·科尔特斯就是有效地利用了当地人的政治分裂而征服了强大的阿兹特克帝国。此时，皮萨罗明白这场大规模的内战已经接近结束。他显然意识到如果运气好的话，自己可以与战争的一方结盟，
57 无论是获胜的一方还是战败的一方都可以，反正最终的目的是要将两方都毁灭，不过他最先要做的是和战争中的任何一方取得联系。

皮萨罗和他的队员们此时成为第一批翻越安第斯山脉的欧洲人，这条山脉链东西绵延超过四千英里，包含许多海拔超过两万英尺的山峰。[①] 沿着印加人维护良好的道路或步行或骑马的西班牙人在一个镇子里发现了无数印第安人的尸体，他们都被拴住脚踝吊了起来，显然是因为忠于瓦斯卡尔而被他的兄弟灭族了。得知阿塔瓦尔帕已经获悉了自己队伍的行踪，西班牙人开始担心他会派遣什么样的军队来阻击自己，于是他们抓住了一个不情愿的印第安人，并对他施以酷刑，想借此探听出一些消息。这个人最终说出印加君主对于西班牙人是心怀戒备的，正等着他们自己送上门，还说阿塔瓦尔帕已经说了要杀死这些长胡子的陌生人。

征服者们感到了一些惊慌，但是又不确定要不要相信这个告密者，所以他们继续向着高处攀登。到了晚上，他们"在自己携带的棉布帐篷里过夜，还要点上火来抵御高山上

① 事实上，第一个攀登安第斯山脉的欧洲人是葡萄牙探险家阿莱绍·加西亚。

印加君主和西班牙人的第一次会面：埃尔南多·皮萨罗和阿塔瓦尔帕·印加。当时阿塔瓦尔帕其实是坐在一个放在地上的小板凳上接见西班牙人的，而陪同埃尔南多·皮萨罗前往的其实是埃尔南多·德·索托，并不是图上所示的塞瓦斯蒂安·德·贝纳尔卡萨（**Sebastián de Benalcázar**）。

的严寒。安第斯山脉上比［西班牙的］卡斯蒂利亚平原上冷得多，山坡上长着一层西班牙草（*esparto*）一样的茅草，但是要矮一些；这里也没有大树，只有零星几棵发育不良的矮树；山上的水是冰冷的，必须加热了才能喝”。[2]

西班牙人的总人数是一百六十八人，其中一百零六人步行，六十二人骑马。他们并不知道阿塔瓦尔帕手下有多少勇士，但是被他们严刑拷问的印第安人告诉他们阿塔瓦尔帕掌控着一支巨大的军队。皮萨罗此时是五十四岁，和他一起前来的还有四个弟弟：与他同父异母的埃尔南多三十一岁，已经成了皮萨罗手下的一个队长；二十一岁的胡安和二十岁的贡萨洛也都是他父亲的儿子；最后一个是与皮萨罗同母异父的年仅十九岁的弗朗西斯科·马丁。这四个弟弟此前都没有参加过征服印第安人的探险，他们仅有的一点经验全是到达这里之后才获得的。

在队伍的前面有一位骑在一匹精力旺盛的高头大马上的最新加入的队员，这个人就是风度翩翩的埃尔南多·德·索
58 托，在不久的将来，这位探险家将会前往佛罗里达探险并发现密西西比河。三十二岁的探险家衣着潇洒不羁，还戴着各种各样的耳饰。索托是乘坐另一艘船只到达秘鲁的，他到达时皮萨罗正要从通贝斯出发。索托本来就带领着一队自己亲自挑选的人马，和皮萨罗会合后，后者立刻任命索托为队长之一。

这支队伍的大部分成员都是临时转行的创业者，他们带着自己的武器自费自愿参加探险，所以将来也能分到属于自己的一份战利品。这支队伍后面跟着的随行人员中包括一些黑人奴隶，以及十二名公证人，其中四位后来会撰写著作记录这次探险活动，此外还有一名多明我会修道士，肯定还有几名摩尔人女奴（*moriscas*，她们是穆斯林后裔），还有一些

是从尼加拉瓜抓来的原住民奴隶。最后还有几个商人，他们并不参与战斗，只是来这里向征服者兜售商品，当然是以赊账的方式，等他们找到了金子或财宝之后再一次性付清。这些商人显然是相信着“钱能生钱”（*el dinero llama al dinero*）的西班牙谚语，希望这样的投资最后能为自己带来巨大的资本增益。

11 月15 日，星期五这一天，来自完全不同的两个世界的两种文明发生第二次正面碰撞的舞台终于准备就绪了。第一次碰撞发生在欧洲人与阿兹特克帝国之间，后者虽然进行了长达三年的激烈反抗，但最终还是以帝国君主被捕、埃尔南多·科尔特斯下令在帝国首都进行大屠杀并将城市毁灭殆尽告终。此时，皮萨罗和他的西班牙队友们翻越了安第斯山脉上的关口，第一次将海拔大约九千英尺，植物繁茂的卡哈马卡河谷的景象尽收眼底，两个帝国又一次做好了碰撞的准备。阿塔瓦尔帕和他的大军就驻扎在这个印加城镇之外几英里的地方，山坡上布满了士兵们的帐篷。这就是西班牙人第一眼看到的印加军队的景象。公证人米格尔·德·埃斯特特（Miguel de Estete）写道：

> 可以看到的帐篷太多了，我们都吓坏了。我们从来不知道印第安人能占据这么大的地域面积或制造这么多的帐篷……此前人们在西印度群岛从没见过这样的景象。虽然我们不应该显露出胆怯或是干脆掉头返回，但是我们的心中已经充满了恐惧和疑惑。如果让我们队伍中的那些印第安人［脚夫］感觉到我们怕了的话，他

59 们也许就会杀了我们。因此，我们唯有振作精神，仔细地观察了城镇和帐篷的情况……然后向着河谷中的卡哈马卡镇继续行进。[3]

这些西班牙人或骑马或步行进入了卡哈马卡镇，当时天空中乌云密布，他们组成了三人一排的军事队形，钉着铁掌的马蹄踩在石头铺成的路面上，发出咔嗒咔嗒的响声。仿佛电影《正午》（*High Noon*）中的场景一样，镇上的居民不是逃跑了就是躲起来了，公证人弗朗西斯科·德·赫雷斯（Francisco de Xerez）描述道：

这个城镇是这条河谷中最主要的城镇，位于山脚边缘，［镇子前面］还有一片一里格宽的开阔平原。河谷里有两条河流，地势平坦，人口众多，四周群山围绕。镇子里有两千居民……镇上的广场比西班牙任何一个广场都要大，而且四周修着封闭的［围墙］，墙上开了两个门洞，可以通向城中的街道。房屋也都修得很好很大，正面立壁至少超过两百步长①；墙壁大约十五英尺高，看上去很坚固。围墙顶上搭了木板，木板上面再铺上茅草就算是房顶了……房子的墙壁都是用切割得很精细的石料建造的。[4]

① “步”（pace）是旧时西班牙使用的长度单位，一步约合 1.4 米。——译者注

皮萨罗带领着他的队伍直接来到中心广场上，在那里他们可以集合起来共同商讨下一步要怎么做。这个有围墙围绕，只有两个入口的广场似乎是他们能找到的最安全的地方了，他们正好可以在这里等待印加君主传话来。此时天上下起了冰雹，小小的雹子打在石头地面上会弹起来，还有一些打在西班牙人带弧度的钢质头盔和铠甲上。西班牙人到广场两边的用切割石料建造的房子里躲雨，这些房子都有连成一排的梯形大门，好像长廊一样。阿塔瓦尔帕一直没有派人来传话，等得不耐烦的皮萨罗于是决定派出自己最好的十五名骑兵，在埃尔南多·德·索托队长的带领下前去邀请印加君主来与他会面。

选择索托前往是一个明智的选择，因为他可能是这些人中除了皮萨罗以外最有经验的征服者。虽然身材并不高大，但是索托在来到秘鲁之前就已经小有名气了。他鲁莽冲动，喜欢对女士献殷勤，英勇无畏，精于使用长矛，是一名优秀的骑兵和侦察兵，擅长与印第安人交战。另外，索托也是一
个埃斯特雷马杜拉人，他 1513 年就来到新大陆了，当时正 60
是皮萨罗和巴尔沃亚发现太平洋的时候，那一年索托才十几岁。虽然年纪尚轻，但是索托发迹的速度相当快。他十七岁的时候就和另外两个合伙人一起建立了掠夺公司，到 1520 年，二十出头的索托就已经是一名队长了。

到埃尔南多·德·索托三十岁的时候，他已经在新被征服的尼加拉瓜拥有大片的地产，就算不再探险也可以过上锦衣玉食的生活了。然而索托的野心极大，他像科尔特斯和皮萨罗一样想要获得统治权，想要将当地的某一个地区变成由

自己主宰的领地。因此，在1530年，索托及他的合伙人胡安·庞塞·德·莱昂与皮萨罗商讨定下了一个协议：如果他们可以向皮萨罗提供两艘船和一小队人马，那么皮萨罗就同意给他们一点征服行动的领导权，将来征服秘鲁之后他们也可以获得征服成果中最丰厚的一笔回报——无论最终的征服结果是什么。两年后的此时，在秘鲁北部的安第斯山脉之上，三十二岁的索托带领着一支骑在马上的先遣队沿着石头铺就的路面，从卡哈马卡镇向着美洲最强大的印第安君主的军队营地进发。按照赫雷斯的说法：

> [印加的营地] 建在一座小山侧面，他们使用的帐篷都是棉布材质的，一个接一个，绵延了3.5英里长，阿塔瓦尔帕的营帐在营地的中央。所有勇士都站在帐篷外，手里的长矛插在地上。营地中的勇士人数看起来最少也要超过三万人。[5]

索托和他的骑兵们骑着马穿过印加步兵的大营，没有任何行动的勇士们只是安静地盯着他们看。虽然没有表露出任何情绪，但是勇士们心中无疑是非常震惊的，这些男人脸上留着胡子，大多数还穿着闪闪发光的金属铠甲，骑着某种看起来像是巨型美洲驼的动物。穿过第一条浅河时，西班牙人没有走桥，而是骑马直接从河中涉水通过，马蹄溅起的水珠在阳光的照射下闪闪发亮；到了第二条河的时候，索托命令大队人马留在这里等候，只带了两个西班牙人跟随自己前去面见印加君主，除他们之外还带上了一个印第安人，就是翻译费利皮略。

向前没走多远，一个印第安人示意他们朝一座建筑的方向走，后来他们发现那里是一个浴室之类的地方，里面有一个院子，院子里有一个用光滑的石料砌起来的大水池，可以供人沐浴。通过两条石头管道可以向水池中注水，一个管道 61
里流出的是烧热的水，另一个则是冰凉的。在院子入口处附近的一片草地上，有一个人坐在矮凳上，他穿着一件长袍，佩戴着各种黄金珠宝，额头上还戴着一条大红色的装饰带。虽然这个人没有抬头看，但是从他的举止和周围人明显的恭顺来看，索托已经意识到他肯定就是伟大的印加君主阿塔瓦尔帕。已经进行了总共历时超过四年的三次探险，此次作为皮萨罗最新探险行动先锋的索托，终于面对面见到了“伟大的君主阿塔瓦尔帕，我们听过无数关于他的消息和事迹……现在他就坐在一个矮凳上，是离地很近的那种矮凳，就像土耳其人和摩尔人习惯的那样。他身上投射出来的威严和华贵是我从未见识过的”。[6] 另一个亲历者则写道：“他坐在（矮凳上）……仿佛全世界最威严的人，他的四周围绕着很多女人，还有不少首领也在他身边……每个人都根据自己的级别站在相应的位置上。”[7]

虽然所有印加贵族都戴着头饰，穿着带有能显示他们级别和属地的图案的衣服，但是印加君主是整个帝国千万人口中唯一一个有权佩戴皇室流苏头饰（*mascaypacha*）的人。这种精美流苏是垂挂在一条发带前面的，由被称作玛玛科纳（*mamaconas*）的君主的女侍者们为他精心编织，使用的材料是“最优质的鲜红色驼毛，裁剪得非常整齐，每条穗子中间都固定了一小段金质的管状物。驼毛被拧成绳状，但通过金质小管以下的部分是散开的，正好垂在额头的位置……整个流苏的长度在眉毛之上，厚度是一英寸，能够盖住整个额头”。[8]

手上沾满了无数印第安人鲜血的埃尔南多·德·索托傲慢无礼地骑着马一直来到君主面前很近很近的位置，近到马匹吐出的气息把君主头上的皇室流苏都吹动了。不过，虽然被一个重达千磅，而且以前从没见过的庞然大物逼近，上面还坐着一个陌生的外国人，从九英尺高的地方居高临下地看着自己，但是阿塔瓦尔帕并没有表现出一丝畏缩，甚至都没有抬头看西班牙人一眼，也没有就他的出现给出任何回应，只是继续低垂着目光看着自己面前的草地。有了费利皮略做翻译，索托发表了一段事先准备好的演讲，这也是欧洲人第一次向印加君主传达讯息：

62 最平静的印加君主啊！你应知道这世上有两位君王是比任何人都更强大的。一个君王是代表上帝的教皇，他掌管并统治所有遵循神圣之法的人，并教授他们圣言。另一个君王是神圣罗马帝国皇帝、西班牙国王查理五世。这两位君王知晓你们领土上的居民被蒙蔽了双眼，不敬创造了世界的上帝，反而崇拜……迷惑了他们的恶魔，于是他们派遣我们的总督和总司令——堂弗朗西斯科·皮萨罗①及其同伴，以及一些作为上帝仆人的

① 姓名前加“堂”是对男性的尊称。——译者注

> 牧师前来，向贵国君主和他所有的臣民们传授上帝的神圣法律。这就是他们来到这里的原因。现在这一行人马蒙您不罪，自做主张进入了卡哈马卡城，并……派遣我们前来为实现我们之间理应存在的和睦安宁、兄弟情谊和永恒的和平打下基础。因此请您接受我们的来访，保护我们的安全，并让所有的子民都来聆听并接受上帝的神圣法律，因为那才是他们能够获得的最高的荣耀、利益和救赎。[9]

在印加君主的皇室宫廷和庞大军队面前，索托一行人等待着君主的回应。索托自认为他的话都被正确地翻译了出来，而且其中包含的必要的背景信息也很明确，印加君主应该可以理解。不过，后来至少有一个同时掌握西班牙语和印加人的鲁纳斯密语（*runasimi*，意为“人民的语言”）的编年史作者质疑了年轻的翻译完成这样一个艰巨任务的能力。① 这位梅斯蒂索人（Mestizo，指印第安人与欧洲人的混血儿）编年史作者加西拉索·德·拉·维加（Garcilaso de la Vega）写道：

① 印加人通常称自己使用的语言为鲁纳斯密语（*runasimi*），其中的“*runa*”意为“人民”，“*simi*”意为“话语”。“盖丘亚语”（*Quechua*）这个说法到1560年才首次出现在西班牙人的文献中，用来指代印加人使用的语言。这个词语的出现可能是因为征服者们误解了另一个词语“*qheswa-simi*”，“*Qheswa*”是“河谷”的意思，“*simi*”是“话语”的意思。到1560年，西班牙人开始使用本来代表河谷之意的“*Qheswa*”的错误拼写形式“*Quechua*”来指代印加帝国的官方语言。

> 关于阿塔瓦尔帕听到的［这段讲话］究竟被翻译成了什么样的问题，人们有必要注意的一点是，进行翻
> 63 译的印第安人费利皮略此前只是一个……平民，非常年轻……对于印加人的语言和西班牙语几乎是同样的不精通。他其实不是在库斯科学习的印加人的语言，而是作为一个外族人在通贝斯从那些讲了一些粗俗并且不准确的印加语的印第安人那里学到的……对于不是在库斯科土生土长的任何印第安人来说，印加人的［鲁纳斯密语］都可以算得上是一种外语。费利皮略学习西班牙语也没有一个正式的老师，只是靠听那些西班牙人说话自学，而且他能听到的也只是这些普通士兵们常用的诸如“苍天有眼”“对天发誓”之类的用语，甚至更粗俗的词汇。他还能听懂那些让他去拿什么东西的话，因为他同时也是西班牙人的仆人和奴隶，他的西班牙语非常粗糙，就像刚被抓住的黑人奴隶说的一样。他虽然受了洗，但是并没有受到任何宗教指导，对于基督和上帝都一无所知，更不用说使徒信条了。这就是第一位秘鲁翻译的水平。[10]

无论费利皮略的能力如何，也不管阿塔瓦尔帕是否能理解索托的讲话，反正印加君主仍然只是看着草地，根本无视西班牙人的存在。从他们登陆海岸那天起，阿塔瓦尔帕就会定期收到关于这支神秘的外国人团队的消息。他已经听说了很多令人惊奇的事情，根据印第安人编年史作者费利佩·瓦曼·波马·德·阿亚拉的说法：

> 阿塔瓦尔帕和他的贵族们对于他们听说的西班牙人的生活方式感到非常惊讶。他们晚上不睡觉，反而安排人守卫。他们这些人以及他们的马匹似乎是从黄金和白银上获得养分。据说他们脚上穿着白银做的鞋，他们的武器、马匹的嚼子和马掌也都被认为是银质的，不过事实上这些都是铁质的。最重要的是，这些西班牙人竟然整日整夜地对着他们的书本纸张说话。[11]

在一段漫长的沉默之后，一个在场的印第安人首领终于告诉索托，阿塔瓦尔帕正在进行一次斋戒礼仪，今天是仪式的最后一天，而且君主身体不适，不能接待访客。不过恰巧就在这时，埃尔南多·皮萨罗带着两个手下也骑着马进入了营地。他是被自己的哥哥弗朗西斯科派来的，因为后者担心 64
索托的小队会遭到袭击。埃尔南多后来写道：

> 当我到达的时候……我发现其他的骑兵等在阿塔瓦尔帕营房外不远的地方，而［索托］队长已经前去和阿塔瓦尔帕面谈了。我让我的手下也留在这里，只带了两名骑兵继续前进……［索托］队长宣布了我的到来并向君主介绍了我是谁。然后我告诉阿塔瓦尔帕说，总督［弗朗西斯科·皮萨罗］命我前来邀请他前去会面……以及［总督］将他视为朋友。[12]

当阿塔瓦尔帕听懂了埃尔南多是外国人队伍领袖的弟弟的时候，他终于抬眼看了看，根据公证人弗朗西斯科·德·赫雷斯的说法，印加君主随后对一个旧大陆的市民说了有史以来的第一段话：

> 玛依扎比利卡（Maizabilica）［一位海岸地区首领］是我在苏黎卡拉河（Zuricara）上的首领，他给我送信来说你们折磨了我们的几个首领，给他们拴上铁链，他还给我送来了一个铁项圈［作为证据］，他还说他杀死了三个基督徒和一匹马。[13]

赫雷斯记录说阿塔瓦尔帕此时大约三十来岁，“样貌端正……身材略微粗壮。脸很大，英俊但是凶狠，眼睛里还有血丝。他说话的语气威严沉稳，就像个伟大的君主一样”。[14]和大多数印加人一样，他也有古铜色的皮肤、高颧骨、深色的眼睛和突出的鹰钩鼻。印加君主的第一句话就是评价西班牙人的行为这一点或许并不会让人感到惊讶：印加帝国有自己的规则和法律，而君主收到的各种汇报都说明西班牙人破坏了这些规则，违反了这些法律。再加上来到营地中的西班牙人继续以他们的实际行动来无视这里的礼仪。通常情况下，在印加帝国中，无论是多么强大的领主和地方首领都不能直视君主，他们来面见君主时还要在肩上戴一个象征性的负担物，每个动作和姿势都要表现出极大的尊敬和恭顺。相反，这些西班牙人没有显示出一星半点的谦卑：他们一直骑在自己奇怪的坐骑上，讲话的态度也是傲慢无礼的。概括来
65 说，他们无视了印加宫廷里的所有规矩，所以在阿塔瓦尔帕眼中无异于未开化的野蛮人。

埃尔南多·皮萨罗知道阿塔瓦尔帕说的都是事实。四个多月之前，在他们穿过一个叫普纳（Puna）的小岛来到秘鲁的大陆上时，确实有三个西班牙人被印第安人杀死了。此外，他们还有几匹马受了伤，但是没有死。西班牙人随后进行了惩罚性的报复，杀死并伤害了无数的印第安人。再后来，因为听到一些关于通贝斯的南部海岸可能会受到袭击的传言，弗朗西斯科·皮萨罗就先发制人地抓住了附近村子里的一个当地首领和他的“亲信”们。在除了这些传言之外没有任何其他证据的情况下，皮萨罗下令对所有人处以处置异教徒时使用的原始火刑，在受到惊吓的村民们眼前将这些人活活烧死了。这样做其实是一种心理上的计策，是纯粹的恐怖战略，而且显然奏效了。弗朗西斯科·德·赫雷斯写道：

> 这样的惩罚措施让整片乡村地区充满了恐惧，以至于几个暗中计划带领当地居民袭击西班牙人的［印第安人］首领也都放弃了；从那时起，印第安人更听话，也更加惧怕我们了。[15]

三十一岁的埃尔南多高大、健壮、自负，是皮萨罗几个兄弟里最不被人们喜欢的一个。此时他决定否认印加人关于西班牙人伤亡情况的消息，坚称阿塔瓦尔帕得到的汇报是假的。

> ［首领］玛依扎比利卡是个无赖，［埃尔南多轻蔑

> 地说]，无论是他还是那条河流上所有的印第安人都不可能杀死一个基督徒。他们那样的胆小鬼怎么可能杀死基督徒或战马？

埃尔南多停了一下，等待费利皮略将他的话翻译完，然后又接着说道：

> 无论是［皮萨罗］总督还是其他基督徒都没有虐待过任何首领，除非他们对我们不友好在先，总督对于那些友善的、想要和我们成为朋友的首领都是以礼相待
> 66 的。那些想要战斗的则会受到攻击并最终被毁灭。等你看到基督徒能够在你的战争中如何帮助你击败你的敌人，你就会明白玛依扎比利卡说的都是谎话。[16]

虽然西班牙人的人数极少，但他们占据着消息管控的优势。埃尔南多清楚地知道自己的哥哥手里有一份西班牙王后签署的授权，批准他们对这个帝国进行掠夺和征服，而面前这个与自己对话的君主恰恰就是这个帝国的统治者。西班牙探险队里的每个人都知道不久前阿兹特克帝国被征服的事。事实上，他们都盼望着在秘鲁重演科尔特斯在墨西哥获得的成功。没有人质疑他们的首要目标应当是想出一个颠覆这个刚刚被发现的帝国的办法，只有这样他们才能趁机控制这里的人民，并将他们的财富据为己有，而且绝不能让其他西班牙人赶在他们前面。

虽然阿塔瓦尔帕已经收到了各种西班牙人在海岸地区

大肆劫掠的消息，但是他并不知道西班牙人来自何处，不知道他们的历史，没听说过科尔特斯或墨西哥，也从没见过西班牙人如何战斗，更不确定他们来这里的目的。不过，在君主看来，印加人显然占据着不可逾越的优势。西班牙人数量很少，但不知为什么他们竟敢如此厚颜无耻又愚蠢地来到距离自己庞大的勇士军队咫尺之遥的地方。只要自己想，阿塔瓦尔帕知道他完全可以让这一群人粉身碎骨。事实上，阿塔瓦尔帕认为西班牙人的命运是完全掌握在他手中的。西班牙人之所以能进入卡哈马卡城最大也是唯一的原因就是君主想要满足自己的好奇心；西班牙人现在还没有被用绳子拴住脚踝吊死在海岸边某个地方也全是因为君主还没有发话。

听着埃尔南多明显的吹嘘之词，阿塔瓦尔帕立即向这个高大、满脸胡须的男人提出了一个直截了当的建议：“有一个［地方］首领拒绝服从我。我的军队会和你们的人一起前往，你要与他们作战。”索托和其他四个西班牙人都在小心地观察着君主，埃尔南多则给出了他标志性的答复：“无论那个首领有多少人手，你都不用派遣一个印第安人士兵。十个骑在马上的基督徒就能将他们彻底毁灭。”[17]

直到此时，阿塔瓦尔帕脸上的神情一直是非常庄严和肃 67
穆的。但是听到埃尔南多的回答后，他也忍不住笑了。还有什么能比十个外国人觉得自己能够击败一个手下拥有几百名勇士的强大部落的首领更可笑的事呢？“他的笑摆明了就是看不起我们”，[18]这件事过了一年半多之后，埃尔南多这样写道，显然还在为当时的受辱而愤愤不平。

和其他人一样，一直骑在马上的埃尔南多·德·索托此时注意到了一些事情。虽然印加君主对于他们的到来表现得漠不关心，但是他对于他们骑的马有难以掩饰的强烈兴趣，马匹显然是他从没见过的东西。因此，索托决定来一个即兴的表演。他骑着马后退几步，勒紧缰绳让马直立起来，只用两只后腿支撑并打了几个响鼻，然后又骑着它踱了几个花哨的步子。注意到周围勇士脸上瞪大的眼睛之后，索托又掉转马头，用鞋上的马刺猛夹马腹，让它直奔勇士们冲了过去。虽然索托在最后一刻勒紧了缰绳，但是这样的举动还是把阿塔瓦尔帕的几个最优秀的侍卫都吓得四散奔逃寻找庇护，有些人为了逃命甚至狼狈地摔倒在地。阿塔瓦尔帕从头到尾都坐在凳子上看着索托的表演，没有表露任何情绪。不过当天晚些时候，他下令将这一整队印第安人侍卫全部处死。因为他们在外国人面前表露了胆怯，违反了印加的纪律。他的命令立即就被执行了。

至此，君主下令送上饮品，很快几名妇女就端来了用金杯盛着的吉开酒，也就是一种玉米啤酒。西班牙人其实并不想喝，因为他们怕酒里有毒。不过阿塔瓦尔帕一直坚持，最终他们都端起了酒杯一饮而尽。此时太阳已经快要下山，埃尔南多请求君主许可他们离开，并询问要如何向他的兄长做回复。阿塔瓦尔帕回答说自己明天会前往卡哈马卡城，会在广场边三栋大房子中的一栋里面住宿，之后会接见西班牙人的领袖。此时卡哈马卡河谷已经暗了下来，西班牙人于是骑着马返回城里去了。

当他们骑行经过庞大的印第安勇士大军时，西班牙人不

可能知道阿塔瓦尔帕心中已经做出了一个决定。他决定第二天要抓住这些外国人，杀掉其中大部分，剩下的阉割了作为 68
后宫的护卫。然后，他要把外国人驾驭的这种了不起的坐骑全抓来，让它们大规模繁殖：这些庞然大物一定会让他的帝国更加强大，让他的敌人对他充满畏惧。这些陌生人的自大和不敬已经令他非常生气。阿塔瓦尔帕肯定没怎么听懂索托准备好的演讲，只明白了他们是被另一个国王派到这里的。不过阿塔瓦尔帕显然确信，一个只能派出这么几个士兵的国王所统治的王国必定是个很小的小国。当天夜里，他盖着帝国里制造出的最精美的亚麻制品渐渐入睡时，肯定还以为那些外国人的命运已经被自己决定了。

当埃尔南多·皮萨罗和索托回到卡哈马卡城的时候，太阳已经下山，天上布满了繁星。大雨和冰雹之后的空气干爽、清新，但是也非常冷。雨水将广场和印加建筑的石料冲刷得很干净，街道中心设置的排水管道里面的水位也上升了。广场上的两个入口处都有西班牙人在站岗，一旦有人向他们进攻，就可以马上通知其他人。刚刚返回的两个队长下了马，直奔总督的住处去了。此时总督已经在广场前面的一栋宏伟的切割石料建造的房子里住下，很可能还在屋里点了火取暖。两名队长就在这里向皮萨罗家的老大和其他很多聚集于此的西班牙人描述了他们与伟大的印加君主会面的过程。

这两个人提到了阿塔瓦尔帕对于西班牙人之前在海岸地区屠杀印第安人感到愤怒，提到了他已经掌握了有三个西班牙人丧命的准确信息；他们还仔细地描述了人数众多、全副武装的印第安人大军和印加君主显示出来的权势和威严。他们两个人都说自己从没见过这样一位让人感觉高高在上的印第安人领袖。如果今天之前他们对于自己是否进入了一个帝国还存在任何疑问，那么现在已经可以确信无疑了。索托讲了自己怎么假装骑马冲锋吓坏了几名阿塔瓦尔帕的勇士，不过君主本人没有表现出一丝畏缩。这两个人还讲到他们用金杯喝了君主赐给他们的饮品，以及在阿塔瓦尔帕的大营里看到了许多金质物品。

69 其他人听着他们的讲述，不时看看身旁的同伴，大家的情绪都变得越来越沮丧。无论怎么看，他们都已经把自己带到了一个极为糟糕的处境里。他们现在距离海岸边的通贝斯至少有两周的行军路程，他们把船只都留在了那里，孤立无援地进入了这片自己完全不了解的山区。他们不能撤退，因为高山上的关口一旦被堵住，他们就会成为瓮中之鳖，很可能会被全部歼灭在崎岖不平的河谷里。再说，试图逃跑无疑是恐惧的表现，那将让印加人获得巨大的心理优势。印加君主和他全副武装、训练有素的军队就在自己附近。埃尔南多·皮萨罗说他看到的可能有四万勇士；但是私下里他悄悄告诉自己的哥哥弗朗西斯科真正的数字应该要接近八万，也就是说，西班牙人和印加人的比例是悬殊的 1∶400。如果他们选择在城里等待君主到来，假装与印加人建立友谊，他们能实现什么目标呢？

皮萨罗的一些队长建议说他们可以为君主提供服务，帮助他去攻打印加人的敌人，这样也许能占得一些先机，并寄希望于日后想办法从君主手中夺取一些权力。不过，其他一些人则说印加君主也许已经决定像猫抓耗子一样耍着他们玩，他随时可能夺了他们的武器和马匹，然后将他们全部杀死。想要和印加君主打交道似乎是一件非常危险的事情。

另一个明显的可能就是尝试劫持阿塔瓦尔帕。一些西班牙队长提出他们应当像科尔特斯劫持阿兹特克君主蒙特祖玛一样劫持阿塔瓦尔帕。皮萨罗和索托都曾经劫持过级别低一些的首领，威胁他们如果不下令让自己的臣民服从西班牙人的命令就会杀掉他们，这种办法几十年来获得过各种成功。不过有人指出，这个选择也有风险，因为他们都还不能确保自己有没有抓住印加君主的机会。更何况这是一种孤注一掷、破釜沉舟的选择：如果不能一举抓住君主，那么印加人无疑就可以认定他们心怀不轨，对他们进行武力歼灭就是必然的事了。在对方军队人数众多的情况下，西班牙人很快就会被包围并被击败。

退一步讲，就算他们成功抓住了印加君主，谁知道印加 70
的军队会做出什么样的反应？阿塔瓦尔帕的权力会不会立即自动转移到下一位印加君主手中？科尔特斯在墨西哥采取劫持策略获得了成功，通过控制阿兹特克帝国君主而掌握了对帝国的控制权，但这并不一定意味着同样的策略在秘鲁也能获得成功。无论他们想出什么样的办法，这些办法都有一个共同点：风险性极高，成功的概率极为渺茫。至少此时看来，他们就像是被困在了一场强大飓风的风眼里——无论他们选择向哪个方向前进，都注定要面临地狱般的考验。二十四岁的公证人米格尔·德·埃斯特特写道：

> 我们遇到的一切都［令我们感到］非常担忧，［每个人］对于接下来该怎么办都有各种不同的想法。每个人心中都充满了恐惧，因为我们的人数太少了，而且已经在没有任何支援的情况下深入到了内陆地区……当天晚上，所有人都集中到总督的房间里商讨第二天该怎么办……没有谁还睡得着觉，我们整晚都在广场上安排了放哨的人，从那里可以看到印第安军队营地里的篝火。那真是一个让人胆寒的景象，因为大多数……［篝火］都点在山坡上，而且一个挨一个……［看起来］就像一片被密布的繁星点亮的夜空。[19]

征服者队伍中有一个高大的希腊人名叫佩德罗·德·坎迪亚（Pedro de Candia），是炮兵队队长。当天晚上，坎迪亚连夜把由马匹拉着的四门小加农炮准备妥当，还预备好了他们带来的不超过十二杆火绳枪和几杆原始的滑膛枪。一些西班牙人也用浮石磨料把自己的长剑磨得更加锋利，可以轻而易举地切开一种他们在这里发现的长在地里的陌生果实（其实就是马铃薯），印加人管这种果实叫帕帕（*papa*）。还有很多人去找他们唯一一个随行的宗教代表，修道士文森特·德·巴尔维德（Friar Vincente de Valverde），后者接受了他们的忏悔并同他们一起祈祷。与此同时，皮萨罗巡视了广场上各个地方，因为天气太冷，他不得不揉搓着双手取暖，一边鼓励自己的手下，一边敦促所有人相信上帝的安排，因为“天堂内外的一切事情无不是按着他的旨意发生的”。[20]

虽然眼下所有人都面临着性命之忧，但是此刻对于皮萨

罗来说尤其至关重要，因为他已经押上了自己的一切。皮萨 71
罗辛辛苦苦奔波了三十年才走到今天这一步，而且是想尽了所有办法才将一切准备就绪——包括他的船只、补给、资金、皇室授权以及这个被发现的帝国。此外他还要对另外一百六十七个征服者负责，这其中就包括皮萨罗一家的所有男性子嗣。摆在他面前的唯一一个巨大障碍就是，如何克制一支约有八万人的大军，继而将他们的帝国控制在自己手中？身材瘦削、留着薄薄的灰色胡须的指挥官在西班牙人的营地中漫步到深夜，有时停下来跟别人交代几句，有时则看看远处印第安勇士们接近熄灭的篝火闪烁的微光。皮萨罗知道，能否保住所有人的性命——以及他自己的关于有朝一日统治一个印第安人王国的梦想能否实现——就取决于他这个经验最丰富的征服者在明天能不能做出正确的决定。

第二天是 1532 年 11 月 16 日，星期六。太阳已经升起来了，天空中几乎没有一丝云彩，夜晚的寒霜也开始渐渐消退。印加城镇街道上的水渠里有流水汩汩，但是完全听不到公鸡报晓的声音，因为西班牙人并没有把他们的公鸡带到这里。房子里的地上有四处乱跑的豚鼠吱吱地叫着——这是南美洲印第安人少有的几种驯养动物之一，为人们提供了可食用的肉类。远处的山坡上有无数盘旋升起的烟气，都是从熄灭的火堆上冒出来的；而在四周有墙壁围绕的宽阔广场上，西班牙人都已经醒来，并开始为即将发生的战斗做好准备。

皮萨罗已经下定决心，既然他们不可能知道印加君主究竟会不会前来，或者如果他来了，他会以什么方式到达，带多少勇士，到达哪里，所以一切都要见机行事、当机立断。他告诉自己的手下，时候到了的话，自己会在最后一刻决定究竟采取什么策略——是沟通协商、表现友好，还是逃跑或者攻击——而其余的人都要听从他的命令。

镇上这个广场的长宽都约是六百英尺。对应边上坐落着三栋石砌的房屋，都是低矮但正面很宽的建筑，每栋建筑的正面还有大约二十个梯形的门洞。皮萨罗在其中两栋建筑里
72 布置了三队骑兵，每队二十人左右，分别由埃尔南多·德·索托、埃尔南多·皮萨罗和塞瓦斯蒂安·德·贝纳尔卡萨（Sebastián de Benalcázar）三位队长带领。因为门洞的数量很多，如果有需要的话，这些西班牙骑兵就可以全部一起同时从建筑物里冲出来。与此同时，皮萨罗和二十来个步兵及少数几名骑兵在第三栋建筑里等待。他们的任务是一旦情况许可，要不计一切代价活捉阿塔瓦尔帕并保证他的安全。一个死掉的君主对于他们没有任何用处，而且还可能立刻挑起战争。

在广场的远端还竖立着第四栋建筑，皮萨罗让希腊人佩德罗·德·坎迪亚带着四门加农炮和八九杆火绳枪以及所有剩余的步兵部署在那里。由于大部分西班牙人都藏在了建筑物内部，无法观察外面究竟发生了什么，所以他们提前约定以开炮为进攻的信号。皮萨罗要求坎迪亚全程关注自己的动向。一旦皮萨罗示意，坎迪亚就要立刻命令手下开火。除了多明我会修道士、摩尔人女奴和跟随队伍而来的那些商人之外，所有身体健全的人看到信号都要冲到广场上攻击敌人。皮萨罗告诉所有人，只有在他们很可能成功劫持阿塔瓦尔帕或印加人决定向他们发起攻击的情况下，他才会给出进攻的

信号。

由于存在太多不可预知的变量，此时皮萨罗已经认定要尽可能地尝试和君主谈判，争取达成一些友好的协议。这样就可以给他人数有限的队伍争取一些时间，有了时间他们才有机会想办法让自己的处境变得有利一些。然而，如果能够把君主引诱到广场的围墙之内，那么一旦皮萨罗下令行动，至少西班牙人可以占据出其不意这项优势，并且能够从四个方向同时发动进攻。皮萨罗知道，只有让敌人感到震惊、意外和混乱，他们自己才可能有一丝胜算。

当西班牙人在自己的阵地里紧张地等待之时，印加营地中的勇士们已经准备就绪。他们在黎明时分醒来后被告知要做好开始行军的准备。然而阿塔瓦尔帕此时还没有任何动静，实际上他是直到十点左右才起床的。就在前一天，他刚刚得到自己的兄弟瓦斯卡尔已经被他在南方的军队俘获的消息，也就是说，经过五年艰苦的分裂斗争之后，阿塔瓦尔帕 73
终于可以继承自己父亲的帝国了。阿塔瓦尔帕此时心情很好，命人送上食物和用金质器皿盛着的吉开酒以示庆祝。阿塔瓦尔帕无疑相信，一旦处理掉这一小拨外国人，他和他的军队就可以开始向着此处以南六百英里之外的库斯科胜利进发了。下定决心要尽情享受胜利果实的阿塔瓦尔帕举起金质酒杯，喝了一口带酸味的啤酒。时至今日，他终于可以开始重组帝国、建立伟业了，而且他决不允许任何一个亲属再敢挑战他的权威。

太阳已经升上了一天中的最高点，然后开始向下落的时候，紧张的西班牙人才终于看到远处的印加营地里有了动静。他们看着人数众多的勇士们像罗马军团的方阵一样开始集结成各种不同的队形，然后极有秩序和仪式感地缓慢行进起来，穿过平原，向着他们所在的镇子走来。弗朗西斯科十八岁的亲戚兼男仆佩德罗·皮萨罗（Pedro Pizarro）回忆说：

> 他［阿塔瓦尔帕］的大军集合后占满了整个地区，他自己也坐上了轿子，然后开始行进。在他前面的两千个印第安士兵负责把他要经过的［石料铺就的］道路清扫干净。一半的军队走在道路左侧，另一半军队走在道路右侧，谁都不能踏上路面……他们携带的金银质地的餐具数量极大，在阳光的照耀下反射出了炫目的光辉……在阿塔瓦尔帕前面，还有很多印第安人载歌载舞地开道。[21]

随着勇士们接近的声音越来越大，皮萨罗到各个建筑里命令所有人做好准备，让骑兵们都上马，握好缰绳和带金属尖头的长矛。然而，令人难以理解的是，当这些西班牙人因为恐惧和期许而紧张得冒汗之时，印第安人大军却突然在镇子外面的平原上停止了行进。西班牙人焦灼地等待了一个小时，完全无法弄清印加人到底在干什么。是在准备进攻？在接受最后时刻的战斗指示？阿塔瓦尔帕会不会拒绝进入广
74 场？不过最终，在距离太阳再次落山不到几小时的时候，西班牙人渐渐看明白阿塔瓦尔帕和他庞大的随行队伍停下来是要搭建营地。至少就今天而言，印加君主是一步也不会再前

进了。

恼怒的皮萨罗立刻派遣了一个名叫埃尔南多·德·阿尔达纳（Hernando de Aldana）的西班牙人到阿塔瓦尔帕的营地去。阿尔达纳会说一点点鲁纳斯密语，他的任务是去催促君主快点进入西班牙人布置好的陷阱，因为再拖延下去的话，他们的计划很可能马上就会暴露。阿尔达纳尽职地骑马狂奔而去，跑了没多远就到达了营地。他在马蹄踏起的飞扬尘土中下马，然后通过手势和极其有限的词汇示意阿塔瓦尔帕应当赶在太阳落山之前进入镇子。对方显然是听懂了他的意思，因为当阿尔达纳重新上马狂奔返回时，西班牙人看到印加人的队伍又开始动了。很快，轿夫们就又把阿塔瓦尔帕乘坐的轿子抬到了肩上。轿子的构造是把一个做工精致的大木盒固定在两根长杆上，盒子里有座位，铺着靠垫，还有一个顶棚用来遮挡阳光。整个队伍踏上了进入卡哈马卡城大广场的最后一段路，已经西斜的太阳把他们的影子拉得很长很长。

此时皮萨罗已经确定印第安人大军即将抵达，他的一些手下再也难以掩饰心中的恐惧，于是皮萨罗和他的弟弟埃尔南多开始到各个建筑中巡视，也是为了最后给自己的士兵们打打气。公证人弗朗西斯科·德·赫雷斯写道：

> ［皮萨罗］总督和［埃尔南多·皮萨罗］总司令到西班牙人驻守的各个地点巡视，确保他们准备好在必要的时候发起冲锋；他敦促所有人要坚定自己的内心，因为现在除了上帝没有别人能帮他们，而上帝也一定会在

> 那些奉他之命的人最需要他的时候向他们伸出援手；他说虽然人数比例上是一个基督徒要对付五百个印第安人，但是他们依然应当像每个英雄好汉在面对这样的情况时会做的那样贡献自己全部的力量，要相信上帝是站在他们这一边的；他还告诉他们到了发起冲锋的时候，必须要抱着背水一战的决心……要冲散［敌人的阵
> 75 列］，小心自己的马匹不要挡了自己人的路。总督和总司令对所有基督徒说的都是类似的内容，目的是鼓励他们奋勇作战，而基督徒们也都宁愿出去［战斗］而不是躲在阵地里。[22]

建筑物外面传来的大军压境的声音越来越明显，走在最前面的勇士们已经通过门洞涌入了宽阔的广场。据赫雷斯描述，那些敢于偷偷向外瞧上一眼的西班牙人看到的景象是这样的：

> 最先进来的一队印第安人穿着色彩鲜艳的制服，图案看起来有些像棋盘。他们一边走一边清理着广场上的麦秆并扫干净路面。跟在他们后面的三支队伍穿着各不相同的服装，载歌载舞地行进着。再后面是许多穿着铠甲的勇士，胸甲是比较薄的金属板，头上戴着金银制作的头冠。被这些人围绕在中间的正是坐在轿子上的阿塔瓦尔帕，轿子四周装饰着五颜六色的鹦鹉羽毛和各种金银制作的护板。[23]

埃斯特特则是这样描述的：

> 八十个首领把……［印加君主］……抬在肩上，这些首领都穿着亮蓝色的制服。君主本人也穿着华丽的服饰，头上戴着王冠，脖子上戴着巨大的绿宝石串成的项链。他坐在轿子里的一个矮凳上，凳子上垫着一个看起来非常华贵的坐垫。[24]

赫雷斯最后总结道：

> 在他后面还有人抬着另外两顶轿子和两张吊床，上面坐着其他一些重要的首领。走在最后面的是一支由戴着金银质地头冠的勇士组成的队伍。前面的［队伍］进入广场后会分开向两边走去，好为后面进来的人留出地方。［然后，］阿塔瓦尔帕来到了广场中心，命令抬轿子的人停住，他自己的和其他人乘坐的轿子都被高高举起。其他人则还在源源不断地涌入广场。[25]

很快，阿塔瓦尔帕和他的五六千名勇士就把广场占满
了。原本宽阔的广场此时看起来像个坐满了观众的大剧场，
只有两个不大的出口可以进出。阿塔瓦尔帕乘坐的大而笨重
的轿子被高高举到半空中，抬轿子的人都是这片大地上级别 76
最高的首领们。因为军队人数太多，而广场上已经没有空
地，所以阿塔瓦尔帕命令部队里的其他人留在镇子外面的平
原上等候。

直到印加军队的行进告一段落为止，一个西班牙人都没有出现。佩德罗·皮萨罗后来记录说，阿塔瓦尔帕当天早些时候已经派探子来侦查过西班牙人的动向，探子回报说西班牙人因为恐惧都躲到房子里去了。“事实上，印第安人说得没错，”佩德罗说，“因为我听说好多西班牙人害怕得尿了裤子都没有感觉。”[26]

广场上有清风徐徐吹过，贵族和勇士们此时已经安静了下来。他们能看到远处的建筑里有四个说不出是什么的铜质突出物从门口伸出来，上面还有个洞，看起来像某种粗制滥造的装饰物。其实，这些就是那四门小型加农炮，已经装好了火药随时准备开火，但是那里也同样看不到一个西班牙人。一个耳垂上戴着独特耳饰的印加贵族朝着佩德罗·德·坎迪亚以及其他炮兵所在的建筑走去，里面的人都忍不住屏住了呼吸。不过这个“大耳朵”并没有走进去，而是突然停下，将他手里的长矛猛插进地上，然后就转身返回了。原来长矛上绑着一面布料制作的旗帜，是阿塔瓦尔帕的皇室旗帜。他去到哪里，哪里就要展示出这面代表他个人纹饰的旗帜。

阿塔瓦尔帕穿着用小羊驼毛（vicuña-wool）纺织出来的柔软长袍和斗篷，坐在轿子里的矮凳上等待着。西班牙人则紧贴着建筑物内冰冷的墙壁，紧握着自己的武器，尽量隐蔽在印加人的视线之外。其他骑在马上的人则俯身贴近马匹，尽量避免让它们的坐骑发出嘶鸣或任何噪音。最终，阿塔瓦尔帕大声命令他们从躲藏的地方现身。然而广场上依然一片寂静，只能听到皇室旗帜被微风吹起时发出的一点声响。最终，从一栋建筑物里走出来两个人。一个是翻译费利皮略，另一个看起来则与阿塔瓦尔帕此前见过的那些外国人不太相同，他穿着一件长袍，腰上系了一条腰带，手里举着一些可能是礼物的东西：一个是亮闪闪的银质装饰物，看着像折断的棍子（其实是十字架）；还有一个是黑色的长方形物体，也许是什么仪式用的桌布吧（其实是一本每日祈祷书）。

多明我会修道士文森特·德·巴尔维德此时三十五六
岁，是受皇室任命陪同皮萨罗从西班牙来到这里进行探险 77
的。他是这队人马里已知的唯一一位上过大学的人。他曾在巴拉多利德大学（University of Valladolid）就读五年，同时学习了神学和哲学。巴尔维德的任务不是参与征服和掠夺，而是协助实现皮萨罗的合同中规定的关于让所有被征服的人民改信基督的那部分内容。

因为西班牙人残暴对待当地原住民的消息在新大陆被发现之后不久就传回了西班牙，所以在1513年，西班牙国王起草了一份文件，并要求征服者在进行征服活动之前必须向所有国王的潜在子民们宣读这份所谓《条件书》（*Requerimiento*），其中的内容既是为征服行动创造一个光明正大的理由，也是对原住民下达的最后通牒。该文件先是向新被发现的人们简略地解释了（基督徒的）上帝创造了整个世界，并将统治世界的权力授予了他在世上的使者——教皇。之后教皇又在1493年将包括南美洲西部在内的西经46°①以

① 这条假想的分界线是由教皇在《托德西利亚斯条约》（Treaty of Tordesillas）中规定的，确切位置是西经46°37″，即非洲海岸外的佛得角群岛以西一千两百七法定英里处。

西所有的地域都认定为西班牙国王的管辖范围，因此该地区内所有新被发现的原住民都必须归顺于他们的合法统治者——西班牙君主。

如果原住民听到这些信息之后拒绝服从，那么一切必要的武力手段都可以也必然会被用于迫使不服之人遵从上帝的命令，甚至是将他们斩尽杀绝。事实上，这个文件通常都是用西班牙语这种原住民根本听不懂的语言宣读的，他们是否理解了文件的内容根本不重要；对于西班牙人而言重要的是，我们已经把你们的权利“告知”给你们了，那么接下来我们有任何暴力行为都是法律，或者说最终是受上帝许可的。实质上，这样的做法只是走个形式，这个形式象征的是一种事先授予、高度灵活的授权，可以在各种各样的情况下适用。此时，这样的一个适用情况就正好出现在安第斯山脉上海拔九千英尺的印加城镇卡哈马卡城中挤满了印第安人的中央广场上。

阿塔瓦尔帕看着穿袍子的外国人和他的翻译穿过印加
78 勇士的队伍，向着自己乘坐的轿子走来。这位印加君主被赋予了与任何一位欧洲君主所拥有的一样神圣的统治权力，修道士巴尔维德走到伟大的君主面前，邀请他下轿进入建筑物，和皮萨罗总督交谈并进餐。修道士这么说当然是因为如果阿塔瓦尔帕能按他说的做，那么西班牙人要劫持他就能容易一些。不过阿塔瓦尔帕拒绝了他的要求，而且还说“除非你们把从我的土地上夺走的东西都还回来，否则我哪儿也不会去。我很清楚你们是什么人，都干了些什么事”。[27]

此时显然已经到了宣读《条件书》的时候。修道士巴尔维德大声地宣读了文件的内容，并由年轻的翻译费利皮略尽他所能地将这个对他而言玄妙深奥，无疑根本不能理解的理念翻译给君主听：

> 卡斯蒂利亚和莱昂王国至高无上的非凡君主们，蛮荒之人的征服者们，我作为他们的信使，［以他们的名义］特此向你们说明……唯一且永恒的我主上帝是天与地、男人与女人的创造者，你我及世上所有的人都是他创造的最初之人的后裔……在创世之后的五千多年里，人类后裔的数量已经大大增加……上帝于是安排圣彼得掌管天下所有人。[28]

巴尔维德时不时停下让费利皮略进行翻译。阿塔瓦尔帕轿子上插着从雨林中颜色最艳丽的金刚鹦鹉身上拔下来的羽毛，此时它们在微风的吹拂下轻轻颤动。

> 因此我请求你们，也是命令你们……接受教会作为你们在这世上的传道人和领路者，接受被称为教皇的至高无上的神父，接受作为统治者的国王，因为他们都代表着教会……如果你们不照我说的做……

巴尔维德继续说道，他的声音越来越大，所有躲藏着的西班牙人都在伸着耳朵细听。

> 我们会在上帝的帮助下对你们发起攻击，我们会在
> 各个地方以各种方式与你们交战，直到你们遵从教会和
> 79 国王的旨意。我们还会把你们的妇女和儿童抓去做奴
> 隶，或用来贩卖，或依照国王陛下的意愿处置。我们会
> 用尽所有办法惩罚和伤害你们。而且我不得不重申这种
> 死亡与毁灭的结果［完全］是由你们自己的错误造成
> 的！[29]

费利皮略结束了对这些内容的翻译之后，整个广场又一次陷入了寂静。当两个对峙的帝国彼此凝视的时候，在那个瞬间仿佛连时间都冻结了。对于阿塔瓦尔帕和印加精英阶层来说，可能受到危及的是他们广袤富饶的土地、一千万纳税的农民以及他们能够提供的无穷无尽的劳力和作物，此外还有他们自己的精英地位和这个由三代人通过数不清的军事行动才创立起来的帝国。而西班牙王室可能的损失不过是一支由一百六十八个无足轻重的征服者随意拼凑起来的队伍，还有几个商人、几个奴隶、几个摩尔人女奴，以及最重要的——为西班牙君主占领一个拥有两倍于伊比利亚半岛面积的国土和两倍于半岛上人口的帝国的机会。在当时那个特殊的情境下，究竟有没有哪个参与者真正理解了自己所处的历史进程，这是个值得怀疑的问题。穿着铠甲和锁子甲的西班牙人时刻准备发起进攻，他们肯定意识到自己的性命和财富都面临着巨大的风险，一旦他们被大群的印第安人包围，他们的人生恐怕就要在暴力中戛然而止了。

不过，西班牙人也相信，如果他们能想到什么办法脱离

现在的困境，并奇迹般地征服这个帝国的话，那么无论是他们的个人财富还是西班牙国王的统治范围都会极大地增加和扩大。连修道士也从宗教信仰的角度认识到，在这里的胜利将意味着基督教会统治面积的扩大，也就等于是上帝统治范围的扩大；反之则意味着撒旦和这世上的异教徒蛮荒之人获胜。修道士巴尔维德相信正是因为不信神者拒绝遵从上帝的旨意，基督复临的日子才不断推迟；如果在这里大胆地打一场胜仗，那么上帝的王国必将早一些建立。

在场的印加人之中，只有一些级别最高的军事领导才知
道阿塔瓦尔帕的计划——抓捕并杀死西班牙人，将幸存者阉
割了做太监，然后自行繁殖驯养那些被西班牙人称为“马”
（*caballos*）的健壮神奇的动物。阿塔瓦尔帕根本没想过这一 80
小拨因为恐惧而畏缩地躲在仅有的几栋建筑物里的外国人能
对他造成什么威胁。成功抓捕他们无非是意味着排除了最后
一个阻止他前往库斯科重新统一印加帝国的微小障碍。一旦
解决了这些西班牙人，等待阿塔瓦尔帕的就是在库斯科的加
冕仪式。一个掌握了重新统一帝国的统治权的君主也将重新
统治整个文明世界。

听了对修道士演讲内容让人无法理解的拙劣翻译之后，阿塔瓦尔帕肯定是一头雾水。随后巴尔维德又举起了自己的祈祷书，坚称他所说的一切都写在里面。实际上，他还坚称基督徒上帝的声音就包含在这本书里。人们不禁会猜想印第安翻译要如何解释这些印加人语言中根本不存在的概念。费利皮略可能是把“书”翻译成了“结绳”，因为印加人既没有书，也没有文字，他们采用在绳子上打结的方式记录信

息。阿塔瓦尔帕显然对此十分好奇，他要求看看这个奇怪的物体。之前他就听到了关于西班牙人的神秘“结绳”的汇报，还听说他们的“结绳”能够讲话。直到此时，阿塔瓦尔帕才有机会第一次亲眼见到一本。[①]

修道士尽职尽责地把祈祷书捧到阿塔瓦尔帕带有金质装饰的轿子前，君主把书接了过去。不过看着阿塔瓦尔帕笨手笨脚地摆弄祈祷书的巴尔维德意识到，把祈祷书拿在手里颠来倒去的君主根本不知道怎么翻开一本书。巴尔维德于是迈步上前，伸出手去想要给君主示范如何翻书。赫雷斯的描述是这样的：

> ［阿塔瓦尔帕］极度轻蔑地拍掉了［修道士］伸过来的手，根本不认为书是用来翻看的。最后君主还是固执地自己打开了书，无论是对于上面的字迹还是纸张本
> 81 身，他都没有［像其他印第安人那样表现出］惊奇，反而是把书扔到了距离自己五六步之外的地上。至于修道士之前通过翻译讲述的长篇大论，君主非常傲慢地给出了一个答复：“我很清楚你们一路上干了些什么，怎么对待那些首领们，还从仓库里抢走了［皇室的］布料……你们不把抢走的东西全交出来，我是不会

① 结绳语（Quipus）是一种位置上的十进制系统，通过打绳结的方式来记录税收、牲口、人口和货物等事物的数量，同时也是辅助记忆历史故事和其他内容的工具。结绳语就像一台原始的电脑，由那些被称为“结绳语专家”（*quipucamayocs*）的专业人士负责创制和解读。这些复杂的结绳语中包含了大量的将庞大而复杂的印加帝国团结起来所必需的信息。

走的。”[30]

据一些目击者称，此时的阿塔瓦尔帕已经在轿子中站了起来，大声地命令自己的军队做好战斗准备。翻译费利皮略匆忙地把祈祷书从地上捡起来的时候，修道士巴尔维德已经迅速跑回皮萨罗所在的建筑，他气急败坏地叫嚷着：“冲啊！冲出去，基督徒们，向这些拒绝上帝神圣之物的野蛮之人进攻吧！”将十字架紧紧攥在手里的修道士大喊道：“那个首领竟然把神圣法则之书扔到了地上！”[31]另外一些目击者还听到代表上帝传达其意志的修道士暴怒地向皮萨罗吼道：“你没看到刚刚发生了什么吗？你为什么还要对这样一个狂妄自大的小人表示尊重和恭顺？外面都是印第安人，快去攻击他们啊，我赦免你们！”[32]

外面是站在轿子上的阿塔瓦尔帕，里面是叫嚷着让西班牙人进攻的修道士，事情已经发展到了必须做出决定的地步。皮萨罗只犹豫了一小会儿，就向广场远端的佩德罗·德·坎迪亚发出了信号，后者立刻下令点燃大炮的导火线。伴随着炮声的轰鸣和炮口喷吐出的烟雾，飞溅的金属弹片准确地射向了聚集在一起的印第安勇士们；与此同时，九名火绳枪兵也都开始把火绳枪架在三脚架上瞄准印第安人射击。突如其来的爆炸无疑令印第安勇士们不知所措，同样让他们震惊地还有自己身边的人不知为何突然鲜血喷涌、倒地不起的景象。除了一栋建筑里喷出浓烟之外，印第安人此时还听到四面八方都传来了响亮的号声和很多人一起大吼“圣雅各（Santiago）！”的声音。西班牙人一边叫喊着，一边狠狠地

用双脚夹踹马腹，骑着马从自己的隐藏地点猛冲出来。[①] 阿塔瓦尔帕的勇士们突然发现，各个方向都有朝自己冲过来的
82 穿着金属铠甲的外国人，他们骑着看起来异常凶猛、体重过千磅、披着棉质护甲的战马，马蹄重重地踏在地上，马背上的骑兵们不是挥舞着长矛就是长剑，口中发出沙哑刺耳的叫喊，眼神中充满癫狂。

西班牙士兵们马上就开始对印第安勇士大肆砍杀、戳刺甚至直接砍掉他们的头颅，使用的武器就是锋利的宝剑、刀子或长矛。不久前才自信满满地进入广场的印第安勇士们本来还以为自己包围了躲避在建筑物中的外国人，此刻却突然意识到是自己掉进了西班牙人的陷阱。四面八方突如其来的袭击将印第安人围困在中间，这让他们立刻陷入了恐慌。事实上，骑在高头大马上的西班牙人对印加军队产生的威慑力恐怕和一千五百多年前汉尼拔的士兵骑着大象出现在罗马军团面前时的效果差不多。大批受到惊吓的勇士们开始涌向广场上仅有的两个窄小出口，逃命的愿望已经压过了任何想法，甚至不惜踩踏任何挡住他们去路的人。与此同时，西班牙人则继续毫不留情、有条不紊地把他们手中由钢铁制成的武器当成切肉刀一样，砍断印第安人的胳膊、手掌，甚至砍掉他们的脑袋。一位目击者描述说："印第安人心中充满了恐惧，他们甚至会疯狂地爬到别人身上，人堆越来越高，以

① "Santiago" 是守护神圣徒圣雅各（St. James）的西班牙语表达，在加里西亚语中的拼法是"Sant Iago"，他是基督的十二门徒之一。自12世纪西班牙军队将异教徒穆斯林和摩尔人驱逐出伊比利亚半岛时起，他们就已经开始使用这一传统的作战口号了。

至于被压在下面的人会窒息而死。”[33]另一个则写道：“骑兵们骑着战马高高在上，打死打伤了无数人，一直持续到战斗结束。”[34]

在这期间，皮萨罗和他的二十个步兵举着盾牌和长剑，朝着阿塔瓦尔帕的方向砍杀出了一条血路，后者此时还站在轿子里，试图让那些陷入恐慌的士兵重整旗鼓。赫雷斯写道：

> ［皮萨罗］总督穿着一身垫了厚棉布的铠甲，带着长剑和匕首，领着他的西班牙士兵冲入了印第安人的大军。凭借着惊人的勇气和仅有的四个跟随着他的士兵的协助，总督来到了阿塔瓦尔帕的轿子前，无畏地伸手抓住了［君主的］左臂，口中还大喊着“圣雅各”……但是他无法把君主从轿子里拽出来，因为轿子此时还是被轿夫们高高举起的……负责抬着阿塔瓦尔帕的轿子的似乎都是很有身份的人，他们全被杀死了，同样的还有 83
> 其他坐在轿子上和吊床上的人。[35]

另一个目击者写道：“很多印第安人即使被砍掉了双手，［也依然］还要把君主的轿子扛到肩上。不过他们的努力并没有半点益处，最后他们还是都被杀死了。”[36]如佩德罗·皮萨罗描述的那样：

> ［西班牙人］杀死了那些抬着［轿子的］印第安人，但是马上又会有其他人补上来。他们就这样不断地

> 替换了很久，杀死这些反抗的印第安人让人精疲力竭，一个西班牙人想要用刀子干脆刺死［阿塔瓦尔帕］，但是弗朗西斯科·皮萨罗不顾一切地挡住了这致命一击，甚至连自己的手都被这个西班牙人划伤了。[37]

抓住君主的尝试还在无果地进行着，直到七八个骑兵掉转马头，朝着阿塔瓦尔帕的轿子方向一路砍杀过来。推开已经浑身是血也还要尽力稳住轿子的贵族们，西班牙人抓住轿子的一侧将它掀翻过去，其他西班牙人则趁机把君主从他的座位上拉了出来。一手挥舞着长剑，一手紧抓着阿塔瓦尔帕，皮萨罗和一小拨西班牙人押着阿塔瓦尔帕回到了自己的住处，印加君主自此成为他们的人质。

混乱和屠杀还在外面的广场上继续上演。大批被困的勇士都涌向出口，这已经让那里拥挤不堪，于是离出口最远的那些人绝望地冲向了广场的围墙，大约六英尺高、六英尺厚的围墙最终在几千人的猛推下出现了一个十五英寸宽的缺口。当魂飞魄散的印第安人从缺口中匆忙逃命的时候，大概六十来个西班牙骑兵仿佛天启中描述的骑士一般，已经癫狂错乱、口中大吼大叫，他们仍然骑着马追在印第安人后面，继续用武器砍杀戳刺。目睹了这一情景的人记录说，骑兵们一直追着印第安勇士跑到外面的平原上，专挑那些坐在忠实
84 的仆从抬着的轿子里逃跑的贵族屠杀。“所有骑兵都在大喊：‘抓那些穿着制服的人！别让他们跑了！用长矛刺死他们！’”[38]

就这样，屠杀一直在继续，西班牙人追赶着四散奔逃的

印第安人，尽力造成更多的伤亡。快要落山的太阳给所有景物投射出长长的影子，摄影师称此时为光与影的黄金时刻。就在这样的黄金时刻中，不计其数的印第安勇士倒在了地上，很多已经被砍断了手脚，或是身上布满深深的伤口，他们身下有暗红色的血泊静静地汇聚成河。广场上还有成百上千被踩踏致死的尸体，个别的伤者还能缓缓爬动，有的只能躺在那里痛苦地呻吟，还没死的也已经奄奄一息，渐渐失去了意识。也许他们直到在这世上的最后一刻都想不明白突然降临到他们头上的噩梦是怎么回事。公证人赫雷斯写道：

> 被杀死在自己轿子中的人［之一］是［阿塔瓦尔帕的］仆人，也是［钦察（Chincha）的］首领，他的地位很高。其他一些也都是统治着很多人的首领，同时也是他的谋臣。卡哈马卡的首领也死了。有不少指挥官也死了，这样的人太多了以至于无法全部记录下来。那些贴身护卫阿塔瓦尔帕的人通常都是伟大的首领……能够在这么短的时间内抓捕一个势力如此强大的君主真是一件了不起的壮举，尤其是在他率领着大军压境的情况下。[39]

太阳渐渐落山的时候，还能看到远处有西班牙人在骑着马追杀最后一些逃命的印第安人，这个景象看起来像极了老彼得·勃鲁盖尔（Pieter Brueghel the Elder）的油画《死亡的胜利》（*The Triumph of Death*）中描绘的那些微小的人物一样。直到号声终于响起，西班牙人才开始慢慢返回广场。

本来他们还曾担心阿塔瓦尔帕的勇士们会不会携带了什么隐蔽的武器，然而在那天下午，没有一个印第安勇士尝试过举起自己的武器还击，所以就算他们真的带了什么武器的话，也因为受到太多惊吓而忘记了使用。

在这短短几个小时的时间里，西班牙人奇迹般地打死或打伤了六七千名印第安人，① 而他们自己却没有损失一兵一卒。凭借着攻其不备的优势，加上威力巨大的枪炮和锋利的
85 武器，西班牙人的卡哈马卡一战以屠杀和大胜告终。随着城市内外的夜色逐渐加深，身为太阳神后裔的印第安人君主——那个掌控着千万人口的大帝国里全部的军队、宗教和政治权力的人——突然发现自己竟成了别人的阶下囚。在不到两个小时的时间里，印加帝国经历了一场无妄之灾，仿佛一只美洲驼或豚鼠一样被人一刀砍掉了脑袋。被从有黄金装饰的轿子里拽出来的君主，身上还穿着沾满了那些倒在自己身边的贵族的鲜血的长袍。此时，他已经不得不去面对自己的劫持者了。在这片欢欣鼓舞的人群中，有一个高个、戴着头盔，还穿着满是血污的棉质护甲的人，别人都尊敬地称他为“总督”（*El Gobernador*）。

① 当然这其中也有一部分是被踩踏致死的。

第五章　一屋子的黄金 86

我曾经抓住了岛上的一个首领，但是我把他放了，从那时起他就永远忠于我了。我也是这么处置通贝斯和丘利马萨（Chulimasa）的首领以及其他一些人的，虽然他们论罪当斩，但是我凭借我的权力赦免了他们。[1]

——弗朗西斯科·皮萨罗对阿塔瓦尔帕说的话

当时承诺是因为当时需要，现在反悔也是因为现在需要。[2]

——尼科洛·马基亚维利，《君主论》，1511 年

伴随着召唤西班牙人返回广场的号声，最后一个印加勇士也被长矛的尖头穿胸而过，皮萨罗已经迫不及待地要去见他的囚犯阿塔瓦尔帕了。后者被俘之后就被带到了镇子边缘的太阳神庙里严密看押起来。因为君主的衣服在俘虏他的过程中被撕破了，所以皮萨罗命人给君主取来新衣服，并且在外面等着他换好之后才进入。皮萨罗还命人准备了晚饭，然

后坐在阿塔瓦尔帕身边等着食物被送上来。

阿塔瓦尔帕在今天下午之前并没有见过皮萨罗。当时他还站在轿子上，看着这个经验丰富的征服者一路砍杀朝自己而来，然后伸手抓住自己。这次突然的也是决定命运的拉拽既是他们相互之间的第一次接触，也象征了日后两人之间的
88 关系。这个来自西班牙底层社会没受过教育的私生子就是凭这孤注一掷的一拽，将印加贵族精英中的精英拉下了王位。

更形象地说，皮萨罗和他这支顽强的团队已经沿着最陡峭的一条路爬上了印加帝国巨大的社会阶层金字塔的顶端，把刀架在了君主的脖子上，等着看谁敢来把他们推下去。皮萨罗就是希望借阿塔瓦尔帕之手来控制印加帝国，相信自己可以通过左右君主来瓦解印加帝国的军队，阻止他们发动反击，并最终获得对整个帝国的统治权。

不过，要想达到这一目的，皮萨罗先要做的就是和自己的人质建立良好的关系，必须让印加君主理解自己和其他西班牙人想要什么。作为保住性命的交换条件，皮萨罗要让阿塔瓦尔帕交出自己的权力，改为由皮萨罗全权控制一切。如果他能控制印加社会中地位最高的精英阶层，那么他和他的西班牙人就可以控制精英阶层之下的一切，也就是这个显然很富庶的帝国可以提供的所有资源——包括土地、劳力、黄金、白银和妇女等。如果皮萨罗和他这支带着武器的创业者团队能够想办法获得这样的地位，那么他们就可以像寄生虫一样依靠剥削印加全体民众的劳动成果为生，从此过上奢侈享乐的日子，那才是他们不惜赌上身家性命想换得的结果。

从某种意义上说，征服新大陆就是在寻找一条规避人生

负责检查塔万廷苏尤内无数座吊桥的印第安巡查员。

基本原则的捷径。和动物世界中的法则一样，人要生存，就必须通过自己的劳动来创造条件。但是，在秘鲁以及美洲其他一些地方的西班牙人所追求的并不是获得富饶的土地，然后在上面进行耕种；他们追求的是让自己彻底免于体力劳动的办法。要达到这样的目的，首先他们得找到一群数量足够多的劳动者，然后通过迫使劳动者进行必要的劳动来满足他们自己的生存所需，包括食物、住处、衣物，最理想的是还能有可流动的财富。因此，征服其实和探险没有一丁点关系，准确地说，征服就是一群人不惜任何代价地寻找不依靠劳动而养活自己的途径。归根结底，征服秘鲁就是为了给自己找一个舒服的地方安度余生。

晚餐的食物被一样样送上来，印第安勇士的尸体仍然躺在室外安第斯山脉冰冷刺骨的寒夜里。皮萨罗试图向阿塔瓦尔帕说明他和他的西班牙同行者们的想法："不要认为战败
89 被俘是对你的一种侮辱，"皮萨罗很可能是一边切下大块的美洲驼肉一边让他的翻译之一把自己的话翻译给君主听的，"我和我带领的基督徒队伍虽然人数极少，但是我曾经征服过比你的国土更广阔的地域，战胜过比你更强大的君主，让他们都归顺于西班牙国王，他是西班牙的也是世界的国王，我就是他的臣民，我是带着他的命令来征服这片地方的。"[3]

皮萨罗显然是夸大了自己以及自己的手下来秘鲁之前经历过的那些小规模的战斗，甚至是把科尔特斯征服遥远的阿兹特克帝国的功绩也借来算在了自己头上。不过皮萨罗要传达的信息还是很明确的：降临到阿塔瓦尔帕身上的厄运是和天上星辰的运动一样必然发生的事情——任何进一步的抵抗都是徒劳的，只能让结果更加可怕。"你应该感到幸运，因为你不是被一个像你本人一样残忍的人俘虏的，"皮萨罗说

这些话的时候，他的手下正在外面擦洗着宝剑和匕首上的血迹，“我们对待俘虏和被征服的敌人满怀仁慈之心。我们从来只对那些向我们发动战争的人予以回击。虽然我们完全有能力毁灭我们的敌人，但我们总是很克制，宁愿选择赦免他们。”[4]

皮萨罗这么说当然是寄希望于阿塔瓦尔帕对外面的世界一无所知，不知道西班牙人在加勒比海地区、墨西哥和中美洲做出的那些血腥暴行，没听说过哥伦布或贩奴贸易，更不知道阿兹特克帝国君主蒙特祖玛被暗杀，等等。阿塔瓦尔帕静静地听着，皮萨罗终于开始切入正题：“我曾经抓住了岛上的一个首领，”皮萨罗看着阿塔瓦尔帕的眼睛说，“但是我把他放了，从那时起他就永远忠于我了。我也是这么处置通贝斯和丘利马萨的首领以及其他一些人的，虽然他们论罪当斩，但是我凭借我的权力赦免了他们。”[5]

皮萨罗停下来，在等着翻译说完的同时又切了更多的驼肉。“你被俘虏，你的军队被攻击并被屠戮完全是因为［虽然］我已经请求你和平地前来，但你依然带着这样的大军来攻打我们；此外还因为你把记录着上帝话语的祈祷书扔到了地上，所以上帝才命我们杀杀你的锐气，再不许一个印第安人对基督徒无礼。”[6]

据大多数人说，阿塔瓦尔帕是个聪明人，很快就听懂了皮萨罗的提议中蕴含的深层含义。有目击者记录说：

> 阿塔瓦尔帕回答他是被自己的军队领袖们欺骗了， 90
> 是他们说不用把西班牙人当回事。他本人本来是打算友

好地前来，但是被其他人阻止了，而那些阻止他的人现在都已经死了。[7]

几个小时之前，印加君主还是美洲历史上已知的最伟大帝国的绝对统治者，此时他却要请求皮萨罗许可自己与几位手下进行商讨。据另一名目击者记录：

> 总督立即下令将另外两名在战斗中被抓住的身份重要的印第安人带过来。[君主阿塔瓦尔帕]问这两个人是不是死了很多人。这两个人告诉他整个乡村已经被印第安人的尸体覆盖了。他于是命令他们去告诉还活着的[印第安人]军队停止逃跑，回来听从他的指令，因为他还活着，只是被基督徒俘虏了。[8]

这两个印加贵族带着阿塔瓦尔帕的命令离开了，所有看到这一幕的人都忍不住大大地松了一口气。西班牙人劫持君主实在是非常冒险的一步棋，他们其实没有任何退路，也没有成功的保证。且不说没人知道印加人对于袭击可能出现什么样的反应，还有其他很多事情也都可能出现差池。如果不是阿塔瓦尔帕的军队陷入了恐慌，如果他们不是选择逃跑而是发动反击，那么被屠杀的很可能就是西班牙人了。不过，皮萨罗当然明白，自己虽然成功劫持了君主，但仍然无法预测君主或他下面的人会做出什么样的反应。阿塔瓦尔帕会与他合作吗？就算阿塔瓦尔帕愿意合作，他的臣民会听从他的命令吗？他们会不会无视君主被劫持的情况而执意发起进攻？

在那两位首领离开后，皮萨罗肯定是悄悄以手画了个十字，分别碰触了自己的额头和前胸两侧。身为军事领袖、战略家、外交家、首席执行官、恐怖分子，现在还是人质劫持者的皮萨罗，同时也是一位虔心敬神的基督徒。五十四岁的征服者绝对相信上天的旨意，他还相信今天广场上的胜利就是多亏了上帝和他们这些伤人性命的基督徒站在一起的结果。阿塔瓦尔帕被俘虏，以及仅凭他们这么少的人竟然能杀死那么多印第安人就是证据。印加君主和他的臣民都是不信 91
上帝的人，除非他们转变宗教信仰，否则他们的灵魂都是注定要下地狱的。虽然杀了这么多人，但皮萨罗无论如何还是坚定地认为，他和他的征服者，以及他们手中沾满鲜血的宝剑，都是在确保印第安人能最终加入神圣的信徒群体。

很多西班牙人现在已经睡着了，他们其中有一些可能已经超过四十八小时没合过眼了。皮萨罗安排了人员在夜里到镇上巡逻。没过多久，躲在自己家中不敢出门的镇上居民们就听到了那些留着胡子的入侵者所骑的陌生大型动物钉着铁掌的蹄子在空无一人的街道上咔嗒咔嗒慢慢走过的声音。随处可见堆成垛的印第安人尸体让人感到阴森恐怖。在太阳神庙之内，皮萨罗命人在自己睡觉的屋子里再准备一张床给阿塔瓦尔帕，所谓的床就是按照印加人的习俗，在地上放个编织的草垫子，上面铺上厚厚的毛毯。此时躺在床上的两个不同世界中的领导者显然各怀着不同的心思。这间石室是印加石匠在很久之前煞费苦心修建的，那时的印加人还没听说过西班牙人。此刻，整个帝国的命运都落在了躺在这里渐渐进入梦乡的两个人手上——一个是征服者皮萨罗，另一个是印第安君主阿塔瓦尔帕。

第二天一早，皮萨罗派埃尔南多·德·索托带着三十名骑兵前往阿塔瓦尔帕之前的营地，也就是两天前索托第一次与君主进行会面的地方探查情况。当他们沿着已经不再陌生的道路策马疾驰，再次穿过两条河流之后，索托觉得一路上似乎看不出任何变化。一个接一个的帐篷又重现搭建起来，像一张巨幅的静态画一样铺展在他的眼前，印第安人军队的数量看起来也不见少——好像昨天西班牙人根本不曾对他们大开杀戒一样。虽然气氛明显紧张，但是并没有一个勇士向这些西班牙人发动袭击。至少在此时看来，他们是遵从了指挥官的命令，而他们的指挥官则仍然听令于已经被俘的君主。此时的索托可以随意掠夺几天前看到的那些东西了，他和他的手下把整个皇家营地洗劫一空，拿走了他们能找到的所有黄金、白银和珠宝，然后骑着马狂奔回到平原之上，并
92 在那里发现了更多的金质物品。因为阿塔瓦尔帕受惊的随从们逃跑时把好多金银餐具和饰物丢在了地上。

> [在太阳完全升上天空之前，索托和他的手下就]带着大量的[印第安]男女、羊[其实是美洲驼]、黄金、白银和布料……返回驻扎地了。战利品中大概包括八万比索的黄金、七千马克①的白银，还有十四块绿宝

① 中世纪欧洲大陆的金（银）计量单位，一马克通常约合八盎司。——译者注

石。金银器具都是奇形怪状的，有大小不一的盘子、水罐、水壶、水盆、大型的饮酒器皿等。阿塔瓦尔帕说这些都是他的餐具，还说那些逃跑的印第安人带了比这多得多的备用品。[9]

西班牙人队伍中大多是二十几岁的年轻人，也有很多人是第一次参加探险行动，他们甚至不敢相信自己竟然有这样的好运气。似乎仅用了一晚上的时间，他们就在帝国坚固的外壳上敲开了一个裂口。大量的黄金、白银和珠宝就像从一个巨大的皮纳塔（piñata）① 里掉出来一样堆积到他们面前。当他的手下都聚在一起欣赏这些战利品的时候，皮萨罗却发现那些被称作美洲驼的长得像骆驼，但是背部平坦、眼睛很大、牙齿突出的奇特生物又把他刚刚让被俘虏的印第安人清理完尸体的广场弄脏了。皮萨罗坚持要把这些美洲驼都放生，说一旦印加人发动进攻，这些动物可能会妨碍到自己队伍的行动。反正西班牙人可以杀了吃肉的动物还有很多，要吃多少有多少。随后，皮萨罗又命令被俘虏的印第安人都集合到广场上来，他们选了一些留下作为仆从，其余的则全部释放了。再接下来，皮萨罗命令阿塔瓦尔帕解散他的军队。他的一些副手甚至建议要先将每个士兵的右手砍下之后再行遣散，不过皮萨罗否决了这样的提议。他显然认为前一天印第安人遭受的血腥杀戮已经足以传达这样一个信息：一批新

① “皮纳塔”（piñata）是西班牙语，指的是一种彩饰陶罐，过节时人们会将此种陶罐悬于天花板上，由儿童用棒子击破以取得其中的玩具和糖果。14 世纪时传入欧洲，又由西班牙人传入墨西哥。——译者注

主人已经来到了秘鲁——所有人都要严格地服从这些新主人的命令。

至此，皮萨罗和他的队伍的行为已经进入了标准的征服行动流程。

第一步，发现印第安帝国存在的证据。这个帝国必须是
93 文明进步到已经拥有大批肯向精英阶层缴税的本地农民。发现一些不种地也不了解文明社会的“蛮荒”的印第安人是没有任何用处的。毕竟西班牙人来这里是为了创造一个他们可以进行统治的封建社会，而封建社会的定义就规定了其中要有缴税的农民阶层存在。

第二步，要解决几个合法性的问题，通常是从西班牙君主那里获得皇家授权就行了。

第三步，找一个法律上的托词，在阿塔瓦尔帕的例子中就是向他宣读《条件书》，也就是向他告知他享有的法律权利：阿塔瓦尔帕有权接受这种新的权力结构，否则他或任何其他反抗之人都会受到武力镇压。不过这些信息很可能并没有被准确地翻译出来，因此也无法传达给他。结果就是，根据 16 世纪西班牙人关于法理的逻辑，因为阿塔瓦尔帕拒绝服从西班牙人，并把一个画满了他根本无法理解的蜿蜒曲线的黑色物体扔到地上，所以他在印加帝国的所有权力即刻就被剥夺了。

第四步，行动发展到此时，通常就该要开始着手进行征服了。几乎所有征服行动都要通过采取典型的“震撼与威慑”或“闪电战”形式来大规模地显示征服者的恐怖袭击能力。他们故意采用血腥野蛮的袭击来击溃原住民的反抗，

并威吓当地居民，好让他们服从新主人的命令。科尔特斯此前在墨西哥就是这么做的。在一个叫乔卢拉（Cholula）的镇子里，他和他的手下在不到两个小时的时间里屠杀了大约三千名印第安人。事实上，西印度群岛上各处的西班牙人经常会砍掉原住民的手掌或胳膊，还会把很多当地酋长活活烧死，为的就是用这样的可怕景象在当地人们心中播下恐惧的种子。皮萨罗和他的手下在几个小时之内屠杀大约七千名印第安人这件事显然又给新大陆上的恐怖活动竖起了新的标杆。不过，每一个西班牙人领队都不得不决定究竟使用多少暴力来达到最佳的恐吓效果。皮萨罗的目标不是要让印第安人灭绝，而是要让他们服从自己的控制；再说皮萨罗也知道，如果需要，他们随时都可以再展开更多的暴力行动。

典型的西班牙征服活动中的最后一步是在可能的情况
下尝试活捉当地首领。在大多数情况下，西班牙人会利用
臣民对这些首领的忠诚对他们进行政治掌控。由数量相对 94
不多的一小拨人来抓捕一个本地首领能获得的控制权和派
遣一支成千上万人的西班牙大军进行攻击能取得的结果其
实差不多，更何况也没有哪个征服新大陆的队伍能雇用得
起一支军队。

从征服行动的标准程序来看，征服秘鲁的活动还真是按部就班地顺利进行了下来。皮萨罗发现了广阔富庶的文明帝国，有众多的缴税农民，然后他又获得了合法的掠夺授权，来到这里后也向当地统治者宣读了新权力结构的来临，并要求他予以服从，在统治者拒绝之后，他不但成功地进行了大规模的武力震慑行动，还把这位统治者劫持为人质，而这个

帝国中的臣民似乎也并没有因此而停止遵循该统治者的命令。皮萨罗知道，现在他要走的最后一步就是将自己已经获得的巨大成功巩固和延伸下去，继续掠夺整个帝国的资源；此外还要想办法将巨额税收从印加精英阶层手中夺过来，让这些财富都流入秘鲁新统治者的腰包。

皮萨罗要求阿塔瓦尔帕下令解散军队后不久，索托之前去过的印加大营中的勇士们就开始拆除营帐、就地解散了。阿塔瓦尔帕的勇士们突然就从被征召服役的士兵变成了解甲归田的平民，很快他们就朝着各个方向出发了，大多是返回遥远家乡的村落。原本带领胜利之师进驻库斯科的计划取消了，困惑和流言从卡哈马卡城传遍了秘鲁各地，因为返乡的勇士们在回家的途中经常会停下来给听得聚精会神的人们描述刚刚发生的大屠杀。用现代的语言来概括，他们的故事其实很简单：一群外国恐怖分子劫持了他们的君主并留作人质。而在众多震惊的听众脑海中必然产生的疑问就是：这些外国人是谁？他们想要什么？他们要在这里待多久？

阿塔瓦尔帕看到了皮萨罗的手下对着那些从自己的营地里抢来的金质杯盘大呼小叫、惊奇不已的样子。这样的观察难免会让他得出一个结论：这些留着胡子的外国人就是来这里抢劫和偷盗的。他们的数量不多，所以应该不是一支以征服帝国为目的的军队，肯定也不打算待多长时间。相反，他们唯一感兴趣的似乎就只是抢夺他们能抢到的一切。外国人一旦聚敛起了他们装得下、运得走的全部财物，肯定就会带着所有的战利品离开。这就是阿塔瓦尔帕一边微皱着眉头看着他们，一边推理出的结论。毕竟，这些外国人都没有试图掩饰什么是让他们最激动的东西。只要是用黄金［印加人称之为“奎里”（*qori*）］或白银［印加人称之为“奎尔奇”（*qullqi*）］制作的，就是最让他们着迷的。 95

事实上，这些西班牙人的行为无疑让阿塔瓦尔帕联想到了之前被印加人征服的安蒂苏尤（即帝国四个部分中的东部地区）的那些野蛮人。他们居住在林木茂盛，光照无法透入，仿佛能引发幽闭恐惧症的丛林深处，对于任何印加人制造的东西都会表现得无比着迷。印加人把生活在自己帝国东部边境之外的这些野蛮人称为安蒂人（Antis）①。阿塔瓦尔帕确信，这些外国人虽然有奇特的坐骑和威力巨大的武器，但无非也是些普通人而已。他们就像安蒂人和其他那些实行抢劫的部落一样——都是蛮荒之人。因此观察着西班牙人兴奋地抚摸他的餐具，激动地用他听不懂的语言交谈的同时，阿塔瓦尔帕脑海中思考的最主要问题就是，怎么做才能促使这些野蛮人尽快离开？怎么做才能确保自己的生命安全并重新获得自由？

过去的五年里，在印加帝国北方的阿塔瓦尔帕一直是这个国家实际上的统治者，每天都要决定哪些问题要被立即处理以及如何处理，所以此时，阿塔瓦尔帕也毫不意外地为自己的困境想出了一个可能的解决办法。阿塔瓦尔帕示意一个翻译和皮萨罗随他一起到太阳神庙中的一间屋子里去。阿塔瓦尔帕向上举起手，在高过自己头顶很多的地方用粉笔在墙

---

① 安蒂人（Antis）这个称谓是印加人给生活在帝国东部的一个民族取的名字［可能是今天的马奇根加（Machiguenga）部落］，人们相信这个词被西班牙人误拼之后衍生出了安第斯（Andes）这个名字。

上画了一条白线，然后转向比自己年长了四分之一个世纪的皮萨罗。阿塔瓦尔帕告诉这个头发灰白的征服者，自己清楚西班牙人到塔万廷苏尤来是为了什么，只要皮萨罗答应不杀他，他们想要多少黄金白银都可以。① 一个目击者写道：

96 总督询问阿塔瓦尔帕愿意给他多少，以及多长时间之内可以兑现？阿塔瓦尔帕回答，自己会给他一屋子的黄金，屋子有二十二英尺长、十七英尺宽，黄金堆起来的高度要超过屋子高度的一半，至少也有八英尺高。他［还］说他会在这个屋子里堆满各种金质器具——包括罐子、锅子、盘子和其他物品——直到超过他画出的白线的高度。然后他还会再在这个屋子里堆满同样多的白银两次，所有这些都能够在十二个月之内准备妥当。[10]

阿塔瓦尔帕解释，大多数的金银器都在离这里以南很远的库斯科，所以他大概需要一年时间来筹集他承诺的一切。阿塔瓦尔帕无疑认定自己的提议就算没有别的效果，也至少能提高自己的存在价值，借此他可以给自己争取更多的时间。有了时间，他就能有更多的机会。即便是处于被俘的状态，他依然可以号令十万左右的大军。不过，下令让军队进

① 西班牙编年史作者对于阿塔瓦尔帕向皮萨罗提议的究竟是赠送贡品还是支付赎金这点说得不是很清楚。对于印加人来说，被征服部落向征服部落敬献贡品是惯例；对于西班牙人来说，赎金则是他们更熟悉的概念。不过就算阿塔瓦尔帕提议的确实是进贡，那么有根深蒂固的礼尚往来观念的印加君主肯定也是抱着获得相应回报的想法才给出这个提议的，他想要的回报当然就是自己的自由。

攻太危险了，阿塔瓦尔帕担心到时西班牙人会先杀死他。他唯一要做的事就是保住性命，一旦西班牙人有哪怕一刻的疏忽大意，他就可以见机行事想些办法。

皮萨罗显然为阿塔瓦尔帕这个突然的提议而感到震惊。他在西印度群岛生活的这三十多年来，从没听说过哪一个当地首领能提出这样的提议。显然，一屋子的黄金立刻就能让他这次探险取得巨大的经济利益。再说，如果这么庞大数量的黄金都可以轻易筹集起来的话，那么他碰巧发现的这个帝国实际上肯定是比他想象的还要富有。不过，阿塔瓦尔帕讲的是真话吗？他会不会只是想要拖延一些时间？虽然阿塔瓦尔帕刚刚解散了自己的军队，但谁能确保他没有暗中命令勇士们到附近地区重新集结准备进攻呢？

皮萨罗至此还没有弄清楚自己入侵的国家到底有多大——它的面积大概相当于三个现代的西班牙，南北距离是西班牙的五倍，人口数量是西班牙的两倍。如果阿塔瓦尔帕的提议已经提供了证明这个帝国疆域广大的有力证据，那么君主对于下一个问题的回答无疑进一步佐证了这个结论。皮
萨罗问的是："你的信使要花多长时间到达库斯科？"在翻 97
译将他的问题从西班牙语转换为印加人的鲁纳斯密语的同时，皮萨罗一直仔细地观察着阿塔瓦尔帕的表情：

> 阿塔瓦尔帕回答说，当他需要传递紧急信息时，［信使们］会采取接力的方式从一个村子跑到下一个村子，到达［库斯科］需要五天的时间。如果是由一个人全程前往送信的话，就算走得再快也要十五天。[11]

经过进一步的询问，阿塔瓦尔帕可能还说出了虽然库斯科离这里已经很远了，但那里仍然只是帝国南北距离上大概的中间点。阿塔瓦尔帕暗示，如果要从帝国一端送信到另一端，那么就算信使们接力传信，从日出跑到日落，也要花将近二十天才能达到，往返则要四十天。从抵达这里之后，皮萨罗至此才第一次意识到自己抓住的君主统治着一个多么庞大的帝国。

随同皮萨罗前来的共有十二名公证人，他们都是受过教育的人，能够熟练地验证签名，还能起草简单的法律合同。和其他同行者一样，他们也是自愿参与这次探险的，盼望着能够从掠夺的成果中分到一些利益。虽然他们的职业是公证人，但是他们现在的身份其实也都是征服者。从 16 世纪以来，西班牙人的文化一直是乐于诉讼的，打官司、申请令状、起草法律合同似乎都成了日常生活中必不可少的事情。[①] 一份正规起草的文件，加上优雅的花体签字，对于那些不识字或者是识字不多的人来说不单单是一份法律文件，更是某种权威的象征。

对于从来没学过读写的皮萨罗来说，一份措辞严谨的西
98 班牙语文件就和一份用中文写成的天书一样根本无法看懂。

---

① 律师在 16 世纪的西班牙王国并不比在当代的西班牙更受欢迎。实际上，1529 年征服秘鲁的行动开始之前，皇室与皮萨罗签订的协议中有禁止律师前往秘鲁的条款。国王显然是想避免西班牙式诉讼可预见的负面影响。不过由于距离本土实在太过遥远，皇室无法确保这一规定的执行效果，因此第一批西班牙律师是 1534 年来到秘鲁的。自那之后，西班牙的新殖民地上也开始发生没完没了的诉讼，这种习惯一直被延续到今天。

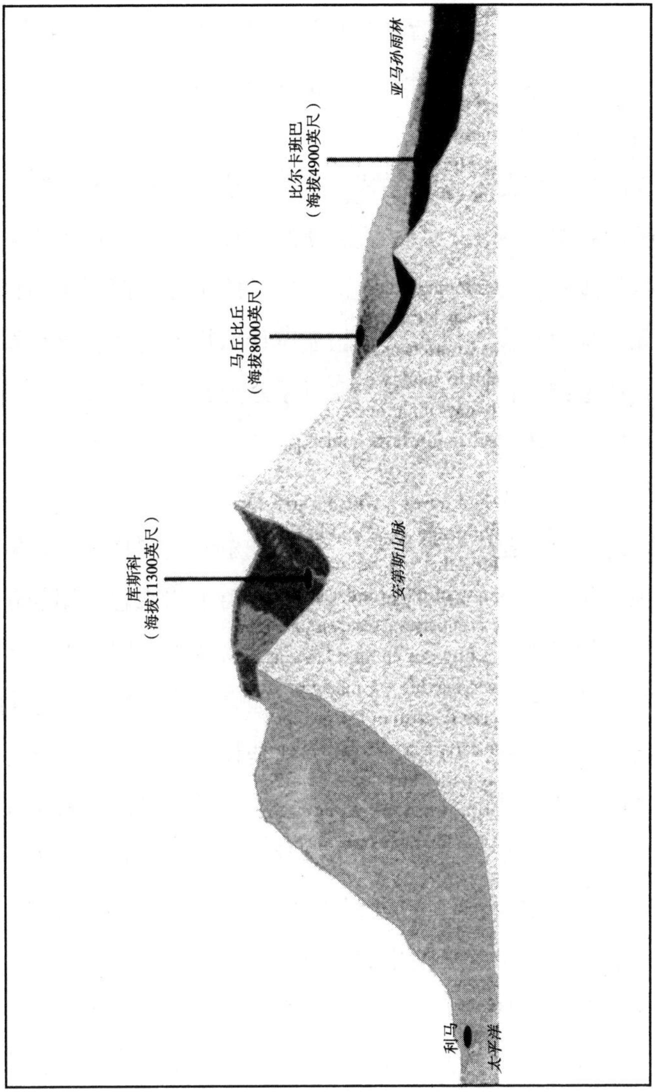

利马
太平洋
库斯科
（海拔11300英尺）
安第斯山脉
马丘比丘
（海拔8000英尺）
比尔卡班巴
（海拔4900英尺）
亚马孙雨林

印加帝国截面图

99 他立即叫来一名公证人起草一份文件，其中罗列出了阿塔瓦尔帕提议的基本内容。当公证人忙着起草的时候，皮萨罗向阿塔瓦尔帕保证，如果后者如自己承诺的那样提供了黄金，那么他皮萨罗就会许可阿塔瓦尔帕返回基多，让他在北方继续统治他的王国。

皮萨罗当然是在睁着眼睛说瞎话。他根本没有放了阿塔瓦尔帕的打算，更不用说让他重获统治权。首先，他希望阿塔瓦尔帕履行自己的承诺，提供一屋子的黄金和两屋子的白银。如果那之后发现阿塔瓦尔帕还有什么用处的话，皮萨罗也许会让他继续活着；否则，他对于杀死君主绝不会感到一星半点的良心不安。

就如皮萨罗不太清楚印加帝国的疆域面积，更完全不理解帝国的文化及运作方式一样，阿塔瓦尔帕也同样没能理解西班牙文化中包含的那些对他而言完全陌生的观念。印加君主没能意识到西班牙人对于金银餐具的兴趣不是因为他们想要拥有更精致的饮酒器具，或是像其他野蛮人一样喜欢它们的闪闪发亮。真正的原因在于制作这些杯子盘子的材质恰好是旧大陆上制造钱币所使用的稀缺金属。归根结底，货币体系的最本质要求是制造货币使用的材料要稀有，且所有人认可相同的兑换单位。在 16 世纪欧洲的那些新兴国家中，金、银、铜、镍是最被广泛使用的本位货币。一个运气不错的西班牙人如果有一磅黄金——不管是合法收入还是征服和掠夺所得——就可以将其卖给商人或银行家，无须任何解释就能获得大约一百二十个达科特金币（ducat）。

举个例子来解释一下这个数目的货币在当时价值几何：

在16世纪30年代，一个冒着生命危险在海上航行的西班牙水手的平均工资是每年五六十达科特，相当于半磅黄金的对价。如果一个人有四磅黄金，就可以在西班牙买一条小型帆船；有十磅黄金就能换一千二百个达科特，相当于在海上辛辛苦苦卖命二十年的收入。[12]难怪索托和他的手下带着他们抢来的金银杯盘和雕像返回的时候，所有人都瞪大了双眼。如果从阿塔瓦尔帕一个临时组建的军营里就能找到这么多黄金，谁知道这个帝国究竟拥有多少财富呢？

虽然印加人的日常生活主要依赖物物交换，但是他们还 100
是了解一些货币系统的，而且他们的交换也有自己的标准。曾经被印加人征服的钦察人是一个生活在今天的利马以南海岸地区的民族，他们之中很多人就是专门以贸易为生的，拥有很多筏船，曾经驾驶着这些筏船沿着海岸进行贸易活动，向北最远甚至到达了今天的厄瓜多尔。实际上，皮萨罗第二次探险时抓到的筏船很可能就是钦察人的贸易船。因为他们随时都要进行商业交易，所以钦察的商人们使用一种铜币作为货币，用来交换其他货物。交换用的本位货币就是铸成不锋利的斧头形状的铜币。

印加帝国从来没有采用过任何货币体系。黄金由于拥有太阳一样的颜色而被认为是神圣的，因为太阳在印加人的宗教信仰中就是万神之主。黄金从没有被当作可交换的商品。同样，白银被认为是月亮女神玛玛基利亚（*mama-kilya*）流下的眼泪，因此也是要献给神的，只能在神庙中使用。既然阿塔瓦尔帕和他的祖先都是太阳神因蒂（Inti）的后裔，黄金自然就和太阳及其在地上的化身——印加君主都有着密不可分的关系。从帝国各个地区开采出来的黄金和白银在被淘洗之后都会经帝国的主干道被送到首都去，而且这种运输是单向的：神圣的金属被送到库斯科以及其他帝国主要城市之后，鲜有再被运出来的。当地的工匠和宝石匠们会把这两种金属制成具有象征性的，能够反映月亮、太阳和君主的神圣本质的样式。这也是为什么阿塔瓦尔帕吃饭时不使用陶器，而是要用最纯粹的黄金和白银制作的杯盘。

除此之外，印加的经济体系也不像资本主义那样：个人拥有个人的土地、劳动力和其他资源，并利用其创造价值。印加的精英阶层依仗的是一种再分配经济。在这种经济体制下，农村地区的生产成果大部分归国家控制，然后由国家按照自己的需要及人口的情况进行重新分配。比如说，几乎所有的土地都是属于国家的，然后分别被划分为教会用、国家用和公用几种类别。印加的精英阶层要求农民群体在国家和教会所有的土地上耕种和收割，这里生产出的产品都要用来供养大量的政府官员、神职人员以及满足各种各样其他的需
101 要。农民和政府之间的社会契约中暗含的意思是农民有权在他们各自的公用土地上耕作，不过这些公用土地本身也是属于国家所有的。

印加的精英阶层还要求每个居民每年向君主无偿提供一段时间的劳役，这称作“密塔”（*mit'a*），君主想要以何种方式利用这种劳役都可以。因此，每个家族的男性家族领头人每年有最多三个月的时间要为君主劳作，可能是修路、建房、纺织、做信差传信、给皇室人员抬轿子、打仗等任何差事。数以百万计的家庭每年都在教会和国家的土地上耕种并

收割，此外还要以劳役的形式向国家交税，所以帝国的收入是一个相当庞大的数字。缴税的劳动力创造出来的富余产品被储存在帝国各地的仓库里，存储规模之大总是令发现这些仓库的西班牙人感到震惊。实际上，因为印加帝国的国内生产总值十分巨大，所以那些仓库中的存货不得不周期性的被清空，也就是作为礼物分配给附近地区里的居民，这样才能为持续生产出的新产品腾出存储空间。征服者佩德罗·桑乔·德·拉·奥斯（Pedro Sancho de la Hoz）写道：

> 人们能看到……许多……仓库，里面堆满了毯子、毛纺品、武器、金属［制品］、服装，以及其他任何在这片大地上生长和被制造出来的东西……仓库里有圆盾、盾牌、固定帐篷用的大梁、小刀以及其他各种工具；还有给勇士们准备的便鞋和铠甲，其数量之大让人根本无法想象他们［纳税人］是如何能够为国家生产出数量这么大、品种这么丰富的产品的。[13]

君主通常会把归国家所有的这些产品作为礼物赏赐给贵族、首领和其他下属们，以此来换取他们对于印加帝国的忠诚。同样，首领们也会把这些礼物再分发给自己的追随者，以此类推，这条自上而下的分配链条的终点就是那些付出劳动生产了这些产品的农民。通过这种再分配的方式，由人数仅占帝国总人口1%都不到的印加人代表的印加精英阶层就能够保有各地统治者的忠诚，并由此掌控他们创立的这个庞大的帝国。

正如阿塔瓦尔帕会定期赏赐自己的首领们一样，他为什
102 么不能也给皮萨罗一点好处，以换取某些特定的回报呢？如果西班牙人想要的是亮闪闪的餐具的话，阿塔瓦尔帕想要的就是保住自己的性命。如果付出一屋子的黄金就能继续活命的话，那么让他给再多他也乐意照办。阿塔瓦尔帕用五年的争战夺来这个帝国可不是为了就这么突然被一小拨打劫者给抢走的。也许互利互惠才是解决眼下问题的关键。

此时，跑步传信的“查斯基”们已经带着他们的统治者孤注一掷的口信向着各个地方出发了，口信的内容是，把所有金银器具，包括在太阳和月亮神庙中使用的那些都送到卡哈马卡来。与此同时，皮萨罗也派人去传信给被他留在圣米格尔（San Miguel）的八十名西班牙人。圣米格尔是皮萨罗在通贝斯的废墟以南建立起来的一个海滨小镇。他的信使去那里一方面是告诉他们皮萨罗等人取得了巨大的胜利，另一方面是让他们派人回巴拿马去寻找增援。皮萨罗意识到，他必须召集更多的西班牙人才能拥有足够的力量来压制这样一个疆域广大、人口众多的大国。事实上，皮萨罗那位只剩一只眼的合伙人迭戈·德·阿尔马格罗就是特意被安排留在巴拿马负责继续召集人手、筹集船只和准备补给，然后在晚些时间再来跟皮萨罗会合的。现在皮萨罗只希望阿塔瓦尔帕不会在阿尔马格罗到来之前推测出自己的真实意图：他和他的手下既然来到这里，就没打算再离开。

几个星期之后，终于开始有小批的金银制品被运送到卡哈马卡，而且送来的数量一天比一天多。公证人弗朗西斯科·德·赫雷斯写道：

> 就这样，［一天］送来两万，过两天又送来三万、五万、六万比索的黄金（pesos de oro），［有些是］大水罐和水壶，每个都有两三阿罗瓦（arrobas）［五十至七十五磅］。还有一些大个的银质水罐、水壶和其他很多器皿。总督下令把这东西都放到囚禁阿塔瓦尔帕的房间里……为了保证安全，总督还安排了基督徒日夜守卫。东西被放进房间里前已经清点过数量，以防有人作假牟利。[14]

西班牙人仔细地给每个物品称重，转换成比索这种西班
牙人使用的黄金计量单位来计算。一个比索相当于 1/6 盎 103
司，所以每天有三万到六万比索的黄金被送来这里就意味着西班牙人每天都能获得三百到六百磅重的黄金。对于这些本来都是平头老百姓的征服者来说，不管他们识不识字都能算出这笔账，更何况这也不是什么需要文艺复兴数学家才能解答的复杂问题，在场的这些人都明白，他们很快就要变成大富翁了。

阿塔瓦尔帕派出第一批信差传达的信息中不仅有要求他的下属协助搜集和运输圣物的内容，还提到让他的将军们不要试图营救他，以免危及他的性命。他的信息发出后不久，帝国各地的首领和贵族都纷纷来到卡哈马卡，为的是向他们的印加君主，以及劫持了君主的强大的留着胡子的外国人领袖表示敬意。

“当各地的首领听说总督的到来以及阿塔瓦尔帕被俘之后，很多人都选择和平地前来拜见总督”，[15]赫雷斯写道。另

一位编年史作者埃斯特特记录说：“每个地区都有人来拜见西班牙人，每个人都带着自己地区盛产的礼物，包括黄金、白银和其他一些东西。”[16]赫雷斯还说：“有些首领是掌管着三万印第安人的大首领，他们都服从于阿塔瓦尔帕。他们来到阿塔瓦尔帕面前的时候都要向他行礼，亲吻他的手和脚，而他甚至连看都不看他们一眼。”[17]根据埃斯特特的说法：“他在他们面前仍然表现得无比威严，完全没有因为他被打败或被俘虏而失了一分气势。”[18]

除了皮萨罗以外，这群西班牙征服者之中没有哪个人见过什么真正的君主，也不可能真正理解印加子民对于他们君主所怀的敬意。任何一个欧洲君主都不能和阿塔瓦尔帕相提并论，因为他既是世俗的统治者也是神明的化身。印第安人在接近阿塔瓦尔帕时，实际上是认为自己来到了神的面前，阿塔瓦尔帕一人就相当于国王、教皇和耶稣基督的合体。所以，这么一个中等身材的印第安人君主实际上是掌控了一个千万人口帝国全部的立法、司法、行政和宗教权力。

印加帝国是一个神权至上的君主制国家，所有的施予全凭君主一人之意——无论是公平正义、神圣介入、财富、称号、地位、食物、饮品，还是个人的生死都由君主说了算。就如阿塔瓦尔帕可以下令杀死因为惧怕索托所驾驭的冲过来的战马而四散躲避的全部侍卫一样，只要他愿意，他也可以
104 免人不死。当他还处在被俘的情况下时，一个来自瓦拉斯（Huaylas）的地方首领请求阿塔瓦尔帕许可自己返回领地一趟。阿塔瓦尔帕同意了他的请求，但是给他规定了明确的前往和返回的期限。“他回来拜见君主的时候我正好在场，”

皮萨罗的亲戚佩德罗回忆说，“那个首领出于某些原因耽搁了一些时间，虽然还带来了当地的水果作为礼物，［但是］他来到君主面前时已经吓得浑身发抖，连站都无法站稳了。阿塔瓦尔帕略微抬了下头，笑了笑，打了个手势准许首领退下了。”[19]

然而，印加君主对待自己的兄弟瓦斯卡尔可就不像对待浑身发抖的地方首领这么大度了。阿塔瓦尔帕至今仍然认为瓦斯卡尔是唯一能和自己争夺王位的人，虽然后者已经成为自己的囚徒，但只要他还活着，他就永远是个威胁。阿塔瓦尔帕仍然笃信西班牙人会离开，而且期待这一天越早到来越好。等他们走了之后，阿塔瓦尔帕必须确保自己君主的身份不会再受到任何威胁。君主被俘之后不久，就有信差来向他汇报说瓦斯卡尔距离他已经只有几天的路程了，后者是在一支武装小队的押送下被带来交由阿塔瓦尔帕处置的。到此时，瓦斯卡尔的家族已经被完全终结了，他目睹了自己的妻子、孩子和亲属惨死在敌人的屠刀之下，所以肯定也已经意识到等待自己的只能是恐怖的死刑。有人说“瓦斯卡尔被俘后受到了严重的虐待。押送者给他吃发霉的玉米、苦涩的草叶和［美洲驼的］粪便。他的帽子里盛满了美洲驼的尿液；连他的生理需求也会受到别人的嘲笑，他们给一块长条的石头穿上女人的衣物，然后让瓦斯卡尔和石头一起躺到床上”。[20]

皮萨罗通过他的翻译了解了一些关于即将到达的君主之位竞争者的消息，于是盼着将他也一起囚禁起来。如果能把瓦斯卡尔这位唯一的王位觊觎者也囚禁了，就等于一下控制了两个印加君主，自然也能够增强皮萨罗对于帝国中部和南方地区的掌控力。阿塔瓦尔帕最初开始进行王位争夺战时只控制了印加帝国大约 10% 的地区，都位于今天的厄瓜多尔北部。相反，瓦斯卡尔起初控制着 90% 的国土，但是在过
105 去的五年中，这个比例渐渐发生了变化，到内战结束时，在瓦斯卡尔控制下的领土比例彻底变成了零。

不过，在皮萨罗没有察觉的时候，阿塔瓦尔帕已经偷偷安排信差秘密地去阻止押送他兄弟的队伍继续前进。于是在卡哈马卡以南大约二百英里的地方，印加士兵杀死了瓦斯卡尔，并把他的尸体扔进了河里。在这样的情况下，阿塔瓦尔帕不是传令释放自己的兄弟，并请求他组织全国性的抗击外国侵略者的行动，反而让传统的王朝政治思维占了上风。这个被俘虏的印加君主可笑地判定防止自己的兄弟抢走自己的王位比抗击觊觎着同一个王位的外国侵略者更重要。阿塔瓦尔帕还是确信西班牙人马上就会离开，也相信自己的兄弟一死，他一统整个帝国的大业就算最终实现了。

阿塔瓦尔帕告诉皮萨罗，押送瓦斯卡尔的侍卫在没有得到命令的情况下擅自将他杀死了。皮萨罗惊诧地接受了这样的解释。既然如此，整个帝国就只有一个正牌君主活着，并且被自己牢牢地控制着，每天还有源源不断的黄金运到这里来。毕竟对皮萨罗来说，最重要的事是君主的贵族和首领们依然服从于他，这样他就可以继续通过控制君主来控制整个帝国。

阿塔瓦尔帕对于自己臣民的行为方式和他对待俘虏自己的西班牙人的行为方式有很大区别，这令征服者们感到

格外费解。对于那些按照等级制度的划分地位低于他的属下——也就是印加帝国的所有臣民——阿塔瓦尔帕仍然表现得高高在上、坚毅而威严。君主通常会坐在屏风后面接见前来拜见他的人们，只有极个别的几个人才被授予了能够亲眼见到君主本人的特权。印加人统治的风格是对待下属要轻蔑，这已经成为这里的规矩，目的是巩固权力层级的划分。因此，在他的臣属面前，阿塔瓦尔帕就是神在世上的后裔，浑身散发着他们的文化里规定他应当显示出来的威严和神圣的气场。

然而，就那些留着胡子的侵略者而言，他们从劫持阿塔瓦尔帕那一刻起就否决了他的权力层级，所以在西班牙人面前，阿塔瓦尔帕会表现出他性格中完全不同的一面。由印加文化赋予他的帝国君主的面具彻底消失了，他就像一个“没穿衣服的君主”，可能也展露出了更接近他真实性格的
一面。单独和西班牙人相处的时候，阿塔瓦尔帕是个欢快、 106
友好，甚至是活泼开朗的人，会想方设法取悦他人。西班牙人允许他保留自己的仆人，继续维持他已经习惯的奢侈生活，继续管理他的帝国。但是，西班牙人不允许他发起战争或号令军队，更不会允许他想办法重获自由。

阿塔瓦尔帕被俘的几个月里，有几个西班牙人甚至开始喜欢上了这个印第安人君主，尤其是埃尔南多·德·索托和埃尔南多·皮萨罗。这两个西班牙队长教会了印加君主如何下棋，还经常花几个小时的时间和他一起玩一种原本由印度人发明的游戏。阿塔瓦尔帕很快就成了下棋的好手，他还给这个游戏取名叫“突然袭击”（*taptana*），显然是非常喜欢

这个和军事策略有共通性的游戏。[21]

阿塔瓦尔帕还会向他的劫持者询问很多问题，事实上，被认定应当是野蛮人的阿塔瓦尔帕展现出的推理和逻辑能力常常让西班牙人感到惊奇。“自从他成为人质之后，”公证人弗朗西斯科·德·赫雷斯写道，“听过他说话的西班牙人都被一个野蛮人所具备的智慧震慑住了。”[22]“［君主］是我们见过的最智慧、最有能力的［原住民］，”加斯帕尔·德·埃斯皮诺萨（Gaspar de Espinosa）写道，“他想学我们拥有的一切，他下棋已经下得很好了。有了这个人……被控制［在我们手中］，整个帝国都很平静。”[23]

这些西班牙人大都来自社会底层，而且其中 1/3 是文盲，这次近距离接触到皇室人员，哪怕只是一个蛮荒之地的皇族的经历都已经足够让他们深深着迷了。西班牙人本身就来自一个有严格等级划分的社会，但是阿塔瓦尔帕的皇室待遇，还有他被一群美丽的女人侍奉到无微不至的地步这件事仍然让西班牙人瞠目结舌。这些女人大多数是阿塔瓦尔帕的后宫嫔妃。当时十八岁的佩德罗·皮萨罗回忆说：

> 这些女士们……把食物送到阿塔瓦尔帕面前，摆在纤细的绿色灯芯草上……所有的食物都用金银和陶土器具盛放着［摆在灯芯草上］，然后［阿塔瓦尔帕］指指自己要吃哪个，就会有一位女士把这道菜端到君主面前方便他取用，并一直举着到他不吃了为止。有
> 107 一天，当阿塔瓦尔帕正在以这种方式吃饭的时候，我
> 刚好在场，一片食物被送到他嘴边时，滴了一点汤水

> 到他的衣服上，于是他就伸出手示意印第安女士扶他起来，进到他的房间里换了一身衣服。他回来时穿了一件长袍和一件深棕色斗篷，我靠近他摸了摸斗篷的材质，感觉真是比丝绸还要柔滑，我于是问他："印加君主，这件衣服是用什么材料做的，怎么这么柔软？"他回答这是用一种［吸血］蝙蝠的皮做的。这种蝙蝠只在夜间出没于旧港（Puerto Viejo）和通贝斯地区，还会咬伤本地人。[24]

当被问及怎么能抓到这么多蝙蝠来凑够制作一件衣服的皮料时，阿塔瓦尔帕停顿了一下，然后回答："［这些蝙蝠是］通贝斯和旧港的那些［印第安］贱民抓的——他们还有什么比为我父王抓蝙蝠做衣服更重要的事可做？"[25]

还有一次，皮萨罗年轻的亲戚和一个印第安人一起到当地的皇家仓库去，那里摆满了各种深色的皮箱子。

> 我问他这些箱子里装的是什么？他于是向我展示了一些箱子里的东西，任何阿塔瓦尔帕碰触过的东西都要被保存在这里，有一些是他扔掉的衣物。还有的箱子里面装的是阿塔瓦尔帕吃饭时铺在他脚下的灯芯草，有的是他吃过的肉或禽类剩下的骨头……还有的是他用手举着吃过的玉米剩下的核……简言之，就是他摸过的任何东西。我问为什么要把这些东西都保存在这里，他说是为了之后一起烧掉。因为他们每年……都要把［印加］君主碰过的所有东西全部烧成灰烬，然后挥洒到空中，

> 因为君主是太阳的儿子，他碰过的东西不允许其他任何人接触。[26]

与这样的行为最接近的现代概念可能就是虔诚的天主教徒仍然会在圣人遗物面前致敬，圣人的一点点遗骨或头发至今仍然被当作神圣的宝物供奉着。而阿塔瓦尔帕则是活着的时候就一直在接受这样过度的赞美与崇拜。

时间从 1532 年 11 月来到 1533 年 1 月，黄金器具堆积的高度还是没有达到阿塔瓦尔帕在墙上画的那条线。无论皮萨罗还是阿塔瓦尔帕都开始变得有些坐立不安。皮萨罗希望
108 快点收齐承诺给他的财富，也渴盼着增援力量尽快到来，好开始向位于南方的印加首都库斯科进军，实现自己的征服大业。而阿塔瓦尔帕则是迫切地希望赶紧让西班牙人拿到他们想要的黄金然后彻底离开再也不要回来。后来阿塔瓦尔帕的一个兄弟监督着一支运送队来送黄金，他告诉阿塔瓦尔帕，有另一支运送队在卡哈马卡和库斯科之间的豪哈城（Jauja）耽搁了，而更多的黄金则仍然留在首都，还没有被从神庙中移出来。

阿塔瓦尔帕迫切地想要尽早获得释放，于是他建议皮萨罗派人前往库斯科去监督筹集赎金的工作。不过，皮萨罗知道阿塔瓦尔帕在南方有两支军队，在北方有一支军队，因为担心军队发动进攻，他本来不愿意把自己的人手分散开来。尽管如此，还是有三个人自告奋勇，很可能是因为受够了漫长的等待，又碰巧听到了阿塔瓦尔帕对金碧辉煌的印加首都的描述，所以他们主动要求到南方去完成催讨赎金的任务。

这三个人分别是来自西班牙南部安达卢西亚地区（Andalusia）海滨小镇的两个不识字的水手马丁·布埃诺（Martín Bueno）和佩德罗·马丁·德·莫格尔（Pedro Martín de Moguer），以及一个巴斯克族（Basque）的公证人胡安·萨拉特（Juan Zárate）。

皮萨罗同意让这三个人前往库斯科，同时不忘警告阿塔瓦尔帕弄清楚他们之间关系的本质：如果这三个西班牙人有什么三长两短，自己一定会杀了阿塔瓦尔帕。阿塔瓦尔帕让皮萨罗放心，还提出可以让一名印加贵族和几名印第安士兵护送他们前往，还可以安排轿夫用皇室的轿子抬着他们。皮萨罗随后又召见了这三个人，命令他们到达库斯科之后就以国王的名义占领那里，而且一定要有公证人在场，并让他写好有效的法律文书。然后他还命令这三个人行事要谨慎——别做任何陪同他们前往的“大耳朵”不让他们做的事，那样他们就不会有性命之忧。他们的任务是侦查南部的情况和地形，督促库斯科收集财富的工作，然后返回这里，把自己看到的一切向皮萨罗做一个完整而详细的汇报。

人们只能想象一下这三个人的行程是什么样子的：他们是第一批穿过安第斯山脉崎岖不平的山顶，从卡哈马卡来到库斯科的欧洲人；高高地坐在轿夫抬着的皇室轿子里，这两个粗鲁的水手和一个卑微的公证人仿佛突然就变成了有权有势的印加首领。这几个人坐的轿子都是奢华的皇室出行工 109
具，轿厢下面有两根长杆，长杆头部有银质的嵌套，还做成了各种动物的头型。两根长杆之间固定了一块板子，供人乘坐的轿箱就安装在这个板子上，轿厢里铺了好几层柔软的坐垫，四周有不高的挡板，能够起到保证安全的作用，轿厢顶上还有用羽毛和纺织品穿插编织而成的顶棚，既能防晒也能遮雨。负责抬轿子的通常都是卢卡纳部落（Rucana tribe）的成员，他们从小就要接受抬轿子的训练，所以他们抬的轿子是最平稳的。轿子在这里显然是一个权力和地位的象征，只有最高级别的印加贵族才能够乘坐。

这一小队人员很快从卡哈马卡出发，沿着雄伟的山峰攀爬，翻过一个又一个泛着淡淡的蓝绿色的冰川，穿过一个又一个坐落在被阳光照射得闪闪发亮的河流附近的印加城市和村庄，跨过一个又一个横架在宽阔幽深的河谷上的印加桥梁，还能看到成群的美洲驼和羊驼，数量之多仿佛占满了山坡，甚至看不到边际。这就是第一批欧洲人看到的陌生陆地上的陌生人生活的景象，[27]是安第斯世界还没有与外界接触时的样子，是一种欣欣向荣的文明，有自己的特色和不被外人理解的复杂性。这里的一切都是新鲜的——植物、动物、人、村庄、山脉、畜群、语言和城市。这三个如马可·波罗一样在一片新大陆上漫步的西班牙人都是到传说中的遥远城市寻找财富的。公证人佩德罗·桑乔·德·拉·奥斯写道：

> 所有陡峭的山坡上……［都有］石料铺就的台阶。征服者们在这片土地上［目睹的］……最伟大的工程之一就是这些道路……山坡上的人大部分是生活在高山上的。他们的房子都是用石头和泥土建造的。每个村子里都建了很多房子。沿着道路行进，每隔四至七英里就能发现供首领休息的房子，这样首领们在出来视察自己

领地的路上就可以在这些建筑中暂时歇脚。每隔七十英里就会有重要的城市，也就是一个地区内的核心城市，周围小城市里的人会定期把他们进贡的玉米、衣物或其他一些物品都送到这些大城市来。所有大城市里都有仓库，里面装满了田地里［收获的］产品。因为这里非常寒冷，所以除了几个特定的地方，能收获的玉米很少。但是［这里有很多］蔬菜和根茎类食物可以供人们维持生存需要，而且还有和西班牙境内一样优良的草 110
场。这里有一种带苦味的野生萝卜［其实是马铃薯］。①这里还有很多羊群［其实是美洲驼和羊驼］，有放牧人赶着牲畜出去吃草，并防止它们靠近田地。［每个］地区内部都有单独划出的给［畜群］过冬用的地方。如我之前所说，这里的人非常有礼、聪慧，总是着装得体，脚上也穿着鞋。他们的玉米既可以烹煮也可以生吃，他们还会喝很多吉开酒，那是一种用玉米发酵的类似于啤酒的饮品。这些人非常友善，非常恭顺，［然而］他们也很好战。我听说他们有各种各样的武器。[28]

如科尔特斯的手下在第一次看到阿兹特克帝国的首都

① 所有野生的马铃薯品种中都含有有毒的糖苷生物碱，所以会有苦味。那些生长在九千英尺以上高海拔地区、具有抗冻性的马铃薯中含有的这种成分甚至更多。印加人和他们的祖先会对马铃薯进行冷冻脱水处理，这样一个冷冻、挤压、脱水的过程不但能破坏马铃薯里的糖苷生物碱，也使得马铃薯更容易储存。印加人把处理过后的冻干了的马铃薯称为巧纽（*Chuño*），它曾经是并且现在也还是传统的安第斯炖菜中必不可少的主料之一。

特诺奇蒂特兰（Tenochtitlán）时声称那里比威尼斯还要美好一样，当这三个西班牙人向南行进了一个多月的时间才终于被抬到库斯科的时候，他们无疑也被自己看到的一切惊呆了。库斯科的海拔是一万一千三百英尺，背靠高山，面朝一个宽阔的河谷。这个隐藏在山脉之上的印加首都看起来就如同瑞士的阿尔卑斯山上某个中世纪的城镇一般。城里的房子都有尖尖的人字形屋顶，屋顶上铺着茅草，烟囱里都冒着烟，向远处眺望可以看到绿树覆盖的群山和高耸入云的被冰雪覆盖的山峰。“库斯科是我在这片领地上，甚至是包括整个西印度群岛地区在内见过的最壮观精致的城市，”西班牙人在后来给国王的汇报中这样写道，“我们可以向国王陛下保证，这里太漂亮了，这里的建筑太宏伟了，就算是与西班牙城市相比，这里也绝对称得上卓越非凡。”[29]桑乔·德·拉·奥斯写道：

> ［城里］有很多属于各个首领的宫殿……房子的主要结构是用石料建造的，也有一些是仅有半个房屋的正面使用了石料……街道的角度很有讲究，道路笔直，都铺了石料，路面中间是排水沟，也用石料砌了边……广场是方形的，大部分很平整，并且铺了小块儿石料。广
> 111 场周围有四座首领们的宫殿，这是城中最主要的建筑。这些建筑也是用石料建造的，石料上还有雕刻并刷了颜色。其中最宏伟的一栋属于前任君主瓦伊纳·卡帕克，那栋建筑的门洞是用红色、白色和花色的大理石建造的……这里……［还有］很多其他宏伟的建筑。[30]

在城外的高山上俯瞰城市时，西班牙人就发现了一个带有三座塔楼的类似于欧洲人的城堡的建筑。这三个访客大概是靠比画指着那里询问那是什么。陪同他们的印加人回答时用了一个发音大概是“萨克－萨－瓦－曼”（*Saq-say-waman*）的词语，后来他们才知道这个词的意思是“满足的猎隼（的堡垒）”。桑乔·德·拉·奥斯是这样描述的：

> 山坡上……非常陡峭的地方有一座用石料和泥土建造的漂亮堡垒。堡垒上有大扇的窗户，可以俯瞰整个城市，也让堡垒看起来更加漂亮……很多曾经到过伦巴第或其他王国的西班牙人都说他们从没见过这样的堡垒，也没见过比这更有气势的城堡。这个堡垒里至少能容纳五千名西班牙人。这里既无法［用加农炮］从一侧猛攻，也不能［从下面］挖地道潜入，因为堡垒就建在一座全是岩石的山上。[31]

印加堡垒的一边修建了一面用巨型石料组成的坚固的石墙——每块巨型石料都能重达三十吨，天知道印加人是怎么凿下石料，雕刻成形，再把它们安放到恰当的位置上的。西班牙人在城中四处游走，引来当地居民好奇的目光。居民们都穿着棉质或驼毛纺织的长袍，戴着头饰，留着不同的发型，这暗示着每个人所属的不同社会地位以及他们原本来自帝国的哪个部分。西班牙人走到哪里都能看到路边精美的石墙，这些石墙展现出了西班牙人从没见识过的高超工艺。据桑乔·德·拉·奥斯记录：

> 我们在那儿看到的最精美的东西就要数那些石墙了，因为墙壁都是用极其巨大的、看起来就像山一样的石块堆砌起来的，任何一个看见这些石墙的人都无法相信仅凭人力能完成这样不可能完成的任务……这些石料并不是非常光滑，但是被非常契合地拼接在了一起。[32]

112 佩德罗·皮萨罗回忆说：“［石料之间拼接得］格外紧密，可以说是严丝合缝，石料与石料相连的地方连一个大头针都插不进去。”[33]用桑乔·德·拉·奥斯的话来总结就是：“看到这些的西班牙人都说，无论是塞哥维亚的水道桥，还是赫拉克勒斯或罗马人建造的任何建筑都不如这些石墙更值得一看。”[34]

新大陆上最伟大帝国的首都是一个干净整洁、设计精巧而且组织完善的城市。如果说一个文明之所以被称为文明的标志就是食物和其他产品的集约化生产，以及随之而来的人口增长和社会等级分化，那么没有哪个地方的标志能比库斯科更明显了。这个城市的名字在印加人的语言里是“肚脐”的意思。这个河谷刚好就是帝国四个苏尤交界的中心点，印加帝国的崛起就是从这里开始的。此时帝国里的其他地方都被如脐带一样的道路连通到了这个中心城市，哪怕是最遥远的边境也不例外。所有印加道路加在一起的总长超过两万五千英里。

在位的君主和一些层级略低于他的贵族通常都生活在这个多语言的中心城市里，哪怕是最遥远的地区的首领们也会在库斯科安家。首都就像是一个只有精英阶层才能进入的社区，是帝国中皇室成员聚集的中心，这个城市就是被用来炫耀权力和地位的。为了满足精英们的生活需求，作为推动整个帝国运转的劳动力的农民们每天都要向城中运送各种精英们可能会需要的物资。西班牙人在城中各处都能发现堆满了高度直达天花板的各种物资的仓库，这些产品都是由数百万勤劳的人民生产出来并被集中到一起，经过无数会计人员的统计之后，再大规模地储存到国有仓库中的。

三个西班牙人按照要求“以国王陛下的名义占领了库斯科城”。[35]那个巴斯克族公证人胡安·萨拉特仔细地起草了一份文件并用花体字签上名，还加盖了印章作为公证，而不明所以的印第安人们无疑就只能好奇地在旁边看着。无论是印第安人还是那两个和公证人一起来到这里的西班牙文盲水手都不认得这张纸上的半个字。

不过，从他们翻过最后一个山顶，能够从高处俯瞰到整个库斯科的时候开始，这三个西班牙人的注意力就都被那些像太阳一样发着光，仿佛是被投入了黄金烈焰中的建筑吸引 113
了。经过一些调查后，他们终于确认：

> 那些建筑上朝着太阳升起方向的墙壁上贴着大面积的金箔……他们说城里各个建筑上都有很多黄金，实在是令人震惊……［而且］如果不是担心会耽搁得太久，他们本来可以带回更多的黄金，毕竟那里只有他们三个人，而其他的基督徒都在离他们二百五十里格远的地方。[36]

不过，在这三个人开始收集黄金之前，他们必须先去拜见此时掌管这座城市的印加将军。库斯科现在毕竟是一个被占领的城市，在被占领之前，这里本来是与阿塔瓦尔帕敌对的各个地方的指挥中心。就在不久之前，瓦斯卡尔还曾带着他的皇室流苏头饰（*mascapaicha*[①]），在这里指挥自己的军队。他也是在这里接到了北方战事愈演愈烈的汇报。在过去的五年时间里，战火一点一点烧向库斯科，直到最后一战像一场狂暴的海啸一般将他彻底吞噬。

阿塔瓦尔帕麾下最优秀的指挥官基斯基斯将军此时带领着三万人的军队驻守在库斯科。对于本地人来说，这支大军其实和被皇室轿子抬到这里的三个讲着听不懂语言的外国人一样陌生。就如美国内战中带兵艰难穿越佐治亚州的谢尔曼将军（General Sherman）一样，基斯基斯也是沿着安第斯山脉经过一路浴血奋战，才最终占领库斯科的。他们不但俘虏了瓦斯卡尔，还几乎杀光了他的全部血脉，甚至包括未出生的胎儿。可是在取得了军事胜利之后，将军却震惊地收到了关于一支抢夺劫掠的外国人队伍不知怎么地在北方发动了突然袭击并劫持了他们的君主的消息。之后，他又开始接到君主要求将所有金银物品都送到北部的卡哈马卡城的命令，显然是需要以这些神圣物品来换取君主的自由。

此时已经是1533年的3～4月，安第斯山脉地区即将进入冬季。基斯基斯将军盯着眼前这三个舒舒服服地坐在轿子

---

① 前文中的拼写为mascaypacha。同一事物前后拼法不同的情况在本书中多有出现，可能是因为引用不同出处的内容时原作者的拼法各不相同，下文中再出现类似情况时只标注不同拼法，不再一一注释。——译者注

上的外国使者，而抬着轿子的印第安人轿夫则都是目光低垂地站在自己面前。将军发现来访者都穿着奇怪的衣服，脸上 114
还蓄着大胡子——和他们这些面部皮肤光滑的人完全不同。虽然他们暴露在安第斯烈日下的那部分皮肤已经被晒成了棕色，但是当他们略有动作的时候，基斯基斯还是能看到，被他们破烂肮脏的衣物遮住而晒不到的地方的皮肤原本是白色的。这些外国人的腰上挂着一根长长的金属，基斯基斯无疑只能认为那是某种棍棒，不过看起来又细又不结实。这些来访者讲的是一种粗俗的语言，只会回答一些让人听不懂的话语，而且他们又完全不会说帝国通用的鲁纳斯密语，显然也不可能会说其他任何地区的方言。因此，这些人相互之间根本不可能交流。当地的编年史作者费利佩·瓦曼·波马·德·阿亚拉写道：

> 对于我们印第安人来说，这些西班牙人看起来就像被裹尸布缠绕起来的尸体一样。他们脸上蒙着羊毛，只露出两只眼睛。他们戴的帽子就像是在头上顶了个红色的锅。有时他们也会往自己的帽子上插几根羽毛做装饰。他们的宝剑似乎很长，因为他们携带时不得不把剑尖朝后。他们每个人穿的衣服都差不多，相互之间交谈的时候好像是兄弟一样的关系，而且都在同一个桌子上吃饭。[37]

同样，对于西班牙人来说，刚刚得胜的印加将军也是一道独特的风景：他的衣着非常华丽，包括一件黑白格的长袍

（*unqu*），图案有点像棋盘，肩上披着一件斗篷，是用最好的羊驼毛纺织的。将军穿的长袍长及膝盖，膝盖以下和脚踝的部位则穿着有颜色的流苏护套。基斯基斯的脖子上戴着一个金质的圆盘，是阿塔瓦尔帕赏赐给他的，以此表彰他的英勇善战。他的手腕上有一对一模一样的金镯子，脚上穿的鞋是用皮革、棉布和羊驼毛纺织品制作的，每个鞋面上还有一个金质的迷你面具图案。

基斯基斯将军严肃的深色眼眸里闪烁着灵动和智慧；他也有一副高傲的神情和一对被拉长的戴着金质耳饰的耳垂，这是只有拥有印加血统的贵族才能佩戴的，印加人称他们为“帕克尤”（*pakoyok*）。西班牙人无疑能够发现，基斯基斯将军不仅说话充满权威，而且他手下的随从与官员都对他言
115 听计从。骄傲的印加将军不会对这几个西班牙人有什么好脸色这一点都不奇怪，毕竟谁能对绑架了本国君主的外国侵略者以礼相待呢？可是，因为有阿塔瓦尔帕的明确指令，这位经验丰富的将军也做不了什么。

“虽然觉得他们很新奇，但他并不喜欢这些基督徒，”公证人克里斯托瓦尔·德·梅纳（Cristóbal de Mena）写道，“这位［印加］将军告诉他们不要再向他索要更多黄金，如果他们不释放［阿塔瓦尔帕］，他会亲自去把君主救出来。”[38]基斯基斯将军显然是不得不克制自己想要把这几个外国人立刻抓起来杀掉的欲望，反而还要放下自己的骄傲，许可这几个西班牙人进入他们最神圣的科里坎查太阳神殿。这样做就相当于让教廷国务卿许可三个窃贼进入并洗劫圣彼得大教堂一样艰难。科里坎查是印加帝国最神圣的神庙，从不

向公众开放，只有专门的祭司和隐居的神庙处女，即玛玛科纳（*mamacuna*）可以进入。进入神庙的人都必须脱掉鞋子，还要进行无数道宗教程序和沐浴净身之后方可入内。

两个水手和一个公证人完全罔顾印加人的文化，一心只想着立即开始掠夺。他们穿着破烂的皮鞋，推开被惊呆的祭司后冲进神庙，很快就发现神庙里外的墙壁上都镶着条形的金箔。克里斯托瓦尔·德·梅纳描述了接下来发生的一切："基督徒进入神庙之后，没有依靠任何印第安人的帮助（他们都拒绝提供帮助，说这是供奉太阳神的神庙，这些西班牙人都会遭到死亡的报应）就用铜撬棍把这些黄金装饰……都拆下来了。他们就是这么做的。"[39]在撬棍的帮助下，几个人呼哧呼哧地大干了起来，在需要的时候甚至会用脚踩着神圣的神殿墙壁借力。他们把撬下来的金板像废铜烂铁一样摞在外面的地上，周围围观的人都吓傻了，祭司们更是怒不可遏。"拆下来的大部分都是这样像箱子板一样的金板，长度大概是四帕尔默（*palmos*）[①]（约 2 ~ 2.5 英尺），"编年史作者赫雷斯写道，"他们把这些金板从墙上拆下来，有的金板上有一些洞，好像本来是被钉在墙上的。"[40]每块金板的重量大约是 4.5 磅，换算成货币的话，每块金板都足够买一艘小帆船，或相当于那两个忙着搬运这些黄金的水手中任何一个人九年的工资总额。最终，西班牙人聚敛了七百来张金板，每 116
一张都是从神殿里最神圣的墙壁上粗鲁地拆卸下来的。

1533 年 5 月 13 日这一天，在离开了差不多三个月的时

① 长度单位，指的是张开的手掌从拇指尖到小指尖的距离。——译者注

间、穿行了超过一千二百英里的距离之后，三个西班牙人中有一个最先返回了卡哈马卡，当然还是坐在轿子里由轿夫抬着抵达的。另外两个落在后面一些，是为了负责监督大批的印第安人脚夫。这些脚夫被分成四人一组，用类似于担架似的工具搬运着装得满满的金银器。这样的担架一共有一百七十八个。不算负责驮运补给的美洲驼队伍，仅参与这次向北运送黄金的脚夫就超过了一千名。

返回卡哈马卡城后，这三个探路者发现皮萨罗的营地已经大大变样了。皮萨罗那个矮壮、仅剩一只眼睛的合伙人，五十八岁的迭戈·德·阿尔马格罗一个月前就来了。阿尔马格罗带来的这支队伍中共有一百五十三名征服者和五十匹马，这些人翻过安第斯山脉进入内陆来与皮萨罗会合，他们之前乘坐的六艘船则都被留在了海岸边。

阿尔马格罗的突然到来对于阿塔瓦尔帕无疑是一种心理上的摧毁性打击。从他自己五个月前被俘虏之时起，他就一直在耐心地等待着西班牙人离开。可是现在皮萨罗队伍的人数几乎翻了一番，这些新面孔和新马匹无疑传达出了像印加人结绳语上五颜六色的绳结一样明确的讯息。看到这些新来的西班牙人贪婪地望着满屋子的黄金，激动不已地相互说着什么的样子，阿塔瓦尔帕显然已经意识到自己被骗了。这些西班牙人绝对不是什么准备带着自己的战利品离开的掠夺小队，如今看来，他们已经准备好要全面入侵他的帝国了。

为了确认皮萨罗的真实意图，阿塔瓦尔帕有一次和自己的一个首领一起问了皮萨罗一个最重要的问题：西班牙人打算怎么分配塔万廷苏尤里的农民？皮萨罗想都没想就回答说每个西班牙人都将被封为地方首领，也就是说，每个西班牙人都要控制一个巨大的印第安人群体。阿塔瓦尔帕打算登基为印加君主的计划突然被碾碎了，就如下棋时被对手使出出乎意料的杀招一样。阿塔瓦尔帕知道，棋类游戏中一个最本质的挑战就是如何在推测对手真实目的的同时隐瞒好自己的目的。从这个层面上说，皮萨罗和阿塔瓦尔帕之间胜负立判。

阿塔瓦尔帕肯定已经意识到，如果说他现在在卡哈马卡 117
的处境就像一盘巨大的棋局，那么这很可能就是他的最后一局了，他肯定觉得自己突然就被将了一军。此时，阿塔瓦尔帕身边不仅没有一个可以保护自己的小卒子，他面临的敌人反而比棋局刚开始时更强大了。阿塔瓦尔帕还意识到自己这么尽心尽力筹集来许多黄金白银其实和只送给西班牙人一个盛满骆马尿的银花瓶能达到的效果是一样的。他可能也是到此才第一次明白，自己注定要落到一个和瓦斯卡尔相同的下场。

“阿尔马格罗和他的手下到达之后，”佩德罗·皮萨罗回忆说，“阿塔瓦尔帕开始变得焦虑……［害怕］自己要死了。”[41]事实上，听到外国入侵者的领导弗朗西斯科·皮萨罗回答说要把这个帝国分配给自己的追随者时，据说阿塔瓦尔帕只说了一句：“我应当死了。”[42]

118 第六章　献给国王的安魂曲

1531年，另一个大恶之人［弗朗西斯科·皮萨罗］带领一批手下来到了秘鲁王国。他用尽了在新大陆其他地方的探险者们使用过的一切手段和策略……但是，随着时间的流逝，他的残忍程度发展到了比他的任何先驱都更恶劣的地步，他一路烧杀抢掠，将城市和乡镇夷为平地，对当地居民不是大肆屠杀就是以惨绝人寰的野蛮手段进行折磨。在那一整个地区，他的暴行无人能尽数，唯有等待末日审判之时再见分晓。[1]

——巴托洛梅·德·拉斯·卡萨斯，

《西印度毁灭述略》，1542年

他们找到［皮萨罗］总督时，发现他已经被哀痛击垮了，他头上带了一顶大大的毡帽以示哀悼，他的眼睛里蓄满了泪水。[2]

——贡萨洛·费尔南德斯·德·奥维多－巴尔德斯，

《西印度史》，1547年

政治与道德无关。[3]

——尼科洛·马基亚维利，《君主论》，1511 年

当迭戈·德·阿尔马格罗在 1533 年终于带着更多的人手和补给来到秘鲁时，他一定和皮萨罗一样惊讶于通贝斯废墟的景象。沿着海岸向南前行，他和他的手下很快就来到了新建立起来的西班牙人小镇圣米格尔，皮萨罗当初把大约八 120
十名老幼病弱的征服者留在那里作为小镇的市民。阿尔马格罗从这些人那里听说皮萨罗进入了山区，并且想办法劫持了他们相信统治着一个非常强大的印第安帝国的君主，所以印第安人绝不敢贸然袭击他们。阿尔马格罗还听说皮萨罗正等着自己的到来，并且希望自己能尽快前去与他会合。

时至此时，阿尔马格罗和皮萨罗作为彼此的合伙人起码有十四年之久了。不过最近他们之间的关系有些不太顺遂。1529 年皮萨罗带着征服印加帝国的皇室授权从西班牙返回巴拿马，他不仅被许可在一片纵长约二百里格（七百英里）的范围内进行掠夺，还获得了秘鲁总督的职位，以及秘鲁总司令的军事头衔，准备批准他加入他垂涎已久的圣地亚哥骑士团（Order of Santiago）的程序也已经启动，有了这样的骑士身份就等于是将皮萨罗从他出身的社会底层拉了出来，然后稳稳地送进了西班牙的精英阶层。

相较于他自己得到的众多头衔，皮萨罗只给他忠实的合伙人阿尔马格罗要来了一个通贝斯市长的位子，这个小城镇的总面积也不过几平方英里，何况此时已是一片废墟。要知

阿塔瓦尔帕·印加被处死。

道，皮萨罗前一次探险的结果是和几个饥渴难耐的追随者一起被困在了今天哥伦比亚海岸外的加略岛上，最后被阿尔马格罗营救回去；事实上，皮萨罗去西班牙的费用都是阿尔马格罗为他筹集到的。所以当这个个子不高、肤色黝黑的合伙人听到自己没有得到与自己功劳相应的回报时，也难怪他会暴跳如雷。

不过，皮萨罗还是离不开阿尔马格罗的，他不仅需要阿尔马格罗的组织能力，也需要他帮自己召集更多的新鲜血液以扩充队伍，他其实需要自己的合伙人来完成征服新大陆活动所需的一千零一项准备活动中的大部分工作。从阿尔马格罗的角度来说，他显然是被自己的合伙人耍了：得到征服秘鲁授权的人是皮萨罗，不是他阿尔马格罗。就算他拒绝协助，也已经无法阻止皮萨罗甩掉他独自前往秘鲁。

经过了那么长时间的密切合作之后，皮萨罗对于自己的合伙人可以说是再了解不过了。他知道阿尔马格罗的所有优
点、缺点和他那些虚荣的想法。阿尔马格罗和自己一样是个 121
私生子，因此无疑有着同样根深蒂固的想要证明自己的愿望。皮萨罗也知道阿尔马格罗想要一种平等的合伙人关系，不想被当作一个下属对待，希望获得别人的尊重。最重要的是阿尔马格罗也想成为总督和领主，想拥有一片由他自己统治的领地。

经过了一次颇有技巧性的谈判之后，皮萨罗成功地安抚了怒气冲冲的合伙人，他说虽然国王将秘鲁总督的头衔授予了自己，但是自己一定会尽全力促使国王在自己的统治范围之外另指定一个地区给阿尔马格罗作为他的统治区域。有了这些头衔和承诺的诱惑，阿尔马格罗最终同意不计前嫌，继续为皮萨罗的探险活动进行准备工作。

四年之后的1533年4月，迭戈·德·阿尔马格罗带着人手翻过最后一座山峰，向着河谷中的卡哈马卡城行进，他的合伙人弗朗西斯科·皮萨罗正在那里等着他们。两位领队见面之后热情地问候了彼此，毕竟在目前这样令人兴奋的情况下，抛开过去的恩怨也变得容易多了。皮萨罗自豪地向阿尔马格罗介绍了被这些新情况惊呆了的阿塔瓦尔帕，然后又带着自己的老合伙人走进有看守护卫的装满了无数闪闪发光的黄金制品的屋子，物品堆放的高度几乎就要达到阿塔瓦尔帕画的白线了。这两个人肯定是激动地拍着彼此的后背以表达心中的喜悦。当天晚上，皮萨罗还下令宰杀更多的美洲驼来给阿尔马格罗的人马接风。

不过，表面上其乐融融的同志情谊掩盖不了两个合伙人之间仍然存在的矛盾。在阿尔马格罗到来之前，皮萨罗就已经听到了关于前者打算单独征服秘鲁的传言。不过，阿尔马格罗到来后并没有做出任何证明他有此意图的举动，他们也没有就传言的内容进行过沟通。事实上，皮萨罗一直只是把阿尔马格罗当作自己的跟班和下属，过去是，将来也是。虽然他们之间有法律上的合伙关系，但是在皮萨罗心中，无论是秘鲁这个国家还是征服秘鲁带来的各种头衔都只能属于他一个人。他愿意分给阿尔马格罗一些财富和权势，但是他永远不会允许这个矮胖、只剩一只眼的合伙人与自己平起平坐。

阿尔马格罗到达后，卡哈马卡城里的西班牙人就超过三百人了，而且显然分化成了两个阵营。参加了劫持阿塔瓦尔帕和广场上大屠杀的那一百六十八名西班牙人会被当作西属秘鲁的神秘建立者而被永远铭记，他们甚至被冠以“卡哈马卡之人”的称谓。这些人都有资格分享阿塔瓦尔帕支付的巨额赎金，因此很快就都会变成相当于今天百万富翁一般
的有钱人。至于那些后来跟随阿尔马格罗来到这里的西班牙 122
人则只能得到一点象征性的好处，虽然他们现在也是打算征服印加帝国剩余部分的队伍中的一分子了，但是他们并没有参加征服行动的最关键一战。据佩德罗·皮萨罗说：

> 阿尔马格罗…… [对于这种不对等的分配方式] 感到不满……他认为 [任何收获] 都应当是在他和他的同伴 [皮萨罗] 之间平分，而其余所有西班牙人只能每人获得一千比索或最多不超过两千比索的报酬。[不过] 在这个问题上，侯爵大人表现得非常有基督精神，他没有剥夺任何人应得的利益。所以这些财富被都分配给了进入卡哈马卡城 [并参加了] 劫持阿塔瓦尔帕的战役的西班牙人……至于后来的那些人则什么也没得到。[4]

这些因为“后来”而几乎没有分到任何好处的人就包括皮萨罗的合伙人——迭戈·德·阿尔马格罗。

眼巴巴地看着这一屋子的黄金，更别提每天还在源源不断地继续送来的更多黄金白银，这些难免让后来之人妒火中烧。他们迫切地希望这个步骤尽快结束，因为只有等赎金交付完毕，队伍离开卡哈马卡城，他们才有机会亲自进行掠夺。与此同时，越来越绝望的阿塔瓦尔帕只能沮丧地旁观这

些西班牙人的一举一动。

1533 年 6 月 13 日，距离阿尔马格罗抵达已经整整两个月了。两个留在库斯科晚些回来的西班牙探路者也终于回到了卡哈马卡，他们护送回来的是一支由二百二十三只美洲驼组成的运输队，如果说每只美洲驼平均可以驮五十磅重的黄金白银，① 那么单单这一支运输队就运回了超过一万一千磅贵金属。人们完全可以想象那些后来人得知自己无法分得这
123 些财富中的一星半点时会有什么样的反应。他们也是经历了各种危险，跋涉了同样遥远的路程来到这里的，结果却因为迟到了五个月就不能分享这笔赎金。

四天之后，两拨西班牙人之间的紧张气氛已经越来越明显，再加上屋子里的黄金也已经装满了，皮萨罗下令开始进行熔融和检验黄金的工作。他还下令对已经熔好的白银进行分配。最终，在 1533 年 3 ~ 7 月这四个月的时间里，西班牙人总共向他们的熔炉里填进了超过四万磅神圣的印加黄金和白银。从旁观看这一过程的西班牙人中，大约一半是一天比一天喜笑颜开，还有一半是一天比一天嫉妒难耐。这些由帝国工匠们制造的最精美的物品——包括金银雕像、首饰、杯盘、器皿、装饰物和其他艺术品——都被扔进火中烧成了熔融的状态，然后浇筑到模具里制成金锭和银锭。所以在今

---

① 羊驼和美洲驼都是骆驼的近亲，是由南美安第斯山区的野生骆马驯化而来的。这种野生骆马在印加人出现五千年之前就已经在这里生活了。羊驼的主要用途是提供驼毛，而美洲驼则主要是作为役使牲畜，或在祭祀活动中作为献祭，或作为食物，兽皮可供人使用，粪便可做燃料。美洲驼站立时高度平均可达五至六英尺，体重范围在二百五十至四百五十磅之间，能够驮运五十至八十磅重的货物。

天，印加帝国时期的金银制品是极其罕见的——绝大部分都在将近五百年前被放进了卡哈马卡城的熔炉。

在漫长的等待之后，阿塔瓦尔帕的劫持者们一直盼望的时刻终于到来了。公证人们都忙得不可开交，因为他们要监督称重的过程，要起草法律文件，最后还要签上花体字签名并加盖印章。在他们的见证之下，每名骑兵获得了一百八十磅白银和九十磅纯度为 **22.5K** 的黄金。无论是黄金还是白银的纯度都已经达到了可以直接熔化用于铸造钱币的程度。假如按一磅黄金大致相当于一个普通水手两年工资的标准计算的话，那么九十磅高纯度的黄金就是一百八十年的收入，这还没有算他们分到的白银的价值。尽管步兵分到的数量只有骑兵的一半（九十磅白银和四十五磅黄金），这一百六十八个跟随皮萨罗一起来到卡哈马卡的西班牙人里随便哪个也都已经富有到了之前自己想都不敢想的地步。如果征服探险的目的只是寻找提前退休养老的捷径的话，那么阿塔瓦尔帕的劫持者们绝对算是赢得了世界上奖金最为丰厚的彩票。只要他们愿意，完全可以现在就收拾起原本贫乏寒酸的行装，返回西班牙去享受一辈子再也不用工作挣钱的逍遥日子。

弗朗西斯科·皮萨罗可从没有过要退休的打算。他不但给自己分配了七倍于骑兵所得数量的黄金和白银，还把一个金质王座留给自己作为奖励，阿塔瓦尔帕在被劫持当天就是 124
坐在这个王座上被轿夫抬着行进的（王座本身就重达一百八十三磅）。皮萨罗来秘鲁不是为了退休，而是梦想在此创建一个由他一人独自统治的封建王国。不过，要征服、控制并管理这样一个王国，皮萨罗最迫切需要的就是像他本人一样愿意长久定居于此的征服者。他许可了少数几个已婚的征服者在分配完毕之后就返回西班牙，但是下令其余的人必须留在秘鲁，至少也要等到征服行动结束之后才能离开。

被批准离开的人之中就包括皮萨罗三十二岁的弟弟埃尔南多。皮萨罗给他安排的任务是护送“王室占有的五分之一的”财富中的一半返回西班牙。除了自己的弟弟，皮萨罗不信任其他任何人来护送国王的收益，任何想要获得在新大陆进行掠夺的皇室授权的征服者都必须向皇室支付20%的标准分成。单就这一次在卡哈马卡城聚敛的大量贵金属来说，西班牙国王和王后仅仅是签署了几份皇室文件就平白赚取了五千二百磅印加白银和二千六百磅印加黄金。

埃尔南多和他的一小队西班牙人为启程做准备的时候，很多不得不留在这里的征服者们都开始写信让他们捎回西班牙。这批书信中唯一一封留存下来的是弗朗西斯科·皮萨罗的一个男仆加斯帕尔·德·加拉特（Gaspar de Gárate）写给家人的。这个巴斯克族的年轻人当时只有二十出头，来自西班牙北部。和他的同胞们一样，加斯帕尔迫切地想要和自己的家人们取得联系，给他们讲讲自己最近遇到的令人惊讶的好运气。

给我深深思念的父亲：

距离我上次收到您的信件已经过去三年了吧，您在那封信里说希望我能给家里寄点钱去。上帝知道当时面对这个要求无能为力的我内心是多么难过，但凡我手里有点钱，您不张口我也会给您；我一直想闯出点名堂，不过直到现在我才终于有了这样的机会……

我给您寄去了二百一十三比索（2.1 磅）的纯金，我委托了一个来自圣塞瓦斯蒂安（San Sebastian）的值得信赖的好人，他会在塞维利亚把金锭熔了铸成钱币，然后给你们送去。我本想多寄给你们一些，但是他还要帮别人转交，所以拿不了更多。这个人的名字是佩德 125
罗·德·阿纳德尔（Pedro de Anadel），我认识他，他是那种一定会把钱送到你们手中的人，所以我才会请他帮忙给你们送钱……

既然说到这儿了，我就给你们讲讲我现在的生活。你们应该知道我们是怎么……听说了弗朗西斯科·皮萨罗总督要成为新卡斯蒂利亚王国［即秘鲁］的总督的消息……我们听说了这个消息，再加上留在尼加拉瓜也已经没有什么前途了，于是就决定前往这个新地方。这里拥有的黄金和白银比比斯开省（Biscay）铁矿里的铁矿石还多，这里的羊［其实是美洲驼］比索里亚省（Soria）的羊还多，这里的食物充足、服装精美，还有很多首领们也生活在这里，有一个人的领地竟然跨越了五百里格［一千七百五十英里］。我们抓住了他［阿塔瓦尔帕］并让他听命于我们，有了他做人质，我们就算独自穿行他的整片领地也不会有生命危险；相反他还会满足我们的任何要求，还用轿子把我们抬到肩上。

我们能抓住这个首领纯粹是上帝施行的奇迹，因为仅凭我们这一点人手根本不可能抓住他或完成我们现在完成的一切，但是上帝让我们奇迹般地战胜了他和他的大军。你一定要知道我们是和弗朗西斯科·皮萨罗总督一起来到这位首领的领地里的，首领拥有一支六万勇士的大军，而总督只带领了一百六十［原文如此］名西班牙人。我们本以为自己在劫难逃，因为他们的人数实在太多了，连［当地的］妇女都嘲笑我们，说我们很可怜，因为我们都要被杀死了；然而最终的结果与她们恶意的推测完全相反……

替我问候卡特琳娜、我的兄弟姐妹，还有我的叔叔……和他的女儿们，特别是那些年纪大一点的……还有我的表亲们……总之就是所有亲戚……我真心希望你替我问候他们，告诉他们但愿上帝保佑能让我早日返回家乡见到他们……我唯一的要求就是请您做任何事都要对得起我母亲和其他亲属的灵魂，如果上帝保佑我能回到您身边，我也一定会这样做的。我目前没什么其他要写的了，祈祷耶稣基督保佑我还能活着见到你们。

于卡哈马卡，新卡斯蒂利亚王国，

1533 年 7 月 20 日

您的儿子

加斯帕尔[5]

126 我们肯定能够想象当这封信件被送到寄信人家中时，他的亲属们会怎样反复阅读，在各个亲人手上传阅，连折叠或打开时也是小心翼翼的，当然还要向更多的亲朋好友炫耀，遇到感兴趣的访客也要给他们朗读一些片段，谁不是迫切地想了解在已知世界遥远的边缘地区发生的那些神奇的冒险故事呢？然而，写了这封信的人，也就是十几岁就离家前往西印度群岛闯荡的加斯帕尔，终其一生再也没能见到他的亲人或返回他的家乡。在把印加黄金铸成的金锭和这封信交给自己的朋友四个月之后，加斯帕尔就在秘鲁的一场战斗中被杀死了。而这个噩耗则在那之后又过了一年多才辗转传到他家人的耳朵里。

当最后一根金条和银条也被分配完毕之后，一直关注着事态发展的阿塔瓦尔帕无疑陷入了更深的绝望之中，再加上听说埃尔南多也要启程返回西班牙，他就变得更加忧郁了。埃尔南多已经成为阿塔瓦尔帕在西班牙人阵营中最好的同盟，他们总是一起下棋，而且显然已经成为朋友。皮萨罗这个身材魁梧、满脸胡子、傲慢自大的兄弟在征服者队伍中很有影响力，在整个军事行动中也一直是弗朗西斯科左膀右臂一般的人物。

因此，当埃尔南多带领驮着西班牙国王财富的长长的美洲驼队出发之后，阿塔瓦尔帕“流下了眼泪，说埃尔南多·皮萨罗一走，其他人肯定会杀了自己的”。[6] 几年之后，埃尔南多告诉国王，阿塔瓦尔帕实际上曾乞求他带自己一起回西班牙。阿塔瓦尔帕还十分确信地对他说，如果他不这么做，“你一走，那个胖子〔指［皇室］财政官［阿隆索·里克尔梅（Alonso Riquelme）］〕和那个只剩一只眼睛的人（指堂迭戈·德·阿尔马格罗）一定会杀了我的”。[7] 如果阿塔瓦尔帕真的对埃尔南多说过这样的话，那么他的预感一点也没有错。显然，印加君主不喜欢阿尔马格罗仅剩的一只眼睛里透出来的贪婪、犀利的目光。虽然承诺的金银都已经送来了，但是镇上的西班牙人反而更多了，阿塔瓦尔帕看不出一点要释放自己的意思，所以肯定已经意识到皮萨罗从一开始就是骗他的。皮萨罗曾经承诺要让阿塔瓦尔帕回到基多重新掌权，然而此时阿塔瓦尔帕看到的是皮萨罗和他的队伍在为向南进军做准备，他们显然是打算到库斯科进行征服探险的——这与阿塔瓦尔帕本来设想的在他的兄弟瓦斯卡尔战败后，自己以胜者之姿一路沿安第斯山脉南下最终入主库斯科的场景实在是有天壤之别。

127 城中开始有传言说阿塔瓦尔帕其实已经秘密地给自己在北方的军队送信让他们来营救自己，因为现在谁都能看出来西班牙人根本没有打算履行自己承诺的意思。一个当地的首领甚至告诉皮萨罗，阿塔瓦尔帕在北方的部队已经开始向南行进了。

> 而且这支部队是由伟大的指挥官卢米纳比［Lluminabe（Rumiñavi）］带领的，眼看就要兵临城下了。他们会在夜间行动，攻打营地，然后放把火把这里烧个一干二净。他们要杀的第一个目标就是你，然后他们会将自己的君主阿塔瓦尔帕从囚禁中解救出去。二十万勇士已经从基多出发向这里逼近，和他们一起的还有一支三万人的加勒比族（Caribs）军队，他们可是吃人肉的。[8]

皮萨罗立即下令安排人手不间断地在城市四周进行巡

逻，然后带着这个指控去找阿塔瓦尔帕对质。皮萨罗愤怒地质问道："我们对待你……就像对待兄弟一样，而且一直相信你说的话。可是你要犯下这样的通敌之罪来暗算我吗？"[9]皮萨罗显然无视了这样一个事实：想要从劫持者的囚禁下逃脱根本算不上通敌，更何况是在劫持者明摆着要拒绝遵守承诺的情况下。

"你是开玩笑的吧？"阿塔瓦尔帕回答说，起初根本没把皮萨罗的指控当真。"我知道你总喜欢讲笑话。我和我的军队为什么要自讨苦吃袭击你们这些勇猛的士兵？别开玩笑了！"[10]皮萨罗回答说这绝对不是一件可以拿来开玩笑的事，如果传言是真的话，他一定会杀死阿塔瓦尔帕。于是阿塔瓦尔帕试图跟自己的劫持者们讲道理，然而多疑已经像爆发的传染病一样在西班牙人之间迅速蔓延开来。

"如果有任何勇士要来，他们一定是依照我的命令从基多出发的，这话不假，"阿塔瓦尔帕平静地回答说，"但是你自己去查查这是不是真的吧。如果是真的，我还在你手里呢，你可以处死我！"[11]一个目击者写道：

> ［他说］这些话的时候没有显露出一丝焦虑不安。他还说了很多其他的漂亮话，都是一个机智的人在被劫持后［会说的］。听到这些话的西班牙人都为一个野蛮人拥有如此的智慧而感到惊讶。[12]

然而阿塔瓦尔帕的辩驳没有起到任何效果，因为皮萨罗 128
不愿冒一丁点风险，他下令在君主的脖子上锁一条链子来防止他逃跑，接着就召集自己的几个主要将领一起开会讨论阿塔瓦尔帕的命运。

当普通士兵焦急地等在城中，搜寻着周围的山坡上有没有军队逼近的踪迹时，少数几个领头人则在为如何处置阿塔瓦尔帕而争论不休。这个随意拼凑起来的评判团中有皇室财政官阿隆索·里克尔梅，多明我会修道士文森特·德·巴尔维德（八个月前的大屠杀就是因他的祈祷书被扔在地上而引发的），阿尔马格罗，弗朗西斯科·皮萨罗，以及其他一些人。阿尔马格罗、里克尔梅和几个队长想要立即处死印加君主，因为他们认为阿塔瓦尔帕一死，要镇压这个国家就更容易了；相反，皮萨罗和剩余的一些队长们则认为应当留着阿塔瓦尔帕这条命，他们毕竟已经假借阿塔瓦尔帕之手统治这里长达八个月的时间了，为什么不继续这么办呢？再说如果自己的君主突然死了，谁知道那些印第安人会做何反应呢？整个国家都会因此而反抗他们也不一定。

就如一个无法做出裁决的陪审团一样，这些西班牙人最终没有就阿塔瓦尔帕是否私自发出了秘密信息以及有没有对他们讲真话而得出结论，因此也没有就处死还是放过印加君主达成一致。为了应对他们目前迫在眉睫的危机，皮萨罗决定派遣埃尔南多·德·索托带领四名骑兵向北出发去探查一下情况。如果他们没有发现印第安人军队，那么阿塔瓦尔帕说的还有可能是实话；如果他们发现了军队，那么至少有一件事是可以肯定的：西班牙人自己丧命之前一定会先结果了阿塔瓦尔帕做陪葬。

索托带着他的手下快马加鞭地出发之后，其余的西班牙人只能紧张地等待结果。有些人抚摸着自己的金锭梦想着如果能躲过这一劫回到西班牙，自己要过上怎样美好的生活；另一些在翻看已经被磨损得破旧不堪的《高卢的阿玛迪斯》(*Amadis of Gaul*) 之类的骑士小说禁书；[1] 还有一些在给朋 129
友或家人写信或者是拜托别人代书，盼望着有朝一日信件能被送到收信人手上。与此同时，皮萨罗和他的队长们终于全都认可了一件事：接下来他们就要向南行进去占领帝国的首都库斯科——也是所有城市中最富有、最宏伟的那一个。

不过，库斯科位于此处以南六百英里的地方，而且印加人修建的道路必然要经过一些世界上地形最险峻的路段，皮萨罗和他的队长们都担心自己无法保证阿塔瓦尔帕不会在途中被印加军队救走。他们这样一支孤立无援的西班牙人队伍在行进途中的防御能力要比现在弱得多，而且会无可避免地把自己暴露在完全不了解的地形区域里。按照那三个前去库斯科催缴赎金的西班牙人的说法，印加人在这一路上大概有一千个地方可以对皮萨罗的队伍展开伏击。一旦阿塔瓦尔帕

---

① 在进行征服活动的那个年代，骑士小说非常流行，其中最受欢迎的就是《高卢的阿玛迪斯》(*Amadis of Gaul*)。小说的内容是一个游侠骑士披挂着铠甲来到世界的尽头，在那里战胜了巨人、怪兽和其他神奇的生物，同时自始至终钟情于一位美丽的女士。不过，像《高卢的阿玛迪斯》这样的小说被认为是道德败坏的，所以在 1531 年，也就是皮萨罗和他的手下已经出发前往巴拿马之后，西班牙王室下令禁止将此类书籍携带至新大陆，西班牙王室显然是担心这类容易引发联想的文学作品会对前往新大陆的移民和当地易受影响的印第安人产生不良的道德影响。不过，违禁小说还是被偷偷带到了新大陆，每支征服者队伍至少会带一两本他们最爱的作品，哪怕是已经破旧卷边了的也无所谓。征服者们会就着篝火读得津津有味，其实他们自己置身于其中的巍峨群山和充满异国风情的景象与违禁小说中描写的陌生、神奇的环境完全可以相提并论。

被他的军队救走，君主一定会立即举全国之力发起针对西班牙人的反攻。

当天晚上吃过晚饭后，皮萨罗和自己的几个队长一起玩牌。这群暴发户自然是在用大把的黄金白银下注，而且玩得不亦乐乎。突然，房间的大门被猛地推开，一个西班牙人冲了进来，后面还拽着一个极不情愿的印第安人。进来的西班牙人是一个巴斯克族水手，名叫佩德罗·德·阿纳德尔，是最初参与了征服尼加拉瓜的征服者之一。他拽来的这个印第安人是他的尼加拉瓜仆人，并不是秘鲁的原住民。然而阿纳德尔还是上气不接下气地跟聚在一起的这些领头人们说自己的仆人刚从卡哈马卡城外回来，他看见一支印加军队正朝这里行进，距此已经不过十一英里之遥了。

皮萨罗马上起身询问这名仆人，后者大概会说一点基本的西班牙语。在他仔细地描述了自己看到的一切之后，一支
130 印第安人军队正在向这里逼近的事情已经确凿无疑了。屋里的所有人此时都焦躁起来，尤其是阿尔马格罗，因为他从第一次听到阿塔瓦尔帕可能在暗中筹划反击的时候起就一直在催促皮萨罗杀掉这个祸患。审慎的皮萨罗马上下令让所有人都做好战斗准备；然后召集了一次紧急会议，商讨他们的应对策略并重新决定阿塔瓦尔帕的命运。此时，倾向阿塔瓦尔帕的趋势显然已经完全翻转了。由于突如其来的可能要受到攻击的可怕威胁摆在面前，这次会议没花多少时间就做出了决定。“阿尔马格罗队长强烈要求处死阿塔瓦尔帕，他……[给出了]……许多君主必须死的理由”，[13]一位目击者回忆说。臃肿肥胖的皇室财政官里克尔梅此时也站在阿尔马格罗

一边，要求在印第安人军队发起进攻前立刻处死印加君主，这也算是兑现了阿塔瓦尔帕本人的预言。

当最终的投票结果揭晓时，所有在场的人一致同意处死阿塔瓦尔帕，最后一个点头的是仍有些不情愿的皮萨罗，不过他发现自己已经无法再继续宣扬他之前持有的阿塔瓦尔帕活着对他们更有利的理论。皮萨罗肯定是认为一支印第安人大军不可能在没有阿塔瓦尔帕下令的情况下擅自向他们逼近。既然阿塔瓦尔帕犯了通敌罪——反正西班牙人的思维方式就是这样的——那么皮萨罗最终只能判定印加君主“应当被火烧死，除非他改信基督”。[14]

身为瓦伊纳·卡帕克的儿子，在西班牙人到来之前就已经为夺得王位而征战数年，为了取胜可以毫不犹豫地杀死自己兄弟的阿塔瓦尔帕，很快收到了西班牙人最终决定的通知，他自然是被这样的消息彻底击溃了。“阿塔瓦尔帕［当众］哭起来，说他们不应该杀他。”据佩德罗·皮萨罗回忆，阿塔瓦尔帕说：“没有他的命令，这个国家里不会有一个印第安人敢找西班牙人的麻烦。既然他在他们手里，他们还有什么可怕的？”[15]阿塔瓦尔帕试图让劫持者相信一旦他被处决，他的帝国将陷入一片混乱，但是西班牙人并没有被说服。为了保住自己的性命，阿塔瓦尔帕做出了最后一次垂死挣扎。“如果他们这样做［指处死他］只是为了黄金白银，他愿意再送给他们此前要求的数量两倍的黄金和白银。”[16]他一边说，一边盯着劫持者的眼睛，观察着他们的反应。然而，君主在这最终时刻的提议甚至都没有引起西班牙人一点反应，阿塔瓦尔帕还 131
担忧地发现，皮萨罗甚至不愿直视他的眼睛。

“我看到总督因为不能免他一死而难过地落泪了，”佩德罗·皮萨罗回忆说，“［但是］……他更害怕一旦他重获自由，我们的国家将面临怎样的后果和风险。”[17]皮萨罗和这个营地中其他所有西班牙人头目都已经认定了一点：如果印第安人大军已经到达镇外不足十一英里的地方的话，那么他们完全有可能在今晚就发动进攻。因此，为了防止人质被敌人营救出去，西班牙人已经没有任何时间可以浪费，阿塔瓦尔帕必须被立即处决。

1533 年 7 月 26 日周六这一天的日落时分，一队西班牙人领着统治四个苏尤的君主来到城镇主广场上，前一年 11 月的时候，他就是在这里被西班牙人劫持的。一直很看重形式的西班牙人吹响了号角，开始大声宣读指控君主的罪名。与此同时，阿塔瓦尔帕被绑在一个刚刚钉进地里的火刑柱上。要么是因为任谁都能看出即将发生什么，要么是营地中的翻译通知了他们，镇上的一些居民此时都聚集到了广场上。对于这些生活在此的普通百姓来说，看着西班牙人准备处死他们的君主和神明就好像得知太阳将从此消失不见一样令他们万分惊恐，仿佛他们的世界从此将被彻底颠覆。用一个西班牙人更能理解的类比来说的话，这就相当于是见证耶稣基督被带到各各他山上钉在十字架上一样。

印加人认为历史就是以惊天动地的大事件为分界的各个时代的串联，在印加人的语言里，这种“颠覆世界的大事”被称为“帕查库提”（*pachacuti*），而第一段帕查库提的时代无疑是从印加帝国的建立开始的。此时，本地人看着自己的君主阿塔瓦尔帕被捆在火刑柱上，很多人都担心这是第二段帕查库提的时代要开始了。“当他［阿塔瓦尔帕］被带到广场上准备接受处决的时候，”佩德罗·皮萨罗回忆说，“广场上已经有很多很多印第安人，他们都完全趴伏着，像喝醉酒一样倒在地上。”[18]

一些西班牙人在收集木柴，另外一些人负责把木柴堆积到阿塔瓦尔帕脚边。多明我会修道士巴尔维德此时正在通过翻译与阿塔瓦尔帕交谈。“［他给阿塔瓦尔帕讲解了］我们 132
的基督信仰，告诉他上帝是因为他在这世上犯下的罪孽才让他死的，他应当忏悔，如果他忏悔了，上帝就会原谅他。”[19]

阿塔瓦尔帕是否能听懂修道士传达的信息我们不得而知。阿塔瓦尔帕是否以为如果自己愿意改信这些基督徒口中一直念叨的上帝，上帝就真能“赦免”他？或者说他是不是真正听明白了所谓“赦免”的内涵其实非常有限，不是不死，只是允许他在两种不同的死法中选择其一？无论实际情况是什么，这位四个苏尤的统治者此时已经被绑到了火刑柱上，而留着胡子，嘴里不停叨念着听不懂的外国话的外国人们显然是在准备点火要烧死他。阿塔瓦尔帕已经满足了这些入侵者的一切要求，而此时一个面色严峻、穿着深色长袍的人还在他面前威胁他，如果不改信这些入侵者相信的唯一的上帝（*Dios*），他就要被活活烧死。

这些西班牙人无疑也完全不理解，没有什么是比损害一个人的肉身更让印加人恐惧的事情了——无论是通过火烧还是任何其他手段让尸体化为无形都一样令他们害怕。印加人相信一个人要顺利进入下一世就必须保证自己的尸体完好无损，所以印加的各位君主们才要把自己的尸体制成木乃伊，并让子孙后代小心照管。因此，要被烧死在火刑柱上的想法对于阿塔瓦尔帕无疑是双重的威胁：这不但是一种极度痛苦的死法，更会让他丧失拥有美好来世的机会。[①]

然而，阿塔瓦尔帕此刻最主要的担忧已经不再是他自己了，他更担心的是自己两个年幼的儿子。他启程南行去夺走自己兄弟的王位从而统一整个帝国时，把两个儿子留在了基
133 多，到如今已经有超过一年的时间了。因为宗教规定而不能娶妻生子的修道士巴尔维德不耐烦地告诉阿塔瓦尔帕现在已经没时间想自己的妻儿了，他应该专注于接受西班牙人的基督神明。修道士坚称现在处在危机中的是君主的“灵魂”，然而印第安人翻译究竟要如何向君主传达这个信息，或者说翻译自己是否理解修道士的宗教都是个值得讨论的问题。在阿塔瓦尔帕看来，基督徒的神似乎是一个不允许异教存在的神，而修道士还在不停地强调如果他不排斥自己原本的神明，改信西班牙人的神，就要永世承受地狱之火的惩罚。

阿塔瓦尔帕穿着精致编织的毛料长袍和斗篷，还在为自己年幼的孩子们乞求。有一刻他甚至要求弗朗西斯科·皮萨罗本人承担起照料这两个孩子的责任。

阿塔瓦尔帕说他要把自己的孩子托付给总督……

---

① 印加人和西班牙人一样相信人死之后会进入下一世。那些品行端正的人，也就是慷慨勤劳的人死后会追随太阳神一起进入美好的“上世界”（*hanac-paca*），在那里他们都能吃得饱穿得暖。相反，那些无德之人，也就是撒谎、偷盗、吝啬或懒惰的人死后将会被送到“内世界”（*okho-paca*），那里永远寒冷，唯一的食物是各种难以下咽的石头。

> [但是] 修道士……建议他抛开自己的妻子和孩子，像个基督徒一样接受死亡，如果他愿意真正成为一个基督徒，就 [必须] 接受圣水的洗礼。阿塔瓦尔帕哭得很厉害，一直在强调必须有人来照顾他的孩子，还用手比画着他们的身高，想通过手势清楚地表达……他们都还很小，留在基多 [没人保护]。[但是] 修道士继续试图引导他改信基督，[告诉他] 不要再惦记他的孩子，说 [皮萨罗] 总督会照顾他们，把他们当亲生的孩子看待。[20]

显然是因为修道士的承诺而放心的阿塔瓦尔帕最终同意改信基督——至于他这么做是为了保护他的孩子，为了避免受到火刑之苦，还是为了确保自己能够顺利进入印加人相信的下一世就没人知道了。八个月前修道士巴尔维德曾要求阿塔瓦尔帕服从西班牙人的基督神明，否则就要承受西班牙人的狂怒，现在巴尔维德立即用水给君主施了洗礼。

渐渐下落的夕阳将天空染成了红色，几个西班牙人在阿塔瓦尔帕的脖子上套了一个螺环绞具，绳圈套在脖子上，另一头拴着一根棍子，转动棍子就可以像上弦一样让绳圈越收越紧，直到通过颈动脉流向大脑的供血被切断为止。随着修道士开始吟诵最后的祷文："主啊，帮助我通过这死亡的河谷……"一个西班牙人开始旋转棍子，慢慢收紧阿塔瓦尔 134
帕脖子上的绳圈。"我不会惧怕任何恶灵，因为你与我同在……"直到君主的眼睛开始凸出，前额上的血管都胀了起来，在最后一缕阳光下隐约可见。"我要住在主的殿堂中，直到永远。”[21]公证人佩德罗·桑乔·德·拉·奥斯写道：

> 在这最后的祈祷词中，在围绕在他身边的西班牙人为他的灵魂吟诵信条的声音中，他［阿塔瓦尔帕］很快就被绞死了。愿上帝能接受他进入天堂，因为他死前已经忏悔了自己的罪孽，并接受了真正的基督信仰。他是被以绞刑的方式处死的，之后我们还向他的尸体扔了一点火种，烧毁了他穿的衣物和一部分肢体。当天夜里（因为他是在接近傍晚的时候死的）他的尸体被留在了广场上，好让所有人都知道他已经死了。[22]

“他死的时候是星期六，”另一个公证人说，“和［八个月前］他被战胜并俘虏时是一样的钟点。有人说他被杀和被俘都是在［星期六］的同一个时间也是因为他自己的罪孽深重。”[23]

三十一岁的印加君主阿塔瓦尔帕就这么死了，他是一百多年来第一个不但没有扩展祖先打下的疆域，反而开启了帝国走向灭亡进程的人。在瓦伊纳·卡帕克因感染天花而去世之后不到十年的时间里，印加帝国第二次突然没有了统治者。虽然下面的官员、管理者、将军和会计们还在继续进行自己每天的工作，但是没有一个人来给他们下达命令了。从这一刻开始，印加帝国可以说是基本上陷入了瘫痪，就像一个摇摇晃晃扑倒在地的巨人，无法抵挡一小拨像寄生虫一样深深钻入印加政治体的入侵者，而这些人必然还将继续带来更严重的祸患。

当阿塔瓦尔帕被烧皱且冒着烟的尸体被展示在广场上，周围还有印第安人伏倒在地呜咽悲叹的时候，西班牙人则忙着准备迎接即将到来的猛烈进攻。皮萨罗下令让所有西班牙人做好战斗准备，还安排了五十个骑兵到城外巡逻。当天晚上，无论是皮萨罗还是他手下的队长们都没有合过眼，他们定时去视察各个执勤点，并督促所有人做好战斗准备。就像不到一年前那场俘虏阿塔瓦尔帕的大胜的前夜一样，留着大 135
胡子的入侵者们都绷紧了每一根神经。是不是到了黎明时分他们就要和几十万印加勇士正面交锋了？如果是这样的话，有多少西班牙人能活着迎接新的一天？

最终，头顶上的点点繁星渐渐暗了下去，东方出现了第一缕曙光。那些已经醒来的西班牙人叫醒了自己的同伴，所有人都伸长了耳朵听着，确信远处会传来印第安人步兵大军压境的脚步声。每一分钟的等待都好像永恒一样漫长，渐渐地，天空变得越来越亮，太阳也升起来了，一束束金色的阳光像手指一样抚过了铺着茅草的房顶，然后充满了整个翠绿的河谷。不过，随着太阳越升越高，依然没有什么敌人进攻的迹象。派出去的骑兵探子也回来汇报说并没有看见什么大军，至少在这附近没有。西班牙人的脑海中此时不禁都浮起了同样的疑问：逼近的印第安人军队哪儿去了？他们为什么不进攻？自己得到的信息到底是真是假？

没有了立即迎战的需要之后，西班牙人发现自己不得不面对一个更现实的问题：要怎么处理阿塔瓦尔帕的尸体？所有人都认可他们不能像之前对待几千个被屠杀的印第安人士兵一样就把印加君主的尸体扔在广场上。毕竟阿塔瓦尔帕是被当作神明一样崇拜的，而那些本地人也还一直趴在广场上为他的死而悲痛欲绝。皮萨罗最终决定越快处理掉阿塔瓦尔帕的尸体，越有利于他们尽快抛开关于他的记忆。所以在一个简短的仪式之后，西班牙人就把阿塔瓦尔帕已经变得僵硬，并且被烧黑了的尸体埋进了一个草草挖出的坟墓里。

阿塔瓦尔帕被埋葬几天之后，西班牙人的哨兵看到埃尔南多·德·索托和其他几个骑兵向着营地的方向疾驰而来。索托当然以为阿塔瓦尔帕还活着，他一直狂奔到广场之上才下马，要求立即去见皮萨罗。他无疑也会好奇地瞅瞅不远处钉进地上的火刑柱和烧焦的木头，完全不知道自己不在的时候发生的那些事。

索托肯定也会为营地中弥漫的忧郁氛围而感到诧异，他找到皮萨罗的时候发现后者头上戴了“一顶大大的毡帽以示哀悼”。[24]很可能还在纳闷为什么没有看到阿塔瓦尔帕的索托立刻向皮萨罗汇报说他和自己的骑兵没有发现“附近乡
136 村中有印第安勇士，[反而是] 所有人都生活得很太平……
可见之前的传言都是不实的谎言，于是 [他们] 就返回卡哈马卡了”。[25]

皮萨罗对于这样一个好消息的阴郁反应让索托完全摸不着头脑。“我现在明白我是被骗了”，[26]皮萨罗静静地说道。一贯不苟言笑、身材高大、头发灰白、胡须稀疏，看起来像堂吉诃德一样的皮萨罗——如果堂吉诃德也是那种会为了抢夺别人的黄金而谋害其性命的人的话——突然开始颤抖起来，而且“眼睛里蓄满了泪水”。[27]皮萨罗告诉索托，他们在

几天前收到了印加军队逼近的消息，所以绞死了阿塔瓦尔帕，不过显然这个消息是假的，皮萨罗这样说。

像皮萨罗一样在战斗中杀死过无数印第安人的索托对于阿塔瓦尔帕之死感到非常失望。一方面可能是因为阿塔瓦尔帕的地位之高——毕竟西班牙人总是敬重身份地位的；另一方面也是因为他和君主之间显然存在的友好关系。除了埃尔南多·皮萨罗之外，帅气、好卖弄的索托也是君主认定的支持者，或者说至少是一个能够和他搭上点个人关系的人。情绪激动的索托立刻对皮萨罗说把阿塔瓦尔帕送到西班牙去本来是个很好的办法，他自己就愿意亲自护送他到达那里，而现在他们却无凭无据地杀死了一位君主，说完他就转身离开了房间。

阿塔瓦尔帕已死的消息慢慢从秘鲁向北传开，穿过了巴拿马地峡，最后被西班牙人的帆船传回了西班牙。与此同时，皮萨罗、阿尔马格罗和大约三百名西班牙人都准备好了进行此次探险中的第二次主要军事活动。皮萨罗的计划是沿着崎岖不平的安第斯山脉向南直插，发起一次大胆的军事行动。此时他们已经没有君主作为人质来阻止军队向他们进攻，所以也无从保障自己的安全，不得不孤注一掷地用长矛和宝剑为自己开路了，当然，他们还可以期盼他们唯一的神能够一路与他们同在。如果俘虏阿塔瓦尔帕相当于控制了整个帝国的大脑或指挥中心，那么现在皮萨罗决定要向南冲杀，直奔帝国的心脏——传说中的库斯科城。不过，皮萨罗也知道挡在自己面前的是两支庞大的印加军队。他还知道自己背后的某个地方，第三支军队也在潜伏着等待机会。没有任何人能够预测这些印第安人军队和他们的将领会做出什么样的举动。

137 举着长矛的骑兵和挎着带鞘长剑的步兵们离开了这个他们已经驻扎了快一年的小镇开始向南行进，很多人无疑都在比画着十字为自己祈祷。插着一根孤零零的火刑柱的广场渐渐被抛在了身后，最终消失在行进队伍扬起的尘土中。

第七章　傀儡国王 138

君主必须忧心两件事：对内，忧心自己的臣民；对外，忧心外国势力。[1]

——尼科洛·马基亚维利，《君主论》，1511 年

在接下来的三个月里，皮萨罗和他的大约三百名征服者一起向南进发。他们沿着蜿蜒的山路，翻过了积雪覆盖的山峰，还经常碰到穿着羊驼毛长袍放牧美洲驼和羊驼的印第安男孩，后者总会瞪大眼睛吃惊地望着他们。偶尔他们也会遭遇一些当地印第安人的阻击，但这样的抵抗力量大都是零散且组织不善的。跟在西班牙人后面的随从队伍此时也壮大了：除了尼加拉瓜的印第安人奴隶和少数来自非洲的黑人奴隶之外，他们还征募了无数本地的印第安人来照管后面的美洲驼驮队，这些美洲驼不仅驮着帐篷、食物、武器，还驮着阿塔瓦尔帕的金银财宝。

在皮萨罗和他的西班牙人队伍离开卡哈马卡之前，皮萨罗决定把已故君主瓦伊纳·卡帕克还在世的兄弟中最年长的图帕克·瓦尔帕（Tupac Huallpa）扶植为君主，① 他毕竟也

① 似乎应当是“已故君主阿塔瓦尔帕还在世的兄弟”，图帕克·瓦尔帕是瓦伊纳·卡帕克的儿子、阿塔瓦尔帕的哥哥。——译者注

是皇室王子出身。皮萨罗这样做是希望能继续控制印加的贵族并由此控制整个帝国，就像之前利用阿塔瓦尔帕的时候一样。不过，这位印加新君在位的时间并不长，当上君主不到两个月，图帕克·瓦尔帕就病死了。失望的皮萨罗把他埋在了卡哈马卡和库斯科之间的豪哈城。印加帝国再一次没有了统治者。

皮萨罗和他的西班牙人在向南出发之前，总算是大概了解了印加当前军力的部署情况。皮萨罗得知印加本来有三支军队，一支在北方相当于今天厄瓜多尔境内的地方，人数大约是三万，军队将领是卢米纳比；另一支军队在今天的秘鲁
140 中部地区，人数大约是三万五千；最后一支由基斯基斯将军带领的占领着库斯科的军队，人数大约也是三万。皮萨罗还没离开卡哈马卡之前就已经先让中部军队陷入了群龙无首的状态。他使用的计策是诱骗中部军队的将领查尔库奇马来觐见被囚禁的阿塔瓦尔帕，然后趁机将他抓住。皮萨罗本来打算带着印加将军一起上路，然而他的疑心越来越重，总害怕将军会鼓动印第安人袭击自己的队伍，于是就把查尔库奇马绑在火刑柱上烧死了。这就意味着，现在挡在西班牙人和他们要占领的印加帝国首都之间仅剩的一个障碍就是基斯基斯将军的军队了。

1533 年 11 月，西班牙人从印加城镇哈奎瓦那（Jaquijahuana）出发，只剩一天的行军距离就可以到达库斯科了。路上他们遇到一个年仅十七岁的年轻男孩，后者穿着黄色的长袍，由一队印加贵族陪伴着。皮萨罗的翻译很快得知这个年轻的印第安人是瓦伊纳·卡帕克的儿子，所以也是

十七岁的傀儡君主曼可·印加的加冕仪式。

皇族后裔。皮萨罗还听说这个男孩的名字叫曼可·印加(Manco Inca)，是阿塔瓦尔帕和瓦斯卡尔的弟弟，也是瓦斯卡尔这一支血脉里仅剩的几个幸存者之一。皮萨罗和他的队长们认真地听着翻译传达的内容，年轻的王子说自己在过去一年的大部分时间里一直过着逃犯一样的生活，“时刻都要躲避阿塔瓦尔帕手下的追杀。他这副孤单、落魄的样子看起来跟个普通的印第安人没什么区别了”。[2]

皮萨罗很快就意识到曼可·印加是一个潜在的王位继承人，更重要的是，他属于印加人的库斯科派系，而这个派系正是皮萨罗想要拉拢的。既然皮萨罗已经处死了阿塔瓦尔帕，还有什么能比和一个长期以来受阿塔瓦尔帕压制的派系的成员携手进入库斯科更好的方案呢？这样皮萨罗和他的队伍就能够以解放者的身份自居，希望这样的定位能够预先消除可能出现的抵抗行动。编年史作者佩德罗·桑乔·德·拉·奥斯写道：

> ［曼可·印加］说只要能把那些基多来的［阿塔瓦
> 尔帕的占领军］赶走，自己愿意尽一切力量帮助总督，
> 因为那些人也是他的敌人而且他憎恨他们……［曼可］
> 是从法律角度上说，各地区首领都应当前来朝见的人，
> 141 而且各地区的首领也都希望由其继承王位。他来见
> ［皮萨罗］总督的时候走的是山路，因为担心在大路上
> 会碰到基多的人。总督高兴地接待了他并对他说：“你
> 说的很多内容让我十分满意，包括你想要摆脱来自基多
> 那些人的事。你该知道我来这里……就是为了阻止他们
> 加害于你，并将你从（他们的）奴役下解放出来。你
> 可以确信我来这里绝不谋求什么私利……而是因为得知

了他们加诸你身上的伤害，所以想要来纠正这样的不公，正如我的君主命令我的那样。因此你可以相信我会尽一切努力帮助你，同样地，我也会为让库斯科人民免受这样的暴君统治（而尽一切努力）。”总督向［曼可·印加］做出各种许诺就是为了拉拢他，这样他［皮萨罗］就可以得到［帝国其他地方］近况的消息了。那个首领［曼可·印加］感到非常满意，陪同他一起前来的那些人也都有同感。[3]

皮萨罗希望自己与年轻的印加王子结盟就能够让库斯科派系的人相信西班牙人唯一的目的就是帮助那些最近受阿塔瓦尔帕压迫的人重新掌权。皮萨罗还很快意识到，瓦伊纳·卡帕克这个看起来很天真的儿子正是一个傀儡君主的绝佳人选——因为他很容易被西班牙人控制。

不过，在扶植曼可成为君主之前，皮萨罗先要做的是夺下库斯科，而那里现在还是被对他充满敌意的印加大军占领的。曼可告诉西班牙人，基斯基斯将军的打算是宁肯一把火将库斯科烧为平地，也不能将它拱手送给外国人。确实，还在城外的西班牙人已经可以看到远处地平线上升起的缕缕青烟：也许破坏库斯科城的行动此刻已经开始了。皮萨罗立即下令让自己二十三岁的弟弟胡安和埃尔南多·德·索托一起带领四十名骑兵前去阻止印加军队烧毁首都。接到命令的两个人带着队伍策马狂奔向事发地，很快就消失在了人们的视野中。皮萨罗和其他的骑兵、步兵、印第安人随从，以及长长的美洲驼队伍则继续行进。

至此，这次征服活动已经持续了十八个月之久，而且很可能即将迎来一场硬仗，不过此时皮萨罗和其他的西班牙人
142 反而都变得信心满满了。到目前为止，从印第安人军队和西班牙队伍的伤亡比例上看，后者占据了绝对优势。从阿塔瓦尔帕被劫持开始算起，印加人已经损失了超过八千名勇士，许多地位很高的贵族，三位最主要的将领中的一位，当然还包括他们的君主。相较之下，西班牙人这边只死了一个非洲奴隶。虽然相对人数较少，但是西班牙人比印加人占据了许多军事技术层面的优势。其中最主要的可能就要数他们有马而印加人没有。这种动物可以驮起一个穿着全套铠甲的西班牙人，然后依然能跑得比任何一个印第安人都快。征服战争中使用的这种“移动坦克”不仅能给印第安人带来心理上的恐惧，而且让西班牙人可以从一个更高的位置使用那些十二英尺长、带金属矛头的长矛，或者是从上向下挥舞长剑，这让每次劈砍都能够产生更强的杀伤力。此外皮萨罗的征服者们还拥有火药、少数几门加农炮以及各种火绳枪。

在防护方面，西班牙人总是戴着钢铁头盔、穿着铠甲和锁子甲。此外，他们的步兵会举着一种直径约两英尺的木质盾牌（*escudos*），骑兵则使用一种体积更大的、在木质框架上蒙上双层兽皮制成的盾牌。即便是西班牙人的马匹也都采取了保护措施，它们都披着厚厚的棉质护甲，这样敌人就不能轻易刺伤或杀死战马了。一个穿着铠甲、骑在马上的西班牙骑士，一手举着盾牌，另一手举着长矛或长剑，差不多就是当时欧洲最高杀戮技巧的代表了。只有差不多同样装备的另一个骑士，或是能够在近距离之内用火绳枪向骑士射击的

士兵，又或是一个没有骑马但身手过硬的长矛手在面对骑士的马上进攻时才可能有一丝胜算。

阿塔瓦尔帕的侄子蒂图·库西（Titu Cusi）后来描述了他和其他印第安人是如何看待西班牙军队的进攻的。他们能听到震天响的喇叭声和马蹄踏地的重击声，能看到钢制长剑反射出的寒光，还知道西班牙人的火绳枪能从远处发射出看不见却能要了勇士们性命的神秘飞镖：

> 这些西班牙人看起来就像维拉科查（*viracocha*）一
> 样，维拉科查是古时候我们对创世之神的称呼……
> [印加人] 也会用这个名字称呼那些被我们视为神明的
> 人，一部分是因为这些人的穿着样貌都和我们大不相
> 同，另一部分也是因为这些人骑着……体型庞大的动 143
> 物，这种动物的脚还是银的。印加人这么说是因为金属
> 马掌反射的亮光……印加人称呼西班牙人为维拉科查还
> 是因为西班牙人非比寻常的样貌以及西班牙人内部彼此
> 之间的巨大差异：有些人的胡子是黑色的，另一些则是
> 红色的。印加人还看到西班牙人用银盘吃饭，以及西班
> 牙人拥有“拉帕斯”（*Illapas*），这个词在我们的语言
> 里是“雷”的意思，这里指的是那些火绳枪，印加人
> 以为西班牙人控制了天上打的雷。[4]

除了武器之外，西班牙人还拥有其他的优势：他们能够通过书面文字更有效的交流，因此总是分散在各处的成员之间也能相互收发复杂的信息；他们还有船只能够进入国际贸

易网络，这样就能获得定期的补给，从远方获得更多武器、马匹和人手；最后他们还具备了战胜跟他们自己装备相当的摩尔人骑士的经验，他们双方已经在伊比利亚半岛上战斗了几个世纪了。

西班牙人把最近的三十年时间都用在了征服原住民群体上，他们的足迹遍布加勒比海、墨西哥和美洲的各个地方。埃尔南多·科尔特斯最近就刚刚征服了墨西哥的阿兹特克帝国。因此皮萨罗一上来就知道要如何像科尔特斯一样利用当地人之间的政治分歧为自己服务，甚至是拉拢本地的同盟者，将他们收入自己的队伍。此外，西班牙人还有两个他们培养的印第安人翻译，此时他们已经可以依靠这些翻译来接收和传递信息了。

西班牙人武器库中另一个有效的武器并不是事先策划好的，但是其意外的效果极其重要：这就是瘟疫，而且很可能是欧洲的天花。这种流行病是在皮萨罗第三次也是最后一次来秘鲁之前发生的，导致了印加帝国的君主瓦伊纳·卡帕克因病丧命，从而引发了残酷的具有毁灭性的内战，将帝国分裂成了两大派系。短短五年前，当皮萨罗第二次航行至此时，印加帝国还是一个团结而强大的帝国；然而在 1532 年皮萨罗和他的手下第三次到达之后，他们发现的这个国家已经被疾病和残酷的内战大大削弱了。

144 对比于西班牙人用炭和铁煅烧出来的钢制武器，印加人使用的武器还停留在青铜、红铜和石器上。因此从理论上讲，西班牙人在秘鲁发现的这个文明是一个青铜器时代的文明，相当于公元前 1000 年的埃及——如果埃及人也没有马的话。虽然印加人可以开采红铜、锡、金、银和汞矿，但是在塔万廷苏尤区域内并没有铁矿（事实上秘鲁的第一个商业性铁矿是直到1915年才找到的）。因此，就算再给印加人几百年的时间，他们恐怕也无法进入旧大陆上人们所说的铁器时代。连铁都没有，就更不可能进入钢时代了。所以在面对从大洋彼岸来的穿着钢质铠甲的入侵者时，印加人的石器和软金属武器根本无法与他们抗衡。

印加人的大部分武器都是为与其他部落里装备相似的步兵近距离作战而设计的，所以主要是各种棍棒。其中最大的是一种必须要两手才能操作的被西班牙人称作"大棒"（*porra*）的武器，其实就是在一个较长的木质把手顶部固定一个红铜或石头制的圆球，上面有五六个凸出的尖头。这种武器可以用来敲碎人类的头骨，但是无法刺穿西班牙人的钢铁头盔。除非是用它直击没有戴面罩的西班牙士兵面部，否则根本不能造成什么致命的伤害。印加人还使用一种类似的战斧，斧子头当然也是用红铜、青铜或石头制成的，目的在于打折敌人的骨头和/或造成挫伤，其锋利程度甚至都无法砍断四肢。相比之下，西班牙人的长剑要划开印第安人的血肉和动脉就像切黄油一样简单。

除了这些棍棒之外，印加军队也使用顶部带有红铜、青铜矛头甚至是磨尖木头的长矛。他们还把削尖的木头或兽骨做成飞镖，还给飞镖装上适于抓握的抓手以便扔得更远。不过在西班牙人眼中，最具威胁的武器其实是印加人的投石索（*warak'a*）。这种投掷工具是用毛线或其他纤维制作的，印加勇士在兜囊中心放置一块鸡蛋大小的投石，然后将投石索快速抡转起来，就可以把囊中的石头以惊人的力道和准度投掷出去，甚至能够将西班牙人的长剑击碎成两段。不过，除非西班牙人没有戴头盔，否则这些扔出来的石头还是不能造成致命的伤害。

印加人有时也会使用弓箭，但是非常慎重和节省，因为
145 只有来自东部丛林地区的印第安人知道如何使用弓箭，所以要将安蒂苏尤或亚马孙地区的印第安人招入印加军队才能有人来使用弓箭。相对于从高地上征召的农民兵士的数量，亚马孙印第安人可以说是很稀少的。因此弓箭的使用概率非常有限——再说这些箭同样穿透不了钢铁铠甲。

印加军队空有人数上的巨大优势，实际上却还面临着其他一些不利因素：第一个是印加人没有书面文字，只有结绳语，所以他们往来传递的信息就比西班牙人少得多。印加人也不了解自己疆域外面的世界：他们不知道西班牙已经征服了墨西哥、中美洲和加勒比海地区，也不知道欧洲或世界上其他任何地方的历史。第二个不利因素是印第安勇士偶尔才穿铜质的胸甲或背甲，大多数时候他们只穿棉质的防护衣，这样的装备在与其他印第安人军队作战时是足够的，但是在遇到西班牙人的长矛和利剑时几乎起不到任何保护作用。最后一个不利因素当然就是印加人没有马匹，因此他们总是不得不想办法抵御大批直冲过来的陌生动物，同时还要防范穿着铠甲骑在马上，能够居高临下地发起攻击的西班牙人。

上述这些分析在 1533 年 11 月 14 日这一天也都是适用的。当胡安·皮萨罗队长和埃尔南多·德·索托队长一起带领四十名穿着铠甲的骑兵逼近印加首都库斯科郊外的时候，

不知怎么已经会合的中部军队和南部军队早已等在那里，堵住了他们通往城中的道路。即便人数对比极其悬殊，西班牙人还是决定立刻发起进攻，这样的策略几乎已经成为他们本能的选择。无论何时，西班牙人遇到危险的自然反应就是朝着他们认为的最大威胁直接发动进攻。这样的战略到此时为止已经在安第斯山脉地区为他们带来了一次又一次的胜利。

印第安勇士“数量非常多……他们大喊着朝着我们冲来，带着决绝的气势”，[5] 米格尔·德·埃斯特特这样写道。印第安人背靠城市，又有经验丰富的基斯基斯将军坐镇指挥，所以北部军队的士兵们非常勇猛，依靠投石索、弓箭和狼牙棒等武器发起了一波猛烈的进攻，将西班牙人逼退了。 146
“他们杀死了三匹战马，其中就包括我的，这让我损失了一千六百卡斯蒂利亚金币（*castellanos*），”① 公证人胡安·鲁伊斯·德·阿尔塞（Juan Ruiz de Arce）写道，“另外还有很多基督徒都被打伤了。”[6]

不过，西班牙人凭借着盔甲的保护，还有他们胯下的移动战斗平台，仍然给印第安人造成了巨大的伤亡：成百上千的印第安勇士在这场持续到傍晚时分的战斗中牺牲，地上满是被锋利的钢制武器砍下的手足四肢，甚至还有头颅。相反，飞来的石头或长矛尖头就算击中了西班牙人，也无法穿

① 胡安·鲁伊斯·德·阿尔塞有充分的理由感到郁闷。没有了战马就相当于失去了一件不可替代的战斗武器，他要自动被降格为步兵。这不仅意味着在将来的战斗中他要在地面上作战所以危险性升高了，还意味着未来再进行战利品分成时，他只能得到比以前小得多的份额。在秘鲁，马匹的价格高得出奇，相当于在西班牙购买一套中等房屋的费用。

透他们的铠甲，他们无疑也受了些伤，但是没有一个人丧命。在这样比较平坦的地面上作战，西班牙人既可以仰仗战马的速度，还可以不时把它们当作冲车使用。如果一个西班牙人陷入了麻烦，其他人会骑马冲向他，就可以把围攻他的人冲散；如果西班牙人需要摆脱某个困境，他们可以直接猛夹马腹逃跑，跑得再快的印第安人也不可能追上他们。当天晚些时候，弗朗西斯科·皮萨罗和其他人也走到了交战的地方，不过那时西班牙骑兵和基斯基斯将军的军队已经结束了战斗。天色已经暗了下来，印加人和西班牙人都开始扎营，距离近得能看到彼此。印第安人的营火渐渐点亮了附近的山坡，桑乔·德·拉·奥斯写道：

> ［西班牙人］在平地上搭起了帐篷，印加人则在火绳枪射程范围之外的山坡上扎营，［一直到］深夜还在大喊大叫。西班牙人整晚都没有卸下马鞍和笼头。第二天天刚破晓，虽然被警告敌人随时可能发动进攻，也相信这种可能随时会转化为现实……总督还是把步兵和骑兵都集结了起来，下令让所有人沿着大路有序地向着库斯科进发。[7]

“我们朝着城市进军，但是心里很害怕，”失去战马之后不得不改为步行的胡安·鲁伊斯·德·阿尔塞写道，“猜
147 想着印第安人会不会在城门口安排伏击。我们……进入了城市，这里［已经］没有人守卫了。”[8] 基斯基斯将军显然是意识到虽然自己的军队人数众多，但是他们在平原地形上完全不是西班牙人的对手，所以他决定保存自己的实力改日再

战。一过午夜，基斯基斯将军就给自己的军队下达了弃守库斯科的撤退命令。所有人都极为秘密地执行了这个命令，他们没有熄灭营火，以此来迷惑西班牙人，让西班牙人误以为他们还在原地。第二天正午前后，西班牙人以胜利者的姿态进入了首都。“我们没有遭遇其他抵抗或战斗，在我们的救世主耶稣基督诞辰 1533 年的 11 月 15 日星期五这一天做大弥撒的钟点，”桑乔·德·拉·奥斯写道，“总督和他的队伍进入了伟大的库斯科城。”[9]

西班牙人保持着战斗队列小心谨慎地行进，城里的居民都涌上有石头路面的街道来围观，他们也是在当天早上才惊讶地得知，在过去一年占领了这座城市的来自基多的军队突然撤离，不知所踪了。市民们当然都知道派兵占领了这座城市，杀死了他们的统治者瓦斯卡尔的阿塔瓦尔帕就是被现在这支进入城市的外国人队伍处决的。真正让不少市民感到惊讶的其实是，已经销声匿迹一年多的年轻的王子曼可·印加竟然出现在这群留着胡子的陌生人队伍中，他的四周还围绕一种库斯科市民从未见过的不时打着响鼻的庞然大物。曼可显然是侥幸活了下来，他还通过自己的行动和讲话让所有人相信这些外国人是友好的，没有危险的，是应当被市民们奉为上宾的。对于厌烦北方军队的库斯科市民来说，摆脱了他们憎恨的占领者固然大快人心，但是新的疑问又接踵而来：这些陌生人是谁？他们来这里要干什么？

对于皮萨罗和他的手下来说，进入首都是一次军事上的大胜，从将近三年前他们从巴拿马起航时算起，这次漫长而艰苦的探险旅程终于抵达了一个顶点。虽然西班牙人在进城

的第一天并没有受到市民们的夹道欢迎，但是他们与瓦斯卡尔这一派结盟，并把自己描述成解放者而不是占领者的策略
148 无疑已经显露了效果。城中的市民们安静地站在街上，穿着颜色艳丽、花纹复杂的棉质或驼毛长袍，脚上穿着便鞋，至少表面上看没有人携带武器。西班牙人既没有拔剑也没有开枪就进了城，忍不住都大大地松了一口气。对于这些本来也都是平头老百姓的西班牙人来说，这次没有遭到任何抵抗就进入他们来到新大陆之后见到的最伟大的城市无疑也是一次奇迹般的壮举。“参加了这次伟大事业的西班牙人无不为自己所达成的成就感到震惊，”桑乔·德·拉·奥斯写道，“当人们开始回想这一切时，他们几乎不能想象自己是怎么熬过那些艰难困苦和长时间的忍饥挨饿而活到现在的。”[10]“我们［进城时］没有遇到任何抵抗，”米格尔·德·埃斯特特写道，“当地人怀着善意接纳了我们。”[11]

在这段历时三个月，全长六百英里的从卡哈马卡到库斯科的长途跋涉中，总共只有六个西班牙人失去了生命；对比之下，被西班牙人杀死的印第安勇士至少有几千人。

十七岁的曼可·印加此时也是满心欢喜的。自从库斯科被阿塔瓦尔帕的军队占领，以及瓦斯卡尔被当作囚徒押解至北方以后，曼可就一直在为如何保住自己的性命而担忧。尤其是在他的兄弟姐妹、叔叔阿姨、侄子侄女，以及其他所有家庭成员都被处决之后，逃亡在外的曼可恐怕已经意识到了等待自己的十有八九是和他们相同的结局。所以，可能没有人比曼可更为此时的情况感到惊讶：他的哥哥阿塔瓦尔帕竟然被杀了，威武的基多军队突然被赶出了库斯科城，那些人

数不多却异常强大的外国人队伍来到了这里并希望辅助他登上王位。现在，有了这些浅色皮肤、神力无边的维拉科查站在自己一边，曼可突然发现自己不但摆脱了籍籍无名的惨淡命运，还和西班牙人一起站在了权力的巅峰。对于曼可而言，基多军队占领库斯科的黑暗时代似乎终于结束了。

与此同时，皮萨罗迅速开始着手巩固自己最新的军事胜利。毕竟基斯基斯将军的军队随时可能再发动反攻，所以皮萨罗命令他的军队全都驻扎在库斯科最大的两个广场上，然后又提醒那些有马匹的人无论日夜，要随时做好上马战斗的准备，以应对印加人攻城的行动。皮萨罗可不是一个会浪费时间的人，他在到达库斯科的第二天就通知曼可说后者即将成为印加帝国的新君，桑乔·德·拉·奥斯这样描述道：

> 他是个审慎、聪明的年轻男子，是当时在那里的 149
> [印第安人]之中最有地位的人，按照法律应当……由他统治整个王国。他[皮萨罗]迅速做出决定……这样印第安人就不会加入基多的军队，而是有了真正应当尊重和服从的君主，也就不会再组建[起义]团体。于是他[皮萨罗]命令所有首领都应当接受他[曼可]为他们的君主并服从他的命令。[12]

皮萨罗对于权力和政治可谓具有天生的敏感：为了避免当地人对西班牙人的统治产生抵触情绪，皮萨罗特意让别人认为自己已经授予了曼可完全的主权，然而实际上皮萨罗根本不打算这么做。皮萨罗清楚地知道要控制一个这么庞大的帝国，西班牙人的人数实在太少，所以必须在当地寻找盟友，于是他催促曼可尽快招募一支军队。有了受他们控制的军队，西班牙人就可以更容易地镇压反抗，并彻底清除由阿塔瓦尔帕的残余势力控制的两支军队。曼可对于这个提议当然是举双手赞成的，创建他自己的军队不但可以增强他的势力，还可以向他深恶痛绝的基斯基斯将军复仇，正是后者几乎杀光了他所有的家人。

曼可很快就离开首都，和埃尔南多·德·索托以及五十名骑兵一起率领一万勇士组成的大军前去征讨基斯基斯将军了。西班牙人和印加勇士组成的混合军队给基斯基斯将军的军队造成了重大的伤亡，最终无论是将军手下的官员还是被征召为士兵的那些农民都受够了——他们已经离开家乡将近两年了。骄傲的将军被迫接受了撤退的结果，开始了返回远在一千多英里之外的基多的长途跋涉。

既然基斯基斯将军已经败退，曼可决定立刻着手准备自己的加冕仪式，他先是要按照传统退隐到深山中进行为期三天的斋戒，然后才能返回库斯科正式登上王位。

> 斋戒一结束，他［曼可］就穿上了色彩艳丽的服饰，还有一大群人前呼后拥的……他坐的地方都铺上了
> 150 华贵的垫子，连他脚下也要铺好皇室布料……他的两边
> ［坐着］各个官员、将领、地方管理者和其他大领地的首领们……凡是在座的，没有一个不是位高权重之人。[13]

根据赫雷斯的记述①："这些人接受了他作为他们的君主，充满敬意地亲吻了他的手和脸颊，然后转头面对太阳，手拉着手感谢太阳赐给他们一个天生的君主……他们还给君主戴上了一个编织精巧的流苏头饰……流苏的长度接近眼睛，这个头饰就相当于印加人的王冠。"[14]

曼可的加冕仪式是在库斯科举行的，这里不仅是印加这个民族几百年来的首都，还是前任君主们神圣尸体的供奉处。每位君主的尸体都被制成了木乃伊，穿好衣物并供奉在各自的神庙里，每个神庙都有专门的侍奉人员。这里供奉着伟大的瓦伊纳·卡帕克，即曼可、阿塔瓦尔帕和瓦斯卡尔的父亲，他很可能是在征服了今天的厄瓜多尔境内的一些地区之后，感染了天花而去世的；这里也供奉着图帕克·印加·尤潘基（Tupac Inca Yupanqui），他的大军曾经征服了包括今天智利在内的一千多英里范围的领土，还把原本已经很广阔的帝国疆域向东扩展到了亚马孙地区；这里还供奉着伟大的帕查库提——塔万廷苏尤的亚历山大大帝，正是这位统治者的远见将一个曾经弱小的王国转变成了疆域广大的多民族帝国。除了他们之外，在更遥远的以前，在他们的子孙掌控西南美洲大部分的资源之前，那些曾经统治了还很弱小、原始的印加王国的各位君主们的木乃伊也都被供奉在这里。②

① 这里引用的实际上是对图帕克·瓦尔帕加冕典礼的描述，也就是皮萨罗等人在处决阿塔瓦尔帕的第二天扶植的印加君主。不过图帕克·瓦尔帕在继位之后两个月就去世了。多个当时的编年史作者都描述了曼可的加冕仪式，其形式与仅仅两个月之前举行的图帕克·瓦尔帕的那次很相似。

② 瓦伊纳·卡帕克在基多因为传入的天花而去世之后，他的尸体经过防腐处理后被送回了库斯科，恐怕那时他的尸体上还布满了仍有传染性的天花病毒。

曼可的加冕仪式上出现的祖先们的木乃伊仍然被帝国臣民当作神一样尊敬。这是西班牙人第一次见识到印加人对祖先的偶像崇拜，此类传统在南美洲的原住民文化中其实很常
151 见。去世君主干枯皱缩的遗体被活着的人照管的景象一定让多明我会修道士文森特·德·巴尔维德感到惊骇，他无疑认定印加人和死者交流是撒旦的作为。不管怎样，西班牙人旁观了有众多去世君主出席的曼可的加冕仪式，这让他们觉得既敬畏又厌恶。编年史作者米格尔·德·埃斯特特是这么说的：

> ［他们］在广场上举行了盛大的仪式，［并且］……有很多人聚集于此……所以要挤进广场都是件很不容易的事。曼可是这样将他所有已去世的祖先请到仪式现场的：他先是在一群前呼后拥的随从陪同下前往神庙向太阳进行了祈祷，然后整个上午他接连不断地前往各个供奉着［已经去世的印加君主］的神庙，那些经过防腐处理的尸体都是保持着坐在王座上的姿势被供奉着的。印加人怀着崇敬之心将这些木乃伊按照年代顺序排好抬进城中，每具尸体都坐在自己的轿子上，由统一着装的轿夫抬着，还有仆从跟随，各种装饰物也一应俱全，一切都好像他们还活着一样。印第安人一路走来，一边唱着歌一边感谢太阳……他们的君主［曼可·印加］的轿子和他父亲瓦伊纳·卡帕克的轿子并排，后面跟着数不清的民众。其他处理过的木乃伊也以类似的方式行进，头上都佩戴着皇家的头饰。

> 广场中有为每个已去世的［印加统治者］搭建的亭子，每位君主［的尸体］被按顺序安置在亭子中的王位上。君主四周还围满了仆人和举着蝇拌的侍女，把他们当成活人一样满怀崇敬地服侍着。每具木乃伊旁边还有一个圣物柜，柜子上有各位君主的徽章标识，柜子里是君主的指甲、头发、牙齿等在他们成为君主之后从他们身上修剪或脱落的东西……当所有君主都就位之后，他们就要在自己的位子上从上午八点一直待到夜幕降临……广场上的人很多，有男有女，很多人的酒量都超级大，他们喝了好多好多酒——因为仪式上只能喝酒，不能吃东西……［广场］石板下有两条超过半法拉（*vara*）① ［十八英寸］宽的通向河流的排水沟…… 152
> 因为向水沟里小解的人太多，排水沟里的尿液像流动的水流一样没有断过。由此可以看出人们喝了多少酒，以及有多少人在喝酒。我们从没见过这样的……场景……这些庆祝活动不间断地持续了三十天以上。[15]

西班牙人不明白印加人大量饮酒实际上是一种敬神仪式，反而将其解释为一种变态的、纵酒的邪神崇拜。不过，利用大批印第安人首领和贵族都前来朝贺他们新君主的机会，皮萨罗向这些重要的人员发表了讲话。毕竟这次加冕仪式的真正目的是宣布皇室权力的转移，所以没有比此刻更好的机会来让皮萨罗向到场的精英挑明：这场特殊的加冕典礼

① 西班牙及拉丁美洲的长度单位。——译者注

将带来根本上的改变——西班牙人打算创造一种新的权力结构。

西班牙人此时已经有了一套成形的征服仪式，皮萨罗很快向所有集会者讲明他们如今已经成为一个比他们曾经熟悉的要广阔得多的世界的一部分，因此，他们必须服从一个比他们的帝国更加强大的帝国。佩德罗·桑乔·德·拉·奥斯写道：

> 做了弥撒之后……他［皮萨罗］带着自己的不少手下走到广场上，将人们都召集了过来。在场的有这片土地的君主［曼可·印加］和各地的首领。君主就坐在一个矮凳上，围绕在他身旁的下属则坐在地上；在场的还有和西班牙人坐在一起的印加勇士们。总督像他在类似的场合已经习惯的那样做了一番演讲。我［佩德罗·桑乔］作为他的秘书和随队的公证人，当众宣读了我们的要求和国王陛下命令我们必须宣读的《条件书》，并由翻译进行了翻译。在场的人都听懂了并回答［懂了］。[16]

这里宣读的《条件书》和一年多前那个决定命运的下午在卡哈马卡城的广场上由修道士巴尔维德给阿塔瓦尔帕解
153 读的是完全一样的内容。曼可和他的首领们听着皮萨罗的翻译进行翻译的时候，那些有人在旁为其驱赶蚊蝇的死去君主的木乃伊们也许都在和他们一起聆听吧。皮萨罗的公证人念完最后一段内容后停了下来，等着翻译将他的话翻译为印加人的鲁纳斯密语。

> 因此我请求你，也是命令你……接受教会作为你们在这世上的传道人和领路者，接受被称为教皇的至高无上的神父，接受作为统治者的国王，因为他们都代表着教会……如果你们不照我说的做……我们会在上帝的帮助下对你们发起攻击，我们会在各个地方以各种方式与你们交战，直到你们遵从教会和国王的旨意。我们还会把你们的妇女和儿童抓去做奴隶，或用来贩卖，或依照国王陛下的意愿处置。我们会用尽所有办法惩罚和伤害你们。而且我不得不重申这种死亡与毁灭的结果［完全］是由你们自己的错误造成的！[17]

根据西班牙人队伍中的另一位公证人米格尔·德·埃斯特特的记录，听众似乎是听懂了这些内容，因为印第安人们“唱了很多歌，感谢太阳让敌人被赶出他们的家园，感谢太阳让基督徒来统治他们。这就是他们歌唱的内容，”不过埃斯特特还是将信将疑地指出：“我并不认为……［这些歌曲］表达了他们真正的心思。他们只是想让我们以为他们是认可西班牙人的话的。”[18]

不管印第安人实际上是怎么想的，反正每个首领都被要求走上前来，按照指示两次举起西班牙人的旗帜，然后伴随着西班牙人吹响的号声与皮萨罗拥抱。最后，曼可·印加“站起身……亲自递给总督和西班牙人一个巨大的金质花瓶，请他们饮用里面的酒。之后所有人都回家吃饭去了，因为此时已经很晚了”。[19]加冕仪式完成了，年仅十几岁的曼可·印加成了印加帝国的新君主。他是印加帝国在过去短短六年左右时间里的第五位君主，前四位分别是他的父亲瓦伊纳·卡帕克，他的两位进行了内战的哥哥阿塔瓦尔帕和瓦斯卡尔，最后还有在位时间很短的另一个哥哥图帕克·瓦尔帕，他是三个月之前在豪哈去世的。

154 尽管印加新君主已经正式加冕，但皮萨罗和他的手下丝毫没有收敛在印加首都和周边地区强取豪夺的行为，这些活动从一个多月前他们刚刚到达这里之后就已经开始了。对于皮萨罗来说，他现在才算是实现了自己从第一次来到美洲时就抱有的梦想：成为探险活动的领导者，发现一个尚未被发现的本土帝国，然后将其中的财富掠夺一空。事实上，这也是历史上仅有的几次一小队入侵者竟能够随心所欲地劫掠一个庞大帝国的案例之一。

皮萨罗很快就霸占了位于主广场上的帕查库提的宫殿作为他的住所。这也许很合适，因为是帕查库提的远见让他建立起了印加帝国，而皮萨罗的远见则让他征服了这个帝国。皮萨罗的弟弟胡安和贡萨洛迅速占据了挨着弗朗西斯科住处的阿塔瓦尔帕的父亲瓦伊纳·卡帕克的宫殿。迭戈·德·阿尔马格罗占据了瓦斯卡尔在被阿塔瓦尔帕俘虏并处决之前刚刚修建完成的宫殿。还有一座宫殿留给了埃尔南多·皮萨罗，因为他此时人在西班牙，但是埃尔南多·德·索托也可以和他一起居住在那座宫殿里。那里曾经也属于瓦伊纳·卡帕克，是城中最好的宫殿之一，有一个大理石的门洞和两座大约三十英尺高的塔楼。与此同时，十七岁的曼可·印加则开始为自己建造新的宫殿。

到1534年3月，也就是西班牙人到达秘鲁将近两年之后，皮萨罗对从库斯科掠夺的黄金和白银进行了分配。这次的赃物总数比在卡哈马卡城时的还要多。虽然他们聚敛的黄金不及阿塔瓦尔帕支付的赎金，但是这一次的白银是当时的四倍。那些跟随阿尔马格罗晚到一些的人没有分到阿塔瓦尔帕的赎金，错过了第一次一夜暴富的机会。不过，他们终于等来了这一天，他们的耐心为他们带来了丰厚的回报。那些在卡哈马卡城就已经成为百万富翁的西班牙人的财富现在更是翻倍了。皮萨罗当然还要留出单独的份额“给自己和［他的］两匹马、［两个印第安人］翻译和他的男仆佩德罗·皮萨罗”。[20]

每个从皮萨罗的宫殿里走出来的人都要靠印第安人和美洲驼来帮忙搬运多得足够他们享用一辈子的财富。聚集在这里的西班牙人一定都意识到他们已经在征服秘鲁的过程中建
立起了一座里程碑。皮萨罗和阿尔马格罗在不到十年前成立 155
的黎凡特公司至此算是正式散伙了，因为公司累积的一切收益都已经进行了分配。公司里所有的股东兼参与人，至少是参与了卡哈马卡和（或）库斯科军事行动的那些人都已经获得了不可思议的盈利，他们全都可以退休了。皮萨罗现在给所有同行的西班牙人两种选择：他们可以离开这里返回西班牙，从此享受奢华的生活；也可以留在秘鲁，成为这个国家的第一批西班牙市民，并协助在这里创建将被命名为新卡斯蒂利亚王国的西班牙殖民地。

皮萨罗为走到今天这一步已经摸爬滚打了三十多年的时

间，他现在是一个本土帝国的总督了，他当然不会有离开的打算。秘鲁就是他垂涎已久的大奖，除了这儿他哪儿也不去。但是皮萨罗不可能独自控制一个帝国，他当然希望留下的西班牙人越多越好。毕竟，在这个人口超过千万，疆域跨度超过二千五百英里的大帝国里，西班牙人此时的数量不足五百，说他们人口“稀疏”都是严重的名不副实。因此，皮萨罗承诺：所有愿意留在秘鲁的西班牙人都将获得“委托权”（*encomienda*）。

在西班牙语中，“*encomendar*”是个动词，就是委托的意思。所以“委托权”其实是一种衍生于中世纪的庄园经济体系的概念，指的是国王将向某地区农民收税的权力委托给该地的领主，而领主要以发誓效忠国王作为回报。同理，欧洲的农民也把自己“委托”给了庄园主，通过缴纳一定量的劳动产品而获得他的保护。在新大陆上，西班牙人希望获得印第安人的劳动成果，然而对应的交换条件只是理论上的“保护”和“基督教化”，胆敢反抗的印第安人还要面对惩罚和死亡的威胁。

征服者就这样在当地城市中安顿下来，并依靠剥削乡村地区印第安人的劳动产品和其他供给生活。在西班牙，无论是体力劳动还是商业贸易都被看作社会底层人士才进行的活动，而拥有了对当地农民收税权力的征服者就自动升级为西班牙贵族。从本质上讲，印加帝国社会层级金字塔的重建已经开始了，原本因为拥有较高的社会地位而脱离了体力劳动的印加精英群体此时被一群大多没受过教育、出身卑微的西
156 班牙乌合之众取代了，后者追求的也是和前者一样不需要付

出劳动就可以衣食无忧的生活。

不管普通的征服者有没有意识到，这绝对是西班牙历史上极其少有的，平头老百姓能有机会摇身一变成为封建领主的情况。最终，共有八十八名西班牙人选择留下来接受“委托权”，在库斯科永久定居。

完全不了解西班牙人计划的印加新君主曼可·印加此时也面临着各种困扰。他首先要做的就是把控住这个先是被从他哥哥瓦斯卡尔手中抢走，然后又被从他另一个哥哥阿塔瓦尔帕手中抢回来的帝国。曼可最紧急的任务就是在阿塔瓦尔帕的两名将军仍在北方保留着敌对大军的情况下，建立自己作为“唯一的君主”（*Sapa Inca*）的威信。虽然塔万廷苏尤中有一部分地区自动维持了原本的运作方式，但是其他大部分地区都已经回归到了由地方军事领袖和首领掌权的状态。这些人正想借内战和西班牙人征服行动的机会彻底摆脱印加帝国对他们的统治。坐在自己的皇家矮凳（*duho*）上，被整个皇室宫廷成员服侍着，头上戴着大红色皇家头饰的曼可现在的打算是尽可能地恢复印加人的帝国威信。很快，年轻的君主就开始接见各地的执政者，也开始给执政者缺失的地方任命新的官员，终归是慢慢地开始了重建他的祖先及安第斯山脉几千年文化创造和催生出来的复杂管理机制的艰巨任务。

与此同时，西班牙人仍然没能彻底理解这个被他们部分征服的帝国实际的情况有多么复杂。虽然他们很快就发现了这里也有与旧大陆文化中相似的国王、贵族、祭司和平民的大致划分，但是他们对于印加帝国实际上的运行机制还是一无所知。印加人的智慧就像罗马人一样体现于他们超乎常人的组织能力上。让人惊奇的是，一个人数可能从未超过十万的民族竟然能够管理大约一千万人口的活动，更何况这一千
157 万人还讲着七百种以上的方言，并且分散生活在跨度超过二千五百英里崎岖不平、地形多变的广大疆域内。

和很多世界上较早出现的文明一样，印加帝国的经济主要依赖于农业生产。事实上，正是印加人高超的农耕技术保证了他们能够维持如此众多的农业人口的生计，毕竟山脉地区的大部分地形都是不适宜进行农业生产的，但是印加人能够开挖水渠，依山建造梯田，无论耕种还是收割都非常精细，他们还知道如何改进农作物品种。多亏了良好的农业管理和大面积的建造梯田，在印加人统治的时期，可耕种的土地面积一直在稳步增加。就算某一个地区的庄稼收成不好，但是因为建立了国家控制的粮食储存系统，再加上拥有将粮食从帝国的一个地方运送至另一个地方的能力，饥荒差不多是不可能发生的。不管关于印加帝国人民的生活存在什么其他的说法，但至少有一点是可以肯定的：国家保证了每个人都有饭吃，有衣穿，有房住。[21]

和西班牙人不一样的是，塔万廷苏尤的所有人民都不被允许拥有私人土地，也不能拥有任何奢侈品。个人对于自己的房子是有所有权的，但是只有印加统治者和一些贵族才能拥有私人产业。印加帝国实际上是基于这样一种假设运作的，如果有必要，他们不惜依靠挥舞着狼牙棒的军队通过武力方式迫使所有人接受这种假设，那就是所有土地和资源都是属于国家的，所以要由印加君主控制，后者拥有的这些神

圣权力是直接由太阳赋予的。就如一个世纪之后的法国国王路易十四（Louis XIV）宣称的“朕即国家”（*L'etat*，*c'est moi*）的说法一样，印加君主也是这样以国家土地的终极拥有者和守护人自居的。

事实上，国家所有制的原则是将帝国的所有臣民联系在一起的社会契约中的基本前提。因为国家拥有所有土地，所以国家可以把土地分配给各个农民集体来进行耕种，并且从定义上理所应当获得相应的回报。这种互惠的义务关系就是帝国得以建立的基础——国家分配土地给农民，作为回报农民要对国家承担一定的债务。因为国家授予了他们使用土地的权利，所以就有权收税作为回报，只不过印加人选择以劳务而非产品来作为缴税的形式。

每个家庭中年龄大约在二十五至五十岁之间的男性家长
都要缴税。这个群体大约占帝国总人口的15%～20%，也 158
就是说印加帝国的精英阶层随时都可以役使大约两百万人的劳动力。政府要求每年每户人家为国家和太阳宗教提供两到三个月的劳役。印加人管这种劳役税叫“密塔”，在他们的语言里就是“轮流”的意思。[22]如果说美国纳税人每十二个月内的收入平均要交30%的个人所得税，也就相当于一个公民实际上每年要“捐献”3.6个月的劳动来维持联邦、州和地方政府官僚机构的运作。因此，美国人在21世纪缴纳的税率甚至比一个生活在16世纪印加帝国的典型印第安人还要多。不过与美国人不同的是，每个印加家庭里的家长并不一定非要亲自完成这两到三个月的劳役，而是可以将他应承担的劳动分摊给家庭成员。所以一个家庭里的人口越多，缴税就越容易——因为谁都可以帮忙去修路、织布、制陶或完成各种其他劳役。

为了弄清人民的出生、死亡、婚配、年龄，以及缴税和欠税情况，政府雇用了大批的会计和管理者。每个地区都有专业人士用结绳语存储的大量人口信息，比如人民的不同分类，以及每个类别中包含人民的数量等。此外还有一个专门的中央机构负责监察，这些监察员被称作“图奎里科克”（*tokoyrikoq*），意思是“洞察一切之人”，他们的工作是监督各地的工作并汇报给监察总长，这一职务通常会由君主的一个兄弟来担任。

为了更好地管理他们建立的庞大帝国，印加精英阶层还发明了一种分层管理应缴税家庭的体系，他们将这些家庭分成以十个、五十个、一百个、五百个、一千个和一万个为一组的各个等级。在社会金字塔最顶层的君主是国家、宗教和军队力量的最高统治者，在他之下是四位“阿普”（*apus*），他们各自代表一个组成印加帝国的苏尤，并组成印加人的最高委员会。四位阿普之下的是各地区的帝国官员，他们被称为“地区阿普”（*tocrico apus*），通常也是从印加贵族中选出人选就任。各地的帝国官员分散居住在八十八个地区的首府
159 里，负责本地区的行政和司法工作。比如说，只有经过“地区阿普”批准才能够执行死刑，低级别的管理者是没有这样的权力的。“地区阿普”之下还有各个层级的地方首领，他们被称为“库拉卡”（*curacas*），负责向本民族人民征税的工作，作为回报他们本人可以享受免予缴税等各种优待政策。这些库拉卡的地位如何直接取决于他们代表的家庭

数量，这个范围可以从一百到一万个个人及其家庭不等。在相对人数极少的管理层之下，就是组成印加帝国金字塔超过95%的部分的辛勤劳作的平民们，其中包括数以百万计的农民、工匠、牧民和渔民，他们的富余劳动成果都被统治阶级有规律地剥削，用来维持帝国的管理和运行。

帝国统治者让印加人民获得使用土地的权利，在外敌入侵时向他们提供保护，维持国家的宗教，保证人民的衣食住行；作为交换，他们要求平民每年捐献两到三个月的劳役，偶尔也会让他们去打仗，并服从印加精英阶层设定的各种规则。因此，互惠是这种关系得以维持的基石，是将印加帝国的居民和精英阶层联系到一起的复杂的相互关系中最主要的齿轮。抛开了这样的互惠关系，印加人设计出的这种复杂的帝国将停止运行，就像一个巨大的机械钟表突然掉了一个齿轮一样。

这就是1534年下半年曼可·印加开始接管这个帝国时面临的情况，他的任务可不是那么容易完成的。帝国本来就已经因为连年的内战而受到了削弱。虽然印加君主重新统治了塔万廷苏尤，但他是被一群外国人扶植上位的，而这群外国人的真实动机究竟为何，也随着日子一天天流逝而变得越来越可疑。举例来说，西班牙人亵渎了印加人最神圣的太阳神殿，这让神殿中的祭司和不少本地群众感觉受到了侮辱。至少已经有一些印加精英开始相信这些西班牙人其实是掠夺者而非解放者，他们的行为也让曼可·印加看起来更像他们的共犯，而非独立掌权的印加君主。

曼可与他的哥哥阿塔瓦尔帕不同，后者在被俘末期已经渐渐看清了西班牙人的真实意图，而曼可此时则还对秘鲁发生的这些转变毫无察觉。他似乎仍然不明白弗朗西斯科·皮萨罗如此友好和殷勤完全是为了拖延时间，等待增援的到
160 来。从军事角度来看，刚刚在秘鲁建立起来的西班牙城市就像是分散在由潜在的敌对印第安人组成的一片汪洋大海中的几个孤零零的小岛。这片大海此时虽然相对平静，但是情况随时可能发生变化。皮萨罗最不希望发生的莫过于挑起印第安人的起义行动。

不过，那个时候的皮萨罗也开始意识到，他一直耐心等待的这些增援很可能会包含一些比潜在的印第安人攻击更危险的因素。早在 3 月，皮萨罗就得知埃尔南多·科尔特斯的副手佩德罗·德·阿尔瓦拉多（Pedro de Alvarado）带领着五百五十名西班牙征服者刚刚在厄瓜多尔海岸登陆的消息。阿尔瓦拉多摆明了是想要在这片地方建立自己的统治区，完全不顾皮萨罗才是唯一获得皇室授权去征服印加帝国任何地区的人。

皮萨罗的合伙人迭戈·德·阿尔马格罗一听到这样的消息就马上带人赶到北方去了。他可不希望自己几年来的努力因为别人的竞争而受到什么影响。最终，阿尔马格罗和阿尔瓦拉多谈妥了一个和平解决问题的条件：阿尔瓦拉多可以获得十万比索金币（约合一千磅黄金），作为交换条件，他同意终止自己的征服行动，并允许自己手下的三百四十名征服者加入皮萨罗和阿尔马格罗的队伍，完成征服秘鲁的大业。后来的事证明，这次谈判来得特别是时候。因为阿尔马格罗刚带队启程返回南方，就遇到了基斯基斯将军率领的大军，

后者从六个月前放弃库斯科之后，就一直在缓慢地向北撤退。

基斯基斯和他的军队离开家乡已经超过两年了，此时在这里突然遇到一大队西班牙人马是让他们无论如何也想不到的，因此所有人都被惊呆了。印加将军本来认为帝国北部地区应该没有他憎恨的外国人。很快，一系列战斗不可避免地发生了。在一场战斗中，基斯基斯的军队成功地伏击了一支十四人的西班牙小队，砍掉了所有人的头；另一场战斗中，他们又成功地打伤了二十名西班牙人，并杀死了三匹马。尽管如此，本来就已经连续征战很久，现在又遇上了一支有将近五百名征服者和大量马匹的西班牙队伍，基斯基斯的军队士气十分低落，大部分战士只想丢盔弃甲，退伍还乡。令骄 161
傲的印加将军更为震惊的是，竟然连他自己的军官团都想要放弃战斗。

“他的队长们建议基斯基斯和西班牙人讲和，因为西班牙人是不可战胜的”，[23]16 世纪的历史学家弗朗西斯科·洛佩斯·德·戈马拉写道。然而，基斯基斯将军坚持让他的军官和他的军队继续战斗。他曾经率军打遍安第斯山脉无敌手，他曾成功地俘虏了瓦斯卡尔，也是他曾经占领了库斯科。基斯基斯还是一名优秀的战略家，他已经渐渐发现西班牙人的马上不了悬崖，所以采取了将自己的勇士们布置在陡峭悬崖上的战略，这样就可以让敌人最强大的武器毫无用武之地。在自己的军官们都威胁要放弃抵抗的情况下，阿塔瓦尔帕曾经的将军再也无法隐藏自己的怒火。“他［基斯基斯］痛斥了他们的懦弱，并下令让他们重整旗鼓［继续战斗］。”[24]不过，基斯基斯的军官们造反了，他们都拒绝接受将军的命令。

和所有军事团体一样，印加军队要想正常运作也要依靠严格的纪律。阿塔瓦尔帕在卡哈马卡城曾经因为一队侍卫对西班牙人的马匹表现出恐惧就将他们全部处死。拒不服从命令是比显露胆怯更加严重的大罪。即便是在此时这样混乱的处境下，基斯基斯的军官们的行为也足以构成叛国罪了。“基斯基斯对于这些人充满了轻视，并发誓必将严惩这些叛变者。”[25]洛佩斯·德·戈马拉写道。然而，突然之间，“瓦伊帕尔康（Huaypalcon）［基斯基斯的一个军官］掷出一杆长矛，直插入将军胸前。其他人也随即一拥而上，用手里的狼牙棒和战斧把将军杀死了”。[26]

印加最优秀的将军之一就这样失去了生命，他曾经不情愿地遵照阿塔瓦尔帕的命令默许最先到达库斯科的三个西班牙人在印加首都里肆意掠夺。即便在他的君主被处决之后，即便在侵略活动带来的混乱已经将整个印加帝国搅乱之后，基斯基斯仍然坚持带领着自己的队伍英勇地反击西班牙人。

基斯基斯去世后不久，皮萨罗的一个队长塞瓦斯蒂安·德·贝纳尔卡萨就将阿塔瓦尔帕三支大军中仅剩的一支卢米纳比带领的军队围困在了厄瓜多尔。经过漫长的殊死抵抗之后，最后的决战终于爆发了，结果是卢米纳比的军队投
162 降，但他本人惊险地逃脱了。不过他在试图翻过一座积雪覆盖的山峰时，还是不幸被西班牙人抓住并带回了基多。无论是对卢米纳比还是对其他很多被俘的贵族，西班牙人都没有显露一点同情之心。按照西班牙人的随军牧师马科斯·德·尼萨（Marcos de Niza）的记录：

> ［贝纳尔卡萨队长］先是召唤了一位基多的大首领鲁伊斯（Luyes）来到面前，用火烧首领的双脚，然后又用各种其他的酷刑折磨他，想让他说出阿塔瓦尔帕［传说的］隐藏的财宝在哪里，但是他根本不知道。［接着］贝纳尔卡萨又将另一位［首领］查巴（Chamba）也活活烧死了，后者也是当地一位非常重要的首领，而且完全是无辜的。贝纳尔卡萨还烧死了一个名叫科佐帕尼亚（Cozopanga）的基多地方官员，他也是抱着善意前来讲和的，只因拿不出［贝纳尔卡萨队长］要求的那么多黄金，也不知晓有什么掩埋的宝藏，［队长］就将他和其他首领及一些重要的人物全都烧死了。结果是，这个地方一位印第安人首领都不剩了。[27]

最后，西班牙人把卢米纳比带到了主广场上。伟大的将军被仓促处决的“罪行”是拒绝与入侵自己国家的外国侵略者合作并进行了抵抗。

至此，阿塔瓦尔帕的三名主帅都死了，科尔特斯的合伙人佩德罗·德·阿尔瓦拉多也被用黄金打发掉了，还有几百名新来的西班牙人正向南行进去加入皮萨罗的队伍，整个富有的秘鲁似乎已经稳稳地落入了两位最初的征服合作者弗朗西斯科·皮萨罗和迭戈·德·阿尔马格罗的掌控中。他们通过傀儡君主曼可·印加实际上控制了印加人庞大的管理体系，能够收税，还能够镇压可能产生的印第安人起义。只要他们能够维持住和平状态，皮萨罗和阿尔马格罗似乎已经走上了将塔万廷苏尤渐渐转变为一个能够牟取暴利的新殖民地的正确道路，这个殖民地则属于正在迅速发展壮大的西班牙帝国。

现在，最后一场针对敌对印加武装力量的斗争似乎也已经结束了，皮萨罗渐渐开始将自己的重心从军事领袖转移到了管理者的角色上。皮萨罗毕竟是新卡斯蒂利亚王国的总督，他掌管着西班牙王室授权他前来征服的本土帝国中一片纵跨七百英里的土地。事到如今，只有一个小问题还没有解
163 决，这个问题在皮萨罗从西班牙回来的时候就已经浮上水面了：他自己得到了各种头衔，而他的合伙人却一无所有。阿尔马格罗当时对这样的结果就极为气愤，甚至一度拒绝继续和皮萨罗一起征服秘鲁。直到皮萨罗承诺无论他们征服了什么地方，自己都会分享给他一部分控制权之后，阿尔马格罗才终于被说服继续和皮萨罗一起行动。

因此，摆在皮萨罗眼前的问题就是，阿尔马格罗怎么办？过去的十年里，自己一直仰仗着他的组织能力来进行探险活动；他也每次都忠诚尽职地为自己提供了支援和补给，甚至还在他们的第一次探险活动中就失去了一只眼睛。对于这样一个人，他在秘鲁应当担任一个什么样的角色？皮萨罗当然已经授予了阿尔马格罗“委托权”，就如授予其他那些自愿留在秘鲁的征服者的一样。不管怎样，皮萨罗是无可争议的秘鲁总督，至少在新大陆的这片领域里，皮萨罗就是除西班牙国王之外权力第二大的人。不过，印加帝国的疆域似乎有几千英里长，远远超过了皇室授权他征服的七百英里，那么到底要给阿尔马格罗多少才算公平呢？

1534 年 12 月，皮萨罗和阿尔马格罗在秘鲁海岸边一个

皮萨罗正忙着修建的新城镇附近见面了，这个地方当时的名字是“国王之城”（La Ciudad de los Reyes），后来人们习惯称之为利马。当皮萨罗忙着规划这个建在光秃秃的沙滩之上、能够饱览太平洋全景的新城镇时，肯定还在憧憬着未来自己的商船队要从这里装载更多的金银财宝，他当然是打算一边安稳地管理着自己的帝国，一边安度自己的余生。所以皮萨罗现在已经不再需要那个擅长管理、集资和进行征服探险的、充满野心的合伙人了，于是他建议阿尔马格罗回到库斯科，作为市长负责管理那个城市，这个职务现在是由阿尔马格罗的朋友埃尔南多·德·索托担任的。这样的安排能让阿尔马格罗满足吗？出乎皮萨罗意料之外的是，阿尔马格罗竟然同意了，不过这完全是因为后者已经向国王提出申请，并相信西班牙国王很快也会授予自己一个总督的职位。当时这两个老朋友肯定是拥抱了彼此作为告别，然后阿尔马格罗就骑上自己的马，向着四百英里之外、海拔一万一千多英尺之上的库斯科启程了。

然而，阿尔马格罗刚走没多久，就从西班牙传来了国王
查理五世打算将印加帝国分割开来进行管理的消息。国王打 164
算将“北部地区”交给皮萨罗管理，将“南部地区”交给阿尔马格罗。两个王国之间具体的安排和界限划分依据随后会乘船抵达的埃尔南多·皮萨罗携带的国王命令，而埃尔南多此时已经在返回秘鲁的途中了。

继续描绘着自己将要在沙地上建造的宫殿的皮萨罗肯定暂时放下了手头的事，长久地凝望着信使跨上马赶去通知阿尔马格罗国王决定的身影。不过此时，无论是他或其他任何

人都还想不到：国王的这个决定很快就会在两个征服者之间钉下一个楔子，并且将直接改变秘鲁的权力平衡。眼下，头发灰白的征服者重新埋首于自己的城市规划，在他身后很远的地方，骑在马上的信使已经渐渐消失在人们的视野中，只扬起身后的一路尘土。

第八章　起义的序曲 165

上帝和我的良心做我的见证人，对于所有持关切态度的人来说这都是再明显不过的了，秘鲁人民是因为受到了恶劣的对待，才最终拿起武器反抗西班牙人统治的。因为西班牙人从来没有公正地对待过他们，从来没有赞颂过他们做出的贡献，反而还要无缘由、无依据地破坏这一整个地区，所以最终人们才决定，宁可在抗争中失去生命，也不愿再忍受这样的对待。[1]

——修道士马科斯·德·尼萨，《方济会令》，1535 年

对于他人，要么纵容，要么彻底毁灭，因为如果你仅仅侮辱他们，他们是会报复的，但是如果你把他们伤得足够重，他们就无力反击了。所以既然要伤害一个人，就要做到让自己不必担忧会出现报复的程度。[2]

——尼科洛·马基亚维利，《君主论》，1511 年

迭戈·德·阿尔马格罗是在1535年1月末抵达库斯科的，他被皮萨罗任命为接管库斯科的市长。经过在帝国北方和中部地区大约为期一年的军事行动之后，阿尔马格罗又带回了三百多名新加入的西班牙士兵，他们都是从埃尔南多·科尔特斯的副手佩德罗·德·阿尔瓦拉多那里挖墙脚得来
167 的。就在他抵达印加首都之前，一个信使追上了阿尔马格罗，给他送来了国王将任命他为皮萨罗统治区以南地区总督的消息。不过在1535年，整个南美洲西海岸唯一能够准确测量地理距离的人只有船上的领航员，所以到此时为止，还没有人尝试过要给皮萨罗的领地划定界线。皮萨罗和阿尔马格罗各自统治的地区之间的界线究竟在哪儿一直是人们猜测的焦点。

新来的那些西班牙人或骑马或步行地向着印加帝国的首都前进，那里的环境和建筑都让他们感到惊奇，但他们很快就意识到自己来得太晚了，既不能分享战利品，又不能被授予“委托权”。这些征服者对于之前那八十八位“受封人”（*encomenderos*）无疑充满了嫉妒，那些选择留在首都生活的人都成了腰缠万贯的大富翁。他们之中许多人已经脱掉了铠甲，穿上了长袜、斗篷，还戴上了插着时髦羽毛装饰的帽子。相反，新来的人都还穿着打了补丁的衣服，兜里甚至掏不出一个硬币。这些新来的征服者也是抱着能够一夜暴富的想法来到秘鲁的，却突然醒悟到这样的想法是不现实的，他们明白自己已经错过了那个机会，而且是晚了至少一年以上。这样的认知让不少人心中自此埋下了深深的仇恨。

此时的情况是一小部分西班牙人极其富有，剩下的大部

印加人有时会向西班牙人赠送妇女作为礼物；其他时候，西班牙人则会随意抢夺妇女作为他们的情妇。

分一无所有，所以两个群体之间会很快开始出现政治分界线并不是什么值得惊讶的事。那些被皮萨罗授予了“委托权”的人自然感恩于他；而那些跟随着阿尔马格罗来到这里的人则希望效忠于这个上了年纪、只有一只眼睛、把他们带到库斯科来的征服者，能够从长远时间上给自己带来回报。毕竟，如果将来发现库斯科被划归到阿尔马格罗的新统治区内，那么那些已经分封的“委托权”就有可能很快被撤销。阿尔马格罗之后必然会在自己的追随者中间重新分配这些权利。

事实是，现在没人知道库斯科到底将属于皮萨罗还是阿尔马格罗，这种不确定更是让这里本来就已经很不稳定的政治气候更加恶化。除此之外，皮萨罗的两个年纪最轻、最冲动的弟弟——二十三岁的胡安和二十二岁的贡萨洛——还留在库斯科，他们只会带来更多的问题。胡安和贡萨洛下定决
168 心要不惜一切代价防止库斯科落入阿尔马格罗之手，紧张的情绪很快就开始积聚，没过多久就有了积怨沸腾之势。16世纪编年史作者佩德罗·谢萨·德·莱昂（Pedro Cieza de León）写道：

> 胡安·皮萨罗和贡萨洛·皮萨罗对阿尔马格罗充满仇恨，因为他们都不喜欢这个人……阿尔马格罗的朋友都劝慰他，让他为自己着想；国王已经封他为爵爷了，那他就应该摆出爵爷的样子，还应当立刻派人去把马上要到达的国王法令取来，凡是国王指定给他统治的，他都有权占有。[3]

佩德罗·谢萨·德·莱昂总结说：“从这时起，西班牙人就已经分成了两派，一派追随皮萨罗兄弟，另一派属于阿尔马

格罗派。”[4]

在阿尔马格罗到达库斯科大约一个月之后，关于谁有权控制库斯科的争执达到了顶峰。1535 年 3 月的一天，因为担心阿尔马格罗会试图将首都据为己有，皮萨罗的两个兄弟和他们的支持者把几尊加农炮运到了自己在主广场上的宫殿里，并且在宫殿前设置了壁垒，然后“令人愕然地走到广场上，准备好开始一场大仗”。[5] 他们的行为令阿尔马格罗长久以来的支持者埃尔南多·德·索托火冒三丈，他立刻就和胡安·皮萨罗动起手来。胡安的亲戚佩德罗描述说：

> 胡安·皮萨罗和索托［骑在马上］谈了几句……然后胡安举起一杆长矛刺向索托，要不是索托的马跑得够快的话，他可能就要被长矛刺到了。并没有就此作罢的胡安·皮萨罗骑马一直追赶到阿尔马格罗居住的［在库斯科广场上的］宫殿外，要不是阿尔马格罗的手下救了索托，他［胡安］一定会杀了他，因为胡安是一个非常勇猛，而且意志坚定的人……当时，阿尔马格罗和他的手下看见索托逃进［广场］，而胡安就在后面紧追不舍，于是他们立刻拿起了武器……向胡安发起了进攻。就这样，两边的人都聚集到了广场上，各自挥舞着自己的武器。[6]

最后多亏了一位名叫安东尼奥·特列斯·德·古斯曼（Antonio Téllez de Guzmán）的新到达的皇室官员从中调停，这两派西班牙人才没有继续自相残杀。“如果基督徒之间发

169 生内讧，印第安人一定会向幸存的一方发动进攻。”[7] 古斯曼在给国王的信件中这样写道。谢萨·德·莱昂是这样形容当时的情况的：“这些人心中充满了对别人的嫉妒，到了足以把他们都逼疯的地步。他们还没有杀死对方真是奇迹……这是在这片土地上的阿尔马格罗派和皮萨罗派之间，或者说是代表他们两方利益的人之间积怨的第一次爆发。”[8]

两个月后，听说在首都几乎爆发了内战的弗朗西斯科·皮萨罗匆忙赶回库斯科。一方面急于平息紧张的事态，另一方面也是因为依然没有得到国王关于印加帝国如何分割的确切细节，皮萨罗决定和自己的前合伙人自行协商出一个解决办法。无论是皮萨罗还是阿尔马格罗此时都已经意识到，他们也许只征服了三分之二的印加帝国。将最棘手的库斯科归谁所有的问题暂时搁置一旁，皮萨罗很快同意帮助阿尔马格罗筹集资金进行一次大规模的继续向南的探索和征服行动。印加帝国的南部地区绝对是属于阿尔马格罗未来的领地的，因此皮萨罗希望通过帮助阿尔马格罗筹集征服行动的资金这一方式，一方面解除他们之间日趋严重的冲突，另一方面也能化解眼前的库斯科政治危机。运气好的话，也许南方也能有足够的黄金、白银和农民去满足阿尔马格罗和他那几百个最新加入的野心勃勃的征服者的贪欲。

急于开始探索自己未来领地的阿尔马格罗同意了这个提议。在南方还有富裕的印加城市、农民和富饶土地的可能性完全存在，只是西班牙人对那个地区的情况知之甚少。阿尔马格罗现在需要的是选出自己的二把手，这个人不但得是他在探险活动中能够倚仗的人，还得是一个忠于他阿尔马格罗而不是皮萨罗的人。

三十四的埃尔南多·德·索托很快就来毛遂自荐了，为了得到这个位置，他甚至许诺要支付给阿尔马格罗一大笔黄金和白银。这样的位置可不是树上随随便便长出来的，虽然索托现在已经很富有了，但是他其实也同样怀有要自己统治一个王国的野心。也许他能在南部或者东部再发现一个印第安人帝国呢？到时候作为二把手的索托向国王请求一片领地的统治权不就是顺理成章的事了吗？不过，阿尔马格罗拒绝了索托的提议，而是选择了另一位名叫罗德里戈·奥尔戈涅斯（Rodrigo Orgóñez）的人，后者在过去的五年里一直对阿尔马格罗忠心耿耿。

此时的曼可·印加面前也摆着一堆难题，这些难题还因 170
为西班牙人争抢对库斯科的控制权而变得更加棘手了。西班牙人这样摆明了其实是他们在控制库斯科，曼可的威信自然就被渐渐削弱了。更糟糕的是，在马基雅维利式的印加政治中，有年轻的亲戚在觊觎曼可王位的流言已经传遍了库斯科的街头巷尾。

从理论上讲，最有可能挑战曼可君主身份的人是他的兄弟帕鲁（Paullu），帕鲁和曼可年纪相仿，不知怎么也奇迹般地躲过了在基斯基斯将军带领北方军队占领库斯科时被杀死的厄运。从皮萨罗选择曼可为统治者之时，帕鲁就向自己的兄弟表达了绝对的忠心。事实上，曼可对帕鲁没有一点怀疑，所以当他随军去北方打仗的时候，还指定了留在库斯科的帕鲁为代理君主。在曼可返回后，帕鲁也立即交出了自己的暂时权力。不过，让曼可怀有戒心的另有其人：一个是他的堂兄弟帕斯卡（Pascac），另一个是他同父异母的兄弟阿托克－索帕（Atoc-Sopa）。这两人就是一个潜在竞争团体的核心。随着时间的流逝，关于帕斯卡在暗中计划帮助阿托克－索帕取代曼可成为君主的说法从来没有停止过，无论是在街头巷尾，还是在印加精英人士家中的隐秘处，各种小道消息总是会从一拨贵族口中传到另一拨贵族耳中。即便是在被外国侵略者占领的情况下，印加人为改朝换代而进行政治密谋的传统依然不可避免地延续了下来。

考虑到印加精英团体内部的斗争可能给自己的新领地带来不稳定，皮萨罗试图通过把竞争双方请到一起进行协商的方法来终结这些政治斗争。不过，这样的尝试没有任何结果，曼可甚至在私下里请求阿尔马格罗帮助自己除掉自己的印加反对派。因为在前一年的军事行动中，曼可曾经和阿尔马格罗一起相处了很长时间，并且建立了友好的关系。虽然阿尔马格罗此时正忙着准备自己的南部探险，但他还是答应帮助年轻的君主。毕竟帮他越多，他欠自己的人情就越多。

某天晚上，一小拨西班牙杀手在安第斯山脉高海拔处城市中寒冷的街道上蹑手蹑脚地行动起来，他们手中的钢制兵器在明亮月光的照射下发出银白色的亮光。这些人就是被阿尔马格罗派来干掉曼可同父异母的兄弟阿托克－索帕的。他们找到了后者的住处，趁夜潜入了他的卧室，确定了他的位置，然后把潜在的印加君主杀死在了他的床上。不过，暗杀阿托克－索帕的行动反而进一步加剧了曼可整个大家庭的分
171 裂形势，现在这个家族中的人也都沿着分裂了西班牙人的那

条沟壑来选边站队了。曼可和他的兄弟帕鲁与阿尔马格罗结盟，而反对曼可的印加人派系则与皮萨罗结盟。

这样的情况继续恶化，直到有一天晚上，因为害怕有人因为阿托克－索帕的死来找自己报仇，曼可逃出了自己的住处，跑到阿尔马格罗的宫殿里，祈求经验丰富的征服者把自己藏到他的卧室里。当支持曼可敌对一派的西班牙人听说曼可已经实质上抛弃了自己的宫殿之后，他们组成了“一只吵吵闹闹的队伍前往曼可的住处，将那里洗劫一空，还造成了很多损坏，谁也阻止不了他们”。[9]有些人说曼可因为太害怕被谋杀，当天夜里真的是蜷缩在阿尔马格罗的床下过夜的。

1535年7月2日，迭戈·德·阿尔马格罗带着五百七十名西班牙骑兵和步兵，还有一万两千名印加脚夫启程离开了库斯科。他的目标是探索并征服印加帝国的南部地区，他很快就会成为那里的总督。作为友谊的表示，曼可不仅为他提供了这些脚夫，而且还派遣帕鲁和他的大祭司（Villac Umu）陪同前往——这两个人显然都是受到南方各地印第安人首领广泛支持的。总督弗朗西斯科·皮萨罗和许多西班牙“受封人”都来给探险队伍送行，可能他们心里都认为这次大家就是彻底地分道扬镳、后会无期了。当“受封人”穿着精致的长袜，戴着有羽毛装饰的帽子站在宽阔的广场上时，阿尔马格罗的手下则戴着尖尖的高顶头盔，穿着破损不全的铠甲，举着被仔细打磨锋利的长剑和长矛。两个曾经的合伙人彼此道别并祝好，然后阿尔马格罗就带着自己的队伍出了印加的都城，将这个碗状的山谷城市和山坡上的萨克萨瓦曼（Saqsaywaman）堡垒都抛在了身后。

阿尔马格罗的启程带走了库斯科城中绝大多数贫穷的西班牙人，剩下的就是当地居民和富有的西班牙“受封人”了。在这之后不久，皮萨罗也离开了库斯科，决心去继续建造海岸沿线的西班牙城市。秘鲁和西班牙终究是要靠水路连接的，而且，皮萨罗的王国要想继续出口那些贵金属生料来换取西班牙进口的加工产品的话，海岸边就必须有城市和港口。更何况，万一今后有需要的话，在岸边的聚居点城市更
172 容易通过船只来接受军事上的补给和增援。相较之下，像库斯科、豪哈和卡哈马卡这样位于内陆的城市，无论从军事上还是后勤上说都是孤立无援的。

库斯科的前任市长埃尔南多·德·索托此时也准备离开秘鲁了。他希望作为阿尔马格罗的副手陪同他一起进行探险活动的计划失败后，索托就带领着长长的驼队，满载着黄金和白银离开了库斯科，他的打算是等到有船了就返回西班牙。这位光彩照人的骑兵队长曾经带领西班牙人沿着安第斯山脉一路前行，如今他即将永远地离开秘鲁了。回到西班牙后，索托会利用他在印加帝国得到的财富为自己赢得一份去征服当时还没有多少人知晓的佛罗里达地区的授权。索托希望能在那里也找到并征服一个印第安人帝国，一个像科尔特斯和皮萨罗发现的这样的帝国，然后成为那里的总督。不过，八年之后，在相当于今天的佛罗里达州、南卡罗来纳州、田纳西州、亚拉巴马州、阿肯色州、俄克拉荷马州、佐治亚州和密西西比州游荡了三年之后，索托在极度贫困和精神失常的状态下死在了密西西比河河岸。他正是第一个发现

这条河的欧洲人。这个曾经和两位印加君主成为朋友的人，这个曾经在秘鲁大地上挥舞着长矛、驾驭着战马战斗过的人，这个在秘鲁拥有了自己想都不敢想的巨大财富的人，最终把自己交付给了自己发现的这条河流，河水温柔地将他形容憔悴、衣衫褴褛的尸体送到了下游，他去世时是四十二岁。

弗朗西斯科·皮萨罗、阿尔马格罗和索托都走了，大部分新来的西班牙人也走了，库斯科现在成了曼可·印加以及皮萨罗的两个年轻的弟弟——胡安和贡萨洛的天下。二十四岁的胡安·皮萨罗最著名的特点就是冲动、鲁莽，不过这并不影响他在那些平民征服者中的受欢迎程度。胡安是一名出色的骑兵，二十二岁就当上了队长，还曾经和索托一起作为先头部队的成员一路穿越安第斯山脉。现在索托和阿尔马格罗都不在了，弗朗西斯科于是任命胡安为库斯科的新“市长”（*corregidor*），负责管理这座城市。

比胡安小一岁，比弗朗西斯科小三十四岁的贡萨洛·皮萨罗是一个高大、优雅、蓄着黑色胡须、相貌极为出众，以爱好玩弄女人而出名的年轻人。二十三岁的他“是个合格的骑兵……枪法很准”，[10]16世纪的历史学家阿古斯丁·德·萨拉特（Agustín de Zárate）这样写道。虽然是个文盲，“但他可以清楚地表达自己的想法，只不过用语非常粗俗”。[11]贡 173
萨洛还有一个毛病，就是对待别的西班牙人时，态度非常极端，不是朋友的就一定是敌人，这样一个绝对没有半点益处的性格特征最终深刻地影响了皮萨罗家族和秘鲁的历史。此外，胡安是唯一一个被认为是慷慨大方的皮萨罗，而贡萨洛则是这个本来就有吝啬的坏名声的家族中最小气的那个。

库斯科现在被这两个年轻的皮萨罗控制着，他们都是喜欢挑起争端的人，再加上没有了弗朗西斯科·皮萨罗的有益影响，城中的西班牙人和印第安居民之间的关系迅速恶化了。在库斯科的西班牙居民都知道曼可的哥哥阿塔瓦尔帕曾经筹集起了数量惊人的财富，所以他们认定曼可一定也知道哪里能找到更多的金银财宝。他们很快就开始给年轻的君主施压让他老实交代。起初，曼可也尽力满足西班牙人所有的要求，给了他们一批又一批隐藏的金银小人像、雕塑和其他物品。可是他给得越多，西班牙人的叫嚣就越猖狂。“因为人的贪欲太大了，”曼可的儿子蒂图·库西后来评论说，“那些人被自己的欲望控制得如此之深……一个接一个地来纠缠我的父亲，想要从他那里得到比他们已经抢走的［更多的］黄金和白银。”[12]

然而，西班牙人并不是只对权力、地位和金银财富带来的舒适生活感兴趣，他们还要满足自己的性欲。事实上，西班牙人刚一到达秘鲁就开始迫切地追求印第安女子。由于印加和西班牙社会都有明确的贵族和平民之间的划分，所以很多西班牙人的领导者都坚持只选择印加皇室中的女性作为情妇。比如说，五十六岁的弗朗西斯科·皮萨罗一辈子都没有结婚，但是很快就把君主瓦伊纳·卡帕克的女儿收作情妇，并且给她取了个新名字叫伊内斯（Inés）。就连矮胖、丑陋、仅剩一只眼睛，已经五十九岁的阿尔马格罗也不甘落后，他的情妇是曼可·印加美丽的姐姐，同样拥有皇室血统的玛卡其波（Marcachimbo）。

> ［她］也是瓦伊纳·卡帕克的女儿，是曼可的姐
> 姐，如果她是个男子，印加帝国就该由她继承了。她把
> 隐藏在一个深坑里的许多金银餐具给了阿尔马格罗，这 174
> 些东西后来被熔成了八根银条，重约二万七千银马
> 克……她把坑里剩下的相当于一万两千卡斯蒂利亚币的
> 财富给了另一个队长。不过，这位可怜的女人并没有因
> 此而获得西班牙人的尊敬或宠爱。相反，因为姣好的容
> 貌和温柔的本性，她不但被反复羞辱，还染上了梅
> 毒……最后，她嫁给了一个西班牙人市民，感谢上帝她
> 去世的时候已经成为一位基督徒，而且一直都是一位好
> 妻子。[13]

鉴于这些特殊的印加女子都是未婚之人，她们成为西班牙人情妇这件事显然并没有让印加的精英阶层感到过分烦恼。但是当贡萨洛·皮萨罗开始盯上曼可·印加年轻美貌的妻子库拉·奥克罗（Cura Ocllo）时，这位二十三岁的皮萨罗很快就发现，自己的行为激起了整个印加社会的愤慨。由于他本人的鲁莽、自大，再加上秘鲁没有既存的法律或权威能够迫使他控制住自己古怪的冲动，贡萨洛的行为方式完全是为所欲为、无法无天。他对待曼可·印加和本地精英阶层的态度越来越轻蔑，坚持要求君主给他更多的金银，甚至要求君主放弃自己的妻子。当一个高级别的印加将军斥责了贡萨洛觊觎君主妻子的恶行时，贡萨洛转向将军，气得脸色通红，抓着自己的剑柄威胁要当场杀死这个将军。

> 是谁准许你对国王陛下的市长这样说话的？你难道不知道我们西班牙人是什么样的人吗？我以国王的性命发誓，如果你再不闭嘴，我就把你抓走，跟你和你的朋友玩一个让你铭记一辈子的游戏。我发誓如果你不闭嘴，我就要把你活着剖开，然后切成一块一块的。[14]

虽然农民阶级没有这样的特权，但是印加的贵族阶级是许可一夫多妻的。即便如此，每个君主、首领或贵族也还是要有一个“正室”。迎娶这个“正室”要举行婚礼，而且她的身份是永久性的。至于其他妻妾，则被统称为“侧室”。以君主为例，瓦伊纳·卡帕克的侧室有好几千人。只有正室
175 生的孩子才是血统最“纯正”的，也就是嫡出的，那些侧室生的孩子则都是庶出。印加最高级别的贵族是被许可和自己同父异母的姐妹结婚的，只有君主本人可以娶自己同父同母的亲姐妹。一旦成婚，君主的妻子就成了王后（*coya*），这样就保证了王室血脉的纯洁。因此，库拉·奥克罗不仅是曼可的正室，也是他的亲姐妹。所以帝国中的任何人，更不要说是一个外国人竟胆敢让君主放弃自己的妻子这件事在印加人看来是完全不可想象的。贡萨洛·皮萨罗这样做不仅震惊了印加的精英阶层，也震惊了曼可·印加本人。

不过，为了安抚强大的弗朗西斯科·皮萨罗的弟弟，曼可下令筹集一大批金银，并亲自送到了贡萨洛的宫殿里。“曼可·印加先生，”据说贡萨洛一边兴致高涨地审视着这

些财宝，一边不忘大声提醒道，“把王后带来吧。这些银子虽然很好，但是［她］才是我们真正想要的。”[15]

意识到贡萨洛是认真的之后，曼可绝望了。他已经因为藏在阿尔马格罗床下躲避暗杀而颜面尽失，他自己的宫殿也已经被抢劫一空，最近更是天天被西班牙人骚扰索要更多的金银。而现在，他竟然还被要求把自己既是妻子又是姐妹的王后送给一个狂妄自大的外国人。处于这般绝境中的曼可最终想到了一个看起来足够合理的解决办法：送给贡萨洛一个不是自己王后的美丽女人——一个比自己的王后还美丽的印加女子——怎么样？曼可的儿子蒂图·库西回忆说：

> 我的父亲看到他们是铁了心要抢王后，而他则没有其他办法再回避［他们的要求］，于是就给他们送去一名发型精致、衣着华丽、容貌也非常美丽的女子，希望以她代替他们一直要求的王后。西班牙人看到她之后却说她不是他们要求的王后……还说［曼可］应该快点把王后送来，不要再浪费他们的时间了。[16]

曼可仍然不愿就范，而是又挑选了二十名貌美的女子，
希望贡萨洛能从中选择一名，甚至几名也可以，这样就可以 176
忘掉他的妻子了。然而，贡萨洛完全没有表现出一点兴趣，反而更加强烈地表示非要霸占印加王后不可。曼可的绝望之情与日俱增，最后他把自己的另一个姐妹因吉尔（Inguill）送了过去，因吉尔和王后长得很像，还特意穿了和王后一样

的服装，梳着和王后一样的发型。曼可领着王后的最新替身去见西班牙人，还故意表现出一副因为被迫放弃自己的王后而沮丧伤心的样子。“西班牙人看到她走进来……如此高贵而美丽，兴奋地大喊大叫起来：‘没错，就是她。是王后，不是其他什么人。’”[17]

执着于霸占独一无二的印加王后的贡萨洛·皮萨罗此时根本无法控制自己的情绪。蒂图·库西这样描述当时的情景：

> “曼可·印加先生，如果你是要把她送给我，就马上给我吧，我多一分钟也等不了了。”我的父亲已经告诉了因吉尔要怎么做，于是他对西班牙人说：“恭喜，她是你的了，你想怎么样都可以。”［贡萨洛］走上前去，在所有人眼前，旁若无人地亲吻并拥抱了她，好像她是他的合法妻子一样……因吉尔因为被一个她完全不认识的陌生人拥抱而吓得魂不附体，像疯了一样地尖叫起来，说她宁可离家出走也不要面对这样的人……我的父亲看到她这么疯狂激烈地拒绝跟西班牙人走，意识到自己的自由能否保住就要看她是否顺从了。盛怒之下的父亲命令因吉尔服从西班牙人的要求，看到我的父亲如此生气，她服从了他的命令，不过完全是出于恐惧而非别的什么原因。[18]

不过，这样的骗局最终并没能维持多久。贡萨洛最终意识到自己被骗了，于是抛弃了曼可的姐妹，亲自去把曼可的妻子抓了来。“贡萨洛·皮萨罗……抓走了我妻子，”曼可事后愤恨地说道，“她现在［还］在他手里。”[19]

如果曼可对于自己为了成为印加君主究竟需要付出什么样的代价存有疑问的话，那么在大祭司意外返回库斯科之后这些疑问的答案就很明确了。曼可本来派大祭司陪着他的兄弟帕鲁一起随同阿尔马格罗向南探险。然而只过了三个月，大祭司就逃了回来，给曼可讲述了自己一路上目睹的那些恐 177
怖的故事。大祭司回忆说，无论他们到哪儿，西班牙人要做的就是找到所有的金银制品。如果当地的首领没有立刻满足他们的要求的话，就会受到极其残酷的对待。即便首领交出了金银，西班牙人也会强迫当地的村民作为仆人跟随探险队一起出发。“那些不愿跟随他们［西班牙人］前往的［印第安人］会被用绳子或链子绑着拖走”，[20]探险队中随行的年轻教士克里斯托瓦尔·德·莫利纳（Cristóbal de Molina）这样写道。

> 他们把印第安人的妻子、孩子都抓出来，看到美丽的女子就抢走作为私人女仆，当然也为他们做别的事……当母马生了小马驹的时候，他们就让印第安人用吊床或轿子抬着那些小马驹。有些西班牙人自己也会乘坐轿子作为一种消遣，而他们的马则牵在后面跟着走，所以很多马都长了不少肥膘。[21]

大祭司还解释说，就连曼可为阿尔马格罗提供的那些脚夫也经常会受到暴力对待。

> ［他们］整天都在工作，没有休息时间，也没有足够的食物，只能获得一点烤玉米和水，到了晚上还要像动物一样被关起来。在探险队里有一个西班牙人将十二个印第安人拴在同一条链子上，他还吹嘘说那些人最后都是死在这条链子上的，每当有一个印第安人死掉的时候，他们就直接砍下他的头，这样不但省得开锁，还可以吓唬吓唬其他的印第安人。要是某个可怜的印第安人生病或太累了，西班牙人就会轮流殴打他，直到把他打死为止。他们说一旦对一个人宽容了，所有人都会说自己病了或者累了。[22]

大祭司再也忍受不了自己看到的一切，他在相当于今天的玻利维亚南部的地方逃出了探险队，并迅速赶回了库斯科。那之后没多久，剩下的所有曼可派去陪同阿尔马格罗探险的仆人和脚夫也都抛弃了探险队伍，丢下西班牙人自生自
178 灭。不管怎样，阿尔马格罗和他的手下继续前行，一直走到了今天的智利境内。他们一路掠夺当地的乡村，屠杀所有拒绝他们要求的人。不过，西班牙人的队伍中很快也开始出现大量的死亡，一方面是因为他们行进的山区气候极为寒冷，另一方面是因为对他们敌意与日俱增的印第安人开始频繁向他们发动攻击。

除了大祭司生动的描述和曼可最近受到的羞辱，塔万廷苏尤各个地方也都开始传来关于西班牙人如何令人发指地虐待印第安人的汇报。家里有漂亮的姐妹、女儿或妻子的家庭现在不得不把她们都藏起来，以免被留着胡子的外国人发

现，“因为漂亮的女人都面临着危险，［哪怕］是有丈夫［在旁边］都逃不出西班牙人的魔爪，除非有奇迹发生”。[23] 西班牙人走到哪儿，哪儿的印第安人的怒火“就会越燃越烈，因为西班牙人单是逼迫印第安人为他们服务还不满足，还要把每个村镇都洗劫一空。在很多地方，印第安人都无法再忍受这样的对待，所以开始组织起义来保卫自己的家园。这些西班牙人对待印第安人的欺压已经太过火了”。[24]

大祭司回到库斯科后不久，就开始和其他高级别的印加贵族们一起举行秘密集会，并小心提防着不让西班牙人或他们在当地的间谍发现。私下里他们开始一起敦促曼可结束现在这样受欺压的状态，组织人民进行反击。他们辩驳说这些长着大胡子的外国人根本不是什么解放者，而是占领者。在库斯科的这些西班牙人其实只是取代了之前阿塔瓦尔帕的大军，无论被哪一拨占领者占领都是一样让人无法忍受的。“我们不能一辈子生活在这样的苦难中，更不能臣服于对待我们还不如对待他们的黑奴的西班牙人，”大祭司等人这样告诉曼可，“我们应当发动彻底的起义，为了我们的自由，我们的孩子和妻子，为了她们能不再像现在这样每天被抢走并侮辱，我们宁可献出生命也要抗争到底。”[25]

1535 年 11 月，也就是西班牙人占领库斯科刚过一年之后，曼可终于走到了一个转折点。起初他曾经希望借助这些留着胡子的“维拉科查”的力量，独立统治自己的帝国，毕竟他们的人数很少，要满足他们的需求应该没有什么难的。问题是，西班牙人的要求永无止境——连曼可自己的王后都被抢走了。事实上，随着时间的推移，任何人都能看出

来究竟是谁在真正进行统治，他们不仅统治了库斯科，还统
179 治着整个塔万廷苏尤。在南方，阿尔马格罗和他的手下洗劫了各个村庄。在海岸地区，曼可无疑也被告知，弗朗西斯科·皮萨罗正忙着在沙滩上为建立自己期盼中的一个个西班牙城市而圈地划界。在北方，皮萨罗的一个队长塞瓦斯蒂安·德·贝纳尔卡萨征服并蹂躏了本来由曼可的哥哥阿塔瓦尔帕控制的地区。即便是在库斯科这个帝国的核心城市中，也有西班牙的“受封人”每天在叫嚣着要印第安人缴纳更多的供奉，然而他们自己没有向人民做出任何回报。

曼可越想越觉得自己过去实在是太天真了。无论是皮萨罗、阿尔马格罗还是索托说的那些关于把印加人民的自由还给印加人民，以及他们所谓的兄弟情谊和友谊显然都是假的。这些“维拉科查”根本不是来帮助曼可以及瓦斯卡尔一派夺回王位的，相反，他们来是要亲自统治塔万廷苏尤的。他们只是哄骗了曼可来帮助他们实现自己的目的而已。

曼可此时的顿悟无疑还被眼睁睁看着贡萨洛·皮萨罗拽走自己满脸泪水的妻子的情景放大了。他自己的处境终于明明白白地摆在了他的眼前，像城市中用石头砌出的水渠中流淌的冷冽水流一样清澈见底，像从高处眺望被白雪覆盖、在阳光下熠熠生辉的雪山一样一览无遗。在某个时候，曼可一定是意识到了如果他选择和西班牙人作战，实质上等于是要恢复阿塔瓦尔帕的将军基斯基斯或卢米纳比前不久还在进行的抵抗战争，而自己竟然至少协助西班牙人摧毁了他们其中之一。对于年轻的君主来说，这样的醒悟是巨大的，也是令他痛心的。不过，伴随着他的新认知而来的还有一个渐渐形

成的决定，那就是他再也不会相信西班牙人说的话。基督徒们的言辞显然就是专门用来转移重点、掩盖真相的。

1535 年 11 月初，曼可 · 印加朝着起义的方向迈出了坚实的第一步，他秘密地召集帝国的四个组成部分——孔蒂苏尤、安蒂苏尤、科利亚苏尤和钦察苏尤的首领和官员举行了一次会议。他的将军们和大祭司也出席了，时年二十岁的曼可在印加精英阶层最核心的集团面前进行了一次演讲。这也是年轻的君主在其执政生涯中的一个重要转折点。

“我命人请你们来，就是为了当着所有亲属和在座人员
的面告诉你们，我对于这些外国人打算对我们做的事持一个
什么样的态度。”曼可当时肯定佩戴着巨大的黄金耳饰，穿 180
着柔软的小羊驼毛纺织出来的长袍，头上戴着垂到前额上的
皇家流苏，他继续说道：

> 在有更多的［西班牙人］来到这里之前，我们应该及时处理好一些事情，这样才能让大家普遍受益。要记住是印加人，还有我现在在天上和太阳一起生活的祖先们统治了从基多到智利的广大领土，他们为那些愿意成为他们臣民的人们做了很多，还把他们视为自己亲生的孩子一般。除非出于公平正义，他们从来没有劫掠或杀害过［任何人］，他们把你们［熟知］的各个地方变成了有序、明理的地方。富有的人没有作威作福，贫穷的人也没有缺吃少穿，［相反］人们享受到了安宁和长久的和平。
>
> 因为我们罪孽深重，不配由这样的明主统治，所以这群留着胡子的人才从遥远的地方来到了我们的领地。

> 他们口中说着一套，行动上却做着另一套，［无论］他们给过我们怎样的告诫，他们自己做的却是完全相反的。他们不敬畏［太阳］神，没有羞耻心，把我们当狗一般对待，我们不能容忍他们这样侮辱我们。他们的贪欲无穷无尽，所有的神庙和宫殿都被他们洗劫了。恐怕把［雪山上］所有的白雪都变成黄金和白银也［仍然］满足不了这些人。[26]

曼可讲话的时候，带着兵器的印第安人侍卫就从门洞里向外观望放风，在座的印加领袖们偶尔会交换一下眼神，然后又重新看向年轻的君主。在此之前，可能从没有人听过曼可这样情绪高昂、思路清晰地表述自己的想法。曼可接着说道：

> 他们把我父亲的女儿、其他女士，也包括你们的姐妹、亲属抓走做情妇，像禽兽一样满足自己的需要。他们打算、其实是［已经］开始把各个地区在他们自己人之间进行分配，然后以领主的身份肆意蹂躏当地的百姓。他们想让我们永远顺从地做他们的奴隶，给他们寻找金属，把我们的妇女和牲口供给他们享用。此外，他们还拉拢了亚纳库纳（yanaconas）和米特玛科纳移民（mitmaqkuna）为他们所用。这些［印第安人］叛徒本
> 181 来是不能穿着华服，佩戴拉图（llautu）① 头饰的。现

① 拉图（llautu）是一种把很多编织起来的小辫子缠绕在头上的头饰。只有印加的贵族或皇室才有资格佩戴华丽的拉图头饰。

> 在他们加入了那些外国人的队伍，就表现得好像他们都是印加［首领］一样，过不了多久，他们就会来抢我的［皇室］流苏了。他们见到我也不表示敬意，说话粗鲁无礼，这都是从和他们勾结在一起的窃贼们那里学来的。[27]

曼可提到的亚纳库纳是印第安人当中一个独立的阶级，他们终生都是印加精英阶层的仆人。亚纳库纳不种地，因此被视为没有根基的人，属于无产阶级；很多亚纳库纳从一开始就投靠了西班牙人，给他们做仆人，有时也做备用的打手或间谍。更让曼可一提起来就咬牙切齿的米特玛［*mitmaes*，即米特玛科纳（*mitmaqcuna*）移民的简称］指的是曾经叛乱的印第安人，印加人把他们从自己的故乡赶走，强行重新安置到有忠于帝国的农民围绕着的地方定居。所以他们很快就投靠了西班牙人这一点没什么可奇怪的。曼可接着说道：

> 他们这样对我们有什么道理和理由？天知道这些基督徒还会干出什么事来！我问你们，我们以前见过他们吗？我们欠他们什么？我们伤害过他们任何一个人吗？那么他们凭什么骑着战马，举着钢铁制造的武器，无端挑起一场如此残酷的战争呢？他们无凭无据地就处死了阿塔瓦尔帕，他们同样处死了他的将军查尔库奇马，他们还在基多烧死了卢米纳比和祖佩－祖帕瓦（Zope-Zopahua），让他们的灵魂随着肉体一起被焚烧殆尽，永远无法进入［印加的］天堂。在我看来，如果我们就

> 这么继续忍耐下去，那么我们就不是公平的、正直的人。我们应当下定最大的决心进行反击，哪怕是战斗到只剩最后一个人，也要杀死这些残酷的敌人。[28]

曼可说，他们不能继续做卖国贼，而是要做抗击侵略者的领袖，他们再也不会听命于那些从海的另一边来到这里的留着胡子的外国人，他们誓死也要夺回对于自己祖先建立起来的这片领地的控制权。

考虑到西班牙人肯定会发现他们召开秘密会议的事，所
182 以当天晚上，曼可就悄悄地逃出了库斯科。在安第斯山脉冰冷刺骨的寒夜里，曼可带着自己的几个妻妾、一些贴身仆从，以及一些贵族和首领们一起逃走了。他此时已经下定决心要反抗，要向西班牙人宣战，为此付出多大的代价都在所不惜。被他抛在身后的是安逸但毫无前途的傀儡君主的生活，摆在他面前的是独立自主的印加君主为将野蛮的外国侵略者赶出自己的国家而战斗的充满风险的人生。当曼可在夜色的掩护下迅速离开库斯科的时候，他无疑已经下定决心：他日自己重返库斯科之时，定要带领着一支能够打败敌人的大军前来，彻底消灭这些西班牙人。

“曼可·印加……向从基多到智利的各个地区都派出了信差，”西班牙编年史作者马丁·德·穆鲁亚（Martín de Murúa）写道，“命令印第安人在未来的四个月内择日起义，团结起来抗击西班牙侵略者。他们的任务是杀死所有入侵者，一个不留，包括那些跟随着西班牙人前来的黑人［奴隶］和大批的尼加拉瓜印第安人［奴隶］……因为只有这

样，他们才能把自己从压迫中彻底解放出来。”[29]

不过，虽然曼可已经尽量提防，但还是有奸细混进了这次秘密举行的会议，并且马上向胡安·皮萨罗汇报了君主发表起义演讲的事。年轻的市长立即冲到了曼可的住处，没有找到他，于是就发出了警报。很快他和他的弟弟贡萨洛就带领着一队骑兵整装出发，冲进了“寒冷、漆黑、令人恐惧的”[30]夜色中。

西班牙人沿着向南通往科拉奥（Collao）的石板路追赶了几英里，科拉奥位于库斯科以南、广阔的宝石一般的的喀喀湖以北。西班牙人赶上了曼可的一些随从，他们一动不动地站在道路两边，成了一个个黑黢黢的人影，只有头顶被天空中闪耀的银河照亮了一些。西班牙人要求他们说出君主的去向，这些印加贵族选择了撒谎，暗示君主朝某个方向去了，而实际上他走的是另一个方向。贡萨洛按照他们说的追了一段之后没有发现君主的影子，很快又抓住了另一名印加贵族，要求他交代君主的去向。当这个贵族拒绝之后，贡萨洛“下了马，在其他几个人的帮助下，把绳子系在这个贵族的生殖器上并对他进行折磨，这个可怜的‘大耳朵’忍不住大声地惨叫，最终说出印加［君主］没有走这条大 183
路”。[31]西班牙人于是迅速纠正了自己的错误，朝着相反的方向疾驰而去。

曼可此时还是坐在印第安人轿夫抬着的皇室轿子上行进的，当他和他的随从确认远处传来的就是飞奔的马蹄声时，年轻的君主意识到自己被出卖了。

> [曼可]害怕被敌人抓住，口中不免对那些告诉西班牙人自己行踪的人诅咒连连……他满心恐惧地下了[轿]，躲进了路边的矮树丛里。西班牙人[追了上来]并大声地叫嚷着让他束手就擒。[很快]一个骑兵朝着他躲避的地方走去。曼可相信自己已经被发现了，于是走了出来，表明了自己的身份，让西班牙人不要杀他。他还撒了一个大谎，说[是迭戈·德·]阿尔马格罗派人给他送信，让自己追随他去[智利]。[32]

皮萨罗家的两个兄弟根本不相信曼可的话，他们只是庆幸自己在君主能够组织起义活动之前抓住了他。这两个人马上将曼可押送回库斯科，然后锁进了一个房间里——就像三年前他们囚禁阿塔瓦尔帕时一样。公开抢走了曼可的妻子并与她同床共枕的贡萨洛·皮萨罗现在又来监督将曼可最后仅剩的一点表面上的权力象征也全都剥夺的工作。“贡萨洛·皮萨罗命令[手下]拿来铁链和脚镣，”蒂图·库西回忆道，“随心所欲地将我的父亲囚禁起来……不但在他的脖子上缠上铁链，还给他铐上了脚镣。”[33]

此时曼可已经变成了阶下囚，库斯科的西班牙人再也不必伪装对君主的敬意了。胡安和贡萨洛两兄弟尤其冷血，他们威胁曼可如果他不马上交出更多的金银，下场将比现在还要凄惨。后来有人引用了曼可的原话：

> 我给了胡安·皮萨罗一千三百块金砖和两千个黄金制品，包括手镯、杯子和其他小物件。我还给了他七个

> 黄金和白银的大水罐……他们对我说："印第安狗，给我们黄金，否则我们就烧死你。"……他们辱骂我，说他们要烧死我……我［这么说］绝对不是在撒谎：比 184
> 起他们从我这里抢走的黄金，更让我决心反抗的原因是他们加诸我身上的侮辱和虐待，是因为他们辱骂我为狗，击打我的脸，还抢走了我的妻妾们以及我用来耕作的田地。[34]

即便是收到了曼可的新礼物之后，西班牙人仍不满足：没有了任何约束，他们变得更加肆无忌惮，无论是对曼可还是对于城中的其他印第安人都越来越暴虐，贵族抑或平民，概莫能外。西班牙人也不再掩饰谁是真正的统治者，不再掩饰摆在塔万廷苏尤人民眼前的是怎样的未来。据蒂图·库西说，曼可在被关押期间还曾试图与西班牙人讲道理，想要提醒他们之前自己为他们做过多少事。

> 我对你们还不够好吗？你们为什么要这样对我，还把我像条狗一样地拴起来？你们就这么报答我帮助你们在我的土地上站稳脚跟的恩德吗？……你们真的是如别人说的那样，由［创世之神］维拉科查（Tecsi Viracochan）派来的吗？你们这样欺凌一心善待你们的人，所以你们绝不可能是神的儿子……我们不是已经把大批的金银送到了卡哈马卡城吗？你们不是已经从我的哥哥阿塔瓦尔帕手中抢走了我和我的祖先所有的财富了吗？你们想要的这座城里有的一切我不是也都已经给你

> 们了吗？……难道不是我帮助了你们和你们的孩子们，还让整个帝国向你们进贡吗？你们还想让我怎样做？你们自己评判一下我有没有资格抱怨……我告诉你们，你们这样对待我足以证明你们根本不是维拉科查，你们就是魔鬼。[35]

西班牙人无视曼可的抱怨，继续用铁链锁着他，因为他们确信一旦曼可获得自由，他一定会马上鼓动整个国家反抗西班牙人的统治。他们这样告诉他：

> 听着，［曼可·］印加，现在寻找借口对你不会有一点好处……我们确信你想要鼓动这个国家造反。……他们告诉我们你想要杀死我们，就因为这个
> 185 我们才囚禁你。如果你真的没想过造反的话，就不要抱怨，给我们更多的金银，我们来这儿就是为了找那个的。给我们金银，我们就放了你。[36]

最后，曼可无疑明白了自己做什么都没用。无论他给西班牙人多少金银，他们仍然会想要更多。无论他给不给西班牙人财富、妻子或是他们想要的任何东西，他们对待他的态度仍然只可能是一天不如一天。如果曼可以前还对这些囚禁自己的人抱有什么幻想的话，那些幻想到此时也都已经彻底破灭了。曼可终于看清了西班牙人的真实面目——这些虚假的维拉科查唯一的目的就是抢劫和掠夺由他祖先建立起来的这个帝国的一切财富。

“他们抢劫、偷盗了他［曼可］拥有的一切，所以他现在一无所有了，”年轻的西班牙教士克里斯托瓦尔·德·莫利纳写道，“他们这次囚禁他的时间很长，日夜派人看守，而且对他百般侮辱，朝他身上撒尿，还占有他的妻妾。这一切令他非常懊丧。”[37]

当曼可作为囚徒受到侮辱和虐待的时候，其他参加秘密集会的印加首领们大多在他被捕的当晚成功逃出了库斯科。在那之后，他们几乎是立刻就分散到了各地的乡村里，将曼可的命令广泛传达了出去，让所有人都开始为起义进行准备。在印加的政府体系中，每个地区的官员都可以号令他们下一级的地方首领（库拉卡），地方首领则可以号令受自己管理的几百户到几万户不等的印加家庭中的平民。只要这种“君主—地区阿普—库拉卡—平民”的印加指挥链条还能正常发挥作用，曼可就还掌握着对自己的国民的实质性控制。就像一部好几年没有运行过的巨大机器一样，组成印加帝国的无数社会齿轮此时又开始嘎吱嘎吱地慢慢转动起来。虽然近期的这些事件造成了很多困惑，但还是有不少地区响应了君主简单而有力的指令：做好准备——向入侵者发起反击的时候到了。

在曼可被捕当晚成功出逃的人员之中，最重要的一个要数曼可的叔叔蒂索将军（General Tiso）。他是瓦伊纳·卡帕克手下的将军中唯一幸存的，也是非常有能力的一位。蒂索 186
将军立刻前往了北方大约两百英里之外的豪哈城附近山区，当初基斯基斯将军撤退回到厄瓜多尔之前就是在这里与西班牙人交战的。蒂索将军于是开始在那里的塔尔马（Tarma）

和邦邦（Bombóm）地区组织起义。出席了曼可会议的各位来自科拉奥的首领也回到各自的地区并开始组织类似的起义活动。印加的领导者们此时已经从过往的经验里总结出一点：要在西班牙人全副武装摆好阵型作战时杀死他们是很难的，但如果是在西班牙人单独进入边远地区的情况下，杀掉他们就容易多了，尤其是趁西班牙人到自己的封地里视察和催收进贡的时候。

在1535年11～12月，在科拉奥南部地区一些相对偏僻的封地里，印第安人成功杀死了两个“受封人”——马丁·多明格斯（Martín Domínguez）和佩德罗·马丁·德·莫格尔。后者曾经是个不识字的水手，他在俘虏阿塔瓦尔帕时就在卡哈马卡城了，还是第一批进入库斯科的三个欧洲人之一，他当时是被皮萨罗派遣前去监督筹集阿塔瓦尔帕的赎金的。莫格尔后来又分享了库斯科的财富，还是因为选择永久留在库斯科而获得“委托权”的八十八个“受封人”之一，他的封地就在科拉奥地区。莫格尔显然对于乡村涌动的革命暗潮一无所知，来到秘鲁三年之后，已经变得非常富有的“受封人”选择在此时出门视察自己的产业。那里的印第安人很可能是用狼牙棒上铜质或石头做成的尖头敲碎了他的脑袋。莫格尔的新大陆之旅就这么突然地以脑浆崩裂终结了，这段经历中最风光的时刻无疑是他坐在皇室的轿子上，从卡哈马卡城被一路抬到库斯科的那段旅程。

莫格尔和多明格斯在科拉奥被成功杀死后，印第安人很快就开始以类似的方式要了更多西班牙人的命。他们选择在

“受封人”离开城镇独自行进时对他们进行伏击。在库斯科西南被称作孔蒂苏尤的地区是一片有很多巨大且常年积雪的山峰的地方，当地的印第安人很快就突袭并杀死了一个名叫胡安·贝塞里尔（Juan Becerril）的征服者。后者虽然没有参加过卡哈马卡城的屠杀和分赃，但是仅凭在库斯科分得的黄金和白银也已经足够富有了。在这之后不久， 187
某个地区的一个库拉卡告诉西班牙人西蒙·苏亚雷斯（Simón Suárez），他封地里的印第安人已经给他准备好了“贡品”，请他前去领取。苏亚雷斯真的去了，于是他也被伏击并杀死了。

在一段相对不长的时间里，在秘鲁中部到南部的一些偏远地区里，印第安人起义团体持续实施这种等待或引诱没有疑心的西班牙人远离安全的城市，然后伏击并杀死他们的策略。实际上，在曼可的第一次秘密会议之后，印第安人起义者总共杀死了三十多名西班牙人——这个数字比此前三年的整个征服活动中死去的西班牙人的总和还要多。

1536年1月，当皮萨罗家两个年纪最小的弟弟出门去平息此时出现的不计其数的起义运动的星星之火时，三十四岁的埃尔南多·皮萨罗在离开秘鲁两年之后终于返回了库斯科。作为皮萨罗家排行第二的兄弟，埃尔南多之前护送国王的财富从卡哈马卡城返回西班牙了。埃尔南多个子很高，蓄着浓密的络腮胡，身材健硕，极端自私，而且对权力过分着迷。埃尔南多把皮萨罗家族从阿塔瓦尔帕的财富中获得的份额中的大部分带回了西班牙，并在那里进行了疯狂的投资，购买了皇家国库债券、各种带息年金，还有大量以土地、建筑和房屋为形式的不动产，特别是位于皮萨罗的家乡特鲁希略城中或附近的大片地产。

埃尔南多到巴利亚多利德的宫廷之上觐见国王时和后者进行了一次颇有技巧的谈判。结果查理国王许可皮萨罗兄弟可以免税运输两百个黑人奴隶到秘鲁的矿场里工作，可以引进四名白人女奴，可免税私人进口货物到秘鲁。同时，皮萨罗有权为秘鲁的每个城市议会任命三名终身任职的委员，这样就保证了皮萨罗家族在那里享有持续的政治统治力。[38]埃尔南多当然也不忘趁机为自己谋求各种利益，他向国王请求并最终获封为圣地亚哥骑士团骑士。除此之外，他还试图阻止国王授予他哥哥的前合伙人迭戈·德·阿尔马格罗总督的身份，不过这样的努力显然未能成功。

埃尔南多和国王之间的协商是一种再清楚不过的相互利
188 用。国王想要的是确保之前承诺给自己的利益能够继续从秘鲁源源不断地送回西班牙。作为交换，皮萨罗一家渴望获得社会地位的提升，以及保有能够继续控制和掠夺这个由他们征服的广大帝国的权利。签订这样一个让皮萨罗家和皇室都受益的法律框架协议对于查理国王来说再满意不过了。

返回秘鲁之后，埃尔南多从海岸边直奔库斯科去了。埃尔南多还从没去过印加帝国的首都，因为两年前他是直接从卡哈马卡启程返回西班牙的，因此没有参与随后的占领这个城市的军事活动。这趟归国之旅虽然大幅地提升了他自己的社会地位以及他哥哥对秘鲁的整体政治掌控力，但是埃尔南多此时才得知自己错过了瓜分库斯科金银财宝的机会，据说那里的利益一点也不比卡哈马卡城的少。埃尔南多也错过了分配“委托权”的机会，不过作为总督的弟弟，他相信自己最终肯定会得到封地的。即便如此，埃尔南多还是下定决心要弥补他损失的这两年时间，也就是说他现在更要尽己所能地加紧聚敛更多的黄金白银。

埃尔南多抵达库斯科后做的第一件事就是去探望被他弟弟们囚禁的，还被用铁链拷住的统治者曼可·印加。埃尔南多马上下令将曼可释放，并就他受到的无礼对待向君主道歉。之后不久，埃尔南多又开始定期邀请年轻的君主一起用餐。他尽己所能拉近自己和君主的关系，无非是因为相信后者一定还知道更多印加财富的藏匿之地。

埃尔南多这样友善地对待曼可自然主要是为了满足他的个人贪欲，但同时也是为了遵从西班牙国王的意愿。查理国王已经明确地告诉埃尔南多，他希望把曼可·印加视为一个国家的统治者并给予他相应的礼遇，尤其是在国王听说曼可最近协助了西班牙人来平定这个国家之后。国王最殷切的希望就是在征服秘鲁后尽快巩固对那里的统治并保证当地的稳定；只有当新殖民地的政治形式稳定下来之后，从该地区向西班牙运输财富才能更加有效地展开。如果新的印加君主能 189
够帮助他们实现这个目标的话，国王愿意给予他充分的回报。年轻的皮萨罗兄弟及在库斯科的其他西班牙人对待曼可的方式与国王的命令显然是背道而驰的。

埃尔南多回来之后不久，胡安和贡萨洛也返回了城中。他们热情地欢迎了自己的哥哥，然后向他汇报了最近在乡下突然出现的各种各样让人不安的起义兆头，还有被杀死的西班牙人的数量，以及他们为了惩处责任人而进行的工作。可是，当听说埃尔南多已经将曼可·印加释放之后，他们立刻变得非常不快。埃尔南多为什么要放走一个显然是在暗中煽动叛乱的印第安人君主，更何况这个君主随时可能逃出城市去领导一场起义？

埃尔南多毫不理会两个弟弟的担忧。他解释说，曼可已经向他保证自己绝对没有发起叛乱的意图，还发誓忠于皮萨罗家族，永远做他们的朋友，并承诺要给他们更多的黄金和白银。埃尔南多看不出有什么理由要怀疑他。

然而实际情况与埃尔南多的想法当然是完全相反的。自从埃尔南多释放了曼可之后，曼可就一直在秘密地接收各种为最终的起义做准备的进展报告。零星的起义仍然时有发生，同时曼可也在继续计划如何集结一支大军及如何组织一场大规模的印第安人起义。实际上，从曼可还被囚禁之时起，他的大祭司就已经开始在印加各个地区组建印加军队了。如今曼可重获自由，可以继续和大祭司一起策划起义活动，并且想办法让整个征兵过程躲过了西班牙人的视线。当地的密探给曼可送来了关于弗朗西斯科·皮萨罗还在忙于监督建造海岸边的新城镇，迭戈·德·阿尔马格罗和他的队伍也还在南部很远的地方的消息。现在曼可要做的就是等待安第斯山脉的雨季结束，之后他就可以发动大规模的起义了。

在印加人的鲁纳斯密语中，2 月是“哈图恩普库伊”（*hatun pucuy*），意思是“成熟的季节”，因为在这个月份里，玉米普遍开始成熟。3 月是“帕卡普库伊”（*paca pucuy*），意思是“土地适宜”，每到这个时候，人们就可以播种新的玉米种子了。4 月是“阿依里瓦”（*ayrihua*），在这个月份里人们要杀掉十五只美洲驼，为的是纪念美洲驼第一次出现 190
在世上的日子。就这样，2 月变成了3 月，3 月变成了4 月，太阳直射点一天天向北转移，远离了南半球，安第斯山脉上的雨水也开始停歇了。仔细追踪着太阳神足迹的曼可·印加仍然经常和埃尔南多·皮萨罗一起吃饭，同时伪装出感激和友善的样子。到了4 月初，当埃尔南多和曼可一起吃饭的时候，大批的印加勇士们已经开始沿着山上的通道，从各个方向悄悄地向着印加首都逼近了；当埃尔南多和曼可举杯对饮的时候，高原上山谷之中的印第安兵士们已经暗自从战略性分布在帝国各处的仓库中凑齐了无数棍棒、投石索、飞镖抓手、盾牌，甚至是弓箭等武器。响应君主号召前来参战的印第安人实在太多了，所以如果有人往某个河谷谷底望去，有时会发现那里就像爬满了蚂蚁的巨型地毯。

随着勇士们越来越逼近首都，曼可逃出城的时机终于来临了。印第安人军队逼近的消息很快就会传出来，他彻底并公开地统领这场不断发展壮大的起义的时候也到了。曼可已经给了埃尔南多·皮萨罗不少隐藏的黄金和白银，此时他向埃尔南多提出了一个请求作为回报：他和大祭司想要前往库斯科以北大约十五英里之外的尤卡伊河谷（Yucay Valley）。他们将在那里为曼可的父亲瓦伊纳·卡帕克举行一场十分重要的宗教仪式。曼可解释说这是因为他父亲的木乃伊就安放在那附近的山峰上。如果埃尔南多允许他前往，他承诺会给他带回一个本来属于他父亲的真人大小的金银雕塑。总是迫切地想要获得更多财富的埃尔南多痛快地答应了曼可的请求，准许他们两个人前往。

1536 年 4 月 18 日，二十岁的印加帝国君主和他的大祭司一起离开库斯科，坐在抬得高高的皇室轿子上，朝着尤卡伊河谷的方向去了。他们离开后不久，胡安和贡萨洛、一些亚纳库纳（即没有土地的印加无产阶级劳动者），甚至还有一些与曼可不和的贵族亲友们就共同组成了一个代表团来到埃尔南多·皮萨罗的宫殿里。他们告诉埃尔南多，他犯了一个天大的错误，市长应该马上派人把印加君主抓回来，否则，待他回来的时候恐怕就不仅仅是两个人，而是领着一支
191 敌对的大军了。埃尔南多其实是皮萨罗家几个兄弟中唯一一个接受过正规军事训练的人，他曾经作为队长和他父亲一起参加了西班牙和法国之间的纳瓦拉之战（Navarre）。[39]此时，埃尔南多对于所有人的担忧仍然不予理会，还自信满满地说曼可一定会像他承诺的那样按时返回的。扫视着代表团成员们一张张忧心忡忡的脸，埃尔南多嘲笑他们不过是庸人自扰，不如都放心地回家去吧——曼可一定会信守承诺的。

两天之后，一个来到库斯科的西班牙人说他意外地遇到了进入卡尔卡山谷（Calca Valley）并朝着距离库斯科大约十五里格（五十英里）之外的拉雷斯（Lares）前进的曼可和大祭司。这个西班牙人问君主要去哪里的时候，君主回答自己要去取一些黄金。埃尔南多觉得这个说法完全合情合理：曼可答应要给他带回来一个真人大小的金银雕塑。他再

一次告诉自己的两个弟弟和全体库斯科市民这没有什么可担心的。可是，又过了几天还不见君主的影子之后，城中的恐惧气氛越来越浓重：一拨拨西班牙人开始聚集在街道上，总是战战兢兢地遥望着远山的方向。

直到复活节前夜，终于传来了有人看到曼可·印加和一大群印第安首领出现在拉雷斯地区崎岖不平的山区中的消息。西班牙人被告知印加君主显然是秘密地召集了帝国各部分的首领和军事领袖进行集会。与此同时，一些在秘鲁其他地方行路时目击了令人不安景象的人也都马上赶到库斯科，汇报关于大批全副武装的勇士正朝库斯科行军的情况。包括受到了责备的埃尔南多·皮萨罗在内的所有人此时都已经看清曼可·印加是真的起义了。据皮萨罗的亲戚佩德罗回忆说：

> 曼可·印加以安第斯山脉为根据地，那里地域范围广大，山路崎岖不平，还有很多险峻的关卡，马匹根本无法前往。他从那里向各地派遣高级别的将领，为的是让他们到各地召集印第安人加入他们的战争，动员他们一起来库斯科围城并杀死城里所有的西班牙人。[40]

身为伟大的瓦伊纳·卡帕克的儿子，也是建立了这个帝 192
国的帕查库提玄孙①的曼可·印加，在做了两年多傀儡君主

① 曼可·印加应当是帕查库提的曾孙，几位主要君主的顺序是帕查库提—图帕克·印加—瓦伊纳·卡帕克—曼可·印加，疑似笔误。——译者注

之后，终于向西班牙人宣战了。他已经不再需要进行任何掩饰和隐蔽，可以自由地、公开地投入到与留着胡子的外国人的战争中了。曼可·印加誓要将这些从海的另一边来到这里并厚颜无耻地入侵他的国家的人全部消灭。

第九章　伟大的起义 193

我们必须迫使在秘鲁的西班牙人控制自己对待印第安人时傲慢和冷酷的态度。设想如果我们派人到西班牙去，没收当地人的财产，强占他们的妻女，惩罚所有的男性并给他们猪狗不如的待遇，结果会是怎样一番景象？那时西班牙人会怎么做？就算他们打算无奈地忍受命运的不公，仍然难免被随便逮捕或被捆在柱子上鞭打的可能。如果他们试图起义或杀死压迫者，则100%会被送上绞刑架。[1]

——费利佩·瓦曼·波马·德·阿亚拉，

《给国王的信》，约1616年

［起义］军队的人数太多了，占满了整片大地。白天看，像是有人在库斯科城外铺展了一块半里格宽的黑布；晚上看，数不清的营火就像是无云的天空中闪耀的群星。[2]

——佩德罗·皮萨罗，《记叙》，1571年最有可能成功的行动就是将敌人完全蒙在鼓里，直到时机成熟才趁其不备一击致命的行动。[3]

——尼科洛·马基亚维利，《战争艺术》，1521 年

当曼可·印加和大祭司乘坐着他们的皇室轿子抵达印加城镇拉雷斯的时候，曼可满意地发现来自塔万廷苏尤各地的首领和贵族们都已经响应他在秘密会议上发出的号召而聚集
195 于此了。帝国四个部分都派遣了各自的代表，在场的除了仆从之外，大多数人都佩戴着巨大的金银耳饰，因为他们几乎全是印加最高级别的贵族。还有几个人穿着特别编织的加了金线银线的羊驼毛斗篷——这样的服饰就相当于一种荣誉奖章，是由曾经的君主颁发给做出功绩的下属的嘉奖。此时在这样一个距离库斯科大约三十英里的小镇里，聚集了大部分统治秘鲁的精英，他们就是组成印加人用来统治一千万平民的统治体系中那些位阶最高的个体。

不过，在场的人也都意识到，帝国某些地区的代表并没有出现在这里，包括北方一些地区的查查波亚人（Chachapoyas）和卡纳里人（Cañari），以及海岸地区各民族的许多代表。这说明他们要么是趁机脱离了帝国的统治并与西班牙人结盟，要么是决定保持中立，不愿提供任何协助。考虑到不久之前内战的历史及对该地区的镇压行动，分布在今天的厄瓜多尔境内的许多印第安人群体自然也不会派遣代表。出于各种现实目的，最北方的那些地区已经脱离了帝国，就像是从印加这个完整的政治体上被截肢了一样。如果把剩下的帝国看作一条由不同民族代表的布料松散拼接缝

印第安勇士与骑着马的西班牙人战斗。

制的大被子，那么现在已经有好几块布料彻底缺失了，曼可要做的就是凭借自己的权力和威信，尽最大的努力把这条被子重新缝起来。君主打算利用所有他能够利用的力量来终结西班牙人的存在；在那之后，他也决不会放过那些和西班牙人沆瀣一气的民族。

贵族们在房间里随意走动，彼此交谈，还有仆人从旁侍候，直到曼可准备好向所有人宣布他的新战略——一个与过去两年中他下达的所有命令都截然相反的新战略。对于曼可来说非常重要的一点是帝国军队中最优秀的将领都到场了，包括蒂索将军和基佐·尤潘基将军（Quizo Yupanqui），随同他们一起前来的还有几个高级别军官，包括曼可的亲戚伊拉·图帕克（Illa Tupac）和普尤·比尔卡（Puyu Vilca）。在场的还有大祭司，他将和曼可共同担任印加军队的最高指挥官。以上就是所有集结到他面前的印加军事领导层，这些人都将在接下来的军事行动中发挥重要的作用。

远处是神圣的有白雪覆盖着山顶的坎查坎查山口（Canchacanchajasa）和瓦曼丘奇山（Huamanchoque），眼前是聚集到此的人群，曼可最终从自己的矮凳上站了起来，准
196 备向众人发表讲话。所有清瘦、棕色皮肤的脸庞全都转向了年轻的君主，之前的谈话声全部消失了，每个人都在凝神静听，他们金质的耳饰反射着太阳神因蒂（Inti）的耀眼光芒。自从成为君主以来，曼可至今才算摆脱了西班牙人的控制，能够真正自主地下达命令了。二十岁的曼可终于实现了自己作为“唯一的君主”生来就有的权力。看着周围的人群，曼可说道：

我亲爱的兄弟和晚辈们，我从没想到有一天我会需要做我现在打算做的这些事，因为我一直认为并且确信那些留着胡子的人，那些不仅是被你们，也被我自己一直称为维拉科查的人是被［创世之神］维拉科查派来的，我以为他们不会……让我在任何事上感到一点哀伤……可是现在……我看清了……他们正在谋划抓捕并杀死我……你们也看到了他们之前是怎样虐待我的，他们对于我为他们做的一切没有任何感恩之心，对我的侮辱更是到了无以复加的地步，嘴上说我们的关系是建立在爱和友谊的基础上的合作关系，行动上却像对狗一样用链子拴住我的脖子和双脚……

我忍不住回想你们曾多少次要求我做我现在打算做的事，想起你们问我为什么不奋起反抗，反而允许他们在我的土地上作威作福。我从没想过一切会发展到今天这个地步。［然而］这一切真的发生了——因为他们想要的只是永远不停地激怒我和折磨我，所以我除了对他们以牙还牙之外别无他路可走……你们一直对我充满敬爱，愿意不惜一切代价取悦我，那么让我们联合起来，团结如一人，让我们的信差把这个消息传遍整片大地：二十天之后，所有人都会抵达这个镇子，但长胡子的人们不会有丝毫察觉。我要派基佐·尤潘基将军去利马，当我们向这里的西班牙人发起攻击的同时，他也可以攻击那里的［弗朗西斯科和他的手下］。在［基佐将军］和我们两地同时发起的攻势之下，我们要将西班牙人赶尽杀绝，彻底终结这个一直纠缠着我们的噩梦。[4]

最后曼可还说：“我已经决心不留一个基督徒活在我的土地上……所以我打算先包围库斯科。愿意效忠于我的人们都要
197 甘心为这项［事业］付出生命。只有那些接受这个条件的人才可以加入我，共饮这杯子里的酒。”[5]

曼可讲完话，仆人们就立刻送上了用两个巨大的金质水罐盛着的吉开酒。从这里可以看到附近的山峰，在山峰上的阿普（神圣的精灵）的见证下，每个领袖一个接一个地走上前来，喝了罐子里的酒并重申自己对于印加君主的忠心，发誓要将这片土地上的外国人赶尽杀绝。在场的人没有一个退缩的，那些还没有发出信差的人也马上派遣“查斯基”跑步返回遥远的家乡送信。信差们的身上都携带着表达了同一信息的结绳，信息的内容就是通知在各地留守的副首领们集结好可用的勇士。信息里还说，曼可·印加已经下令杀死所有的假维拉科查。为全面战争做好准备的时候已经到了。

与此同时在库斯科城内，埃尔南多·皮萨罗也召开了一次会议。他现在终于承认曼可·印加骗了他，而且很可能已经开始组织起义了。埃尔南多告诉在场的西班牙人他已经收到消息称库斯科以北仅十五英里的尤卡伊河谷中出现了大批的印第安人军队。叛逃的君主此时在卡尔卡镇上建立了总部，监督军队集结的情况。埃尔南多还说显然自己允许曼可和大祭司离开是错误的。不过现在不应该再浪费时间指责他了，因为所有人的性命都已经危在旦夕。眼下最重要的是想办法驱散集结的军队，如果可能的话，还要重新俘虏印加人的君主。埃尔南多说如果他们能重新抓住曼可，那么他们就

可以逼迫他停止起义，否则他们就得做好随时应对印第安人大军攻城的准备。

为了确认附近地区有军队在行动的消息是否准确，埃尔南多决定派遣一支七十人组成的骑兵队，在他二十三岁的弟弟胡安的带领下，前往尤卡伊河谷中的卡尔卡镇一探究竟。胡安接到的命令是对该地区进行侦察，以及搜寻并尝试重新抓捕曼可·印加，如果其间遇到任何印第安人军队，也要尽力打乱他们的行动。胡安和他的骑兵们马上去为这次行动做准备了，他们携带的武器包括钢制长剑、匕首和尖端有十二英尺长的长矛。这些人一边忙碌地给马匹备鞍，一边无疑还 198
在恶毒地咒骂印加起义者是“卑鄙之人”或“叛徒”之类的。新建的教堂里的铜钟开始不间断地被敲响，这座教堂建造得很仓促，就建在用切割完美的深灰色石料建造的印加人的科里坎查太阳神殿的基础之上。当天的空气清冷、稀薄，胡安和他的队员很快就骑马出发，沿着向北通往尤卡伊河谷的小路飞奔而去了。马蹄踏在铺着石板的路面上，发出一串清脆的嗒嗒声。同时，城中的西班牙人则三五成群地站在街上，忧心忡忡地望着自己最强大的队伍渐渐远去，留他们在此无人保护。

胡安和他的队伍很快出了城，沿着库斯科所在的河谷向上攀爬，途中还经过了巨石堆砌的萨克萨瓦曼堡垒，那里有高耸的灰色围墙和三个塔楼，像一座造型奇特的中世纪城堡一样端坐在城市之上。随后骑兵们翻过了隔在库斯科和临近的尤卡伊河谷中间的一些绿树覆盖的小山。骑行了十几英里之后，他们终于到达了尤卡伊河谷上的平原边界，并可以从那里观察下面河谷中蜿蜒流淌的蓝绿色的尤卡伊河（又名维坎纳塔河）。西班牙人控制着自己的战马，居高临下地俯瞰这片他们曾经见过的景色，然而这一次，他们几乎不敢相信自己的眼睛。通常应当是一片翠绿的河谷深处不知怎么地变成了一片米黄色——那正是印加人长袍的颜色。大批的印第安人士兵仿佛是凭空冒出来的，全都聚集在这条河谷里。他们的人数多到数也数不清，以至于从远处看就像是被倾倒在地板上的无数士兵玩偶一般。如果西班牙人此前还有一丝怀疑曼可·印加是不是真的要起义的话，那么此刻，活生生的证据就摆在他们面前。在这个平坦宽阔、被阳光照耀着的谷底，过去几个月里在秘鲁各地发起零星抵抗活动的那些力量已经汇聚在此，组成了一支人数众多的印加军队。对于西班牙人来说更糟糕的是，这支大军就集结在距离库斯科只有四个小时行军路程的地方。

远处的保卡坦博山脉（Paucartambo range）上，一座座白雪覆盖的山峰在阳光的照耀下反射出闪亮的光辉。虽然乍一看到这样的情景让他受惊不小，但是胡安·皮萨罗还是大胆地带领着他的骑兵队伍进入了河谷，朝着位于尤卡伊河对岸的卡尔卡镇走去。根据印第安奸细的汇报，曼可就是在这里指挥起义的。不过，曼可也采取了小心的防范措施，在西班牙人还没抵达这里之前，印第安军队已经拆毁了河上所有
199 的桥梁。此时，曼可的大批勇士们就站在河对岸朝着西班牙人叫嚷辱骂，还挥舞着他们手中的斧子和棍棒挑衅，看西班牙人敢不敢过河。没有其他选择的西班牙人只能骑马涉水，

从由高山融雪汇聚而成的冰冷河水中游过。印第安勇士们马上开始用驼毛编织的投石索向他们进行攻击。当战马们在水中奋力挣扎渡河的时候，冰雹一般的石头雨从天而降，不是落进水里溅起巨大的水花，就是砸在西班牙人的铠甲上发出敲击金属的叮当声。

西班牙人一上岸就立即策马全速冲向朝他们投掷石块的人们，后者则开始四散奔逃，西班牙人挥舞着长矛和宝剑追在后面戳刺砍杀。印第安士兵中虽然有很多人都是新应征来的农民，才刚刚到达这里，但是他们都很快地撤退到了山坡上，显然是得到过军官的指示，知道陡峭的地形能够阻止西班牙人的进攻。进行了几次冲锋和佯攻之后，胡安突然叫停了进攻，带队策马朝卡尔卡镇飞奔而去。他们一到那里就挨家挨户地搜寻曼可·印加。受到惊吓的印第安妇女和儿童都被赶出了屋外，而西班牙人则骂骂咧咧地闯进印加人光线不足的房屋中进行搜查。其实曼可早已经逃走了，不过在匆忙之间他落下了一大堆金银财宝、抛下了很多女侍从（*aqllacuna*），还有大部分的军队补给也没来得及带走。

在接下来的三天里，西班牙人一直留在卡尔卡镇上争论接下来该怎么做。而印加人的军队则留在山坡上不停地辱骂挑衅西班牙人，夜间还和西班牙哨兵发生过小规模的战斗。考虑到印第安勇士人数上的巨大优势，西班牙人很诧异为什么他们还没有发起进攻。印加人的指挥官似乎对于让西班牙人几乎不受任何打扰地留在卡尔卡镇上完全没有意见。不过来到这里四天之后，西班牙人终于知道为什么印第安人不进攻了。一个孤身一人从库斯科赶来送信的西班牙骑兵带着埃尔南多的命令匆忙赶到这里：他要求胡安和他的人马立即全速返回库斯科，因为大批的印第安人军队突然出现在了城市四周的山坡上，已经将首都包围了。如果胡安和他的骑兵队不马上赶回去，埃尔南多和其他留在那里的西班牙人肯定是守不住那座城的。

胡安没再浪费一点时间，集结了自己的人马飞奔赶回库
200 斯科。有些西班牙人还携带着一些他们在卡尔卡镇抢夺的金银财宝，不过为了赶路也只能把大部分都放弃了。爬出河谷来到平原上之后，西班牙人注意到印第安人的数量已经变得更多了。实际上，他们一路狂奔时一直受到印第安人投石索的密集攻击，不得不拼尽全力才冲杀回城里，更别说能有什么其他行动了。当西班牙人飞奔过萨克萨瓦曼堡垒，再次远远地看到位于圆形碗底一样的谷底的库斯科时，他们之中大部分人无疑又开始大声诅咒起来。城市周围山坡上此前空无一人的地方，如今都已经驻扎了不计其数的印第安士兵。实际上，印第安人的数量如此之多，以至于骑兵队都找不到一条可以畅通无阻地回到城市中的路。

这些返回库斯科的征服者们快马加鞭冲到了城中，他们的回归让那些被留在库斯科的西班牙人长舒了一口气。此前城里只留了十匹马，而西班牙步兵在作战时能够对印第安人造成的伤害则远不及骑兵。所以如果曼可的军队在此前进行攻击的话，埃尔南多和另外一百二十六名留守的西班牙人很可能根本没有招架之力。即便是此时，骑兵总

数达到八十六名的西班牙人仍然没有多少胜算。佩德罗·皮萨罗也是刚刚跟随胡安从卡尔卡镇回到库斯科的人之一，他回忆道：

> 我们回来的时候发现，还有大批的勇士在源源不断地向着库斯科而来，他们驻扎在四周的山坡上继续等待［全部增援］的到来。他们在山坡上和平原上同时驻扎。因为来到这里的［起义］军队的人数太多，占满了整片大地。白天看，像是有人在库斯科城外铺展了一块半里格宽的黑布；晚上看，数不清的营火就像是无云的天空中闪耀的群星。[6]

接下来的几天里，西班牙人充满忧虑地看着越来越多的军队汇聚到这里，将城市四周山坡上所有的出路都堵住了。起义军队的人数和规模完全出乎西班牙人的意料。实际上，无论是西班牙人还是他们的印第安人奸细
都没能发现这支起义大军的集结。无论是从曼可·印加 201
召集的军队数量来看，还是凭他还能够做得让西班牙人毫无察觉这一点，都足以证明他仍然拥有无比强大且不可置疑的权力。

清点人数的结果是这样的：此时被困在库斯科城里的共有一百九十六名西班牙人。按照佩德罗·皮萨罗的说法，一百一十名步兵里的“大部分都是枯瘦干瘪的”。[7]西班牙人还打算依靠有限的几个非洲黑人和摩尔人奴隶、一些印第安人情妇、五百来个查查波亚人和卡纳里人盟友，此外还有一

定数量的亚纳库纳——他们通常是作为为西班牙人派出去打探消息的间谍，不过西班牙人对于这些人究竟忠心到什么程度并没有多少把握。最后也是最让人惊讶的是，尽管西班牙人的处境已经岌岌可危，却仍然还有一些曼可的亲人决定加入他们的队伍，其中引人注目的就是曼可的堂兄弟帕斯卡，此时他在曼可眼里无疑已经成了一个彻头彻尾的卖国贼。

城市四周的山坡上和西班牙人队伍对峙的是似乎多达几十万人的印加大军——人数实在是多得数也数不清，更可怕的是西班牙人无法得知究竟还有多少大军仍在向这里赶来。围困在城中的人已经被完全孤立，与外界的联系都被切断了。这不到两百名西班牙人中几乎一半算得上是新大陆上最富有的人，然而此时他们都只能靠自己了。

当曼可·印加还在不断聚集军力的同时，埃尔南多多次带领几名骑兵向山坡上突围，目的主要是试探印加军队的实力。然而，西班牙人的每次出击都会遭到暴风雨一般的石块攻击，用投石索向他们投掷石块的敌人不仅表现出了越来越强的自信，他们在数量上的优势也让骑兵寸步难行。在一次突围过程中，埃尔南多突然发现自己和另外八名骑兵被彻底包围住了，无论哪个方向上都有壮着胆子向他们逼近的印第安勇士。埃尔南多和其他人尽力想要冲破敌人的包围圈，然而他们之中一个叫弗朗西斯科·梅希亚（Francisco Mejía）的人发现自己已经陷入了一片棍棒的海洋，还有无数双手试图将他拽下去。梅希亚绝望地挥舞着自己的长剑，努力想要留在马鞍上，但是“［印第安人］伸手把他拽下了马”。另一个幸存者写道：“就在距离我们一块石头投掷距离之内的地方，他们砍下了他的头以及他的战马的头，那是一匹非常漂亮的白马。”[8] 虽然印第安人将梅希亚的头颅高高举起，但是其他西班牙人还是想办法成功杀出了一条出路，飞奔回城里去了。

埃尔南多·皮萨罗和其他西班牙人想要保住性命，就不 202
得不依靠他们的骑兵以及大约五百人的盟友，后者此时也像西班牙人一样被困在了城中。为了增加队伍的机动性，保证他们能够防御来自各个方向的攻击，埃尔南多决定将骑兵队分成三组，并给每一组任命了一个队长，他们分别为：加夫列尔·德·罗哈斯（Gabriel de Rojas）——这位技术精湛的骑兵才刚来到秘鲁没有多长时间；埃尔南·庞塞·德·莱昂（Hernán Ponce de León）——他是埃尔南多·德·索托的同伴，曾经陪同索托一起加入卡哈马卡城的先遣队；贡萨洛·皮萨罗——就是那个抢走了曼可妻子的人。埃尔南多本人作为库斯科的市长，负责统领全局，同时任命他的弟弟胡安为自己的副手。

作为交战另一方的印加军队的结构则比西班牙人复杂得多，这主要是由于他们军队的数量太大了。站在印加军事金字塔顶端的是曼可·印加，他是国家的领袖，是太阳神的儿子，也是军队的总指挥官。站在他旁边的是他的大祭司，同时也是帝国军队的共同指挥官。负责实际指挥军队围困库斯科行动的是因奎尔将军（General Inquill），负责协助他的副手是保卡·瓦曼（Paucar Huaman）。再往下的各个兵团都有自己的指挥官，每个兵团都承担着占领库斯科外某一片区域的任务，以此来巩固此时已经成型的经典的军事包围圈。蒂图·库西回忆说：

> 科里亚塔（Coriatao）、奎拉斯（Cuillas）、泰匹（Taipi）等［指挥官们］从［北面的］卡尔门卡（Carmenca）进入库斯科，带领自己的士兵封锁了这一方向。瓦曼－基尔卡纳（Huaman-Quilcana）和库里－瓦尔帕（Curi-Huallpa）从［西面］孔蒂苏尤［Condesuyo（Cuntisuyu）］方向的卡其卡其（Cachicachi）进入……守住一条半里格［两英里］长的缺口。所有人都配备了充足的武器，也摆好了作战队形。里克里克（Llicllic）和其他一些指挥官带领着大批勇士从［南面的］科利亚苏尤［Collasuyo（Collasuyu）］方向进入，这也是围城军队中人数最多的一支。安塔·阿克拉（Anta Aclla）和荣帕·尤潘基（Ronpa Yupanqui）及其他很多人从［东面的］安蒂苏尤（Antisuyo）方向进入，一个完整的包围圈就此形成了。[9]

曼可·印加作为军队的总指挥官，仍然留在卡尔卡，胡安最近占领过那里，可是随后又不得不弃城马上返回库斯
203 科。曼可在卡尔卡可以发送或接收信息，也可以继续协调此时这场举国动员的军事行动。在印第安人军队不断抵达库斯科外围地区的同时，另一位印加将军基佐·尤潘基也带领着一支印加军队向利马进发了。曼可的命令是让基佐把弗朗西斯科·皮萨罗的队伍牵制在原地，让他们无法从利马向库斯科增派支援力量。此外，曼可还让信差将他的口讯传遍帝国

各个角落：任何在城市之外穿行的西班牙人都应当被就地处决，他们的武器也要被收缴。

当曼可还在忙着为这场战争协调调度的时候，大祭司催促年轻的君主马上攻打库斯科，不要再等待后续的部队了。可是曼可在集中了所有能集中的兵力之前不愿轻易有所行动。毕竟他曾经和西班牙队伍一起前去攻打过基斯基斯将军的队伍，所以特别清楚西班牙人的武器，尤其是他们的骑兵能带来多大的毁灭。根据印加军队的经典原则，只要情况许可，就要使用压倒性的力量来击败对手。所以曼可已经下定决心要让自己的进攻具有绝对的压倒性优势，要让西班牙人的战马和明显先进的武器都毫无用武之地。一旦在库斯科的西班牙人被彻底剿灭，曼可就可以控制秘鲁中部。然后就可以向利马的皮萨罗队伍发动进攻并将他击溃。实现这个目标就等于是成功摧毁了占领秘鲁的西班牙队伍的中坚力量。

一周接一周的时间过去了，西班牙人的人数一直没有发生变化，而曼可则集结起了十万到二十万人的大军——这可以说是一次后勤组织工作上的惊人壮举。印加帝国的士兵们毕竟都是短期应征的勇士，通常是农民或牧民，只有在国家需要时才被征召入伍。其中大部分人是二十五岁到五十岁之间的已婚男子，以十人一组、百人一组或千人一组为单位从他们所属的地区被征召上来。十八岁到二十五岁之间年轻的未婚男子虽然也会被征召，但主要是作为信差或脚夫，而不是上战场杀敌。勇士们被称作“奥卡卡马伊克”（*awka kamayuq*），来自不同地区的勇士讲的是自己家乡的方言，接受自己首领的指挥，而首领们则在印加军事指挥官的指挥下执行任务。
204 鲁纳斯密语是当时印第安人指挥官之间的通用语，来自不同地区的勇士们之间则基本无法交谈，就像由法国人、德国人和波兰人组成的联盟中的成员无法沟通一样。因此当时围绕在库斯科周围的军队就像印加帝国本身一样，是一个多民族、多语言的集合体。

除了他们身上穿着的统一的棉质或羊驼毛长袍，印第安士兵通常还戴着藤条编织或木质的头盔，穿着厚厚的棉质拼接铠甲。虽然已经经历了几年的混乱，但是印加帝国广大领域内的仓库中仍然储备着丰富的武器、制服和其他战争装备。佩德罗·皮萨罗回忆说，以位于库斯科河谷山坡上的巨大的萨克萨瓦曼堡垒为例，那里面也有很多仓库，在他们第一次来到库斯科时，他就发现其中大部分仓库里都存满了印第安人的战争用品：

> 所有仓库都被占满了，里面堆着武器、长矛、弓箭、飞镖、棍棒、小圆盾，还有巨大的矩形屏障，下面可以躲藏一百个印第安人，这种屏障是在攻占堡垒时才使用的。仓库里还有很多高顶头盔，都是用一种特殊的藤条仔细编织起来的，非常坚固，无论是石头还是重击都不能损坏高顶头盔或伤害到戴头盔的人。[10]

印第安人工匠制作了大量的武器，以这样的劳务来抵消每年应缴纳的劳役税。虽然大多数制服样式是统一的，但是来自不同地区的人还会在制服之外套上有自己地方特色的服饰以便于指挥官在聚集的士兵中能够分辨出哪些是自己的手下。贝尔纳韦·科沃神父（Father Bernabé Cobo）写道：

> 在这些保护性的装备之外，他们通常还会佩戴各自最漂亮华丽的装饰品和珠宝，比如在头上佩戴五颜六色的羽毛饰品，或在胸前和背后佩戴巨大的金银护甲，不过那些可怜的低级士兵佩戴的护甲则是铜质的。[11]

根据他们具体的战斗队形，每一个印第安人团体都携带着能够服务于整体军事功用的武器装备。丛林弓箭手、投石手或标枪手都可以从远处向敌人发起袭击，所以他们会走在前面，而重装的突击部队则举着棍棒和斧头走在后面。

> 主要的武器…… ［是］ 投石索……印第安人可以用投 205
> 石索投掷巨大的石块，足以杀死马匹，甚至是骑兵……事实上，它的效果和火绳枪差不太多。我就见过一块用投石索投掷的石头将一把老旧的长剑击碎为两段，当时举着长剑的人距离投掷者大概有三十码的距离。[12]

随着帝国各处的印第安军队不断地汇聚到库斯科来增援对这个城市的围困，在山坡上的各种编队越来越多，很快士兵们就开始把营帐扎到了城市外围的房子旁边。此时的勇士们不分日夜地用他们各自不同的语言大喊、辱骂城中的人，这种震耳欲聋的声音就相当于今天的心理战，目的就是让西班牙人感到慌乱、紧张以及害怕。“叫喊声和吵闹声不绝于耳，这让我们感到非常震惊”，[13]佩德罗·皮萨罗说。除此之外，印第安人还无时无刻不在嘲弄西班牙人。蒂图·库西描述当时的情景时说印第安人看到敌人就会撩起长袍“露出双腿来表示对他们的轻视”。[14]露腿在印加人之间被视为一种严重的侮辱行为，显然，印加人已经完全不再相信西班牙人是从海洋对岸来的神明了，印第安勇士们都在用行动明明白白地向西班牙人表露自己对他们的鄙夷和不屑。

曼可·印加在他位于卡尔卡的总部里能够不断收到各地最新进展的汇报，他下定决心在即将到来的军事行动中绝对不能有一点疏忽。年轻的君主很清楚宗教方面的准备和军队、武器、食物、补给等物质准备一样，对战斗的成功与否存在至关重要的影响。没有神明的支持，人数上的优势再大也没有任何意义。所以曼可在这段时间里还举办了各种宴席、斋戒和祭祀活动——全都是为了确保神明能站在自己这一边。

曼可很可能还前往了距离库斯科不远的阿普里马克河（Apurímac River）河岸上的神庙，到那里拜访久负盛名的先知阿普里马克（意为“伟大的演讲者”）。神庙中有一尊木质神像，系着金色的腰带，胸部镀有黄金，穿着精心纺织的女士服装，布料上面甚至还有祭祀活动时溅到的血迹。一位名叫沙佩（Sarpay）的神庙女祭司充当了神像的守护者和传
206 话人，她会指导曼可如何进行必要的献祭。阿普里马克先知给出的预言内容很可能告诉年轻的君主，针对即将发生的战斗出现的都是吉兆。

距离最终进攻的时间已经越来越近了，曼可此时又主持

了一场庄严的典礼（Itu ceremony）。在两天内，君主和他的军队都要斋戒和禁欲；祭司要切开美洲驼的喉咙进行献祭，同时有身穿精致的“康皮”（*qompi*）布料制成的红色长袍、头戴有羽饰的头冠的男孩们在仪式进行过程中列队游行。当祭司把神圣的古柯叶撒到地上之后，斋戒就算结束了。人们随后举行了盛大的宴会，还喝掉了大量的吉开酒。

最终，在1536年5月6日，这一天按照西班牙人的日历是星期日，也是一位天主教圣人圣约翰（St. John-ante-Portam-Latinam）的纪念日。在十几万印第安勇士震天的喊声中，曼可·印加发动了毫无保留的进攻。印第安人吹响了只有一个调的海螺壳或黏土制作的号角，大批的标枪手、投石手和丛林弓箭手突然开始向着下面的城市发起了接连不断的攻击。空气中先是充满了投掷武器的“嗖嗖”声，当第一批石块、标枪和弓箭击中目标之后，就变成了投掷物砸在石板路和墙壁上发出的噼噼啪啪的噪声。正在街上的西班牙人都奔跑着寻找掩护。同时，大批的印第安勇士组成的突击部队开始队形统一地沿着山坡向下缓慢行进，直到进入城市并朝着首都的中央广场前进。

曼可的印第安人步兵排成非常密集的队形前进，携带着各种武器，有三英尺长的棍棒、斧头，还有盾牌等，同时他们也从未停止震耳欲聋的叫喊。印第安人军队的指挥官们随着队伍一起行进，不过他们都是坐在华丽的轿子里被高高地抬起的。阳光照在勇士们金质、银质或铜质的护甲上反射出耀眼的光芒。大多数印第安人带着柳条编织的头盔，很多头盔上插着红色、黄色、绿色或钴蓝色的鸟类羽毛。就是类似这样的印第安人兵团曾经开拓并征服了印加帝国纵贯两千五百英里的疆域。此刻那些勇士的后代们正带着无比巨大的决心行进在这个河谷之中，这里是庞大的印加帝国开始发展的起点，虽然他们曾经暂时地失去了对河谷的控制权，但是这次他们誓要将破坏了这片土地安宁的侵略者彻底击败。曼可和他的将军们的计划：第一步，迫使西班牙人向城市中心集中，压缩他们占据领域的范围；第二步，依靠巨大的人数优势将敌人消灭。

207 印第安人正从各个方向向城中汇聚，征服者们突然发现自己被困在了一个越收越紧的绞索里。所有人都意识到如果他们想不出一个阻止曼可进攻的办法，那么很快他们不是被挤扁，就是会被棍棒打死。密集的弓箭和投石攻击已经让西班牙人不得不寻找掩护躲避，与此同时，在城市周围的山坡上，印第安人军队已经占领了萨克萨瓦曼堡垒以及其中的武器装备。大祭司和他的许多指挥官们可以从那里居高临下地观察城中的战斗情况，然后给留在卡尔卡的曼可·印加送信。信差跑到那里大概需要两个小时的时间。其他印加军队很快也采取了包围科拉科拉草地（Cora Cora）的策略，那里与城市主广场的北角相连。佩德罗·皮萨罗回忆说：

> 库斯科［城］与萨克萨瓦曼堡垒所在的山坡相连，从山坡上下来的印第安人逼近了贡萨洛·皮萨罗和他的哥哥胡安·皮萨罗共同占有的宫殿附近的一些房子。这部分印第安人对我们形成了很大的威胁，他们用投石索向宫殿投掷了大量石块，我们根本无法阻止……那个山

> 坡……很陡，只有一条小路可以上去，而且已经被印第安人占据，要硬向上冲就是送死……他们发出的噪声也让人震惊，不仅有怒吼和嚎叫，还有用海螺壳和葫芦吹出的声音，总之声音大得仿佛让大地都震颤起来。[15]

在石块和其他投掷物的持续攻击下，原本在其他地方躲避的西班牙人都想方设法撤退到了广场上。广场四周的一座座印加宫殿在大约两年前就都被西班牙人抢夺并一直占据至今。如果说印加人的战略是包围、收缩并最终摧毁敌人的话，那么西班牙人的策略就是在可能的情况下，死守两座巨大的石砌建筑——孙特瓦西（Suntur Huasi）和哈图恩坎查（Hatun Cancha）。这两座建筑是面对面修建的，位于广场东侧。高高的人字形屋顶上铺着茅草，下面有木质的横梁支撑。绝望的西班牙人将这两座建筑改造成了他们的堡垒，指望着这些房顶和墙壁能保护自己不被石头雨砸死。

埃尔南多·皮萨罗掌管了一栋建筑，同时任命埃尔 208
南·庞塞·德·莱昂掌管另一栋。因为印第安人的进攻太猛烈了，心惊胆战的西班牙人都不敢走出自己所在的建筑。在光线不足的建筑内部，不少西班牙人此时正跪在地上祈祷，而建筑外面，石块仍然不断地击打着街道、墙壁和房顶，发出雷鸣一般的声响。“从门洞里扔进来的石块太多了，”一个幸存者回忆道，“有时就像是从天而降的密集冰雹。”[16]被迫放弃了对整个城市控制的西班牙人此时只能躲在主广场上的这两栋建筑里，佩德罗·皮萨罗描述说：

> 埃尔南多和他的队长们无数次聚集在一起讨论对策。有人说应该弃城逃命，也有人说应该躲进哈图恩坎查［的大厅里］，因为那儿能容纳我们所有人，而且……只有一个入口，石砌的墙壁也很高。……［然而］没有一个建议是可行的，如果我们离开库斯科，印第安人也可以在险峻的山口阻截并杀死我们……那样的山口有很多。如果我们留在这里躲避，他们用土坯砖和石块就可以把我们一直困在这里，因为［印第安人］军队的人数实在太多了。[17]

要么是困在这两栋建筑里最终像豚鼠一样被乱棍打死，要么是想办法冲破重围逃跑。埃尔南多·皮萨罗还没能在这二者之中做出选择之前，一个新的更可怕的问题又出现了：城中很多房子的茅草屋顶突然着火了。不敢相信的西班牙人纷纷跑到门洞处向外张望，他们看到的完全是一幅大毁灭的景象，一栋栋建筑接连着火，他们都还没弄明白这一切是怎么发生的就已经要葬身火海了。

事实上，为了应对这批自印加帝国成立以来最危险的敌人，曼可·印加和他的作战委员会已经想好了一个巧妙的作战计划：他们不仅要将敌人包围起来，向敌人发动暴风雨一般的石块攻击，并在石块攻击的掩护下渐渐缩小包围圈来摧
209 毁这些敌人；与此同时，他们还决定在城中放火，希望西班牙人受不了烟熏而从躲避的地方出来自投罗网或者是干脆被烧死在里面。曼可的勇士们事先就在城市外围点燃了一些巨大的火堆，然后把投石索使用的石块放在火边烤着，直到石

头被烤成红宝石的颜色之后，就用易燃的棉布把石块包裹起来投出去，在离心力的帮助下将石块投向城市中。

过热状态下的石块遇上氧气含量的突然激增，还在天空中飞行时就会点燃外面包裹着的棉布，于是就变成了从天而降的迷你燃烧弹，一旦落在城中屋顶上的干茅草中就会引起燃烧。身上和脸上肯定都涂抹着颜色的丛林弓箭手们也给投石手们助了一臂之力，一次又一次地将箭头上带火的弓箭射向城市中。这就是印第安人能在很短的时间内把库斯科变成一片火海的原因，而西班牙人都面临着要被烧死在里面的危险。

实际上没过多久，如藤蔓一般的烟雾就从哈图恩坎查的天花板向下蔓延，此时有很多西班牙人被困在这间大厅里，所有人都惊恐地望着已经被点燃的房顶。一个幸存者写道：

> 当天碰巧风很大，加之屋顶上都铺着茅草，看上去仿佛就是整个城市都连成了一片火海。印第安人的喊声震天响，到处都是浓烟，我们相互之间甚至看不到彼此的位置，也听不清彼此说的话。[18]

克里斯托瓦尔·德·莫利纳写道：“烟太多了，西班牙人几乎要被呛死了。他们的处境非常艰难……浓烟让他们无法呼吸……温度也很快升高到让人无法忍受的地步。”[19]

很多资料都记录了接下来发生的事情。按照西班牙人的说法，虽然库斯科其他地方仍然燃烧着大火，但哈图恩坎查房顶上的火奇迹般地熄灭了。后来那些在场的西班牙人发誓说他们看到了圣母玛利亚现身，说她穿着飘逸的长袍，披散着飘逸的长发，施神迹熄灭了大火。然而很可能是从自己的父亲那里直接听到这个故事的蒂图·库西则讲述了一个平实得多的版本：西班牙人的死期之所以能够被短暂地延缓一
210 些，都要归功于那些被他们安排到房顶上的非洲奴隶。正是这些非洲奴隶们顶着亚马孙勇士们的箭雨和从未停止过的石块投掷，想方设法熄灭了房顶的大火。

城市大部分地区依然燃烧着熊熊大火，西班牙人意识到躲在哈图恩坎查里面的结果很可能是不久就要被烧死。埃尔南多·皮萨罗决定他们不能继续留在这个目前虽然尚称得上相对安全的建筑里，除了冒死反击，他们已经没有别的选择了。

“他们似乎认为冲出去比留在里面等死好一些，”谢萨·德·莱昂写道，“虽然石块投掷仍然猛烈，但是西班牙人和他们的印第安人盟友们突然冲了出来，朝着低处街道上的印加勇士们冲锋，破坏了他们的战壕。”[20]混血编年史作者加西拉索·德·拉·维加补充道：

> 当这些［印第安勇士］看到西班牙人聚集起来的时候，他们发起了［第一次］勇猛的攻击，希望能够［凭这一波攻击就］击败他们……骑兵们也攻击了印第安人，无畏地逼退了他们。双方都抱着无与伦比的勇气在战斗……向着西班牙人的弓箭和石块攻击一直没有停止过，可是他们的［铠甲］足以保护他们不受伤害，

> 相反，他们每次骑着马，举着长矛发起［冲锋］的时候……都至少能够杀死一百五十至两百名印第安人。[21]

燃烧的屋顶渐渐开始向建筑中塌陷，印第安勇士们现在可以在没了房顶之后露出来的墙壁顶部行走，这样就能获得一些对西班牙人居高临下的优势，同时也能让印第安人避开骑兵冲锋的杀伤。其他一些勇士则在狭窄的街道中，挥舞着斧子和狼牙棒，或是用投石索向西班牙步兵以及他们的印第安仆人和奴隶们发动进攻，同时也袭击那些骑在马上、穿着铠甲的恶魔。“印第安人之间相互支持配合，”一位目击者写道，“他们抱着必死的信念冲进街道，与西班牙人近距离交战。”[22]

激烈的战斗持续了一整天，整个城市里浓烟滚滚。实际上，西班牙人费了很大的力气才没让他们在库斯科里仅剩的一点点根据地也被印第安人占领。一个月前他们还是大片印第安人土地，或者说实际上已经是大部分印加帝国领土的所有者，而此时他们则不得不眼睁睁地看着自己美好的未来就
如这城市中一个个燃烧殆尽的屋顶一样突然化为乌有。不 211
过，不管贫穷还是富有，他们现在唯一关心的都是要如何保住自己的性命。

当这似乎漫长得永无尽头的一天终于快要结束的时候，西班牙人又得到了一点喘息的机会：印加人习惯于白天作战，他们不愿意在夜间继续发动进攻。正因为如此，当太阳神因蒂落山之后，印第安人也渐渐地停止了他们的攻击。曼可的勇士们似乎只想在城中他们已经占领的街道和小巷上搭

建防御壁垒来巩固战果。而精疲力竭的西班牙人看着四处升高的壁垒，则全都明白曼可套在他们脖子上的绞索还在渐渐收紧。根据蒂图·库西的回忆：

> ［当天夜里，西班牙人］已经无计可施，他们最大的慰藉来自向上帝寻求帮助，那一整晚他们都在［哈图恩坎查中临时搭建的］教堂里，双膝跪地，双手合十举到嘴边，祈祷上帝来解救他们。很多印第安人都看到了，哪怕是那些被派到广场上站岗的西班牙人也在祈祷，连那些从卡哈马卡城追随他们一起来的［查查波亚和卡纳里］印第安人也不例外。[23]

另一位编年史作者瓦曼·波马·德·阿亚拉写道：

> 基督徒们跪在地上祈求上帝的仁慈，并向圣母玛利亚和其他圣人寻求帮助。他们眼中满是泪水，大声地祈祷："保佑我们吧，圣雅各！保佑我们吧，万福玛利亚！愿上帝拯救我们！"……他们谦卑地向着圣母祈祷，手里仍然紧握着自己的武器。[24]

那天晚上，埃尔南多·皮萨罗又召集了一次会议。三年前他们孤注一掷的赌博式地劫持阿塔瓦尔帕那一战的前一晚，他也曾协助给西班牙人打气加油，提振精神。而此时，外面远处的房顶仍然在燃烧，随时都有房梁被烧毁甚至坍塌，不断向夜晚的空气中喷吐出更多火星。广场上，西班牙

人的印第安人随从们也在站岗，他们的长袍和脸庞被城市中
可怖的火光照亮。因为他一贯的自大、多疑和吝啬，很多征
服者都不喜欢埃尔南多，但是他绝对是一位天生的领导者，
在巨大的压力下仍然能够保持冷静。聚集到他面前的人们等 212
着听他要说什么，因为他们都知道自己能不能保命就要取决
于这个留着大胡子的健壮男人做出什么样的决定了：

> 先生们，我召集你们来此是有话对所有人讲。在我看来……印第安人现在对我们步步紧逼。我认为造成这个结果的原因是你们有些人之前表现出了怯懦，因为你们表现得不够强硬，我们现在才失去了城市中［大部分］区域。
>
> 我不希望将来人们提到我时想起的是由我的兄长堂弗朗西斯科·皮萨罗征服并占领的地区因为胆怯而出现任何方面的折损，无论是面积上还是形式上……因为任何真正了解印第安人的人都应该知道［我们的］软弱只会让他们更加强大。

来回踱步还不断打着手势的埃尔南多继续说道：

> 以上帝和国王的名义，为了保卫我们的房屋和地产，我们［不惜］付出生命……我们要知道自己是为什么而战，这样才能坚定我们战斗的决心，那样我们就不会惧怕危险，因为你们都知道勇敢的人能够完成不可能完成的任务，而胆怯之人面对再简单的事情也会觉得

> 困难重重。这就是我要提醒你们的——我请求你们在这一点上与我达成共识，因为如果我们不团结的话，不用敌人出手我们就已经输了。[25]

被困的西班牙人全体一致发誓要抛开个人安危战斗到底，因为“当人们看到自己大限将至的时候，他们会向上帝和圣母［玛利亚］祈祷，宁可出去战死沙场……也不愿被困在这里像猪一样等待被别人宰杀”。[26]在围绕着城市的山坡上，印第安人点燃的营火似乎多到数也数不清，他们一边就着火取暖，一边不忘继续发出持续不断的叫喊和嘲弄来加剧西班牙人的紧张情绪。山坡上的包围圈之外，还有其他印第安人的帐篷，那里面住的是成千上万的勇士家眷，妻子们都在忙着做饭，还有孩子们在旁边睡觉。印加军事行动的传统之一就是军队后面跟着大批的平民随行人员。因为白天已
213 经有好几百名印第安勇士在战斗中丧命，牺牲者家属的哀号无疑也会飘过营地上空，悲伤地萦绕在夜晚的空气中。

此时，从萨克萨瓦曼堡垒中俯瞰着下面城市的大祭司和他的将军们则正在忙碌地商讨着明天将要采取什么样的战斗计划。低处的库斯科城就是夜晚中一片跳动的火光，仿佛一个突然被从海底深处拖拽上来的散发着光亮的被激怒的神秘生物。城里的大火还在一直噼啪作响地燃烧着，不时喷发出环状的火星和火苗，并伴有连续不断出现的屋顶坍塌时发出的短促刺耳的声音。被围困的西班牙人跪在地上虔诚地向他们唯一的上帝祈祷，而印加人也不忘向他们的众神献上牺牲。无论哪一方都觉得自己这一天算是取得了某种意义上的

胜利。西班牙人庆幸自己抵挡住了如此猛烈的进攻，既无一人丧命，也没丢掉自己最后的根据地；印加人则几乎抢回了整个城市，并且已经收紧了对敌人的包围圈，使得后者不得不藏身于最后两栋建筑之中。

卡尔卡镇的曼可·印加在进攻第一天夜晚就寝之前派人传话给自己的指挥官，让他们明天重整旗鼓，相信他们定能将西班牙人最后的抵抗也彻底粉碎。躺在厚厚的毛毯上渐渐沉入梦乡的曼可，毫无疑问是在做着自己的勇士冲进西班牙人最后的据点，将他们全都乱棍打死的美梦。

第二天天亮不久，成千上万的印第安勇士就开始在山坡
上制造噪声，同时还吹响了无数的海螺壳和黏土喇叭。大批
的印第安军队再一次向着城市进发，所有街道上都挤满了朝
着广场行进的勇士们，他们相信西班牙人会在那里进行最后
的反抗。西班牙骑兵和步兵在广场内和广场四周等待着印第
安人的到来，和他们并肩作战的还有他们的非洲奴隶和印第
安人随从。曼可的军队很快又开始在城中点火，那些前一天
侥幸躲过的房顶今天再也无法幸免于难了。整个城市继续被
浓烟笼罩，被火焰吞噬，但是勇士们可以从房屋的墙壁上方
通行，向着下面的敌人投掷标枪和石块。担心印第安人再点 214
火焚烧他们的最后两栋建筑，西班牙人特意在两个房顶上都
安排了人手，他们的工作就是以最快的速度扑灭投石手投掷
过来的石块或是从林弓箭手射出来的带火的弓箭点燃的火
焰。与此同时，在这两栋房子周围狭窄的街道上，交战双方
也发生了面对面的接触，上演了一场激烈的殊死对决。

从军事层面上说，西班牙人的选项少之又少，所以他们就坚持一条最简单的策略：为了防止他们现在占据的最后一点区域失守，他们安排自己的三组骑兵不间断地向着印第安勇士们冲锋来瓦解他们的攻势。西班牙人此时全都认定战死在广场或街道上总好过畏缩在他们的据点里等死。没有哪个西班牙人想要留在建筑内部被烧死或是被棍棒打死。因此当印第安勇士进攻时，西班牙人会愈发凶残地进行回击，挥舞着长剑和长矛猛戳狠刺，毫不留情地屠杀一个又一个印第安人，任凭他们的尸体倒在血泊之中。不过，由于街上都是印第安人搭建的壁垒，加上越堆越多的尸体和不断进攻的曼可的大军，道路几乎被堵得水泄不通，骑兵们越来越难以驾驭自己的战马，他们的战斗力还因为印第安人兵士不断创新的进攻策略而被削弱了。

比方说，库斯科里有一条较窄的街道在最畅通的情况下也只能允许两匹马并肩前行，当二十三岁的阿隆索·德·托罗（Alonso de Toro）带领着骑兵在这条街上冲锋的时候，曼可的一队勇士突然推倒了一面高墙，墙壁朝着托罗和他的手下倒去，撞击之下骑兵们都摔下了马，几乎不省人事。要不是他们的印第安人随从冲过来把他们带回了安全的地方，印第安勇士们肯定会把他们全都消灭。

与此同时，曼可的军队也忙着在山坡上实施新的战略以削弱西班牙人强大的战马的作用。印加人本来把陡峭的山坡改造成了一层层巨大的交错平台，这样就可以利用平台上平坦的土地进行农业生产，印加人称这种类似于梯田的构造为“安德内斯”（*andenes*）。而眼下，印第安勇士们开始在平地

上挖沟，好阻止骑兵的冲锋。山上其他地方，还有印第安人
在破坏通往城市的高架水渠，猛增的洪水可以淹没河谷两边
的平地，让马匹无法在泥泞的道路上飞奔。在库斯科城内， 215
曼可的军队在持续搭建柳条编织的壁垒，用它们来堵住整条
街道，这样敌人的活动空间也能受到越来越多的限制。

在骑兵们努力控制马匹应对不断增加的新障碍时，曼可的勇士们又使出了一种新的武器，以前他们只有在猎鹿或是其他大型猎物时才会使用这种工具。一个围困的幸存者写道：

> 他们有很多进攻用的武器……［比如］长矛、弓箭、棍棒、斧子、飞镖、投石索和另外一种他们称之为“埃鲁斯”（ayllus）的武器，那是把三块圆形石块分别装在三个小皮袋里，然后用……一条一码长的长绳……把袋子串联起来，印第安人把这种东西扔向战马［就能］把马腿缠在一起。如果朝骑兵扔过去，也可以［像缠马腿一样］将骑兵的手臂和身体缠在一起。这些印第安人特别善于使用埃鲁斯，他们可以用它在乡下猎捕到鹿。[27]

西班牙人很快就给印加人这种奇怪的武器取名为“绳球”（*bolas*）。

要应对印加人的这些新策略，西班牙人必须快点想出抵挡的办法才行。为了对付绳球，骑兵们现在随时需要有步兵陪同，这样当他们被缠住之后，步兵可以切断绳子把骑兵解

救出来。骑兵和步兵组成的小队还可以破坏街上堆建的路障，只不过他们行动的时候往往不得不冒着投石索投来的石头雨。那些查查波亚人和卡纳里人有时候会和西班牙人一起作战，其他时候则负责把曼可的勇士们挖出来的让战马无法行动的壕沟填平，或者是破坏山坡上用石头堆叠的阶梯，好让骑兵和步兵可以顺利地进行反击。

虽然到现在还没有一个西班牙人丧命，不过很多人的胳膊、手掌、腿部和脸上都受了不同程度的伤，他们都意识到要不是有印第安人随从的帮助，自己的处境必然更加绝望。加西拉索·德·拉·维加写道：

> 与西班牙人同一战线的印第安人对于他们很有帮助，不但能给西班牙人处理伤口，还能照顾他们的其他需求，给他们带来草药和食物……眼看着这一切，很多西班牙人自己都说在这样的困境中，要不是有印第安人给他们送来玉米、草药等他们需要的一切，他们真不知
> 216 该如何是好了。这些印第安人把食物都献给了他们的主人，自己则饿着肚子去打探消息，站岗放哨，不分日夜地通过神秘的手势来提醒西班牙人敌人的动向。[28]

尽管印加人已经尽了最大的努力，但是西班牙人还是杀死了好几百名印第安勇士，而他们自己却无一人丧命，不过他们的印第安人随从很可能死了不少。曼可的将军们很快就得知，虽然自己的士兵们能够打伤西班牙人，但是要想杀死他们极为困难。唯一有机会杀死一个穿着铠甲的骑兵的办法

就是在近距离交战时把骑兵从马上拽下来。不过，他们很快又发现西班牙骑兵们越来越注意任何时候都不落单，一旦有人遇到危险，别人都会马上冲过来相救，而且他们也非常小心地躲避了明显的伏击和陷阱。

西班牙人并没有因为同胞中尚无一人丧命而感到多少欣慰，经历了两天连续的战斗之后，他们的前景依然黯淡。西班牙人仍然面临着巨大的人数上的劣势；他们仍然被与外界隔离开来，因此得不到任何支援，他们的食物储备越来越少；他们已经精疲力竭、伤痕累累，而他们的敌人则不停地向他们展开猛烈的攻击，不达目的誓不罢休。对于埃尔南多和他的队长们来说，他们已经越来越清楚地意识到，要想从这场严峻的考验中全身而退，他们必须要想办法将曼可的勇士们从临近的萨克萨瓦曼堡垒赶出去。这不仅因为那个堡垒显然是此次印加军事活动的指挥和控制中心，还因为曼可的勇士们可以从那个高度发起最猛烈的进攻。印第安人军队每次都是从堡垒以下沿着陡峭的山坡直接进入城市的，根本不用担心骑兵的冲锋。而其他的方向，比如说城市南面则是平坦的河谷，曼可的将军从那一边无法发动大规模进攻，因为那样会让自己的军队完全暴露在骑兵的冲锋之下。如果西班牙人能夺回堡垒，就可以避免自己暴露在危险之下的这一侧可能继续受到的攻击，同时还能占据四周山坡上最具战略意义的军事区域。

经过和队长们的商议之后，埃尔南多最终认定夺取萨克 217
萨瓦曼堡垒是唯一能够降低本方易受攻击性的办法。虽然这意味着他们要甘冒正面攻击一个重兵把守的堡垒所面临的显而易见的风险。佩德罗·皮萨罗回忆说：

> 埃尔南多·皮萨罗认可我们［应当尝试］去攻占堡垒，因为那里是对我们造成危害最大的地方……因为最初在印第安人围城之前，我们并没有达成要攻占那里的一致意见，也没有意识到占据那里的重要性。现在所有人都同意派骑兵队去攻占那里，我们接到了整装出发夺取堡垒的命令，胡安·皮萨罗被任命为队长。[29]

对年仅二十五岁的胡安·皮萨罗来说，任命他为队长无疑显示出了兄长对他的信任。与埃尔南多不同，胡安在西班牙人中间人缘很好，他是一个和蔼可亲、平易近人、慷慨大度的人，还是一名骁勇善战的骑兵。他唯一的缺点就是冲动急躁，而且像很多西班牙人一样，他对于印第安人格外冷酷无情。胡安和他的弟弟贡萨洛对曼可·印加的虐待正是促使曼可发动起义的主要原因之一。

当天早些时候，胡安正骑在马上战斗，这时另一个骑兵佩德罗·德尔·巴尔科（Pedro del Barco）被一个大石块击中了头部。巴尔科失去意识从马上摔了下去，胡安看到队友有危险立刻冲了过去，然后跳下马去帮助巴尔科。当他奋力把巴尔科拖到安全的地方时，一个石块不偏不倚地击中了胡安的下巴。① 虽然受惊不小，但是胡安还是把队友拖到了安

---

① 虽然西班牙人通常会戴头盔，但很少有人使用护面甲，因为它会影响到士兵的视线。

全的地方。到了晚上，胡安的下巴已经肿得让他无法再戴头盔了。即便如此，这位年轻人仍然愿意接受埃尔南多的委派，带领骑兵队去攻打萨克萨瓦曼堡垒。胡安知道西班牙人的性命都取决于这一战的结果，哪还顾得上考虑戴不戴头盔呢。

胡安的骑兵队想要攻占的堡垒是一个很难攻克的目标。 218
它的位置在城市北侧山坡上一片多岩石的区域中，堡垒三面都是陡坡，可以防止堡垒受到直接的攻击。在堡垒北面背对着城市的一侧，是一大片平坦的草地，印加人经常把那里作为举行庆典和游行的场所。由于堡垒仅此一面易受攻击，所以印加人在这里修建了一系列巨大的高墙作为保护。如公证人桑乔·德·拉·奥斯写的那样：

> 在……［堡垒外］不那么陡峭的一侧竖立着三道［墙］，一道比一道高……这些墙是这片大陆上能看到的建筑中最漂亮的东西，因为它们都是用巨型石块建造的，没有哪个看到这些墙壁的人会相信这些巨石是靠人力被竖立在这里的，因为那些石料简直就像一座山一样……这些墙至少有三十帕尔默［二十一英尺］高，长度还要远超过这个数值……这些墙七拐八拐地［呈之字线型］，［加农炮的］炮火攻击根本打不到一个正面，只能击中某个斜角的地方……整个堡垒就是一个武器仓库，储存了棍棒、长矛、弓箭、斧头、盾牌和厚厚的棉质护甲等其他各种各样的装备……都是从附属于印加帝国的各个地方汇集到此的。[30]

在询问了和自己同一战线的曼可的亲戚帕斯卡之后，胡安和埃尔南多认定唯一能够攻占堡垒的方法就是先突破城市北面的围城大军，打通前往豪哈城的路；如果这一步能够成功的话，再调转马头向东前进绕到堡垒前面的草地上。一旦到达那里，西班牙人就可以想办法从正面朝印加人的巨型围墙发动进攻。对于那些听取了这一计划的人们来说，这无疑是去送死。然而，除非他们搏这一回，否则他们就注定要被困在城里，耗到最后也是死路一条。有些人至少相信，凭着上帝的仁慈，也许这个计划最终真的能成功。

> ［5 月 13 日一早，胡安·皮萨罗和其他大约五十名骑兵］从［孙特瓦西］的教堂里出来，上了马，表现
> 219 得好像是要开始打仗一样，他们开始还四处观望着似乎在提防进攻，然后就突然猛夹马腹全速狂奔，直接冲破了印第安人设立的像墙壁一样堵得严严实实的路障，以惊人的速度朝着山坡上去了。[31]

胡安的亲戚佩德罗回忆了他如何和其他骑兵一起，一边要躲避印第安人士兵不时朝他们扔来的石块，一边要沿着陡峭的山坡曲折向上，另外还得时不时停下来等着自己的印第安人随从在前面替他们清除路障。

> 我们一路向上穿过卡尔门卡，那条路非常狭窄，路的一边是山坡，另一边是一条沟堑，有几段比较深，敌

> 人就从这个沟堑里向我们扔石头和射箭的，对我们造成了很大的威胁。他们［还］毁坏了一些地方的道路，挖了许多坑。我们走的就是这条路，而且走得非常艰难，不得不常常停下来等着我们仅有的不足一百个友好的印第安人把坑填平，把路修好。[32]

印加指挥官们以为这些西班牙人是要逃跑，于是立刻派了信差跑步前往阿普里马克河传达迅速拆毁那里的大吊桥的命令，以此来切断西班牙人的逃跑路线。然而，西班牙骑兵向西北行进一段之后突然调转方向往东加速穿过乡村朝堡垒的方向去了。虽然沿途还是要费力突破不少印加人修建的土坯壁垒，但是胡安和他的骑兵队最终还是成功地抵达了堡垒宏伟北墙之外的草地上。

停在这里重整旗鼓的西班牙人此时需要考虑下一步该怎么做。在他们面前的是三座几千英尺长，交错分布，用矩形的灰色石料砌成的高墙，其中最大的石块重量超过三百六十吨，高度超过二十八英尺。印加人在每道石墙后面填了土，直到与墙壁相同的高度，这样墙头上就成了一个平台，印第安人守卫者可以站在上面使用石头、飞镖和弓箭向下发起直接的猛烈进攻。即便是入侵者夺下了第一道墙，守卫者还可 220
以撤退到第二道墙和平台上，然后再到第三道。从第一道墙的底部到第三道墙的顶部之间的垂直距离至少有六十英尺。在城墙之后宽阔的山峰顶部还有一片迷宫般的建筑群，其中包括三座石塔：中间的一座最高，相当于四五层楼，成圆锥形，直径大约七十五英尺；分别位于它两侧的两座塔楼几乎一样高，都是矩形的。在这些石塔下面还有一条秘密通道，至少能够通往那三道防御城墙，可能还可以通向更远的地方。

萨克萨瓦曼是在15世纪建造起来的，这个名字的意思是“满足的猎隼（的堡垒）”。堡垒非常巨大，如果有需要，这里能容纳库斯科的所有人口。此时这里至少驻扎着三万名印第安勇士，还有大祭司在这里亲自指挥战斗。[33]五十名西班牙骑兵和他们的大概一百名印第安人盟友此时面临的似乎是一个不可能完成的任务：他们要怎么攻破这几道宏伟的城墙，从守卫者手中抢占这座堡垒呢？

胡安的弟弟贡萨洛和埃尔南·庞塞·德·莱昂此时带领着骑兵进行了几次正面的进攻。他们飞奔过草地朝着堡垒冲去，可是马上就遭遇到迎头而来的飞镖、石块和弓箭的攻击。他们离堡垒越近，从城墙上方倾泻而下的攻击就越密集，同时还伴随着印第安勇士们的叫喊声。在西班牙人的最后一次冲锋中，曼可的勇士们终于杀死了胡安·皮萨罗的一个侍从，他很可能是被投石索投出的一个石块击中了脸部，除他之外还死了两个非洲奴隶，他们很可能根本没有穿铠甲。① 在这样孤注一掷的进攻中，其他许多西班牙人及他们的战马也都受了伤。

---

① 从西班牙进口的铠甲非常昂贵。富有的西班牙人能够买到防护性更好的铠甲，贫穷一些的西班牙人自然就要冒更大的生命危险。至于奴隶们，很可能穿的都是收缴而来的印第安人棉质护甲，其防护程度远不及钢铁铠甲或锁子甲。

西班牙人撤退到了草地另一端的一座石头小山背面，然后下马商讨对策。他们能听到下面的城市里传来的钉了铁掌的马蹄踩在石板路上发出的声响和人们叫喊战斗的声音。留在城中的同伴们显然正在下面的街道中与进攻的印第安人交战。这些集中在城市之上一座小山之后的西班牙人感觉自己 221
既孤立无援又易受攻击。此时太阳已经开始西斜，胡安·皮萨罗决定最后再试一次强攻，不过这一次他指示自己的骑兵们要把所有力量都集中到第一道墙的正门上，以那里作为一个突破口。这个大门前面也修建了壁垒，有一个防守壕沟，门两侧还各有一道墙。

因为前一天头上受伤而无法戴头盔的胡安眼看着照在城堡塔楼和墙壁上的最后一缕阳光也即将消失，于是带领着其他骑兵们一起大喊着“圣雅各”的传统冲锋口号，开始加速穿过草地朝堡垒冲去。石块开始“嗖嗖”地从天而降，打到地上的还会跳跃着弹起，好像巨大的冰雹一样。西班牙人在大门前停住，一边用盾牌保护自己，一边跳下马，一起用身体撞击拦在门洞前的柳条屏障，不知怎么地竟突破了大门，此时他们已经开始沿着石头台阶向第一道墙顶部的平台冲去。

印第安人守卫者此时都冲过去想要堵住缺口，一波更加密集的石块攻击向西班牙人袭来，石块打在他们铠甲上发出了巨大的叮当声。勇士们的猛烈反击很快逼得西班牙人不得不退下台阶撤回到草地上。大喊着让自己的队员不要放弃的胡安又一次冲上前去，疯狂地挥舞着手中的长剑想要冲杀出一条血路。他几乎是扑到了如潮水一般涌来的印第安人身上。胡安的亲戚佩德罗对接下来发生的事记忆犹新：

> 印第安人从场地一侧的平台上向我们发起了密集的石块和弓箭袭击，我们根本没法保护自己，出于这个原因，胡安·皮萨罗把几个步兵朝着平台的方向猛推过去……那个平台不是很高，他希望有人能上到平台之上把那里的印第安人赶走。当他正在和这些印第安人交战，想要把他们击退的时候……胡安……没有用盾牌护住自己的头部，天上飞着那么多印第安人扔出来的石块，有一块恰好砸中了他的头。[34]

胡安显然伤得不轻，头上全是血，然而他还在继续战
222 斗，直到其他西班牙人和他们的印第安人盟友占据了第一道墙顶部的平台。但是随着夜幕的降临，再加上从另外两道墙顶部而来的仍然持续不断的如雪崩一般的石块攻击，西班牙人渐渐地再一次被击退，不得不回到草地另一边去。一些人重新爬上马背，另一些人则举着盾牌跌跌撞撞地保护自己。曼可的勇士们在他们后面追赶，一边喊着辱骂的语句，一边不忘朝西班牙人撩起长袍露出光裸的双腿。其他一些人则仍然在坚持不懈地向敌人发射似乎永远也用不完的石块。

回到相对安全的小山背面之后，胡安·皮萨罗终于倒下了。印第安人随从们马上将这位西班牙人领袖抬下山送回城中。受了致命伤的胡安在接下来的几天里只断断续续醒过几次，而外面的战斗则一直在继续。前去攻打萨克萨瓦曼堡垒三天之后，年仅二十五岁的胡安趁意识清醒的一点儿时间口

述了一份遗嘱，一位同时有公证人身份的征服者严谨地记录了遗嘱的内容并让这位将死之人签署了自己的名字：

> 本人，胡安·皮萨罗，新卡斯蒂利亚王国库斯科市市民，贡萨洛·皮萨罗［队长］与玛利亚·阿隆索(Maria Alonso)之子，父母均已亡故（愿上帝能让他们的灵魂安息），本人此时身体衰弱但意识清醒……鉴于我的身体状况，我不知上帝对我有何安排，所以我想要在此立下遗嘱和声明……首先，我要把我的灵魂托付到上帝的手中，是他创造了我们，又用他宝贵的血肉为我们赎罪……［此外］如果上帝决定因为我现在所受的病痛而结束我在世上的生命，那么我要求将我的尸体埋葬在［孙特瓦西］的主教堂，希望有朝一日我的兄弟埃尔南多·皮萨罗和贡萨洛·皮萨罗能够将我的尸骨带回西班牙，安葬在特鲁希略城中他们认为恰当的地方……我还要求在我去世的当天为我举行安魂弥撒，在我去世后的九天中，每天都要举行弥撒……
>
> 我［还］要求，因为一位印第安妇女曾经为我提供了［性］服务，并且生下了一名女婴，虽然我并不承认其作为我女儿的身份，［但是］……考虑到她母亲为我提供的服务，我同意在这个女孩达到适婚年龄并定下获得我的兄长埃尔南多·皮萨罗认可的婚事时，赠送 223
> 她两千达科特为嫁妆。如果这个女孩没有嫁人就去世的话……我要求将这笔钱交还给我的继承人……而不能由女孩的母亲继承……我［还］要求……我的继承人

> ［是］……以及我在世上所有的财产［都将归属于］我的弟弟贡萨洛·皮萨罗……［这份遗嘱］是在公证人和证人面前订立并确认的……我们的救世主耶稣基督诞辰1536年5月16日于首都库斯科。[35]

胡安·皮萨罗在受伤两周之后最终不治身亡，当时他已经认不出那位向他“提供了服务”的印第安妇女和他的混血女儿了，再说他已经决定不承认这个女儿的合法身份，而是将他拥有的二十万达科特金币的财产都留给他本来就已经极度富有的弟弟贡萨洛。令人惊讶的是，胡安在自己的遗嘱中完全没有提及这场正在外面的街道上进行的战争，也没有考虑到那几个作为他遗嘱见证人的绝望的西班牙人随时都面临着全部战死的可能。虽然胡安提出了要求，不过他的遗体再也没能被送回西班牙。他是皮萨罗家五个兄弟里第一个为征服塔万廷苏尤而丧命的人，他的尸骨也永远地留在了秘鲁。①

因为身边的伤员越来越多，埃尔南多·皮萨罗此时已经无暇顾及他受病痛煎熬的弟弟了。他任命了另一个弟弟贡萨洛·皮萨罗来领导继续攻打萨克萨瓦曼堡垒的行动。在重伤了胡安·皮萨罗的第二天，堡垒中的印第安人步兵发起了反击，把他们的战线从堡垒的城墙推进到了贡萨洛和其他骑兵们在前一天占据的小山。“情况非常混乱，”一个目击者写

① 胡安·皮萨罗后来被埋在了库斯科的多明我会的圣多明各修道院（Dominican Monastery of Santo Domingo）里，这个修道院就建在印加人的太阳神殿上。

道，“所有人都在大声叫喊，扭打在一起……为了争夺这个［西班牙人］占据的小山［而战］，看起来仿佛全世界的人都在山上相互交战。”[36]

随时都在接收战报的曼可已经意识到了争夺萨克萨瓦曼堡垒的这一仗有多么重要，于是又加派了五千名印第安 224
士兵前来支援。埃尔南多·皮萨罗虽然同样看重这个战场，但没有同样多的人手可供他调遣。即便如此，他还是增派了十二名骑兵去支援山上陷入困境的队伍。留在城中的西班牙人对于这样的安排很有意见，因为这样一来城里就只剩下不到二十四名骑兵来抵抗印第安人势头不减的持续攻击了。一名目击者写道：“城中的印第安人发起了无比猛烈的攻击，西班牙人觉得自己好像已经输了一千遍了。”[37]

在库斯科城中的战斗又持续了一整天，因为西班牙人拥有先进的铠甲、马匹和兵器，印第安勇士每天都要遭受成百上千人的伤亡。即便如此，曼可的勇士们还是在不屈不挠地向前推进。街上到处是尸体，这个曾经是印加帝国宏伟首都的城市已经变成了一个硝烟弥漫、焚烧殆尽的空壳。城市之上，在萨克萨瓦曼堡垒前面的草地上，曼可增援的新军已经抵达并开始向贡萨洛和他的西班牙骑兵施压。“西班牙人的处境非常艰难，这些刚刚来到的增援部队精力充沛，而且抱着坚定的决心，他们向西班牙人发起了猛烈的进攻。”[38]西班牙人不得不付出双倍的努力才勉强避免了被包围和剿灭的下场。

尽管如此，精疲力竭、伤痕累累，并且已经越来越绝望的西班牙人在那天晚上还是想出了一个新计划。他们意识到天亮之后曼可很可能还会增派更多的士兵来，而他们暴露在城市上方这个避无可避的地方必将面对更多的反击，于是西班牙人的队长们决定趁夜突袭堡垒。西班牙人知道曼可的军队做梦也想不到他们会这么做；他们还清楚印第安人不喜欢在夜间作战，尤其今天又是朔日。鉴于此，已经经历了一天激烈战斗的西班牙人不知哪来的力气，又监督印第安人随从们制作了攻城梯，这些梯子和西班牙人过去几个世纪中在伊比利亚半岛上用来攻打摩尔人城堡的梯子很相似。

在夜色的掩护之下，埃尔南多·皮萨罗和其他许多西班牙士兵从城市中悄悄爬上了陡峭的山坡来支援山上的同伴。矗立在他们面前的就是印加人的堡垒，一片笼罩在黑暗之中
225 的巨大阴影，只有高处平台上几处橘色的营火闪烁着一点亮光。西班牙人和他们的印第安人随从尽可能不发出一点声音地搬着攻城梯穿过草地，找到城墙上最阴暗的地方准备发动进攻。他们头上的钢制头盔和出鞘的长剑此时也只能反射出一点点暗光。西班牙人把梯子靠在城墙上，摸着黑悄悄地爬了上去。

爬上第一道墙的西班牙人让印第安哨兵大吃一惊，他们还没弄明白西班牙人是怎么奇迹般地出现在这里就被杀死了。挥舞着长剑连砍带刺的西班牙人很快就占领了第一道墙上的平台。他们的印第安人随从们也跟着爬上来，并把梯子拉了上来。很快堡垒中就响起了警报，石块攻击随之迎面袭来。不过征服者们还是成功地将梯子搭上了第二道墙，然后一手举着盾牌，一手握着长剑爬了上去。

曼可的军队被打了个措手不及，很快就不得不放弃了前两道墙顶部的平台，改为聚集到第三道墙顶部。他们后面就是复杂的建筑群和黑夜中赫然耸立着的三座塔楼。只剩一道墙可供防守的守卫者们除了死守没有别的选择。根据当时参与进攻的一个西班牙人的说法：

> 我敢保证这是……世上最可怕、最冷酷的战争。基督徒和摩尔人之间还尚存一些怜悯之心，被活捉的人也还能抱有一点希望，因为用赎金换性命的机会一直都是存在的。但是面对这些印第安人的时候，他们既没有仁爱也没有理性，更不敬畏上帝……他们只会以最残酷的方式杀死我们。[39]

绝望的处境反而让西班牙人爆发了无与伦比的凶残，他们挥舞着长剑，用盾牌抵挡着一波又一波的石块攻击。一个来自巴达霍斯（Badajoz）的埃斯特雷马杜拉人在那一夜表现得格外抢眼。巴达霍斯距离皮萨罗的家乡特鲁希略城大概七十英里。这个名叫埃尔南·桑切斯（Hernán Sánchez）的骑兵是埃尔南多早些时候派来支援的那十二名骑兵之中的一员，也是第一批沿着梯子爬上第三道墙，即最后一道墙的人之一。桑切斯用盾牌抵挡着飞来的石块进入了堡垒的核心区，然后直接飞身撞开了一座建筑的窗户，进去之后发现里 226
面有许多被吓呆了的印第安人。桑切斯一边大喊一边挥舞长剑砍杀印第安人，后者很快就被迫全部退到了一个通向房顶的台阶处。此时的桑切斯就像一个完全疯了的人一样，一边追赶着印第安人爬上房顶，一边发出疯狂的动物一样的嚎叫。爬上房顶的桑切斯发现自己所在的位置就是中间最高的圆锥形塔楼的底部，还看到从塔楼顶部垂下来的一根绳子，于是他把盾牌扎紧背在背上，然后抓住绳子，用脚蹬着塔楼的墙壁往上爬。爬到一半的时候，塔楼上的印第安人守卫者向他投掷了“水罐一样大”[40]的石块，但是桑切斯抓着绳子向前摆荡，恰好躲了过去，石块只砸碎了他的盾牌，擦着他的后背落下去了。最终，桑切斯成功地爬到了高处的窗口并从那里跳进了塔中。在这里他又遭遇了一大批印第安勇士，可是不知怎么地他还能有功夫向下面的同伴们大喊，鼓励他们继续进攻。

西班牙人和曼可军队的战斗持续了漫长的一夜。到第二天破晓时分，西班牙人和印第安人的战斗仍然处于胶着状态。双方都已经连续一天一夜没有睡觉了，也看不出有一点即将停战休息的迹象。虽然西班牙人已经尽了全力，但印第安人还是守住了三座塔楼和下面大部分的建筑，而西班牙人和他们的印第安人随从们则占据了下面的三道墙壁和平台。大祭司和他的将军保卡·瓦曼仍然在这一片复杂建筑中的某个地方指挥着守卫者们的行动。不过，萨克萨瓦曼堡垒确实存在一个明显的缺陷，那就是这里没有水源。另外，曾经堆满了所有仓库的石块、飞镖和弓箭储备也终于开始告急。“印第安人已经顽强地战斗了一天一夜，”一个目击者回忆说，“但是到第二天黎明的时候，印第安人开始显露出了颓势，因为他们已经用光了所有的石块和弓箭。”[41]

随着情势的不断恶化，大祭司和他的将军认定这里已经没有足够的水和武器来支撑印第安人守卫这座堡垒了。于是，他安排了一位本来是副手的戴着巨大耳饰的印加贵族来统领堡垒的保卫工作，然后下令让印加守卫者们突围出一条出路好让他和保卡·瓦曼将军逃离这里。两个人一到达卡尔
卡城就催促曼可向萨克萨瓦曼派遣更多的军队，希望新的反 227
击能够战胜并消灭那里的西班牙人。

不过到此时，留守的印第安人都已经撤到了三座塔楼中，被任命为指挥官的印加贵族在中间的塔楼顶部来回踱步。他无疑也参加了不到一个月前在拉雷斯镇举行的会议，和其他许多贵族一样喝了金杯子里的吉开酒，并宣誓效忠于曼可的起义斗争。佩戴着从西班牙人那里收缴的武器装备的印加贵族带领着印第安人进行了顽强的抵抗，此情此景足以让任何人感到震撼，以至于完全以自我为中心的西班牙编年史中都一反常态地提到了他的事迹。根据佩德罗·皮萨罗的说法：

> ［最高的塔楼顶部有］一个“大耳朵”，他是如此英勇无畏，简直可以与那些罗马人相提并论。这个“大耳朵”的手臂上套了一个椭圆形的盾牌，同时这只手里还握着一根棍子，另一手则提着一把长剑，头上戴着高顶盔。这些装备无疑是从那些死去的西班牙人身上抢去的，除这些之外印第安人肯定还抢了很多其他的东西。这个“大耳朵”守卫着整个塔楼顶部，行动迅捷如狮子一般，让那些想要顺着梯子爬上塔楼的人一直未能成功，此外他还杀死了那些投降的印第安人……每当

> 他的手下提醒他哪个地方有西班牙人要爬上来了，他就会像一头狮子一样地冲过去……挥起他的长剑和盾牌。[42]

埃尔南多·皮萨罗此时下令在所有三个塔楼上都搭起攻城梯，向三处同时发起进攻。据佩德罗·皮萨罗说：

> 和那个“大耳朵”在一起的印第安人此时都已经放弃抵抗并失去了勇气，只剩他一人还在战斗。埃尔南多·皮萨罗命令那些爬上塔楼的西班牙人不要杀死这个印第安人，而是要活捉他，还发誓俘虏他以后也不会杀他。后来西班牙人成功爬上了塔楼，从两个或三个方向同时来到了顶部。[43]

228 另一个目击者称：

> 在这个过程中，西班牙人已经朝他射了两箭，[但是] 他就像完全没中箭一样毫不在意。看到他的手下全都已经无力回击，而西班牙人却包围了上来，到处都是他们的梯子，每过一个小时他们就能占据多一些的地方，这个印第安人清楚大势已去，已经没有继续战斗的必要了，他把手中的斧头朝 [下面的] 基督徒扔去，然后抓起一把土塞进自己口中，并抹到自己脸上，他表现出来的巨大悲恸……是言语无法形容的。无法眼睁睁看着自己的堡垒被占领，也意识到阵地失守就意味着自

> 己的死亡——因为他就是这么向［曼可·］印加承诺的——这个“大耳朵”用斗篷蒙住自己的头和脸，从塔楼上跳了下去，落到距离塔顶一百艾斯塔多(estados)① 的地方，摔了个粉身碎骨。埃尔南多·皮萨罗对于没能活捉他感到非常失望。[44]

印第安人守卫者此时已经用光了武器，也失去了英勇的将领，西班牙人则爬上了全部三座塔楼，印第安人的溃败很快就转变成了西班牙人的大屠杀。“将领的身亡让其他印第安人也完全失去了勇气，”一个编年史作者写道，“埃尔南多·皮萨罗和他的手下［此时］进入了塔楼，把里面所有印第安人都杀了。”[45]无数的印第安人选择从塔楼的高墙上跳下，因为留在那里也无疑要死于西班牙人之手。跳楼的大多摔死了，另外一些落在已经摞成堆的死尸之上侥幸活命的，很快也会被其他西班牙人用棍棒打死，或是用刀剑刺死。堡垒中的最后一个守卫者也被杀害之后，堡垒中四处堆积的尸体引来了大批的秃鹫和巨型的黑秃鹰，它们全都飞下来享用士兵们的尸体。另一位参与攻击的西班牙人阿隆索·恩里克斯·德·古斯曼（Alonzo Enríquez de Guzmán）写道：

> 我们……攻打并夺下了堡垒，杀死了三千个印第安人。他们杀死了我们的队长胡安·皮萨罗……在城中的

① 西班牙旧制单位，一艾斯塔多（estado）等于两法拉（vara），约 1.8 米。——译者注

> 战斗里他们又杀死了四名基督徒，这还不算之前他们在印第安首领的牧场和农田里杀死的超过三十名基督徒，那些人都是在前去收取进贡的途中被杀死的。[46]

229 如之前西班牙人和印第安人所有的一边倒的战斗一样，印加方面又损失了几千名士兵，而西班牙人则只有极少的一点伤亡。实际上到目前为止，在曼可的起义行动中战死的士兵人数已经上升到大约二千至四千人，而西班牙人一方则只死了大约三十五个西班牙人、两名非洲奴隶和数目不明的印第安人随从。不过，这样一边倒的比例——也包括西班牙人几乎延续近三年连战连捷的情况——即将有所改变。

第十章　安第斯山脉上的死亡 230

你们都知道我曾经禁止你们伤害那些……踏上我的领地的……邪恶之人……［但是］过去的已经都过去了……从现在开始要提防他们，因为……他们是我们最危险的敌人，而我们也将与他们抗争到底。[1]

——曼可·印加，1536 年

必要的战争就是正义的战争：除了拿起武器没有别的路可走时，拿起武器就是理所应当的。[2]

——尼科洛·马基亚维利，《君主论》，1511 年

弗朗西斯科·皮萨罗是在 1536 年 5 月 4 日，即曼可·印加的大军向被困在库斯科城中的西班牙人发起进攻两天前才得知曼可起义的消息的。感到担忧的弗朗西斯科马上给他的弟弟埃尔南多和其他几个在库斯科的市民写信，告诉他们自己会尽快派遣人手前去支援。可是这些信件最终只有一封被送到了库斯科，而且也已经是在几个月之后了。那封信一路翻山越岭，最后几乎被撕烂了，上面很可能还血迹斑斑。收信人是贵族出身的骑兵堂阿隆索·恩里克斯·德·古斯曼，

就是三周后将要参加攻打萨克萨瓦曼堡垒的那个人：

> 尊贵的先生：
>
> 我到圣米格尔和［刚刚建立的］特鲁希略视察，今天刚刚返回国王之城［利马］。经历了旅途中的众多艰辛和危险，本打算好好休息一下，但是我甚至还
> 232 没［从马上］下来，就有人把你和我的弟弟送来的信件交到了我手中，我才得知印加［君主］这个叛徒竟然发动了起义。想到这会为我们效忠国王陛下、侍奉我主带来多少危害，以及你们所面临的危险和为我安度晚年增添的困扰，我深感担忧。有你在那里［库斯科］，这让我放心不少……如果这是上帝的旨意，我们一定会去营救你们。我先写到这里，祈祷上帝眷顾你们并协助你这样的伟人。
>
> 1536 年 5 月 4 日
>
> 弗朗西斯科·皮萨罗[3]

皮萨罗的国王之城才刚刚建立不久，这样命名是因为这座城市是在四个月前的主显节这一天建立的，而主显节也是三位国王前来朝拜耶稣的日子，于是利马由此获得“国王之城”的名称。它位于一片平坦的沙漠平原中，城市的边界就是从这里流过的里马克河（Rimac River）。“里马克”（Rimac）这个词语在鲁纳斯密语中的意思是“演讲者”，后来就被误传成了这个城市的名字“利马”（Lima）。皮萨罗选中的这片地区在他到来几千年

印加起义期间，基佐将军的勇士们俘虏了一些西班牙人幸存者并将他们押送至曼可·印加处。

前就已经有人居住，那里至今还零散分布着许多用土坯建造的金字塔，因为建造金字塔时使用的几百万块土坯砖在自然环境中受到长时间的侵蚀，所以现在这些金字塔看起来更像一座座天然的小山。

皮萨罗此前正忙着给自己在利马的西班牙人追随者们分配“委托权”以及监督城市广场周边建筑的建造工程，参与建造的既有印第安人也有西班牙人和他们的非洲奴隶。从在卡哈马卡城劫持阿塔瓦尔帕开始，到扶植曼可·印加在库斯科继位为止，皮萨罗的军事活动取得了一系列的成功，之后，皮萨罗也尽了他最大的努力想要实现与军事胜利同等重要的维持和平的目标。没有人比皮萨罗更清楚巩固西班牙人对这个刚刚被征服的国家的控制的重要性，也没有人比他更清楚他们自以为拥有的控制力其实是多么薄弱。

即便是在此时，即皮萨罗已经来到塔万廷苏尤四年之后，留在印加帝国中部地区的西班牙人数仍然不到六百名。在这片面积大致相当于今天的秘鲁，人口可能超过五百万的地区之内，西班牙人和印第安人的比例接近1∶10000。目前，居住在国王之城里的西班牙人大约有两百名，居住在豪哈城的大约有几十人，在圣米格尔和特鲁希略的西班牙人也
233 很少，被围困在库斯科的有一百九十人，其中包括皮萨罗的两个弟弟埃尔南多和贡萨洛。另一支由一百四十名西班牙人组成的队伍在他们的队长阿隆索·德·阿尔瓦拉多（Alonso de Alvarado）的带领下正被困在秘鲁东北部遥远的云雾林里，皮萨罗不可能召集他们来支援，因为他们正忙着征服那里的查查波亚文明。类似情况的还有皮萨罗的前合伙人迭

戈·德·阿尔马格罗，他带领着自己的五百多名西班牙人此时还在南部相当于今天智利境内的地区，那些人也同样在为保住自己的性命而挣扎。

皮萨罗手下的队长之一塞瓦斯蒂安·德·贝纳尔卡萨带领的一支两百人的队伍在北方很远的地方征服了相当于今天厄瓜多尔境内的地区。不过光是给贝纳尔卡萨送信求助就需要几个月的时间，等他的队伍赶到这里来又需要再花几个月。所以实际上，皮萨罗和他的西班牙人只控制了秘鲁一些极微小的区域，很大程度上要依靠与曼可·印加的联盟才能将他们的统治力延伸至各个地区。现在既然西班牙—印加的军事联盟关系已经崩溃，皮萨罗和其他西班牙人的真实处境就被暴露无遗了：他们不过就是一小拨越来越绝望的外国侵略者。在目前这个节骨眼上，皮萨罗唯一能派遣到库斯科进行支援的人手也就只有跟他一起待在刚刚建立起来的国王之城中的那些人。

皮萨罗此时尚不知晓到底是什么原因引发了这场突如其来的反抗，也不知道起义活动的范围有多大或是有多少印第安人参与其中。不过，曼可有多少理由来发起起义都不重要，重要的是如何能在起义蔓延开来之前立即将其镇压。如果曼可·印加夺回了库斯科，那不仅意味着皮萨罗的弟弟们和近半数的西班牙兵力被杀，还意味着征服秘鲁的行动不得不从头再来一遍。而这一次，印加人肯定就不会再像之前一样轻易相信西班牙人满口的仁义道德和兄弟之情了。

收到曼可起义消息之后不到一周的时间里，皮萨罗就派遣出了两队全副武装的援军。第一支三十人的骑兵队是由三十一岁的胡安·莫戈贝霍·德·基尼奥内斯（Juan Morgovejo de Quiñones）带领的。皮萨罗命令莫戈贝霍沿着从海岸边的印加古道向正东行进进入安第斯山脉，然后转道向南前往比卡斯瓦曼（Vilcashuaman），那里是位于库斯科以西一百多英里处的一个重要的交叉路口，有四条印加古道都汇聚在那一点上。占领比卡斯瓦曼既能够防止北方
234 的印加军队向南前往库斯科支援，又能阻止曼可的军队向北扩大起义的规模。

派出了莫戈贝霍之后，皮萨罗又派出了第二支七十人组成的骑兵队。这支队伍由他的一个亲戚贡萨洛·德·塔皮亚（Gonzalo de Tapia）带领，选取了一条完全不同的路线行进。他们先是沿海岸上的印加古道向南走了将近一百英里，然后沿一条岔路向东登上安第斯山脉。最后第二支骑兵队也会向南走上莫戈贝霍要走的那条印加人的主干道（*capac ñan*），并从那里前往首都进行支援。

不过，无论皮萨罗还是他的两个队长都没有意识到的是，曼可已经派遣他的将军基佐·尤潘基带领一支印第安人大军从库斯科出发向北进发。基佐接受的命令就是阻止西班牙人向山脉之上被围困的首都派遣救兵。这样曼可就能够专心地按照他自己的意愿来处理库斯科的“西班牙问题”了。两支增援队伍的队长也同样不清楚起义行动的规模，他们两个谁也没想到其实从自己走出利马那一刻，就已经算是踏入敌人的地盘了。曼可的抗争活动就好像一圈圈从池塘中心向外扩散的涟漪，从库斯科向南已经蔓延到了的的喀喀湖（Lake Titicaca）附近的卡亚俄（Callao），向北蔓延到了整

个秘鲁中部，直到豪哈城。所以这两支西班牙骑兵队伍刚一离开利马，立刻就有印第安人信差将他们的动向随时通报给基佐·尤潘基将军，让后者对这两拨西班牙人的一举一动都了如指掌。基佐无疑也使用了泥土制作的地形图来了解西班牙人所处的位置。印加的指挥官们都是使用这样的工具来制定作战计划的。

至此，在利马、豪哈和库斯科的所有西班牙兵力几乎都是在信息闭塞的情况下进行作战的，互相之间完全无法沟通。印加人不仅切断了西班牙人的沟通渠道，还重新设计了自己的军事行动策略。在自己的国家被占领了三年半之后，曼可的将军们此时已经了解了西班牙人军事技能的优势和劣势。不论自己有多大人数优势，在平地上袭击西班牙人的骑兵就是送死。将军们清楚自己的军队到目前为
止所有的胜利都是在险峻的地形条件下，在西班牙人的马 235
匹无法发挥其速度和机动性的情况下获得的。已经掌握了两支骑兵队伍正在安第斯山脉上崎岖不平的狭窄道路上缓慢前行的消息，再加上长久以来了解到的关于侵略者们的其他信息，基佐将军仔细地设计着自己的战略。16 世纪编年史作者阿古斯丁·德·萨拉特写道：“［印加人的计策］是这样的：他们等着西班牙人走进某个幽深狭窄的峡谷中，安排好大批的印第安人死守住峡谷的出口和入口，然后从两边的山上向峡谷中投掷巨石，将西班牙人全都砸死，这样几乎就完全避免了正面交锋。”[4]

设计这样的战略是印加人充分将安第斯山脉崎岖不平的地形为已所用的结果，他们将这里的地形转化成了西班牙人

的敌人。这样的战略很快就成了基佐·尤潘基将军军事活动的核心战略。[5]

贡萨洛·德·塔皮亚带领的七十人骑兵队从利马出发后先向正南然后向东进入了安第斯山脉地区，他们成了第一批体验印加人新战术的“幸运儿”。到此时为止，西班牙人还一直认定骑在马上的骑兵在印第安军队面前是不可战胜的，无论对方的人数有多少。塔皮亚的队伍翻过了海拔一万五千英尺处的一个山口，很快就来到了沿着安第斯山脉的山脊修建，从今天的厄瓜多尔境内的基多一直向南延伸至智利的将近三千英里长的印加皇室主路。走上主路向南行进之后，西班牙人接下来穿过了瓦伊塔拉（Huaitará）地区一片完全没有树木生长的高山草场（*puna*）。草场上放牧着长有厚厚绒毛的羊驼，天空中点缀着朵朵白云，但总是很快就飘走了。在这里偶尔能看见一些美洲豹，所以印加人就给这片草场取名叫“美洲豹”（*puma*）。① 骑兵队的头顶上不时有翱翔的秃鹰掠过，它们的黑色羽毛上有白色斑纹，黄色的头上没有羽毛。秃鹰的翼展可达七英尺长，不过与周围巨大的被白雪覆盖的山峰相比，一切都显得渺小了许多。增援部队接下来又通过了潘帕斯河（Pampas River）上的一座印加桥梁，然后就进入了一段两边都是凹凸不平的峭壁的河谷，河水流淌

① 盖丘亚语（或鲁纳斯密语）中有一些词语后来也被吸收为了英语词语，美洲豹（puma）就是其中之一，除此之外还有秃鹰（condor）、鸟粪（guano）、南美牛仔（gaucho）、肉干（jerky）、印加（Inca）、美洲驼（llama）、草原（pampa）、马铃薯（potato）、藜麦（quinoa）、小羊驼（vicuña）和古柯（coca）。

的声响充斥在河谷中，只能偶尔听到一点马蹄踏地的嗒嗒声。

安第斯山脉上空气稀薄，昼夜温差大。西班牙人和他们
的坐骑此时都已经疲惫不堪，而且开始出现高原反应。骑在 236
马上昏昏欲睡的骑士们朝着河谷的出口缓慢前进，却被前方突然凭空出现的大批印第安勇士吓得立刻清醒了。基佐的军队朝着骑兵们冲了过来，向走在最前面的骑兵们发起了一波猛烈的石块攻击。被打了个措手不及的塔皮亚调转马头往回跑，却发现他们刚刚过河时还走过的吊桥已经消失不见了，因为印第安勇士们在西班牙人刚一过河后就迅速地把吊桥拆掉了。

被陡峭的河谷壁夹在当中，又被没有吊桥的河流挡住退路的西班牙人已经彻底无处可逃了。他们互相喊话，控制着马匹，想要决定该怎么办才好。就在此时，他们身边突然响起像发射加农炮一般的巨响。一块巨石从他们头顶上落下，重重地砸到地面上，压死了几个人和几匹马，还有碎石像弹片一样射向四周的人群。西班牙人抬起头，惊恐地看到沿着两边的河谷壁分布的印第安人正在将更多的巨石推至悬崖边，还有一些则已经开始向下滚落。伴随着石头下落的巨响和伤者的惨叫，惊慌失措的西班牙人唯一可以确定的是，自己就像被困在精心布置的捕鼠器中的老鼠一样在劫难逃。

两块、三块……接下来又有四块巨石砸向地面，石块因为巨大的撞击而碎裂，无论骑兵还是马匹都避之不及。尚未受伤的马匹在不停地嘶鸣，受伤的马则发出惨叫。局面越来越混乱，西班牙人的喊声都已经嘶哑了，然而更多的巨石仍

然在不断地下落并砸中他们。有些骑兵试图逃跑，朝着河谷的前后出口冲去，但是迎接这些人的是投石索投出的石块和丛林勇士射过来的弓箭。少数几个抵挡住攻击、骑马全力冲进了聚集的印第安勇士中的骑兵挥舞着长剑想要杀出一条血路，结果马上就会陷入人群的海洋，被无数双手拽下马摔到地上，于是穿着铠甲的侵略者转眼就消失在了一片头上有红铜块、青铜块或石块的棍棒丛林中。棍棒举起又落下，西班牙人的下场可想而知。

基佐将军很可能是从河谷之上某个居高临下的地方仔细
237 地见证了这场由他精心设计的伏击。受伤的西班牙人在地上艰难地爬动，然后被追赶上来的印第安人士兵用棍棒敲碎脑袋的景象一定可以给他带来巨大的满足感。其他勇士们抓住了那些失去骑兵的马匹的缰绳，有些马虽然提起前蹄躲避，但最终都没有能够逃脱。在不到半个小时的时间里，七十名西班牙人组成的骑兵队里就只剩下几个还能在地上爬动的伤者了，这个数目仅比在库斯科城中作战的骑兵少十来人。

当印第安人忙着砍下大败的西班牙人的头颅时，一个副官走向印加将军，据推测是交给了他一个西班牙人的皮包，里面装的全是侵略者使用的奇怪的“结绳语”——据说是可以代替言语的有魔法的纸张（信）。视察了下面的大屠杀之后，基佐下令将仅有的几个幸存的西班牙人绑起来，连同另外五个被砍下的头颅和他们神奇的“结绳语”一起作为胜利的礼物送给曼可·印加。

此时，基佐将军已经从一个“查斯基”那里获得了另一支六十名步兵组成的队伍也进入了这一区域，正向南朝他们的方向靠近的消息。那支队伍的队长名叫迭戈·皮萨罗（Diego Pizarro）。虽然姓氏相同，但是这个人并不是皮萨罗家的兄弟。这一队步兵是从位于库斯科以北约三百英里的豪哈城出发的，他们追踪的目标是曼可的另一个将军蒂索，后者一直在当地挑动起义活动。基佐的侦察兵汇报说有六十名西班牙步兵正在向南沿着曼塔罗河（Mantaro River）朝位于库斯科和豪哈之间的印加城镇瓦曼加（Huamanga）前进。但是这些士兵里还没有一个人知道就在离他们不远的地方，一队西班牙人骑兵刚刚已经被剿灭了。

基佐在另一个与伏击塔皮亚的队伍的河谷相似的高海拔狭窄河谷中做好了新一次突袭的准备。这个河谷就在瓦曼加以北不远的地方，印加将军在那里又一次将没有一点思想准备的西班牙人一网打尽，用雪崩一样的巨石攻击将他们压了个粉碎，侥幸躲过巨石的西班牙人也没能躲过基佐的士兵们的棍棒。

> 印加［将军基佐］从这些［死去的西班牙人］身上收缴了不少从西班牙带来的物资，包括锦缎和丝绸……华丽的服饰、很多葡萄酒和别的食物等……另外还有长剑和长矛，后来他们就用这些武器来对付我 238
> 们……他们得到了一百多匹马［还有］许多火炮……和火绳枪。[6]

下定决心要将这样的根除战略继续到底的基佐将军此时带领着他的军队向北前往豪哈城，那里仍然居住着几十个

“受封人”。[7] 连续几年来的军事成功和天生的自大让豪哈城内的西班牙人产生了一种自己的处境很安稳的错觉。认定自己的六十名步兵还在附近的“受封人”选择无视他们胆战心惊的亚纳库纳仆人向他们汇报的印第安人大军已经逼近的消息。如编年史作者马丁·德·穆鲁亚描述的那样：

> [西班牙人] 收到了 [印第安勇士们] 要来杀掉他们的消息，但是他们完全没有把这当真，也根本不把他们的对手当回事，还说“让那些卑鄙小人来吧，我们等着把他们砍成碎块，就算他们派来 [比现在这些] 多一倍的人数我们也不怕……”正是因此，他们完全没有采取任何预防措施，既没有集合到城市中心区并加固防御，也没有安排守卫或哨兵，更没有派间谍到路上去打探消息，好在印第安人靠近时尽早获得通报。[8]

在这些富有的“受封人”无视即将降临的危险的同时，基佐的军队已经趁夜秘密地潜入了城市四周的河谷并将城市包围。第二天早上黎明时分，印加将军给自己的军队下达了进攻的信号，城中的西班牙人完全没有任何防备。发现自己已经被包围之后，那些还能够聚集到市中心的西班牙人进行了一场阿拉莫围城一般的最后抗争；其他那些落单的西班牙人则被堵在自己家中，直接被印第安人用大棒打死了。豪哈城内的战斗从日出持续到日落，西班牙人几年来的狂妄自大及残酷欺凌成为印第安人猛烈进攻的动力，渐渐地，西班牙人一个接一个地被解决了。到天黑的时候，“印第安人［已经］杀死了所有人，连带他们的马和［非洲］黑人奴隶”。[9]只有一个西班牙人想办法逃了出去，而获胜的勇士们则留在城中“分享死去的西班牙人的战利品，甚至是以骇人的残酷方式将他们的尸体大卸八块”。[10]这个仅有的幸存者逃下了安第斯山脉，朝着利马赶去，立即向忧心如焚的皮萨罗汇报 239
了之前发生的一切。

不过，豪哈城失守的消息还是来得太晚了，因为皮萨罗已经又派出了两支队伍进入安第斯山脉前去支援库斯科了，完全不知道先出发的七十人队伍遇到了怎样的灾难，也不知道豪哈城刚刚已被颠覆。皮萨罗后派出的队伍之一是以阿隆索·德·加埃特（Alonso de Gaete）为队长的二十人骑兵队。他们的任务是护送新的印加君主库西－里马克（Cusi-Rimac）前往库斯科，他也是曼可的兄弟之一。皮萨罗希望扶植这个新的傀儡君主能够再一次让印加精英阶层内部出现分裂，进而削弱曼可的起义活动，于是他仓促地筹办了一场加冕仪式，然后就派西班牙人护送新的傀儡君主和他的一些印第安人仆从前往豪哈城去了。自从杀死阿塔瓦尔帕之后，这已经是皮萨罗第三次扶植傀儡君主了，前两个分别是短命的图帕克·瓦尔帕和曼可·印加。

因为豪哈位于发生起义的库斯科北边还很远的地方，所以皮萨罗认为那里应该是一个安全的地方，新君主可以在那里慢慢主张自己的权力，树立自己的威信。不过这一行人启程之后不久，皮萨罗就开始担心二十人的骑兵队会不会人数太少了点。于是他又另安排了三十名步兵，在队长弗朗西斯科·德·戈多伊（Francisco de Godoy）的带领下赶去增援加埃特队长和他的二十名骑兵。当时无论是皮萨罗还是这两名队长当然都还不知道他们的目的地已经被基佐将军攻占，城中的居民都已经被屠杀，他们也不知道另外两支分别为七十人和六十人的西班牙队伍已经几乎被赶尽杀绝的事情。

虽然皮萨罗担心新君主的骑兵团也许易受攻击，但是他绝对不会想到加埃特的骑兵恰恰是被自己负责护送的印第安人攻击的。原来这位新的傀儡君主不仅没有背叛他的兄弟曼可，反而已经与基佐将军偷偷通信有一段时间了。在前往豪哈途中的一个河谷里，基佐的军队突袭了加埃特的队伍。在西班牙人还没有弄明白发生了什么之前，本来是受加埃特保护的库西－里马克和他的随从就将武器对准了保护他们的人，结果自然又是一场屠杀。印第安人联合起来杀死了西班
240 牙的队长和二十名西班牙骑兵中的十八名。只有两人逃过一劫，其中一人还有一条腿断了，是骑着骡子逃出河谷的。

这两个幸存者逃跑的时候，很快遇到了戈多伊带领前来支援的三十名步兵，听完这两个人汇报的情况，戈多伊感到非常惊恐，立即决定整个队伍调转方向护送这两个幸存者返回利马，“如丧家犬一样夹着尾巴去向皮萨罗汇报这个不好的消息”。[11]与此同时，基佐将军也派人给曼可送去了捷报，同时还有各种西班牙人的衣物、武器，几个西班牙人的头颅，“以及两个西班牙俘虏、一个黑人奴隶和四匹马”[12]作为礼物。与此同时，皮萨罗的傀儡君主库西－里马克也继续向南前去和自己的兄弟会合。在后来的整个起义过程中，他一直都是曼可的忠实同盟。

现在已经有三支西班牙队伍被彻底消灭了，只剩一支三十人的骑兵队伍还独自留在安第斯山脉中部。这支队伍是皮萨罗最开始派去支援库斯科的，由胡安·莫戈贝霍·德·基尼奥内斯带领。基佐将军的目标是将这一区域中所有的西班牙队伍全部消灭，所以莫戈贝霍的队伍很快也被困在了一段山口之中，并且遭受了和其他几队人马同样的待遇。不过一小拨残余人马逃了出去，他们也是全部四支队伍里仅有的幸存者了。这些人最终都跑回了利马，把新的坏消息带给了皮萨罗。在 1536 年 5 ~6 月短短两个月之内，西班牙人的军力直线下降，而印加军队的实力则得到了戏剧化的迅猛提升。从四年前西班牙人来到秘鲁开始，印加将军第一次消灭了四支西班牙队伍，其中三支还是骑兵队。实际上，基佐将军至此已经成功消灭了近两百名“不可战胜”的“维拉科查”——这个数目与现在被困在库斯科城中的西班牙人人数几乎相同，与 1532 年劫持阿塔瓦尔帕时在场的西班牙人数相比甚至还要多一些。

短短两个月之前，弗朗西斯科·皮萨罗手下还有大约五百个西班牙人，以及一个被他推上王位，并且受他控制的傀儡印加君主。而此时，那个傀儡君主领导的愈演愈烈的印第安人起义已经消灭了他手下超过三分之一的人员，还杀死了包括弗朗西斯科的弟弟胡安在内的五名西班牙人队长。除此之外，被抢走或杀死的马匹数量超过了一百匹；豪哈城已经失守，城中的居民尽数被杀；库斯科还处在围困之中；从库 241
斯科到利马之间几乎所有的“受封人”也都已经被有计划地追捕并杀死了。一位编年史作者这样写道：

> 发生了这么多不好的事情让总督感到忧心忡忡，因为他已经损失了四名队长［原文如此］和将近两百名手下，此外还损失了许多马匹；他确信那个城市［库斯科］不是陷入了严重的困境，就是已经失守；［如果是失守的话，］他的弟弟和其他所有在城里的人员恐怕都会性命不保；出于这个原因，再加上自己手下人员极度不足的窘境，他感到非常苦闷，害怕自己会失去这片土地，因为没有哪一天没有人前来向他汇报“哪个哪个首领起义了”，［或是］“在哪个哪个地区又有多少基督徒在外出寻找食物时被杀死了”。[13]

皮萨罗得知印加人已经找到了消灭骑兵队的办法时已经太晚了，就在几个月前这些人还被认为是无懈可击的。意识到自己刚刚派出一百多个骑兵去送死的皮萨罗不得不面对自己手下只剩不超过一百个西班牙人来保卫利马的现实。除此之外，城中每天都有各种关于印加军队逼近的传言满天飞，说他们要来杀光城里所有人，无论是印第安人、西班牙人还是奴隶。

担心着自己的弟弟埃尔南多、贡萨洛和胡安会有生命危险，此时已经感到绝望的皮萨罗向在美洲其他地区的各个总督发去了紧急支援的请求。1536 年 7 月 9 日，也是曼可发动起义两个月后，非同一般谨慎的皮萨罗给埃尔南多·科尔特斯在墨西哥时的副手，也是现在的危地马拉总督佩德罗·德·阿尔瓦拉多写了一封求助信：

最尊贵的先生：

……印加［君主曼可］……已经围困了库斯科，我对城中人现在的境况一无所知……这个国家已经遭受了严重的破坏，没有一个首领继续听令于我们，而且他们在与我们的对抗中已经取得了很多胜利……这样的情况让我感到十分痛心，不仅消耗着我全部的精力，也让我开始［担忧］失去总督之位。……我请求您派遣一 242
些人手来支援我，因为这不仅是效忠于国王陛下，［也］是帮了我一个大忙，能够拯救……这些生活在［利马］的人的性命……如果我们得不到帮助，库斯科一定会失守……之后我们剩下的人也都在劫难逃，因为我们的人手太少，武器也所剩无几，而印第安人则无所畏惧……我就先说到这里，只再提一句，为皇室尽忠，满足我和这片领土所需要的帮助对您而言不会有多大损失；就算为了帮助［我们这些］基督徒而有点损失，所有人也都会感恩于您的。

愿上帝满足尊贵的先生您一切的愿望。

弗朗西斯科·皮萨罗[14]

皮萨罗的信将大规模印加起义的消息传了出去，渐渐地传到了巴拿马地峡，又传到了加勒比海上，最终传回了西班牙，传到了国王查理五世的耳朵中。这个令人不安的消息意味着至少在眼下，此前一直源源不断地从秘鲁流入西班牙的属于皇室的20%的金银财富，要像被突然拧紧了的水龙头一样断流了。西班牙人帕斯夸尔·德·安达戈亚①在巴拿马给位于圣多明各的西印度群岛理事会和西班牙国王都发去了信件：

> 统治库斯科城和这一整个地区的君主已经起义了。起义活动从一个地方蔓延到另一个地方，突然之间所有人都起来反抗我们了。起义者的首领们已经聚集到国王之城以外四十里格［一百四十英里］的地方。［皮萨罗］总督向我们发来了求救信，我们一定会尽全力帮助他，我们还希望能够获得尽可能多的人手和最大限度的武器增援，包括火炮、火绳枪和十字弩。[15]

243 皮萨罗一边绝望地散发着类似于今天 SOS 信号的求救信，一边还要准备利马的防御工事以应对随时可能出现的攻击。而曼可·印加则忙着在他位于库斯科西北大约三十英里之外的新总部里庆祝基佐将军的胜利。曼可此时已经离开了之前在卡尔卡城的总部，因为那里距离首都只有十几英里的距离，他担心自己容易受到攻击。因此，起义的君主转移到了位于尤卡伊河（又名维坎纳塔河）②下游二十英里之外的一片名为奥扬泰坦博（Ollantaytambo）的既有堡垒又有神庙

① 帕斯夸尔·德·安达戈亚就是那个在 1522 年最先把有一片富足的领地叫秘鲁（Piru）的传闻传回巴拿马的探险家。弗朗西斯科·皮萨罗是唯一把这个传言当真并前往探寻的人。

② 尤卡伊河被印加人称为威尔卡姆尤河（Willcamayu River）。

的建筑群中。那个城镇位于平坦的尤卡伊河河谷中，河谷两边的山坡上都是梯田和数不尽的皇室地产，河水向下游最终会流入安第斯山脉以东的亚马孙盆地，河谷也随之渐渐变窄。在河谷北面一侧的山坡上有十几层陡峭的农耕梯田，还有城墙围绕的奥扬泰坦博建筑群，从这里可以同时观察到两条河谷入口的情况，一个是尤卡伊河谷的入口，另一个是从潘蒂卡拉关口（Panticalla Pass）向下流入东部丛林中的一条支流河谷的入口。

转移到奥扬泰坦博之后，曼可召集他的首领和军事领袖们就萨克萨瓦曼堡垒失守的集体过失问题召开了一次重要的会议。从库斯科逃出来之后的这三个月以来，年轻的君主正迅速地成熟起来。他此时头戴着垂到前额上的皇室流苏头饰，肯定还穿着用小羊驼毛纺织的长袍，对到场的部落首领和军事将领发表了下面这段讲话：

> [我的] 儿子和兄弟们：
>
> 在过去的谈话中……你们都知道我曾经禁止你们伤害那些……踏上我的领地的……邪恶之人，因为他们谎称自己是 [创世之神] 维拉科查的后代，是受维拉科查的派遣而来的，由于这个 [原因] 我才接纳并帮助他们，把我所拥有的都给了他们——包括金银、布料、谷物、美洲驼和羊驼、男人、女人和孩子，还有数不清的其他东西。然后毫无缘由地，他们竟然关押我、殴打我，虐待我，甚至想要杀死我……让我感到非常难过的是，我们的人数这么多，他们的人数那么少，可是你们 244

> 却让他们从你们的手掌心里逃脱了。也许维拉科查真的帮助了他们，因为你们告诉我他们每晚都在跪地［祈祷］……因为如果不是有维拉科查的帮助，他们怎么可能从你们这么多人的手中逃脱？［但是］过去的已经都过去了……从现在开始要提防他们，因为……他们是我们最危险的敌人，而我们也将与他们抗争到底。我打算把这个镇子作为我的根据地，在这里建造一个无人能攻破的堡垒。按照我说的去做，因为没准哪一天我们会用得上。[16]

在曼可的工匠们忙着加固堡垒的城墙的同时，奔跑的查斯基们则不断给曼可送来了基佐将军在北方连胜的喜讯。蒂图·库西回忆道：

> 那一段时期……信差们……送来了我们在……利马和……豪哈持续摧毁敌人［的消息］，在那里进行的印第安人和西班牙人的战斗中，印第安人是胜利的一方。信差还给我父亲带来许多西班牙人的头颅，两个还活着的西班牙人俘虏和一个黑人奴隶，以及四匹马。他们的到来让这里充满了胜利的喜悦，我父亲光荣地接受了这些［礼物］，他让所有人［都受到了鼓舞］，都想要抱着同样的热情去奋勇杀敌。[17]

得知基佐将军分别消灭了四支西班牙人队伍，既有步兵也有骑兵，由此已将安第斯山脉中部的西班牙侵略者成功剿灭殆尽的消息，并且考虑到皮萨罗的两个弟弟在库斯科城中已经无力回击，而且不可能再获得任何支援，曼可于是下令让基佐将军乘胜追击进攻利马。在利马的探子无疑已经向曼可汇报了那里的情况：城中还有大约一百来个西班牙人和八十四马，这个数目相当于据守库斯科人马的一半；而且城中所有人——不论是西班牙人还是叛国的印第安人——心中都已经充满了恐惧。一旦基佐将军解决了皮萨罗和他在海岸边的所有人手，他和他的军队就可以返回安第斯山脉之上，帮助曼可消灭在库斯科残存的西班牙人势力。那样曼可就可以夺回这座已经被焚烧得面目全非的城市，并开始着手恢复它往日的荣耀与威严，他也将重新掌控这个由自己的祖先建立起来的帝国。

对于埃尔南多和贡萨洛·皮萨罗，以及其他被困在库 245
斯科的将近一百九十名西班牙人来说，他们的处境依然令人绝望。虽然他们成功地夺下了萨克萨瓦曼堡垒，但是包括胡安在内已经死了五个西班牙人，还有许多人受了伤，储备的食物也几乎吃光了，士气更是跌落到了最低点。从开始围城到现在已经四个月了，他们竟然没有收到外界的一点音讯。曼可的起义已经蔓延到安第斯山脉以外的海岸地区了吗？没人知道。在国王之城里的皮萨罗和其他西班牙人还活着吗？也没人知道。可是除了这个原因，谁能解释为什么至今没有援军前来解救他们？少数人觉得也许皮萨罗还活着，也许是他派来的救兵还无法穿过印第安人的包围圈。没有有效的沟通，传言便取代了确切的信息而在城中广泛散播。没有一个西班牙人真正了解秘鲁的其他地方到底发生了什么。

在占领了萨克萨瓦曼堡垒之后，埃尔南多在那里安排了五十个步兵守卫堡垒，他和其他手下则回到城中主广场上的两座建筑里继续抵抗。不过，曼可的军队没有一天停止过对西班牙人和他们的印第安人随从的进攻。曾经富丽堂皇的城市如今就像一具被烧毁的趴在谷底的尸体。建筑的屋顶都已经被烧毁或坍塌了，甚至有些建筑的墙壁也已经倾倒了。街道上到处都是投石索投掷来的石块、被毁坏的壁垒，以及散落的瓦砾。一些队长强烈建议埃尔南多挑选最精锐的骑兵组成一支小队突破敌人的重围去海岸地区求援。那样他们还可以弄清楚皮萨罗和其他西班牙人是否还活着，也许还能集结一支队伍回来解救库斯科城中的人。这些队长提出，留在这里眼看着食物渐渐吃光，看着自己一方的人数逐渐减少，最终的结果只能是死路一条。

其他持反对意见的人则认为骑兵想要冲出重围无异于上门送死。骑兵队要想到达相对安全的海岸平原地区之前要经过安第斯山脉上无数的山口关隘，印第安人可以轻易地在任何一个地方将他们堵截并杀光。如果这些骑兵失败了，就意味着库斯科城内的马匹更少了，他们抵御攻击的能力也将更加衰弱。持第二种意见的人认为除非有办法让所有人都突围出去，否则就应当全部留下战斗。把本来就远不敌对方人数的队伍再分成两拨一定会导致灾难性的后果。

困在这里显然是完全得不到支援了，埃尔南多相信只要能把消息送到自己在利马的哥哥弗朗西斯科手上，后者就一

定会派人来解救他们——当然前提是如果他还活着的话。最 246
终埃尔南多决定组建突围小队。不过，他当然完全不知道几个人数比这大得多的骑兵队不久前才刚刚被基佐将军的军队剿灭。而曼可无疑巴不得再有这样的机会出现。别无他法可施的埃尔南多挑选出了十五名最优秀的骑兵负责执行这个任务，其中大多数人丝毫不怀疑这个任务很可能就是他们人生中的最后一个任务了。

然而就在骑兵计划出发的前一天，印加人出乎意料地向被困的西班牙人送上了关于外面世界的消息，而这些消息传达的方式就是五个被砍下的西班牙人头和一摞被撕毁的信件。根据阿隆索·恩里克斯·德·古斯曼的说法：

> 西班牙人即将出发的前一天，就在人们刚刚做完弥撒之后，山坡上的许多印第安人突然开始大喊大叫起来……然后他们把五个基督徒的人头和超过一千封［被撕毁的］信件留在了路上。印第安人无疑是截获了这些信件并杀死了一些总督派来支援库斯科的救兵……印第安人把这些东西摆到这里就是为了让我们看到，并知晓外面的状况，然后更加气馁。［可是，恰恰相反，］这样的举动让我们重获了新生与力量……因为通过这些信件我们获得了我们需要获得的信息——那就是总督和他的手下都还活着……我们还得知国王［查理五世］已经击败［摩尔人］占领了突尼斯。……［通过这种方式］我还收到了写给我的一些信件……既有来自祖国的，也有来自［皮萨罗］总督的。[18]

让曼可将人头和信件送给西班牙人的主意显然是来自一个西班牙人俘虏的突发奇想。这个人不知道想了什么办法使得印加君主相信，西班牙人看到“没用的［撕毁的］会说话的纸”会和看到自己同伴被砍下的头颅一样痛不欲生。虽然已经在西班牙人中间生活了三年，但曼可似乎仍然和西班牙人出现之前一样，完全没有弄懂文字是如何实现其作用的。画着不可理解的曲线的纸张之于南美洲上的原住民来说就像他们的结绳语之于西班牙人一样让人摸不着头脑。也正是因为如此，曼可将这写满了宝贵信息的信件拱手送给了西
247 班牙人。这些信件大都是从最近在安第斯山脉上被剿灭的那些倒霉的西班牙人身上搜查到的，有一些上面无疑还溅着血迹。

得知自己的哥哥弗朗西斯科很可能还活着的埃尔南多取消了本打算派人去海岸地区求助的计划，改为决定由他和其他西班牙人一起采取一个大胆的行动一举摧毁印加人的起义。亚纳库纳间谍们已经向埃尔南多汇报了关于曼可·印加现在转移到了库斯科西北大约三十英里之外一个叫奥扬泰坦博的地方，并将那里作为指挥总部的消息。如果埃尔南多能够直接向君主发动袭击，抓住他或杀了他，那么被围困的西班牙人就算是摧毁了起义活动的核心，一直与西班牙人并肩作战的曼可的亲戚帕斯卡则将被扶植为新君。就这样，埃尔南多留下五十名步兵驻守萨克萨瓦曼堡垒，留下四十名步兵驻守下面的库斯科城，然后亲自带领着七十名骑兵和三十名步兵组成的队伍，再加上查查波亚人和卡纳里人以及他们的印加盟友一起出城了。埃尔南多的目标很明确：亲手抓住或

杀死印第安人起义的领导者——曼可·印加。

埃尔南多和他的手下很快就杀出了一条通路，顺利进入了狭窄、平坦的尤卡伊河谷平原，然后沿着尤卡伊河前行，中途还有五六个地方需要涉水，每到要过河的时候，曼可的投石手们就会从河对岸向西班牙人投掷石块，但是一旦骑兵抵达了对岸，这些印第安人都难免要被西班牙人的长剑和长矛击退。随着河谷越来越窄，西班牙人的印第安探子突然停了下来并指着一些地方让西班牙人看。在河谷一侧的峭壁上，有一块凸出的巨型石墩一样的大石头，那上面赫然耸立着的就是奥扬泰坦博的神庙堡垒。这是西班牙人第一次见到这个堡垒，当时作为骑兵之一的佩德罗·皮萨罗回忆说：

> 当我们抵达目的地并看到如此坚固的［奥扬泰］坦博时，所有人都感到了惊恐，因为那个地方……特别坚固，建在高高的阶梯之上，墙壁也是用巨大的石块建造的。只有一条通路能够抵达堡垒，还是沿着陡峭的山坡而建的。而且……［山上］还有许多准备好了巨大石块等待着我们的勇士，一旦西班牙人胆敢走进或试图攻占［堡垒的］大门的话，他们就会立即把巨石推下来砸死我们。[19]

河谷两边的高耸的峭壁让西班牙人显得渺小了很多，山
坡上有十几层巨大而交错的阶梯，能通往堡垒里的指挥中
心。阶梯上站满了成千上万蓄势待发的印第安勇士。埃尔南 248
多和他的手下们聚集到了下面的平原上，很快就注意到这里

不仅有那些常见的印第安勇士，还有大批会使用弓箭的来自东部广阔丛林中的印第安人，西班牙人的印第安人随从管这些人叫安蒂人。

虽然印加人的军队中一直有来自亚马孙地区的勇士，因为只有他们知道如何使用弓箭，但是头一次看到这么多安蒂人勇士还是让西班牙人感到非常吃惊。与安第斯山脉上的居民们不一样，很多安蒂人喜欢在脸上涂抹颜色，其他一些则喜欢在鼻子或嘴巴周围插上各种热带鸟类羽毛，或是将羽毛装饰在他们的发带上，给他们黑色长发里增加一抹亮色。当西班牙人骑行到过分靠近堡垒墙壁的地方时，大批以削尖的竹子或木头做箭头的弓箭会立即被射向空中，这些弓箭大部分都击中了穿着铠甲的西班牙人和他们的马匹。埃尔南多很快就发现这些安蒂人的箭法非常精准。

这片由敌人控制的地区距离库斯科大约三十英里远，敌人的勇士们一边吼叫一边不断向他们投掷石块和射箭，埃尔南多·皮萨罗调转马头，骑到征服者中少有的几位略上些年纪的有灰白头发的骑兵之一身边跟他说了些什么。一个目击者写道：

> 埃尔南多……对一个同行的年长者说："看吧，年轻人不敢靠近堡垒，也不敢做别的，不如让我们这些老家伙们去试探一下［印第安人的防御］怎么样？"于是他和那个灰白头发的老者就一起向石墙发起进攻，由于山势陡峭，战马的胸部几乎都要贴到［墙壁］上了，他们还用长矛刺死了两个印第安人。他们［飞奔］返回时

有下雨一样从天而降的弓箭落在他们身上，还能听到［印第安人的］怒吼，这样的场景真是让人惊奇不已。[20]

虽然埃尔南多的自大、贪婪和自私让他在西班牙人中间很不受爱戴，但是绝对没有人质疑过他的勇敢。埃尔南多突然展现出来的这一品质实际上令其他西班牙人感到非常惭愧，此时队伍中的一些年轻骑兵也策马上前加入了攻占通往堡垒的唯一石砌通道的行动，印第安人在那里堆满了石头堵住入口，并且很快就将西班牙人的这波攻势化解了。如佩德 249
罗·皮萨罗所描述的那样，印第安人“朝我们投掷了太多的巨石和石块，还不停地射箭，就算我们有再多的西班牙人也会被他们全杀死的”。[21]在最初的这些小规模交战中，曼可的勇士杀死了很多西班牙人的印第安人随从，打伤了几个西班牙人，还有一匹马被打断了一条腿，它四处走了几步，最后踉踉跄跄地跌倒在地。

埃尔南多的队伍撤退了一些以稍做休整，曼可的勇士们则从高处的堡垒上下来继续追击西班牙人。“这些印第安人有一个特点，”佩德罗·皮萨罗回忆说，“他们乘胜追击的时候，就像恶魔一样紧追着你不放，［但是］他们逃跑的时候，又像抓狂的母鸡一般惊慌失措。鉴于此时他们看到我们在撤退，所以就开始像恶魔一样追击我们，而且显然是抱着巨大的决心。”[22]西班牙人发现那些亚马孙弓箭手战斗尤其英勇。“［亚马孙地区的印第安人］和印加人一起战斗……但是他们似乎不知道什么叫逃跑，”西班牙人感叹道，“他们［就算］马上要死了也不会停止射箭。”[23]

埃尔南多的骑兵一直在河谷里打转并进行一些小规模的战斗，而西班牙步兵和那些印第安人随从们则与越来越勇猛的印加军队绞作一团。当两支力量正打得难分难解之时，西班牙人突然发现他们作战的这个平原开始不可思议地泛滥起了洪水。这其实是曼可·印加安排的另一个秘密武器，他选择在此时用这招打敌人一个措手不及。原来附近有一条最终注入尤卡伊河的帕塔坎查河（Patacancha River）。印加的工程师们沿河修建了一系列的水渠，现在曼可给出了开启所有水闸的信号，于是洪水就被引入了唯一宽阔得可以让西班牙人骑马随意行动的平原。有人说当时曼可·印加亲临战场，骑在西班牙人的马上鼓励印第安勇士进攻。很快洪水就升到了马腹的高度，西班牙人于是失去了进攻的能力。据佩德罗·皮萨罗的说法：

> 印第安人在我们毫不知情的情况下将河水引入了我们所在的平原，我们要是再停留一会儿恐怕就都要被淹死了。埃尔南多看清了印第安人的这些伎俩之后意识到我们今天是不可能拿下这个村庄了，于是他下达了撤退的命令。随着夜幕的降临，他安排所有的步兵走在最前
> 250 面，然后是几个骑兵护送的随军行李，他自己带着其他一些人员走在中间，最后是他的弟弟贡萨洛·皮萨罗和包括我在内的几个骑兵，我们就是以这样的队形撤退的。[24]

在那个漫长的黑夜里，西班牙人被迫选择撤退，他们的印第安人随从一路上还要帮助他们抵挡一批又一批印第安勇

士的攻击。敌人叫喊着、挥舞着手中的狼牙棒，毫无预警地出现在黑暗中，可是当西班牙人举着火光跳动的火把围拢过来时，印第安人则已经神秘地消失不见了。埃尔南多和他的手下们费力地穿过河谷，来到了对面的山顶高处。当晚他们在一个被废弃的印加村落里扎营，到第二天，精疲力竭、伤痕累累的西班牙人又沮丧地一路打回了库斯科，回到了被他们留在城中的同胞们身边。虽然他们尽了全力，这次大胆的突击行动最终还是以损失了一些马匹、伤了一大批人而告终。如果说这次行动有什么效果，那就要算是西班牙人失败的行动和狼狈的撤退似乎让曼可的勇士们更加勇往直前了。

利马距离库斯科有四百英里，海拔也要低大约一万一千英尺，弗朗西斯科·皮萨罗在那里焦急地等待着海外前来的救兵，同时也迫切地想知道自己在库斯科的弟弟们是否还活着。皮萨罗仍然会经常收到惊恐的亚纳库纳探子送回来的关于印加大军正在集结，随时准备进攻的消息。他的探子们肯定也会告诉他，这支军队就是之前那支由基佐将军带领的，消灭了皮萨罗的全部增援队伍并血洗了豪哈城的大军。他们还说基佐将军已经发誓要消灭海岸边所有长着大胡子的入侵者，就像他之前在山上做到的那样。

在过去的一年半中，皮萨罗一直生活在国王之城里。和他一起的还有他十七岁的印第安情妇多纳·伊内斯（Doña Inés），她是伟大的君主瓦伊纳·卡帕克的女儿，也是曼可·印加的妹妹；他们还有一个两岁的女儿和一个一岁的儿子，两人都很受皮萨罗的宠爱。皮萨罗修建的这个城市中有

一个传统的西班牙风格城镇广场，广场四周是刚刚建成或在建之中的各种风格的建筑大杂烩，此外仍然还有许多帐篷和
251 披屋，以及西班牙人的仆人和最近刚刚到来的一批非洲奴隶所居住的住所。

因为最近损失了很多人手，所以现在留在这里保卫国王之城的只有大约一百名西班牙人，其中包括八十名骑兵和二十名步兵。除他们之外皮萨罗还可以依靠至少几千名印第安人随从，其中大多数是查查波亚人和卡纳里人，还有一些原属于印加仆从阶级的亚纳库纳。在这个聚居地里还有十四名西班牙妇女，她们也是在秘鲁的全部西班牙妇女，西班牙人的印第安人情妇数量要比这多得多，除她们之外还有少数一些摩尔人女奴（穆斯林）。国王之城就是在贫瘠的沙地上建起来的，距离太平洋的岸边还有大约十二英里的距离。城市以东及东南和东北方向有几座干旱、陡峭的圆形棕色山丘，是安第斯山脉从最高处冰雪覆盖的山峰向西逐渐降低，直到消失为常年暴露在海风中的海岸沙滩前的最后一点残留。

此时镇中所有居民的心中都充满了恐惧和担忧，因为他们都听说了大军压境的传闻，也知道城中的守卫人数太少，还知道接近一半的西班牙人兵力已经被敌人消灭。与此同时，还有传闻说有一批人数众多的起义者已经在附近的安第斯山脉上集结起来，像一场会带来大灾难的暴风雨一样正朝着西班牙人所在的城市慢慢袭来。利马的居民也知道西班牙人占领的豪哈城已经不复存在，那里的“受封人”都已经被赶尽杀绝，连库斯科也很有可能要面临相同的结果。此外，带领着一支五百人的队伍前去探索将由自己统治的新王

国——新托莱多王国（the Kingdom of New Toledo）的迭戈·德·阿尔马格罗已经走了一年多，至今没有任何音信。人们完全有理由猜想他们是不是也已经被全部消灭了。至于皮萨罗发出去的那些求救信，实际上他至此连一份回复都没有收到，更不用说有任何载着救援力量的船只登陆了。

最终，在南半球的深冬季节，当无所不在的雾气（*garúa*）像一块冰冷潮湿的布料笼罩在国王之城上空时，人们最不想听到的事还是发生了，消息是由一个单枪匹马的西班牙人飞奔穿过平原送来的：

> 逃往国王［之城］的［征服者迭戈·德·阿圭罗（Diego de Agüero）］刚刚抵达，向我们报告说他所在的
> 村子里面的印第安人已经发动了武装起义，甚至试图点 252
> 火将他烧死。大批印第安军队正在向这里逼近的消息让整个城市陷入了深深的恐慌，尤其是在城中的西班牙人数这么少的情况下。[25]

更多不好的消息此时也接踵而至。

> 国王之城周边的印第安人［随从］来到城中汇报说，大量的印第安勇士从安第斯山上下来攻击他们，还杀死了他们的妇女和儿童。总督于是派遣佩德罗·德·莱尔马（Pedro de Lerma）带领二十名骑兵前往该地区调查情况，因为［这些事都发生在］距离利马不超过三里格［十英里］的平原之上……

> [莱尔马] 当夜就从利马启程前往，可是他才走出两里格 [七英里] 就 [突然] 发现自己的队伍被五万名印第安勇士包围了。[26]

城中的居民意识到关于即将到来的攻击的传言已经变为了现实，然而他们不知道的是，基佐将军已经花了几个月的时间集结兵力，还额外从安第斯山脉西面征召了更多勇士。时至此时，基佐将军已经拥有了不少与西班牙队伍实际作战的经验，既面对过步兵也面对过骑兵。通过利用安第斯山脉崎岖不平的地形特点，加上收集关于敌人动向和部署的准确情报，他才能够在本方人员折损极少的情况下消灭此前所向披靡的西班牙骑兵，其中单支队伍的最多人数甚至达到了八十人。不过，曼可手下这位经验丰富的将军也清楚本方军队的劣势所在：到目前为止，无论是他还是其他印加指挥官都还没能找到如何在平地上与西班牙骑兵抗衡的办法。只要是在平原地区，印加军队人数上占据再大的优势也无法转化为胜势，然而关于这一点，基佐的顶头上司曼可·印加显然还没有体会到足够深刻的教训。

几个月前，在曼可收到他的将军送去的一连串捷报之后，他就给基佐送来了自己的一位“非常漂亮”[27]的姐妹做妻子，同时还有各种各样的礼物作为奖赏，包括代表着更高地位的皇室轿子，能够给将军带来更多的权威和荣耀。实际上曼可不仅给他最成功的将军升了职，还通过联姻的方式更
253 加坚定了将军的忠心。但是，跟随奖赏一起送来的还有一个坚决的指示：基佐要去攻打皮萨罗的海岸城市并“将之夷

为平地，一栋房子都不许留下。要把城中发现的所有西班牙人都杀光”。[28]如果可以的话将皮萨罗本人活捉交给曼可作为囚犯。任何协助西班牙人的印第安人也要就地处决。完成了这个任务之后，基佐要带着他的军队返回库斯科，与曼可一起彻底消灭剩下那些留在秘鲁的西班牙人。

基佐将军很清楚西班牙马匹的力量和速度优势只有在山地上才能被削弱，因为马匹甚至比人类更不适宜攀爬陡峭的山坡。只要自己的士兵占据着高度的优势，基佐就有战胜敌人的把握。然而具体到西班牙人在海边的城市，基佐的侦察兵无疑已经用泥土做了模型供他研究战术之用，将军很快就意识到攻打城市意味着他的军队不得不放弃山势的保护而在平地上与敌人交战。皮萨罗肯定会派出骑兵对他们发起攻击。印加将军仔细地研究着泥土模型，并仔细琢磨着用几个突起代表城市周围的几座小山，他无疑已经意识到攻打皮萨罗的海岸城市将是自己人生中最艰难的一次挑战。

发现基佐的先头部队在距离城市仅七英里的地方聚集的佩德罗·德·莱尔马决定对印第安人发起攻击。虽然遭受了严重的伤亡损失，但基佐的勇士们仍然坚持不断逼近，一个勇士倒下了，立刻会有新的勇士补上来。基佐的军队最终杀死了一个西班牙人，打伤了其他几个，还有一块瞄得很准的石块几乎打掉了莱尔马队长满口的牙。整张脸都已经血肉模糊的莱尔马很快就停止了交战，并带领着自己的队伍返回了利马。

仔细研究了地形情况之后，基佐将军决定从东、南和北三个方向同时发起进攻，这个策略和曼可在库斯科所使用的差不多。基佐将自己的士兵分成了三队，由塔拉玛（Tarama）、阿塔比洛（Atabillo）、瓦努库（Huánuco）和瓦拉（Huayla）部落组成的第一队从北边进攻，由万卡人（Huancas）、安格雷人（Angares）、亚尤人（Yauyos）和乔伊科人（Chauircos）组成的第二队从南边进攻，他自己带
254 领的第三队从东边正面进攻。基佐的军队和罗马军团一样部署好了自己的位置，伴着灰色的浓雾第一次出现在城市守卫者的视线中。“总督看到勇士的数量竟然如此之多，”一位西班牙幸存者写道，“无疑已经认定我们这些人无论如何是输定了。”[29]最终，勇士的大军部署好位置等待信号，还升起了布料制作的旗帜，基佐将军于是发出了进攻的命令。

基佐的三队大军形成了一个钳子的形状向城市逼近，伴随着印加传统的海螺壳、黏土喇叭和战鼓奏响的战斗音乐穿过平原。从高处看，这三支大军就像一个慢慢捏紧的三脚钳子一样要夹住并摧毁这座城市。皮萨罗此时也已经部署好了自己的八十个骑兵，让他们先隐藏在城中敌人看不见的地方，等到基佐的部队终于走到了城市外围，后面庞大的队伍也彻底暴露在平原之上的时候，皮萨罗才给出了开始攻击的信号。

突然出现的一队火绳枪手开了火，伴随着沉重的枪管里吐出的烟雾，铅制的子弹射向基佐的进攻士兵。接着是冲锋的骑兵队，他们挥舞着长剑和长矛，嘶哑地大喊着口号，直冲进进攻者的前沿部队，居高临下地开始反复不断地砍杀戳刺。西班牙人的印第安人随从们此时也冲出来用带有石头或铜制尖头的狼牙棒抵抗印加军队，这些随从的数量远比征服

者多得多。激烈的战斗彻底爆发了，勇士们的棍棒和石块一如既往地比不上西班牙人磨得格外锋利的钢铁剑刃，更不用说他们还穿着铠甲，骑在体重超过千磅的战马上面。基佐的军队虽然成功抵达了城市的外围，但是印加人的攻击到这里就再难向前了，西班牙的步兵、骑兵和印第安人随从们都在这里勇猛地战斗，不惜一切代价阻止印加人攻入他们的城市。

战斗进行了整整一个下午，西班牙人的铠甲骑兵给基佐的军队造成了与他们的人数完全不对等的重大伤亡。最终，印加将军下令让自己的士兵撤退回围绕在城市周边的小山上，因为只有那里的陡坡才能防止他们遭受骑兵进一步的攻击。基佐和他的队伍也退回了一座棕色的圆锥形高山上。这座山现在的名字叫圣克里斯托瓦尔山（Cerro San Cristóbal），
就矗立在利马的里马克河对岸。与此同时，其他的队伍也占 255
领了北面、南面和西面的山坡，基本上包围了整个城市。

在接下来的五天里，曼可最优秀的将军把皮萨罗的国王之城包围了起来。西班牙人每天都要拼命奋战才能让自己的城市免于被占领。然而到了第六天，基佐将军的战略出现了一个转折点。曼可给这位经验丰富的将军下达的命令不是围城，而是要占领并摧毁这个地方，将其中的西班牙人全部杀死。然而每天持续的不成比例的人员损耗已经开始挫伤将军手下士兵们的士气。考虑到曼可的勇士们围困了库斯科三个多月还依然是个僵局，基佐将军无疑迫切地想要完成自己在海岸边的任务，好返回印加首都支援自己的君主。每天基佐都站在山顶上看着西班牙骑兵大肆杀戮自己的勇士，造成严

重的人员伤亡，于是他认定自己唯一突破皮萨罗防守的机会就是向城市发动一次最终的压倒性的进攻，而且这一次他将亲自带队冲锋。

基佐召集了各队的将领开会，然后耐心地等待着他们的到来。站在圣克里斯托瓦尔山上，将军可以俯瞰整个城市，还能看到向北、向东、向南延伸的印加道路以及西边在雾气笼罩之下的泛着金属光泽的蓝色海洋。东面矗立着安第斯山脉，但是因为雾气太重，从这里只能看到一部分山腰。基佐的将军们一个个乘着轿子赶来了，他们都穿着华丽的棉质或羊驼毛长袍，披着颜色鲜艳的斗篷，戴着各种各样的金银和铜质饰物。他们一到齐之后，曼可的将军就站了起来，指着下面的西班牙人聚居地严肃地宣布：自己“已经下定决心要誓死强行占领这座城市。‘我打算今天就进入这座城，杀光里面的西班牙人’”[30]。基佐说道，他耳朵上的金质耳饰在他转头时会反射出点点金光。“‘那些和我一起去攻城的人必须明白，我们要生死与共，同进同退。’所有印第安人将领和部落首领都表示愿意追随他。”[31]

基佐无疑已经从自己的探子那里得知西班牙人城中还有西班牙妇女的事情，于是他承诺胜利之后会将这些女人分配
256 给将领们作为奖励，这样两个种族之间就可以交配并“生育出强壮的下一代勇士们”[32]。将军同时还提醒这些将领们，如果此战获得胜利，他们憎恨的入侵者在这片神圣的海岸上的最后一个根据地就会被毁掉，届时，由四个部分组合起来的塔万廷苏尤就会从这些来自海洋对岸的虚假的维拉科查手中解放出来。当天，也就是围城的第六天下午晚些时候，在

将领们都回到自己的队伍中以后，基佐将军向皮萨罗的国王之城发动了他的最后一次猛攻。一位编年史作者写道：

> 整个［印第安人］大军都开始行动，他们挥舞着众多的旗帜，西班牙人能看出他们是带着怎样的决心和意志来发动进攻的。［皮萨罗］总督下令所有骑兵分成两支队伍……分别在两条街上设下埋伏，其中一支还是由他亲自带领的。敌人已经穿过了河边的平原，都是精挑细选的精锐之师，［基佐］将军则举着一柄长矛走在最前面。[33]

印加人和西班牙人作战方式的区别之一就是，印加人的将军和战地指挥官们要亲自带兵冲锋陷阵。印加军队这样典型的多民族集合兵力显然是习惯了在有人带领和鼓舞的情况下作战。只要他们能看到自己的指挥官乘着轿子走在他们旁边或前面，印第安人就能够抱着无比坚定的决心战斗，一旦他们的指挥官被敌人的棍棒打倒或投石击中，那么整个进攻很可能就会出现动摇和退缩。因此，印加人军事行动中的阿喀琉斯之踵就是将指挥核心推上了军事进攻的最前线。相反，西班牙人的指挥官们则通常坐镇后方指挥军事行动。除了抓捕阿塔瓦尔帕那一次之外，皮萨罗一直都是派遣迭戈·德·阿尔马格罗、埃尔南多·德·索托或是其他的一些队长带队进攻的。这样就算他们有人受伤或战死，皮萨罗仍然可以统领整个侵略活动的大局。根据一位编年史作者的记录：

> ［基佐将军］乘坐着他的轿子跨过了［里马克］河的两条支流。我们看到［敌人的勇士们］开始进入城市中的一些街道，还有一些开始爬上城墙顶部，于是［西班牙］骑兵突然冲了出来，坚决地向印第安人发起
> 257 了攻击，由于这里都是平地，他们即刻就击败了敌人。［基佐］将军的尸体躺在地上，同样命运的还有另外四十位和他并肩战斗的指挥官和部落首领。虽然看起来似乎是我们的人专门挑选这些人袭击，但实际上是因为他们走在队伍的最前面，所以骑兵们最先冲向的就是他们。之后西班牙人一路追杀印第安人，直打到了［圣克里斯托瓦尔山的］山脚下。西班牙人在印第安人部署在那里的防卫点遭到了强烈的抵抗。[34]

夜幕终于降临到遍布着印第安人尸体的平原之上，倒下的印加指挥官们和他们染着血迹、已被损毁的轿子也躺在那里。第二天早上西班牙人醒来时发现所有印第安人的军队就像他们悄无声息地出现一般，又悄无声息地消失了。因为失去主将和其他众多将领而在心理上彻底崩溃的印加军队撤回了安第斯山脉上。只要有足够的空间让他们驾驭战马，穿着铠甲的西班牙骑兵再一次证明了自己足以成为决定战争胜败的最关键因素。除此之外，还有基佐将军和他的将领们亲身带领先头部队这一致命的战术错误，最终让印加人对于皮萨罗海岸城市的攻击演变成了出师未捷身先死的实例。

基佐阵亡三天之后，一个跑得上气不接下气的查斯基把这个噩耗送到了曼可在奥扬泰坦博的大营中。君主面色阴沉

地听着信差向他复述由六十多个查斯基跑步接力传递到此的关于海岸地区最近发生的不幸消息：基佐将军的连胜势头已经终结；曼可刚刚将自己的姐妹许配给他为妻的将军战死沙场，他手下的众多优秀印加将领也都没能幸免；基佐的军队已经慌乱地退回了山区。曼可被告知西班牙人的城市仍然屹立不倒，弗朗西斯科·皮萨罗也还安然无恙，他的骑兵队更是没有任何折损。

对于曼可来说，基佐战败的消息对他的打击是毁灭性的。帝国失去了最优秀的将领，而曼可本来还在他身上寄予了厚望，如今全都落空了。无论曼可能否意识到，他本人对于基佐的死是应当负有责任的。也许是受到将军表面上的战无不胜的鼓舞，也许是因为看到神圣的预兆或受到神谕的指示，曼可的命令实际上是让自己能打胜仗的将军去敌人面前自寻死路。印加君主显然忽略了基佐将军此前之所以能获得胜利的最根本的原因——利用安第斯山脉的地形削弱西班牙骑兵的战斗力；相反，他下令让军队在毫无掩护的平原上进 258
攻他们根本抵挡不了的骑兵队。基佐将军最后一次孤注一掷的进攻能让我们联想到很久之后在葛底斯堡的皮克特冲锋、澳大利亚人进攻加利波利、克里米亚的轻骑旅冲锋等其他一些同样没有胜算的军事行动。毫无疑问，基佐本人一定早就认识到这样一次军事行动很可能将以他的死亡而告终，然而在他神圣的君主下达的命令面前，基佐除了进攻没有别的选择。

另一个让基佐最后的进攻更加陷入危险的印加传统就是，越是在至关重要的战役中越要把将军推到最前面的位置，基佐乘坐着最显眼的轿子走在进攻队伍的最前面。有些西班牙人说当时基佐是被火绳枪击中的，另一些人则说他是被长矛刺中心脏的。方式并不重要，反正结果是这位伟大的勇士战死了，曼可失去了他最优秀的军事将领，也是截至此时唯一一个打败过西班牙人的将军。基佐的军队已经陷入了混乱，曼可再没有能力阻止皮萨罗向库斯科派遣援兵了。然而，等待曼可的坏消息还不止于此：一支四百多名全副武装的西班牙人士兵组成的队伍此时正在返回秘鲁的途中，为首的就是皮萨罗那位只剩一只眼睛的前合伙人——迭戈·德·阿尔马格罗。

/ 弗朗西斯科 · 皮萨罗（1478—1541）。征服秘鲁似乎是他最后一次征服某个帝国的机会。（LIBRARY OF CONGRESS）/ /

/ 处决印加君主阿塔瓦尔帕。（LIBRARY OF CONGRESS）/ /

/ 骑着马、举着火绳枪的西班牙人与印第安勇士在安蒂苏尤的丛林地区交战。（LIBRARY OF CONGRESS）//

/ 六十三岁的弗朗西斯科·皮萨罗在利马被刺杀。（LIBRARY OF CONGRESS）/ /

/ 1906 年秘鲁库斯科的街道场景。此时距离海勒姆·宾厄姆首次前往秘鲁还有三年的时间。注意图中的那些巨型石块，它们都是可以追溯到印加时代的。（LIBRARY OF CONGRESS）/ /

/ 三十七岁的海勒姆 · 宾厄姆于 1912 年第二次前往马丘比丘探险期间的照片。（NATIONAL GEOGRAPHIC，1913）/ /

/ 马丘比丘遗迹远景。（照片由金 · 麦夸里拍摄）/ /

/ 1965 年吉恩 · 萨沃伊在秘鲁北部格兰帕哈腾（Gran Pajaten）的查查波亚遗迹前拍摄的照片。（ANDEAN EXPLORERS FOUNDATION AND OCEAN SAILING CLUB）（左图）/ /

/ 探险家、建筑师文森特 · 李在偏僻的蓬库尤遗迹前。他花了二十多年时间探索并测绘比尔卡班巴的印加遗迹。李相信这附近还有“第五个印加城市”等着人们去发现。（照片由南希 · 李拍摄）（右图）/ /

/ 曼可 · 印加的古代首都老比尔卡班巴的石墙和门洞。（照片由保罗 · 戈德里克拍摄）//

/ 建筑师文森特 · 李创作的瓦兰卡拉布道点细节图，这个布道点是由奥古斯丁修会修士迭戈 · 奥尔蒂斯建立的。李根据自己发现的建筑遗迹画出了这幅图。根据西班牙编年史作者的说法，奥尔蒂斯修士在成为殉道者之前在这里做了最后一场弥撒。教堂后面的圆形建筑可能是亚马孙印第安人的住所。（文森特 · 李）（左图）/ /

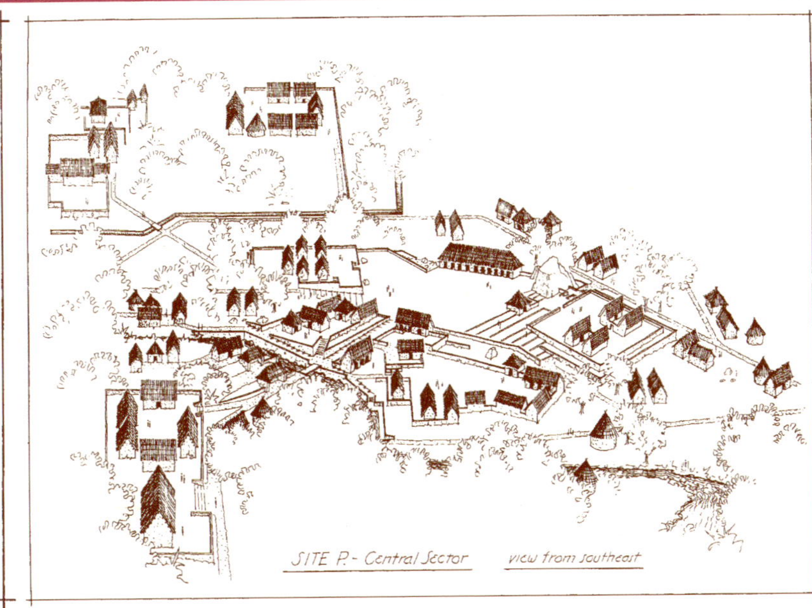

/ 李创作的位于丘基帕尔塔的印加太阳神庙示意图，这里又被称为纽斯塔伊斯潘娜。西班牙修士迭戈·奥尔蒂斯和马科斯·加西亚在1570年烧毁并破坏了神庙的建筑群。（文森特·李）（中图）/ /

/ 李创作的比尔卡班巴中心区示意图。圆形的建筑可能是印加人的丛林盟友，即来自安蒂苏尤的各个印第安人部落成员的住所。（文森特·李）（右图）/ /

/ 比尔卡班巴河谷远景。（照片由保罗·戈德里克拍摄）（上图）/ /

/ 曼可·印加的起义首都比尔卡班巴（今天被称为伊斯皮里图大草原）所在的位置。整个印加城市已经在这片雨林中隐藏了三百多年。（图片由保罗·戈德里克拍摄）（下图）/ /

［皮萨罗］和阿尔马格罗曾经是亲如兄弟的好朋友，然而私利斩断了这些情谊，贪婪扰乱了［皮萨罗的］思维，想要统治和分封［受封人］的野心让两人之间产生了嫌隙。如果他们都还处于贫穷和匮乏的处境中，而不是来到了这片富足的大地上，那么他们的关系也许反而能维系得更长久。这两个人都没受过什么教育，甚至连字母表都不认得，可是他们之间却充斥着嫉妒、欺骗和其他不公的行径。[1]

——佩德罗·谢萨·德·莱昂，

《发现和征服秘鲁》，1554 年

想要获得更多的愿望不可否认是很自然而常见的现象；成功满足自己愿望的人更多会受到赞美而不是非议。然而，当那些没有实现愿望能力的人，却要不计代价一意孤行的时候，他们就理应为自己的错误而受到谴责。[2]

——尼科洛·马基亚维利，《君主论》，1511 年虽然基佐将军已死，曼可仍然下定决心要继续围困库斯科，希望通过饥饿和人员损耗来渐渐击败埃尔南多·皮萨罗和他的手下。基佐死后四个月，曼可还在围困库斯科，也依然将附近改建之后的奥扬泰坦博堡垒作为指挥总部。虽然曼
261 可的军队最终没能阻止西班牙人突围获得食物补给，但是他们的包围毕竟还是坚固到足以防止埃尔南多和其他被困人员从城中逃离。

1537年1～2月，大概是围城进行了九个月之后，一个查斯基信差来到曼可位于奥扬泰坦博的堡垒。信差汇报说有一大队西班牙人马刚刚达到向南两百多英里以外的印加城镇阿雷基帕（Arequipa），队伍的人数大约是四百人，还有很多匹马。坐在皇室轿子上的曼可的兄弟帕鲁也在其中，此外还有皮萨罗曾经的合伙人迭戈·德·阿尔马格罗。平民身份的信差只能低垂着眼看向地面，但是曼可当时一定是一直盯着信差，然后又向外望望下面铺展在他眼前的尤卡伊河谷。突然之间曼可一定意识到，尽管自己已经竭尽全力，但是力量对比的天平还是这么猝不及防地向对方倾斜了。迭戈·德·阿尔马格罗返回秘鲁就好像是发生了另一件“帕查库提（改变世界的大事）”一样。

六十一岁的迭戈·德·阿尔马格罗是在大约二十个月前，带领着五百名西班牙人、一万两千名印第安人随从和几百匹马离开库斯科的。在过去将近两年时间的与当地印第安人的残酷战斗和全程超过三千英里的长途跋涉之后，阿尔马格罗带着他的手下穿过了积雪覆盖的安第斯山脉返回秘鲁。山上的积雪太厚了，西班牙人甚至是在脱下靴子时才发现自

阿尔马格罗从智利返回秘鲁后不久就爆发了关于秘鲁控制权的斗争。

己的脚趾头都已经被冻掉了。在另外一些地方，西班牙侵略者甚至会把数不尽的被冻死的印第安人脚夫的尸体摞成堆来抵挡冰冷刺骨的寒风。阿尔马格罗的探险队成员经历了极度的饥饿，受到了连续不断的袭击，最终在今天智利的圣地亚哥以南两百多英里的地方遭遇了勇猛的阿洛柯人（Araucanians）。后者不仅阻断了这些西班牙人的前进道路，迫使他们撤退，还会在接下来的两个世纪里不断粉碎其他想要征服他们的侵略行动。

万分失望的阿尔马格罗渐渐意识到国王陛下授予他的统治区域里根本没有秘鲁能提供的那样的财富。阿尔马格罗已经意识到，到目前为止，弗朗西斯科·皮萨罗获得了印加帝国里最富有的那部分地区，而他自己得到的不过是一些人家吃剩下的残渣。他的队伍不得不又经历了一段同样令人疲惫的向北返回的跋涉，还有不少人员和马匹没能熬过这样的艰辛。最终，幸存者们抵达了位于今天秘鲁境内安第斯山脉南部的阿雷基帕镇。在这次探险中丧生的西班牙人超过了一百
262 名，阿尔马格罗的马匹也死了一半以上。一万两千名印第安人随从中的大多数不是死了就是半路逃跑了。这群人想要找到第二个像秘鲁一样有繁荣的城镇、富饶的农田、储量丰富的矿产的帝国的梦想已经破灭了。阿尔马格罗的追随者中大多是错过了分享卡哈马卡和库斯科财富的机会的人，他们眼下唯一的打算就是回到秘鲁，抢夺任何他们可以找到的财富。

这就是阿尔马格罗最初收到年轻的君主曼可·印加起义的消息时所处的境况。他听说印第安人发起了大规模的起义，几百个西班牙人被围困在了库斯科城中，而这个城市正是他自己垂涎了几年之久的地方。陪同阿尔马格罗前往智利

探险的帕鲁马上派遣一个信差到曼可的大营，信差携带了一封阿尔马格罗给曼可的信件。和信差一起前往的应该还有一个能识文断字的西班牙人以及一个印第安人翻译，这样他们就可以把西班牙语翻译成鲁纳斯密语了。

“我亲爱的儿子和兄弟”，阿尔马格罗这样称呼比自己年轻得多的曼可：

> 我在智利的时候……收到了其他基督徒虐待你、抢夺你的财产和房屋，甚至霸占你深爱的妻妾们的事情，这让我感到了比亲身经历他们这些暴行更深刻的伤痛，这主要是因为我相信他们这么对待你是完全不公正的。除此之外，还因为我很感激你，爱护你，一直把你当作儿子和兄弟看待。我一听到这些事就立即决定带领着和我一起的一千个基督徒、七百匹战马返回秘鲁，我身上有国王陛下的信件，凭借他赋予我的权利，我会帮你夺回被抢走的一切，并惩罚那些如此对待你的人，让他们付出与他们的罪行相称的代价。[3]

阿尔马格罗故意夸大了自己队伍的人数，好让自己显得比实际上更强大一些，他说自己有国王陛下针对曼可处境的来信也是假的。征服者继续写道：

> 如果你起义或发动战争，那一定是由于他们对你施加的恶行已经超出了你能容忍的范围。虽然你［现在］对［他们］的处罚应该已经能够让你解恨了，但是我 263

> 还是要亲自处理这件事，我会把他们都抓起来，作为囚犯送到国王陛下面前，国王陛下将处以他们死刑。我相信在我返回之后，你就可以确信……自己［再也］不会失去我的支持……虽然我带领的军队人数众多、实力强大，足以统治广大的领域，［虽然］我还有两千人手不日即可抵达增援，但是我绝对不会违背你的意愿或建议，或是拒绝你的友情和善意，正如我心中对你一直充满的感情一般……我只希望……如果可以的话，你能够来与我面谈，［而且］你绝对可以相信我……［因为］我可以在此向你做出保证，这次见面不需要很长时间，我只是想知道你是否身体安康，愿上帝保佑你。[4]

送出这封信之后，阿尔马格罗又紧接着派了两名西班牙人特使前去探望印加君主。阿尔马格罗意识到弗朗西斯科·皮萨罗此时在秘鲁的势力肯定已经远不及两年前强大了。皮萨罗的衰弱正好给阿尔马格罗提供了一个意料之外的机会，后者打算试探一下能否趁着秘鲁现在发生的混乱为自己谋得一些好处。阿尔马格罗推测凭借恰当的外交手段，他可以与曼可协商停战，同时把引发起义的原因全部归咎于皮萨罗。那样的话，阿尔马格罗就可以为自己增加说服国王陛下准许由他统治库斯科的筹码。就是出于这些考虑，阿尔马格罗决定带队向北行进，先前往曼可此时所在的尤卡伊河谷，而不是直奔库斯科去解救被困的西班牙人，反正后者也并不知道他已经返回的消息。

阿尔马格罗的西班牙人特使此时已经抵达了尤卡伊河

谷，看到的都是面目阴沉地望着他们的曼可的士兵，不过他们还是被许可通过了。最终，两个人来到了山坡上的奥扬泰坦博堡垒所在的凸出的花岗岩平台下方。沿着长长的石头台阶爬上城堡之后，他们受到了曼可·印加的热情接待，因为后者已经收到了阿尔马格罗的信件。两个特使又重复了阿尔马格罗的提议：总督为库斯科的西班牙人对曼可施加的不公对待感到震惊；他本人会确保所有相关人员受到应得的惩
罚；如果曼可同意停止起义，阿尔马格罗保证国王陛下会赦 264
免曼可攻击皮萨罗和他的手下的罪责。在随后的一封信件中，两位特使直接向国王汇报了曼可给他们的答复。

> [神圣的国王陛下：]
>
> 您的总督［阿尔马格罗］以您的名义派遣我们进行此次外交活动，目的是说服［曼可·印加］和平解决［起义问题］，向他传达［阿尔马格罗］总督的友谊，并向他说明总督认为库斯科的基督徒此前对他进行的虐待是有违国王陛下本意的……［我们想要向您汇报］印加［君主］热情地接待了我们，并听取了我们转达的信息，他的回复如下：
>
> “伟大的卡斯蒂利亚［西班牙］国王怎么可以命令他们霸占我的妻子，把我关押起来，用链子拴着我的脖子，在我身上撒尿，朝我脸上吐口水？年长的［弗朗西斯科·皮萨罗］总督的弟弟贡萨洛·皮萨罗［怎么可以］抢走我的妻子并至今还霸占着她？迭戈·马尔多纳多（Diego Maldonado）怎么可以威胁［要杀了

> 我]，朝我索要黄金，还说他自己也是国王?”
>
> 此外［曼可］还控诉了［库斯科市］市民佩德罗·德尔·巴尔科和戈麦斯·德·马库埃拉（Gomez de Macuela）；还有其他在他被囚禁时向他身上撒尿的人，包括阿隆索·德·托罗、［格雷戈里奥·］塞蒂尔（Gregorio Setiel）、阿隆索·德·梅萨（Alonso de Mesa）、佩德罗·皮萨罗、［弗朗西斯科·德·］索拉雷斯（Francisco de Solares），他们都是库斯科的市民［受封人］。他还说这些人用点燃的蜡烛烧他的眉毛。最后，他总结说，“如果我的长辈阿尔马格罗传达给我的信息是真的，如果你们没有撒谎，那么我愿意与［你们］……和平相处……我也会停止杀戮那些曾经错待过我的基督徒”。
>
> ……愿上帝保佑您［国王陛下］，愿［基督徒的］疆土不断扩大……
>
> 您谦卑的仆人
>
> 佩德罗·德·奥纳特（Pedro de Oñate）
>
> 胡安·戈麦斯·德·马尔韦尔（Juan Gómez de Malver）[5]

正当曼可与阿尔马格罗的两个特使协商的时候，另一个
265 信差也刚好来到了他的军营，这个人是库斯科城中的埃尔南多·皮萨罗的一个印第安人随从。在库斯科的西班牙人终于听闻了迭戈·德·阿尔马格罗已经带着大批人手返回秘鲁的风声。一开始他们并不相信这个说法，因为几个月来他们已经听够了各种关于救援来了的虚假传闻，最后却没有一个是

真的。直到最近某天，西班牙人早上醒来发现围困他们的印第安人士兵突然开始撤退了，埃尔南多于是派出侦查小队打探消息，很可能是抓住了几个印第安人，并很快从他们口中得知原来阿尔马格罗真的已经从智利返回秘鲁，此时就驻扎在他们以东十几英里之外一个叫乌尔科斯（Urcos）的地方。埃尔南多还听说阿尔马格罗不但没有前来解救他们，反而秘密地与印加君主谈起了协议。

库斯科城内的大部分西班牙人在听到阿尔马格罗回来的消息时都觉得松了一口气，他们相信自己的困境终于快要结束了。然而埃尔南多·皮萨罗一听说阿尔马格罗没有直接前往库斯科，而是先去与曼可谈判就立刻怀疑起了阿尔马格罗的动机。埃尔南多不禁会问他们要协商什么？再说在自己哥哥的王国里，阿尔马格罗有什么权利去协商任何事？埃尔南多这个生来就不会轻易相信别人的人可没有忘记当自己还在西班牙的时候，皮萨罗和阿尔马格罗就因为谁该占有库斯科的问题而发生过严重的冲突。事实上，就是预料到了这样的利益冲突，埃尔南多才会一到西班牙就请求国王将原本授权他哥哥征服秘鲁的范围进一步向南扩展，目的就是确保库斯科最终能被划入他哥哥的统治区域。国王同意了他的请求，追加授权弗朗西斯科·皮萨罗政府七十里格（二百四十五英里）的范围，但是国王并没有明确说明皮萨罗领地的测量方式是南北的垂直距离还是沿海岸线的斜线距离。正是这种模糊不清的措辞，再加上在16世纪的秘鲁很难进行准确的地理测量，才使得库斯科在当时成了某种意义上的无主地，而此时，皮萨罗和阿尔马格罗显然又要开始为这里的控制权展开新一轮的斗争了。

因为不信任阿尔马格罗，所以埃尔南多马上给曼可写了一封信，这也是自从曼可发动起义以来，埃尔南多第一次尝试要与印加君主进行谈判。埃尔南多通知君主说他愿意对过
266 去一年中发生的事情既往不咎，同时还敦促曼可不要相信阿尔马格罗对他讲的任何事。埃尔南多坚称国王任命的这个地区的总督是弗朗西斯科·皮萨罗，不是阿尔马格罗。如果阿尔马格罗否认这个说法，那么他就是一个叛国的骗子。

此时在奥扬泰坦博半空上的堡垒中，有西班牙人的两个派系分别派来的使节，还有印加帝国的君主，三股不同的力量都在要弄手段，追求的目的则是同一个——控制秘鲁，或者从阿尔马格罗的角度说，是控制库斯科地区，这样将来就可以把这里划入他的南方王国的范围。在过去将近一个世纪里，曼可的祖先们控制着安第斯山脉中部地区。此时，年轻的君主突然要面对两股相互竞争的西班牙力量，他们都提出要和自己共享权利——条件是要与其中一股力量结盟并联合对抗另一股。可是曼可怎么知道这两边说的是不是真话？他怎么知道这两拨人不是暗中勾结来消灭他和他的起义的？

因为怀疑自己有被欺骗的可能，曼可突然要求阿尔马格罗的两个特使证明他们的诚意：如果他们愿意亲手砍掉埃尔南多派来的印第安人信差的一只手，那么就能证明阿尔马格罗是真的憎恨皮萨罗一家。在曼可眼里，这个信差本身就是一个叛徒，因为他帮助埃尔南多和他的手下熬过了这漫长而艰苦的库斯科围城战。曼可的勇士们很快就按住了信使的一

条胳膊，另一个勇士则递给西班牙人一把长剑。曼可在身边精英侍卫的保护下看着西班牙人缓缓地举起长剑悬于伸出的手掌之上，很可能在空中略停了一会儿，然后手起剑落，齐刷刷地削掉了信差的四根手指。曼可显然非常满意，他准许两名西班牙人特使返回阿尔马格罗的营地，让他们去安排在卡尔卡城与总督见面的相关事宜。与此同时，曼可也给埃尔南多送去了一个简单明了、绝不会出现歧义的信息：一个返回时少了四根手指的印第安人通敌者。

当这两个西班牙人特使开始骑着马沿山谷返回时，他们
很快遇到了另一个西班牙人，他的名字叫鲁伊·迪亚斯
(Rui Díaz)。迪亚斯在和阿尔马格罗一起前往智利之前曾经
和曼可关系不错，所以他自作主张地前来与印加君主进行协
商，显然是相信如果自己能够凭借一己之力成功订立结束曼
可起义的和平条约，那么将来他就一定能得到一个“受封
人”的身份或者其他什么奖励。因此迪亚斯就独自一人朝 267
着曼可的总部而来了。佩德罗·皮萨罗写道：

> 当鲁伊·迪亚斯到达曼可所在的地方时，他［曼可］热情地接待了他……他还让他［迪亚斯］留下来住了两天。到了第三天的时候，曼可问了他一个问题，据鲁伊·迪亚斯［后来］说这个问题是这样的：“给我说说，鲁伊·迪亚斯，如果我给你们的国王一大笔财宝，他能不能把这里的基督徒都撤回去？”鲁伊·迪亚斯反问：“你愿意给他多少财宝？”鲁伊·迪亚斯说曼可是这样回答他的问题的：他命人找来［大量

> 的]……玉米[粒]堆在地上。然后他从这一堆里捡起一颗玉米粒对我[鲁伊·迪亚斯]说："基督徒们找到的金银就好像是这颗玉米粒，而你们没找到的那些就好像是这个玉米堆。"……鲁伊·迪亚斯于是对曼可·印加说："就算这些山脉都是金银堆成的，你说你愿意把山脉献给国王，国王[还是]不会把西班牙人从这片土地上撤走的。"曼可听了这话之后说："鲁伊·迪亚斯，你可以走了，告诉阿尔马格罗，不管他去哪里，我和我的子民都会把基督徒赶走，哪怕付出生命也在所不惜。"[6]

不达目的誓不罢休的迪亚斯使出浑身解数要说服曼可相信阿尔马格罗，因为阿尔马格罗现在也是皮萨罗一家的敌人。迪亚斯说如果曼可停止起义，国王陛下就会赦免他，阿尔马格罗也会帮助他恢复统治。为了判断迪亚斯说的是不是真话，曼可决定也像测试其他人一样测试迪亚斯。最近，曼可的军队抓住了四名埃尔南多·皮萨罗的手下，他们都是在库斯科城外进行侦查活动时被俘的。曼可下令把这四个囚犯带上来，然后让迪亚斯杀死这些人来证明阿尔马格罗对皮萨罗一家的憎恨。让西班牙人砍掉一个印第安人的手指没什么，但是让一个西班牙人杀死一个西班牙同胞就是另外一码事了，这种情况曼可此前还没有遇见过。有人递给迪亚斯一把从西班牙人身上搜来的匕首，又让另外四个囚犯五花大绑地站在他面前，他们肯定都把眼睛睁得大大地看着迪亚斯。有那么一会儿，迪亚斯和几个囚犯就那么盯着彼此，可是最终他还是把匕首丢在地上，找了各种借口跟曼可解释自己为

什么不能杀死这些人。对此感到厌烦的曼可于是下令把大声 268
抗议的迪亚斯也抓起来，和其他人关在一起。

起初曼可还想要探究一下阿尔马格罗和皮萨罗之间的冲突对自己有没有什么利用价值，但是最终他还是决定不能相信任何一拨西班牙人。此时二十一岁的曼可已经不再是皮萨罗在库斯科城外遇到的那个少不更事的十七岁少年，他也不会再相信当时皮萨罗对他做出的各种承诺。和西班牙人打了近四年的交道之后，曼可已经清楚地认识到这些留着胡子的家伙是人而不是神，所以他们也和其他所有人群一样，一些个体会比另一些个体更坏。一方面，曼可憎恨胡安·皮萨罗，因为他曾经对自己百般羞辱，曼可也憎恨贡萨洛·皮萨罗，因为他抢走了自己的妻子；而另一方面，曼可曾经真心喜爱阿尔马格罗，还觉得富有魅力的埃尔南多·德·索托也不错，他甚至与弗朗西斯科·皮萨罗相处得也还可以，虽然是出于纯粹的政治目的，但是后者至少一直尽力对他以礼相待。不过到最后，曼可还是意识到西班牙侵略者这个群体都是不能够被信任的，因为他们所有人似乎都渴望得到他自己及其他印加精英阶层占据的一切，包括土地、田产、矿藏、庄稼、当地农民的顺从、众多妻妾以及库斯科城中最宏伟的建筑——概括来说就是控制塔万廷苏尤中丰富而充足的资源。

曼可此时显然又收到了另一个令他担忧的消息：一大队西班牙人马已经抵达了在北方的豪哈城，现在正向南逼近库斯科。弗朗西斯科·皮萨罗绝望的求助终于还是得到了一些回应，他的一个队长阿隆索·德·阿尔瓦拉多本来是去秘鲁最北端征服当地的查查波亚人的，可是他提前结束了自己的行程，加速赶回了利马。此时他正带领着一支由五百名西班牙人和几百匹马组成的队伍向南行军，距离曼可所在的地方还有大概三百英里。

带领几十万人的大军围困一个只有不到两百名西班牙人和八十匹马的库斯科将近一年之久尚不能将其拿下，曼可意识到自己想要征召更多军队攻占库斯科的计划恐怕是不可能实现了。很快就会有超过一千名西班牙人以及也许不止五百匹马到达库斯科，而自己距离那里才不过三十英里远，在这样强大的敌军面前，曼可想要保住在奥扬泰坦博的总部显然
269 已经是不可能的了。曼可无疑也忘不了鲁伊·迪亚斯告诉他的话：就算曼可有办法把附近的山峰变成一座座金山，并且想办法把它们全送到西班牙去，西班牙国王仍然不会撤走在塔万廷苏尤挥舞着长剑作威作福的侵略者们。堡垒外面威严壮丽的河谷是他的曾祖父帕查库提征服的领土，曼可肯定终于明白了西班牙人比他原以为的还要强大，更糟糕的是，他们的力量似乎仍然在不断增长。

得知曼可愿意与自己见面之后，阿尔马格罗就开始带着自己的队伍穿过尤卡伊河谷朝曼可提议的会面地点卡尔卡行进。阿尔马格罗无疑还盼着能看到典型的印加君主驾临的场景，也就是仪式性的队列，其中不但有带装饰的皇室轿子，还会有敲鼓的、奏乐的，以及几千个印第安人侍从，印加君主曼可·印加则会坐在所有轿子中最豪华的一顶上，被抬着来到这里。然而，根本没有什么队列来到卡尔卡，倒是有五六千名印第安勇士突然出现在四周的山坡上，朝下面的西班

牙人发起了猛烈的进攻。虽然阿尔马格罗很快就开始还击，但是印第安人猛烈的进攻还是成功迫使他的队伍退出了这个城市：阿尔马格罗和他的手下实际上几乎无法退回尤卡伊河对岸，因为刚刚下过的雨使得河水暴涨，难以通行。

由于最近本方急转直下的势头而倍感受挫的曼可此时把他的怒气都发泄在了俘虏鲁伊·迪亚斯的身上，后者拒绝杀死埃尔南多手下的行为向曼可证明了他就是一个奸细和骗子。编年史作者谢萨·德·莱昂写道：

> 他们对待他的方式很残忍，好像……对待野人一样，[还扒光了] 他的衣服，在他身上涂抹各种混合物，然后饶有兴味地看着他脸上惊恐和愤怒的表情。他们还让他喝下大量印第安人常喝的吉开酒，把他绑在一根柱子上，然后用投石索朝他扔一种 [质地坚硬，手掌大小的] 水果——我们管那个叫番石榴——这让迪亚斯非常痛苦……他们后来还剃了他的胡子和头发，想要把他从一个优秀的西班牙人队长变成一个 [赤身裸体的印第安人]。[7]

无论是埃尔南多·皮萨罗还是迭戈·德·阿尔马格罗此时都清楚了曼可要传达的信息：曼可·印加会把起义进行到
底。曼可也许短暂地考虑过与阿尔马格罗协商，并依靠后者 270
的帮助重新统治库斯科，但是最终还是认定自己只有一条路可走。这场起义已经造成包括皮萨罗的弟弟在内的几百个西班牙人丧生，作为起义的领袖，曼可没有任何退缩的余地。

皮萨罗永远不可能原谅他。再说曼可显然也受够了作为傀儡君主的日子，受够了不得不忍受连出身卑微的西班牙人都可以羞辱嘲弄他的日子。

与此同时，既然与印加君主协商不成，迭戈·德·阿尔马格罗就立刻将自己的关注点转移到了库斯科的问题上。阿尔马格罗此时很清楚曼可花了九个月的时间都没能攻下库斯科，而他最憎恶的埃尔南多·皮萨罗则仍然留在城中代表自己的哥哥坚守阵地。国王赐给他的南部地区是贫瘠而无法管理的这个现实，让阿尔马格罗越来越执着地想要控制库斯科，并将其周边的地区占为已有。因为阿尔马格罗还不知道国王已经扩展了皮萨罗领地的南部边界的事，所以他真心地相信也许库斯科会被划入自己领地范围的北部边界以内。阿尔马格罗行进到距离印加首都还剩几英里的地方驻扎了下来。

> ［这个经验丰富的征服者随即派遣了两个信使］以他的名义到库斯科城中问候埃尔南多·皮萨罗，并告诉他自己在智利的各个地方没有发现［秘鲁的］印第安人声称那里会存在的大荣耀［也就是财富］……［他已经］得知整个秘鲁王国发生了起义的事，这些印第安人是在违背他们对西班牙国王的义务。这样的消息以及对于他作为新托莱多王国总督的正式任命已经到达是他返回这里的全部原因。因此谁也不必为他的［返回］而感到任何担忧，因为他［阿尔马格罗］唯一的愿望就是要为上帝和国王效力，惩罚起义的印第安人……实
> 271 际上，他［阿尔马格罗］听说了［弗朗西斯科·皮萨

罗］总督和其他西班牙人经历的艰难处境之后，心中感到无比难过。[8]

对于皮萨罗一家最近的艰难处境，阿尔马格罗感到的可绝不是“无比难过”，他这么说一方面是为了粉饰自己的真实意图，另一方面是为了试探埃尔南多·皮萨罗。不过，埃尔南多已经被阿尔马格罗私下到尤卡伊河谷与曼可·印加进行协商，此时才来通知自己他的抵达这一系列行径彻底激怒，他实际上已经认定虽然阿尔马格罗嘴里说着甜言蜜语，但是这个只有一只眼睛的男人此前做了什么远比他现在说什么更有说服力。在埃尔南多看来，阿尔马格罗的信使们真正的任务是在阿尔马格罗攻城之前来替他打探城中的防卫情况。阿尔马格罗说他“在智利的各个地方没有发现［秘鲁的］印第安人声称那里会存在的大荣耀”足以证明他是两手空空地从南方返回，打算将库斯科据为已有的。埃尔南多苦苦支撑了九个月，在几乎不可能的情况下守住了库斯科，为的可不是到最后将它乖乖地送给阿尔马格罗。

埃尔南多的一些手下可能同样对阿尔马格罗的真正意图表示怀疑。这里大多数富有的“受封人”都是仰仗着弗朗西斯科·皮萨罗才得到了如此尊贵的地位。一旦阿尔马格罗抢占了库斯科，那么这些“受封人”冒着生命危险挣来的头衔就有被撤销的风险，因为这些利益毫无疑问要被转而分配给阿尔马格罗的追随者们。这些“受封人”都是靠武力赢得自己的头衔的，此时他们为了保住自己的头衔也会不惜诉诸武力。在这样的情况下，一部分人“愤怒地拿起了武器骑马出城，口中还叫嚣着：‘既然已经到了决一死战的关头，阿尔马格罗最好不要以为我们会允许他把归属于我们的印第安首领分封给和他一起去智利的那些手下！’”[9]

至于城中其他一些西班牙人，特别是那些没有得到“受封人”头衔的人，此时心中的想法则比较复杂。尤其是考虑到库斯科本来也有可能就是属于阿尔马格罗管辖范围的。如果真是那样的话，也许归顺阿尔马格罗才是让自己更有希望获得“受封人”头衔的办法。更何况，在极度艰难的境况下被困在这里将近一年的这些西班牙人之中，就算此前对于埃尔南多·皮萨罗还没有什么恶感的那些人，到此时也大多对他产生了深深的厌恶。

272 三十六岁的埃尔南多·皮萨罗还是围城之前那个健壮魁梧、自以为是、自私贪婪、粗鲁无礼的人，依然时刻不忘显示自己的身份和地位，夸耀自己的成就，把其他人都当作下人一般对待。据说阿塔瓦尔帕就曾评价说没有哪个西班牙人比埃尔南多·皮萨罗表现得更像一个印加君主，因为只有他和自己一样表现出了这种公然藐视自己下属的统治风格。问题在于，这样的行为是符合印加人文化的，藐视下属是印加统治者必须遵循的行为规则；相反，就埃尔南多来说，这样的行为只会令其他西班牙人对他产生强烈的抵触情绪，所以这也成了他作为领导者而言存在的一个决定性的缺陷。多年来，埃尔南多一直用“被施了割礼的摩尔人”来指称私生子出身的阿尔马格罗，这在16世纪的西班牙人中间显然是针对自己同胞所能使用的最恶意的侮辱了。埃尔南多对身边的其他人也总是恶言相向，所以迭戈·德·阿尔马格罗讨厌他自不用说，甚至连埃尔南多自己的很多手下也讨厌他这点也并没什么奇怪的。

鉴于曼可最近的围城已有松动的迹象，所以在库斯科的西班牙人就不再都躲藏到主广场上的两栋建筑里。很多人回到了自己在城里本来的家中，前提是他们的房子没有在大火中被烧毁。埃尔南多·皮萨罗重新住进了主广场东面的瓦伊纳·卡帕克曾经的宫殿里，那里被称作“阿玛鲁坎查”（Amaru Cancha）。① 这座宫殿不知怎么奇迹般地躲过了被烧毁的命运。埃尔南多、贡萨洛和另外大约二十名忠于皮萨罗一家的西班牙人在宫殿的几个门口摆好了火炮，并将此作为他们的防御堡垒。一旦阿尔马格罗试图攻占库斯科，他们就可以在这里抵抗到底。虽然有些人认为埃尔南多对于阿尔马格罗的不信任未免有些过度了，不过这一次，事实证明埃尔南多的怀疑完全是有理由的。

1537 年 4 月 18 日深夜两点左右，一场冰冷的大雨降临了沉睡中的城市。经验丰富的指挥官迭戈·德·阿尔马格罗恰恰选择了在这个时机行动，因为敌人最预料不到他们会在此时发动攻击。天空中不时出现的闪电偶尔会照亮整个黑夜，阿尔马格罗和他的手下趁机进入了库斯科并迅速占据了 273
主广场上的哈图恩坎查教堂，就是埃尔南多的人在围城期间作为藏身之所的两栋建筑之一。其他一些队长占领了城中的一些重要街道，并在各处部署了超过两百八十名骑兵。当初

① “阿玛鲁坎查”（Amaru Cancha）在盖丘亚语中是“蛇之家”的意思。在印加人心中，蛇代表着知识和学问。

获得阿尔马格罗的青睐，取代了埃尔南多·德·索托而成为他的副手的罗德里戈·奥尔戈涅斯此时带领着另一支小队包围了埃尔南多和贡萨洛·皮萨罗占据的阿玛鲁坎查，这对兄弟和其他大约二十个人此时在宫殿里美梦正酣，全然不知一场政变已经在自己的家门口悄然发生。

直到印加首都已经被牢牢地控制在阿尔马格罗手中之后，埃尔南多和他的人才意识到出事了。埃尔南多、贡萨洛和其他西班牙人惊得从床上跳起来，抓起自己的武器开始猛烈地朝进攻者还击，可是后者已经抢走了他们本来放在门口的小型加农炮并正在尝试强行闯入宫殿。几次尝试都没有成功之后，挫败的罗德里戈·奥尔戈涅斯在雨中朝着宫殿里面的埃尔南多喊话说，如果他自愿投降，将会受到良好的对待。据说像往常一样倨傲的埃尔南多对此的回答是："我绝不会向你这样一个［地位低下］的无名小卒投降!"奥尔戈涅斯则反驳说，自己"是新托莱多王国的总司令，而他［埃尔南多·皮萨罗］不过是库斯科的一个副［市长］。不管怎么算，奥尔戈涅斯都是一个更高级别的人，所以皮萨罗大可不必对向他投降［的想法］感到不屑。"[10]

埃尔南多和其他守卫者们还是不肯出来，奥尔戈涅斯于是下令放火。尽管阿玛鲁坎查四周都是石头高墙，还带有两座石砌的塔楼，但是宫殿的一部分房顶是用一种褐红色的热带硬木搭建的，然后再铺上传统的当地茅草。虽然当时下着雨，但是阿尔马格罗的手下还是成功点燃了茅草，火苗一点点蹿起，甚至映红了围在城堡外面的进攻者的脸。随着火势不断扩大，宫殿大门的楣石下面都开始冒出烟来，就像一片黑色的上下颠倒的瀑布一样。阿尔马格罗的手下们握着剑在宫殿外时刻准备着，令他们惊讶的是埃尔南多和他的人根本没有投降的打算。根据谢萨·德·莱昂的说法：

> 埃尔南多·皮萨罗下定决心不向阿尔马格罗的人投 274
> 降，还告诉其他和自己在一起的人说他宁愿被烧死也不会听从敌人的命令。埃尔南多站在门道里顽强地击退了所有想要进入宫殿的人。但是烟雾实在太多，让夜色都变得更加阴暗了。除非他们……放下武器投降，否则奥尔戈涅斯……绝不容许任何一个被困在里面的人活着走出去。再后来，火焰已经烧光了茅草，连支撑房顶的大梁都突然掉了下来。看到……自己可能马上就要丧命了，在宫殿里的西班牙人都迫切地哀求埃尔南多·皮萨罗同意向这些从智利归来的人投降，好离开这个危险的地方，毕竟对方也是基督徒。此时整个宫殿已经开始坍塌，里面的西班牙人大多数都已经被烧伤，还有一半快要被浓烟呛死了……他们迎着敌人的长矛冲了出来……他们的队长［埃尔南多和贡萨洛］与敌人缠斗在一起，最终都被抓起来并受到了卑鄙的虐待……他们遭到了殴打和其他暴行，这是极为不公的，因为他们……是堂弗朗西斯科·皮萨罗总督的弟弟。[11]

两支分别了近两年的西班牙人队伍之间以“殴打和其他暴行”作为重聚的见面礼。在过去这段时间里，双方都拼尽全力在巨大的印加帝国的不同地区为自己的生存而战斗。而现在，阿尔马格罗的手下把皮萨罗的两个弟弟和他们的二十个支持者五花大绑，锁上链子，关进囚室。第二天，阿尔马格罗把这些俘虏转移到了科里坎查——那里曾经是印加帝国最神圣的地方，此时却被临时改建为西班牙监狱。

在阿尔马格罗忙着攻占库斯科的时候，在大约三十英里之外的奥扬泰坦博的曼可·印加则把他的部落首领们都召集了起来。印第安人探子已经向他们的君主汇报了关于西班牙人争夺库斯科的事，城市易主之后，有很多埃尔南多的手下投靠了阿尔马格罗，后者现在带领着超过六百名西班牙人和大约四千名印第安人随从占据了库斯科。此外，曼可还知道另一支由将近五百名西班牙人组成的队伍正从北方迅速地向库斯科靠近。如果任何一支，或者是这两支队伍联合起来攻
275 击奥扬泰坦博，那么曼可肯定没有能力击败他们。聚集在此的都是在过去一年中与自己并肩作战的部落首领和军队将领们，此外还有大批头戴羽毛装饰、身背弓箭的安蒂人。看着这些对他满怀期望的人，曼可讲了这样一段话：

> 我亲爱的儿子和兄弟们：
>
> 我相信在场的这些同我一起经历了考验和磨难的人并不知道我为什么把你们召集到此。我马上就会对你们讲明……关于我即将告诉你们的事，你们不必感到担忧，你们都清楚很多时候迫于形势，人们不得不做一些他们不想做的事。正是出于这个原因，我认为我有必要顺应［会使用弓箭的］安蒂人的请求，他们

很长时间以来都希望我前往他们的领地探访。我现在打算满足他们的愿望，到那里去几天。我希望［我离开的消息］不会引起你们的哀伤，因为那绝对不是我的本意……

你们现在都明白了，在今天之前我就告诉过你们很多遍，这些留着胡子的家伙自称是维拉科查而来到我的土地上，因为他们的服装和行为与我们如此不同，你们所有人，也包括我都相信了他们的鬼话……我带他们来到我的领地、进入我的城镇……你们都知道我给了他们什么，也都看到了他们是怎么对待我的……

想想这些事，再想想其他多得数不过来的恶行，我才派你们去围困库斯科，打算让他们也体验一下他们施加在我们身上的痛苦。在我看来要么是因为他们的神明帮助了他们，要么是因为我没有亲临战场，所以结果并不如我的预期，这让我感到非常难过。不过，世事并不总能尽如人意，我们也不应该过分纠结于此，这就是为什么我要你们不必太悲伤，因为最终的结果并没有那么糟糕……因为你们知道在利马、丘利科玛尤（Chullcomayo）和豪哈［的战斗中］我们也取得了一些成功，这就是积极的一面，虽然这些成果还不能弥补他们给我们造成的苦难。

现在我认为该是我前往安蒂人领地的时候了……而且我会在那里停留一段时间……我要求你们不要忘了我对你们说过的话……不要忘记无论是我还是我的祖父， 276
甚至是我的曾祖父在这么长久的时间里供养了你们、守

> 护着你们，让你们的家族受益，在你们需要的时候满足你们的愿望。就是因为这些，无论是你们还是你们的后代终生都不能忘记我们的恩惠……你们要尊敬我的儿子……蒂图·库西·尤潘基以及他将来的子孙，并遵从他们的命令。如果你们这样做，我会非常满意。[12]

这段讲话的基调无疑是庄严而沉痛的，因为虽然曼可尽可能随意地把他的离去说成是去勇猛的亚马孙同盟者领地视察“几天”，但是在场人员不会听不出暗含在其中的真正讯息：太阳的儿子、塔万廷苏尤的君主曼可·印加要放弃对帝国西部、南部和北部地区的统治，也放弃了对海岸地区的统治，甚至放弃了对冰雪覆盖着山顶的巍峨雄伟的安第斯山脉的统治——那里正是他的祖先以及印加人永生的山脉神明们的家园。曼可·印加还要放弃对库斯科的统治，那是他长大的地方，是帝国的首都，他已经花了将近一年的时间围困那里，却终究无法夺回这个城市；他放弃的还有卡尔卡、尤卡伊、奥扬泰坦博和整个尤卡伊河谷。简而言之，君主放弃了他继承的由他的祖先创建的庞大帝国的大部分领土，反而打算到帝国东部一片很小的区域里避难，那里被印加人称为安蒂苏尤。

曼可觉得只有在崎岖不平的安蒂苏尤里，他和他忠诚的追随者们才能免于受到新的攻击。安第斯山脉的峭壁在那里陡然向下，最终插入无边无际的巨大地毯一般的森林；还有身上长着长毛，看起来形似人类（*runa*）的动物在林间树上荡悠跳跃。也许只有在那里，曼可和他的印加贵族们才能继续自己的统治，至于其他地方的百万子民们，则只能不幸地忍受入侵者的剥削了。

在场的印第安人首领们都清楚，自己掌管的分散在帝国广泛领域中的城镇和村庄很快就会受到曼可这一决定的深刻影响。虽然这些首领之中不少人可能都在这个重要的历史时刻发了言，但是曼可的儿子蒂图·库西只提到了一位穿着齐膝的长袍，带着巨大的金质耳饰的贵族，他这样回应了曼可的讲话：

> 我的君主，您怎么可以抛弃您的孩子们，抛弃这些 277
> 真心爱戴您、忠心为您服务，为遵循您的命令万死不辞的子民？您［现在］让我们去追随哪个国王、哪个君主？我们可曾背叛了您，可曾对您行过什么恶行，以至于您要抛下我们，让我们没有国王、没有君主可敬仰？除了您和瓦伊纳·卡帕克，您的父亲和祖先，我们从未效忠过其他的君主。所以，君主啊，请不要这样抛下我们，让我们陷入无助之中，或者至少让我们跟随您前往任何您要去的地方，那样我们就心满意足了。[13]

曼可安慰这个首领说他很快就会返回这里，而且他不在的时候也会通过信差关注这里的一切动向。不过曼可还是警告他们不要信任那些留着胡子的陌生人，更不要“相信他们说的一个字，因为他们全都是在撒谎，他们一直以来对我说的每一件事都是谎言”。[14]作为神圣的太阳神因蒂在人世间的代表，曼可还警告在场的所有人，那些侵略者很可能会要求他们去崇拜侵略者的神明：

> 万一他们强迫你们去崇拜他们崇拜的东西，也就是那些写了东西的纸［圣经］……不要遵从。不过……如果你们无力抗衡，就在他们面前摆摆样子，但私下里不要忘记我们的各种仪式。如果他们要求你们破坏自己的神像［huacas］，甚至是强迫你们这样做的时候，可以破坏一些做给他们看，把剩下的藏起来——这样我会很满意。[15]

曼可知道自己越晚启程，受到攻击的危险就越高。他的心意已决，于是下令马上去安排启程事宜。他的首领们也都返回各自所在地区去传达君主宣布的令人不安的消息了。曼可最后一次主持了保佑他和他的随从在安蒂苏尤能够平安的宗教仪式。用编年史作者谢萨·德·莱昂的话说：

> 在启程之前，他们都全副武装了起来，营地附近的广场上竖立着神像，人们大声祈祷，祈求神明不要抛弃
> 278 他们，有人甚至是在哭喊、叹息。在神像四周还有太阳和月亮的标志，人们将此也视为神明的象征，并在神龛和圣坛前杀了很多动物［美洲驼和羊驼］献祭。[16]

仪式举行完毕之后，几千个脚夫、长长的美洲驼队伍、安蒂人弓箭手、曼可的精英侍卫和他的妻子儿女等组成的长龙在曼可的示意下启程了。曼可本人乘坐着皇室轿子，坐在

尊贵的矮凳上，头上遮着顶棚。其他印加的精英阶层也坐在轿子上，当然还有人负责抬着已经制成了木乃伊的曼可的父亲瓦伊纳·卡帕克、他的祖父图帕克·印加·尤潘基和他的曾祖父，也是帝国创立者帕查库提。木乃伊旁边跟随着侍从，负责防止蚊蝇侵扰这些仍然强大的君主兼神明们。曼可不敢将自己的祖先丢下不管，也不想在失去他们的指导和帮助的情况下为这个衰落的王国建立新都城。走在长长的队伍之中的还有各种祭司、占卜师、占星师、织工、石匠、结绳语解读者、会计师、建筑师、农民、牧民，甚至还有一位先知——简而言之，印加王国要运行所需的所有人员都在这里。鲁伊·迪亚斯和其他五个西班牙俘虏也在队伍中，他们都被用绳子捆着，还有举着狼牙棒的印第安勇士负责押解。

大批人马缓缓地开始行进了，他们选择的路线是沿着尤卡伊河的支流——帕塔坎查河的河岸向北，最终抵达潘蒂卡拉关口，并从这里开始沿安第斯山脉东面下行。队伍渐行渐远，拐过弯角之后就消失在视野中了。宽阔的尤卡伊河谷还铺展在他们身后，河谷两边有整齐的农田，山脚处还有一层层的梯田，田里已经结出的玉米庄稼也无人收割了。远处是积雪覆盖着山顶的山峰，尤卡伊河的河水顺畅地沿着山谷流淌，在阳光的照耀下闪烁着点点光辉。它流过了山坡上此时已经被空置的奥扬泰坦博堡垒，又流进了一条狭窄的花岗岩峡谷，沿着山势一路向下，水流越来越湍急，最终像一条蜿蜒的蛇一样延伸进了安蒂苏尤的中心，那里正是安蒂人的家园。

279 第十二章　在安蒂人的领地中

［安蒂人］的领土……是一片崎岖不平的山地，遍布着山峰和峡谷，因此，那里净是险要的关口，马匹根本难以通行，除非花费大力气用土坯在所有不好走的地方全铺上路……草木丛生的［丛林］地区……面积非常大，［而且］……越靠近北方海洋地势越低。[1]

——佩德罗·皮萨罗，《记叙》，1571 年

那些居住在大陆另一侧、山峰另一边的人就像野人一样，既不盖房子，也不种庄稼，几乎没有什么财产可言。他们只有巨大的丛林，几乎就是靠吃树上的野果为生。他们没有地方住，也没有定居的概念，［而且］那里还有很多大河。那片土地上什么也不产，所以那些人只能给他们的［印加］君主进贡鹦鹉的羽毛。[2]

——佩德罗·桑乔·德·拉·奥斯，《记叙》，1543 年

爬了大约五个小时的山之后，曼可的队伍终于穿过了潘

蒂卡拉关口。这个关口左手边有白雪覆盖山顶的山峰叫瓦卡伊威尔卡（Wakay Willka）[即韦罗妮卡峰（Mount Veronica）]。朝着关口另一边望去，他们第一次看到了下方绵延向地平线、似乎没有尽头的云海——云层下面隐约可见的就是传说中安蒂人的领地。安第斯山脉上有一些好像大教堂的飞扶壁一样的山脊沿着山势向下，渐渐插入漂浮的雾气中看不见了，山脊的顶部长满了浓密到几乎变成黑色的密林。从小就接受抬轿子的训练，因此轿子抬得最平稳的卢卡 281
纳部落的男性成员抬着曼可·印加乘坐的皇室轿子，他们无疑会停在这里观看一下这幅壮阔的景象。曼可知道他的曾祖父帕查库提是第一个进入安蒂苏尤的印加人，他的祖父图帕克·印加也在这个地区进行过几次军事行动。幸好曼可把他的祖先也带来了这里，他们都穿着最好的小羊驼毛制作的斗篷，坐在各自的轿子里，木乃伊的眼睛似乎也在看着这片他们在很久以前曾经征服过的地区。

启程之前，曼可肯定仔细地询问了他的结绳语专家们，就是那些负责记忆和复述皇室历史和其他信息的人，他们无疑是通过把信息编织在结绳里的办法来帮助记忆的。曼可曾多次让结绳语解读者给他讲述这个地区的历史，让他们给自己复述通过仔细地记忆一代代传下来的那些故事。结绳语解读者很可能给曼可讲述了他的曾祖父帕查库提征服了安蒂苏尤，但是他的祖父图帕克·印加后来又不得不重新再一次征服这里的经过。图帕克·印加成为君主之后曾经召集帝国四个部分所有地区的部落首领到库斯科开会，其中也包括那些安蒂苏尤的首领。君主命令安蒂苏尤的首

画面描绘的是图帕克·印加的一个将领在征服安蒂苏尤时射杀美洲豹。

领们向印加神明表示敬意，以丛林中坚硬的棕榈木（*chonta*）作为贡品进献给他们，印加工匠们可以使用这些木材制作长矛、棍棒，还有胸甲和背甲。“安蒂人并不是自愿效忠的，他们将这样的要求视为对他们的奴役，”编年史作者佩德罗·萨缅托·德·甘博亚写道，“他们从库斯科逃走了，返回了自己的国家，以自由的名义宣布安蒂人的领地独立。”[3]

震怒的图帕克·印加为了平定叛乱集结了一支强大的军队，并带领他们沿着安第斯山脉东侧下山，进入了今天秘鲁东南部的亚马孙地区。根据结绳语专家的说法，虽然图帕克·印加的军队砍掉密集的植物，在丛林中开辟出了一条小路，但他们还是很快就迷失了方向，只有通过爬上树梢寻找营火冒出的烟气的方式才能确定别人的位置。对于习惯了安第斯山脉高海拔处的一览无遗和通过一些非常
容易辨认的地标认路的印加人来说，光线不足的热带雨林 282
不仅会引起幽闭恐惧，而且让他们几乎无法判断方向。萨缅托讲述说：

> 森林非常茂盛，有很多充满危险的地方，印加人不敢强行闯入，也不知道往哪个方向走能够找到当地人的聚居地，因为浓密的林木起到了很好的隐蔽效果。要找到安蒂人，[印加] 探路者必须爬上最高的树木看哪个方向有 [营火] 冒出的烟升到空中。然后他们就朝着这个方向，在茂密的林下灌木丛中开出一条路，直到这个 [路标] 失效……再接着寻找下一个。通过这种方法，印加人在似乎不可能造路的地方开辟出了一条路。[4]

尽管常常迷路，还因为疾病而损失了超过半数的人员，图帕克·印加仍然坚持着。他和他的手下沿着托诺河（Tono River）辟出了一条通路，最终打败了四个丛林民族，分别为马诺苏尤人（Manosuyus）、玛纳里人（Mañaris）、昌丘人（Chunchos）和欧帕塔里人（Opataris）。通过武力征服、谈判协商，再加上大量的礼物，图帕克·印加终于和这些丛林人（sacharuna）结成了军事同盟并建立了贸易联系。与征服其他地区的居民不同的是，印加人一直无法强迫安蒂苏尤的部落向帝国进贡。他们只肯进行交易（有些编年史作者将这种行为与进贡混淆了）。印加人得用红铜或青铜制作的斧头和小刀、精致的布料以及极为珍贵的盐来和几乎总是赤身裸体的安蒂人勇士们交换那些来自异域的硬木、可可豆、木薯、鸟类羽毛、美洲豹的皮毛、海牛的脂肪、海龟油（印加人用它来点灯）和其他的丛林产品。

为了促进这样的交易，印加人在沿着安第斯山脉下行的山脊顶部修路，将他们的道路系统从高山上延伸到安蒂苏尤地区。印加人很快还在这些新地区建立了城镇和管理中心，城镇里面有典型的印加仓库、驻军营房、广场和神坛。为了进一步控制这一地区，印加人还在安蒂苏尤中的一些重要地区里安置了移民，将本来生活在帝国其他地方的人们迁移到这里生活，这些移民被称作“米特玛科纳”。米特玛科纳是印加人社会改造工程中的重要实践者，在整个印加帝国里随处可见他们的身影。有些米特玛科纳是被印加精英阶层特意
283 安置在动乱地区中的守法居民，目的是用他们来稳定这些地区的局势，就像油能给滚烫的水降温一样；另外一种米特玛

科纳本身是动乱地区的居民，统治者会把他们重新安置到被已经归顺印加帝国的部落包围的地区里，目的也是一样的。

因为这些移民被迫离开了自己的家园，所以他们会得到一些帮助他们渡过这段艰难时期的补助，包括布料、妇女、有致幻效果的古柯叶（本来是仅供印加精英阶层使用的），以及一定时间内免除劳役等。在沿着安第斯山脉的山脚、气候温暖的森林地带里，米特玛科纳移民们种植和收获古柯叶、棉花，用这些产品和附近的安蒂人进行交换，实际上在帝国暴露的东部边沿形成了某种文化上和军事上的缓冲带。

曼可·印加此时就正朝着帝国的一个米特玛科纳移民区前进，他们穿过总是滴着水的云雾林，一路上看到了兰花、蜂鸟、树蕨、眼镜熊和纠结缠绕、被苔藓包裹的植被。沿着卢克马尤河（Lucumayo River）一路前行，曼可来到了阿麦班巴河谷（Amaibamba Valley），并停在那里考虑下一步该怎么走。最终，在犹豫不决了一段时间之后，曼可从丘基萨卡桥（Chuquichaca bridge）上跨过了乌鲁班巴河，然后继续向上游前行进入比尔卡班巴河谷。他决定在河谷里的维特科斯（Vitcos）安顿下来，那里是一片皇室地产，也是这个地区里的中心城市，海拔大约一万英尺，是由他的曾祖父帕查库提修建的。

曼可站在这个高山上的边远村镇里向下俯瞰帝国东部的边界地区，米特玛科纳移民们会定期在那些低洼的山谷里与安蒂人交换产品，附近就是神圣的古柯叶的种植地，还有大片的热带雨林。曼可决定将维特科斯作为自己被截去大半部分的帝国的新首都。尽管维特科斯距离库斯科仅七十英里，但是它们中间隔着陡峭的山坡和崎岖不平的道路，更何况遵照曼可的命令，很多路段已经被毁坏了。印第安人小心地从高处推下巨石或砍倒树木来阻断或掩盖道路。曼可知道西班牙人的行为总是难以预料的，他只能寄希望于这些防范措施足够将他最危险的敌人阻隔在外。

在库斯科的迭戈·德·阿尔马格罗此时也有各种问题需
284 要面对。在占领了库斯科并囚禁了埃尔南多和贡萨洛之后，阿尔马格罗不得不随时准备迎战正在迅速逼近库斯科的增援队伍。弗朗西斯科·皮萨罗派来的这支队伍由阿隆索·德·阿尔瓦拉多带领，人数超过五百。双方各自的印第安人探子都已经向本方通报了敌人的情况，阿尔瓦拉多很快就意识到自己要执行的已经不再是解救被围困在库斯科的西班牙人的任务了，因为他得知阿尔马格罗依靠武力强行占领了库斯科，并囚禁了总督的两个弟弟，如今还公然挑衅弗朗西斯科·皮萨罗对于秘鲁南部地区的管辖权。皮萨罗的队长此时需要问的问题是自己要如何处理这个状况。

阿尔马格罗方面已经下定决心要不惜任何代价守住库斯科。他派遣自己的副手罗德里戈·奥尔戈涅斯带队前去阻截阿尔瓦拉多的援救队伍。在塔万廷苏尤南部地区探索了将近两年一无所获，如今终于牢牢占据了库斯科的阿尔马格罗可不会将自己的城市拱手让给一支效忠于皮萨罗的队伍。抓捕皮萨罗的两个弟弟对于阿尔马格罗来说已经是跨过了某种个人意义上的“卢比孔河”，从此以后再无回头路可走。

阿尔马格罗的军事将领罗德里戈·奥尔戈涅斯到此时已经追随他五年了。后者本来是一个贫穷的犹太人鞋匠的儿子，被强迫改信了基督。他因为卷入一场严重的斗殴事件而不得不从在西班牙奥罗佩萨（Oropesa）的家乡逃出来。后来他应征加入了国王的军队，参加了西班牙在意大利的战争并以作战英勇而著称：他实际上就是在帕维亚（Pavia）打败法国军队时，亲手抓住法国国王弗朗索瓦一世（Francis I）的几个人之一。奥尔戈涅斯作为一个英雄荣归故里，却发现卑微的出身依然是阻碍他提升社会地位的最大障碍。这个曾经当过兵打过仗的年轻人非常有野心，最终想出了一个脱离这种困境的办法：他抛弃了自己本来的姓氏“门德斯”（Méndez），自作主张地“借用”了当地一个贵族胡安·奥尔戈涅斯（Juan Orgóñez）的家族姓氏。罗德里戈想尽办法让这位惊讶的贵族相信自己是他的亲生儿子，但是老奥尔戈涅斯一直强烈地否认这件事。尽管如此，更换姓氏之后的“罗德里戈·奥尔戈涅斯”和自己的兄弟迭戈·门德斯（Diego Méndez）很快就一起乘船前往了西印度群岛，想要到新大陆去寻找自己的财富。他们走的时候兜里几乎没有一分钱，但是罗德里戈至少拥有一个对他更有潜在价值的东西，那就是他偷来的姓氏。

在巴拿马和洪都拉斯待了不长的时间之后，奥尔戈涅斯 285
于1533年4月随同迭戈·德·阿尔马格罗一起来到了秘鲁。虽然他们错过了卡哈马卡城的金银财宝，但是参与了随后沿安第斯山脉前进并最终占领库斯科之后的分赃。一夜暴富并成为库斯科的第一批“受封人”之一的奥尔戈涅斯不但没有满足，反而被这一系列的成功激起了更加强烈的野心。西班牙人有一句俗语说得好："拥有的越多，想要的就越多（*El que más tiene*, *más quiere*）。"奥尔戈涅斯不单是想要更多，而且他想要的正是所有征服者最渴望的头等奖：成为一片领地的统治者。奥尔戈涅斯意识到如果他能够让自己的贵族身份合法化，那么请求国王授予他总督之位和其他荣耀头衔的成功概率就会更高。于是奥尔戈涅斯马上从库斯科给那位被自己借用了姓氏的贵族送去了大量的金银，并附上了一封混合着自吹自擂和苦苦哀求的奇特信件：

> 先生：
>
> ……堂迭戈·德·阿尔马格罗总督已经委托我掌管他的海军［补给］舰队并任命我为总司令即日启程前往［智利］。他对我青睐有加……像对待他的亲生儿子一样对待我。他拒绝了埃尔南多·德·索托队长自愿［赠送他］二十万达科特［以获得这个职务］的请求，而是将这个职务授予了我……更让我获益匪浅的是，他已经请求国王陛下授予我总督的职务……
>
> 我向国王请求的是管理南部沿海地区一片五百里格［约合一千七百五十英里］的领地，我将拥有总司令的职务……并被授予总督的头衔……国王陛下还许可我［获得］我进行征服活动［所得利益的］10%，并将授予我侯爵的贵族身份及圣地亚哥［骑士团］制服……
>
> 先生，我在这里请求您的是，不管通过什么［必要的］办法，请您承认我是您合法的儿子，这样我才

第十二章　在安蒂人的领地中

能获得圣地亚哥骑士团制服……看在上帝的份上……关于承认我合法身份的事情，您可以找一位律师办理……

您顺从的儿子

罗德里戈·奥尔戈涅斯[5]

奥尔戈涅斯对于获得南部某个地方的总督头衔的殷切期 286
盼最终以失望告终。在智利的不毛之地上，在安第斯山脉冰冻的关口中，在留下了遍地尸骨依然无法打败南部王国拒不妥协的原住民之后，他只好放弃了。此时回到库斯科，他下定决心要占有在皮萨罗统治的被称为新卡斯蒂利亚王国的富饶领地中能够找到的一切，并且重新夺回自己两年前抛弃的“受封人”头衔。最终，这位曾经抓到了法国国王，又刚刚擒获并囚禁了弗朗西斯科·皮萨罗的两个弟弟的男人，带领着四百三十名手下，依照阿尔马格罗的命令前去阻止库斯科再被敌人抢回去。奥尔戈涅斯心中确信的一点是，他要不惜一切代价保住这个他和阿尔马格罗刚刚依靠武力夺取的城市。

奥尔戈涅斯作为一位杰出的战略家，策划了一场对阿尔瓦拉多队伍的深夜突袭。在曼可的兄弟帕鲁领导的大约一万名印第安人随从的协助下，奥尔戈涅斯几乎没费一兵一卒就战胜了他的敌人，还成功地说服了大多数阿尔瓦拉多的手下加入自己的阵营。

获胜的奥尔戈涅斯返回库斯科，催促阿尔马格罗立即处死皮萨罗家的两个兄弟。奥尔戈涅斯知道埃尔南多·皮萨罗是一个极其险恶之人，只要有机会，埃尔南多一定会想尽办法为他现在受到的羞辱而复仇。奥尔戈涅斯同时还请求阿尔马格罗允许他立刻去攻打利马，这样他就可以抓住弗朗西斯科·皮萨罗，一旦皮萨罗兄弟们全部被捕或被杀，秘鲁就将变成他们的天下。然而，阿尔马格罗担心一旦他派兵袭击利马，曼可也许会再次来攻打库斯科，所以最终阿尔马格罗决定让奥尔戈涅斯先去抓捕或杀死印加君主，这样才能免除库斯科受到攻击的威胁。只要除掉曼可，奥尔戈涅斯就可以领兵前去解决皮萨罗。另外，阿尔马格罗还说他打算留埃尔南多和贡萨洛一条命，说不定以后可以用他们作为谈判的筹码。

1537 年 7 月中旬，罗德里戈·奥尔戈涅斯带着三百名西班牙骑兵和步兵从库斯科出发。这一次他追踪的目标是曼可·印加。据印第安人间谍汇报说，曼可已经到安蒂人的领地里避难去了。奥尔戈涅斯对于这次出征的热情十分高涨，因为他听说曼可携带了大量的金银财宝，那么他和他的手下
287 至少可以借机大捞一笔。奥尔戈涅斯还收到消息说鲁伊·迪亚斯和其他被曼可抓起来的西班牙俘虏都还活着。奥尔戈涅斯确信，如果自己能够抓住或杀死曼可·印加，找到他囤积的财富，并解救那些西班牙俘虏，那么阿尔马格罗和国王陛下肯定都会大大地奖赏这样的丰功伟绩。

奥尔戈涅斯和他的队伍此时正沿着尤卡伊河谷行进，然后渡过尤卡伊河，又经过已经空置的奥扬泰坦博堡垒。就在一年前，曼可·印加还在这里击退了埃尔南多·皮萨罗的反复攻击，通过精巧的安排，引水淹没了附近的田地，同时持续围困库斯科将近一年之久。而此时，曼可却不得不放弃高海拔的安第斯山脉，像个难民一样躲到偏远的安蒂苏尤中

去。奥尔戈涅斯现在带领的人数几乎相当于当初参与抓捕阿塔瓦尔帕的人数的两倍，队伍出了山谷之后继续向北朝潘蒂卡拉关口前进。没过多久，西班牙人就发现前进的道路已经被堵住了，有巨石也有倒掉的树木，显然是被人为堆积在这里防止有人继续前进的。西班牙人只能另寻他路，不过他们可以依靠从库斯科陪同他们前来的那些印第安人随从的帮助，而这些人正是曼可的兄弟帕鲁派来的。

此时在库斯科的迭戈·德·阿尔马格罗希望通过破坏印加人之间的忠诚来进一步削弱印第安人的精英阶层，于是决定扶植帕鲁在库斯科登基成为新的印加君主。虽然帕鲁曾经坚定地支持自己的兄弟曼可，但是他在过去两年里一直和阿尔马格罗一起在智利。实际上，如果不是有帕鲁长期的协助，阿尔马格罗和他的手下可能根本没法完成这段漫长的探险之旅并活着返回秘鲁。

帕鲁和曼可年纪相仿，都是瓦伊纳·卡帕克的儿子，但不是同一个母亲生的。帕鲁的母亲阿尼亚斯·科尔克（Añas Collque）是位于相当于今天秘鲁中北部的瓦拉斯地区的一个非印加人首领的女儿。因此，帕鲁实际上被认定是血统不纯之人。相反，曼可的母亲玛玛－伦图（Mama-Runtu）则是瓦伊纳·卡帕克同父同母的亲姐妹，因此曼可在皇室身份正当性上比帕鲁占有优势。之前帕鲁遵循曼可的命令前往了智利，现在已经回到了库斯科，虽然这里几乎被付之一炬，但是人数不足二百的西班牙人和他们的印第安人随从竟然抵挡住了曼可二十万勇士的围困。帕鲁显然并不需要什么时间来消化这个现实。他的兄弟几次从起义根据地维特科斯

288 派来信差召唤他前去与自己会合，但帕鲁拒绝了这个邀请。据编年史作者谢萨·德·莱昂记录：

> 他们每天都派遣信差来召唤帕鲁去加入他们的阵营，说他已经为基督徒服务得够久了。但是帕鲁谨慎地回复他们：这些［西班牙人］是他的朋友，而且他们是那么英勇无畏，无论他们想要做什么最终都会获得胜利。当库斯科城中只有二百个西班牙人的时候，曼可召集了超过二十万的印第安勇士来企图杀死他们，结果却是让许多印第安妇女成了寡妇，让许多印第安儿童失去了父亲。据他所知战争中丧生的印第安人超过了五万……帕鲁劝诫信差和其他出入他营帐的印第安人都放下武器，不要抵抗西班牙人。[6]

帕鲁显然是一名机会主义者，相比不得不听命于曼可并且要像难民一样前往安蒂苏尤来说，他当然更愿意像君主一样留在首都享受安逸的生活。毫无疑问曼可对此大为震怒，事实上他再也没有原谅帕鲁对他的这种背叛。在短短十年间，第二次出现了瓦伊纳·卡帕克的两个儿子同时佩戴本应只由印加君主一人佩戴的神圣的皇室流苏头饰的情况。如曾经的阿塔瓦尔帕和瓦斯卡尔一样，帕鲁和曼可也有各自的支持者，因此，印加精英阶层内部君臣之间的忠诚度就进一步被削弱了——这正是阿尔马格罗想要实现的结果。

不过，曼可此时有比王位之争更需要操心的事：一个印第安人信差已经跑步给他送来了一大队西班牙人马正沿卢克马尤河朝阿麦班巴河谷前进的消息，曼可此时恰好正在这里视察。信差说如果曼可不马上逃跑，西班牙人一定会俘虏或杀死他。于是曼可留下几句守卫城镇的指示之后就爬上自己的皇室轿子，被轿夫抬着跨过丘基萨卡吊桥逃命去了。没过多久，奥尔戈涅斯就带着他的手下赶到了这个城镇，并遇到了留在那里守卫镇子的大批印第安勇士。根据谢萨·德·莱昂的记录：

> 奥尔戈涅斯接近镇子之后立刻下令让弓弩手朝镇子 289
> 里大量放箭……希望印第安人看到我们的武器能够给他们造成的损害之后会弃守城池。从某种意义上说，印第安人证明了自己是决绝而英勇的，他们坚定地守卫着自己的领地和堡垒，朝基督徒们投掷了许多石块和飞镖。但是西班牙人很快就耗尽了他们的战斗力，印第安人被迫放弃了这个地方，只能采取最后一个办法来保住性命，那就是逃跑。西班牙人给他们造成了重创，很多人非死即伤。[7]

西班牙人骑着马，挥舞着十二英尺的长矛追赶四散奔逃的印第安人，尽可能多地造成伤亡。当曼可的勇士和奥尔戈涅斯的手下在镇子里的街道上战斗时，几个浑身脏污的西班牙人突然从一栋建筑里面冲出来并大声召唤着他们的同胞——这几个人正是将近一年前被俘虏的鲁伊·迪亚斯和其他几个西班牙人。除了迪亚斯外的那几个人，很可能就是基佐将军在安第斯山上消灭的几支西班牙人增援队伍中仅有的幸存者。

第二天早上破晓时分，奥尔戈涅斯和他的队伍也跨过了乌鲁班巴河上的丘基萨卡吊桥，然后骑马进入了比尔卡班巴河谷，一直来到了曼可的新首都维特科斯。这个城镇位于山顶之上，那里的居民可以俯瞰从东到西的整条幽深河谷，还可以看到南边一系列海拔一万八千英尺至两万英尺高的神圣山峰。当西班牙人开始朝着山上冲锋的时候，城中爆发了巨大的骚乱，当地的男人、女人和孩子们都想要逃命。然而西班牙人并没有屠杀他们，相反他们都下了马，拔出长剑，冲进了各个有茅草屋顶和梯形门洞的石砌宫殿。很快这些人就又抓着金质器皿、杯盘、神像出来了，除此之外他们还抢夺了一摞摞编织得像丝绸一般精细的“康皮”（*cumpi*）布料以及其他的珠宝和财物。

无人看管的马匹随意走动，西班牙人在大喊大叫，吓坏了的印第安妇女也不时发出受惊的尖叫。而曼可·印加此时正继续沿着山谷朝深山里逃去。印加君主这次逃跑只带了自己的正妻库拉·奥克罗（就是被贡萨洛·皮萨罗抢走的那个王后，不过在曼可起义期间，她想办法逃回了曼可的身
290 边）。这两个人逃得太匆忙，甚至把皇室轿子都落下了。所以二十名跑得最快的卢卡纳部落（Lucana tribe）的成员只能徒手轮流抬着曼可和他的王后，一步不停地赶路。奥尔戈涅斯发现曼可逃跑之后立刻派了四名最快的骑兵去追踪他的下落，没过多久又增派了二十名骑兵支援。虽然这些人搜寻了一整夜，但是奥尔戈涅斯还是没能发现叛逃君主的踪迹。印加人起义的领导者曼可·印加再一次消失不见了。

维特科斯是安全的这个错觉让年轻的君主付出了沉重的代价。在城中洗劫财物的过程中，奥尔戈涅斯发现了一名穿着上好布料制作的服装的五岁男孩，他就是曼可的儿子蒂图·库西。奥尔戈涅斯不但抓走了这个孩子，还抢夺了大量的黄金、白银、精致布料和珠宝；除这些之外，西班牙人还发现了一个与这些财物几乎同样有价值的宝藏：一大批染了血的西班牙服装和铠甲。这些东西显然是由印加勇士从死去的西班牙人身上扒下来的，在过去一年中，在秘鲁各地被杀死的西班牙人总数超过了一百四十名。这些从遥远的西班牙带来的铠甲和服装对于在秘鲁的这些与世隔绝的西班牙人来说其实是非常宝贵的。阿尔马格罗后来把这些死人的财物都分给了自己的追随者，他们其中不少人来到这里好几年了都还穿着同一身破旧的衣服。

奥尔戈涅斯和他的队伍向着库斯科凯旋的时候，不仅满载着抢夺的金银，赶着大群的美洲驼，还俘虏了曼可的儿子和大批在该地区生活的印第安人，他们甚至还带回了仍然被敬为神明的曼可祖先的木乃伊。蒂图·库西回忆说：

> 他们驱赶着所有他们能抓到的印第安人走在前面，然后是我的祖先们的木乃伊，他们的名字是瓦伊纳·夸里（Huayna Kawri）、维拉科查·印加、帕查库提·印加、图帕［图帕克］·印加·尤潘基和瓦伊纳·卡帕克……［此外］还有很多珠宝和财物……他们抢走的美洲驼和羊驼超过五万头，而且这些牲畜都是精挑细选出来的……他们还抓住了我和我父亲的许多后宫嫔妃。[8]

除了没能抓住曼可·印加以外，奥尔戈涅斯的这次行动
291 绝对是一次巨大的成功。在库斯科的所有人，包括阿尔马格罗和新任的傀儡君主帕鲁·印加都对他取得的成果感到满意。印加人起义的中坚力量肯定已经被摧毁了，此时的曼可就算逃脱了也无济于事，他已经没有任何臣民可统治，更不用说发起新的战争了。库斯科终于安全了，此时这里已经成了阿尔马格罗的新托莱多王国的非官方认定的首都。

可是，这里真的安全吗？虽然阿尔马格罗控制了这座城市，手下又有超过八百名西班牙人听其差遣，但是这个印加首都的法律地位仍然是个悬而未决的疑问。这种不确定性产生的原因就在于没人能够确定库斯科到底是位于皮萨罗的王国还是阿尔马格罗的王国里。与此同时，在利马的皮萨罗已经知道阿尔马格罗占领了库斯科并囚禁了自己的两个弟弟。皮萨罗认为解决问题最好的办法还是与自己曾经的合伙人进行协商。考虑到阿尔马格罗显而易见的军事实力，皮萨罗其实也没有什么别的选择。因此皮萨罗派遣了一个老熟人——一位名叫加斯帕尔·德·埃斯皮诺萨的上了年纪的律师——带着他的指示前往库斯科与阿尔马格罗协商释放皮萨罗两个弟弟的条件。

然而埃斯皮诺萨一到库斯科，阿尔马格罗立即提出不仅要将库斯科归入他的王国，连王国的北方边界也要向北推进到距离利马不远的地方。阿尔马格罗说是自己刚刚把库斯科从曼可的围城中解放出来，要不是他的返回，这一整个地区肯定都还处于那个背叛西班牙人的君主的控制之下。

虽然阿尔马格罗表现得丝毫不肯让步，但埃斯皮诺萨还

是希望能够与他就两个王国的边界进行协商，边界划在哪里都好，只要是先达成一个暂时的协议就好，因为等将来国王陛下的官员到达后，可以再做具体的测量并重新划定最终的界线。在埃斯皮诺萨看来，最重要的问题其实是一旦皮萨罗兄弟被释放，他们是否会向阿尔马格罗寻仇；如果他们那样做了，那么眼前的这个冲突就会升级为全面的内战。在耐心地听取了阿尔马格罗的意见之后，埃斯皮诺萨前往了科里坎查改造而成的监狱。在那里，年老的律师见到了埃尔南多和贡萨洛。在热情地问候之后，埃斯皮诺萨开始与埃尔南多交谈，希望帮助他从一个更广大的层面上理解摆在他们眼前的冲突：

> 依照我在西印度群岛各处的经历，［我知道］一旦 292
> 总督们之间出现分歧和争斗，那往往也是他们被剥夺自己此前获得的权力的开端，他们会开始遭遇损失和厄运，甚至被长时间关进监狱，最凄惨的情况下，还会死在监狱里。所以我敢肯定地说，如果［皮萨罗］总督与阿尔马格罗总督不达成和平协议从而避免交战……那么他们两人从此都躲不开困苦与麻烦。因为当国王陛下听说了这里的冲突，他就不得不想办法解决他王国里面出现的争端，归根结底这都是他的王国。届时他一定会派遣其他能够维持和平的人到这里来取代原本的统治者……一旦……［国王派遣的官员］……踏上一个省份或是一个新建立的王国，那些最初统治这里的人们就永远没有机会再统治这些地方了……我这么说是因为我

> 个人愿意作为一个调停人从中斡旋，最终让总督们通过协商达成和解，保证他们今后都能和平相处，这是达成协议所要遵守的最起码的保证。我说这些是因为你［埃斯皮诺萨是看着埃尔南多说的］看起来不像那种在被囚禁的时候，为了重获自由对什么都一口答应，而获得自由之后就会想起自己遭受的痛苦……并想要找错待自己的人报仇雪恨……［或是］会发起一场明智的人都不愿追随……而且一旦发起就无法终结的战争的人。因此，你应当表现出你渴望和平，而不是［只想］获得自由好出去发动战争。[9]

埃尔南多·皮萨罗性格中的狂妄自大因为被囚禁的事实而多少有些许收敛，他认真地听取了埃斯皮诺萨的话并最终同意通过协商解决问题。不过，在城中的阿尔马格罗的其他队长们，尤其是罗德里戈·奥尔戈涅斯，仍然催促阿尔马格罗一定要处死埃尔南多和贡萨洛，因为这两个人都不是什么值得信任的人。奥尔戈涅斯争辩说，如果皮萨罗家的两个兄弟被释放的话，他们一定会带兵返回，尝试重新夺取库斯科。埃斯皮诺萨和阿尔马格罗之间的协商持续了好几个月，在此期间，皮萨罗方面不断有新的人马来到，充实了他的军
293 事力量；同样是在这段时间里，贡萨洛·皮萨罗想办法逃出监狱去了利马，见到了自己已经将近两年没见过的哥哥弗朗西斯科。

埃斯皮诺萨律师在这段时间里也使出了浑身解数说服阿尔马格罗不要草率地挑起内战，因为那不仅会彻底断绝他和

弗朗西斯科·皮萨罗之间的情谊，也会影响他与国王陛下的关系：

> 如果所有人类，尤其是现在活在世上的这些人……都能一心一意侍奉上帝，并循着理智的光辉行事，为自己拥有的和属于自己的而感到满足，那么世上就不会有这么多战斗和激烈的抗争了。然而人心总是想要控制和主宰，为了实现这些野心，很多伟大的君主和国王都走向了毁灭，甚至连他们的灵魂也面临着迷失的危险。人们为了争夺统治权，往往不惜父子反目、兄弟阋墙。结果受害最深的都是那些国家本身，战争造成的田地荒芜、尸横遍野、建筑和城市变成废墟的景象是最让人痛心的……这些战争往往是由一些微不足道的原因引起的，但是冲突会不断升级、一发不可收拾，到最后就算发起战争的人想要停止也为时已晚。所有战争中最应当被畏惧的也是最残酷的莫过于内战。罗马受到的皮洛士或汉尼拔之类的［外国］侵略者的威胁远不及它自己的市民给它带来的灾难。罗马人在［他们］七百多年的历史中发动的所有战争……都不如苏拉和马略、庞贝和恺撒之间的战争［更让罗马陷于危难之中］。即便是在……没有发生这样重大的事件的情况下，也已经有很多西班牙城市毁于一旦，市民几乎无法再在城中居住……就因为人们［分裂成各个派系］，互相敌对。

所以现在，如果你们两人在这把年纪，在已经效忠

> 于国王陛下这么久之后，竟然成为内战的挑起者——你
> 们觉得自己能从中得到什么好处呢？你们两方都会死很
> 多人，那时你们就都成了杀人犯，然后国王会派遣一个
> 294 法官来到这里判定你们的命运。人们永远不会忘记在你
> 们活着的时候西班牙人之间发生了内战，那时你们还有
> 何颜面示人？你们现在完全有办法避免这样的事情发
> 生，那就是和［皮萨罗］总督达成协议。不要被那些
> 不成熟的年轻人的说法骗了，也不要觉得你的幸福就取
> 决于你能不能得到［利马附近的］马拉（Mala）。耐心
> 地等待［即将到来的］巴拿马主教，一旦你们各自统
> 治区的边界得到确认，［你们］每个人就都知道国王陛
> 下授予给自己的是什么了。[10]

此时已经六十三岁的阿尔马格罗被这位学识渊博的律师说动了，后者对历史问题的见解让没受过教育的征服者印象深刻。阿尔马格罗虽然完全不知道什么罗马、恺撒、庞贝，也不知道古时候的内战是怎么回事，但是他明白年事已高的律师说的道理，而且深受其影响。在经历了近年来的马上征战和几乎一辈子的艰辛困苦之后，他已经开始感觉到年龄增长的压力，各种小病小痛也都找上门来。意识到自己可能并没有什么切实的权力来占领库斯科或是去袭击皮萨罗的增援部队，阿尔马格罗不免开始担心，如果现在遵从自己队长们强烈要求杀了埃尔南多·皮萨罗的建议，可能会影响国王陛下本来要给他的好处。除此之外，处死埃尔南多就意味着向他的前合伙人宣战，到那时内战

就变得不可避免了。

最后，阿尔马格罗下令释放埃尔南多·皮萨罗，条件是后者承诺维持和平。据说亲自用烟熏火烧的方式把埃尔南多从他的印加宫殿里逼出来，且仍然因为后者对自己难以计数的出言不逊而怀恨在心的罗德里戈·奥尔戈涅斯在听到这个消息时感到无比愤怒，“他［奥尔戈涅斯］抬起头，左手抓住自己的胡子，右手做出要划破自己喉咙的动作；他口中大喊着：‘可惜了呀，奥尔戈涅斯，和阿尔马格罗为友会要了你的命！’”[11]毫不意外，又过了不到两个月，皮萨罗和阿尔马格罗之间的谈判就破裂了，埃斯皮诺萨长久以来最担忧的内战还是爆发了。奥尔戈涅斯一直都是对的：皮萨罗一家是世上最不可能不计前嫌、有仇不报的人。

1538 年 4 月 26 日是星期六，也是圣拉撒路日（St. Lazarus），圣拉撒路是一位被基督复活的圣人。这一天拂晓时分，在库斯科以西两英里的一片叫拉斯萨利纳斯（Las Salinas）的沼泽地里，两支欧洲队伍面对面做好了随时开战的准备。此时六十岁的弗朗西斯科·皮萨罗留在了利 295
马，带队的是他三十八岁的弟弟埃尔南多，他的目标就是要夺回印加人曾经的首都。有了各支来到利马的队伍的增援后，埃尔南多这次可以号令的西班牙人数量达到了八百名，其中有一些是乘坐科尔特斯从墨西哥派出的船只来到秘鲁的，除西班牙人之外，还有几千名印第安人随从参战。

埃尔南多的队伍中至少有两百人以上是穿着全身铠甲，挥舞着长矛和长剑的骑兵。埃尔南多将这些骑兵平分为两队部署在他的两翼。另外五百名也穿着铠甲的步兵居中，手持盾牌和长剑，队列正中还有人高举着各个西班牙王国的帝国旗帜。站在最前面的是一百个火绳枪枪手，他们手中三英尺长的火绳枪都已经装好火药，随时可以开火。这些枪支是当时欧洲战争中最时髦的武器，因为这些枪使用的铅制子弹能够穿透最厚的铠甲，省去了近距离作战的必要。

在平原的另一面，阿尔马格罗的队伍紧张地和敌人对峙着，相较于对方的八百人大军，他们自己则只有五百人，其中包括大约二百四十名骑兵和二百六十名步兵，外加六门加农炮和六千个举着狼牙棒、带着投石索的印第安勇士。这些印第安人是受新加冕的君主帕鲁·印加的派遣前来协助他们的。后者现在也和曼可·印加一样戴上了皇室流苏头饰，出入都要乘坐他专属的皇室轿子。阿尔马格罗已经指示帕鲁把他的印第安勇士部署在平原的边沿地区，如果有西班牙人想逃离战场就杀死他们，无论那个逃兵属于哪一方。帕鲁于是一字不差地向自己的勇士们下达了同样的命令。

阿尔马格罗此时已经年老体衰，无法再骑马了，于是他将自己队伍的指挥权交给了他的副手罗德里戈·奥尔戈涅斯元帅。后者无疑只能做做无谓的抗争，因为他显然改变不了必然要发生的一切。谢萨·德·莱昂写道：

> ［阿尔马格罗］总督坐在印加人的轿子上随军一起出了库斯科。在到达拉斯萨利纳斯之前，他经过了一片平原……他在那里对自己的队长们说他们都看到了协商谈判的结果以及自己是如何被拒绝的，他还说如果事情
> 296 不是［以这种方式］走到这一步，他并不想来打仗，

> 因为战争是对上帝和国王陛下的伤害……但是他们不能眼睁睁看着埃尔南多·皮萨罗和他的哥哥在经过了协商并做出了那么多的承诺之后又回来报复。那些追随着他们的人都被骗了，他们以为所有人都能分得这里的土地。［可是］一旦他们发现那是骗他们的，他们肯定就不敢再发动战争了。“既然你们是手握正义的一方，就去英勇地战斗吧，胜利会属于你们，而敌人将会受到严厉的惩罚。”[12]

与此同时，埃尔南多也给他的手下们做了动员，有不少人是刚刚才来到秘鲁的，来了之后却讽刺地发现自己被征召来镇压的不是印第安人的暴动，反而是自己同胞的叛乱。不管怎样，战斗双方的人员还是抱着只要战胜就一定能分享大量土地和财物的想法，因为每个参战的人员都知道，秘鲁王国里还有很多等待他们掠夺的资源。

> 埃尔南多·皮萨罗在距离战场还有几英里远的地方［勒住了缰绳］，他对着自己的队长和士兵们发表了一番讲话，为的是给自己的行动寻找正当理由。他说当自己在库斯科以国王的名义拼死守卫时，是阿尔马格罗挑起了这场战争，囚禁他并虐待他，这是所有人都知道的。他要惩罚那些追随阿尔马格罗并分享了他的劫掠成果的人，这不仅是为了自己曾经受到的伤害而报复，更是出于捍卫荣誉的目的，因为那些人在阿尔马格罗犯下错误的时候协助了他。现在，遵照［弗朗西斯科·皮

> 萨罗］总督的命令，我们要夺回库斯科城，将那里从阿尔马格罗的压迫和统治下解放出来……当战争结束之后，会有大片的领地和财物供所有人分享，这将是对参战人员的奖赏，而且是仅限于参战人员的，其他人无权分享。[13]

当两队人马各自做准备的时候，阿尔马格罗总督就坐在附近的山坡上为他专门准备的位子上，他可以从那里观察战事的动向。临近的山坡上还有大批印第安人在期待着观看这场他们从未见识过的奇观：两支敌对的长胡子的侵略者队伍似乎正要向彼此发动进攻，印第安人只能推测这是某种外国
297 版本的印加式内战。根据谢萨·德·莱昂的记录：

> 所谓“来自智利的人”和那些［支持皮萨罗］的人之间的战斗即将打响的消息……被广为传播，各个城镇里的印第安人都赶来围观，为这样一天终于到来而欢欣鼓舞。他们相信这在某种程度上是对于西班牙人给他们带来的伤害与苦难的一种弥补。此时印第安人站在陡峭的山坡上，希望［任何］一方都不要胜出，最好所有人都死在他们自己的武器之下……印第安人首领的妻子们或者是西班牙人的女仆［情妇］［也］都从城里跑出来看那些将要在下面参战的人。[14]

根据某些人的说法，奥尔戈涅斯元帅骑着马走到自己队伍的前面，鼓励他们英勇作战并“大大地吹嘘了一番”。[15]作

为一个曾经在意大利打过仗的老兵，奥尔戈涅斯坚信虽然埃尔南多占据了人数优势，但是他不会发动进攻，因为他肯定知道那意味着他的人马将要遭受怎样的杀戮。奥尔戈涅斯头上戴着弧形的高顶盔，拔出长剑握在手中，精神抖擞地骑在马上告诉自己的手下们，埃尔南多的队伍肯定会在战斗打响前最后一刻突然抽身，尝试从他们的侧翼绕过，争取从速度上超越他们，先跑过去占领库斯科，以此来避免正面交战。

为争夺秘鲁的控制权而进行的战斗开战在即，曼可的探子们在山坡上密切地关注着战斗的动向。库斯科外冰冷宁静的平原上，戴了面甲的人拉下了面甲，有长矛的骑兵举起了长矛，其他人也拔出了长剑。西班牙人的旗帜在微风中招展，所有人都注视着自己的指挥官，等待他一声令下就发起进攻。埃尔南多·皮萨罗的战马在他胯下打着响鼻，他也许先低头看了看自己的阵线，然后抬起头直直地盯着平原对面的奥尔戈涅斯。埃尔南多可能都没有挪开自己的眼光，就那么高高举起手中的长剑，然后迅速向下一挥，发出了进攻的信号。

一百个火绳枪枪手开火了，燃烧的火绳接触到通往枪管
里的火药粉末，火药爆炸，喷发出一股蓝黑色的烟雾，同时 298
把致命的铅球子弹像看不见的火箭一样发射向奥尔戈涅斯的手下。埃尔南多的弓弩手们与此同时也拉弓搭箭，把大波带金属箭头的弓箭射向敌人的队伍。埃尔南多的队伍跟在枪手和弓弩手的后面开始穿过平原，他们得到的命令就是进行正面攻击。

奥尔戈涅斯被埃尔南多的进攻惊呆了，这与他预计的避

免交战的战略完全不一样。他眼看着自己周围大片的步兵、众多骑兵和战马没来由地纷纷倒下，就好像是突然被砍断了腿一样。有些被射中的人还抓着扎进钢铁铠甲后露在外面的箭柄，有些人则低头看着自己身体上奇迹般出现的致命小洞，那些铅制的子弹已经穿透了他们的铠甲并炸裂开来，击碎了柔软的血肉和人体器官。

> [战争打响了]，罗德里戈·奥尔戈涅斯元帅看到敌人的火绳枪干净利落地摧毁了他的队伍，就对一个带领着五十名骑兵的队长大喊："冲锋，先生，带着你的分队……去冲散那些火绳枪手！"然而他[这个队长]回答说："你想让我们去送死吗？"于是……奥尔戈涅斯抬头对着天……大喊道："愿万能的上帝保佑我！"然后他就孤身一人朝敌人冲去了，一个高大魁梧的男人骑在一匹健壮的浅灰色战马上……他用长矛扎死了一名步兵，用剑[砍掉了]一个火绳枪枪手的脑袋，还[刺伤了]另一个火绳枪枪手的大腿，然后在敌人的瞠目结舌之下回到了自己的队伍面前。[16]

两支队伍此时已经混在了一起，步兵举着长枪或长剑，骑兵们举着长矛，口中嘶喊着"圣雅各！"或者"国王万岁！"的口号拼杀在一处。金属之间碰撞的声音、人们叫喊的声音、战马嘶鸣的声音、总是会让印第安人吓一跳的火绳枪射击的声音，最后还有那些重伤的人惨叫的声音全都充斥在空气中。因为埃尔南多的火绳枪射击折损了大量人马，明显寡不敌众的奥尔戈涅斯的部队起初还努力想坚守住自己的阵地，后来人数优势巨大的敌人开始发动全面猛攻，他们就慢慢地败下阵来。阿尔马格罗的战地指挥官仍然骑着马英勇地战斗，他把宝剑直插进了一个没有带面甲的敌人口中，然后又砍杀了另外一个敌人，试图通过这样的方式鼓舞自己队伍的士气。策马向前并呼喊着让自己 299
的队伍继续进攻不要退缩的奥尔戈涅斯驾驭着马匹正要冲锋之时，一波火绳枪子弹突然狠狠地射向了他胯下的战马，元帅也随即摔到了地上。

奥尔戈涅斯爬起来继续战斗，不过现在他只有以手中的长剑作为武器了。很快，六个埃尔南多的手下就围拢了过来，同时向元帅发起了攻击。遍体鳞伤的奥尔戈涅斯终于倒下了。因为胜利的喜悦而欢呼着的敌人还不肯放过元帅的尸体，他们继续把长剑插到他的身上，直到锋利的剑尖穿透了他的身体，钉进了干硬的土地为止。奥尔戈涅斯这个没有文化的犹太人鞋匠的儿子，盗用了一个贵族的姓氏，盼望着有朝一日能够统治自己的王国，可惜他只活到了眼看着自己最担忧的预言变为现实的这一天。很快，围攻元帅的士兵之一揪着尸体的胡子，割下了他的头颅，还在尸体脖子的位置插进一把剑。然后这个士兵高高举起血淋淋的头颅给皮萨罗的敌人们看。阿尔马格罗的队伍彻底崩溃了，剩下的人四散奔逃，唯一的愿望就是保住性命。

在这场混乱进行到某一个时间点上的时候，本来是协助阿尔马格罗出战的帕鲁·印加的军队突然倒戈了。也许是还在智利的时候，也许是回到库斯科之后，总之帕鲁在今天之前就已经得出了一个结论：在入侵塔万廷苏尤这件事上，西班牙人最终一定会战胜他的印加同胞。不过，与获胜的西班牙人同一战线是一码事，与溃败的西班牙人同一战线就是另一码事了。因此，在激战过程中，当阿尔马格罗的队伍明显寡不敌众并显出败退之势后，帕鲁突然下令让他的勇士用棍棒打死阿尔马格罗的人而不是埃尔南多的人。

意识到自己已经战败，甚至连抬轿子的人都抛下他不管的迭戈·德·阿尔马格罗绝望地抓住了一头无主的骡子，骑上它往库斯科逃去。阿尔马格罗狠狠地踢着骡子的身体好让它跑快点。律师埃斯皮诺萨给他的警告此时无疑会回荡在他的耳边："一旦总督们之间出现分歧和争斗，那往往也是他们被剥夺自己此前已获得权力的开端，"年老的律师曾经这样说，"他们会开始遭遇损失和厄运，甚至被长时间关进监狱，最凄惨的情况下，还会死在监狱里。"[17]

阿尔马格罗希望自己不会被抓住或被杀死，所以他骑着骡子直奔山上的萨克萨瓦曼堡垒去了，就是大约两年前胡
300 安·皮萨罗为了攻占它而丧命的那个堡垒。上了年纪的征服者爬上三座塔楼之一，然后拔出长剑，打算做最后的抵抗。与此同时，阿尔马格罗的残余部队也都逃回了库斯科，想要收拾一点钱财然后逃走。埃尔南多的人马在后面紧追不舍，很多人趁着这样混乱的局面报了一些私仇。被杀死的人里就包括不久之前还是曼可·印加的囚犯的鲁伊·迪亚斯。奥尔戈涅斯把他"解救"出来的时候让他刚好赶上加入阿尔马

格罗失败的战斗。此刻，就像阿尔马格罗的人曾经抢走皮萨罗支持者全部的财富一样，埃尔南多的人也把这样的待遇分毫不差地奉还给他们。

> 士兵们在四处劫掠吵嚷，为争抢战利品而大打出手。整个城市都陷入了混乱之中。印第安妇女们到处奔逃躲避，胜利的西班牙人就在她们后面追赶……罗德里戈·奥尔戈涅斯的头被带回了城中，依照埃尔南多·皮萨罗的命令用绳子拴着挂了起来。[18]

史称拉斯萨利纳斯之战的这场对抗以阿尔马格罗的完败告终，他这一方共损失了一百二十名西班牙人，而埃尔南多方面只死了九个人。劫掠、杀戮和混乱还在持续中，双方的伤者都被抬回了库斯科，另有一支骑兵队被派去萨克萨瓦曼堡垒搜捕阿尔马格罗。阿尔马格罗没有食物和水的储备，也意识到加农炮随时可以将自己藏身的印加塔楼炸成碎片，所以他最后还是选择了投降。士兵们押解着个子不高、皮肤黝黑的总督回到了城中，把他关进了印加人的科里坎查太阳神殿中曾经关押埃尔南多·皮萨罗的那间囚室。外面开始下起了雨，冰冷的雨水冲刷掉了街道上和远处的拉斯萨利纳斯平原上暗红色的血迹。印加帝国曾经的首都再一次落入了皮萨罗家族的手中。

几天之后，埃尔南多·皮萨罗前来探视战败的阿尔马格罗——这个长久以来与他争夺权力而且一直令他深恶痛绝的人。阿尔马格罗此时已经心灰意冷，并为自己的命运担忧。

他向埃尔南多询问自己曾经的合伙人弗朗西斯科·皮萨罗是否有计划来库斯科，那样他们两个人也许就可以好好谈谈，
301 摒弃前嫌。埃尔南多对这位老征服者的态度意外地友善，因为他知道后者的命运已经牢牢地握在自己手中了。表面上他向阿尔马格罗确认自己的哥哥很可能会前来库斯科，就算他有事脱不开身，阿尔马格罗也可以前往国王之城去拜见侯爵大人。安抚住阿尔马格罗之后，埃尔南多离开了。然而他一离开监狱就悄悄地指示公证人着手开展针对他哥哥前合伙人的审判程序——这也是想要处决阿尔马格罗之前要先进行的必要程序。

接下来几个星期里，埃尔南多又向阿尔马格罗保证自己的哥哥会到库斯科来，以及他在监狱中会受到良好的对待。阿尔马格罗相信自己和曾经的合伙人之间的关系是可以想办法挽回的，而且埃尔南多可能也没有自己担心的那么报复心重，所以他还一直焦急地期盼着皮萨罗的到来。然而几天过去了，几个星期过去了，几个月过去了，年老的总督一直在他寒冷的囚室里等待着。夜里睡觉的时候，他也许会梦到自己的童年时光，梦到自己的母亲从半开的门缝里递给自己一块面包之后就彻底关上了门，还有自己的叔叔曾经用链子把自己关在笼子里的事，甚至可能还会梦到新托莱多王国突然变成了一片富庶之地，而作为总督的自己在首都库斯科从此过上了奴仆成群的奢华生活。拉斯萨利纳斯之战两个半月之后，不管阿尔马格罗做了什么样的美梦，它们终究都要像他曾经在智利北部无边无际的沙漠中看到的海市蜃楼一般消逝得无影无踪了。一位编年史作者记录：

> ［埃尔南多·皮萨罗］……在他自己的住处前面集结了大批全副武装的人手……然后带着他们进入了……堂迭戈·德·阿尔马格罗总督……所在的牢房……［并］通知他已经被判处了死刑。当这位不幸的人听到这个消息时，他认为这是一种极其可鄙的行径，既不合理不合法，也有违公平正义。他感到非常震惊，他回答他……要向帝国皇帝和国王陛下申诉……埃尔南多……则回答他［阿尔马格罗］应当将自己的灵魂托付给上帝，因为死刑即将被执行。然后这位可怜的老人就跪在地上说道："埃尔南多·皮萨罗统帅，为你已经实现的这些复仇感到满足吧。要知道，且不说你处死我是对上帝和帝国皇帝的背叛，单凭我对你们的恩情你也不应当这样对待我，你和你的哥哥［弗朗西斯科］之所以能够爬上今天这个地位，我是那梯子上的第一根横杆。别 302
> 忘了……当你身处我今天的位置时，当我的谋士们都恳请我砍下你的脑袋时，我选择了饶你一命。"[19]

恢复了惯常轻蔑态度的埃尔南多对于阿尔马格罗表现出来的低声下气和卑躬屈膝愈发鄙视。"不要继续在这里丢人现眼了，"身材魁梧的埃尔南多在转身离开前说道，"死也应该死得像你活着的时候一样无畏。你现在的表现根本不像个骑士。"[20]看着埃尔南多离去的背影及重新关紧的大门，阿尔马格罗无疑绝望地垂下了头。

7 月是印加人向托科里神像（*huaca* Tocori）敬献牺牲的月份，托科里是保佑库斯科河谷中水流丰沛的神明。1538

年7月8日这一天，堂迭戈·德·阿尔马格罗向教士做了最后一次忏悔，然后向一个来到他牢房里的公证人口述了他的遗嘱。这个身经百战的老兵，这个杀死了不计其数的印第安人的征服者，现在要对自己自来到新大陆之后囤积的所有财富进行处理。在他的遗嘱中，阿尔马格罗声明他拥有价值几十万卡斯蒂利亚币的“金银、宝石和珍珠，还有船只和牲畜”。[21]阿尔马格罗有一个十八岁的儿子名叫小迭戈·德·阿尔马格罗，是他在巴拿马的一个情妇生的，曾陪同他前往智利。阿尔马格罗给自己的儿子留了一万三千五百卡斯蒂利亚币，给自己的女儿多纳·伊莎贝拉（Doña Isabella）留了一千卡斯蒂利亚币，并要求她成为修女。“他还给自己的仆人遗赠了钱财……并向修道院捐款”，[22]一个目击者这样说。阿尔马格罗在遗嘱的结尾把他剩下的财产全都捐献给了国王查理，也许是希望后者有朝一日能为自己的死报仇。

库斯科的市长安东尼奥·德·托拉克（Antonio de Toraco）此时走进了阿尔马格罗的牢房，陪同他的还有城里的传布公告者和行刑者。阿尔马格罗直到此时还没有放弃活命的希望，他睁着自己仅有的一只布满血丝的眼睛盯着这些人，希望通过激发他们的内疚来阻止他们听从埃尔南多的命令。

> 先生们，这片土地难道不是属于国王陛下的吗？为什么在我为国王陛下做出这么多贡献之后，你们却要杀了我呢？别以为国王陛下［现在］在很远之外的地方，但他的权力无所不在，马上就会管到你们头上。就算你

> 们不担心国王陛下会看到这一切，你们至少也应该相信 303
> 上帝无所不知。[23]

这三个人互相看了看，无疑都对这样的处境感到窘迫。最后市长开口了，他说他们做不了主，如果他们接到了处决阿尔马格罗的命令，那么他就只能死，他们三个人只是在执行命令而已。看着行刑者在自己面前准备绞刑用具一定是种骇人的经历，阿尔马格罗强烈要求最后再见埃尔南多·皮萨罗一面。这次市长同意了。他离开了一会儿，然后和埃尔南多一起返回，此时小小的牢房里已经挤进了五个人。

> ［皮萨罗］统帅，我知道你已经下定决心要我的命了，但是请不要伤害我的灵魂，那样对你的名誉也是种损伤……既然你认为我应该被判死刑，［那么］就将我送到国王陛下面前去让他做出评判。把我交给国王陛下或是你的哥哥，总督阁下……如果你不愿留我活在世上……是担心我会给你带来任何危险或麻烦，那我愿意给你提供任何能够让你满意的保证……［你知道］我已经没有任何权势，我的副手罗德里戈·奥尔戈涅斯已经死了，其他将领和大部分人手也都在战斗中死去了，幸免于难的也都成了你的囚徒。[24]

埃尔南多觉得凭借自己收集到的那些指控阿尔马格罗的证人证言，判处他死刑应该不会给自己招来什么风险，所以他决绝地下令继续执行死刑。不顾阿尔马格罗还在他身后大声哭喊，埃尔南多离开牢房，返回了主广场上的阿玛鲁坎查宫殿，虽然宫殿的房顶已经被烧毁，但他依然居住在这里。埃尔南多走在广场上的时候，肯定还抬头看了看展示在那里的自己曾经的敌人奥尔戈涅斯元帅的头颅，上面结着干透的血块，还爬满了苍蝇。在科里坎查太阳神殿里的阿尔马格罗已经被套上了绞刑套，他曾经催促他的西班牙同胞们把同样
304 的刑具套上印加君主阿塔瓦尔帕的脖子。怎么也不敢相信为征服新大陆上最大的帝国付出了那么多努力的自己最后却落得如此下场的阿尔马格罗“开始哭喊道：‘你们这些暴君！你们是在抢劫国王的财富！你们没有正当理由杀死我！’”[25]

些许含混不清的喊叫声传到了外面的街道上，然后就突然安静了。没过多久，传布公告者从阿尔马格罗的牢房里快步走出，后面跟着穿着黑色长袍的教士。两个人沿着铺了印加切割石料的街道朝主广场走去，把科里坎查太阳神殿圆形的轮廓渐渐抛在了身后。传布公告者一边走一边在脑子里组织语言，他即将在库斯科街道上向所有人传达一个消息：新托莱多王国总督，埃斯特雷马杜拉人堂迭戈·德·阿尔马格罗已被处决。

第十三章 比尔卡班巴：世界的游击队之都 305

［准备好启程去抓捕曼可之后，他们］……得到消息说这个印加［君主］已经从那里撤退，朝……［安蒂苏尤］去了……那里道路不通，行进困难，马匹几乎没有什么用武之地，正是出于这个原因，他们从那时起终止了继续追捕曼可·印加的行动。[1]

——克里斯托瓦尔·德·莫利纳，《记叙》，1553 年

在最开始的时候，游击队员们的关键任务是防止丧命……当这个目标得以实现之后，再去占据敌人无法达到的区域，或是集结起让敌人不敢轻易进攻的人数，然后［游击队员］就可以开始组织逐渐削弱敌人的行动。起初是在针对游击队的战斗最猖獗的区域，然后渐渐向敌人的领地延伸，破坏他们的通信，再然后袭击或骚扰他们的指挥点和核心根据地，发挥游击队全部的力量，让敌人在任何时候都不得安宁。[2]

——切·格瓦拉，《论游击战》，1961 年

反暴动行动越早实施越好。不断升级的暴动会变得越来越难镇压。[3]

——《美国陆军部临时反暴动行动实地手册》，2004 年

307 迭戈·德·阿尔马格罗刚一被处死，总督去世的消息就开始从库斯科向着安蒂苏尤的方向传去，穿过点缀着几个蔚蓝湖泊，放牧着成群的美洲驼和羊驼的高山上的美洲豹草场，翻过冰雪覆盖着顶部的各个山峰，跨过安第斯山脉的东部边缘之后向下俯冲进入被西班牙人称为“丛林的眉毛”（*ceja de la selva*）的一片沿着安第斯山脉东部高处边缘生长的，几乎常年浸润在浓雾中的潮湿云雾林。曼可的探子把这个消息一直向下传递，穿过了树林中缭绕的云雾，又穿过了绿草覆盖的陡坡，然后伴着滚滚奔流的溪水与河流冲下山脚，流入浓密的雨林。最后一个信差走出了因为树冠层叠而只能隐隐透进一点光亮的茂盛森林，展现在他眼前的是一大片被清理出来的空地，那里不但光照充足，还修建着各种带有高高人字形屋顶的石砌建筑，并有缕缕烟雾从铺着茅草的房顶上冒出。

信差沿着长长的石头台阶走进城市，那里有石头砌成的引流水道和喷泉，有佩戴着金质耳饰和臂环的贵族，也有很多棕色皮肤的印第安人居民，其中大多数穿着白色的棉质长袍，少数赤身裸体，只在身上画了复杂的纹饰图案。在城中的一个区域有一块受到所有人崇敬的凸出地面的巨石，也就

是一个“瓦卡”（*huaca*），[①] 临近巨石的地方有一座石砌的太阳神庙，还有祭司在里面侍奉神明。再往前有一片用精致切割的石料建造的房屋，分为高低不同的三层。从库斯科传来的消息至此终于抵达了它的目的地，这栋房屋就是曼可·印加的宫殿，他在亚马孙地区的新根据地。这个地方城镇的海拔是四千九百英尺，城镇四周围绕着浓密的雨林层叠而成的穹顶和古柯种植园，还有大批吱吱叫着的猴群。曼可·印加就把自己的新总部建在了这里。这个地方叫比尔卡班巴，一个独立自主的印加王国的首都——如果西班牙人胆敢擅入此地，一律格杀勿论。

虽然比尔卡班巴距离曼可之前的首都维特科斯仅有三十英里的距离，但是这个新首都的海拔比前一个地方低了将近六千英尺，距离库斯科则超过了一百英里。曼可沉痛地意识到维特科斯那样的地方仍然不能抵御西班牙人的进攻。现在，曼可第一次把他以安第斯山脉高海拔地区居民为主的追 308
随者们全部迁移到了这个海拔降低了几千英尺、对他们而言几乎完全陌生的地方。世界上最长的山脉与世界上最大的雨林就是在这里交汇的。

印加人新首都的名字来自鲁纳斯密语中的“比尔卡”（*huilca*）和“班巴”（*pampa*），前者是“神圣”的意思，后者是“平原”或“河谷”的意思，所以“比尔卡班巴”的意思就是“神圣的平原”或“神圣的河谷”。河谷中气候温暖，

---

① “瓦卡”在鲁纳斯密语中有两个意思，既可以指圣物，也可以指圣地。——译者注

安蒂苏尤丛林中的印第安人妇女，她身边是一只猴子和一只金刚鹦鹉。

土地肥沃，有康塞比达尤（Concevidayoc）和康塔班巴（Chontabamba）两条河流从此流过。曼可的祖父图帕克·印加曾经下令在这里建造一个典型的印加行政中心，还在这里安置了一些属于比尔克苏尼族（Pilcosuni）的米特玛科纳（移民）。编年史作者胡安·德·贝坦索斯写道：

> 当印加的［图帕克·印加·尤潘基］征服各地的消息传遍了这个地方的时候，当地的一些印第安人首领都去与他进行和谈。他们带着鹦鹉、猴子和一种特别的巨型食蚁兽（*perico ligero*）作为礼物送给他。这种动物有很长的吻部和尾巴，走路姿势非常笨拙。他们还给印加君主送去了一些羽毛和沙金……这个地区盛产黄金，当地的沙子中就含有金的成分。他们还给印加君主送去浸了蜂蜜的甘蔗杆和涂了颜色的弓和箭。那些顺从了印加君主的人都被赏赐了盐，因为盐被认为是他们能够获得的最有价值的东西。看到这些人都习惯于赤身裸体，君主还送了长袍和斗篷让他们穿上。他们当天会穿着这些衣服，可是回到自己的棚屋过夜之后，第二天早上就又依着自己的习惯赤身裸体地来到印加［君主］面前，惹得君主捧腹大笑……就这样，君主走遍了这片森林和［安蒂人］的各个地方……征服了那些敢于挑衅他的部落，善待了那些友好的部落。[4]

那些被重新安置在比尔卡班巴的比尔克苏尼族人和来到这里的高原地区的石匠们很快开始以在这里进行建设作为服劳役的方式。他们砍掉了四周的树木，清理了树下的灌木，开始建造传统的印加城镇，包括长方形的石砌房屋、仓库、

中央广场、喷泉、引水管道和其他各种用来满足行政和宗教
309 用途的建筑。他们还在城市周围开垦了古柯种植园——这种神圣的叶子通常只供印加皇室成员专享，不过为了奖励米特玛科纳在这里付出的辛苦，他们也被许可咀嚼这些神圣的叶子，因为其中含有一定量的可卡因，能够舒缓饥饿和疼痛的感觉。

最初，图帕克·印加的军队和当地各个部落之间会进行一些物物交换，在引入了移民之后，这些定居者很快就在边界地区建立起了贸易站点，并最终将少数几个站点发展成了深入周边雨林的，连接了大片亚马孙地区的贸易网络。长长的美洲驼队伍会定期从高地上带着盐、布料、珠子、青铜和红铜的斧头之类的货物来到这里换取金子、鸟类羽毛、蜂蜜、硬木、龟卵等当地特产。很快这些美洲驼队又会满载着货物返回家乡。生活在这个地区里的丛林印第安人属于各个不同民族，他们习惯赤身裸体，但是脸上身上往往涂着独特的彩色图案，他们很快就开始举家访问这些贸易点。他们都携带着自己的货物前来进行交换，有些人把货物背在背上步行前来，另一些人则把货物放在独木舟上，沿着河流划船前来。他们一直为自己身边这个由拔地而起的石头建筑围起来的城市而惊奇不已，也对那些从一个遥远、寒冷、没有树木的、据说就存在于他们头顶的高山之上的陌生国度运来的货物充满赞叹。

曼可·印加乘坐着他的轿子在1538年的某个时候来到了比尔卡班巴的贸易点，跟随他的还有那些在西班牙人最近血洗维特科斯时幸免于难的人，包括他的姐妹兼王后库拉·

奥克罗和其他一些后宫嫔妃、他的神殿祭司、石匠、建筑师、仆人、木匠、医师、皇家侍卫、占卜师、农民和牧民。曼可很快把这片崎岖不平的边境城镇草草改造成了一座皇家城市，并把它作为一个自给自足的国家的首都。他确实已经被迫放弃了对高海拔地区的统治，但是曼可仍然相信自己可以在安蒂苏尤的丛林深处继续行使印加王国的主权。安蒂苏尤碰巧是他的曾祖父帕查库提和他的祖父图帕克·印加最先征服的地区之一，从那之后，他们创建的帝国像一颗超新星一样在安第斯山脉上爆炸性地扩张，此时却突然被迫收缩回自己固有的一点领地，现在要轮到帕查库提二十二岁的继位者来挽救这个处于灭亡边缘的国家了。

不过，曼可想要的可不仅仅是维持一个独立自主的印加
王国，虽然他最近遭受了一些挫折，但是他誓死要将长胡子 310
的侵略者赶出塔万廷苏尤的决心仍然坚定。虽然他现在只能把他的新总部设在他的祖先曾经统治的庞大帝国的边缘地区，但是曼可仍然掌控着从比尔卡班巴向西渗透的信息传递线，这让他能够了解到陡峭的安第斯山脉另一面整片高地上发生的一切。曼可还注意到，虽然他的兄弟帕鲁现在已经在库斯科称王，继续扮演着曼可曾经扮演过的西班牙人同伙的角色，但是在高地上还是有很多人仍然将曼可视为他们真正的统治者，认为他才是太阳神真正的儿子。在仍有大批印第安人视他为神明并愿意追随他的情况下，加上找到了可以确信是安全的新避难所，曼可相信自己又可以重新开始与那些占领自己帝国的侵略者进行战斗了。

于是曼可将这个偏远的帝国边沿城市改造成了新的皇室

首都，还在这里建立了反对西班牙人的指挥中心。在曼可的指导下，比尔卡班巴很快就会成为印第安人抗击狂妄自大、留着胡子的侵略者的总部。在这个重新修缮的城市里，曼可可以派遣大批的信差把他的命令传到南方、北方和西方耸立的高山上去。他告诉自己的追随者们：抗争，西班牙人不是维拉科查而是普通人；杀死他们，加入我将长胡子的侵略者赶回海上去的战斗。

对秘鲁当时的政治状况大概观察一下就可以发现，弗朗西斯科·皮萨罗虽然从海外获得了大批的援助，但是西班牙人实际上还是只能控制少数几个城市：在北方有基多、通贝斯、圣米格尔、特鲁希略和卡哈马卡；在中部有豪哈和利马；在南方就只有库斯科。至于剩下的大片国土，尤其是城市之外的乡村地区、自的的喀喀湖向南延伸至今天的智利南边一半帝国，以及东边整片地区，即安蒂苏尤全都不在西班牙人的掌控之下。实际上，截至 1538 年，也就是俘虏阿塔瓦尔帕六年之后，在纵贯两千五百英里的广大的秘鲁国土上，西班牙人的人口总数仍然没有超过两千人，其中还包括大约一百名妇女。更何况大部分西班牙人都集中居住在库斯
311 科和利马；相对应的，在今天被称为秘鲁的这片广大地区里的印第安人人口数量则不少于五百万人，其中大部分都生活在乡村。

当代战争的一个基本规则是，如果一支军队想要有效地控制被征服的地区，那么在该地区中的驻军人数与当地人口的比例应当至少是十到二十名士兵对应一千名本地居民。所以要控制塔万廷苏尤这样一个人口超过五百万的地区，西班

牙人和（或）当地辅助人员的人数从理论上讲应当达到五万到十万人。即便是在获得了帕鲁·印加的协助的情况下，西班牙人和协助他们的印第安人辅助人员的数量仍然远远少于当地人口，所以西班牙人几乎从不涉足乡村地区就一点也不奇怪了，因为他们更愿意住在城里，把有限的兵力集中起来，这样城市就同时具有了驻军堡垒的功能。曼可·印加打算利用的就是西班牙人在乡村地区人手不足和只聚集在有限的几个城市中的这些弱点。

终于，传到比尔卡班巴的迭戈·德·阿尔马格罗的死讯更加坚定了曼可·印加的决心。他曾经指望西班牙人之间能够爆发内战，斗个两败俱伤，自我了结。但是现在阿尔马格罗已死，曼可的幻想也随之破灭了，他知道他不得不靠自己的力量来实现这个目标了。君主在北方的亲戚伊拉·图帕克曾经参加了1536年的起义活动，是级别最高的将领之一，如今已经成了一名将军。将军所在的地区还没有被征服，他仍然掌控着当地的税收资源，而且仍然忠于曼可。曼可很快派人传令给图帕克将军，让他重新集结他的起义队伍，杀死他领地内的所有西班牙人。那之后没多久，马拉尼翁河（Marañon River）上游瓦努库地区以北的许多部落也都发起了起义活动，他们甚至沿着安第斯山脉朝海岸边的特鲁希略城进发，杀死了沿途遇到的所有西班牙人、非洲奴隶和印第安人随从。

曼可本人此时也回到了安第斯山脉上，向库斯科以北前进，开始在那里亲自招募游击队战士，组建起义队伍。最终，许多由小批勇士组成的流动性很强的游击队开始伏击经常从库斯科谷底上方的印加主干道经过的西班牙“受封人”、商人或其他行路人。根据编年史作者谢萨·德·莱昂的记录，曼可在针对西班牙人的反击行动中加入了一种新的手段，就是赤裸裸的恐怖袭击：

312 君主曼可·印加……带领着“大耳朵”和那些曾经参加过向西班牙人发起的战争的军事将领们，撤退到了［安蒂苏尤］的山脉堡垒里。当……利马或其他地区的商人带着货物前往库斯科的时候，印第安人会袭击他们并抢夺他们的货物，有的西班牙人会被杀死，有些则被活捉……放到马背上被带回……［安蒂苏尤］，这些活着的基督徒会被带到印第安妇女面前接受酷刑折磨，这样的行为是为了报复他们曾经给印第安人带来的苦难……酷刑的方式是将尖头的木桩从人的下半身钉进去，直到另一头从嘴里露出来。这样的消息给西班牙人带来了极度的恐惧，那些无论因公因私需要前往库斯科的人都不敢启程了，除非是有全副武装的护送队伍陪同。[5]

当曼可带着他的游击队在库斯科以西的地方不断发起突袭时，不断增多的关于最近频发的动乱的汇报引起了弗朗西斯科·皮萨罗的注意。皮萨罗大约是在 1538 年 11 月回到库斯科的，也就是迭戈·德·阿尔马格罗被处决四个月之后。他最初是通过信件得知了自己曾经的合伙人的死讯，皮萨罗当时的感受无疑是非常复杂的，毕竟这两人之间的关系很难一语概括。据谢萨·德·莱昂说：

> 当［皮萨罗］看到这封信并听说了已经发生的一切之后，他低垂着目光沉默了好久……似乎是被哀伤的情绪打击了，还掉了一会儿眼泪。他是不是在装模作样，只有上帝知道。毕竟……我［还］听到另一些在他得到这个消息时和他在一起的人说，其实总督是下令敲锣打鼓地庆祝这个喜讯来着。[6]

不管皮萨罗内心经历了怎样的情感波动，但摧毁了阿尔马格罗和他的队伍确实让皮萨罗重新控制了库斯科。而此刻，在收到了众多关于曼可·印加重返安第斯山脉并且又开始杀戮西班牙人的汇报后，皮萨罗没有耽搁任何时间，马上就组织起了一支超过两百人的强大骑兵队伍，在伊良·苏亚 313
雷斯·德·卡瓦哈尔队长（Illán Suárez de Carvajal）的带领下前去抓捕或杀掉这个由皮萨罗亲手扶植，却反过来抵抗他的印加君主。

苏亚雷斯很快就骑马出城，沿着印加人的主干道向西行进了大约一百英里，抵达了一个叫安达韦拉斯（Andahuaylas）的镇子。他们从那里的印第安人探子口中得知，曼可此时就在他们所在位置西北不远的地方，以附近的一片山坡作为土匪巢穴一样的根据地并策划游击队袭击。苏亚雷斯下定决心要将起义的君主包围起来以确保他无路可逃，于是他带领自己的队伍向曼可所在地以西的地方前进，打算堵住曼可向西的出路，同时又派出一支由三十人组成的小分队——包括七名弓弩手和五名火绳枪枪手——在比利亚迭戈队长（Captain Villadiego）的带领下从东面包抄。因为东面有一条毕卡斯河（Vilcas River，又名潘帕斯河）从此流过，形成了一条防止曼可向东逃回安蒂苏尤的天然屏障，要过河只有一座桥可走，所以比利亚迭戈和他的手下接到的命令就是守住这座桥，直到苏亚雷斯确定了曼可的位置并发动进攻为止。

抵达毕卡斯河之后，比利亚迭戈攻其不备地抓住了几名被安排在河边守卫这唯一一座桥的印第安人，他对这些俘虏施以酷刑，逼他们说出曼可的位置。俘虏们说君主就在附近山上一个叫昂科伊（Oncoy）的镇子上，曼可是去那里出席一个以他的名义举行的庆典的，俘虏们还说曼可身边只带了八十名勇士护卫，相对来说容易攻击。年轻的西班牙队长迫切地想要获得成为第一个抓住起义印加君主的人能为自己带来的名和利，于是选择无视自己长官的命令，立即发动攻击。比利亚迭戈决定弃河上的吊桥于不顾，带着自己的人手沿着谷底的一条小路直接朝山坡上去了。

当天天气十分炎热，西班牙人被迫步行攀爬陡峭的山坡，牵着缰绳让马跟在自己身后。远处的山顶上，曼可的妻子兼姐妹库拉·奥克罗最先看到了入侵者的身影，于是立即通知了自己的丈夫。曼可立即命人为自己和其他三位贵族准备好四匹马，这些马都是从西班牙人手中截获的，曼可等人此时都已经学会了如何驾驭这种动物；接着，曼可又让镇中的妇女们在山坡上排成一排，手中拿着各种从西班牙人那里截获的长矛不停挥舞，目的是让西班牙人误以为曼可身边的
314 护卫人数比实际人数多得多。骑在马上的曼可手中握着一杆西班牙人的长矛，带领着自己的三名骑兵朝山下冲去，他的

勇士们则步行跟在他们身后。

当比利亚迭戈和他的手下们还在费力地向山上攀爬的时候，他们当中一人突然开始大声喊着让同伴们抬头向山上看，那里的山顶上似乎站着数不尽的印第安勇士，一边朝他们大喊着一些辱骂的言辞，一边向他们挥舞着手中的长矛。更让西班牙人吃惊的是，有四名骑在马上的印第安人，手中也握着长矛，正全速朝他们冲来，后面还跟着大批的印第安勇士。身后就是悬崖峭壁的西班牙人在陡峭的山坡上受到突然袭击，难免大惊失色，七名弓弩手开始朝着敌人放箭，而仅有的几名火绳枪枪手则手忙脚乱地想要点燃火绳枪的火绳。当曼可的勇士们开始朝他们投掷大批的石块时，个别火绳枪枪手开了火，一名印第安人倒下了，但是其他印加勇士们已经赶到了西班牙人近前，他们挥舞着棍棒、投掷着石块，强行将西班牙人逼得连连后退，许多人和马匹就直接摔下悬崖去了，他们在落到谷底的地面之前还会发出短暂的尖叫。与此同时，曼可带领他的四人骑兵队用手中的长矛熟练地刺死了剩下的一些西班牙人，这些人以前很可能从来没有被骑在马上的印第安人攻击过。

经过这场激烈的争斗，比利亚迭戈队长的队伍遭遇了惨败，他自己也是满身伤痕，一条手臂被印第安人的斧子砍断了，最终跌下了山谷。送他上路的致命一击（coup de grâce）其实是一群印第安勇士的棍棒。他想获得抓住曼可带来的荣耀的愿望太迫切了，这让他犯下了两个致命的错误：第一，他让自己的队伍在陡峭的山坡上遭遇突然袭击，而且他和他的队友在这种地形上都无法驾驭马匹；第二，他让曼可和他的勇士们占据了居高临下的进攻优势。比利亚迭戈的三十个手下里，二十八人是被直接打死或坠崖摔死的。只有两人逃回了山谷中的河边，然后跳进河中拼命游回了对岸。曼可的儿子蒂图·库西清楚地记得这场大胜给自己父亲带来的喜悦：

> 于是我父亲的人马获得了胜利，他们从西班牙人身
> 315 上收获了战利品，把他们的尸体扒光，[并] 拿走了他
> 们所有的衣物和武器，[然后] 把所有东西带回了山上
> 的昂科伊镇。我的父亲和 [他的手下] ……激动万分，
> 他们为这场胜利和收获的战利品举行了各种活动，载歌
> 载舞地庆祝了五天。[7]

虽然这一仗打赢了，但是曼可无疑意识到自己此时拥有的军事力量已经和几年前他所拥有的大不一样了。他不可能再掌控他曾经发动起来围困库斯科的那么庞大的军队了。相反，曼可如今只能领导人数不多的小型队伍，因为人数的缩减，他们不得不避免与西班牙人的大队人马进行正面交战。不管怎么说，曼可的勇士们此时已经学会了有效率地伏击西班牙人在印加主干道上的物资护送队，消灭人数较少的军事小队，还能偷盗武器和马匹，然后消失在山坡上让西班牙人无迹可寻。如果说游击队战争的特点是机动、快速、了解当地地形、获得农民的支持，以及频繁对敌人进行伏击并在大批军力赶到支援以前安全撤退，那么曼可·印加无疑已经成功转型为一位杰出的游击队领导者了。

比利亚迭戈和他的队伍被消灭后不久，恼怒的弗朗西斯科·皮萨罗就带领着七十人的骑兵队伍从库斯科出发来抓捕反叛的君主了。虽然他和他的队伍找遍了乡村地区，但是依然无法在蛮荒、崎岖不平的内陆地区找到行踪诡秘的曼可。实际上，曼可的探子已经提前向他们的君主汇报了关于这支骑兵队出动的消息，因此曼可明智地决定撤退回阿普里马克河对岸的安蒂苏尤领地内，以保存自己的军力来日再战。无计可施的皮萨罗最终只好返回库斯科，口述了一封给国王查理的信：

> 1539 年 2 月 27 日于库斯科
>
> 神圣罗马帝国皇帝：
>
> ……在沿着［印加］道路返回城中的路上，我就收到了城里发出的信件，由此得知曼可转移到了距离此处二十五里格［九十英里］的地方继续进行起义活动，他不仅抢劫了一些城镇，还派遣信差到全国各地挑动群
> 众起义……之后我派遣了队伍去惩罚他……［但是］， 316
> 由于他们拥有很多探子……他总能避免在开阔地带与我们正面交锋，并且躲藏在森林里让我们很难找到。等夏天到了他就抵挡不住我了……到时我一定会抓住他，无论他是死是活。[8]

曼可·印加此时已经向秘鲁南部派遣了更多的信差去联络他的追随者们，其中就包括级别最高的大祭司，后者此前一直躲避在库斯科西南的孔蒂苏尤地区的崎岖山脉中。接到

曼可的命令之后，大祭司和他的军队立即开始袭击该地区内的西班牙人，并鼓动当地的印第安人起义。在更向南一些的地方，信差们同样有效地鼓动了生活在的的喀喀湖以西的高原之上的卢帕卡部落（Lupaca tribes），他们此时也决定奋起反抗。在一段相对并不长的时间里，在北起卡哈马卡城外，南至的的喀喀湖岸边，纵贯一千多英里的印加中部核心地区里，印第安人再一次发起了大规模的起义。被吓坏的西班牙商人和“受封人”都发现，自己必须在武装护卫队的陪同下才能在印加的主干道上通行，否则就可能遭受到致命的攻击。

西班牙人意识到了问题的严重性，于是立即展开了有计划的镇压起义的军事行动，以确保自己在秘鲁重建的社会阶层金字塔顶端的位置不受任何侵害。埃尔南多和贡萨洛离开了库斯科，带领着大队的西班牙骑兵，在帕鲁·印加带领的五千名印第安人随从的陪同下前去镇压卢帕卡人的起义。西班牙人用筏船运送人员和战马穿过的的喀喀湖，很快就打败了卢帕卡人，并抓住了他们的首领，还把他们的村庄烧成了平地。

接下来，西班牙人调转马头向北征讨。贡萨洛·皮萨罗带领了一支七十人的骑兵队向着科拉奥进发，他们在那里与孔索拉（Consora）、波克纳（Pocona）和吉开（Chicha）部落的联盟进行了激烈的战斗，西班牙人再一次大获全胜，不仅在战斗过程中杀死了成千上万的印第安人，还收获了一个意外的惊喜——印加将军蒂索投降，他是曼可仅剩的最优秀的将军了。

为了镇压库斯科西南的孔蒂苏尤地区的起义活动，弗朗西斯科·皮萨罗派出了另一支西班牙队伍，同样也有印第安人随从配合作战，这支队伍的目标是找到并消灭大祭司和他 317
的军队。虽然这次军事行动持续了八个月之久，并经历了不少坎坷，但是西班牙人最终还是成功迫使大祭司投降。亵渎了印加人神圣庙堂的那些长胡子的入侵者如今又给相当于印加人教皇的大祭司拴上铁链，并把他押回了库斯科。

虽然曼可的将军伊拉·图帕克仍然控制着北部豪哈附近的大片区域，而且此后又继续坚持战斗了多年，但是西班牙人也将他们招牌式的恐怖散布到了北方各地，他们反复向那些起义的地区派遣军队。举例来说，在巍峨的布兰卡山脉（Cordillera Blanca）前富饶的谷地中，在库斯科西北大约四百英里以外的卡列霍德瓦拉斯（Callejón de Huaylas），当地的印第安人杀死了两个“受封人”。利马的市议会于是派出了一支由弗朗西斯科·德·查韦斯队长（Francisco de Chávez）带领的队伍前去实施报复行动。查韦斯和他的骑兵队在那片区域里待了三个月，袭击当地的村庄，砍杀或刺死村里的居民，点燃他们的房子，还把庄稼地也烧成了灰烬。

这些进行烧杀劫掠的西班牙人根本不管自己面对的是男人、女人或孩子。“因为战争实在太残酷了，印第安人害怕他们会被全部杀死，于是前去与西班牙人求和”，[9] 谢萨·德·莱昂写道。但是据说查韦斯这个同样来自皮萨罗老家特鲁希略的典型的埃斯特雷马杜拉人在宣布行动结束前，还杀死了六百多个年龄在三岁以下的儿童。

在更靠南的一些地方，瓦努库地区内的印第安人也响应了曼可的号召，杀死了一些西班牙人。于是一支骑兵队马上被派往该地区。但是骑兵队实际上错误地前往了位于真正目的地以南一百多英里之外的另一个印加城镇塔尔马，而这里根本没有发生过任何起义活动。即便如此，西班牙人还是在这里待了七个月之久，“吃掉了人们的粮食和羊［美洲驼和羊驼］，抢走了所有的金银，强占良家妇女……给很多印第安人拴上铁链把他们当作奴隶役使……还会虐待、辱骂甚至折磨［印第安人的首领］，为的是让他们说出……金银财宝的［隐藏地点］”。[10]显然，对于西班牙人来说，所谓的“征服”“平定”“占领”“复仇”和“劫掠”之间，几乎是没有什么界限可言的。这让秘鲁人民感到惊愕和绝望。

到 1539 年 4 月，在北方各地的镇压叛乱行动还在进行
318 着，弗朗西斯科、埃尔南多和贡萨洛三兄弟集中到库斯科讨论他们下一步征服秘鲁的计划。考虑到处死阿尔马格罗带来的各种影响，弗朗西斯科认为埃尔南多应当返回西班牙去证明自己在这个问题上的清白。现在憎恨埃尔南多的人太多了，弗朗西斯科担心那些人会在国王耳边进谗言，到时国王不但会怪罪埃尔南多，恐怕整个皮萨罗家族都会受牵连。相反，弗朗西斯科觉得如果让他的弟弟带着一份刚刚写好的，把埃尔南多描绘成库斯科被围困期间抗击印第安人的英雄的大事记去见国王，[11]更重要的是，他还护送着大批献给国王的金银返回西班牙的话，那么埃尔南多肯定能够在国王面前为自己辩护成功。

相反，此时二十七岁的贡萨洛则认为这个主意很糟糕。他争辩说埃尔南多应当留在秘鲁，有必要的话甚至可以做好

武力抗争的准备，如果他去了西班牙，那么埃尔南多的命运就完全掌握在了他敌人的手中，而且身边没有一个家人能帮助他。不过，埃尔南多“气愤地回绝了他弟弟的建议，还说贡萨洛只是个毛头小子，根本不懂得国王的心思”。[12]不管别人怎么说，埃尔南多其实已经做出了自己的决定：他要回西班牙去面见国王，不仅是要了结处决阿尔马格罗的问题，还是因为他又有新的要求渴望获得国王的恩准。

埃尔南多启程的那天，弗朗西斯科、贡萨洛以及一小拨征服者送埃尔南多出城，走了没多远就下马互相告别了。埃尔南多拥抱了自己的两个兄弟，然后还特意仔细叮嘱弗朗西斯科千万要提防阿尔马格罗的追随者，也就是那些曾经陪同已故的总督前往智利，后来又与皮萨罗家族开战，最终遭到惨败的人。佩德罗·皮萨罗写道：

> 埃尔南多·皮萨罗离开他的哥哥侯爵大人时对他
> 说：“［你知道］我要去西班牙了，除了上帝，我们全
> 都指望着你呢。我这么说是因为那些从智利回来的人仍
> 然心有不甘。如果我走了，他们就没什么可怕的了
> （他说的是真的，那些人确实非常惧怕埃尔南多）。跟
> 他们保持好关系，对那些有意顺从的就略施些恩惠，
> ［但是］对于那些不肯接受好意的，绝不能允许他们
> ［哪怕］是十个人在你所在的地方方圆五十里格之内集
> 结起来，否则……他们［一定］会杀了你。”……埃尔 319
> 南多说得很大声，我们都听见了，他又拥抱了侯爵之后
> 就启程离开了。[13]

埃尔南多此行携带了大量要献给国王的金银财宝，还列了一长串他自己想要获得的“委托权”，他坚信国王一定会满足他这些要求的。看着自己健壮的兄弟渐行渐远，无论是弗朗西斯科还是贡萨洛都不曾意识到，这就是他们最后一次看见埃尔南多了。

不过，在埃尔南多离开之前，三兄弟至少在一个问题上的观点是相同的，那就是必须除掉曼可·印加。只要这个反叛的君主还活着，他对皮萨罗家族掌控秘鲁的大业就始终是个威胁。因此，埃尔南多离开后不久，贡萨洛·皮萨罗就开始组织一次新的行动，目标就是抓住或杀死曼可·印加，彻底解决这个隐患。他们的探子已经向皮萨罗兄弟汇报了曼可现在藏身的地点叫作比尔卡班巴，这个地方位于茂密的低地森林中，还有安蒂苏尤中会使用弓箭的安蒂人保护他。西班牙人要想从他们现在面临的困境中脱身，唯一的办法就是找到反叛君主在丛林中的藏身之地，然后像杀死一只有毒的害虫一样除掉他。

贡萨洛比弗朗西斯科小三十四岁，比埃尔南多小十一岁，他刚来秘鲁的时候只有二十岁，这么多年来一直生活在他几个哥哥的光环之下。和只比自己大一岁的哥哥胡安不同，贡萨洛是直到库斯科被围困之后才当上队长的，而且很可能还是因为胡安死了才轮到他的。不过在围城期间，贡萨洛确实有过人的表现，称得上是这座城市最好的守卫者之一。他个子很高，留着黑色的胡须，非常英俊，是一名优秀的骑兵，无论使用十字弩还是火绳枪都能百发百中。除此之外，他本人也是极度富有的，因为他在卡哈马卡和库斯科都分到了大批的金银。

贡萨洛也是一个标准的埃斯特雷马杜拉人，他身上也有那一地区的人所拥有的不可磨灭的特质：顽强、狭隘、对外人多疑、极端吝啬。他可以成为最好的朋友，也可能变成最可恨的敌人。贡萨洛还很有野心，他想要拥有自己的管辖权，而且毫不掩饰自己的想法。他还是个放荡的好色之徒， 320
就是他冲动地抢走了曼可的妻子库拉·奥克罗，这个举动无疑正是激起印加人起义烈焰的星星之火，这场起义不仅害死了他自己的哥哥，还葬送了几百名西班牙同胞的性命。

谁也不知道贡萨洛是否承认自己对曼可的起义负有责任这一点，但是贡萨洛绝对认定只要自己能抓住或杀死起义的印加君主，将来就一定能获得归他统治的领地。眼下最紧迫的事情是要平息这个国家中的战争。“我们都相信，只要能将［印加君主］包围，就一定能杀掉或抓住他，然后这片大地也将恢复平静，”当时的一个西班牙人写道，“但是在这个目标实现之前，一切都还不好说。”[14]

三百个西班牙人自愿追随贡萨洛，其中有骑兵也有步兵，他们都想趁机做出些了不起的贡献。骑兵之中有很多是“受封人”，他们迫切地想要解决掉曼可，因为他们如今的生活来源就是当地印第安人的进贡，而他们唯一能想到的防止这些进贡流向曼可的方法就是杀了他。其他一些主动申请前往的人大多是刚刚到达这里的征服者——这些人曾经可能是鞋匠、裁缝、木匠、泥瓦匠等，他们带着自己的武器来到秘鲁，迫切地想要改善自己的经济状况。贡萨洛也知道两年前罗德里戈·奥尔戈涅斯洗劫了维特科斯并差点抓住曼可·印加，他在那次行动收获了丰厚的金银财宝，还找到了一些最美丽的神庙处女。贡萨洛希望自己的这次行动也能获得同样的好运气。

当贡萨洛的手下为自己的行程做准备之时，帕鲁·印加也集结了一支人数众多的印第安人军队来协助他们。而且，帕鲁这次还会亲自陪同西班牙人前往，他此时已经下定决心要在抓捕自己兄弟的行动中扮演更积极的角色，目的当然是确保自己作为“唯一的君主”的统治地位，因为目前他显然并不是唯一的。帕鲁知道曼可已经转移到塔万廷苏尤的边远地区，目前正生活在蛮荒的安蒂人中间，但是曼可的存在对他仍然可以造成严重的威胁，一旦曼可同意与西班牙人讲和并返回库斯科，那么帕鲁就会被立即赶下台。

已经认定西班牙人是不可战胜的帕鲁一直在适应西班牙
321 人的各种衣着饰物，包括丝绸长袜、华丽的斗篷和各式各样的欧式帽子等。帕鲁还曾暗示愿意接受西班牙人的宗教信仰。住在印加宫殿里，有成群的貌美嫔妃服侍的帕鲁在两年前还是完全没有机会成为君主的，他当然非常不愿放弃这份对他而言全新的奢华生活。如果不得不杀死自己的兄弟以保住王位，那么他绝对不会有任何犹豫。再说，印加的传统规定了，只有最强大的继承人才能坐上王位。在印加的贵族阶层中，人们奉行的宗旨一直都是胜者为王、败者为寇。

1539 年 4 月，在一个风和日丽的好日子里，三百人组成的西班牙队伍和数量庞大的印加军队一起出发了，他们后面跟着长长的美洲驼队伍，驮着行军所需的物资。出了城的队伍开始向北沿着山坡向上攀爬。很多西班牙人会回头望望身后的库斯科。像帕鲁变化了的衣着品味一样，库斯科也逐渐发生了各种转变。由于曼可在围城时几乎点燃了整个库斯科，城中建筑上原本的茅草屋顶自那之后就彻底消失了。取而代之的是铺着土黄色瓦片的人字形屋顶。西班牙工匠们在各种印加建筑上增添了具有他们本国建筑特点的构造。当出征的队伍爬上可以俯瞰库斯科的峭壁，开始经过萨克萨瓦曼堡垒的时候，他们仍能听到下面城市中传来的垒砖砌石的锤子敲击声和教堂里传来的钟声——这些都证明库斯科已经渐渐披上了一层西班牙式的外衣。

在过去的两年中，这已经是西班牙人第二次派遣大队人马向安第斯山脉东部进发了。西班牙人的马匹仍然走在他们一直通行的印加道路上，骑兵们小心地挑选着下脚的地方，确保马匹在总是光滑湿润的石板路上也能走得稳当。随队行进的有三顶皇室轿子，一顶轿子上坐的是帕鲁，另外两顶轿子上坐的分别是瓦斯帕尔（Huaspar）和因奎尔（Inquill）。这两个人也都是曼可和帕鲁的异母兄弟，但是是曼可的妻子库拉·奥克罗同父同母的亲兄弟。[①] 和他们的兄弟帕鲁一样，瓦斯帕尔和因奎尔也都抛弃了对曼可的忠心，转投了西班牙人的阵营。这样决定的原因显然也是认定在争夺塔万廷苏尤的战争中，最后失败的一定是曼可·印加。

行军三日之后，大队人马抵达了乌鲁班巴河上的丘基萨卡桥，也就是两年前罗德里戈·奥尔戈涅斯和他的手下在前

① 依据前文内容，库拉·奥克罗与曼可同父同母，此处说法与前文矛盾，疑似有误。——译者注

322 往维特科斯的路上占领过的那座桥。吊桥此时已经无人照管也无人阻拦，西班牙人于是骑马过桥，进入了比尔卡班巴河谷，又经过了被奥尔戈涅斯洗劫一空而曼可不得不放弃的山顶上的维特科斯堡垒。接下来队伍继续朝着海拔一万两千五百英尺的科尔帕卡萨关口（Colpacasa Pass）进发。长满了浓密植物的山坡崎岖不平，一个接一个地向远方绵延伸展，形成了连续不断的褶皱山脊。队伍渐渐向下走到了沿潘帕科纳斯河（Pampaconas River）河边修建的石头道路上，一路上经过了被带有尖刺的凤梨科植物和苔藓包围的树木，还经过了很快就会变成一条奔腾河流的瀑布。

有时候，云层甚至会遮挡住他们下行的路，人们看不见队伍的两头在哪里。骑兵们都被笼罩在浅灰色的迷雾中，变成了戴着头盔的剪影。西班牙人铠甲上的水珠像汗水一样密集，然后汇聚成细流流下，像一道道细细的水银一般。最终，在他们从关口又向下行进了三天之后，植被开始变得更加茂密，马匹已经无法通行，西班牙人只好把马留在那里，步行继续向前。他们握着剑，举着火绳枪和十字弩，排成一路纵队跟在他们的印第安人向导身后，向着亚马孙雨林（*selva*）这片幽暗陌生的世界深处走去。

林中的空气温暖而凝滞，充斥着蚊子飞舞的嗡嗡声，西班牙人身上有皮肤裸露的地方都会遭到蚊虫叮咬。铠甲和棉质衣物之下所有人都已经汗流浃背。远处传来了一些他们从未听过的声音——像狮子的吼声一样低沉，对于西班牙人来说那仿佛就是地狱守卫者发出的叫喊；此外还有奇特的鸟鸣声不间断地萦绕飘荡在总是滴着水的森林里，想必这也会让

许多西班牙人吓得汗毛都倒立起来。这些队员已经从他们的
向导那里听到了许多关于安蒂人吃人肉的传说，还说他们会
把西班牙人都当成美味佳肴。此时浓密树叶形成的阴影中又
传来一阵令人毛骨悚然的叫声，西班牙人无疑都停住了脚步
并询问他们的向导：“是安蒂人吗？”他们前面的参天大树
不仅高耸入云，还有巨大的根基，像一条巨鲨的鳍一样伸展
出去，至少有二十英尺长。这时向导会指着树尖回答说是
“蜘蛛猴”（*Uru-kusillu-kuna*）。向导还说之前听到的狮子吼
一样的叫声其实也是这些猴子发出来的，不过他用了另一个
词语指代。向导其实也非常紧张，他们很清楚敌人就在附
近，随时可能发起进攻。问题已经不是他们是否会遭到攻 323
击，而是将会在什么时候、在哪里遭到什么样的攻击。耶稣
会士布拉斯·巴莱拉（Blas Valera）写道：

> 那些生活在……［安蒂苏尤］的人……吃人肉。他们比老虎还要凶猛，不敬神也不守法，更没有什么美德。他们不崇拜任何偶像或类似的东西。他们只敬畏撒旦，后者会化身为某种野兽或毒蛇来跟他们说话。如果他们在战斗中抓到俘虏……并且确认他只是个出身卑微的平民之后，他们就会把俘虏大卸八块，然后分给朋友和仆人食用，甚至拿到市场上去出售。但是，如果被俘虏的是个贵族，那么部落首领们会召集自己的妻子儿女，此时的他们已经化身为恶魔的仆人，会把俘虏扒光衣服绑在柱子上，然后用燧石刀和剃刀一点点切割他身上肉最多的部位，比如小腿、大腿、臀部、上臂等。其

> 他男男女女甚至孩子们身上都会沾到喷溅的鲜血，他们会以极快的速度分吃人肉，不经过烹煮或烧烤，甚至嚼都不嚼就咽下。他们在可怜的受害者面前大口大口地吞食，让后者亲眼看着自己被别人生吞活剥。[15]

虽然在巴西的大西洋沿岸某些地方确实存在过食人肉的行为，厄瓜多尔境内的一些原住民勇士也会把敌人的头颅割下晒干，但是修道士写的这些关于安蒂人的故事绝对是编造的，是生活在高地上的印加人和西班牙人才有的一种源于恐惧和厌恶而产生的对于一个陌生的民族和陌生环境的幻想。不过，听了这些故事的西班牙人，尤其是这些已经离开安第斯山脉边界，踏进一片幽深灰暗、超脱尘世，不时还有惊悚嚎叫传来的陌生领域中的西班牙人来说，他们没有任何理由不相信那些广泛流传的故事的真实性。这片雨林到底有多广袤？这里面是否隐藏着一个富有的帝国？没有人知道答案。毕竟这片大陆上的大部分地区还是未知的领域，但可以想象迷宫一般复杂的内陆地区仍然有大片的无主之地。或许他们前方就能发现一个他们做梦也想不到的富有帝国，又或许等待他们的是要眼睁睁看着自己被活活吃掉的可怕死亡，恐怕只有天堂中的上帝或地狱里的撒旦才知道真正的答案。

324 排成一队的西班牙人最终来到了一条狭窄的河谷前，河谷中有两条河流经过，水面上有两座刚刚建起来的桥。西班牙人过了桥，进入了一片两边都是悬崖峭壁的空地，只有流水的声音回荡在河谷中。佩德罗·皮萨罗后来回忆说：

> ［当］二十名西班牙人……［过了桥之后］，隐藏起来的印第安人开始……从两边的山上向河谷中推下巨石。这些巨石携带着强大的威力从高处滚落下来。三个西班牙人被石头卷走，碾碎或撞入河中。那些走在前面已经进入森林里的西班牙人也遭遇到了无数的印第安弓箭手的阻截，后者朝他们射箭，很多西班牙人受了伤，要不是他们发现了一条狭窄的小路并从那里跳进水中，恐怕都会丧命……因为他们无法……同隐藏在树林中看都看不见的印第安人［正面交战］。[16]

西班牙人显然落入了一个陷阱。根据蒂图·库西的说法：

> ［我的父亲］已经从他安排在各条路上的探子那里听说了贡萨洛·皮萨罗……带了很多人手来抓他，同行的还有他的三个兄弟……［于是］他［曼可］亲自前往迎战，但是无法确定到底来了多少西班牙人，因为树林太浓密了，根本数不清楚……［后来］他在河边和他们大战了一场。[17]

西班牙人刚刚穿过的桥其实是曼可的勇士不久前才修建的，专门用来将西班牙人从本来的道路上引向河谷中，好让他们进入能够被滚落的巨石砸到的区域。用巨石伏击的战术是曼可手下的基佐将军曾经在安第斯山脉上用实践证明可以获得成功的。不过，曼可的勇士没有等到更多的西班牙人进入河谷就过早地把石头推了下去，所以只砸到了走在前面的一小队人，其余大部分则原路撤退，最终得以逃脱了。

325 伏击使得长长的由西班牙人和印加人组成的队伍停下了前进的脚步。白天他们进行了激烈的战斗，西班牙人几乎看不见安蒂人进攻者究竟是从哪里发动攻击的，因为亚马孙雨林中的印第安人实在太善于利用丛林作掩护了，最后西班牙人只好选择撤退。当天晚上，贡萨洛和他的队伍借着火把的光亮回到了他们下马的地方，准备在此重整旗鼓并研究接下来要怎么做。撤退的另一个原因是西班牙人之中“有很多人受了伤，还有很多人丧失了勇气”。[18]在白天的战斗中，总共有三十六名西班牙人丧生。

伤亡打击了西班牙人的士气，更不用说能够向他们射出大批弓箭而自己却不会被西班牙人发现的影子一样的安蒂人形成的震慑。西班牙人于是派人去库斯科寻求增援了。贡萨洛·皮萨罗不希望在增援到来之前再遭到伏击，于是他派遣了曼可的两个兄弟瓦斯帕尔和因奎尔前去与他谈判。这两个兄弟传达的信息很可能是如果曼可愿意放下武器，他会获得赦免，西班牙人还说他们愿意授予曼可“委托权”。

不过，曼可早就下达过一项持续有效的命令，任何与西班牙人勾结的印第安人都应当被立即处决。他还意识到这支西班牙人队伍的数量庞大、装备精良，而且正是被他的三个兄弟带到这里来的。曼可本来就已经因为帕鲁拒绝了自己让他加入起义活动的邀请，甚至还接受了皇室流苏头饰自立为王而怒不可遏，所以当他的两个兄弟瓦斯帕尔和因奎尔到达他的营帐时，曼可既无心客套也无意谈判。根据蒂图·库西的说法：

> 我的父亲对于他［瓦斯帕尔］来跟自己谈判感到非常愤怒，以至于这个谈判要了［瓦斯帕尔］的命。［鉴于］我父亲想杀瓦斯帕尔是出于愤怒，所以库拉·奥克罗想要阻止他，因为她很爱［自己的兄弟］。［但是］我父亲无视了她的哀求，执意命人砍下了瓦斯帕尔和因奎尔的脑袋，还说：“我砍下他们的头总好过让他们带着我的头离开。”[19]

曼可的妻子为自己兄弟的死而伤心欲绝。这个可怜的女 326
人曾经被贡萨洛·皮萨罗绑架并强奸，好不容易才设法逃脱。此刻她两个兄弟的尸体就倒在她的面前，旁边还有他们各自被砍下的头颅。除帕鲁和曼可之外，这两个人是她的父亲——伟大的瓦伊纳·卡帕克仅剩的儿子了。包括阿塔瓦尔帕和瓦斯卡尔在内，她已经失去了五个兄弟，全都是在她父亲据推测死于欧洲人的天花之后接踵而来的权力斗争的牺牲品。据曼可的儿子说，库拉·奥克罗“太伤心了，她表示再也不肯离开自己两个兄弟被处决的地方”。[20]

不过，曼可已经没有时间去担心自己妻子的悲痛了。根据探子的汇报，几百名穿着铠甲的西班牙士兵此时就驻扎在距曼可的首都十几英里的地方，而且还有更多的西班牙增援力量正在库斯科集结，曼可必须要找到一个毁灭敌人的方法，或是让他们在这个地区里无法生存而不得不返回安第斯山脉之上。现在挡在西班牙人和他的新首都之间的只剩一条被一大块凸出地面的岩石堵住的峡谷。这样一个天然的壁垒暂时挡住了西班牙人前进的通道。峡谷两边的山脊上都长满了植被，印加人平时是使用梯子爬过这个路障的，当然此时那些梯子都已经被撤掉了。此外，曼可还下令在壁垒之上立即建造一堵石墙，石墙上只留了一些窗子一样的小开口。

贡萨洛·皮萨罗很快就决定朝这个壁垒发起一次正面进攻，他给突击队伍下达了夺取这个壁垒的命令。当西班牙人开始试图沿着巨石爬上印加人的石墙时，曼可选择就在那一刻使用自己最新谋划的军事策略。墙上的孔洞里突然爆发出了巨大的响声，并喷出了浓烟，显然是有西班牙俘虏教会了曼可的勇士如何使用火绳枪。这些武器储备都是从西班牙人那里缴获的，也正是为了使用这些武器，曼可才在墙上留下了窗口。受到惊吓的西班牙人立即撤退，并开始仔细研究起这堵墙。他们能看到西班牙生产的火绳枪正连成一排瞄准着他们。不过曼可的勇士们接受的关于如何使用火药和重新装填的指导显然是不足的，根据佩德罗·皮萨罗的说法：

327 在窄小的［峡谷］入口处……［曼可］修建了一堵石墙，上面留着小窗口，为的是通过窗口向我们射击。他们可能有四杆或五杆火绳枪……都是从西班牙人那里抢走的。因为他们不知道如何装填弹药，所以对我们没有什么威胁，他们把［铅］弹放在距离枪口很近的地方，所以根本打不远，子弹一出膛就掉到地上了。[21]

不管怎样，经过几天小规模的交战后，西班牙人并没能突破曼可的壁垒，正在双方僵持的阶段，库斯科的增援力量赶来了。队伍人数得到扩充后，贡萨洛也谋划了一套他自己的新策略。他安排了一半人马佯攻石头壁垒，不以夺取阵地为目的，而是要尽可能拉长战斗的时间，以此拖住曼可守卫石墙的勇士。剩下的人马则要从山脊背后悄悄地爬上峡谷一边峭壁上的制高点。枪响的声音说明正面佯攻壁垒的战斗已经开始，贡萨洛的第二组人也开始攀爬山脊，他们要从茂密的树林中穿行，有时还不得不用斧子砍树开路，最终他们在印第安人毫无察觉的情况下占据了山顶的位置。印第安人本来把所有注意力都集中在击退下面的西班牙人进攻上，此时却突然发现自己已经陷入了一个可以被高处的弓弩手和火绳枪枪手轻易击中的位置。佩德罗·皮萨罗回忆说：

> 看到西班牙人在高处向他们发起进攻之后，有印第安人跑去给在堡垒中的曼可报信……他听明白之后，就让三个印第安人徒手抬着他迅速跨过……沿着堡垒附近流淌的河流，然后沿着河边向下游走了一段，就隐入丛林之中藏起来了。其余的印第安人也都朝着各个方向逃窜，在树林里寻找藏身之地。[22]

据说曼可因为壁垒失守而大发雷霆，甚至在河对岸停了一会儿，朝着他的入侵者大喊："我是曼可·印加！我是曼可·印加！"可能是想表达"你们怎么敢这样对我"的意思。[23]一个名叫曼西欧·塞拉·德·莱吉萨蒙（Mansio Serra de

328 Leguizamón）的西班牙入侵者也记得曼可在对岸大喊，说“他和他的印第安人在起义爆发前后已经杀死了两千个西班牙人，他打算把西班牙人都杀光，他要夺回属于他和他祖先的土地”。[24]不管怎样，曼可已经无法阻止西班牙人朝他的新首都挺进，曼可只能在那些赤身裸体的安蒂人勇士的帮助下再度开始逃亡。

贡萨洛和他的队伍沿着铺好的石头堤道一路抵达了此前他们只在各种故事中才听说过的比尔卡班巴。西班牙人发现展现在他们眼前的这个新的印加首都坐落在树林中一大片清理出来的空地上，空地的直径至少有一英里长；然而此时整个城市仿佛被废弃了一般，吓坏的居民们全都逃走了。西班牙人沿着长长的石头路下到城中，后面跟着头戴皇室流苏、坐在轿子上的帕鲁·印加。有的火堆还在冒烟，一定是人们撤走之前还刚刚在火上煮过饭，远处不时还有蜘蛛猴的叫声传来。兴奋的西班牙人开始在城中到处搜寻，举着长剑进入各个建筑和仓库里翻找，然后捧着各种金盘、银盘、酒杯和神像走出来。还有几个西班牙人和他们的印第安人随从一起四处搜捕已经不见了踪影的君主，结果只找到了曼可的妻子库拉·奥克罗。后者还沉浸在失去兄弟的震惊之中，这个悲痛的女人显然根本没有逃命的打算。

到 1539 年 7 月，在经过了两个月毫无成果的搜寻之后，西班牙人依然没有发现反叛君主的下落。贡萨洛·皮萨罗终于决定放弃了。这支西班牙人与印加人的联合队伍开始启程返回库斯科。他们满载着掠夺来的财物，还把包括印加王后库拉·奥克罗在内的一些俘虏用绳子捆着押解回去。因为曼可再一次逃脱而怒火中烧的贡萨洛许可其他西班牙人残忍地对待被抓住的王后，就在几年之前，他还一心垂涎于这个女人，甚至不惜挑起这场致命的印第安人起义也要占有她。据蒂图·库西说，在距离比尔卡班巴大约三十英里之外的潘帕科纳斯村中，库拉·奥克罗的俘获者们想要对她施加暴行。

> 她拒绝了，奋力地想尽各种办法保护自己，甚至不惜往身上涂抹各种污物和令人作呕的东西，这样那些想要强奸她的人就会觉得恶心了。她一路上不得不多次使用这种办法来确保自己的安全，直到队伍抵达奥扬泰坦博。[25]

当队伍停驻于奥扬泰坦博的时候，在库斯科的弗朗西斯 329
科·皮萨罗可能收到了据称是曼可·印加发给他的消息，消息称曼可愿意与西班牙人就投降的条件进行谈判。为了彻底解决这场起义，皮萨罗迅速赶到了关押着库拉·奥克罗的奥扬泰坦博。他从那里给曼可准备了很多礼物，包括一匹品种优良的矮马和各式各样的丝绸服装，然后安排一个非洲奴隶和两个受了洗礼的印第安人基督徒负责护送这些礼物进入丛林。不过，曼可并没有接受这些礼物，他让人把这三名使者和矮马都杀了，因为"印加君主既不想要西班牙人的友谊，也不相信他们做出的承诺"。[26]

一方面因为被曼可回绝而恼怒，另一方面也为战争爆发三年来始终无法抓到曼可，还赔上了几百条西班牙人的性命而感到挫败的皮萨罗只能退而求其次，将自己的怨气全都发泄在被他抓到的印加王后身上。"［既然］印加君主［曼可］不肯和平相处，那么对他最大的打击莫过于杀死他挚爱的妻子"，[27]谢萨·德·莱昂写道。西班牙人于是将伟大的瓦伊纳·卡帕克之女库拉·奥克罗带到室外，扒光她的衣服，将她捆在一根专门为执行她的死刑而立起的柱子上。皮萨罗和他的队长们在一边观看，放任与印加人有积怨的卡纳里人对她进行殴打，然而印加王后一个求饶的字都没有说。接下来他们又拉弓搭箭，把带有竹子箭头的箭射向王后，深深地钉进她的四肢里。在场的一些铁石心肠的西班牙征服者都不免为这样折磨和杀害印加王后的景象感到震惊。一个编年史作者评论说，这种行为"为一个理智的基督徒所不齿"[28]；另一个编年史作者也说这是在为一场"并非由她的过错而起"[29]的战争而惩罚她。不管怎么说，皮萨罗和他的手下——这些受过洗礼的基督徒们——自始至终都在冷眼旁观，没有一个人做出任何阻止的行为。

年轻的王后虽然被利箭钉住，却保持着凛然的神色，最后她终于开口了，她愤怒地对向自己施加酷刑的人说："你们就只会拿一个女人出气？……动手吧，杀了我，那样你们就能满足了。"[30]这就是这位骄傲的印加女人表露的唯一情绪。在场观看了整个事件的人们都感到非常惊奇。佩德罗·皮萨罗写道：

> 侯爵大人盛怒之下……下令处死曼可·印加的妻子。一些卡纳里人将她捆在柱子上并进行殴打，还向她
> 330 射箭，直到她断气为止。在场的西班牙人说这位印第安

> 妇女从头到尾没有说一个字，没有一句抱怨，最终因为受到的殴打和中箭而死亡了。人们无法不对她感到钦佩，这是一个临死都没有因为伤口的痛楚而抱怨、求饶或呻吟的女人。[31]

为了进一步惩罚曼可，皮萨罗下令将死去王后已经受损的尸体装在一个大篮子里，然后把篮子扔到维坎纳塔河中，让它顺水漂走，这样最终一定能够被曼可的手下发现并打捞起来。几天之后，库拉·奥克罗的尸体被送到了曼可面前，后者“悲痛欲绝，因为妻子的去世而意志消沉。他为她痛哭流涕，深受折磨，因为他非常爱她，后来他带着［她的尸体］离开了，朝着比尔卡班巴的方向去了”。[32]

然而皮萨罗因为曼可起义而产生的怒火仍未平息，他回到库斯科后，听说作为俘虏被关押在首都的大祭司和其他一些首领都在愤怒地谴责他处死王后的行为，于是就立即下令将大祭司和其他首领全都带到库斯科的主广场上，将他们全都活活烧死了。接下来皮萨罗又把曼可最后一位伟大的将军——九个月前投降的蒂索也拖了出来，同样将其活活烧死了。

通过一系列残酷的镇压行动基本镇压了曼可的第二波起义斗争之后，六十一岁的弗朗西斯科·皮萨罗返回了他在海岸边的国王之城，很快重新承担起了自己作为总督（*gobernador*）的职责。不过，侯爵大人过不了多久就会遇到新的问题，而这些新问题带来的威胁一点都不比曼可的起义带来的威胁小。此时城中的大街小巷上已经满是流言，说有一些西班牙人正秘密集结起来，计划刺杀侯爵。

331 第十四章　皮萨罗一家的结局

> ［西班牙的“受封人”］穿着精致的丝绸服装去打牌或参加宴会，身上散发出一种成功人士的气场。他们可以把大把的钱财挥霍在这些奢侈品上，可能就是因为这些钱财来得毫不费力……［他们］和他们的妻子都从印加人那里学来了到哪儿去都要乘坐轿子的习惯，要像游行中的什么圣人一样被高高抬起。这些西班牙人显然是对上帝或因果报应都没有任何敬畏之心的大老爷。在他们自己的眼里，他们可以随意评判我们的人民，可以任凭他们的意愿役使我们。[1]
>
> ——费利佩·瓦曼·波马·德·阿亚拉，
>
> 《给国王的信》，约 1616 年

> 连你也一样吗，布鲁图斯？（*Et tu*，*Brute*？）[2]
>
> ——威廉·莎士比亚，《恺撒大帝》，约 1600 年

时间来到了 1541 年 6 月，此时的弗朗西斯科·皮萨罗

还和三十九年前他第一次来到新大陆时一样，目标单纯，不爱炫耀。虽然他一生里三分之二还多的时间都生活在美洲，但如今已经六十三岁的老征服者身上仍然带着人生初期阶段在埃斯特雷马杜拉乡村的那段生活留给他的明显特质。虽然他的父亲是一名杰出的骑兵队长，但皮萨罗从小是在自己的母亲身边长大的，她只是一名出身于贫民家庭的女仆。[3] 与此相反，弗朗西斯科的三个同父异母的弟弟——埃尔南多、胡安和贡萨洛——虽然比他晚出生很多年，却都在他们的父
亲家中长大。埃尔南多作为其中最年长的一个，不但接受了 333
正规的教育，还继承了他父亲的遗产。

如果那时的皮萨罗不是一个这么有野心的人，那么他在西班牙的未来无疑会受到他家庭和出身的限制。他最有可能的命运应该是在田里务农。瘦高个，手上长满老茧，留着稀疏的黑色胡须，一身农民打扮的皮萨罗可能会偶尔从自己的田地里直起身，用充满嫉妒的眼神，望着乘坐马车或骑在马上从附近经过的人，他们的衣着光鲜亮丽，他们的家世、成就和继承的遗产让他们不仅拥有贵族的头衔、广大的地产，更重要的是让他们彻底脱离了体力劳动。不过，那时的皮萨罗偏偏是有野心的，也就是说他对自己未来的设想与其他村民对他的预期并不吻合。这样的野心加上因为他私生子的身份而伴随着他的耻辱感，也许还有潜意识中想要在他有名望的父亲家生活而不是在他身份卑微的母亲家长大的愿望，最终促使他穿越了海洋去到另一片大陆，这些因素无疑就是驱使皮萨罗最终征服新大陆上最大的原住民帝国的内在动力。

一个西班牙“受封人”坐在此前只有印加精英阶层才可以乘坐的轿子上。

同是特鲁希略人（Trujilleño）的罗德里戈·奥尔戈涅斯在获得了秘鲁的财富之后，选择写信给老家的贵族，请求对方赋予自己一个合法的身份。皮萨罗则选择通过征服活动来开创属于他自己的家族传承。奥尔戈涅斯对家世身份的渴望源于他想要申请受封为骑士，并加入圣地亚哥骑士团的念头。这个头衔是西班牙最有威望的头衔之一，但是申请者必须有婚生子的合法身份才有可能被许可加入。不过，因为皮萨罗征服了富有的印加帝国，西班牙国王查理忽略了皮萨罗的私生子身份并且封他为骑士。不管怎么说，在16世纪的西班牙王国里，一个身份尊贵的“绅士”通常会在自己真正的名字之前加一大堆头衔和各种描述性的修饰词。任何好奇的人只要看看姓名之前的这一长串内容就能大概了解这个人在社会中的地位以及他是否出自某个家世显赫的名门望族。

到了1541年，弗朗西斯科·皮萨罗已经拥有了所有他曾经梦想获得的地位和名望：圣地亚哥骑士团的骑士、总督、军事总指挥、国王陛下的新卡斯蒂利亚王国侯爵。作为这里的掌权者（governor）——相当于西班牙的总督
（viceroy）或国王代理人——皮萨罗占据了一个人人艳羡的 334
位置，他是国王亲自指定的西班牙在秘鲁的代理人，并被授权代为统治这个由皮萨罗依靠武力征服的帝国内数以百万计的归顺了国王的臣民。如果皮萨罗的敌人对于他的平民出身有任何质疑，皮萨罗也可以如私生子出身的伏尔泰在大约两个世纪之后驳斥一名法国贵族的无理问题时一样回答：我的名声正要由我发展壮大，而你的家族已经因你日暮途穷。[4]

虽然拥有了众多的头衔、无尽的财富和巨大的权力，皮萨罗早年时期的农民经历还是给这个征服者老兵的品位留下了不可磨灭的印记。虽然他分封的很多富有的“受封人”都卸下了铠甲，换上了丝绸长袜，戴上了有羽毛装饰的帽子，穿上了欧洲进口的精致服装，总之就是模仿起了西班牙贵族的生活方式，但是皮萨罗本人还是喜欢穿着简单的衣物，也不喜欢佩戴华而不实的装饰。一位编年史作者阿古斯丁·德·萨拉特写道：

> 侯爵……［通常］穿着长及脚踝的高腰黑色外套、白色的鹿皮靴子，戴着白色的帽子，连佩剑也是有老式手柄的那种。每逢节日庆典，他的仆人会劝他穿上瓦尔侯爵［埃尔南多·科尔特斯］（Marquis del Valle）从新西班牙［墨西哥］送来的貂皮斗篷，可是总督穿着它去参加完弥撒回来就会脱掉，然后又……［换上普通的衣物］。他通常还会在脖子上围一条毛巾随时擦汗用，因为……在［太平的日子里］他每天大多时间都是在室外玩地掷球或回力球①。[5]

16世纪的出身高贵的贵族都热衷于骑马、打猎、放鹰捕猎等，这些项目就相当于今天的网球、高尔夫和游艇。而

① 地掷球（bowls）是一种使用沉重的金属球击打静止目标的户外游戏，法语中称其为“*pétanque*”；回力球（*pelota*）就是16世纪版本的回力球（jai-alai），与手球类似，需要把木制的投球工具绑在手臂上，好以更快的速度将球扔出去。

皮萨罗不仅穿着简朴，就连他喜欢的运动也还是劳动人民喜欢的那些碰运气的游戏。萨拉特写道：

> 两位长官［皮萨罗和阿尔马格罗］都有很强的耐 335
> 力，也很禁得住饿。侯爵在玩球的时候表现得尤其坚韧，甚至没有哪个年轻人能胜过他。他比边境省长（Adelantado）［阿尔马格罗］更喜欢玩各种游戏。有的时候他能玩一整天地掷球，他并不在乎是谁在陪他玩，哪怕对方是个水手或磨坊工人都可以，他还不让别人帮他捡球，也不允许别人因为他的高贵身份而对他有什么区别对待。
>
> 侯爵很少因为要去处理公事而停止游戏，尤其是当他快要输了的时候。唯一的例外是有新的印第安人暴乱发生的时候，侯爵对待这种事总是能迅速做出应对，他会马上穿上铠甲，带着长矛和盾牌骑马出城，直奔暴乱发生的地方，甚至都不等自己的手下们集合，后者总是拼了命地跑才能追上他。[6]

从小在镇子上的穷人区长大的皮萨罗毫不令人意外地更喜欢跟平民们相处，而不是享受贵族们的陪伴。只要有机会，他就会和水手、磨坊工人、赶骡人、工匠或其他靠自己的双手挣饭吃的人待在一起。皮萨罗还会和他们玩几个小时的纸牌并赌钱。不过由于他生性吝啬，据说他“赢了钱要收，输了钱却不给”。[7]

有些时候，如果人们要找皮萨罗总督，他们总能够在利马郊外的田地里发现富有的侯爵大人正在和印第安人一起收割从欧洲进口的小麦。“他喜欢做也擅长做这些事。”[8] 换作在西班牙，任何一个贵族或受人尊敬的侯爵都不会做这样的事情。后来工人们开始在利马的里马克河边修建两个磨坊，于是一些重要的公务会议和文件签署都改在磨坊里进行，连公证人也不得不前往磨坊见证所有事项。“他［皮萨罗］把所有空闲时间都花在了磨坊的建造上，还总是催促工人尽快完工。”[9] 类似的，在铸造利马大教堂的第一个献给无染原罪的圣母的铜钟时，总督大人也不留在自己的府邸里休息享乐，反而是跑到铸造地点去亲自拉风箱，不但大汗淋漓，连双手和衣服都弄得脏兮兮的。

在皮萨罗忙着统治他花了一生的努力才得来的印第安帝
336 国的同时，他三十八岁的弟弟埃尔南多也抵达了西班牙，打算到国王面前去为自己处死迭戈·德·阿尔马格罗总督的行为做辩护。不过阿尔马格罗的一个队长迭戈·德·阿尔瓦拉多（Diego de Alvarado）赶在埃尔南多之前返回了西班牙，并立即向国王控告埃尔南多谋杀了阿尔马格罗。埃尔南多无疑相信自己可以通过护送回来的一船属于国王的秘鲁财宝作为筹码给自己讨到一些好处，然而令他大为惊讶的是，他都还没有得到觐见国王的机会就已经被逮捕并被关进了监狱。没过多久，阿尔马格罗的其他支持者也陆续返回了西班牙，并且都来作证指控埃尔南多，其中就包括贵族堂阿隆索·恩里克斯·德·古斯曼。虽然在曼可长达近一年的围困库斯科的过程中，古斯曼曾经和埃尔南多并肩作战，但是这段经历并没有增进两人之间的友谊。在阿隆索·恩里克斯·德·古斯曼写给皇室委员会的一封信件中，他直言不讳地痛斥了这个他已经十分憎恶的魁梧、傲慢的埃尔南多。

> 最万能的君主：
>
> 本人，堂阿隆索·恩里克斯·德·古斯曼，圣地亚哥骑士团骑士，皇家宫廷绅士……塞维利亚市民，被堂迭戈·德·阿尔马格罗指定为其遗嘱执行人……依据这个身份授予我的权力……我控告埃尔南多·皮萨罗谋杀，该人现在正被囚禁于宫廷的监狱之中……
>
> 边境省长堂迭戈·德·阿尔马格罗是南太平洋西印度地区和秘鲁各地的新托莱多王国总督，他为效忠国王陛下付出了很多努力，曾经征服和平定了那一地区的很多王国和省份，让那里的原住民归顺上帝，接受我们神圣的天主教信仰。他［阿尔马格罗］本来还要以这样的方式继续为国王陛下效力，但是前面提到的埃尔南多·皮萨罗出于嫉妒、憎恨以及邪恶的本性……再加上贪婪与自私作祟，招致当地的君主曼可·印加发动了反抗国王陛下的起义。由于这个被边境省长［阿尔马格罗］征服之后原本顺从地侍奉上帝和国王陛下您的……君主曼可发动起义，国王陛下失去了对那个地区
> 的统治，当地也遭到了破坏。国王陛下的租金、［皇室 337
> 的］五分之一提成和皇家的利息损失共计超过四百万［比索的］黄金。这同时也是印第安人杀死了六百多个西班牙人以及［我本人和］埃尔南多·皮萨罗……被围困在库斯科的原因……

> 犯下了这些罪行的……埃尔南多·皮萨罗仍不罢休……他还拿起武器……向［阿尔马格罗］总督发起了攻击，在库斯科城外不远的地方与他交战，并杀死了二百二十二名西班牙人……［之后］，曾经成为总督的阶下囚，但是被总督大度地释放了的［埃尔南多］恩将仇报，无耻地绞死了边境省长堂迭戈·德·阿尔马格罗，甚至还辱骂他……说他不是什么边境省长，而是被施了割礼的摩尔人。除此之外，为了进一步侮辱他，埃尔南多还下令让一名黑人负责行刑，说："他曾经想要砍掉我的头，可别让这个摩尔人以为我会用同样的方式处决他……"后来他又说："就算……有刽子手等着用刀子割下我的头，就算地狱的大门已经朝我敞开……［撒旦本人就在那里］等着收走我的灵魂，我也还是要［处死阿尔马格罗］……"
>
> ［埃尔南多·皮萨罗］在既没有权力也没有授权的情况下，不公正地处死了［迭戈·德·阿尔马格罗］……他犯下了这样残暴而邪恶的罪行，更何况他还曾经叛国，无论是从民事层面还是从军事层面，都应判处他最严厉的刑罚，不仅要针对他的人身还要针对他的财产，这样才能达到以儆效尤的目的。[10]

这样的指控虽然大多是夸张的，甚至有些是编造出来的，但是它至少是依据了一个无可辩驳的核心真相：阿尔马格罗曾经把埃尔南多放了，但是埃尔南多最终把阿尔马格罗杀了。因此，即便是埃尔南多找了西班牙最好的律师为他辩护，也还是被判决在马德里郊外的监狱里服刑二十三年。到1561年，六十岁的埃尔南多出狱的时候，他已经是一个提前衰老、几乎半瞎的老人了。就算有人看到这个白发苍苍的驼背老者拄着拐杖走在街上，他们也一定想不到，这个人曾经在秘鲁骑着战马，沿着崎岖不平的山路驰骋上千英里，或 338
是曾经与几十万人的印第安大军交战，或是曾经拥有无尽的财富、权势以及他自以为连国王陛下都动他不得的社会地位。埃尔南多显然是有太多非分之想了，以至于最终连自己本来拥有的一切也都失去了。皮萨罗兄弟中的老二出狱后又活了十七年，比他另外四个兄弟的命都长，他于1578年去世，享年七十七岁。不过他这一生没有再见到过任何一个兄弟，也没有再返回秘鲁。

不少阿尔马格罗的支持者都返回了西班牙，他们加在一起足够让国王陛下判定埃尔南多有罪。与此同时，还留在秘鲁的大多数“来自智利的人”——就是那些阿尔马格罗派（*Almagristas*）——则生活得十分艰难。刚刚来到秘鲁的人可以说自己来得太晚，错过了分享帝国战利品的时机，受穷也在所难免；但是那些支持阿尔马格罗的人不能以这个理由为借口。他们之中大多数人跟随阿尔马格罗前往智利浪费了两年时间，那次探险除了让他们体验到那里艰苦的环境之外，没有给他们带来任何财富。后来，当阿尔马格罗派成功占领了库斯科之后，他们一度认为自己很快就会成为富有的“受封人”了，但是这样的梦想又突然因为拉斯萨利纳斯一战的大败而破灭了。更糟糕的是，他们付出这么大代价追随的领袖迭戈·德·阿尔马格罗已经死了，他们再也不能指望自己的忠心能够带来什么丰厚的回报了。阿尔马格罗唯一的儿子小迭戈·德·阿尔马格罗（Diego de Almagro the Younger）选择留在秘鲁，他是阿尔马格罗和巴拿马情妇生的，此时只有十九岁，是一个“特别孩子气的人，根本没有能力管理下属或是［指挥］队伍”。[11]

显然，阿尔马格罗派的那些人从一开始就选错了边站错了队，所以他们没法获得任何职务，没有任何受雇的机会，也没法通过传统的方式养活自己。阿尔马格罗的几百个追随者很快就发现自己根本没法在这里继续生活。比他们眼下的境况更让他们绝望的是意识到这样的贫穷很可能将会永久持续下去。他们毕竟曾与皮萨罗一家为敌，而皮萨罗一家又是出了名的睚眦必报。西班牙人控制的秘鲁并不是一个多么广大的领域，如果你曾经与皮萨罗敌对，那么就相当于在额头
339 上印了个该隐的标记。“［利马的］市民，”佩德罗·谢萨·德·莱昂写道，“对这些人视若无睹，哪怕是看到他们要饿死了也不会伸出援手……更不会给他们一丁点食物。”[12]

阿尔马格罗派对于皮萨罗一家恨之入骨，以至于他们在街上遇到皮萨罗总督时都不肯脱帽致敬，这是一种明摆着的、绝不会被误解的侮辱。而皮萨罗则穿着他简单的黑色外套和白色鞋子，戴着白帽子，对阿尔马格罗派视而不见。据说他有时会轻蔑地说：“可怜的恶魔们，他们的运气太差了，现在他们的生活这么拮据，一败涂地，真是耻辱。我们最好别去打扰他们。”[13]按照皮萨罗的想法，他宁可让这些来自智利的人都在地狱里受苦受难，也绝不会赏赐他们一官半

职或施与他们任何好处。阿尔马格罗派可以确信的一点是，只要弗朗西斯科·皮萨罗统治秘鲁一天，他们就要受穷一天，也永远不会有什么美好的未来。

1541 年 6 月，在阿尔马格罗去世大约三年之后，一小拨留在利马的阿尔马格罗派做出了一个改变命运的重大决定。他们认定唯一能改善他们在秘鲁处境的办法就是让弗朗西斯科·皮萨罗离开统治者之位——这毫无疑问就是必须杀死皮萨罗的意思。如果他死了，那么看似一定会长久统治秘鲁的皮萨罗王朝几乎必然会随着他的去世一起覆灭。到时国王就不得不任命新的总督，阿尔马格罗派的人推测在新总督治下，他们一定能有机会转运。

大约二十名征服者组成的团体选定在 6 月 26 日这一天实施暗杀行动：他们由衷地相信，这一天就是他们从皮萨罗的独裁统治下解放的日子，是他们摆脱无尽的嫉妒与贫困的日子。埃尔南多曾经明确地警告过弗朗西斯科要当心这种风险："绝不能允许［哪怕］是十个［阿尔马格罗的追随者］集结起来。"[14]他还提醒自己的兄长要对这些人大度一些，这样才能保证他们不在未来给他制造什么麻烦。然而弗朗西斯科·皮萨罗的行为完全与他弟弟的建议背道而驰，他对阿尔马格罗派的聚集不闻不问，也没有采取过任何意在弥合两个阵营之间巨大裂痕的尝试。

因为阿尔马格罗派心中的憎恨与不满已经到了无法掩饰的地步，所以几年来在利马的街头巷尾一直流传着关于潜在的暗杀阴谋的传言。但是皮萨罗从来没有把这些传言当回 340
事，他放心大胆地在城里随意走动，坚信以自己的威信和强健的体格，没有人能伤他半分。谢萨·德·莱昂写道：

> 印第安人说侯爵的大限即将来临，那些来自智利的人会把他杀死……还有一些印第安妇女把这些话说给自己的西班牙情人听。人们还说……［征服者］加尔西·迪亚斯（Garci Díaz）从一个印第安女孩儿那里听到这些话之后，特意警告了侯爵大人，但是皮萨罗对此一笑置之，还说没有必要为印第安人之间的小道消息而费神。[15]

被选定为暗杀行动日的6月26日这一天是星期天。皮萨罗通常会在早上出门，步行到广场上去参加弥撒。对于阿尔马格罗派来说非常重要的一点就是，每当此时，皮萨罗很可能是不携带武器的。然而，这些阴谋者不知道的是，他们之中有一个名叫弗朗西斯科·德·埃伦西亚（Francisco de Herencia）的人在前一天就已经将暗杀的阴谋泄露了。埃伦西亚在向神父忏悔的时候将整个计划全盘托出，结果神父就去提醒了皮萨罗。虽然后者还是认定这只是“印第安人的传言”，但是他最终决定不去参加第二天早上的弥撒，改为把神父请到他的家中来主持弥撒。不过，皮萨罗并没有因此取消惯例的午餐活动，因为他此前已经邀请了几个客人到他家中做客。

6月26日破晓时分，天气一如这一季节最常见的那样阴冷。6月的南半球开始入冬，尤其是利马这个地方，几乎是全天候地笼罩在毛毛雨般的浓雾之中。当地人人管这种天气叫“浓湿雾”（*garua*），这样的天气会持续六个月之久。冬天白昼很短，城市上空的太阳总是被阴冷的浓雾遮蔽，变成像月亮一般的银色圆盘在天空中缓慢移动。阴谋实施者们整个晚上都在焦急而紧张地等待着黎明的到来。当天边出现第一缕微弱的亮光时，准暗杀者们就穿好了钢质的胸甲和锁子甲，也把要使用的尖刀、匕首和长剑都磨锋利了。随后，大教堂里唯一的铜钟——就是皮萨罗曾经参与铸造的那个铜钟——被敲响。响彻整个镇子的钟声是在召唤人们前往教堂分食基督的血和身体，就在此时，阿尔马格罗派的探子突然跑到暗杀者的房子里，上气不接下气地告诉他们皮萨罗根本 341
没有离开自己的房子前去参加弥撒。据探子说，总督对外的说辞是身体不适，可能一整天都不会出门了。

密谋者们自然而然立即就想到了一定是他们之中有人走漏了风声。他们不得不立刻做出决定，因为如果他们的计划已经暴露，他们肯定马上就会被逮捕，之后不是被关进监狱就是被处以死刑。此时集中在迭戈·德·阿尔马格罗儿子家中的所有阴谋者全都等待着他们的领头人胡安·德·埃拉达（Juan de Herrada）拿主意，后者于是给出了一个最明显的选项：

> 先生们……如果我们下定决心，巧妙地杀死侯爵，我们就是为边境省长［阿尔马格罗］报了仇，而且还能……因我们在这片领地里为国王陛下效忠而［获得］我们应得的回报。［但是］如果我们现在不离开这里并开始行动，我们很快就会被送上广场中间的绞刑架。当

> 然，接下来究竟要怎么做还得看你们个人的决定。[16]

阿尔马格罗派全都认可自己已经没有别的选择了——他们必须按照计划杀死皮萨罗。于是他们带着战戟、两把十字弩、一杆火绳枪和各种长剑等武器冲出房间，涌上街头朝中央广场去了，一边走还一边大喊："国王万岁！""暴君必死！"[17]有震惊的市民看着这些人冲进广场，直奔皮萨罗的府邸。他住的地方面向广场，就在大教堂的对面。前面有两层院子，后面是一栋两层楼的建筑，有很多房间，住着总督的仆人、侍卫、秘书、管家、见习骑士、内侍、孩子和印第安情妇等。

此时皮萨罗已经听完了弥撒，正在和自己同母异父的弟弟弗朗西斯科·马丁·德·阿尔坎塔拉（Francisco Martín de Alcántara）等大约二十个人一起在楼上一间宽敞的餐厅里吃饭。他们听到有很多人叫喊的声音从远处传来时，皮萨罗的一个见习骑士突然冲进餐厅并大喊着："拿起武器！拿起武器！那些来自智利的人要来杀死侯爵大人！"[18]客人们都从椅
342 子上惊跳起来，但是并不知道接下来该怎么做。一些客人稀里糊涂地跟着皮萨罗冲下楼梯来到内院看到底发生了什么，而阿尔马格罗派此时已经挥舞着武器冲进了外院。

正在外院的一个见习骑士是最先遭遇到这些刺杀者的人，结果被刺了一剑，倒在地上痛苦地慢慢死去。皮萨罗的客人们看到这一幕都意识到自己的生命也面临着危险，于是全都跑回餐厅里躲了起来，佩德罗·谢萨·德·莱昂十几年后在他的《丘帕斯之战》（*La Guerra de Chupas*）中提到这

些人表现得“非常懦弱，只会可耻地逃跑”。[19]阿尔马格罗派沿着主楼梯上到二楼，大喊着让弗朗西斯科·皮萨罗不要再躲藏了。皮萨罗的副手最近还在向皮萨罗吹嘘无论遇到什么样的危机，皮萨罗都可以放心地依靠他，结果这个副手从窗子爬出去，沿着窗栏爬到下面的花园里逃跑了。一些客人纷纷效仿，另一些则想要藏在大件的家具下面。

不过，皮萨罗和他的弟弟弗朗西斯科·马丁，还有两个皮萨罗的见习骑士和一位客人并没有打算放弃抵抗：他们迅速地冲进了临近的房间里抓紧武装起来。当这五个人忙着系紧胸甲的带子时，皮萨罗大声呼喊着让另一位客人弗朗西斯科·德·查韦斯关上餐厅的房门，好防止暴徒们冲进来。然而查韦斯显然是想要说服阴谋者们改变主意，所以他不但没有关门，还走出了餐厅。查韦斯两年前曾经在卡列霍德瓦拉斯领导过一场镇压印第安人起义的战斗，据说他屠杀了大约六百名印第安儿童。此时他打算尝试和刺杀者们谈判，这绝对是一个致命的错误。据佩德罗·皮萨罗说，“查韦斯刚走到楼梯一半就身中数剑而亡”[20]，他残破的身体四肢摊开地扑倒在皮萨罗家的楼梯上，血流了一地。有人说他临死前的最后一句话是：“别杀死你的朋友！”[21]

阿尔马格罗派此时已经进入了餐厅，他们迅速开始搜寻皮萨罗的身影，挥舞着长剑大喊：“暴君在哪里？他在哪儿？”[22]躲在相邻房间中的皮萨罗还没穿好胸甲，只好任它半敞着，随手抓起一柄长剑，带着自己的两个见习骑士和弟 343
弟，还有二十位客人中唯一没有选择逃走的戈麦斯·德·卢纳（Gómez de Luna）一起正面迎战袭击者。

随后的战斗非常激烈，狭窄的门口限制了阿尔马格罗派的优势，皮萨罗带着他的四个同伴在门里，十五到二十个阿尔马格罗派堵在门外。很快两个阿尔马格罗派就被砍伤了，倒在地上捂着喷血的伤口。其他阴谋者发现自己无法冲破五个抵抗者把守的房门，因为无法接近皮萨罗而气急败坏的阿尔马格罗派采取了最后一个孤注一掷的办法：他们选择牺牲最前面的自己人，把他当成盾牌一样，其他人躲在后面用力推着他涌进房间。皮萨罗的剑刺透了最前面的人，但同时也让他无法把剑及时拔出，后面的人抓住这一时机冲进了餐厅。房间里充满了锋利的宝剑相碰的声音，同时还有人们的喊声和靴子踩地的脚步声，最终袭击者们一剑刺透了皮萨罗的弟弟弗朗西斯科·马丁的身体，他受了致命伤，已经倒在了地上。皮萨罗的另外三位同伴很快也都被刺中，一个接一个地倒下了。

此时的皮萨罗发现自己被一群举着匕首和长剑的人包围了，他们在他身上留下了无数的伤口，直到他重重地倒向了地面。仰躺在地上的总督满身是血，据说他两只手各伸出一根手指在唇边比了一个十字架，喘息着说了“忏悔”这个词，意思是他想要一点时间向上帝忏悔他的罪孽。然而，据说袭击者之中一个叫胡安·罗德里格斯·巴拉甘（Juan Rodríguez Barragán）的人抄起了一个装满水的大花瓶，将它举到皮萨罗的头上，大喊着“你可以去地狱里忏悔！”[23]，然后就把花瓶狠狠地砸到了皮萨罗的头上。六十三岁的皮萨罗就这样躺在了满地的水和血中，死在了这个被他征服的国家里由他建立的城市中。

皮萨罗死后还发生了其他一些政治事件：皇室派来的代
表巴卡·德·卡斯特罗（Vaca de Castro）抵达了秘鲁，并
在丘帕斯之战中击败了小迭戈·德·阿尔马格罗的队伍；另
外阿尔马格罗和皮萨罗的死也让秘鲁陷入了混乱。所有这些 344
消息最终都传到了躲在比尔卡班巴避难的曼可·印加的耳朵
里。曼可一直密切关注着西班牙人的运势走向，希望那些敌
人能够相互残杀，那样可以省掉他许多麻烦。事实上，不少
曼可的追随者都围观了1542年的丘帕斯之战，在这场决定
谁将最终统治秘鲁的战斗中，有至少一千两百名西班牙人参
与了进来，拼尽全力想要杀死自己的对手。结果，阿尔马格
罗的追随者又一次战败：超过两百人死在了战场上，后来还
有更多人被处以绞刑。战争结束后，国王的代表将起义的阿
尔马格罗派领袖们都吊死了。依据编年史作者谢萨·德·莱
昂的观察，“绞刑架下面的深沟里堆满了尸体……［这让］
印第安人感到非常高兴，当他们意识到［被杀的人
中］……很多都是队长或受过嘉奖的人员之后更是感到格
外惊讶。他们把这些消息全都汇报给了他们的君主曼可·印
加”。[24]

皮萨罗死后不到一年，参与了谋杀侯爵的总共不到二十个阿尔马格罗派成员中至少十五人都死了。这也许并不会让人感到意外，死去的这些人里有两人是在刺杀行动过程中丧命的，另外十几个人的死法各不相同，有被吊死的，有被分尸的，也有在丘帕斯的战场上战死或是在紧随其后的清算中被杀死的。仅有的几个侥幸逃脱的皮萨罗刺杀者中有一个名

叫迭戈·门德斯的，他是罗德里戈·奥尔戈涅斯同父异母的兄弟。罗德里戈·奥尔戈涅斯曾经是迭戈·德·阿尔马格罗的二把手，他帮助阿尔马格罗从埃尔南多和贡萨洛手中夺下了库斯科，还在1537年突袭维特科斯的时候几乎抓住曼可·印加。但是那之后一年，埃尔南多就在库斯科城外击败了罗德里戈·奥尔戈涅斯并砍下了他的头挂在库斯科主广场的绞刑架上。所以，三年多之后，迭戈·门德斯会加入刺杀皮萨罗家族的行动为自己的兄弟报仇是再自然不过的了。

阿尔马格罗派在丘帕斯之战再一次战败之后，迭戈·门德斯和小迭戈·德·阿尔马格罗都逃回了库斯科，希望躲过代表国王而战的保皇派的抓捕。不过小迭戈·德·阿尔马格罗很快就被抓住并被处死了。迭戈·门德斯虽然也被抓住并被指控为谋杀皮萨罗的凶手之一，但是他最终想办法逃了出
345 来。他决定马上前往他认为西班牙法律管辖不到的唯一地方，那就是在比尔卡班巴的曼可·印加的起义王国。

过去的五年中，曼可·印加和他的追随者们一直生活在比尔卡班巴，此时他已经二十七岁了。虽然西班牙人在安第斯山脉上成功地镇压了他的军事行动，但是曼可从来没有停止训练他的勇士们掌握抗争技能，并抓住一切可能的机会部署游击队，利用突袭来打击西班牙人。当迭戈·门德斯意外地来到曼可的小王国外围并申请避难时，曼可的将军们毫无疑问是想要处死他的。然而曼可显然是因为听说门德斯是参与刺杀弗朗西斯科·皮萨罗的凶手之一，所以欣然许可了西班牙人的避难申请并为他提供了庇护。另外六个从高地逃到印加人的隐蔽王国中寻求安身立命之地的阿尔马格罗派也都

获得了相同的待遇。

不过，曼可还是针对这些充满潜在危险的客人们进行了一些防范措施的。他没有邀请这些西班牙人住到他的首都比尔卡班巴城中，而是把他们安排到了距离那里三十英里的维特科斯。蒂图·库西后来回忆说：

> 我父亲不但下令让他的将军们不要伤害他们［这些西班牙人］，还命人给他们修建了可居住的房子……他收容了他们很多年……对他们很好，还会满足他们的各种要求，甚至让自己的侍女给他们准备食物和酒水。他……和他们一起进餐……把他们当作自己的兄弟一样。[25]

作为回报，这些叛逃的西班牙人给曼可和他的勇士们讲解先进的欧洲战争艺术，教他们如何正确地给截获来的火绳枪上膛和射击，指导他们如何使用其他西班牙武器，如何骑马、钉马掌，还教会他们怎么利用抢来的战马做其他的事情，等等。皮萨罗的刺杀者迭戈·门德斯渐渐地成为曼可的知己密友，他无疑给君主讲述了西班牙统治的秘鲁此时正上演的各种冲突和纷争，还介绍了西班牙和欧洲的生活和政治情况等。简而言之，这七个叛逃的西班牙人俨然成了印加人了解关于西班牙的一切的顾问，他们帮助曼可获得了对自己敌人的本质更深入的理解，这样他才更有可能击败他们。然而从 346
这几个人的角度来说——他们被迫逃到这个从各个方面来说都比不上西班牙统治下的秘鲁的印加王国，为的就是耐心地等待时机东山再起。这几个阿尔马格罗派每天无所事事，有时玩玩套环游戏，但他们心中无疑都在期盼着有一天能够结束这种自我流放的日子，重新回归西班牙人的社会。

这几个西班牙难民等待了将近两年的时间，直到秘鲁的政治动荡终于为他们提供了一个机会。为了填补皮萨罗被谋杀之后的权力真空，国王查理派来了他的第一个总督——堂布拉斯科·努涅斯·贝拉（Don Blasco Núñez Vela）负责管理这个国家。皮萨罗的刺杀者们一直期盼的就是一个新总督的到来，然而他们当中很可能只有迭戈·门德斯活到了新总督到任的这一天。此时，在丛林深处的安蒂苏尤，门德斯和他的同伴们认定采取下一步动作的时机终于成熟了。曼可的客人们意识到他们有机会向新总督献上一份最有价值的大礼，那就是曼可的死亡。曼可的王国一日不被征服，西班牙人对秘鲁的控制就多受到一天的威胁，更何况这个王国一直是印第安人反抗西班牙人统治的精神支柱。无论是总督还是国王都迫切地想要彻底结束这些抗争活动。

门德斯相信如果他和他的同伴们能想办法刺杀起义君主，那么印加人的起义将会随之终结。到时他和他的同伴们就可以为自己以前的罪行获得赦免并重新融入西班牙统治的秘鲁。事实上，如果他们利用好这个机会的话，新任总督没准还会授予他们“受封人”的头衔作为奖励。这七个叛逃者于是下定了决心：就如门德斯曾经参与刺杀弗朗西斯科·皮萨罗一样，此时他和他的流亡者同伴们又要以类似的方式一起刺杀曼可·印加了。得手之后他们将立刻逃往库斯科，并在那里以刺杀者的身份宣布曼可的死讯。

要执行这个计划，门德斯和他的同谋者们必须要等曼可来到维特科斯的时候。实际上，曼可经常会从他临近的首都来到维特科斯，当他又一次毫无防备地带着自己此时已经十四岁的儿子蒂图·库西来到这里时，七个西班牙人悄悄地做起了准备，他们拿好了武器，备好了马匹，然后耐心地等待着。[①] 曼可最喜欢的一个消遣游戏就是用马掌玩套圈，参加 347
者把马掌扔向一根钉在地上的棍子，看谁的马掌能碰到棍子或是刚好套在棍子上。在这个能够俯瞰下面乡村全景的山顶城市中，曼可的儿子看着自己的父亲开始和那些西班牙客人一起玩套圈，他们之前在一起不知玩过多少回了。突然之间，当曼可正要扔出手中的马掌时，迭戈·门德斯掏出了一把藏在身上的尖刀，从君主背后狠狠地刺穿了他的身体。曼可的儿子后来回忆道：

> 我的父亲意识到自己受伤了，他想要保护自己……但是他孤身一人，而西班牙人却有七个，最后他倒在了地上，身上满是伤口，西班牙人就这样扔下他不管了。我那时只是个小男孩，看到自己的父亲遭受了这样的对待，我想过去帮他，但是西班牙人转身愤怒地看着我，还向我扔过来一柄长矛……差一点连我也一起杀死。我被吓坏了，我逃进了山下的森林中……他们虽然追了过来，但是最终没能找到我。[26]

---

① 蒂图·库西从维特科斯被抓走后先是被带到了库斯科，后来和他的母亲一起逃了出来。

用利刃反复戳刺庇护了他们的主人之后，门德斯和其他叛逃的西班牙人骑上马狂奔而去。妇女们都在尖叫，其他人此刻也聚拢到了倒在地上满身是血的君主身边。曼可的将军马上派出了跑步信差朝着西班牙人逃跑的方向追去，好给那里的乡村送信，告诉他们这里发生了什么，以及袭击了他们君主的人正在试图逃跑。

杀手们整个下午都在朝着库斯科的方向逃跑，想要尽快远离维特科斯。夜幕降临之后，他们也没有停下脚步，有时是骑在马上，有时是牵着缰绳步行。然而西班牙人逃得太急，所以犯下了一个严重的错误，在岔路口的地方选错了方向。直到破晓时分他们才意识到自己不得不原路返回，可是他们已经筋疲力尽，于是决定在一间铺着茅草屋顶的房子里先休息一下再走。

就在西班牙人睡觉的时候，一队安蒂人弓箭手和印第安勇士发现了这个房子，并悄悄地将它包围了起来。很快他们就把茅草屋顶点着了。当火苗渐渐蹿高，浓烟也开始从门口
349 冒出来之后，曼可的刺杀者一个接一个地跑出了房子，有一些人的衣服已经着火了，仍然绝望地四处逃窜，另一些则想要骑上马逃跑。不过丛林弓箭手们立即朝这些西班牙人射出大量的弓箭，其余的印第安人则拦住马匹，将骑兵拽下马来，然后用长矛和坚硬的棕榈木棍棒将他们全都打死了。“所有人都死得很惨，有些还被焚烧了”，[27]蒂图·库西回忆说。印第安勇士们没花多少时间就把刺杀曼可的七名凶手全杀死了，其中包括曾经刺杀皮萨罗的迭戈·门德斯。

曼可的刺杀者被抓住并被杀死的消息传回了维特科斯，也被汇报给了此时神志还清醒的曼可，但是他的伤太重，眼

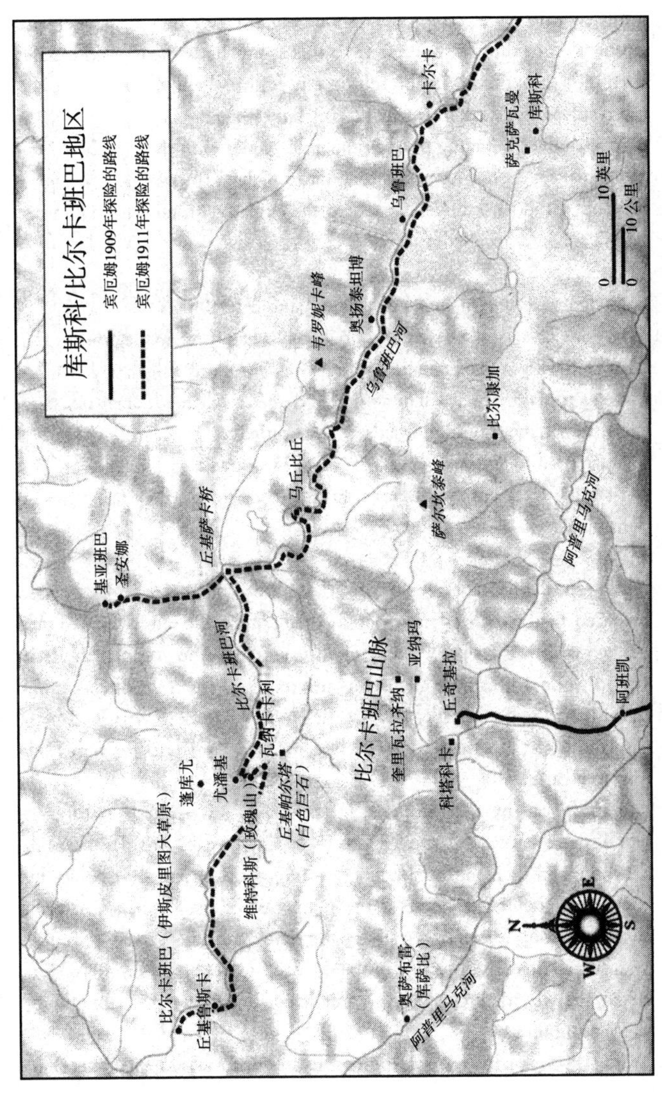
库斯科/比尔卡班巴地区
宾厄姆1909年探险的路线
宾厄姆1911年探险的路线
卡尔卡
萨克萨瓦曼
库斯科
乌鲁班巴
奥扬泰坦博
韦罗妮卡峰
乌鲁班巴河
比尔康加
马丘比丘
萨尔坎泰峰
阿普里马克河
丘基萨卡桥
基亚班巴
圣安娜
比尔卡班巴河
比尔卡班巴山脉
亚纳玛
奎里瓦拉齐纳
丘奇基拉
科塔科卡
阿班凯
瓦纳卡利
尤潘基
蓬库尤
丘基帕尔塔
（白色巨石）
维特科斯（玫瑰山）
比尔卡班巴（伊斯皮里图大草原）
丘基鲁斯卡
奥萨布雷
（库萨比）
阿普里马克河
0
10英里
0
10公里
N
E
S
W

看大限将至。他指定自己年仅九岁的儿子塞里－图帕克·印加（Sayri-Tupac Inca）为继位者。虽然印第安人医师已经想尽各种办法挽救他的生命，但是被西班牙人袭击三天之后，二十九岁的印加君主在亚马孙平原西部边缘的山顶城市维特科斯中逝世。十几年前由弗朗西斯科·皮萨罗扶植的君主最终只比他的扶植者多活了三年。除了他的妻子们，曼可还有三个年幼的儿子。这个弱小的起义王国里的居民们现在都陷入了失去领袖的震惊和哀痛。这个曾经拥有足够的人格力量和战斗素养来组织和实施新大陆上最伟大的针对欧洲人的原住民起义的君主犯下的致命错误就是，在有了第一次被欺骗的经历后，又再一次选择相信西班牙人——最终的结果是既失去了自己的帝国，也失去了自己的性命。

现在，曼可·印加及皮萨罗家五兄弟中的三个都已经去世，包括弗朗西斯科、胡安和弗朗西斯科·马丁，埃尔南多在西班牙被关进了监狱，而唯一还留在秘鲁的就是三十二岁的贡萨洛了。这个皮萨罗兄弟中最年轻的弟弟十八岁[1]时就和他的兄长们一起在卡哈马卡城抓住了曼可的哥哥阿塔瓦尔帕，二十三岁时抢走了曼可的妻子，二十七岁的时候又带领人马洗劫了比尔卡班巴。

相貌出众、极度富有，还是一名优秀骑兵的贡萨洛同时也非常鲁莽、报复心强，而且坚信任何人对他来说非友即
350 敌。自从他的三个兄弟都丧了命，第四个也被关进监狱之

① 前文说贡萨洛是二十岁来到秘鲁的，疑似有误。——译者注

后，贡萨洛对这个世界的看法更是趋于绝对的非黑即白。国王派来的新总督没有参加征服行动，也就是没冒过一点风险，而如今贡萨洛却要面临接受他统治的糟糕前景，所以后者毫不令人意外地遵循了他一贯的性格特点：冲动地认定总督就是他的头号敌人，然后宣称自己为秘鲁的新总督。

贡萨洛的夺权行为完全是一时冲动，而且是叛国的大罪。很快秘鲁就再一次陷入了全面的内战。听说了贡萨洛造反的消息之后，懊恼的总督问道："整个欧洲都敬畏我们伟大的君主［国王查理］，统治着东方的土耳其人都不敢对他有一点敌意，难道一个不遵守他的法律的杂种竟敢在这里违背他的意愿？"[28]事实上，这个大字不识的私生子贡萨洛·皮萨罗还就真这么做了，他不但拒绝遵守国王的法律，还拒不承认国王指定的总督人选。和他的哥哥弗朗西斯科一样，贡萨洛也没受过教育，但是他对于权力和政治有一种出于本能的敏锐理解。他认定国王是想要通过任命这个新总督来把这个他和哥哥们冒着生命危险征服的王国从他们手中抢走，而他绝不能允许这样的事情发生。贡萨洛在给愿意追随自己的军事将领的信件中随意地说道："西班牙的目的……无论怎么掩饰也还是显而易见，它……［打算］将我们拼命得来的成果据为已有……不费一点力气地平白享受……我们［付出］鲜血而挣得的好处。但是现在我们已经看清了他们的企图，我发誓要让他们见识到……我们是能够保卫自己的人。"[29]

在总督派来与他谈判的特使面前，贡萨洛展露了心中更深一层的动因，那就是他对于权力的显而易见的渴望。"你看，我要成为总督是因为我们不能相信其他任何人，包括我的哥哥埃尔南多·皮萨罗也不行……我一点也不关心埃尔南多或我那些侄子、侄女的事，我也不在乎我在西班牙拥有的八千比索的财产……我就是死也要当这个总督！……这就是我的回答，没有别的可谈了。”[30]

351 像冰川上的一个小缝隙渐渐扩张，最终变成巨大的裂口一样，西班牙统治的秘鲁此时已经分裂成了支持贡萨洛·皮萨罗起义和支持国王平定叛乱的两个对立阵营。几乎是一夜之间，秘鲁就变成了一个对于西班牙人来说最充满危险的地方。选择中立的人也和选择与他对立的人一样让贡萨洛怒不可遏，他于是开始处决任何拒绝向他提供援助的人，甚至包括一些从抓捕阿塔瓦尔帕的时候就开始和皮萨罗一家并肩战斗的富有的“受封人”。这样不近人情的贡萨洛最终杀死了三百四十名西班牙同胞，这个数字比印加人多年起义中杀掉的所有西班牙人加在一起还多。

虽然这是一个冲动的决定，但是贡萨洛夺取绝对权力的行动起初进展得非常顺利：他很快就下令抓捕国王派来的总督，最终俘虏并处决了他，还把他的头砍下来挂在一根铁质长矛上作为进一步的示威。不过，皇室马上又派了另一位代表佩德罗·德·拉·加斯卡（Pedro de la Gasca）来到秘鲁，后者渐渐集结起了一支新的队伍，并开始抓捕此时已经被国王认定为叛国者的贡萨洛。

库斯科以西几英里之外有一片被称为哈奎瓦那的平原，那里海拔较高，常年暴露在风中，气候寒冷。1548 年 4 月 9 日这一天，贡萨洛带领着大约一千五百名全副武装的追随者摆好阵势，与人数大体相当的保皇派在这里决一死战。留着黑色胡须、精神抖擞的皮萨罗在秘鲁的这十六年来，无论是与西班牙人还是与印第安人交战都从未尝过败绩。按照编年史作者加西拉索·德·拉·维加的描述，此时他“显得英勇不凡，骑着一匹栗色的强壮战马，穿着锁子甲和厚实的胸甲、以及压褶天鹅绒的长袍，头上戴着金质的头盔和面甲”。[30]贡萨洛拥有好几个金矿和银矿，享有优厚的“委托权”，也是皮萨罗家仅剩的传承人，可以说他把自己的一切都赌在了这场决定性的战斗上。

然而，后来被称为哈奎瓦那之战的这场战斗最终并不是以军事行动，反而是通过政治手段分出了胜负。贡萨洛手下不少人都在私下里接受了国王的新代表提出的赦免条件，到了交战的关键时刻，他们纷纷倒戈加入了保皇派。固执、鲁莽但是也很勇敢的贡萨洛明知自己被抓的下场就是处决，仍然拒绝从战场上逃跑。当战败的结果已经无可避免的时候，这位经验丰富的征服者冷静地骑着马走向保皇派并提出了投
降。第二天“他被判决斩首，他的头颅还要被装在一个特 352
别制作的木框里，挂到国王之城的皇室绞刑架上示众”。[32]三十六岁的皮萨罗在过去的三年半时间里体验了通常只有国王才能享受的权力的滋味，他最后环顾了一下这个自己参与征服的国家，然后就默默地把头枕在了行刑的木桩上。刽子手高高举起了钢制的斧子，齐齐地将这个留着胡子的男子的头颅从他的身体上砍了下来，头颅掉到地上，慢慢地滚了几下。

[后来，在他兄长建立的国王之城里，这位最英俊

> 的皮萨罗家族成员的头颅］被罩在一层铁网子里，同时还附了一个说明：“这是叛国者贡萨洛·皮萨罗的头颅，他在秘鲁叛乱反抗国王陛下，并在哈奎瓦那河谷与国王的军队交战。”除此之外，贡萨洛所有的财产都被没收了，他在库斯科的房子被拆毁了，遗址上的土地里还被撒了盐，并竖起了和前文类似内容的警示铭文，所有这些都是在一天之内完成的。[33]

来到新大陆大约十六年之后，皮萨罗兄弟中的最后一个也死了，四个皮萨罗都在秘鲁丢掉了性命。他和他的兄长们依靠人数极少的武装力量，在几乎不可能的情况下征服了一个极度富有的本土帝国。在这一过程中，他们不仅引发了印第安人强烈的反抗和西班牙人之间的内战，最终还在他们自己创造的混乱中失去了生命。皮萨罗家族享受财富和权力的日子都不长。弗朗西斯科·皮萨罗统治秘鲁的时间大约是八年，其中一大部分时间还是在应对曼可的起义；而贡萨洛接手他哥哥的王国只有短短三年半的时间，这同样也是一段充满血腥和动荡的日子。实际上，到贡萨洛·皮萨罗被处决这天为止，皮萨罗兄弟中就只剩埃尔南多还活着，这之后他还要在监狱里再服刑十三年。当国王的手下在库斯科给贡萨洛宫殿四周的土地中撒盐，并在那里钉上写着“这里曾是叛国者和造反者贡萨洛·皮萨罗的住所”的告示牌的时候，在北方的起义王国首都比尔卡班巴之中，印加人对这些消息全都了如指掌，他们正在耐心地等待着属于他们的时机。

第十五章　印加人最后的抗争 353

无论是我们信奉的神明，还是我们知晓的人物，都遵循着同一条本性使然的法则：只要条件许可，就要进行统治。我们不是最先发明这条法则的，也不是最先依着这样的法则行事的。我们意识到这样的法则在我们存在之前就已经存在，而且必将永远存在下去。我们所做的只是利用这个法则，并且明白所有人在掌握了与我们同样的权力之后，也会做和我们所做的同样的事。[1]

——修昔底德，《伯罗奔尼撒战争史》，公元前5世纪

在曼可·印加被刺杀以及贡萨洛·皮萨罗被处决之后的几十年里，西班牙人对于曾经由印加人统治的塔万廷苏尤帝国的控制越来越强了。总督、行政人员和其他西班牙人连续不断地涌入这个距离他们的祖国极为遥远的殖民地。由一小拨独立的创业者团队发起的征服活动让那些创业者都变成了“受封人”，如今他们的祖国已经接手了这项事业，而且它掌控一切的触手还在不断地增长、扩大，并紧紧地缠住了这

片新资源。1532 年，印加帝国中的人口大约是一千万，那时他们面临的是区区一百六十八个西班牙人的入侵。四年之后，当曼可·印加发动起义之时，帝国各处的西班牙人加在一起大约有一千五百人，曼可最终消灭的不到 15%。1544 年曼可去世之时，西班牙人的人数已经增长到五千人左右，此外还引进了两三千名非洲奴隶来协助他们殖民化的进程。又过了不到二十年，到 1560 年，西班牙人的数量又翻了一
355 倍，达到了一万人，非洲奴隶的人数也翻了一倍，达到了五千人。[2] 此时的秘鲁仍然是由总督在西班牙皇室的监督下代为统治和管理的。

随着越来越多的西班牙人涌入秘鲁，他们开始建造城镇，监督开采贵重金属和种植庄稼，然后收取贡赋。对于付出劳动的、数量上多得多的印第安人口来说，他们的统治者只是从印加人变成了基督徒维拉科查们。然而这样的改变并不是对等的，因为和印加精英阶层统治的时期比起来，他们如今缴纳给西班牙人的贡赋更多了，享有的权利却变少了，分得的财物也远不如以前充实。实际上，塔万廷苏尤的人民此时从他们的新主人那里得不到任何回报。在秘鲁总共有五百名左右的“受封人”，约占在秘鲁的西班牙人口的 5%。一个观察者写道：

> 他们进了很多贡、交了很多税……而他们自己却不得不经历无数艰辛和困苦。因为他们手中什么都不剩了，[所以不得不继续劳动] 而不能休息……他们也不像西班牙人一样有足够的储备足以抵御灾难或疾病，他

印加的最后一位君主图帕克·阿马鲁被用链子锁着押回库斯科。

们甚至没有食物去喂饱自己的孩子。他们的生活极其贫困，连基本需要都得不到满足。他们永远背负着交不完

> 的税……和进贡。我能看出来他们因为经历各种困境而迅速地消瘦和憔悴下去。[3]

另一个人也写道：

> 他们为自己面临的苦难和奴役而感到哀伤……哪怕是在喜庆的节日中也会忍不住哭泣……他们的歌声中都充满了忧愁，因为他们要向西班牙人进的贡太沉重，已经让他们无法生活。他们已经开始相信自己在有生之年里，甚至是自己的子孙后代都要永远为西班牙人所奴役了。[4]

印第安人仍然放牧、种地、采矿，他们把生产出来的剩余产品都直接交给了西班牙人精英阶级。后者则用这些原材料中的一部分去换取西班牙的制造产品。“受封人”还会用
356 压榨印第安人得到的钱财去购买更多的非洲奴隶，或是从追随他们来到秘鲁的西班牙商人、医生、律师、公证人或手工艺者那里购买产品和服务。和印加人统治时一样，整个殖民结构也是建立在无数印第安劳动者付出辛勤劳动的基础之上的——控制这些劳动者正是吸引西班牙人征服秘鲁的原始动因。

沿海那些繁忙的城市里停着高桅杆帆船，有乘客匆忙地上上下下，也有人忙碌地装卸货物，再向东是西班牙人在安第斯山脉中部建立起来的各个新殖民城镇，从山上这些壮丽的白雪覆盖的山峰之外再向东，向下进入偏僻的东部丛林，

独立的印加王国仍然在比尔卡班巴城中存续着。在这片炎热、潮湿、生活着数不清的猴子大军的丛林深处，比尔卡班巴的居民像往常一样敬拜太阳神因蒂，也一如既往地尊敬太阳神在世上的代表，即他们“唯一的君主”。

他们的王国面积当然是很小的，只包括几个热带河谷、一片偏远的山脉以及有限的几个村镇。然而，隔绝封闭的印加神庙内仍然有被称为玛玛科纳的“属于太阳神的处女”负责侍奉神明，人们照常举行传统的节日仪式，还有星象师继续观察星象，人们继续遵循神意、敬献牺牲，与原型等身大小的金质太阳神圆形神像（*punchao*）也还是每天早上就被供奉到神圣的位置，到晚上再被请回原处安歇。曾经由“四个部分组成的”庞大的塔万廷苏尤帝国已经不再受这个独立自主的印加君主统治了，但是这个小小的比尔卡班巴王国依然将那个面积广大得多的印加帝国的疆域规划在自己的未来中。想要重新扩张的前提条件就是将安第斯山脉上和海岸边的那些留着胡子的白人侵略者和他们的奴隶都赶走。

曼可·印加去世大约十五年之后的1559年，国王查理在西班牙去世，结束了长达四十年的统治。他的儿子菲利普二世（Philip Ⅱ）继承了王位。1560年，曼可·印加的儿子蒂图·库西登基成为印加人的君主。“蒂图”和“库西”分别代表“宽宏”和“幸运”的意思。曼可去世之后，继位的本来是他年仅九岁的儿子塞里－图帕克，所以比尔卡班巴其实是由摄政王们统治了十几年。到塞里－图帕克年满二十二岁正式加冕之后，他做出了一个致命的决定：因为西班牙人向他承诺了一些“委托权”和相对安逸的生活，塞里－

357 图帕克决定离开比尔卡班巴返回库斯科。到曼可的兄弟帕鲁·印加出于自然原因在库斯科去世之后，印加人终于结束了长达几十年的有两位佩戴皇室流苏的相互竞争的君主同时在位的日子。不过，塞里－图帕克回到库斯科才一年就生病去世了，很有可能是被一位心怀嫉妒的印第安人首领下毒害死的。于是此时摆在人们眼前的问题成了：谁将接替塞里－图帕克成为下一任君主？

让西班牙人非常失望的是蒂图·库西继位为王。在西班牙人以为自己终于除掉了那个偏远王国的君主之后，蒂图·库西恢复了对印加王国的统治。更糟糕的是，新任君主完全有理由对西班牙人抱着深深的积怨：西班牙人杀死了他的父亲曼可·印加，还曾经从维特科斯将蒂图·库西和他的母亲掳走。① 最终成为印加君主的这个小男孩曾经在库斯科生活了四年，他肯定也看到过当时被展示在广场上的劫持他的罗德里戈·奥尔戈涅斯的头颅。最终，蒂图·库西和他的母亲想方设法从库斯科逃回了比尔卡班巴。几年之后他的父亲就被刺杀了，当时只有十四岁的年轻王子也在现场，在袭击过程中他的腿被刺伤，留下的伤疤至其去世时仍清晰可见。到 1560 年，三十岁的蒂图·库西在比尔卡班巴登基为印加君主时，那七个刺杀他父亲的西班牙人的头颅仍然被展示在暗杀行动发生地维特科斯附近。

据观察者描述，蒂图·库西是一个身材魁梧、感情丰富

① 蒂图·库西的父亲是曼可·印加，但他的母亲并不是曼可的王后库拉·奥克罗，而是曼可的嫔妃之一。

的人，脸上有疤痕，这可能是因为曾经得过天花而留下的。蒂图·库西一登基就恢复了由他父亲开创，但是在随后的摄政王时代被中断了的游击队战争。很快，从库斯科至豪哈城的道路沿途，以及库斯科西北的瓦曼加地区内，印第安人游击队重新开始向西班牙赶路人和聚居地发动一系列袭击。据一位编年史作者说：

> ［蒂图·库西］把给基督徒造成尽可能多的损害视为自己的责任和使命：他攻击了尤卡伊河谷等许多地方，把他能抓到的印第安人全都带回比尔卡班巴，把步行赶路的西班牙人全都杀掉。因此，库斯科和瓦曼加附近已经没有什么地方是安全的了，在没有护卫的情况 358
> 下，人们不可能从一个地方安全地前往另一个地方。[5]

新任君主很快还被认定与其他一些起义活动有关联：当时在今天的智利境内也爆发了激烈的起义；西班牙人还在秘鲁中部的豪哈城附近发现了一个秘密的武器工厂，里面藏满了成千上万的棍棒、斧头和长矛。这些武器显然都是为了某个计划好的抗击西班牙人的起义活动而准备的。无论蒂图·库西是否参加了豪哈的这次密谋，反正他统治之下的比尔卡班巴又一次成了游击队战争的圣地——这个 16 世纪的王国就相当于今天那些通过挑起暴乱和输出恐怖来追求政治目标的国家。西班牙人当然也是通过发动他们自己的恐怖和血腥行动才征服了印加帝国的，而如今，一小部分帝国残余势力仍然在坚持发动反击，抵抗西班牙人入侵和占领自己的领土。最后，在秘鲁的西班牙政府收到越来越多关于袭击事件的报告之后，他们终于意识到除了将蒂图·库西和他的印加王国拉拢过来或彻底消灭之外，他们已经没有别的选择了。

在秘鲁的西班牙政府很快就派遣了一系列特使去与新任君主和谈，许诺只要他放弃比尔卡班巴，重新返回库斯科附近的尤卡伊河谷定居，就会被授予丰厚的“委托权”。蒂图清楚自己现在的王国中没有足够的勇士抵御西班牙人的大规模进攻，所以就尽量拖延，花了好几年的时间进行和谈。他先是给西班牙人一种他随时有可能答应这些条件的假象，然而又总是在最后一刻拒绝执行。而在整个和谈期间，他都非常小心地确保除了偶尔的几个西班牙特使之外，没有任何西班牙人被许可进入他的王国。

终于，到了1569年，也就是蒂图·库西继位九年之后，严密封闭的比尔卡班巴大门终于打开了一条缝隙。由于西班牙人不断加重的威胁，蒂图·库西在两年前最终同意与西班牙官方签署一个和平条约，内容包括西班牙人许可他独立统治比尔卡班巴，并承诺不入侵这一地区；作为交换，蒂图·库西将许可修道士进入他的王国，并停止游击队战争。

被选中的两名修道士分别是马科斯·加西亚（Marcos
359 García）和迭戈·奥尔蒂斯（Diego Ortiz）。他们都清楚自从1539年贡萨洛·皮萨罗攻陷了比尔卡班巴之后，就再也没有西班牙人进入过那个首都。如今他们俩终于有机会进入那个还没有任何基督教传教士进入过的印加宗教圣地。这两个修道士还想到要是自己运气好的话，他们将有机会破坏那里的假偶像并终止印加人的邪神崇拜，因为在他们眼里，印加人的宗教就是由这些内容组成的。按照西班牙神父贝尔纳韦·科沃的说法：

> 秘鲁的印第安人非常盲目，他们几乎把什么都当作神明崇拜。因为他们没有超自然的领悟力，于是他们也陷入了和其他异教徒一样的错误行为，也正是因为如此，秘鲁人和其他异教徒才一直没能发现真正的神。他们深陷在种种恶习和罪孽之中，已经不适合也不配领受他们的创造者所带来的纯粹的光明……［撒旦］奴役着他们，剥夺了他们感受幸福的机会，因为撒旦自己就不配得到幸福。他从这些单纯、无知的野蛮人身上发现了可以扎根的温床，而且已经控制了他们几个世纪的时间，直到十字架的威力开始消除他在这里的权威，并将他从新大陆上的各个地区驱逐出去。[6]

因为印加人信仰的宗教与西班牙人的基督信仰不同，所以西班牙人就将印加人的宗教定义为邪教，西班牙人还相信印加人崇拜的对象是他们所谓的“撒旦”（*el demonio*）。此时，两个谦卑的西班牙传教士终于等来了改变一切的黄金时机。

这里提到的两个修道士拥有截然不同的性格。加西亚神父脾气暴躁，不容异说，在布道时喜欢谈论地狱中的磨难。比如说，他发现一些开始接受他的基督教布道的印第安男孩们同时也在偷偷地向其他神明祈祷时，这个修道士“惩罚他们……每人接受十或十二下鞭笞”，[7] 这样的行为无疑会让孩子的父亲们感到愤怒。后者向他们的君主控诉了加西亚的暴行，修道士很快发现自己不得不道歉，否则就会被赶出这个王国。另一次，被印加人纵情饮酒狂欢庆祝各种宗教节日
360 的景象吓坏之后，提倡节制的修道士难免又要给大批醉酒的印第安狂欢者上一堂西班牙人概念中的关于罚入地狱永受磨难的课，并威胁说他们都会落得这样的下场。即便是蒂图·库西也躲不开修道士的狂热批判：当加西亚听说君主拥有许多妻子之后，“上帝的仆人充满传教热忱地严厉斥责了［蒂图·库西］”。[8] 显然，传道者的热忱不仅没有受到君主的赞赏，还令他感到十分厌烦。

相反，修道士迭戈·奥尔蒂斯则采取了一种随和得多的传教风格，因此据说蒂图·库西立即就喜欢上了他。和他的同伴不同，奥尔蒂斯是一个和蔼可亲，懂得变通，而且总体来说与蒂图·库西更意气相投的人。没过多久，印加人隐蔽的王国中就建立起了两座小小的基督教堂：修道士加西亚的教堂建在小镇普基乌拉（Puquiura），修道士奥尔蒂斯的教堂建在瓦兰卡拉（Huarancalla）。两个教堂之间的距离大约是十一英里，距离比尔卡班巴都有两三天的路程，两位修道士至此还都没有被许可进入王国的首都。

突然有一天，让两位修道士都很惊讶的事发生了，蒂图·库西邀请两位修道士去参观他们一直想去看看的这个地方。“我想带你们去比尔卡班巴，”君主对二人说，“既然你们谁也没去过那个城镇，那就和我一起去吧，我想要款待你们。”[9] 于是在 1570 年初雨季最盛的时候，蒂图·库西和他

的随从，以及两位修道士一起启程了。君主还是坐在他传统的轿子上，修道士则步行跟随。根据奥古斯丁修会编年史作者安东尼奥·德·拉·卡兰查（Antonio de la Calancha）的说法，这两个修道士都曾“试图进入比尔卡班巴传教，因为那里是最大的城镇，也是偶像崇拜的中心，还有各种巫医，［他们］最擅长行令人厌恶之事”。[10]不过，两个修道士都没有实现他们的目标。直到此时，两人整理好行装，带上了自己的衣物、圣经和十字架，终于可以前往印加人最后一个宗教阵地——那里无疑就是撒旦居住的地方。

在接下来的几天里，修道士们沿着陡峭的山峰爬上爬下，还要通过湿滑的小路，有些地方的洪水太大，两位神父不得不在完全被淹没的石头上小心翼翼地寻找可以踩实的地方。卡兰查写道：

> 神父们不习惯在洪水中行路，他们经常会滑倒，而
> 且还没有人扶他们起来。两个人只好拉着手一起走，那 361
> 些亵渎神明的印第安人还大声地嘲笑他们……受神保佑
> 的神父们在这样的情况下走了两里格多的路，一边走一
> 边称颂上帝并吟唱赞美诗……最后他们终于走到了冰冻
> 的土地上，但是道路仍然非常泥泞。[11]

最后，队伍从一条沿河而修的印加道路进入了浓密的雨林，两名修道士终于来到了比尔卡班巴的外围。当他们二人正在为进入首都做最后的准备之时，却突然得到了一个令他们不安的消息。他们被告知君主改变了主意，蒂图·库西现

在不同意两个修道士进入首都了，甚至坚持让他们停在足够远的地方，不得进入从比尔卡班巴可以望见的范围。蒂图·库西后来解释说：

> ［这两个修道士］没有在［比尔卡班巴城中］给任何人施洗过，因为这里的人还完全不熟悉他们需要知晓和理解的关于上帝的法则和诫命。［然而］我会试着让他们一点一点地学习。[12]

编年史作者卡兰查就这一问题进行了深入的研究，他对于君主突然改变主意的原因有另一种完全不同的解释。他认为蒂图·库西拒绝修道士进入比尔卡班巴只是因为他不想让后者看到“印加［君主］和他的将领们每天和巫医们一起崇拜偶像、举行宗教仪式和庆典的景象”[13]。可能是预计到修道士们如果看到印加人首都里的众多偶像和神庙一定会表现出愤怒，或者也是为了避免修道士和他自己的祭司之间发生冲突，所以蒂图·库西又一次宣布比尔卡班巴为禁区。

失望的传教士们于是启程返回修道士加西亚的教堂所在的普基乌拉。因为君主的拒绝而格外沮丧的二人显然认定眼下已经到了该清除他们教区里那些印第安人仍然崇拜的邪神偶像的时候了。修道士们听说在附近一个被叫作丘基帕尔帕（Chuquipalpa）的地方，有一块巨大的浅色石头立在泉水旁边。印加人一直会崇拜泉水、石头、山坡、洞穴或其他什么自然景物，所以他们肯定也会认为这个地方是神圣的，并且在巨石旁边修建了一座太阳神庙。不过，依照卡兰查的观点，那里显然就是崇拜撒旦的地方。

> ［那里有］一座太阳神庙，庙里面的泉水边有一块 362
> 白色石头，那就是撒旦现身的地方。盲目崇拜的印第安人都来这里敬拜，这里是一个非常重要的圣殿，是这片森林中最主要的“莫查德罗”（mochadero），这个词语是印第安人通常对祭祀圣地的叫法……撒旦就住在这个被称为“尤拉克鲁米”（Yuracrumi）的白色巨石里，他可以号令一支魔鬼大军……撒旦非常残暴，如果人们几天不来敬拜他，他就会杀死或伤害那些人，给他们带来极大的破坏和恐慌。[14]

认定了是撒旦和他的爪牙们故意让印第安人无视上帝的话语，两名修道士于是带领着教堂的一些会众来到这个神圣的印加祭祀圣地，一边念念有词地祈祷，一边把一个巨大的十字架举在面前。修道士们很快就点燃了这片建筑群，还使用了各种严正的咒文好将堕落的大天使路西法从这片区域里驱逐出去。当他们的工作完成之后，修道士们就回到普基乌拉去了，只留下一群震惊的印第安人在那里看着还在冒着浓烟慢慢燃烧的废墟。

不过，修道士们亵渎了印加神明的消息在这个不大的王国中迅速传开了，几乎立即就掀起了轩然大波。“印加君主的将军们愤怒地计划着如何用长矛杀死两个修道士，不把他们碎尸万段都难解心头之恨，”卡兰查写道，“于是他们都来到［普基乌拉］镇打算抓住这两个人泄愤。”[15]两个修道士的行为引发了人们愤怒的风暴，如果没有当地会众的干预，这两个人肯定已经没命了。实际上，人们的愤怒如此强烈，以至于君主蒂图·库西马上乘坐他的皇室轿子赶到当地才掌控住局面。君主下令将加西亚赶出自己的王国，永远不许他再踏入这里一步，他无疑也早就受够了加西亚那种救世主一般的狂热。蒂图·库西许可奥尔蒂斯留下来，后者马上乖乖地返回自己在瓦兰卡拉的教堂去了。

虽然奥尔蒂斯没有受到什么惩罚，但是他已经毫无疑问地成了整个比尔卡班巴的敌人，很多人永远都不会原谅修道士犯下的亵渎神明的大罪。毕竟这些被迫迁来比尔卡班巴的居民们都清楚自己就是为了躲避西班牙人才不得不从本来在高地上的帝国迁移到这里的，双方在过去的三十四年里几乎一直处于交战状态。而如今，一个作为客人居住在他们王国里的西班牙人竟然做出这么恶劣的行径，这就相当于将一个
363 地方的教堂夷为平地一样罪无可赦。奥尔蒂斯要想重新赢得印第安人的信任可不是什么容易的事。

在接下来的一年里，蒂图·库西尽了自己最大的努力掌管着自己这条国家的小船在后征服时代的秘鲁这片险滩中小心翼翼地航行。君主继续和在库斯科的西班牙政府进行外交上的通信，总是用有一天他会愿意放弃比尔卡班巴的可能性来吊住西班牙人的胃口，同时，修道士奥尔蒂斯大概也一直在瓦兰卡拉宣讲留着胡子的侵略者的宗教。到 1571 年 5 月，也就是曼可去世二十六年之后，他四十一岁的儿子决定前往一处位于普基乌拉的祭祀圣地祭拜，那里距离他父亲被刺杀的维特科斯不远。依据卡兰查的描述：

> ［蒂图·库西］在那里待了一整天，举行邪教仪式和可耻的迷信活动来哀悼他父亲的死。作为这一天的结尾，他……和他的秘书马丁·潘多（Martín Pando）［击剑］，这也是和西班牙人学的。他出了很多汗，然后着了凉。这还不算完，到了晚上他又喝了很多葡萄酒和吉开酒，直至酩酊大醉。他醒来的时候感觉身体一侧疼痛，胃部不适，舌头也肿胀起来（他身材非常胖）。他一直在呕吐和尖叫，可能酒还没醒。[16]

那天夜里，君主突然开始抱怨他的胸口剧烈疼痛，鼻子和嘴角还有血往外流。到第二天早上情况更加恶化。他的两个下属给他喝了一些汤药想帮助止血，却惊恐地发现蒂图·库西全身僵直，突然就死了。

受到沉重哀伤打击的印第安人为君主的突然离世感到愤怒，有些人立刻认定修道士奥尔蒂斯与君主的死脱不了干系。奥尔蒂斯毕竟是西班牙人，而且蒂图·库西去世的地方几乎就是他父亲被另一拨西班牙人刺杀的地方。更何况，留着胡子的修道士还在几年前亵渎了印加人神圣的祭祀圣殿。虽然奥尔蒂斯在君主生病时并没有出现在蒂图·库西面前，但是对于相信生病往往是与巫术相关、巫师可以在与被害人相距很远的地方杀死目标的印第安人来说，奥尔蒂斯不在现场并不能证明的他的清白。更何况，奥尔蒂斯经常去探看病人，还会在病人面前进行各种怪异的仪式，口中用印第安人 364
听不懂的一种甚至多种语言（拉丁语和西班牙语）念念有词。因此，奥尔蒂斯无疑会被印第安人认定为巫师（*omo*）。

一群愤怒的印第安人抓住了修道士，并将他的双手紧紧地捆在背后，紧到他的肩膀都脱臼了。印第安人还扒光了修道士的衣服，人们大喊着是奥尔蒂斯害死了他们“唯一的君主”，然后开始用棍棒或徒手对他进行殴打。当天晚上，他们把未着寸缕、满身青紫的修道士扔在寒冷的室外，还定时往捆着他双手的绳子上浇水，确保绳子不断膨胀，好给修道士带来更多痛苦。

第二天，抓住奥尔蒂斯的人们又把他拖到了普基乌拉镇中修道士加西亚建造的教堂里。因为这两个修道士总是声称他们信奉的上帝能够起死回生，所以愤怒的印第安人现在要求奥尔蒂斯让蒂图·库西复活。赤身裸体但是被松了绑的修道士步履蹒跚地走进教堂，穿上了一身法衣，然后开始做弥撒，希望以此让愤怒的民众们平静下来。这里离库斯科太远了，修道士指望不上自己的同胞来解救他。此时他身边全是愤怒的印第安人，还有躺在旁边的蒂图·库西的尸体。修道士奥尔蒂斯反复呼唤着上帝的名字，期盼着能得到神的帮助。与此同时，印第安人一边急切地观察着死去的君主有没有复活的迹象，一边发誓说如果君主不能死而复生就要杀死奥尔蒂斯。最后，当围在这里的群众发现修道士终于结束了他的弥撒，并以圣父、圣子和圣灵（*Espíritu Santo*）的名义在自己胸前画了一个十字，而蒂图·库西却还是一动不动的时候，愤怒的人们又把修道士抓了起来，捆住他的双臂，质问为什么他的上帝不能让蒂图·库西复活。梅塞德会修士马丁·德·穆鲁亚写道：“他［奥尔蒂斯］回答说上帝是万物的创造者，上帝可以让蒂图·库西复活，但是蒂图·库西没有复活，那么上帝的意愿就很明显了——他一定是不想让印加［君主］回到这个世上来。”[17]

修道士的解释显然不是印第安人想听到的答案。人们把奥尔蒂斯拖到一个竖立在室外的巨大的十字架前，把他绑在上面，然后开始鞭打他。然后人们又逼迫这个倒霉的修道士喝下用尿液和其他有苦味的物质混合而成的令人作呕的液体。显然也是出于对杀死他可能造成的后果的担忧，印第安人最终决定将修道士带回比尔卡班巴——那个蒂图·库西从不许可任何西班牙人进入的城市。印第安人在修道士的下巴后方钻了一个孔，把绳子从洞里穿过去系牢，然后牵着赤身 365
裸体的修道士返回比尔卡班巴，好将他交给蒂图·库西的弟弟图帕克·阿马鲁（Tupac Amaru）处置。因为图帕克·阿马鲁现在就是印加人的新君主了。

如果说奥尔蒂斯之前前往比尔卡班巴的旅途是一次糟糕的经历，那么眼下这一次则要算是让人难以想象地艰难了。此时又逢雨季，精疲力竭又满身伤痕的修道士在湿滑的道路上步履蹒跚。他的双脚都已经磨破流血，他时常会摔倒，每次都会惊呼：“上帝啊！”有时他还要被穿过他皮肉的绳子牵着在水中艰难跋涉。印第安人拖着这个被他们认定为谋杀君主的凶手的人沿着崎岖不平的山路行进了两天，只在夜晚的时候才会停下来休息。如果真有基督徒为别人犯下的罪行而受到折磨的事件存在的话，那么奥尔蒂斯绝对就是这样一个例子——他算是为每个在塔万廷苏尤侵害过印第安人的征服者的罪行付出了代价。终于，在第三天的时候，行进的队伍抵达了首都几英里之外一个名叫玛卡那伊（Marcanay）的小村庄并在这里停了下来。印第安人派遣了信差先去请示图帕克·阿马鲁，然后才能决定如何处置他们的囚徒。

图帕克·阿马鲁的名字是“皇家巨蛇”的意思，此时二十八岁左右。他是一个相当保守且虔诚的人。比如说，他向来不支持他哥哥关于许可传教士进入他们王国的政策。当听说杀死他哥哥的西班牙人被带到了附近的玛卡那伊之后，图帕克·阿马鲁拒绝见他，这基本上就等于判定了修道士的死刑。信差于是回到小村庄里，人们本来还在那里对修道士进行殴打，此时他们收到了图帕克·阿马鲁的信息，一名勇士立刻站了出来，用一把印加人的斧子杀死了不幸的修道士，也算是终止了他的痛苦。躺在地上还在抽搐的奥尔蒂斯的身体无疑是给在场的人传达了一个绝对清楚的讯号：无论是基督信仰还是西班牙人，从今以后都不许再出现在比尔卡班巴。

距此一百英里之外，海拔高出这里大约七千英尺的库斯科城中，西班牙人还不知道邻近的起义王国里最近发生的一系列变动，包括蒂图·库西已死，一位西班牙修道士被杀，
366 以及曼可·印加的另一个儿子刚刚继位。大约三个月之前，一位新的西班牙人总督才刚刚来到库斯科。他的名字叫弗朗西斯科·德·托莱多（Francisco de Toledo），他已经在秘鲁待了大约一年半的时间。五十六岁的托莱多是一个意志坚定、讲原则、讲纪律的人。国王陛下派他来就是要重整这个遥远的殖民地的一切事务，并解决秘鲁原住民起义的问题。

在过去的半个世纪里，西班牙的神职人员和哲学家们一

直在就新大陆上的原住民是否应当以及应当享有哪些权利等问题而进行辩论。有些人认为，西班牙无权剥夺原住民统治者对自己王国和帝国的统治权，也无权去征服新大陆上的居民；更有少数人提出，西班牙应当将已经征服的帝国还给他们本来的统治者或本来统治者的继承者。其他人则认为，新大陆上的居民都是异教徒，所以从道德上和智力上都是低于欧洲人的，就像缺乏教养的孩子一般，所以理应被基督徒统治。后者不但可以赐予他们上帝的话语，还能够传授他们欧洲文明的精妙。

总督托莱多当然是后一种意见的坚定支持者。他相信秘鲁的原住民都是低级的人种，他们的命运必须由一种更高级的文明来主宰——那就是受上帝许可代表所有利益相关者来管理和支配原住民行动的西班牙人。所以秘鲁的居民也都应该改信基督教，因为那才是唯一的真正信仰，至于他们那些盲目崇拜偶像的宗教信仰则必须被抛弃，这是毫无疑问的。托莱多还认为消灭原本统治印第安人的印加人也是必要的，甚至是与改变原住民宗教信仰同等重要的事。统治着一个独立小王国的印加人对于很多已经处于西班牙人统治之下的印第安人还是有影响的，无论是从道德方面还是精神方面，这种影响力都不容小觑。因此托莱多得出一个结论：曾经引发了数不清的麻烦的比尔卡班巴的印加独立王国仍然是一种有害无益的存在；如果对其置之不理，将来必有后患。

为了更好地了解印第安人之前的统治者，也就是他此时面对的敌人，托莱多一到达秘鲁就马上开始对印加人的口述历史进行了一系列研究。托莱多系统化地采访了许多年长的印第安人“结绳语专家”，就是那些专门解读印加人用打结的绳子记录信息的“结绳语”的人。由此托莱多得知印加人征服这个庞大帝国的时间相对并不是很长，所以他认为印
367 加精英们并不比西班牙人更有权统治秘鲁的各个民族，因此西班牙人通过武力征服印加人是具有正当性的。最终，托莱多决定，要解决现在的“印加问题”，就必须彻底消灭印加人的君主或是使其归顺西班牙人的统治。当然，此时在西班牙人的概念中，这个君主仍然是蒂图·库西。

以上就是1571年7月时秘鲁的大致状况，那时距离蒂图·库西去世只过了几个月的时间，总督托莱多派出了一位官方信使前往比尔卡班巴。没多久信使就和几位印第安人首领一起抵达了阿普里马克河岸边。信使派遣其中的四名首领先过河进入王国为他申请通行的许可。虽然首领们顺从地按照他说的做了，不过他们一过河就神秘地消失了，过了三个星期还没有音信。于是信使只好再次派出两名印第安人前往。这次只有一人回来了，而且还受了伤、流着血，他向信使报告自己被攻击了。

对于在库斯科的西班牙人来说，比尔卡班巴的王国突然陷入了一种奇怪且不寻常的寂静。印加君主不再向他们发送信息，信使也不再被许可进入。没什么耐心的托莱多接着又派出了第二位信使，这位信使是他自己一位亲密的朋友，名叫阿蒂拉诺·德·安纳亚（Atilano de Anaya）。这一次，总督让信使带了一封直接写给蒂图·库西本人的信件：

［托莱多写道：］如果你如你说过的那样愿意虔诚

> 地服侍上帝并效忠于我们的国王陛下，那么就出来接见［我的信使］，听取他们代表国王陛下和我向你传达的话语。如果你不这么做，我们将不再相信你的任何假象，并自行决定如何进行下一步的行动。[18]

与此同时，托莱多给国王菲利普也发去了一封信，探听国王陛下对于由他们一方挑起对印加帝国最后一个独立的残余势力的战争的想法持什么样的态度。

> 这里的问题必须要一次性彻底解决，要么［印加人］向我们保证实现稳固的和平，要么［我们］就通过武力手段达到这一效果。国王陛下一定也希望看到这里的问题尽快获得解决。不管使用什么办法，西班牙人必须占领比尔卡班巴，并在那里部署［军事］力量来确保［边界地区］从今往后长久的和平……国王陛下
> 应当……决定我们是否向［蒂图·库西］宣战…… 368
> ［因为］如果他不肯出来接见我的信使，我们就有正当理由发动战争了。[19]

总督的信被寄往遥远的西班牙，同时信使安纳亚也出发来到了乌鲁班巴河河岸上的丘基萨卡桥边，贡萨洛·皮萨罗曾经在这里与曼可的勇士们交战。安纳亚向着河对岸大声询问是否可以过河，对面的勇士回答说可以，但是当安纳亚过了桥之后，印第安人立刻把他杀了。印加人显然是担心信使发现蒂图·库西已死，从而意识到他们的王国陷入了衰弱的

境况。

对于总督托莱多来说，安纳亚被杀成了压垮骆驼的最后一根稻草。他已经没有耐心再等八个月看看国王是如何回复他的信件了。相反，托莱多立即开始为入侵印加王国，以及抓住并杀死蒂图·库西做准备。虽然前两次的西班牙队伍都没能完成这个任务，但是托莱多下定决心这次一定要成功实现这个目标。到 1572 年 5 月，托莱多集结了一支令人畏惧的大军，其中包括两支队伍：第一支队伍是由二百五十名穿着铠甲的西班牙人和大约两千名印第安人随从组成的，托莱多给他们的命令是穿过丘基萨卡桥，一路进攻拿下首都；第二支队伍是由七十名西班牙人组成的，他们接到的命令是跨过阿普里马克河从相反的方向进攻比尔卡班巴，与第一队人马合力形成夹击之势。托莱多下定决心这次绝不会再让印加君主找到任何逃脱的机会。

6 月初，由马丁·乌尔塔多·德·阿维埃托将军（General Martín Hurtado de Arbieto）率领的正面进攻的主力部队穿过了丘基萨卡桥开始向着比尔卡班巴河谷进军。队伍中有三位已经年过六十的征服者，他们曾经和弗朗西斯科·皮萨罗一起并肩作战，这三个人分别是阿隆索·德·梅萨、埃尔南多·索拉诺（Hernando Solano）和曼西欧·塞拉·德·莱吉萨蒙，这一次他们充当的是向导的角色。队伍中的其他人员都是年轻的一代，很多人还是征服者的后代，并且从他们的父亲那里继承了他们曾经拥有的“委托权”。这些人此时共同的目标都是占领印加人最后的阵地。

虽然印第安人进行了英勇的反抗，不过这次军事行动的结局几乎是从一开始就可以预见到的。入侵的队伍武器先进、装备精良，而且抱着不达目的誓不罢休的决心；他们还携带了许多加农炮、马匹、火绳枪和长剑。反观图帕克·阿马鲁的军队，虽然他们尽职尽责地回击了，也在一些险峻的 369
小路上对西班牙人进行了伏击，暂时拖延了他们的行动，但是印第安人无疑很快就发现自己的木质长矛、棍棒，甚至是弓箭都根本无法与西班牙人的战马和钢制武器相匹敌。对于入侵者来说唯一的问题就是，印加君主会不会选择逃跑以保住性命，准备来日继续抗争？

西班牙人很快就占领了维特科斯，就是曾经被罗德里戈·奥尔戈涅斯洗劫一空并几乎抓住曼可·印加的地方。接下来，队伍又翻过了科尔帕卡萨关口，继续沿着潘帕科纳斯河前进，沿途还与印第安勇士进行了一些交战。最终，到了1572年6月24日星期二这一天，在首都比尔卡班巴之外：

> 马丁·乌尔塔多·德·阿维埃托将军下令所有人保持队形，跟随自己的队长和印第安人盟友们一起……在将军的带领下……举着他们的旗帜……带着他们的武器……于上午十点钟左右进入了比尔卡班巴，所有人都是步行的，因为这里就是个崎岖不平的荒野乡村，根本［不适宜］战马行进。[20]

西班牙人贡萨洛·皮萨罗在三十三年前曾经攻陷过的这个隐蔽的首都此时已经被遗弃，空无一人，还有些地方着了火。在将军随后提交给总督托莱多的报告中，阿维埃托提到他和他的手下“发现［比尔卡班巴］已经被遗弃，这里有四百多栋完好无损的房子，他们的神庙和各种神像也都保持着这里被占领之前的样子。我们还发现印加［君主］居住的房子被点燃了……所有的……印第安人都逃跑了，无论是勇士还是农民，能跑的都跑了”。[21]令编年史作者穆鲁亚感到惊奇的是：

> ［当西班牙人抵达的时候，］整个镇子就像被［彻底］洗劫了一样，就算真是由西班牙人和［他们的印第安人随从］洗劫这个城市，能达到的效果也不过就是眼前这个样子了……所有印第安人男女老少都逃跑或是躲进丛林深处了。他们把能带走的东西都带走了，还把……仓库里剩下的谷物和粮食都烧了……所以当队伍到达的时候，那里还冒着浓烟。供奉着最重要的神像的太阳神庙也被烧了。［印加人］在贡萨洛·皮萨罗攻入
> 370 这里时也是这么做的……正是由于食物的缺乏，［贡萨洛的队伍］后来才不得不返回并让这个地方重新落入了……［君主的］统治。［印加人］希望这次西班牙人也找不到食物，或任何可供他们生存下去的资源，这样他们就会离开这里，也不会在这里定居。印第安人就是出于这样的打算才选择在逃跑前烧毁一切他们［带不走］的东西的。[22]

到此时西班牙人已经得知了蒂图·库西去世，新君主图帕克·阿马鲁继位的消息。但是他们在这里没有发现新君主

的身影，也没有发现他的任何侍从、神庙祭司、女祭司或是任何曾经居住在这个城市里的居民。石砌的喷泉还在喷着水，附近潺潺的流水也照样流淌，还有棕色和绿色的蜥蜴在被印加人抛弃的宫殿石墙上缓慢爬行，这些石墙自然也都是用切割石料堆建起来的。西班牙人在燃烧着的城市中继续搜寻，他们注意到不再是所有带人字形屋顶的房屋都使用传统的茅草进行铺盖了，相反，有一些房顶上已经效仿库斯科的建筑那样铺上了瓦片，实际上等于是模仿了西班牙人的建筑。虽然印加人破坏了自己的首都，但是穆鲁亚还是描述了一下被印加人抛弃的这个地方：

> 镇子的面积，或者准确地说曾经的面积是这样的：横向大约半里格宽［1.75 英里］，纵深的距离比这还要长得多，布局和库斯科一样。人们在这里养鹦鹉、母鸡、鸭子、兔子、火鸡、野鸡、凤冠鸟、冠雉、金刚鹦鹉等成千上万种禽类，它们都是毛色艳丽［适于］观赏的……房子和仓库棚屋的屋顶上也都铺着优质的茅草。这里还有数不尽的番石榴、山胡桃、花生、蛋黄果、木瓜、菠萝、牛油果和其他各种果树，既有人为种植的也有野生的。印加［君主曾经居住的］宫殿是一个多层的建筑，房顶［铺着］瓦片，整个宫殿外部按照他们的方式画着各种纹饰，非常值得一看。镇子里还有一个能容下很多人的大广场，他们在那里举行庆典，甚至进行赛马。宫殿的大门是用带香味的雪松木制作的，雪松木在这个地区非常常见，有一些建筑的屋顶也

> 是使用这种木材建造的。印加人在这个偏远的地方，更
> 确切地说是流放地生活时并不怎么怀念库斯科的华美、
> 371 宏大和奢侈，因为无论他们想要什么［比尔卡班巴］
> 没有的东西，印第安人都会为他们找回来，印加人在这
> 个地方仍然过得满足而愉悦。[23]

阿维埃托将军派出了几支人数不多、机动性强的小分队向着各个方向追击，希望能够抓到一些印加人的领袖，尤其是他们的新君主图帕克·阿马鲁，有传闻说他是和自己怀孕的妻子一起逃走的。追捕印加君主的小队中有一支是由年轻而有野心的队长马丁·加西亚·德·洛约拉（Martín García de Loyola）带领的。他迫切地想要证明自己的能力，为了这次行动而特别挑选了四十名队员。在他后来写给国王陛下的请愿书里，马丁·加西亚·德·洛约拉清楚地说明了促使他和其他许多西班牙人加入阿维埃托将军这次军事行动的动机：

> 发现印加［君主］在比尔卡班巴领导反抗国王陛下的行动之后，总督向他宣战……并以国王陛下的名义向愿意参加他行动的人承诺了许多奖赏，其中一项是从印第安人［每年缴纳］的［贡赋］中拿出一千比索奖励给抓住印加君主的人。[24]

换句话说，无论谁抓住印加君主，这个人就可以获得终生的“委托权”，每年固定获得印第安人缴纳的一千比索

(大约十磅黄金)的贡金。他去世后还可以把这项权利传给自己的儿子、女儿或其他继承人。因此，对于双方来说，赌注都可以说是高得不能再高了：抓住印加君主的人将获得大笔的黄金，从此一辈子衣食无忧；被俘虏的印加君主则面临囚禁或死亡的结局。西班牙人希望在这次行动中给印加人最后的抵抗致命一击，从此彻底消除未来再发生类似事件的可能性。

随后在丛林中追捕印加君主的行动可以说是冷酷无情的。加西亚·德·洛约拉和他的手下沿着马萨瓦依河[Masahuay，可能就是今天的科斯雷尼河(cosireni)和乌鲁班巴河]向下游追踪，走了一百多英里之后进入了玛纳里印第安人的领地，这个民族也许与今天的坎帕人(Campas)或马奇根加人(Machiguengas)有亲缘关系。西班牙人在他们的印第安人向导的带领下，乘着筏子顺流而下，穿过了亚 372
马孙河上游地区。河流两岸生长着树干粗壮、颜色深浅不一的绿树。有些树木顶端有开满了花朵的巨大树冠，另一些树上则挂着新奇的果实。长着不成比例的颜色鲜艳的巨大鸟喙的鹦鹉会不时扭过头，侧着脸，好用一只眼睛更清楚地观察下面河流上漂过的全副武装的人们。

西班牙人在河水中顺流而下的时候，不时会拦截其他筏子或独木舟上胆战心惊的印第安人，为的是强迫他们提供一些逃跑的印加君主身在何处的情报。西班牙的赏金猎人们很快就打听到“图帕克·阿马鲁到莫莫里河谷(Momori Valley)去了，[自认为]乡下道路不通以及诸多河流的阻挡能够保护他[在那里]不被抓住”。[25]确定自己是朝着正确的方向前进的，这让加西亚·德·洛约拉和他的手下感到很受鼓舞，他们继续向下游航行，冒着风险穿过了大瀑布和湍急的水流，最终来到了莫莫里。西班牙人得知自己已经距离逃跑的君主越来越近了，更是打起了十二万分的精神。

> ［只可惜图帕克·阿马鲁］五天之前就已经离开了这个地方……他乘坐独木舟向内陆更深处的皮科索尼斯（Pilcosonis）去了。但是图帕克·阿马鲁的妻子由于产期将至，所以陷入了恐惧和抑郁，而图帕克·阿马鲁很爱自己的妻子，所以他一直陪伴着她，为了她而不得不走得很慢。[26]

西班牙人于是加快了自己的脚步，在玛纳里印第安人的指引下，在夜里也举着火炬继续赶路，日夜兼程地追逐着自己的猎物。橘黄色的火光照亮了这片奇特而陌生，甚至有些阴森森的雨林，西班牙人不时会因为害怕而暂时待在原地不动，直到听见隐藏在黑暗中的野兽跑远以后才能松一口气。最终，在追赶了二百多英里之后，西班牙人终于发现前面的丛林中闪烁着微弱的火光。加西亚·德·洛约拉和他的手下小心翼翼地抽出长剑向目标靠近，最后走到了一小片空地上，图帕克·阿马鲁和他怀孕的妻子正紧挨在一起坐在空地上的营火边。两位皇室逃亡者看到从黑暗中现身的留着胡子
373 的人时肯定都露出一副绝望的表情。暗夜里的亚马孙雨林深处，西班牙人的钢制长剑和胸甲在营火的照耀下闪闪发光，他们持续了三十五年的摧毁起义城市比尔卡班巴及抓捕最后

一位印加君主的行动终于画上了句号。

1572 年 9 月 21 日，西班牙人称之为圣玛窦日（St. Matthew's Day），而按照印加人的历法，在这个月份中人们会庆祝“月亮节”（*Coya Raymi*）。阿维埃托将军的胜利之师已经走到了库斯科的城门口。图帕克·阿马鲁和其他高级别的俘虏们被用绳子和铁链拴住，由他们的西班牙人抓捕者牵着走在骑兵队伍之前。几乎城中所有的西班牙人和印第安居民都来到街上观看结束了这场历时四个月的军事行动之后凯旋的队伍。阿维埃托将军和他的手下或步行或骑马进入城中，他们的印第安人随从和无数的黑人奴隶也跟在两边。胜利者们还抬着各种缴获的战利品，其中就包括在比尔卡班巴城外的丛林里发现的神圣的金质太阳神圆形神像。西班牙人还带回了曼可·印加和蒂图·库西的木乃伊，正是这两位已经去世的起义君主领导的起义活动给西班牙人带来了最沉痛的打击。

图帕克·阿马鲁和他的首领们被带走并被囚禁了起来，而战胜的西班牙人则举行了一直持续到深夜的庆祝活动。短短几天之内，西班牙人就迅速地审判、定罪并处决了图帕克·阿马鲁的将军们。他们的“罪名”显然是在比尔卡班巴组织抵抗西班牙侵略者的军事行动，而他们真正的“罪行”其实是拒绝西班牙人彻底征服塔万廷苏尤。与此同时，一群会说鲁纳斯密语的西班牙教士正聚集在一起，使尽浑身解数想要说服图帕克·阿马鲁改信基督，显然他已经不可能逃脱死刑的结局，但这些教士无疑还希望君主能够拯救自己的灵魂。

三十岁的印加君主在为期仅十六个月的短暂统治期间，尽了自己最大的努力强化比尔卡班巴之内印加人的宗教信仰，最终他自己却同意了改信基督。他这么做最大的动因无疑是因为被告知将有一场针对他的审判，审判的结果将决定他最终的命运。图帕克·阿马鲁被指控作为起义国家的统治
374 者对西班牙人控制下的秘鲁发动突袭，以及在他的王国内许可异教徒的宗教活动。虽然那些突袭并不是由图帕克·阿马鲁，而是由他的哥哥蒂图·库西及他的父亲曼可·印加发起的，而那两位君主也是在西班牙人进攻并占领了塔万廷苏尤之后才发起这些突袭的，因为在印加人看来，西班牙人本来就无权统治塔万廷苏尤。至于西班牙人指控的“异教徒的宗教活动”，同样也是毫无道理的，那本来就是印加人固有的本土宗教，在西班牙人来到这里之前很久很久的远古时期，印加人就已经开始进行自己的宗教活动了。

图帕克·阿马鲁本人既听不懂西班牙人的语言，也不了解西班牙人的司法，更没有任何律师为他进行辩护。对他的审判不过就是16世纪的一场非法的私设公堂。不过，就算印加君主有最好的西班牙人律师做代理，或是提出西班牙人本来就无权入侵印加帝国的辩护，这场审判的结果也不会有任何改变。控方无疑会辩称是上帝授权他们将塔万廷苏尤归入西班牙国王和王后的统治范围，所以西班牙人只是在执行上帝的意愿。至于印加人在比尔卡班巴城中抗拒这样的诫命的行为则是亵渎神明和叛国的大罪，显然也是违背上帝的旨意的。除此之外，就算图帕克·阿马鲁改信基督，他仍然是

异教的宗教领袖，这种异教崇拜假偶像，事实上，他们正是把图帕克·阿马鲁本人当作假神明来崇拜的。

因此，判决的结果是提前就可以预料到的。无论是西班牙人还是印加人都不会许可在自己征服的地区内有独立且持有敌对态度的飞地存在，更不会许可一个能够激发新征服地区居民反抗思想的重要领袖人物活着。就好像罗马人要摧毁斯巴达克，西班牙人必须清除摩尔人领地中的最后一点残余一样。帝国建立的法则就是这么冷酷无情的，无论是印加人还是西班牙人都清楚这一点。毕竟在同一个地区里不可能同时存在两个帝国：哪个帝国更强大，哪个帝国就会击败弱势的帝国，直到最后只剩一个帝国存在。

在短短三天的审判之后，总督挑选的法官毫无意外地判 375
处图帕克·阿马鲁死刑。虽然在库斯科的各个宗教领袖都前去请求总督留下君主的性命，但是托莱多还是坚持必须马上执行死刑。国王的总督已经下定决心要清除西班牙人的新殖民地上最后一点印加人独立势力的残余，同时彻底扼杀再有印第安人起义发生的可能性。因此他认定图帕克·阿马鲁绝不能继续活在世上。

1572 年 9 月 24 日这一天，一大批侍卫将君主从他的囚室里带出来，沿着城中的街道押解至主广场上。三十七年前，弗朗西斯科·皮萨罗和其他征服者们第一次抵达库斯科的那天就是在这个广场上扎营过夜的；这个广场也是曾经的历代印加君主举行宏大的宗教庆典来显示自己强大势力的地方。此时，这里只有一个简单的绞刑架静静地立在广场正中。一位编年史作者写道：

> 前来观看他们君主死刑的印第安人太多了，据在场的人说要想在广场四周的街道上通行非常困难。人们连站的地方都没有了，所以很多印第安人不得不爬到建筑的墙壁和屋顶上。从城市里看得到的远处山坡上也挤满了印第安人。[27]

另一位目击者回忆说：

> 卡尔门卡和圣克里斯托瓦尔教区里所有能待的地方，包括空地、房顶和窗口都挤满了围观的人，人群密集的程度已经到了从高处扔下来一个橘子都掉不到地面上的地步。[28]

在西班牙人、印第安人和非洲奴隶的围观下，图帕克·阿马鲁“身着丧服，骑着一头披着黑色天鹅绒的骡子”[29]出现了。君主的双手被用绳子捆绑在一起，还有另一条绳子系在他的脖子上，以防印加君主逃跑。

> 印加君主是从堡垒里被带出来的，他要在四百个手举长矛的卡纳里印第安人的押送下穿过城市中的街
> 376 道……陪同他一起的还有两位修士，分别走在他两边……一边走一边还在对他进行教诲，对他说一些能够安慰他灵魂的话语，直到他来到竖立在广场中心的面对着大教堂的高大绞刑架下为止。君主在这里从骡子上下来，神父还陪着他，为他的灵魂做最后的神圣准备。[30]

根据其他一些说法，就在君主走到绞刑架下之前，君主的姐妹玛利亚·库西·瓦尔卡伊（María Cusi Huarcay）突然出现在一扇窗前对他哭喊道：

> “你要去哪里我的兄弟，我的王子，四个苏尤唯一的君主？”她想要［穿过人群］，但是被神职人员拦住了……［图帕克·阿马鲁在整个过程中］一直表现得庄严而谦卑。[31]挤满人的阳台上也有一些［西班牙］妇女和尊贵的夫人们，她们看到一个不幸的年轻人被带向死刑场，出于同情也纷纷流下了眼泪。[32]

图帕克·阿马鲁此时已经走上了挂着黑色布料的绞刑架，他知道他的父亲曼可·印加和他的叔叔阿塔瓦尔帕也和自己一样，都是被西班牙人杀死的。

> 印第安人站满了……整个［广场］，他们目睹着这样悲惨哀伤的场面，［知道］自己的君主就要在这里被处死了，他们的哭喊声回荡在山谷中，连天都要被振聋了……［图帕克·阿马鲁］不远处的亲属们用眼泪和啜泣来赞颂他的悲剧结局。[33]

行刑的刽子手是一个卡纳里人，他们的民族一直都是印加人的敌人，除了他还有一个穿着黑色长袍的教士。图帕克·阿马鲁站在这两个人身旁，看着下面密集的人群，缓缓地抬起了自己的右手，然后“放下。拥有君主的智慧与精神的图帕克·阿马鲁此时是唯一一个保持着平静的人，之前所有的嘈杂顿时都消失了，取而代之的是一种深邃的寂静，无论是广场上还是远处的人群中，再没有一个人动一下”。[34]
377 所有人都安静下来，迫切地想要再看一眼四个苏尤的最后一位正统君主，想要听听他会说什么。名字的含义是“皇家巨蛇”的图帕克·阿马鲁向民众们发表了最后一段讲话：

> 首领们，你们是从帝国的四个苏尤［聚集］到此的。我要让所有人知道我现在是一名基督徒并且已经受了洗礼，我想要依着上帝的法则去死——而且我必须死。我的印加祖先们和我至今为止告诉你们的那些要崇拜太阳神，祭祀圣地、偶像、石头、河流、山峰和其他神圣的东西的话语都是谎言，是完全错误的。我们曾经告诉你们，当我们进入［一个神庙］去和太阳对话，太阳让你们听从我们的命令，以及太阳会对我们说话——这些……也全是假的。说话的不是太阳而是我们，因为所谓的太阳神不过是一个金质的雕像，它根本不会说话。我的哥哥蒂图·库西告诉我，一旦我有什么想让印第安人［做的］，我就应当独自进入［太阳神庙］，不允许任何人陪同……我从神庙里出来之后，就告诉印第安人太阳对我说话了，我想告诉印第安人什么都可以说成是太阳说的，因为印第安人获得命令之后会很好地执行……［他们总是遵从］他们崇敬的东西——而［他们最崇敬的］就是［太阳神］。
>
> ……然后……图帕克·阿马鲁……［请求群众］

> 原谅他一直以来欺骗了他们，并请求他们为他而向上帝祈祷。他说这一切的时候……带着皇室的威严，完全没有矫揉造作之感，反而非常自然……完全看不出他处于即将被处死的绝境。[35]

君主用鲁纳斯密语发表了这番令人意外的讲话，所以除了几个教士之外，几乎没有几个西班牙人能听懂；但是对于在场的印第安人听众来说，这无疑是晴天霹雳。

> [讲完这些之后，] 印加君主接受了身边神父们的慰藉，向所有人告别，然后像待宰的羔羊一样把头放到了木墩上。刽子手走上前来，左手撩起君主的头发，右手持刀，一下就割掉了君主的头颅，并高高举起向所有人展示。随着君主的人头被割下，大教堂里也响起了钟声，城中所有的修道院和教区教堂里的钟随后也都被敲
> 响了。死刑引发了人们巨大的哀伤，所有人都流下了眼 378
> 泪。[36]

就这样，在 1572 年 9 月 24 日这一天，在曼可 · 印加发动他伟大起义的三十六年之后，印加的最后一位君主图帕克 · 阿马鲁也离开了人世。

379 第十六章　寻找印加人的“失落的城市”

有什么被隐藏起来了！去把它们找出来吧！

到群山中去搜寻——

失落的一切就在那绵延的群山背后。

失落的一切等待着你去发现。

去吧！[1]

——拉迪亚德·吉卜林，《探险家》，1898 年

1911 年 6 月 8 日——图帕克·阿马鲁被处决三百三十九年之后——一艘美国联合水果公司的轮船即将从纽约起航。码头工人们正忙着解开轮船的系泊工具，船上的乘客向挤在码头上送行的人们挥手道别。轮船缓缓驶向自由女神像方向，然后出了港口朝着广阔的大海进发。这次航行的目的地是巴拿马，那里正在建设一条跨海洋的运河，但是还要再过三年才能完工。所以船上有些乘客打算从巴拿马穿过地峡，再搭乘另一艘轮船前往秘鲁。海鸥鸣叫着在轮船上方及蓝灰色的海面上空盘旋。船上有一位乘客名叫海勒姆·宾厄姆，他三十五岁，是耶鲁大学拉丁美洲历史系的副教授，他

此时正向外望着无边无际的海水。这个个子很高、身材瘦削的男人留着棕色的短发，有一张骨感，甚至有点苦行僧感觉的脸。宾厄姆此行的目的是要寻找印加帝国的首都比尔卡班巴——一个已经几乎被人遗忘了超过三百年的传说中的城市。

根据他此前进行的研究，身高六英尺四英寸，体重却只
有一百七十磅的宾厄姆已经知道，西班牙人经过了将近四十 380
年的战斗和镇压行动才最终攻占了印加帝国最后的起义首都。在征服了印加帝国之后，西班牙人继续加强自己在美洲的统治，势力不断壮大，并使西班牙成为世界强国，部分原因正是他们从南美洲源源不断地掠夺了无尽的金银财宝，就像蝙蝠从光彩夺目的热带花朵中吸食了无尽的花蜜一样。从那之后整个南美洲就一直被西班牙和葡萄牙蒙在一层神秘的罩子之下。实际上，在长达两个世纪的时间里，西班牙和葡萄牙禁止任何外国科学家进入它们费了好大力气才占领的殖民地，为的就是要将这一整片地方据为己有，避免其他欧洲国家前往与其竞争。渐渐地，首都比尔卡班巴也变成了一个天方夜谭。最后的印加君主统治那里并进行英勇抗争的故事最终变成了民间传说，仅由印加帝国的后裔们口口相传，或是只存在于古老的西班牙编年史中，很快就都成了被人遗忘的尘封往事。

直到 18 世纪末 19 世纪初，也就是在 1799 ~ 1805 年，一位外国科学家终于成功进入南美洲进行探索活动。① 普鲁士人亚历山大·冯·洪堡（Alexander von Humboldt）不仅

---

① 洪堡前往南美洲时乘坐的船恰巧就叫皮萨罗号。

考察了亚马孙地区和安第斯山脉，也去了秘鲁。他是第一个为秘鲁的一些印加遗址绘制地图的人。洪堡的著作最终重新激发了人们对印加帝国和最后几位印加君主的兴趣。关于确切位置已经无人知晓的传说中的印加城市等待着被人们重新发现的故事也激发了不少19世纪探险家的想象力。到1911年宾厄姆启程前去寻找比尔卡班巴的时候，人们唯一发现的位于印加人曾经的比尔卡班巴地区的遗迹就只有库斯科以西大约六十英里之外的一个叫丘奇基拉（Choqquequirau）的地方。有些探险家认为丘奇基拉可能就是曼可·印加的起义首都。海勒姆·宾厄姆及至少另外一名秘鲁历史学家则认为这种说法是错误的。

虽然年少时企图从夏威夷的家中离家出走的计划没能成功，但是宾厄姆从来没有放弃过自己的探险梦想，只不过是延后了实现梦想的时间而已。宾厄姆是19世纪英国小说家拉迪亚德·吉卜林（Rudyard Kipling）创作的那些故事的忠实爱好者，吉卜林的作品之一、题目恰好为《探险家》的
381 这首诗还是宾厄姆的个人最爱。在强烈的摆脱自己贫穷出身及在世界范围内闯出一番名堂的愿望的双重作用下，或者用宾厄姆自己的话说是抱着“成就一番大事业”的理想，他后来娶了蒂凡尼家族财产继承人之一为妻，并且获得了耶鲁大学的博士学位。宾厄姆的专业是南美洲近代史，其时间节点是从19世纪初期南美洲殖民地国家发起独立战争，最终斩断它们与西班牙的关系开始的。不过，在1908年，也就是他启程前去寻找比尔卡班巴三年之前，时年三十三岁的宾厄姆已经厌倦了副教授的工作，而且为自己还没能做出什么

扬名立万的大事而感到沮丧失意。当他听说即将在智利圣地亚哥举行的1908年泛美科学大会正在接受参会人员报名时，宾厄姆抓住了这个探险机会。他很快获得了耶鲁的出差批准，然后就前往圣地亚哥去参加了这次会议。会议之后他又经海路和铁路前往了库斯科，那也是他第一次参观印加人的古老首都。“我此前对南美洲历史的研究大部分局限于西班牙殖民时期，”宾厄姆后来这样写道，“包括那些获得独立的区域和各个共和国带来的进步。考古并不在我研究的范围内，我对印加人知之甚少，只读过［威廉·］普雷斯科特（William Prescott）在他著名的《征服秘鲁》一书中提到的那些令人着迷的故事。”[2]

在库斯科城中闲逛的时候，宾厄姆满怀崇敬地凝视着这些印加宫殿遗迹和那些工艺复杂的切割石料，为古代文明的精湛工艺感到震惊，这和他之前见过的任何文明都不尽相同。站在能够俯瞰整个城市的山坡上，用巨石建造的宏伟的萨克萨瓦曼堡垒让宾厄姆更加诧异。三个多世纪之前在曼可·印加的起义活动中，胡安·皮萨罗和几千个印第安人就是在这里失去了性命。宾厄姆写道：

> 在溪流更向上一些的地方，人们会经过一个用巨石建造的巨大门洞，这里有用灰蓝色的巨石堆砌的萨克萨瓦曼城墙（Sacsahuaman）……古代的建筑师们在这里竖立了三道巨大的阶梯城墙，三道城墙沿着山势一个比一个更接近山顶，从最低的城墙到最高的城墙之间的距离有三分之一英里左右，城墙两边还各有一条深谷。山

> 坡上最低处的一道阶梯城墙是用一些极其巨大的石块堆建的，其中不少石块的重量能达到十吨，还有一些甚至会超过二十吨，然而所有石块都被精准地拼接在一
> 382 起……一个迷信的印第安人第一次见到这些石墙时，一定会认为这是神的杰作。[3]

在库斯科，宾厄姆很快就见到了临近的阿普里马克省的省长胡安·努涅斯（Juan Núñez），后者对这位刚刚参加完一次重要的科学大会的来自北美的杰出博士非常敬仰。就在前一年，努涅斯才刚刚清理并探索了一片印加遗址，那个地方被称为丘奇基拉，意思是“金子的摇篮”，但是努涅斯并不能确定这个名字是不是那片地方在古时候本来的名字。不过那里是迄今为止在比尔卡班巴省发现的唯一一个古代印加城市遗迹。所以努涅斯告诉宾厄姆也许这片遗迹就是曼可·印加的失落的比尔卡班巴古城。他还问宾厄姆有没有兴趣陪同他一起前往那里查看。宾厄姆后来回忆说：

> 省长迫切地想让我前往遗迹参观，并向秘鲁总统汇报这一发现的重要性。他坚持说因为我是个“博士”（Ph. D.），又是参加科学大会的政府代表团成员，所以我一定是考古方面的专家，并且能够告诉他丘奇基拉作为一个掩埋宝藏的地方蕴含了多少财富，以及这里究竟是否如他所相信的那样，就是最后四位印加君主在位时期的首都老比尔卡班巴（Vilcapampa the Old）。我告诉他我对考古学的研究并不如他以为的那样专业，但他执

> 意认为我是谦虚而不是在陈述事实……
>
> 我不想去丘奇基拉的原因还包括当时的天气情况很糟糕，而且前往那里的路非常不好走。国务卿［伊莱休·］鲁特（Elihu Root）再三叮嘱我们［科学大会美国代表团］为美国树立良好国际声誉的重要性，还让我们尽可能地向受访国的官员示好。所以我答应了省长的请求，那时的我还不知道命运已经注定让我前往那片令人着迷的地方。那也是我第一次见识到史前的美洲。[4]

于是在 1909 年 2 月，身为南美洲近代历史讲师的海勒
姆·宾厄姆跟随着一支骡队，准备穿过印加帝国的一部分，
那里曾经被印加人称为安蒂苏尤。这也是宾厄姆第一次接触 383
到失落的印加遗迹：

> 遗迹两边都是气势磅礴的陡峭悬崖，仿佛是在守卫着丘奇基拉，让敌人根本无法来到这里……[5] 南边靠外的悬崖几乎是直上直下的，从悬崖顶端到下面流淌的阿普里马克河的垂直高度大概是五千八百英尺，悬崖顶上有两道印加人修建的防护矮墙，墙上没有窗户。从这里可以向上远眺，或俯瞰下面的河谷……能看到的景色是言语不足以形容的……向下面巨大的河谷（cañon）深处看去，可以捕捉到一点阿普里马克河的影子，河水正好从守卫在两边的山峰之间流过，因为距离太远，宽阔的河流看起来都变成了一条小溪。河谷中还有好几个壮

观的瀑布，其中一个……中间没有任何阻隔的从一千多英尺的高处流下。无论向哪个方向看，无论是从景物种类、颜色反差还是优美程度或宏伟程度来说，这里的全景都足够令人震撼。[6]

之前被丛林灌木覆盖的这个遗迹最近已经被努涅斯清理过了。虽然宾厄姆并没有接受过考古学或现场勘察技巧的训练，但他至少携带了他的柯达相机和一本写着遇到不为人知的古代遗迹时应当怎么做的书：

幸运的是我带了一本非常有帮助的手册，就是皇家地理学会出版的《旅行者实用技巧》。在其中一章里我发现了关于人们在遇到史前遗迹时应当怎么做的内容——仔细测量数据、拍摄尽可能多的照片，对于发现的内容描述得越细致越好。因为下雨的关系，我拍摄的照片效果不好，但是我们对那里的建筑进行了细致的测量并画出了一张简略的地图。[7]

宾厄姆很快就注意到的是，第一批访问这里的探险者在七十多年前就已经来过这里了。在一栋印加建筑中，他发现了一系列写在石板上的名字：

M. 欧赫内·德·萨尔蒂赫斯（M. Eugene de Sartiges），1834 年

何塞·玛利亚·特哈达（Jose Maria Tejada），马塞

利诺·莱昂（Marcelino Leon），1834 年

何塞·贝尼尼奥·萨马内斯（Jose Benigno 384
Samanez），胡安·曼努埃尔·里瓦斯·普拉塔（Juan Manuel Rivas Plata），玛利亚娜·西斯内罗斯（Mariana Cisneros），1861 年

皮奥·莫格罗韦霍（Pio Mogrovejo），1885 年 7 月 4 日[8]

宾厄姆访问的这个被抛弃的印加遗迹位于一个非常难以到达的山脊之上，也是秘鲁境内一个几乎无人居住的地方。虽然宾厄姆当时并不知道，但是这次意料之外的探访成了他事业的转折点。一个秘鲁省长偶然提出的邀请很快就会改变宾厄姆的人生轨迹，同时被改变的还有南美洲的考古历史。不过在当时，宾厄姆还只是仔细地查看了整片遗迹，因为省长想要知道这位“受人尊敬”的教授是否认同这里就是曼可·印加的起义首都的观点。宾厄姆后来记录了他对该遗迹的印象：

> ［丘奇基拉］的城墙……看起来完全是用石头和黏土修建的。相较于库斯科的那些印加宫殿，这里的建筑要粗糙简略得多，也没有哪两个神龛或大门是完全一样的。偶尔几个门有门楣，但也是用木材制作的，因为工匠们并没有费神挑选足够宽的石料来满足这样的功能。[9]

在其他地方宾厄姆也写道：

> 我个人认为丘奇基拉并不是比尔卡班巴。这个地方看起来还达不到供印加君主居住的档次。[10]

虽然宾厄姆只能算个业余人士，但是对于省长展示给他的遗迹，他显然没有多少惊艳的感觉。根据宾厄姆的推断，哪怕是那些处于流亡状态并发动了起义的最后几位印加君主也肯定会居住在某个精心建造的宫殿里，而且这些宫殿应当和库斯科城中那些令他钦佩赞赏的帝国样式建筑类似。所以在宾厄姆看来，不会有任何君主曾经在丘奇基拉居住过，所以这里也不可能如省长期盼的那样是失落的城市比尔卡班巴。

返回利马之后，宾厄姆很快就见到了四十六岁的秘鲁历史学家卡洛斯·阿尔韦托·罗梅罗（Carlos Alberto Romero）。罗梅罗也同意宾厄姆的观点，还给宾厄姆看了两本此前无人知晓，最近才刚刚被发现并出版的 16 世纪编年史著作。其中一本是曼可的儿子蒂图·库西在 1571 年口述内容的记录，
385 这本书已经被历史遗忘了三百多年。另一本是由一个叫巴尔塔萨·德·奥坎波（Baltasar de Ocampo）的西班牙人撰写的报告，这个人曾参与了 1572 年攻陷比尔卡班巴的战斗，并且目睹了那之后不久进行的图帕克·阿马鲁被处决的过程。这两部作品中都包含着对于曼可·印加的首都比尔卡班巴的描述，而宾厄姆在丘奇基拉遗迹看到的实际情况与这些描述并不相符。

比如说，巴尔塔萨·德·奥坎波明确地提到从库斯科前往比尔卡班巴“要下到尤卡伊河谷，经过奥扬泰坦博（Ollantaytampu），然后穿过丘基萨卡［吊］桥”。[11]因此，想要寻找比尔卡班巴的探险者应当是循着一条与乌鲁班巴河走向平行的路线。当探险者抵达了如今的丘基萨卡桥的位置之后，按理说他应当过河继续向西前进。罗梅罗说依照这样的路线从库斯科前往丘奇基拉完全不合理，因为后者位于比尔卡班巴山脉的另一边，直接从西边穿过阿普里马克河要好走得多。因此罗梅罗推断努涅斯省长和其他一些探险家的说法是错误的，丘奇基拉不可能是比尔卡班巴。

罗梅罗还说，蒂图·库西的口述也很能说明问题，其中提到曼可本来的首都维特科斯就在前往比尔卡班巴的途中。既然依照奥坎波描述的路线不能抵达丘奇基拉，所以它肯定不是比尔卡班巴，同理也就不可能是维特科斯。奥坎波对于维特科斯的描述实际上也证实了这一点，因为西班牙人描述的维特科斯与丘奇基拉的遗迹几乎没有任何相似之处：

> 维特科斯（Pitcos）位于高山之上，从那里能俯瞰比尔卡班巴地区的大部分景象。这座山上有一大片平坦的区域，人们在这块平地上建起了奢华宏伟的建筑，无论是技术含量还是艺术价值都非常高。无论是普通建筑还是主要建筑的大门上都有门楣，而且都是大理石材质的，还雕刻了复杂的花纹。[12]

丘奇基拉显然不符合“一大片平坦的区域”的描述，

那里只是分布在一条窄小的被丛林覆盖的山脊上的三个建筑
386 群。丘奇基拉也没有“奢华宏伟的建筑，无论是技术含量还是艺术价值都非常高。无论是普通建筑还是主要建筑的大门上都有门楣，而且都是大理石材质的，还雕刻了复杂的花纹”。因此罗梅罗告诉宾厄姆，丘奇基拉似乎既不符合对比尔卡班巴的描述，也不符合对维特科斯的描述。这样看来，那两个城市其实都还没有被发现。依据罗梅罗的观点，无论是要找到比尔卡班巴还是维特科斯，都必须从丘基萨卡桥上穿过乌鲁班巴河，再进入比尔卡班巴河谷。罗梅罗说维特科斯一定就在河谷中的某个位置。按照编年史中的说法，一旦确定了维特科斯的位置，曼可的首都比尔卡班巴肯定就在距离那里步行几天路程的范围之内。

与罗梅罗会面两年之后的1911年6月，宾厄姆组建了一支耶鲁大学秘鲁探险队，并且乘坐轮船从纽约启程再次前往秘鲁。宾厄姆知道，只要他能找到传说中的曼可的失落的城市，那么不管他今后还能有什么样的成就，单凭这一件事他就足以被永远载入史册。从童年起就梦想着登上长途轮船返回美国大陆，有朝一日成为一名探险家的宾厄姆此时站在前往南美洲的轮船的甲板上，他此行的目的就是要通过发现秘鲁失落的古城遗迹来为自己获得名誉和荣耀。宾厄姆后来写道：

> [1909年，] 当我站在丘奇基拉的山坡上，通过偶尔露出一点缝隙的云海瞥见下面冰雪覆盖的山峰的时候，我看到的似乎就是一片尚无人知晓的地方。“群山

> 背后”隐藏着无数的可能。我们的向导对那里一无所知，书中也没有什么相关的记载。也许曼可的首都就隐藏在那里。[13]

宾厄姆的队伍中还有其他六名成员，全部都是男性，其中包括宾厄姆在耶鲁大学的同学——医学博士威廉·欧文，他曾经划着一条独木舟从开罗出发抵达了喀土穆；另一位是三十九岁的哈里·富特博士，他是耶鲁大学化学系的一位教授,也是宾厄姆的朋友，在团队中的正式职务是“博物学家”。

到达利马之后不久，宾厄姆就去拜访了秘鲁总统奥古斯托·莱吉亚（Augusto Leguía），二人在宾厄姆 1909 年来到秘鲁时就已经见过面了。这次，莱吉亚马上下令许可科学家们的行李顺利通关，并专门派遣了一队军事护卫保证他们探险活动的安全。宾厄姆还再次拜见了卡洛斯·罗梅罗，后者很高兴看到宾厄姆返回秘鲁寻找维特科斯和比尔卡班巴，并 387
将自己新发现的线索都告诉了宾厄姆，希望对他的行动有所帮助。罗梅罗说他最近正在研读西班牙神父安东尼奥·德·拉·卡兰查的编年史，这本长达一千五百多页的巨著是于 1639 年出版的。

在仔细阅读卡兰查的四卷本著作时，罗梅罗发现了两个奥古斯丁修会修道士在 16 世纪晚期进入比尔卡班巴王国并在那里常年生活和传教的故事。其中之一的迭戈·奥尔蒂斯还被印第安人在一个叫普基乌拉的地方处死了，那里距离维特科斯不太远，印第安人指控这个修道士杀害了他们的君主蒂图·库西。根据这部编年史的内容，维特科斯和普基乌拉附近有一个祭祀圣地叫作丘基帕尔帕，那里有一块白色巨石立在泉水边，紧挨着巨石的地方有印加人的太阳神庙。罗梅罗说两个修道士放火烧毁了这个祭祀圣地，因为他们相信自己这么做是在驱除恶魔。罗梅罗抬头看着这位个子极高的北美人，肯定地告诉宾厄姆：如果你能找到丘基帕尔帕的白色巨石，那么维特科斯一定就在它附近不远的地方。如果你能找到维特科斯，那么曼可·印加的失落的首都比尔卡班巴一定就在那附近两天脚程距离的范围之内。

宾厄姆谢过了罗梅罗，然后仔细地抄下了罗梅罗专门提示给他的卡兰查神父的书中关于这些内容的各个段落。宾厄姆手里本来就有一份罗梅罗在两年前发表的名为《关于丘奇基拉遗迹的报告》的文章，文章论证了为什么之前一些探险家声称丘奇基拉是失落的首都比尔卡班巴的观点是错误的。罗梅罗还提出在丘奇基拉附近一定找不到维特科斯，因为维特科斯应当是在比尔卡班巴山脉另一侧的比尔卡班巴河谷中。

获得了16世纪编年史中这些新线索的宾厄姆随后又前往了利马的地理学会。他在那里买了几张他打算探索的地区的地图。其中一张对开的地图是四十六年前由一位意大利地理学家和科学家安东尼奥·拉伊蒙迪（Antonio Raimondi）绘制的。他在1865年时亲自前往比尔卡班巴地区进行了勘测。宾厄姆用食指划着厚厚的地图页仔细搜寻，他发现在比尔卡班巴河谷的上游部分，丘奇基拉所在位置的山脉另一侧，有一个被拉伊蒙迪标记为“普基拉”（Puquira）的小村

庄。这个村庄会不会就是普基乌拉——那个卡兰查神父宣称 388
修道士迭戈·奥尔蒂斯被处死的地方？如果是的话，那么失落的城市维特科斯和拥有立在泉水边的巨石的祭祀圣地丘基帕尔帕一定也都在离那里不远的地方。

宾厄姆和他的六名探险队成员从利马乘船前往秘鲁南部海岸的港口莫延多（Mollendo），再从那里登上前往安第斯山脉地区的火车，这段长达四天的旅程会经过的的喀喀湖，最终抵达库斯科。到达首都之后，这支队伍就开始组建骡队，筹备补给，并将他们需要的仪器设备打包。与此同时，宾厄姆还在继续抓紧时间进行研究，从任何可能知道乌鲁班巴河谷和比尔卡班巴河谷中的印加遗迹的人那里收集尽可能多的信息。在库斯科大学[①]里，宾厄姆意外地遇到了一位作为该所大学牧师的年轻的美国教授。三十一岁的艾伯特·吉塞克（Albert Giesecke）来自宾夕法尼亚州，来到库斯科只有几年时间。听说宾厄姆要去寻找印加遗迹，吉塞克告诉宾厄姆自己在1月还是雨季的时候和一位秘鲁国会议员堂布劳略·波洛－拉·博尔达（Don Braulio Polo y la Borda）一起骑马去了一趟乌鲁班巴河谷。吉塞克说在库斯科以外六十英里靠近圣米格尔桥处有一个叫作曼多潘帕（Mandor Pampa）的地方，那里有一小片甘蔗园，属于一位名叫梅尔乔·阿特亚加的农民。阿特亚加告诉吉塞克附近山脉的山脊上有大片的古代遗迹，还说如果吉塞克旱季再来的话，他愿意亲自给

① 这所大学的全名叫库斯科圣安东尼奥院长国立大学（Universidad Nacional de San Antonio Abad del Cuzco），创建于1692年。

他带路前往那片遗迹。[14]此时是7月，正是旱季中期，但是吉塞克没有时间前往，不过他很乐意把这个信息告诉宾厄姆。

当宾厄姆和他的队伍渐渐适应了库斯科一万一千三百英尺的海拔之后，他做的第一件事就是去拜访乌鲁班巴河谷中富有的种植园主的儿子阿尔韦托·杜克（Alberto Duque），后者在库斯科有一套住宅。宾厄姆后来写道：

> 在库斯科，有少数一些人知道在乌鲁班巴河谷中有未被描述也未被确认身份的遗迹等待人们去发现，这些人大多是富有的种植园主，在孔本西翁省（Convencion）
> 389 有大面积的地产。其中一个人告诉我们他每年都会前往圣安娜（Santa Ana）［乌鲁班巴河谷下游地区的一个大农场］，所以与当地一个赶骡人相熟，后者告诉他在圣米格尔桥附近有一片很有意思的遗迹。知道当地农民都有夸大其词的习惯，所以这个人在听到这些故事的时候只是耸耸肩，并没有把它放在心上。他多少次从桥上穿行也没想过要去那个地方查看一下。另一位在比尔卡班巴河谷中拥有种植园的潘科沃先生（Señor Pancorbo）说他也曾听到过一些说他的种植园上方靠近普基乌拉（Pucyura）的地方有遗迹之类的模糊的传言。如果他的说法能够被确认的话，那么那里很可能就是普基乌拉，即修道士马科斯［·加西亚］建立的“比尔卡班巴地区”第一个教堂的地方。如果是这样的话，在临近“维特科斯”和被称作丘基帕尔

> 帕的乡村的地方还应当能找到太阳神庙和“泉水边的白色巨石”的遗迹。然而无论是这些友好的种植园主还是他们询问过的其他朋友们都没听说过维特科斯或被称作丘基帕尔帕的乡村，也没听说过什么奇特的石头，他们中也没有谁亲自去查看过他们听说的这些遗迹。[15]

在顺道前往临近的尤卡伊（维坎纳塔）河谷以寻找更多骡子的时候，宾厄姆很快就遇到了第三个给他提供信息的人。后者是乌鲁班巴镇的一个副区长，他告诉宾厄姆在乌鲁班巴河谷下游离圣米格尔桥不远的地方就有一片无人知晓的印加遗迹。副区长还告诉宾厄姆那个遗迹的名字叫“华纳比丘”（Huainapicchu）。根据宾厄姆的说法：

> ［副区长］是一位健谈的老人，一生大部分时间都花在了勘探库斯科地区的矿产资源上。他说自己在一个名叫华纳比丘的地方见过“比丘奇基拉更精致”的遗迹；但是实际上，他并没有去过丘奇基拉。那些了解他的人对于他说的话也都只是将信将疑地耸耸肩。即便是对于矿藏的勘探，他也经常会表现得过于激动，结果却发现并不是那么“成功”。[16]

宾厄姆是一位极其细致的记录者。在他位于康涅狄格州的房子里，他甚至保存了一本哪位客人何时来他家做客，做客时间多长的记录。此时，他马上在自己小小的皮面笔记本

390 上记录了这个之前没听说过的名字：他用潦草的字迹写下了“喝醉酒的副区长”几个字，后面又加上了“华纳比丘”这个名字，然后又在旁边标注了“比丘奇还好”几个字，意思是说华纳比丘的遗迹应当比丘奇基拉的更精致。[17]副区长告诉宾厄姆华纳比丘就在乌鲁班巴镇下游大约八里格（二十八英里）之外，过了一个叫托伦托伊（Torontoy）的地方就到了。不过，副区长提到的这些名字似乎与宾厄姆想要寻找的那些历史遗迹的名字都没有什么关系：他完全没提到维特科斯、普基乌拉、比尔卡班巴，或者是有白色巨石的丘基帕尔帕。

返回库斯科之后，宾厄姆在正式出发探险的前一晚给自己的妻子匆匆写下了一封书信：

1911 年 7 月 18 日

亲爱的：

我们差不多已经做好所有的准备了。我还要整理一下（留在这里的）大旅行箱，然后好好睡一觉，起来再准备好我随身携带的旅行包，就可以向内陆出发了……我们打算在比尔卡班巴山脉上待六个星期……今天我试着解决了一些人手、骡子、驮运、器材、食品和赶骡人（arrieros）分配的烦琐问题。我有二十头骡子和一匹马，三个赶骡人和六名白人队友。我还有两头生病的骡子、十六件需要驮运的行李和二十箱食品。[18]

宾厄姆将自己的探险队伍分成了三组，每组人都要听从他的指挥，但是各自前往不同的方向进行探索，并承担不同的任务。第一组队员要下到乌鲁班巴河谷下游亚马孙盆地边缘的地方，从那里开始沿着73°经线的方向，实地勘测安第斯山脉及山脉另一面低海拔的海岸地区的地形。第二组队员要沿乌鲁班巴河向下游行进，然后转向比尔卡班巴河逆流而上，绘制这两个河谷的等高线地图并记录当地各个村镇的位置。第三组队员包括宾厄姆本人及他的朋友——化学家兼探险队博物学家哈里·富特，他们的任务是收集昆虫和苔藓类植物标本并寻找印加遗迹。富特负责收集生物标本，宾厄姆则寻找印加遗迹。

很快，三支小组就带着各自的骡子、装食物的箱子、测 391
量仪器、相机、胶片、显影剂、相片纸、装昆虫的小瓶、地质锤、笔记本、药品、指导手册、地图、帐篷、提灯、测高仪、温度计和指南针出发了。按照秘鲁总统的吩咐，共有三名秘鲁士兵陪同探险队前往，他们也被分配到了各个小组中，每组有一名士兵陪同。与宾厄姆这一组同行的是卡拉斯科中士。

1911年7月19日，海勒姆·宾厄姆和他的小组骑着骡子从库斯科启程出发，穿过了库斯科和尤卡伊河谷之间的分水岭，最后抵达乌鲁班巴镇并在那里过夜。第二天，宾厄姆一行人又行进了十英里到达了奥扬泰坦博，也就是那个修建了堡垒的镇子。曼可·印加曾于1536年在这里击退埃尔南多和贡萨洛·皮萨罗的进攻，并引洪水淹没了附近的田地，让西班牙人的骑兵无法发挥其战斗力。

在堡垒遗迹进行了一天的考察和拍照之后，宾厄姆、富特、欧文医生以及秘鲁人卡拉斯科中士从奥扬泰坦博重新出发，追随着自己队伍中已经先行启程的其他成员的足迹继续赶路。宾厄姆的骡队中有两个赶骡人、两个印第安仆人、八头骡子——其中四头是宾厄姆一行四人的坐骑。向下游走了没多远，探险队就遇到了一个岔路口。在他们右侧的是海拔一万八千九百七十五英尺、有冰雪覆盖的山顶的韦罗妮卡峰；在他们左侧，位于河谷另一面的是海拔两万零六百七十二英尺的萨尔坎泰峰（Mount Salcantay）。在他们面前，沿着乌鲁班巴河的右岸有一条比较窄，修建时间相对较晚的蜿蜒曲折的通路。这条路是大约十六年前才从河谷边的悬崖峭壁上炸出来的。按照宾厄姆的说法：

> 这条沿河小路大约是 1895 年修好的，在那之前，
> 人们要从库斯科前往乌鲁班巴河下游有两条路线可选。
> 第一条是通过潘蒂卡拉关口……另一条是翻过萨尔坎泰
> 峰和索拉伊（Soray）之间的关口，然后沿着萨尔坎泰
> 河到瓦基纳（Huadquina）……这两条路线既能够绕开
> 萨尔坎泰峰和韦罗妮卡峰之间的高地，也能绕过皮里村
> (Piri）和瓦基纳村之间的低地。这个地区在 1911 年时
> 还没有在任何关于秘鲁南部的地质学文献中被准确描述
> 392 过。我们决定两条路线都不走，就沿着乌鲁班巴河岸
> 的小路直行。这条小路把我们领入了一片令人神往的
> 乡村。[19]

探险者们的骡队进入了河谷，乌鲁班巴河的河水发出的

声响也越来越清晰可闻：

> 河流是从寒冷的高原上，顺着巨大的花岗岩山石的缝隙流下来的。这条路所经之处拥有无可比拟的美景……[20]像是……处于咒语的魔力之下，我不知道世界上是否有任何一个地方能与这里相提并论。白雪覆盖的山峰海拔超过两英里，直插进云层之中；巍峨的峭壁直上直下，至少有几千英尺高，谷底有河水奔流，河面上泛着白色的泡沫，在阳光的照耀下闪闪发光，与两侧悬崖上的兰花和蕨类植物形成深浅鲜明的反差，茂密的植被显示出了雨林地区神秘迷人的丰富之美。不断出现的惊喜吸引着人们继续前进，我们绕过了深邃曲折的河谷，转过了我们头顶上高耸得让人难以想象的悬崖峭壁。不过最令人向往的，还是在这片崎岖陡峭的山石之上发现很久之前的人们留下的遗迹。[21]

宾厄姆此时终于实现了他还是个在夏威夷生活的小男孩时的梦想——带领探险队到世界上最鲜为人类所接触，至少是没有科学家涉足过的地方去进行探险。就如他后来为《国家地理》杂志撰写的文章的标题一样，他已经越来越为这片“秘鲁仙境”而着迷。

离开库斯科后第五天的行程即将结束时，宾厄姆和他的队伍走到了一小片空地上，那个告诉艾伯特·吉塞克附近的山脊上有大面积遗迹的梅尔乔·阿特亚加就在这里种植甘蔗。

> 我们经过了一间屋顶上铺着茅草、疏于修缮的小棚子，拐下穿过这一小片空地的小路，到乌鲁班巴河岸边的沙地上搭建帐篷。河对岸有一大块巨石凸出来，甚至阻挡了一部分汹涌水流的去路。巨石之后是一座陡峭的山峰，山坡上长满了密集的树林。这个地方非常适宜扎
> 393 营，距离道路不远，但是又相对僻静，不会受打扰。不过我们的行动引起了小棚子的主人梅尔乔·阿特亚加的疑心，他就是租下了曼多潘帕这片地方的人。他想知道我们为什么不像其他体面的旅行者一样住在他的小棚子里。陪同我们的宪兵（gendarme）卡拉斯科中士安抚了一下焦虑的主人。他们交谈了很久，当阿特亚加得知我们对于印加建筑遗迹感兴趣的时候，他说附近就有一些很好的遗迹——实际上，对面被称作华纳比丘的山峰的山顶上和另一个被称作马丘比丘的山脊上就有一些非常精美的遗迹。[22]

宾厄姆想起乌鲁班巴镇里的副区长跟他提起过华纳比丘这个名字，当时他询问对方在乌鲁班巴河谷附近是否有印加遗迹存在，对方给出的正是这个答案。宾厄姆还把这个名字记在了自己的笔记本上，后面还注明那里的遗迹比西南方向三十多英里之外的丘奇基拉更好。此时，这个穿着便鞋，说话时嘴里还塞着一团古柯叶的农民阿特亚加也给出了几乎一模一样的说法。宾厄姆想知道：华纳比丘会不会就是维特科斯或比尔卡班巴？这个结论似乎值得怀疑。历史学家罗梅罗已经告诉宾厄姆要找到这两个城市中的任何一个，都必须沿

着乌鲁班巴河再走十几英里到达丘基萨卡桥，然后从那里左转进入比尔卡班巴河谷。此时的宾厄姆抬头看着面前高耸的山峰，山坡上覆盖着凌乱的深色雨林，虽然天色已经逐渐转暗，但是在背后深蓝天空的映衬下，还是可以看出一个清晰的山峰剪影。尽管这里的遗迹很有可能并不是维特科斯或比尔卡班巴，但还是值得去看一看的。宾厄姆走进他和富特两人共用的帐篷，在忙着支好帐篷里的两张帆布行军床之一的同时，他已经决定第二天要爬上山脊顶部去看看那里到底有什么。

> ［7 月 24 日早晨，也就是探险启程后的第六天，］天上下起了冰冷的毛毛雨，阿特亚加看到这样的天气似乎想要留在他的小棚子里不出门了。我告诉他如果他带我去看遗迹我会付给他优厚的报酬。他拒绝说在这样湿滑的雨天攀爬山峰是非常困难的，但是当他听到我愿意付给他一个索尔［一种秘鲁银币］的时候，还是同意带领我们去寻找遗迹了，因为这个报酬已经相当于附近
> 区域通常工资的三到四倍了。[23]我的队友们都没有表现 394
> 出任何兴趣，也没有人打算和我一同前往。我们的博物学家［富特］说“河边的蝴蝶更多！”而且他有理由认为自己在这里可以抓到一些新品种。我们的医生［欧文］说他要洗衣服和补衣服。不管怎么说，调查遗迹相关的线索及寻找印加首都是我的工作内容。[24]

然而，实际情况与宾厄姆的说法正相反，富特的工作是

收集昆虫和苔藓标本，而不是寻找古迹；医生不但要负责照料探险队成员的健康，同时也要作为体质人类学专家对当地人的相貌进行拍摄和研究，他当时是想留在帐篷里冲洗一些他自己和其他探险队成员此前拍摄的照片。寻找失落的印加遗迹的任务是宾厄姆自己给自己安排的，并且是只有他一人想要进行的。此时外面还下着小雨，宾厄姆坐在自己帐篷里的行军床上，拿出他的小笔记本，翻开新的一页，在最上面写下了 7 月 24 日这个日期，然后又在日期下面写了“马丘比丘”和“华纳比丘”两个名字。它们就是宾厄姆今天的两个工作目标。

上午十点左右，宾厄姆、阿特亚加和卡拉斯科中士一起出发了。阿特亚加穿着深色的裤子和夹克外套，戴着一顶尖尖的帽子；卡拉斯科中士穿着深色的军队制服，上面有一排铜扣，还戴了一顶宽大的平顶帽子。三个人沿着一条土路走了一段，来到了一座用四根细圆木简单搭建在乌鲁班巴河上的小桥边。阿特亚加和卡拉斯科中士都按照“当地人的方式”过了桥——脱下鞋拿在手里，光着脚从圆木上走过去，仅靠脚掌和脚趾的力量抓住活动的圆木——之后他们就在河对面耐心地等待着这位北美博士。后者也戴着宽边的帽子，穿着卡其布裤子和皮靴，绑着齐膝高的护腿，他的夹克外套上挂满了各种零碎的小工具。他对自己在圆木上的平衡能力没有信心，所以这位受人尊敬的耶鲁大学秘鲁探险队队长只好很没面子地四肢着地，从这个不怎么稳当的小桥上爬了过去。

接下来的一个半小时里，三个人沿着陡峭的山坡上一条

穿过云雾林向上延伸的小路艰难攀爬。附近的山峰上也有低
垂环绕的云朵，他们下面蜿蜒曲折的蓝绿色的乌鲁班巴河被
抛在身后，随着他们越爬越高，河流看起来也越来越细。当
他们终于爬上两座山峰之间像马鞍一样的山脊顶部时，宾厄 395
姆诧异地发现这里竟然还住着三户农民，而且他们正是从宾
厄姆的向导手里租下这里的土地的。

> 正午过后不久，艰难的攀爬已经让我们精疲力竭，幸好这时我们来到了一个覆盖着茅草的小棚子前，几位善良的印第安人热情地欢迎了我们的意外到访，用葫芦给我们盛来了清凉解渴的水，又给我们拿来几个烤熟的甘薯……［阿纳克莱托·］理查特（Anacleto Richarte）和［托里维奥·］阿尔瓦雷斯（Toribio Alvarez）是两个亲切友好的印第安农民，他们最近选择在这个只有老鹰能筑巢的山顶上安家。他们在这里找到了可以种植庄稼的足够的梯田，而且还不用担心有不速之客来侵扰……理查特还告诉我们他已经在这里生活四年了。可能正是由于这里难以到达，这片河谷已经几个世纪没人居住了，但是随着新政府修建的道路逐渐完工，定居者们又开始重新来到这一区域。没过多久就有人爬上这片峭壁，在海拔九千英尺［原文如此］高的地方发现了这片坡地，坡地上有富饶的土地和现成的人工梯田，气候也适宜。印第安人最终在这里清理出一块地，烧掉梯田上的杂草，重新栽种了玉米、甘薯、马铃薯、甘蔗、豆子、辣椒、树薯和醋栗。[25]

从他们坐下休息的小棚子所在的位置看到的环绕四周的山峰和远处山脉的景色极其宏伟壮观，但是宾厄姆并没有看到任何印加遗迹的影子。近处的一些山峰都被云朵挡住了，太阳也躲在云层后面时隐时现。宾厄姆又写道：

> 我对于在这里找到有价值的遗迹没有抱任何希望，充其量也不过是……两三座已经毁坏的房子，就如我们从奥扬泰坦博到托伦托伊一路上看到的那些差不多。不过最终我还是离开了阴凉舒适的小茅屋，继续向山脊上攀登，直到绕过一个小山岬。因为阿特亚加“已经去那里看过了”，所以他决定留在小屋里休息，还可以跟理查特和阿尔瓦雷斯聊天。他们叫来了一个男孩做我们的“向导”。[26]中士出于职责要求不得不陪同我一起前往，不过我猜他对于山上到底有什么也是有那么一点好奇的。[27]我们几乎才刚刚转过山岬就立刻看到了一些石
> 396 料建筑，它们越来越清晰地呈现在我们眼前。那里有一段用［石头］修建的梯田，每层大约二百码长，十英尺高，应该是最近刚被印第安人清理出来。上面原本生长了几个世纪的一大片树木都被砍掉了，有一些地方还被火烧过，为的是将这里改作耕地。[28]不过对于仅仅两个印第安人来说，这样的清理工作显然太困难了，所以一些被砍倒的树干都还倒在原地，只有小一点的枝杈被移走了。不过由印加人仔细修建的这片梯田上年代久远的富饶土壤还是可以结出玉米和马铃薯的。尽管如此，这依然不算什么重大的发现，我们在皮萨克（Pisac）

的乌鲁班巴河谷上游地区及奥扬泰坦博都曾见到过类似的精致梯田，托伦托伊对面也有。[29]

然而宾厄姆很清楚，在皮萨克和奥扬泰坦博不仅有“类似的”大型梯田，而且在梯田附近都会有用完美切割的石料建造的具有相当规模的建筑遗迹。此外，就在托伦托伊的梯田附近，宾厄姆还发现了“另一片有意思的遗迹，很可能曾经是某个印加贵族的居所”。[30]宾厄姆已经从好几个不同的人那里听说这里的山上有遗迹，所以他肯定已经意识到这附近一定会有意义更重大的遗迹存在。

我们奋力地穿过浓密的灌木，爬上了梯田的石墙，又穿过竹林，我们的向导走得比我们轻松得多……然后这个小男孩又催促我们爬上另一个陡峭的山坡，好在这里有一段看起来像是石头台阶一样的路。整个行进过程中惊喜一个接一个地出现。我们又来到一段用巨大的花岗岩石块堆建的阶梯前，然后沿着一条小路走到了一小块被清理出来的空地上，这里已经被印第安人改造成了菜园。突然间，我们发现眼前有两座最精致、最独特的古代美洲建筑的遗迹。这两座建筑都是用美丽的白色花岗岩建造的，墙壁上使用的石块体积巨大，有一人多高。这样的景象令我着迷……当我仔细审视建筑底部的大石块时，我几乎不敢相信自己的感官，我估计这些石块至少有十到十五吨重。会有人相信我发现的奇观吗？幸运的是在这个旅行者总是不能切实地描述自己见闻的

397 国家里，我带上了优质的相机，而且此时的光线也还算充足。[31]

在接下来的五个小时里，宾厄姆跟着男孩在山脊顶部依次对每个遗迹进行勘察。他用随身携带的柯达相机和折叠三脚架给这个随后将成为一个家喻户晓的名胜景点的“马丘比丘”（这个名字的意思是“老山峰”）拍摄了第一批照片。宾厄姆一直都是一个做事一丝不苟的人，此时他也依着习惯给每一张照片都写下了详细的备注和说明文字：

> 有些建筑的石料之间抹了黏土。其他的则像库斯科的建筑一样堆砌得很齐整。这里也有和奥扬泰坦博看到的一样精致的神龛。室内室外都有不少石柱。修建这些建筑的技艺比建造丘奇基拉的要精湛得多……建筑两侧都能看到风景。几乎没有道路可以通往这个地区。[32]

和他在丘奇基拉的经历类似，宾厄姆发现自己又不是第一个来到马丘比丘遗迹的人。他很快就在一座印加神庙的墙壁上发现了之前的到访者用看起来像木炭之类的东西写下的名字和日期：

> 利萨拉加（Lizarraga），1902 年[33]

不管这个利萨拉加是什么人，他显然是在九年前就已经来过了马丘比丘的这片遗迹。宾厄姆仔细地记下了这位探险者的名字，然后又继续做了更多的笔记，拍了更多的照片，还画了一张遗迹的草图。大约下午五点，宾厄姆、卡拉斯科中士和阿特亚加离开了农民的小茅屋，开始返回他们在河谷中的营地。下山的路程比上山省力得多，因为他们终于不用再与重力做斗争了。到达营地后，宾厄姆走进自己的帐篷，拿了一个闪闪发光的银币出来，这一个索尔是付给阿特亚加的报酬。此时太阳已经下山，探险队成员们也开始准备晚餐了。至于高山之上，无人知晓的印加城市遗址中，几个农民家庭也开始在自己的茅草屋里炖菜做饭。他们用干木头生火，让烟气从茅草屋顶直接渗透出去，就如四个世纪之前居住在这片山脊上的那些印加人一样。

宾厄姆后来声称自己在发现遗迹后马上就意识到了马丘 398
比丘的重要性，然而事实并非如此，宾厄姆在当时其实是感到失望的，因为这里并不是他本来要寻找的地方。他把自己在马丘比丘上发现的各种线索和在卡兰查、奥坎波及蒂图·库西的文献中找到的线索进行比对后认为，他刚刚发现的遗迹与编年史中描述的曼可·印加的两座失落的城市毫无相似之处。

> 当我第一次在河流上方两千英尺的狭窄山脊上看到马丘比丘令人印象深刻的堡垒建筑之后，我想知道这里会不会就是［1572 年］加西亚·德·洛约拉队长带领的队伍中的一员——那位名叫巴尔塔萨·德·奥坎波的老兵提到的地方，他在描述那里时是这么说的：“印加君主图帕克·阿马鲁曾经住在维特科斯的堡垒里，维特

> 科斯位于高山之上，从那里能俯瞰比尔卡班巴地区的大部分景象。这座山上有一大片平坦的区域，人们在这块平地上建起了奢华宏伟的建筑，无论是技术含量还是艺术价值都非常高。无论是普通建筑还是主要建筑的大门上都有门楣，而且都是大理石材质的，还雕刻了复杂的花纹。”“比丘”（Picchu）这个词有没有可能就是“维特科斯”（Pitcos）在现代的变形？修建马丘比丘的神庙和宫殿的白色花岗岩也完全有可能被误认为是大理石。然而，与奥坎波的描述最对不上的一点是马丘比丘的建筑并没有什么明显可见的门楣。再说，这里也没有卡兰查提到的“在维特科斯附近”应该有的“泉水边的白色巨石”。这附近也没有叫普基乌拉的地方。更何况乌鲁班巴河谷的位置本身就不符合维特科斯所在的地理位置。虽然这里确实有几处非凡的遗迹，但是马丘比丘并不是我们要寻找的最后的印加首都。我们还没有找到曼可的宫殿。[34]

实际上，第二天宾厄姆和他的队伍就决定继续前进了，因为他还打算继续寻找维特科斯和天然泉水边的白色巨石。宾厄姆相信如果自己能找到那两个地点，就一定离比尔卡班巴不远了。当宾厄姆不耐烦地等着他们的秘鲁仆人们拆帐篷
399 的时候，他还完全想不到仅仅在从库斯科出发六天之后，自己就已经发现了将把他的名字和世界上最著名的失落的城市之一永久地联系起来的遗迹。实际上，宾厄姆当时根本没表现出一丁点的兴奋之情，以至于他的朋友哈里·富特在宾厄

姆发现马丘比丘之后第二天的日记中只写了一句“没有大事需要记录”。[35]

在接下来的一周里，宾厄姆、富特和卡拉斯科继续寻找维特科斯和比尔卡班巴，他们付钱给当地那些声称自己知道遗迹位置的人并让他们带路前往，但是并没有获得多少进展。这三个人在附近的山脉中爬了几天陡坡，但几乎每次都是两手空空，没有任何发现地返回。渐渐地，探险家们已经沿着乌鲁班巴河走到了接近圣安娜农场的地方，他们都明白自己已经走到亚马孙河上游流域的盆地边缘了。在这里被浓密植被覆盖的山坡上，他们无疑遇到过大批浑身长着浓密长毛的绒毛猴，也在泥泞的河岸边看到过大批的貘和野猪。成对甚至成群的颜色鲜艳的金刚鹦鹉从他们头领掠过。这些鸟是从山顶覆盖着冰雪的安第斯山脉地区飞到亚马孙盆地来的，相对来说这是一段不长的迁徙旅途。亚马孙雨林绵延超过两千英里，一直延伸到大西洋岸边。但是宾厄姆确定，他们要寻找的两个失落的城市一定就藏在巍峨绵延的安第斯山脉东侧崎岖不平的山麓中。

再一次朝着乌鲁班巴河进发的时候，宾厄姆和他的同伴们终于来到了一座桥边，他们之前已经从这里经过一次了但是没有留意，此时他们打听到当地人管这座桥叫丘基萨卡桥，宾厄姆马上意识到这个名字就是他要寻找的古老地标之一，他知道16世纪的西班牙队长巴尔塔萨·德·奥坎波写过“他们［印加人］守卫着乌鲁班巴河（Vilcamayu）上的丘基萨卡桥，那里是进入比尔卡班巴地区的要道”。[36]奥坎波还写道，在1572年的最终军事行动中攻陷了比尔卡班巴并抓住了图帕克·阿马鲁的西班牙将军马丁·乌尔塔多·德·阿维埃托曾经“从库斯科出发，沿尤卡伊河谷经奥扬泰坦博到达丘基萨卡桥，然后进入了比尔卡班巴地区”。[37]

找到“进入比尔卡班巴地区的要道”的事实让宾厄姆和他的队伍大受鼓舞。他们现在开始慢慢地骑着骡子朝比尔
400 卡班巴河谷前进。至此，宾厄姆已经发展出了一套简单有效地定位印加遗迹的策略。首先，他向那些走遍了附近道路、爬遍了附近山坡的本地居民打听消息。如果当地人说自己知道附近有遗迹，那么宾厄姆就会付钱请他们带自己前往。其次，宾厄姆总是会寻求语言上的帮助，卡拉斯科中士同时会说西班牙语和盖丘亚语，当地的一些官员和地主通常也会说这两种语言。宾厄姆很快就发现当地人说古代印加人使用的盖丘亚语要比说西班牙语更流利。为了获得尽可能多的信息，宾厄姆总是尝试使用当地人最流利的语言来向他们打听消息。此时他们已经进入了比尔卡班巴河谷，宾厄姆更是把自己的策略发挥到了极致。

> 我们的下一站是卢克玛（Lucma），那里是副县长埃瓦里斯托·莫格罗韦霍（Teniente Gobernador Evaristo Mogrovejo）的家。我们向他承诺，每带我们前往一个遗迹都会支付他一个索尔［秘鲁银币］的报酬（gratificacion），如果在这些地方发现了什么特别好的遗迹的话，酬劳还会翻倍。这件事似乎完全激发了他的经济头脑。他召集他属下的地方市长（alcaldes）和所有消息灵通的印第安人到他面前来接受询问。这些人告诉我们附近有

> “很多遗迹！”莫格罗韦霍是个客观实际的人，从来没对这些遗迹抱有过任何兴趣。可是现在他看到不仅可以借着这些古代遗迹赚钱，还可以趁机讨好自己的上级，于是就以前所未有的活力履行着他的上级基亚班巴(Quillabamba)副区长的命令，尽其所能地为我们提供帮助。[38]

两天之后的8月8日，也就是发现马丘比丘大约十五天之后，宾厄姆在几个向导的带领下又出发了，哈里·富特也出去采集昆虫标本了。

> 我们……跨过了比尔卡班巴河，很快就能不受任何
> 阻隔地看到前方有一座平头山，山顶有些地方被密集的
> 灌木和树木遮挡住了，山的侧面则陡峭而多岩石。我们
> 被告知这座山的名字叫“玫瑰山”(Rosaspata)，这个
> 词语是一个现代混合词，“pata”是盖丘亚语中的
> “山”，“Rosas”则是西班牙语中的“玫瑰”。莫格罗韦
> 霍说印第安人告诉他在“玫瑰山”的山顶有更多的遗
> 迹。[39]我们希望这个说法是真的，尤其是现在我们又得 401
> 知山脚下及河对面的村子就叫普基乌拉……修道士
> [马科斯·] 加西亚在1566年就是来到了一个叫普基
> 乌拉的地方 [原文如此]。如果这里就是他去的那个普
> 基乌拉的话，那么维特科斯一定也在不远的地方，因为
> 修道士迭戈·奥尔蒂斯著名的改变宗教信仰者游行就是
> 从普基乌拉走到“太阳神庙”，而神庙则“离维特科斯

不远”。[40]

跟着向导向着山上攀爬时，宾厄姆很快就在山顶上发现了一片面积不小的平地，还发现了一个古代的广场，广场两边还有大型的印加风格建筑的遗迹。宾厄姆还发现了一栋“绝对足以达到印加皇室居所标准的建筑”，[41]这座宫殿有二百四十五英尺长，四十三英尺宽，还带有三十个梯形门洞。虽然这些建筑的墙壁并算不上经典的帝国样式印加石料建筑精品，但很多门洞确实是从白色花岗岩上凿出来的，也确实是采用印加人最高超的石雕技艺完成的。站在山顶上最有利的观察位置，宾厄姆可以俯瞰整个比尔卡班巴河谷。他此时忍不住把玫瑰山上的遗迹与巴尔塔萨·德·奥坎波队长在三百多年前描述的维特科斯相比较：

> 维特科斯位于高山之上，从那里能俯瞰比尔卡班巴地区的大部分景象。这座山上有一大片平坦的区域，人们在平地上建起了奢华宏伟的建筑，无论是技术含量还是艺术价值都非常高。无论是普通建筑还是主要建筑的大门上都有门楣，而且都是大理石材质的，还雕刻了复杂的花纹。[42]

宾厄姆现在所站的地方确实是在“高山之上”，能够看到“比尔卡班巴地区的大部分景象”，还有“一大片平坦的区域”，而且还有曾经宏伟的大型建筑的遗迹。玫瑰山遗迹的门洞虽然不是用大理石建造的，但是其实这整个地区里的遗迹里都没有被发现过有大理石，而且这里使用的石料确实是上好的有纹理的白色花岗岩。除这些之外，因为周围墙壁的粗糙质地，反而更加凸显了门洞的完美比例和精细加工。 402
更何况这附近还有一个叫普基乌拉的村子——和编年史里提到的一模一样。此时要证明玫瑰山就是古时的维特科斯，只需要在这附近找到泉水和泉边的“白色巨石”，也就是编年史中提到的名叫丘基帕尔帕的祭祀圣地。如果他能找到印加人古老的祭祀圣地，那么玫瑰山肯定就是维特科斯——曼可·印加的儿子蒂图·库西被西班牙人劫持，以及后来曼可本人被七名西班牙叛逃者谋杀的那个城市。

关于接下来发生了什么事存在两个截然不同的版本。根据宾厄姆的说法，接下来的 8 月 9 日他和副县长莫格罗韦霍跟随向导一起来到附近的泉水边。他们随后顺着水流穿过了一片密林，最终来到了一片空地上。空地中间就立着一块白色的巨石，上面布满了印加风格的石刻。宾厄姆激动地来到巨石旁边，据观察，巨石有二十英尺高，六十英尺长，三十英尺宽。石头一边当然还有一汪泉水，宾厄姆在泉水两边都发现了石头建筑遗迹，那肯定就是曾经的印加太阳神庙。

宾厄姆身上还带着他抄写下来的卡兰查描述位于丘基帕尔帕的印加祭祀圣地的内容：

> 在维特科斯附近，有一个被称作丘基帕尔帕的村子，村子里有一座太阳神庙，神庙里面的泉水边有一块白色的石头，那就是撒旦现身的地方……［而且］他

> 还会从白色石头里面回应祈祷……在有些情况下还会现身。这块石头就在泉水边上，人们会把水当作神圣的东西来崇拜。[43]

通过询问当地的向导，宾厄姆得知这个地方的名字是丘基帕尔塔（Chuquipalta）——与卡兰查提到的丘基帕尔帕（Chuquipalpa）仅一个字母之差。[44]

> 1911 年 8 月 9 日下午晚些时候，我第一次看到了这个令人印象深刻的祭祀圣地……根据我们手中掌握的当时的记录及摆在我们眼前的实物证据，我现在相当确信我们已经找到了曼可的首都之一。西班牙人知道这个地方，[西班牙] 传教士和使者都来过这里，还有 [西班牙] 叛逃者到这里来寻求庇护，以躲避皮萨罗追随
> 403 者对他们的迫害，不幸的是他们最终却杀害了曼可。但是这里 [玫瑰山] 距离普基乌拉太近了，所以不可能是他的“主要首都”比尔卡班巴，那么这里一定就是维特科斯。[45]

发现马丘比丘仅仅十六天之后，宾厄姆就确定了另一个他无疑认为更有价值得多的遗迹的身份——他终于找到了失落的印加城市维特科斯。

不过，还有另外一个版本说宾厄姆的朋友哈里·富特才是发现了丘基帕尔塔的祭祀圣地的人。根据富特的日记，在宾厄姆出发寻找祭祀圣地的前一天，富特就已经出发去收集

蝴蝶标本了，而宾厄姆还留在玫瑰山继续研究那里的遗迹。富特后来在日记中记录了他在那一天里的活动：

> 我出去收集标本，海［勒姆］则还要再去他前一天发现的［玫瑰山］上的遗迹。我在山上一个作为牧场的河谷中发现了很多新品种。有泉水从遗迹中流出。遗迹中还有一块大石头，石头的一面被切凿得有点像库斯科的罗德德罗（Rodadero）①，另一面被切凿得很独特，中间是非常平缓的阶梯和沉重的石料。这块大石头上还被凿出了像座椅一样的形状，其他一些石块上也有类似的凿刻，还有一个石块正好凸进了一个房间里，这个石块也被凿成了椅子。这里的蝴蝶种类不是很多，我基本都抓住了，可能只差一两种。[46]

根据身为宾厄姆的同胞及朋友的富特的说法，他在宾厄姆声称自己发现丘基帕尔塔的前一天就已经无意中发现了这个祭祀圣地。富特无疑将自己的发现告诉了宾厄姆，所以宾厄姆第二天才会直奔那里。不过，在后来出版的著作中，宾厄姆小心地将富特从这个故事中排除了，他简化了叙述，重新调整了事件发生的顺序，这样就可以将他自己描绘成第一个发现古代印加人祭祀圣地的科学家。当然，宾厄姆确实是 404
三百多年来第一位同时发现维特科斯和丘基帕尔塔祭祀圣地

① 富特提到的罗德德罗就是萨克萨瓦曼堡垒所在的平原对面的一座石头圆丘。印加人在圆丘露出地面的石头上凿刻了各种形状，其中有一些“像王座一样”的座位和丘基帕尔塔的巨石上雕刻的座位很相似。

的位置并准确判断这两个遗迹身份的科学家，但是哈里·富特至少是第一个发现丘基帕尔塔祭祀圣地位置的科学家。只因为宾厄姆的书是记述这次探险内容的唯一流行的著作，所以富特在这次探险活动中做出的贡献才从未受到应得的赞誉。

不管怎么说，没人会否认在短短两周多的搜寻秘鲁古代印加遗迹的活动中，海勒姆·宾厄姆和他的队伍已经实现了一系列令人惊叹的成果，首先是马丘比丘，其次是维特科斯，最后是丘基帕尔塔祭祀圣地。然而，尽管已经拥有了这三项杰出的发现，但宾厄姆还是迫切地想要找到曼可的失落的城市比尔卡班巴。而且，既然编年史里都说比尔卡班巴距离维特科斯只有两天的脚程，宾厄姆知道那个古代城市一定离自己不远了。问题是他要朝哪个方向去？走哪条路？于是宾厄姆故技重施，继续采用从当地人口中寻找信息的方法，任何愿意给他们指出附近的遗迹位置的人都能获得金钱奖励。一周之前，当宾厄姆和富特还在乌鲁班巴河下游的河谷中的时候，他们曾经暂住在圣安娜农场的主人家中。

> 圣安娜的堂佩德罗·杜克（Pedro Duque）帮助我们确认卡兰查和奥坎波提到的那些地名时，两个为他提供信息的人认为书中提到的“老比尔卡班巴”（Vilcabamba Viejo）指的是一个被他们称作“康瑟比达尤克”（Conservidayoc）的地方。堂佩德罗告诉我们在1902年，走遍了附近山脉（montaña）寻找橡胶树的洛

> 佩斯·托雷斯（López Torres）提到过那里有一片印加城市的遗迹。

宾厄姆在其他地方还写道：

> 他们一致认为“如果洛佩斯·托雷斯先生还活着，一定能给我们提供很多信息”，因为“他为了寻找矿藏和橡胶树经常去那里，比任何人都更了解那个地区，他还在森林里见到过印加遗迹”。[47]

因此，在发现维特科斯几天之后，宾厄姆就和他的队伍一起向河谷更深处的一个村子进发了，那个村子被称为圣弗朗西斯科维多利亚比尔卡班巴（San Francisco de la Victoria
de Vilcabamba），简称为“新比尔卡班巴”（Vilcabamba the 405
New）。宾厄姆知道西班牙人攻陷了比尔卡班巴并将那里洗劫一空之后，就把剩下的印第安人口都迁移到了一个在安第斯山脉上海拔高一些，距离库斯科也更近一些的地方，后来还在那附近发现了银矿。人们就给那个城镇取名叫新比尔卡班巴，以此区别于被焚烧和攻陷了的曼可的首都，那里相应地就被改称为老比尔卡班巴。最终，被曼可抛弃的首都的确切位置渐渐为人们所遗忘，也被茂密生长的丛林掩盖，只剩新比尔卡班巴镇一直存续了下来。三个世纪后的此时，海勒姆·宾厄姆在新比尔卡班巴镇中发现了一些带有铺着茅草的高高的人字形屋顶的房子，还有古老的教堂遗迹、一所学校和一个邮局，他还从那里寄了几封信出去。宾厄姆这一次也没有浪费任何时间，他马上找到了当地的县长孔多雷先生(Señor Condoré)，为的就是请他帮忙从当地居民那里挖掘更多信息。

> 我们到达［新］比尔卡班巴镇的第二天，孔多雷县长（Gobernador）咨询了他的助理，又召集了生活在附近的几位最见多识广的印第安人，包括一位名叫基斯皮·库西（Quispi Cusi）的老者，他的身上带着一种古典的气质，连他的名字都会让人联想起蒂图·库西的时代。他被告知这是一个非常庄重的场合，要对他进行一些正式的询问，于是他摘下了头上戴的礼帽，但是里面还有一顶编织的软帽没有摘。老者尽了自己最大的努力回答我们提出的关于附近乡村地区情况的问题。他说印加君主图帕克·阿马鲁曾经就住在玫瑰山上。他从没听说过维特科斯或老比尔卡班巴，但是他确认山上丛林(montaña）中的康瑟比达尤克村附近有一些遗迹。其他印第安人也接受了孔多雷的询问。有几个人同样听说过康瑟比达尤克的遗迹，但是显然，无论是来接受询问的人还是村子里其他人都没有前去查看过这个就在他们不远处的遗迹……[48]有一个印第安人提到那个印加城市的名字是伊斯皮里图大草原（Espíritu Pampa），意思就是“鬼魂草原”……[49]虽然［新］比尔卡班巴镇的人都没去看过遗迹，但是他们说潘帕科纳斯［村］里的一些印第安人去过康瑟比达尤克。鉴于此，我们决定马上前往那个村子。[50]

第二天，宾厄姆、富特、卡拉斯科中士、一个赶骡人和两个当地官员带着九头驮着食物、仪器及帐篷等物资的骡子出发了。他们离开了海拔一万一千七百五十英尺的西班牙矿 406
业老镇向潘帕科纳斯村行进。宾厄姆希望他能在那里找到了解更多关于老比尔卡班巴具体地点信息的人，那里才是印加帝国最后四位君主——曼可·印加、塞里·图帕克、蒂图·库西和图帕克·阿马鲁——最终的避难所。翻过海拔一万两千五百英尺的科尔帕卡萨关口之后，宾厄姆和他的队伍开始向下前往临近的河谷。他们沿着山坡上曲折的小路前行，没多久，脚下的道路就开始变得湿滑泥泞。在夜幕降临之前他们终于抵达了潘帕科纳斯村，村子的位置在海拔大约一万英尺的山坡上，说是村子，其实不过是一片草地上零散分布的几间茅草屋。

> 我们被领到了一个姓古斯曼（Guzmán）的印第安人家中，他个子不高，体格健壮，是这个村子里最可信的人，所以被选为了陪同我们前往康瑟比达尤克的脚夫队伍的领头人……我们进行了一些非常有意思的对话……他曾经去过康瑟比达尤克并且亲眼见到了伊斯皮里图大草原上的印加遗迹。之前一直如神话一般存在的“鬼魂草原”终于开始在我们的脑海中浮现出真实的一面。[51]

完全是通过坚持不懈地打探信息，宾厄姆终于走到了今天——也就是在声称自己知道传说中的印加遗迹确切位置的向导带领下朝目标进发的这一天。自己和遗迹之间仅剩下二至四天脚程的距离，那片遗迹会不会就是曼可的首都比尔卡班巴，或者这只是又一次徒劳无功的搜寻？无论等待自己的是哪种结果，宾厄姆都已经决心要去那里一探究竟。三天之后，宾厄姆、富特和队伍中的其他成员来到了海拔四千九百英尺的一片温暖的丛林中，那里有一栋房子，房子的主人姓萨阿韦德拉（Saavedra），是当地的一个种植园主，他已经在附近丛林中清理出了一片地方，用来种植香蕉、甘蔗、咖啡豆、甘薯、烟草、花生和木薯。

> 萨阿韦德拉邀请我们到他家中，让我们不用拘束，还给我提供了一顿大餐。桌上摆满了煮熟的鸡肉、米饭和甜木薯。萨阿韦德拉表示他不但非常欢迎我们的到来，而且还会尽其所能帮助我们找到遗迹。听他的意思是，遗迹就在伊斯皮里图大草原，但是草原还在山谷下面很远的地方，要到那里去只有一条非常难走的道路，
> 407 从来只有赤着脚的蛮荒之人才能从这条路上通过。至于我们，很可能大部分路段都要手脚并用才行了。这样的现实让我们心里非常纠结，无法形容。[52]

第二天，宾厄姆被带到了一个被称作伊斯皮里图大草原的村子，村子极小，只有几间茅草房，住户都是当地的坎帕族人，他们穿着长及脚踝的棉质斗篷，留着黑色的长发，在丛林里使用弓箭打猎为生。宾厄姆知道印加人曾经和亚马孙丛林里的安蒂人结盟，也许坎帕人就是安蒂人的后代。不管怎样，坎帕人此时正带领着宾厄姆的队伍穿过浓密的雨林，

走着走着他们突然停住了。虽然几乎已经和周围的树木融为一体了，但是竖立在他们眼前的无疑就是一道粗切石料建造的墙壁。

> 在丛林中艰难跋涉了半个多小时之后，我们来到了……潘帕科纳斯［河］一条很小的支流岸边一个天然形成的平台上。他们管这个地方叫埃龙姆博尼(Eromboni)［草原］。我们在那里发现了一些人工修建的梯田和一栋建筑的地基，地基大约长一百九十二英尺，宽二十四英尺……附近还有一个典型的印加喷泉和三个石砌喷水口……这里的树木太茂密了，枝叶藤蔓严重阻碍了我们的视线，朝任何方向都只能看到几英尺之内的景象。那些蛮荒之人指给我们看了一片印加人石头房子的遗迹，房子的墙壁还没有倒塌，保存得也算很完好……墙壁是用大石块加黏土建造的。和奥扬泰坦博的那些建筑很相似，这里房屋的门楣也是用三四块未切割的条石做的……再下面一些有一个半封闭的喷泉或是公共浴室，里面有一个石砌的喷水口和一个用石料围出来的水池。这里的房子在形状、大致布局、神龛的样子、房顶上的石头楔子和门楣上都体现了印加建筑的风格。在一些建筑里，我们还找到了一些印加陶器的碎片。[53]

虽然这些建筑看起来确实是印加人修建的，但是风格样式略显粗糙。大多数墙壁是用未经切割的石料和泥土混合堆砌的，完全没有宾厄姆在马丘比丘或库斯科见到的那些建筑体现出的印加石匠细致、经典的切割工艺。四周的无花果树长得很高大，茂密的枝叶和藤蔓缠绕在一起，从树冠一直垂到地面。不断生长的无花果树树根甚至穿透了遗迹中的一些
408 墙壁。蜘蛛猴的叫声时远时近，坎帕人会不时停下来仔细倾听，然后指着头顶上树木形成的遮罩激动地用他们自己的语言相互说着什么，在宾厄姆听来，他们的语言完全是“一串咕哝声、气息音和喉音”。[54]

坎帕人清理了一部分植被，好露出更多的石墙，当金属镰刀偶尔碰到石头发出“当当”的响声时，宾厄姆忍不住开始思考这些粗切石料建造的，隐匿于这样难以被发现的地方的建筑群是否就是编年史中描述的老比尔卡班巴。宾厄姆的探险是从严寒的高地上开始的，现在他却来到了这样一个温室一般的环境中，身边围绕着拍也拍不完的苍蝇、蜜蜂和蚊子。宾厄姆的心中疑窦丛生，实际上，他觉得自己很难相信：

> 从寒冷的库斯科和曼可一起逃出来的……[印加]祭司和太阳神的处女们……能够在伊斯皮里图大草原河谷这样炎热的环境中生活。这两个地方之间的气候差异就像是苏格兰和埃及之间的差异一样巨大。他们[印加人]在伊斯皮里图大草原也找不到喜欢的食物。再说，他们追求的隐蔽和安全在这个地区里的其他一些地方也可以实现，尤其是马丘比丘，那里的气候更凉爽宜人，那里的食物也更符合他们的饮食习惯。最后一点疑问则是，卡兰查说“老比尔卡班巴”是这个地区里

> “最大的城市”，马丘比丘显然比伊斯皮里图大草原……更符合这个标准。[55]

实际上，在对这一区域进行了两天的清理之后，宾厄姆和他的队伍还是只找到了几十栋建筑。然而，丛林中的植物太密集了，他们并没有办法确切地知道这些建筑是不是这里的全部。不过，就算能在这里找到更多的建筑，宾厄姆也还是很难想象这样粗糙的建筑遗迹曾经是印加人的主要首都，更不用说有几位印加君主在这里居住。再说，还有一点与编年史中对于比尔卡班巴的描述不符的是，宾厄姆和他的队伍走了五天才从普基乌拉来到伊斯皮里图大草原，而卡兰查说这段距离“加紧赶路只需两天”，[56]正常行进速度也不过三天就能抵达。

另外，宾厄姆还在一些建筑遗迹附近的地上发现了制作 409
粗糙的西班牙式房顶瓦片。

> 陶器的碎片和房屋建筑无疑都是印加样式的，但是存在一个例外，就是我们发现的十二或十五片制作粗糙、大小不一的西班牙式房顶瓦片。鉴于瓦片的数量很少……我猜可能是后来的秘鲁人或几个世纪以前来到这里的早期的西班牙传教士进行的实验性烧制。陪同我们的印第安人都无法解释这一谜题。显然遗迹中的房子并没有使用瓦片铺盖房顶，因为碎片的数量顶多够铺几平方英尺的面积，而且几乎所有碎片都是在房屋外面发现的。[57]

在印加人与西班牙人发生接触之前，他们的典型建筑是铺着茅草的高高的人字形屋顶；他们本来不使用陶土瓦片，这是后来从西班牙人那里学来的。当西班牙人占领了库斯科和其他一些印加城市之后，他们开始渐渐地把印加建筑上原本的茅草屋顶都换成了瓦片，这样能够更好地防雨。“可能是某个印加人看到了库斯科的建筑上新出现的红色瓦片，于是就在丛林中试着模仿制造，但是没能成功”，[58]宾厄姆这样写道，显然并不认为这些东西出现在这里有什么重大的意义。

在翻译的帮助之下，宾厄姆反复询问本地的坎帕人用什么名字指称遗迹所在的这片区域。坎帕人给出了两个答案：第一个是西班牙语名字（伊斯皮里图大草原），字面意思是“鬼魂草原”；第二个是盖丘亚语名字（比尔卡班巴），字面意思是“神圣平原”。宾厄姆把两个名字都记了下来，他还在自己的笔记本中写道：“这一整个地区被称作‘伊斯皮里图大草原’或‘比尔卡班巴’。”[59]虽然坎帕人明明就是使用印加人使用的名字“比尔卡班巴”来称呼这个地方的，但宾厄姆还是不能确定自己找到的地方的真正身份，他还需要对遗迹进行更多的研究。

在伊斯皮里图大草原停留了两天之后，宾厄姆的队伍已经没有足够的食物了。因此他和他的队伍只好开启了返回高地之上的艰难缓慢的旅程，再之后，他们最终返回了美国。虽然宾厄姆在 1912 年和 1914 ~ 1915 年又两次带领探险队前
410 往秘鲁，并且在那两次探险中又发现了更多与马丘比丘相关的遗迹，但是他再也不可能复制自己在 1911 年 7 ~ 8 月短短

四周却发现了一系列重大成果的探险经历。1913 年 4 月的《国家地理》杂志用一整期的版面报道了宾厄姆发现马丘比丘的事迹，也由此正式将他发现的失落的城市介绍给了外面的世界。这个总有云雾缭绕的宏伟壮观，非常适宜拍照的遗迹很快就会成为南美洲最著名的地标，甚至成为一个世界范围的符号；发现这里也让海勒姆·宾厄姆成了名人。尽管马丘比丘遗迹在视觉上令人惊叹，但是宾厄姆还是为解释这个地方的真实身份而绞尽脑汁。作为一个历史学家，宾厄姆惊讶地发现，自己在西班牙人的编年史中完全找不到任何关于马丘比丘和华纳比丘的描述。

一个如此壮观的遗迹怎么会没有同样精彩的历史记载呢？当然，宾厄姆既不是印加问题专家，也不是考古学家，更不是人类学家。随着马丘比丘的名气越来越大，宾厄姆面临的提出一个解释这个遗迹意义的理论的压力也与日俱增。最终，在迫于这种压力也是一部分原因的背景下，宾厄姆给出了一套几乎和马丘比丘一样令人惊诧的理论。

宾厄姆声称，绝世而立的马丘比丘并不是什么位于印加帝国边缘的无人知晓的堡垒，相反，它就是帝国最初的中心，其重要性就如巴黎之于法国、罗马之于意大利，宾厄姆大胆地暗示马丘比丘在印加帝国的地位就是这样的重要。仅凭一些最不足信的证据，宾厄姆最终提出他发现的城市实际上是印加帝国第一个有人居住的城市，因此，按照宾厄姆的说法，马丘比丘成了整个印加文明诞生的摇篮。另外，根据探险队的队友对于从遗迹中的多个墓葬里挖掘出来的遗骨进行化验的结果，宾厄姆还得出了马丘比丘是仅供“太阳的处女”居住的地方的结论，然而后来他这个队友的研究结果本身都被证明是错误的。宾厄姆断言曼可·印加围困库斯科失败之后，就撤退到了马丘比丘，这个已经被他认定为就是比尔卡班巴的地方。宾厄姆还说即便是在图帕克·阿马鲁
411 被处决之后，马丘比丘的历史也并没有随之终结。他解释说印加历史中一个有讽刺性的事实就是，孕育了帝国的摇篮也见证了帝国的终结。

> ［马丘比丘］最终成为太阳的处女的归宿和避难所，她们是美洲原住民中最仁慈善良的异教团体。在马丘比丘，她们隐藏在非凡宏伟的河谷中，受到艺术与自然的保护，这些把自己奉献给神的女人们渐渐逝去，没有留下任何已知的后代，或是任何记录，只剩这些石砌的墙壁和其他工艺品待后人评说。不论她们是谁，无论未来的历史学家最终将这里定名为何，我确信没有多少传奇能超越马丘比丘——这座绝壁顶端的花岗岩堡垒，这个印加大地上的王冠。[60]

1956年，八十一岁的宾厄姆去世，他至死都坚信这个浪漫的传奇。在他就这个内容创作的最后一本著作，1948年出版的《印加人的失落城市》（*Lost City of the Incas*）中，七十三岁的宾厄姆把自己的全球声誉全押在了这个结论上，他仍然坚称：

> ［马丘比丘］就是“印加人的失落城市”，它位于

> 乌鲁班巴河的大河谷中最难以到达的地方，是最后几位印加君主们最喜欢的居所，那里有白色花岗岩建造的神庙和宫殿，只有贵族、祭司和太阳的处女才能在这个神圣的庇护所生活。那里曾经被称作比尔卡班巴，但是现在人们叫它马丘比丘。[61]

当时海勒姆·宾厄姆在考古学界的声望如日中天，鲜有人敢于质疑他对自己的发现做出的解读，至少在他有生之年是这样的。然而，宾厄姆去世一年之后的 1957 年，另一位美国探险家来到了秘鲁。这位探险家很快就开始怀疑：伟大的海勒姆·宾厄姆其实是大错特错了。

412 # 第十七章　重新发现比尔卡班巴

“别以为你在丛林里盲目地转转就能找到什么东西，”他［萨沃伊］继续说道，“你找不到的。听听当地的农民说什么。他们知道所有东西的地点。注意他们给的提示，寻找年代久远的道路，跟着这些线索走，它们会把你领到某个地方……但是有一件事：不要相信任何人。”……这大概就是他能给我们的最有帮助的三十秒钟的建议了。[1]

——文森特·李回忆他与吉恩·萨沃伊之间的对话，

《被遗忘的比尔卡班巴》，2000 年

当夜幕降临时，大地会前后摇晃，仿佛是想要与光明重新结合在一起。天上的星星像下雨一样从天空中坠落。在他［吉恩·萨沃伊］的梦境中有天使出现在他面前，告诉他要等待上帝给他的信号，两天之后，孩童基督［哈米尔］的墓前，十字架会照亮整个世界。[2]

——吉恩·萨沃伊，丛林探险家兼上帝的信使，

《哈米尔：孩童基督》，1976 年

第十七章　重新发现比尔卡班巴

海勒姆·宾厄姆发现马丘比丘五十六年之后，二十九岁的美国人吉恩·萨沃伊（Gene Savoy）来到了秘鲁。他和宾厄姆一样下定决心要寻找到失落城市的遗迹。萨沃伊身高六英尺一英寸，相貌英俊，体格强健，头发是棕色的，梳成背头的样式，特别像电影明星埃罗尔·弗林（Errol Flynn）。萨沃伊的生活刚刚跌到了最低谷，他失去了房子和工作，连他的妻子也离开了他。于是他来到秘鲁，打算以一名探险家的身份重新开始。

虽然他的决定看起来不着边际，但事实是在 1957 年， 413
如果你想成为一位探险家，那么秘鲁绝对是最好的选择。海勒姆·宾厄姆的最后一本关于发现马丘比丘的著作《印加人的失落城市》是九年之前出版的，一问世就立即成为畅销书。因为这本书以及其他一些出版物，马丘比丘至此已经成了举世闻名的遗迹。宾厄姆在 1948 年曾经再次来到秘鲁参加一条公路的落成典礼。通过这条新铺就的公路，数量不断增长的游客们就可以乘坐汽车前往马丘比丘了。

在 1947 年，一位名叫托尔·海尔达尔（Thor Heyerdahl）的挪威探险家驾驶一条名为康提基号（*Kon-Tiki*）的原始风格的筏船从秘鲁起航前往南太平洋上的马克萨斯群岛（Marquesas Islands），希望以此证明古时候的秘鲁文明可能与南太平洋上的各个岛屿发生过接触。海尔达尔撰写的关于康提基号航行的书籍也很快就成了畅销书，并被翻译成了超过六十种语言。除此之外，海尔达尔为此次航行拍摄的纪录片也荣获了 1952 年的奥斯卡金像奖并在全世界的影院里上映。三年之后的 1955 年，美国探险家、作家维克托·范哈根（Victor von Hagen）出版了一本名为《太阳之路》（*Highway of the Sun*）的著作，记录了他在全长超过两万五千英里的印加古道上进行探险的过程，并介绍了他在沿途发现的许多遗迹。又过了两年，吉恩·萨沃伊乘坐的飞机在利马降落——他来到了皮萨罗曾经的“国王之城”。可以确定的一点是：整个世界都在翘首企盼着秘鲁再有什么更加轰动的发现。萨沃伊要做的就是去找到它们。

与海勒姆·宾厄姆不同的是，萨沃伊并没有什么学位，他在大学二年级的时候就从俄勒冈大学退学了。不过萨沃伊和宾厄姆拥有一个显著的共同点，那就是他们青年时期都经历过信仰危机：到底要不要抛弃现实生活中的物质享乐，全心全意地侍奉上帝？宾厄姆会面临这样的选择并不令人意外，毕竟他的父辈和祖辈都是新教传教士。实际上，宾厄姆在耶鲁大学读本科的时候，真的纠结过自己要不要也做一名传教士。“我受到引领，要重新献身于侍奉我主上帝，”年轻的宾厄姆在给自己父亲的信中这样写道，“我的使命就是为基督拯救灵魂……哦，父亲，请为我祈祷圣灵的力量会让
414 我远离所有不义之事。我真心渴望遵从他的旨意。”[3] 然而，获得本科学位仅仅六个月之后，宾厄姆遇到了未来会成为他妻子的人。那之后不久，他的人生目标就从拯救人们的灵魂转变为了更加世俗化的追逐名利、地位和财富，等等，实现这些目标的途径很多，其中一种就是去秘鲁寻找失落城市的遗迹。

与宾厄姆一样，萨沃伊也曾感受到类似的宗教召唤。他还在上学的时候，曾经产生了一种强烈地想要成为天主教神

父的愿望。然而，萨沃伊在大学里的某一门宗教课程中写了一篇角度独特的论文，其中对基督信仰和其他一些宗教进行了对比。结果至少有一位教授将萨沃伊的观点认定为“异端邪说”。年轻大学生的一个神父朋友建议他暂时休学一段时间。萨沃伊于是离开了，之后也再没有回去完成学业。

在接下来十年的大部分时间里，他在几家小报社里做记者和编辑，几乎走遍了美国西北部的太平洋沿岸。在他逐渐磨炼自己的写作技巧的同时，萨沃伊发现自己对于美洲的原住民文化和当地的考古越来越感兴趣。萨沃伊后来写道：

> 我是俄勒冈考古学会的成员，经常会参加周末进行的挖掘活动。经过一天辛苦的搜寻之后，如果能找到几块破碎的骨头或是一些箭头，我们都会感到欣喜若狂。不过我后来厌倦了挖掘活动，而是开始进行考古摄影，这项工作让我有机会到处游历，更符合我的本性。[4]

到了1957年，他的婚姻走向终结，他的财务状况也很糟糕，萨沃伊不得不重新评估自己的生活方向。

> 年近三十的我心中充斥着不安定，比起我真正想做的事，完成学业显得索然无味。“为什么不到墨西哥或南美洲去探寻失落的城市，就像你一直渴望的那样？”我这样问自己。作为一名记者和摄影师，也许我可以作为自由职业者写一些配图文章，找一些能够学到考古学、人类学相关知识的工作。我越想越心动，于是下定 415

决心出发。[5]

萨沃伊最后来到了利马，他很快就在《秘鲁时报》（*Peruvian Times*）找到一份兼职，这份报纸是一份英文周刊。接下来萨沃伊又成立了一个名叫安第斯探险家俱乐部的组织，并由他本人担任主席和首席探险家。那之后不久，萨沃伊结识并迎娶了被称为“多利”的埃尔维拉·克拉克·卡瓦达（Elvira“Dolly”Clarke Cabada），她出身于一个有钱有势的秘鲁家庭。1960 年，这对夫妇带着他们刚出生不久的儿子哈米尔（Jamil）在云盖镇（Yungay）定居。这个镇子不大，位于秘鲁中部巍峨的布兰卡山脉脚下。这个名字的意思是“白色山脉”，它是安第斯山脉的支脉中非常壮观的一条。萨沃伊选择云盖镇定居是因为这里靠近古老的查文文明（Chavin civilization）的中心，这个文明在大约三千年前兴盛过，引起了萨沃伊浓厚的兴趣。几十年前，一位秘鲁考古学家胡利奥·C. 特略（Julio C. Tello）提出了一种特立独行的理论。他说查文文明也许并不是如人们传统认为的那样起源于安第斯山脉之上，反而有可能起源于安第斯山脉以东、亚马孙河上游流域的丛林中。这种与主流观点背道而驰的思维令萨沃伊非常着迷。实际上，特略的理论深深地影响了萨沃伊的整个探险家生涯。

然而，命运再一次给了萨沃伊重重一击，不但给他的生活带来了危机，更让他的思想经历了巨大的转变。海拔两万两千二百零五英尺的瓦斯卡兰山（Huascarán Mountain）是秘鲁海拔最高的山峰，在 1962 年 1 月 10 日这一天，山峰表面的冰雪突然松动，进而发生了大规模的雪崩，吞没了附近的兰拉赫卡村（village of Ranrahirca）。超过四百人在这场雪崩中丧生，随后在幸存者之中又暴发了疫病，萨沃伊年仅三岁的儿子哈米尔被感染，最终不幸离世。

失去孩子当然会让很多父母感到震惊和哀伤，然而萨沃伊心中的哀伤似乎触发了他世界观的根本性改变。虽然没有完成大学学业，但是萨沃伊一直没有放弃他对神学的兴趣。实际上，他在秘鲁安顿下来之后没多久就创立了一个名为安第斯神秘集团（Andean Mystery Group）的组织，类似于某种新时代教派（New Age church），不过这个术语是在又过了很久之后才正式出现的。萨沃伊就是自己的教派中一位受任命的牧师。此时，受到突然失去爱子的打击，从来不知道 416
自己亲生父亲是谁的萨沃伊开始向他的宗教团体宣称自己的儿子哈米尔实际上是第二个基督，而他本人就是新弥赛亚的父亲。

在 1976 年出版的《哈米尔：孩童基督》（*Jamil*：*The Child Christ*）这本书中，萨沃伊向世人宣称他的儿子哈米尔刚刚出生之后，还是婴儿的哈米尔就告诉自己的父亲他就是新的弥赛亚——这个信息当然是通过某种非语言的途径传递给萨沃伊的。此外那个幼小的婴儿还告诉萨沃伊自己不会在人世久留，但是他的父亲，也就是萨沃伊，已经被上帝选定为自己的信使。萨沃伊还写到哈米尔在去世之前向他解释了许多关于人性的精神层面历史的细节，后来萨沃伊把这些内容都仔细地记录下来，形成了一套名叫《哈米尔的预言》的七卷本著作。就如基督被犹太人认定为异教徒，但是被少数追随者认定为救世主一样，萨沃伊也相信自己并不是什么异教徒，而是上帝选定的给全世界的基督徒传信的信使。萨沃伊多年来对宗教的研究显然突如其来地进入了鼎盛时期。三十四岁的探险家吉恩·萨沃伊此时变成了能直接与上帝交流的人。

无论是有意还是无意，萨沃伊也在重演自从宗教在地球之上出现开始，成百上千种宗教的创始者们都曾经做过的同样的事。他毕竟曾经是学习宗教专业的学生，而且一直对不同信仰之间的比较研究很感兴趣。《旧约》中的上帝曾以燃烧的荆棘丛的形象向摩西“现身”；类似的，穆罕默德也告诉自己的追随者天使向他“现身”，指示他创立新宗教伊斯兰教。摩门教的创始者，二十二岁的约瑟夫·史密斯（Joseph Smith）同样对世人宣称他在1827年被天使带到纽约帕尔迈拉（Palmyra）附近的一个地方，并从金板上抄下了《摩门经》（*Book of Mormon*）的内容。因此，吉恩·萨沃伊很清楚，宗教往往都是以崇拜某一个充满感召力的领袖的群体为最初形式的，而这个领袖要能够给他或她的追随者提供一种获得更高级别精神满足的新方法。世界上伟大的宗教都是由小群体渐渐发展成宗派的，再随着越来越多的成员加入，加上神学理论的不断完善，这些宗派才能继续壮大，最终形成自己的教会。萨沃伊之所以会声称上帝在他已去世的儿子还是个婴儿时曾通过其与自己交流并选定自己为上帝的信使，无疑是因为认识到这样的说法至少同之前任何宗教
417 声称的神迹一样正当有效。实际上，萨沃伊就是打算创立一个基督信仰的新分支，将他已去世的儿子奉为新的弥赛亚，

他自己则成为和上帝有直接联系的宗教领袖。

在忙着发展自己的精神理论的同时，萨沃伊也没有停止对秘鲁古老文明的世俗性研究。毫不意外的，萨沃伊也对秘鲁此时最著名的遗迹马丘比丘的历史感兴趣，于是他开始阅读宾厄姆对于自己在 1911 年发现遗迹过程的记述。就像他对于被广泛接受的宗教真理心存疑虑一样，萨沃伊对于这种已经被接受的古代秘鲁历史的正确性也充满怀疑。他很快就意识到宾厄姆根本没有足够的证据证明马丘比丘就是曼可的失落城市比尔卡班巴。在阅读宾厄姆关于这一题材的最后一本畅销著作《印加人的失落城市》时，萨沃伊尤其震惊地发现宾厄姆其实承认了在自己发现的诸多遗迹中，对于两处真实身份的认定是让他感到困扰的：一个是位于海拔八千英尺之上云雾林中的马丘比丘；另一个是海拔只有四千九百英尺的丛林中的伊斯皮里图大草原。“这里会不会是卡兰查神父口中的老比尔卡班巴？”宾厄姆在提及伊斯皮里图大草原遗迹时写道，“会不会是那个‘偶像崇拜的中心，还有各种巫医，[他们] 最擅长行令人厌恶之事’的地方，也是修道士马科斯 [·加西亚] 和迭戈 [·奥尔蒂斯] 费尽千辛万苦前往的地方？”[6]

又或者符合这样描述的是马丘比丘？萨沃伊为宾厄姆最终得出的一种怪异的折中答案而感到诧异。宾厄姆提出实际上曾经存在两个比尔卡班巴：伊斯皮里图大草原的遗迹和马丘比丘的遗迹都是比尔卡班巴。宾厄姆还说最后的几位印加君主可能确实暂时在伊斯皮里图大草原居住过，但是他仍然坚持认为马丘比丘就是“老比尔卡班巴”，或者称之为“主要城市”，那两个修道士想要进入的就是马丘比丘，图帕克·阿马鲁和他最后的追随者们也是在马丘比丘坚守到最后的。正如宾厄姆在他最后一本关于这个题材的著作中写道的那样：

> 我们现在认定其为失落的城市老比尔卡班巴的这片遗迹镶嵌在马丘比丘山峰下一个狭窄的山脊上，这里被称为马丘比丘。这是因为当我们发现这里时，人们已经不知道这里真正的名字是什么了。虽然没有人质疑这里其实就是古时的比尔卡班巴的遗址，但是这个已经被广泛接受的名字还将被沿用下去。[7]

418 尽管宾厄姆言之凿凿，还是有不少学者怀疑宾厄姆的理论很可能是错误的。维克托·范哈根就在他的著作《太阳之路》里解释了自己如何考察了西班牙人特使修道士加夫列尔·德·奥维多（Gabriel de Oviedo）描述的在1571年前往比尔卡班巴时所走的路线，从而发现要抵达比尔卡班巴，修道士先从马丘比丘所在的乌鲁班巴河下游过河，然后进入比尔卡班巴河谷，接着才开始朝着“潘帕科纳斯河的上游他将见到印加［君主］的地方去了”。[8]范哈根在宾厄姆去世一年之前就提出：

> 这只能说明一件事。马丘比丘并不是比尔卡班巴，并不是那个如海勒姆·宾厄姆所说的，有成千上万名勇猛的印加勇士在此抵挡了西班牙人多年的进攻并组建了

> 新帝国的比尔卡班巴堡垒……我们确信，比尔卡班巴应该隐蔽在丛林深处人们可以到达的地方，只要肯花时间找，就一定能找到印加人最后的首都。[9]

也许是受到了范哈根的启发，也加上不轻易相信的本性使然，萨沃伊很快就开始研究起比尔卡班巴相关的材料来，即西班牙人原本的那些编年史。同宾厄姆一样，萨沃伊也惊讶地发现自己竟然找不到一点关于马丘比丘或华纳比丘的描述。另外，萨沃伊也没有发现对比尔卡班巴特点的描述与马丘比丘的遗迹有什么相符之处。萨沃伊阅读的材料越多，他就越怀疑宾厄姆理论的正确性，即称马丘比丘就是曼可的比尔卡班巴。萨沃伊后来写道：

> 海勒姆·宾厄姆这位耶鲁大学的教授想要去寻找“印加人失落的城市”，却在库斯科西北碰巧发现了马丘比丘。他相信这个山上的堡垒就是……曼可的比尔卡班巴……［但是］西班牙人的编年史里说曼可的核心城市应该是在阿普里马克河与乌鲁班巴［河］之间一片充满生机的土地上，位于库斯科西北四十至六十里格以外（步行需要六至八天）的地方。基于这样的假设，再加上其他一些可信的作者的记录，我相信在那个范围内一定能找到这个失落的城市……如果修道士和士兵们 419
> 都说比尔卡班巴在那个河谷中，那么它肯定就在那个河谷中……［然而］宾厄姆……并不……相信印加人会选择一个炎热的热带河谷作为他们最后的避难所。我决

> **定采纳西班牙人的说法，沿着这条路线去寻找这个失落的城市。[10]**

萨沃伊推断在伊斯皮里图大草原应该还有更多没有被宾厄姆发现的遗迹，他当时看到的也许只是隐藏在丛林深处的大片遗迹的一小部分。再说，宾厄姆认定来自高地的印加人一定不习惯在亚马孙丛林中生活，但萨沃伊反而坚定地相信也许亚马孙地区才是一些高地文明实际上的发源地。不管怎么说，只有一种方式能够找到问题的答案：如果马丘比丘不是比尔卡班巴，那么在这个区域内的其他位置里就肯定还有一个比马丘比丘更大的城市存在。

于是，在 1964 年 7 月 2 日早上，三十六岁的吉恩·萨沃伊和他二十三岁的助手、加拿大人道格拉斯·沙伦 (Douglas Sharon)，以及一位来自库斯科的业余考古学家安东尼奥·桑坦德 (Antonio Santander)① 一起登上了一列从库斯科开往瓦基纳的火车，那里是一个位于马丘比丘下游五英里之外的村子。半个多世纪之前，宾厄姆的骡队沿着乌鲁班巴河向下游走的那条路是刚刚才从河谷边的崖壁上爆破和开凿出来的，大大方便了他的行程。到了 20 世纪 20 年代，那条路上又铺设了铁路，所以如今的萨沃伊和他的同伴们只用六个小时就可以走完之前骡队加紧赶路三天才能走完的路

---

① 道格拉斯·沙伦后来获得了人类学博士学位，现在是加州大学伯克利分校菲比·赫斯特人类学博物馆（Phoebe Hearst Museum of Anthropology）的馆长。安东尼奥·桑坦德当时已经年过六十，之前在寻找失落的城市帕依提提（Paititi）时失去了一只眼睛。

程。萨沃伊写道：

> 寻找比尔卡班巴的计划很简单。沿着印加［古道］前进，同时参考历史资料，也包括宾厄姆和其他在过去七十来年里曾经到访过这片区域的探险家们的记录。根据这些发现，所有的证据都指向了一个叫伊斯皮里图大草原的地方，也就是“鬼魂草原”。我在一张［安第斯探险家］俱乐部的地图上找到了库斯科西北不到一百海里的一片偏远地区，并在那里插了一面小红旗作为标记。[11]

到了瓦基纳，萨沃伊和他的同伴们把行李丢上一辆卡 420
车，然后乘坐这辆卡车跨过乌鲁班巴河，再从那里进入比尔卡班巴河的河谷。卡车继续行驶了二十五分钟之后就没有可供车辆通行的道路了；从这里开始，萨沃伊就只能和宾厄姆一样骑骡子或步行了。

在接下来的一周里，萨沃伊追寻了宾厄姆的足迹，重访了他之前到过的地方并亲自考察了那里的遗迹和当地的地形。萨沃伊最先去的是那个叫普基乌拉的村子，他也和宾厄姆一样认可这里就是编年史中提到的普基乌拉，既是修道士加西亚建立教堂的村子，也是印加君主蒂图·库西突然去世的地方。接下来，他又去了玫瑰山，萨沃伊也认同这里一定就是维特科斯，即曼可被刺杀的地方。那之后萨沃伊又去了附近的丘基帕尔塔祭祀圣地［那里也被称为纽斯塔伊斯潘娜（Ñusta Ispana）］，宾厄姆的朋友哈里·富特就是在这里发现那块立在天然泉水边的“白色巨石”的。至此萨沃伊得出的结论是这些地点与西班牙编年史上提到的这一地区的标志都是相符的。

五天之后，还是按着宾厄姆的线索，萨沃伊和他的队友们来到了伊斯皮里图大草原。1911 年宾厄姆来到这里时，一个名叫萨阿韦德拉的种植园主带着他找到了遗迹。五十多年后的此时，在这片区域里种地的变成了一户姓科沃斯（Cobos）的人家。萨沃伊写道：

> 我们的骡子走在一条有宽阔的石头台阶的印加古道上，沿着山坡向河谷行进。周围的植物非常繁茂，只有部分地方被清理出来了。还有另一条路从高处向下延伸。大约一刻钟之后我们来到了科沃斯家的房子前。房子是用大卵石和泥砌起来的，房顶上铺的是甘蔗杆，因为山谷里没有茅草（paja）。两个人从房子里走出来，站在上午就已经很炎热的阳光下迎接我们，其中一个叫本哈明（Benjamin），另一个叫弗拉维奥（Flavio），是老胡利奥·科沃斯（Julio Cobos）的儿子中年纪最大的两个。从他们脸上的表情可以看出，从我们一出现在山岬之上的时候，他们就已经发现我们了。我们被邀请进入他们的小屋，主人还给我们端来了新鲜的咖啡，咖啡豆就是当地牧场（chacra）上种出来，刚刚用大石块研磨好的。我问了一些关于我们一路沿着走来的印加古道的问题。本哈明·科沃斯告诉我，古道一直延伸到过了咖啡田的地方，进入丛林

> 之后就没有了。我问他知不知道埃龙姆博尼遗迹的位置。他说他和他的父亲在 1958 年曾经在［本地的］马
> 奇根加人的带领下前去那里看过，马奇根加人在几年前 421
> 离开了伊斯皮里图大草原，迁移到河流下游的一个新营地去了。“你能领我到遗迹去吗？”我的问题让印第安人颜色幽深、目光锐利的双眼一下亮了起来。他考虑了一下，又看了看比他年轻且略瘦一些的弟弟，然后回答说：“好的（Bueno）。”[12]

当天，在科沃斯兄弟的帮助下，萨沃伊找到了五十三年前由印第安人带领宾厄姆前去考察的遗迹，并立即开始着手进行清理工作。宾厄姆当时只在这片区域里搜寻了几天，而萨沃伊的计划是至少要待几周。萨沃伊还雇用了大批帮助他清理丛林中植物的工人。很快，宾厄姆根本没有发现的古代房屋和神庙建筑群就渐渐显露了出来。

> 我们脚下的［印加］道路最终走到了尽头，但是我们没有就此返回，而是沿着这个方向继续前进，想着也许走一段之后还能再有道路出现。我让我们的人散开搜寻，过了大约半个小时之后，我们果然发现了两组建筑。这里的石头建筑工艺水平比我们前面见到的要高超。用白色石灰岩切割的石块显然曾经紧紧地嵌合在一起，但此时大部分建筑都已经被寄生的植物藤蔓破坏了，枝叶从缝隙中钻出，把石块都撬开了。其中一栋建筑是长方形的，有两个门洞，守卫着一个能天然采光的

> 神庙；还有一个架高的堡垒，里面有几个带神龛的房间，门楣已经掉到了地上，内部还有院子和围场。印加人当初住在这里的时候，这里一定相当宏伟。有一面墙上靠着一块［神圣的］巨石，这样神圣的东西也被称为瓦卡。这个瓦卡看起来很可能是从平台围墙顶部滚落下来的。一棵巨大的绞杀榕（matapalo）扭曲的树根紧紧地抓在一面墙上，茂盛的树冠则在我们头顶上一百多英尺高的地方伸展着，有些石料已经被树木的藤蔓从它们本来的位置上挤开了。高处的枝杈上垂下了更多的藤蔓，形成了帘幕一般的遮挡物，我们不得不砍掉一些才能通过。[13]

在一个又一个隐蔽在丛林中的遗迹里探寻了一个星期之后，萨沃伊逐渐开始意识到他发现的遗迹里并不是只有1911年宾厄姆找到的那仅有的几十栋建筑，相反，这里其实是一个曾经有相当规模的城市的遗留部分。萨沃伊后来写道：

> 422 毫无疑问，宾厄姆只是抵达了这个古老印加城市的外围。他没有进一步探索这个遗迹就否认了它的重要性。这也解释了为什么他会错误地将马丘比丘认定为失落的城市比尔卡班巴。他在埃龙姆博尼草原找到的只是一小拨印加人的住所和西班牙人的宫殿，那里有通往城市的道路，一座小小的瞭望塔，在丛林边缘的大约十五到二十间圆形的房子，还有桥梁和喷泉。

在一栋有二十四个门洞的建筑附近还能看出曾经的梯田的影子。我们的发现说明了这个遗迹的真正规模实际上非常可观。[14]

和宾厄姆一样，萨沃伊也在一些已经损坏的建筑的地面上发现了陶土瓦片。和宾厄姆不一样的是，萨沃伊马上意识到了它们的重要意义。

是谁使用了这些瓦片？古代秘鲁人没有这种东西，是西班牙人在征服秘鲁不久之后将其引入这里的。印加人喜欢用秘鲁针茅晒成的茅草铺盖房顶。我想起曼可曾经俘虏了一些西班牙人。这些俘虏以及蒂图·库西接纳的奥古斯丁修会的修士们都可能向他们传授如何制作这种铺盖房顶的永久性材料。印加人后来完全掌握了制作这些瓦片的技艺，毕竟他们已经与陶土这种材质打了几个世纪的交道了。到了1560年，总督下令给库斯科的建筑都铺上瓦片，以避免发生火灾（曼可曾经在1536年将旧首都付之一炬）。从我们的发现来看，比尔卡班巴的印加人应该已经掌握了生产房顶瓦片的技巧，并且开始在他们自己的建筑上使用，这说明他们正在经历某种过渡阶段，一方面吸收西班牙人先进的地方，另一方面也保留着自己的传统……虽然他［宾厄姆］认为这样的发现不明确、不重要，但是我马上就抓住了这一细节，在我看来这是一个非常关键的发现。[15]

经过几个星期的考察工作，萨沃伊和他的队友们部分清理出了一片包含几百栋印加建筑，面积超过五百英亩的遗迹。这个新展露出来的城市的中心实际上位于宾厄姆最初发现的几栋建筑东北方向大约七百码之外的地方，一个巨大的城市逐渐在丛林深处显露出来，而宾厄姆甚至都没有考虑过这种可能性。

423 我第一次意识到了我们发现的是什么。我们就站在一个古老的印加城市中心。这里是不是曼可的比尔卡班巴——那个失落的印加城市？我确信我们所在的地方至少属于它的一部分。这片遗迹所代表的历史让我沉浸其中无法自拔。它们已经作为传说存在了四百年，甚至有人怀疑它们可曾真的存在。但我一直确信它们就在那里，等待着被人发现。对于我来说，它们才是秘鲁最重要的历史遗迹。它们之所以重要的原因之一是曼可是一位伟大的英雄，当秘鲁已经一无所有的时候，是他为秘鲁找回了尊严；原因之二是很多伟大的人物曾经加入了寻找它们的队伍。有人盼望着能找到一面覆满黄金的巨型高墙，或是和库斯科的经典风格一样切割完美的石料。但是老比尔卡班巴和他们想的都不一样。它年代久远、损蚀严重。建筑的墙壁都已经倒塌，上面盖满了密集、腐坏的草本植物；建筑的地基也已经陷入了深深的淤泥里。修建这个城市的印加人曾经将它付之一炬，寻找黄金的西班牙人曾经将这里洗劫一空。剩下的部分也在过去的四个世纪里被疯狂生长的丛林破坏。然而，比尔卡班巴并没有失去它的尊严。人们完全可以看出这里曾经一定是个大城市，一个丛林中的庞然大物……这个城市代表着印加人坚守的一切，是印加人的技艺成就、他们与自然的抗争，以及他们不畏艰难险阻捍卫自由的战斗的纪念碑。这就是不朽的比尔卡班巴——成百上千的历史书籍中提到过的传说中的城市。就算我再也找不到任何其他城市也没关系，传说已经被确认为了历史。[16]

萨沃伊意识到宾厄姆犯下的错误就是没有花足够的时间对这片区域进行恰当的考察。受限于浓密丛林的遮挡以及他本人持有的先入为主的观念，宾厄姆只找到了几处分散的建筑群，完全没想过一片巨大的、几乎完全被遮蔽的城市遗迹就在他的面前。这片遗迹的面积比他三个星期之前才刚刚发现的马丘比丘大好几倍。编年史中明确地提到古老的比尔卡班巴是这一地区里最大的城市，然而因为宾厄姆在伊斯皮里图大草原上就只找到了那么几栋建筑，所以他认定马丘比丘才更配得上曼可的失落的城市比尔卡班巴这个名号。

吉恩·萨沃伊在 1964 ~ 1965 年先后带领了三支探险队伍来到被他称为老比尔卡班巴的遗迹上进行清理和测绘，并在遗迹和周围地区继续进行搜寻。海勒姆·宾厄姆一直寻 424
找的印加首都最终被萨沃伊找到并准确辨认了身份，心满意足的萨沃伊随后又将他无限的精力转移到在秘鲁东北部的云雾林中寻找遗迹的活动上。他在那里发现了一系列古代查查波亚人城市的遗迹，这个云雾林中的文明曾经在那一区域里繁盛了至少五百年，直到查查波亚人被印加人征服为止。后来，在1969年，萨沃伊显然受到了托尔·海尔达尔的康提基号航行的启发，于是也亲自监督建造了一艘名为带羽毛的巨蛇号（*The Feathered Serpent*）的芦苇筏船并驾驶它从秘鲁前往了巴拿马，行程约两千英里。萨沃伊航行的目的是给他最重视的理论之一提供证据，那就是秘鲁、中美洲和墨西哥的古代文明之间曾经通过海路存在接触。

到1970年，在秘鲁探险了十三年的萨沃伊经历了一段混乱的时期，他和妻子离了婚，又娶了另一名秘鲁女子为妻，然后心有不甘地离开了秘鲁，返回了内华达州的里诺（Reno）定居。萨沃伊重建了他的探险俱乐部，不过将其改名为安第斯探险家基金会和海洋航行俱乐部（Andean Explorers Foundation and Ocean Sailing Club）。萨沃伊还建立了一个新的宗教团体，将其定名为基督国际社团基督复临教派（International Community of Christ, Church of the Second Advent），这是一个免税机构。萨沃伊仍然是探险俱乐部的主席和首席探险家，也保留着作为他教派的总主教和上帝信使的身份。他将在秘鲁的探险生涯抛到脑后，此时的萨沃伊全身心地投入了精神事务，写出了《哈米尔：孩童基督》和七卷本的宗教大部头《哈米尔的预言》（*The Prophecies of Jamil*）。

当萨沃伊继续发展并完善他的新教派教义的时候，他开始教授他的追随者们一些事情，其中之一就是一个人可以通过直直盯着太阳而获得永生，因为那是从上帝最纯粹的形式里吸收原始的能量。就像印加人和其他一些原始农耕社会成员崇拜太阳一样，萨沃伊也相信太阳是神圣的。萨沃伊在他的著作《X 计划》（*Project X*）中写道：

> 毫无疑问，太阳可以接收到人类的思想并做出回应，正如我怀疑的那样。太阳不可能只是一个炽热的原子能火球——它其实是意识的中心。人类与太阳是通过一种感官构造密切地联系在一起的，只是这种联系尚未被人类，也未被世俗的科学发现而已……当一个人专注
> 于吸收太阳辐射并接收来自宇宙的信息时，他就会自动 425
> 成为完整世界的一部分。他会超脱于他自身的物质存在，并获得宇宙的知识——那些积累下来的信息远远超出了人类在这个星球上能学到的一切。从太阳能里吸收的这些信息产生的累积效力会让这类新人种——未来人类——得到获取保存在星辰中信息的能力。获得了那些知识之后的人可以战胜死亡，因为那些人已经不再是世俗的人，也不再是如我们现在所知的这样孤立的个体。

萨沃伊告诉自己的追随者他在秘鲁的丛林中发现了永生的秘密。萨沃伊的说法愈发为人们所相信，还因为他本人在四五十岁的时候依然保持着电影明星一样的帅气外表，看上去总是比实际年龄年轻好几岁。

在那段岁月中，很多对萨沃伊之前在秘鲁的考古发现感兴趣的人都会给他写信，但是全身心投入新教派的事业的萨沃伊从不回复任何信件。对于最值得尊敬的道格拉斯·尤

金·萨沃伊（Douglas Eugene Savoy）[①] 神父来说，秘鲁和他的探险家生涯都已经是过去式了。

萨沃伊其实并不喜欢谈论他在秘鲁的探险生涯，这个习惯一直持续到了 1983 年。有一天，给他写过信的人中最坚持不懈的两位突然到访，并敲响了他在里诺的家门。来者是一位美国建筑师和他的妻子，两人都是最近才燃起了去秘鲁寻找印加遗迹的热情。这两位访客说他们几次尝试联系萨沃伊都没能成功，但是他们觉得自己无论如何一定要见到被他们视为尚在人世的美国探险家中最大名鼎鼎的这位，所以才贸然登门。萨沃伊一时很是吃惊，他短暂地考虑了一下之后，还是把这对夫妇请进了家中和他一起喝咖啡。这对访客就是文森特和南希·李夫妇（Vincent and Nancy Lee）。他们突然出现在萨沃伊的家门口这件事最终促成了萨沃伊重返秘鲁丛林，他将在那里找到他最受争议的一个发现。

文森特·李第一次去秘鲁是为了爬山。他是一位退役的海军陆战队队员，此时的职业是建筑师，兼职做做登山向导，居住在怀俄明州的杰克逊霍尔（Jackson Hole）附近。李是在一个地方图书馆里无意中发现萨沃伊于 1970 年出版的《安蒂苏尤：寻找亚马孙的失落城市》（*Antisuyo：The*
426 *Search for the Lost Cities of the Amazon*）这本书的。虽然李认为曼可·印加和比尔卡班巴的故事很有意思，但是他对于萨

① 吉恩·萨沃伊的全名是道格拉斯·尤金·萨沃伊，他通常被称为“吉恩”。——译者注

沃伊提到的形如一个巨大人头的花岗岩巨石雕刻更感兴趣，这个石刻被称为“伊科玛科亚”（Icma Coya），在盖丘亚语中是“丧夫的王后”的意思。这个巨大的岩石构造显然就位于秘鲁东南部亚马孙丛林里的高山上，那个地区被称作比尔卡班巴，还没有人到那里进行过攀登。受到萨沃伊描述的启发，时年四十二岁，身高六英尺，留着大胡子，有一双蓝色眼睛的李与另外两个登山向导朋友于1982年一起前往了秘鲁，打算攀登这个山峰。李和他的同伴们最终乘坐火车经过了马丘比丘，然后搭大卡车来到瓦纳卡卡利（Huancacalle），进入了比尔卡班巴的中心地区。沿着潘帕科纳斯河沿岸的道路徒步前行时，李为众多的印加遗迹而感到震惊，它们其中很多看着都像是几个世纪以来始终保持原样，没有受到任何外界影响。待他们终于来到伊科玛科亚所在的山脚下时，李更是完全着了迷。“我们找到的这个地方让我觉得难以置信，”李回忆说，“作为一个建筑师，我为印加人留下的建筑形式所深深吸引。我想要知道他们为什么要在一个如此难以到达的地方修建这些东西。”[17]

在成功地攀登上山峰之后，李返回了自己在怀俄明州的家中。他很快就开始阅读所有能找到的关于印加人，尤其是关于曼可·印加和他的儿子们这最后几位印加君主的资料。李还重读了萨沃伊的《安蒂苏尤：寻找亚马孙的失落城市》，这一次他特别注意了萨沃伊宣称自己发现了真正的比尔卡班巴的部分，那个地方就被隐藏在茂密的丛林里，距离李前往攀登的地方不远。虽然李对于萨沃伊的故事印象深刻，但是作为一个建筑师，难免令他感到失望的是萨沃伊的作品中包含的唯一一张手绘图顶多算是一张草图，也没有体现任何细节。书中的照片也都不太清晰，看不出个所以然，很可能是因为在密林中拍照的时候光线不足。

鉴于萨沃伊并没有什么考古学方面的资质，也没有提出多少文献记录来佐证他的理论，李很快就发现有一些印加问题方面的专家对伊斯皮里图大草原上的遗迹是否如萨沃伊声称的那样就是比尔卡班巴提出了质疑。他们提出的问题包括：这个被假定为比尔卡班巴的城市的遗址细节图在哪里？编年史中提到的临近的各个堡垒和战场在哪里？唯一能绝对证明伊斯皮里图大草原上的遗迹就是曼可·印加失落的首都的办法就是花时间
427 给整个城市画一张地图，并在它附近寻找编年史中描写到的其他遗迹。就像宾厄姆通过在其附近找到了有巨石的祭祀圣地丘基帕尔塔，从而得以确认今天的玫瑰山就是曾经的维特科斯一样，只有在伊斯皮里图大草原上的遗迹附近发现其他相关的遗迹，才足以彻底证实这里真的就是曼可的比尔卡班巴。

继续做了更多的研究之后，李很快发现吉恩·萨沃伊尚在人世，此时是里诺的一个教派的领导者。李先是给这个宗教机构打了电话，得到了萨沃伊家的地址。随后他就开始给萨沃伊写信，介绍了自己并向萨沃伊寻求一些信息和建议。最终，萨沃伊的一个助理简短地回复了李的信件，但是并没有提供任何李询问的信息。然而李并没有打算就此放弃，他此时已经下定决心要重返秘鲁，到比尔卡班巴地区进行探险，同样坚定的还有他想要见一见这位神秘的隐居者并与吉恩·萨沃伊面对面进行交谈的愿望。在李看来，唯一的办法就只能是飞到里诺去登门拜访这位已经五十六岁的探险家

了。因此，在 1983 年 11 月，李和他的妻子南希终于来到了萨沃伊在内华达州里诺的基督国际社团门前。李后来写道：

> 抵达他的［萨沃伊］机构之后我们确认自己来对了地方，但是一个看起来超凡脱俗的妇女告诉我们萨沃伊牧师在“隐居”，因此不能接受访客。失望的我们决定开车穿过镇子到……探险家居住的地方去。他的房子太突出了，根本不可能认错。在山坡上一片寻常的郊区住房之间，突然出现了一栋著名建筑师弗兰克·劳埃德·赖特（Frank-Lloyd-Wright）风格的建筑。要是还有人看不出探险家住在哪里，那么围着围栏的房子后院里立起的一艘显然是经历过海上的大风浪才最终搁浅在这里的大型双桅帆船也绝对算是再明显不过的标志了。我们开车靠近房子的时候，一个穿着牛仔裤和西式前扣上衣的男人正站在门口的车道上洗车。我马上认出那个人就是萨沃伊，因为我看过《安蒂苏尤：寻找亚马孙的失落城市》那本书上的作者照片。于是我们停下车，向他介绍了自己，他马上邀请我们进屋喝杯咖啡。[18]

实际上，当时的萨沃伊依然留着齐整的背头，蓄着小胡
子，和他照片中好莱坞明星一般的英俊样貌别无二致。萨沃 428
伊说他知道李和他的妻子给自己写信的事。他先为没能亲自回信向他们道了歉，然后萨沃伊告诉他们他在秘鲁的生活已经是很久之前的事了，而且最终也不是以美好的结局告终的。萨沃伊喝了一口杯中的咖啡，然后深深地注视着这对访

客说，其实自己一直在试图将那一段记忆彻底抛开。当李和他的妻子告诉萨沃伊他们打算回到比尔卡班巴进行更多的探险时，萨沃伊祝他们好运，但是重申他自己再也不会返回秘鲁了。在这次会面期间，李注意到萨沃伊是背光坐在明亮的窗前的，这使得他们并不能很好地看清楚这位探险家。

> 他身上散发着一种令人紧张的魅力，但是同时又让我们感觉他有一些缺乏幽默感及以自我为中心……也许一个几乎是一手创立了自己的宗教的人难免会给人一些冷淡的感觉吧，总之南希和我都觉得那第一次见面非常尴尬和难熬。[19]

尽管如此，六个月后的 1983 年 5 月，李和他的妻子在准备启程前往秘鲁之前又再一次简短地拜访了萨沃伊。这一次萨沃伊表现得友好一些了：他似乎不再那么充满怀疑，也更放松一些。实际上，让李和他的妻子非常惊讶的是，萨沃伊给了他们一面印着“安第斯探险家基金会”字样的红白蓝相间的旗帜让他们带着。萨沃伊严肃地盯着李和他的妻子，提出由他的俱乐部作为这次探险活动的“共同主办方”。虽然这样的提议有一些突兀，但是李和他的妻子还是觉得非常荣幸。在他们离开之前，萨沃伊还给他们提了最后一点建议，显然是从他在秘鲁十几年的拓荒探险经历中总结出来的：

> 在南美洲探险是一件艰苦严肃，有时甚至是危险肮

> 脏的事情。……别以为你在丛林里盲目地转转就能找到什么东西……你找不到的。听听当地的农民（campesinos）说什么。他们知道所有东西的地点。注意他们给的提示，寻找年代久远的道路，跟着这些线索走，它们会把你领到某个地方。[20]

这个曾经发现了大量失落的遗迹的探险老手，这个建立了自己的教派并声称自己是上帝的信使的人倾身向前，从他 429
身后的窗子里照进来的明亮光线几乎将他围绕在了一个光圈里，他用那双目光锐利的棕色眼睛看着李和他的妻子，最后对他们做出了这样的警告：

> 如果你们小心谨慎地保持低调，你们会没事的……在蓬库尤山（Puncuyoc Mountains）上某个地方应该有一栋漂亮的两层建筑，是用白色石灰岩建造的。如果是我回到秘鲁，我一定会去那里看看……但是有一件事：不要相信任何人。[21]

李和他的妻子及另外六名同伴最终前往了比尔卡班巴并在那里待了两个月。虽然李没有任何考古方面的经验，但他绝对是一位有经验的建筑师，所以很了解如何绘制详细的遗迹地图。只依靠测高仪、指南针、一卷长五十英尺的卷尺、笔记本，可能还有一套第一次被带到这个区域来的卫星地图，李和他的队伍开始系统地探索并测绘比尔卡班巴河谷中的遗迹。[22]首先是维特科斯，然后是祭祀圣地丘基帕尔塔。

在附近的瓦纳卡卡利，李有了一个意外的发现：二十多年前曾经带领吉恩·萨沃伊前往伊斯皮里图大草原的科沃斯一家已经迁居到此，并且同意带领他们前往伊斯皮里图大草原。李和他的队伍很快就沿着通往潘帕科纳斯河谷的印加古道徒步出发了。

这是李的第一次探险活动，他惊讶地发现自己没用多少时间就找到了属于他自己的重大发现。他曾经在西班牙编年史里读到过，印加人在1572年曾经在一个被叫作华纳普卡拉（Huayna Pucará，意为“新堡垒”）的地方与入侵的西班牙人进行过一场战斗。这个地方在编年史中被描述为高山之上的一段狭窄的山脊，顶上有一座石头搭建的堡垒。李和他的同伴们在这个地区里寻找并最终找到了这个地方。编年史里说图帕克·阿马鲁领导的印第安勇士们在小路上方的一个山脊顶部布置了许多巨石，打算将巨石推下砸死下面的西班牙人。李发现很多巨石仍然停留在原地，尚未被人推下山去。因为四个世纪之前的西班牙人绕行到了印加人背后更高一些的山上，反而占据了高度的优势，再加上有火绳枪的火力掩护，西班牙人最终夺取了这个堡垒。李回忆说：

> 我的气压计显示的海拔是六千五百英尺，当时的天
> 430 气潮湿闷热。……热带的夜晚降临得十分突然。围坐在篝火边回想时，我们都不敢相信自己的好运。一群才刚刚开始探险的新手，在搜寻了不到一天的时间之后就发现了一个无数前辈都没有发现的有重大意义的主要遗迹。长久以来无人知晓其位置的“新堡垒”华纳普卡

拉可以重新被标注在地图上了。[23]

虽然发现华纳普卡拉本身已经令人非常兴奋了，但是它还有一个更重要的附加意义：显然，他们现在所走的通向伊斯皮里图大草原的道路是符合编年史中描述的西班牙人入侵比尔卡班巴时所走的路线的，这又是一个可以支持萨沃伊宣称伊斯皮里图大草原上的遗迹就是比尔卡班巴的证据。当一行人来到这个古代城市的遗迹上时，这里已经被丛林覆盖了。李和他的队友开始仔细地清理并进行测绘。一个宾厄姆没有机会利用，而萨沃伊显然忽略了的信息就出现在一本西班牙编年史中，而李刚好注意到了这一点：一个梅塞德会修士马丁·德·穆鲁亚提到在 1590 年，比尔卡班巴的建筑里至少有一栋是使用西班牙式的瓦片而不是用传统的茅草铺盖房顶的：

> 镇子的面积，或者说曾经的面积是，横向大约半里格［1.75 英里］，纵深的距离则还要长得多，布局和库斯科的一样。人们在这里养鹦鹉、母鸡、鸭子、兔子、火鸡、野鸡、凤冠鸟、冠雉、金刚鹦鹉及其他上千种禽类。……这里的土地和水源分布非常合理，可以灌溉田地……这里的果园里有大批的［热带］辣椒、可可、能够制作蜂蜜和糖的甘蔗、木薯、甘薯和棉花。这里还有数不尽的番石榴、山胡桃、花生、蛋黄果、木瓜、菠萝、牛油果和其他各种果树，既有人为种植的也有野生的。印加［君主］的宫殿是一个多层的建筑，房顶铺

着瓦片……非常值得一看。[24]

李意识到西班牙修道士描述的金刚鹦鹉和热带作物完全符合海拔四千九百英尺处的伊斯皮里图大草原上的遗迹所处
431 的环境，但是并不符合海拔八千英尺的马丘比丘的环境。①此外，李和他的队伍很快就在伊斯皮里图大草原上发现了超过四百栋建筑，形成了一个长度超过一英里、宽度大约半英里的城市。李知道马丘比丘只有大约一百五十栋建筑，覆盖面积的长度大约是十分之一英里，宽度则要小得多。[25]所以马丘比丘根本不是一个城市，而是一个堡垒。再说，虽然看起来气势宏伟，但是马丘比丘最多能容纳七百五十名居民，而比尔卡班巴的居民至少是这个数字的三到四倍。

将这两个地点进行比较，李马上意识到编年史中说比尔卡班巴是该地区最大的城市这一点终于讲得通了：包括马丘比丘在内，这个地区里再没有能与这个城市面积相当的地方了。如萨沃伊已经注意到的一样，这里的房顶瓦片也是一项至关重要的发现。根据英国历史学家约翰·亨明（John Hemming）的观点，宾厄姆最先找到，随后萨沃伊又进一步发现的在伊斯皮里图大草原上的城市遗迹就是已知的唯一一

① 修士马丁·德·穆鲁亚的编年史直到1922年才（在利马）全文出版，此时距离作品完成已经过去了三百三十二年，距离宾厄姆发现马丘比丘也已经过去了十年。虽然正是曾经帮助宾厄姆找到伊斯皮里图大草原的秘鲁历史学家卡洛斯·罗梅罗编辑了这本编年史，但是注意到穆鲁亚对比尔卡班巴的描述可以支持萨沃伊而不是宾厄姆的理论的是英国历史学家约翰·亨明。

个“经过火烧，且有西班牙式房顶瓦片散落于废墟之上的安第斯山脉地区印加遗迹”。[26]李很清楚，印加人在 1572 年 6 月西班牙人占领比尔卡班巴之前曾经放火烧毁了城市，房顶上的瓦片在这一过程中无疑也被烧毁了。

然而，尽管他的队伍已经有了不少发现，李还意识到，人们之所以无法理解这个遗迹就是比尔卡班巴，以及该遗迹在这一整片印加人领地的大范围内所处的位置，一个关键障碍就是至今还没有人想到要绘制整个遗迹区域的地图，而李作为一位专业的建筑师，下定决心要改变这个现状。他后来写道：

> 经过了一个多世纪的探索之后，［至 1984 年］仍
> 没有人绘制出这个地区的精确地图……对于任何一个真
> 心想要解开比尔卡班巴的拼图谜团的人来说，我们必须
> 把所有拼图碎片，或者至少是我们已知的碎片全摆到桌
> 面上。这是一个无法完成的任务，因为存在的理论很 432
> 多，但是没有人是在掌握全面信息的前提下做出研究
> 的。躺在漆黑的夜色中等待曙光降临的我告诉自己：是
> 时候让这个局面发生一些变化了。[27]

这个局面也确实发生了改变。李知道西班牙人在攻陷比尔卡班巴之前还曾经在另一个地点与印加人交战过。印加人称那里为马丘普卡拉（Machu Pucará），也就是“老堡垒”的意思。在仔细梳理了整个区域之后，李和他的队伍确信自己又发现了编年史中提到的应该存在于此的第二个堡垒。另

一块比尔卡班巴拼图的碎片又被完美地拼对了地方。

重走了假定的西班牙侵略者入侵时所走路线，并发现了两处与16世纪编年史中描述的位置完全相符的失落的堡垒之后，李和他的队伍已经算是收集到了更多用来支持萨沃伊称伊斯皮里图大草原遗迹实际上就是曼可的比尔卡班巴的理论的证据。李和他的一个朋友此时决定脱离探险团队，独自前往萨沃伊提过的附近可能存在的遗迹搜寻一下。萨沃伊说过："在蓬库尤山上某个地方应该有一栋漂亮的两层建筑，是用白色石灰岩建造的。如果是我回到秘鲁，我一定会去那里看看。"[28]于是在两个当地农民的陪同下，李和他的朋友在陡峭山坡上的云雾林中艰难跋涉了三天，最终发现萨沃伊所言非虚。蓬库尤山上确实有一片保存得十分完好的建筑遗迹，那里的海拔是一万两千八百五十英尺。遗迹的主体是一栋很少见的两层高楼及它附近的相关建筑，建筑的保存状态还相当完好，正好处于两座山峰之间的缝隙中，至今屹立不倒。如李后来写道的：

> 在纠缠的灌木丛和覆盖着苔藓的树木中沿着最后一段台阶继续攀爬，我们最终找到了我们要找的东西，它是对我们过去几天辛苦的加倍回报……在蓬库尤"发现"的一切就是我在梦中期盼的那些意想不到的惊喜……蓬库尤……绝对是一个伟大的发现。这里不像我们在前往老比尔卡班巴的路上发现的其他那些坍塌毁坏的遗迹，蓬库尤仿佛是一个从印加人的世界里留传下来
> 433 的完全未受到任何打搅的圣物。从我阅读过的材料来

> 看，我知道这样的情况太罕见了。更令人欣喜的是这栋建筑的现状几乎是完美的（实际上，它比马丘比丘的建筑更加保持了原始的样貌），其中复杂的设计绝对是印加建筑技艺的典范，是研究这一问题的天然实验场。到目前为止，我们似乎找到了这次探险活动中最宝贵的遗迹。像七十多年前的宾厄姆一样，我们的运气好得惊人。[29]

当时的李并不知道，美国探险家、作家维克托·范哈根在 1953 年探索印加古代道路系统时就已经发现了蓬库尤，并且在他 1955 年出版的作品《太阳之路》中描述了自己的发现。萨沃伊很可能是没有读过或忘记了范哈根的故事，所以才把这个信息传达给了李。不管怎么说，当李返回怀俄明州时，他给萨沃伊打了一个电话，告诉萨沃伊自己“发现”了蓬库尤遗迹和两个印加堡垒——华纳普卡拉和马丘普卡拉，李还告诉萨沃伊关于他打算根据他的发现绘制遗迹地图的事。李说电话里的萨沃伊听起来很激动，对于蓬库尤的遗迹尤其感兴趣。老探险家突然告诉李他最近决定要更新自己 1970 年出版的著作《安蒂苏尤：寻找亚马孙的失落城市》中的内容，并即将出版一本关于同一主题的新书。萨沃伊说把李最近的发现加入他的新书就再完美不过了，他问李对这个提议是否感兴趣，以及等李的地图完成之后，是否愿意飞到里诺来在自己的安第斯探险家俱乐部里做一次演讲？李告诉萨沃伊如果后者愿意在书中加入自己的新发现，对自己来说是莫大的荣幸，他当然也非常愿意前去向他们介绍自己的新发现。

1984 年秋天，李位于怀俄明州的房子外已经堆满了积雪，文森特·李坐在自己的木屋书房中，参考实地探险时做的笔记以及在秘鲁遗迹中实地测量的数据，开始绘制一幅精确的地图并重构遗迹的三维模型。恰巧是在落基山脉[①]脚下的一间工作室里，曼可在偏僻的比尔卡班巴地区里的城市和聚居区的轮廓在隐蔽了四百多年之后终于渐渐被描绘了出来，这几乎和宾厄姆当初在考察营地的化学药品池里冲洗出的马丘比丘的照片中展现的景象一样令人惊叹。李写道：

> 434 这个过程令人沉迷……随着新信息被一点点地加入，原本完全难以理解的遗迹的精髓在隐蔽了四百年之后终于渐渐浮现于纸面之上。到 11 月初，我们在印加的比尔卡班巴看到的一切都被展示在十一张大的蓝线打印纸上。我还精选了几百张照片制作了幻灯片来为地图进行补充说明。[30]

李觉得他已经准备好向萨沃伊做介绍了。

三个月后，李来到里诺，站在萨沃伊选定的一组人员面前向他们展示了各个遗迹的幻灯片。李说萨沃伊对于他展示的照片和草图表现出了浓厚的兴趣，对于在蓬库尤的发现更是越来越着迷。李介绍结束后，萨沃伊对李说如果后者能够把自己的发现写成文章并在 1985 年 6 月前交给他的话，他

---

① 北美的落基山脉和南美的安第斯山脉合称科迪勒拉山系，是世界上最长的褶皱山系。——译者注

很愿意将这部分内容添加到自己的新书里。萨沃伊还说自己并不能支付他任何酬劳，因为“这本书不是为了赚钱”，[31]但是他可以送给李五十本免费样书。为自己的发现能够被出版而感到兴奋的李接受了这个提议。作为对于启发了自己探险灵感的人的感谢，李还把自己绘制的草图和地图的副本都留给了萨沃伊。

三个月之后，当李正忙着赶在交稿日期前完成自己的创作时，他突然接到了一个来自吉恩·萨沃伊的电话。萨沃伊毫无预兆地告诉李在间断了十五年之后，他决定重返秘鲁并且刚刚从李“发现”的蓬库尤遗迹回来。

> “［我］刚刚从蓬库尤探险回来”，他［萨沃伊］说。“那地方真棒!”这句话就是出自一个在三个月前还信誓旦旦地表示自己“再也不会返回”秘鲁的人之口。他显然是在我们离开里诺之前就计划了这次探险并且使用了我留给他的地图指路。他说在当地农民的带领下，他带着自己的家人到遗迹上面考察了几天，还拍了照片。似乎只在一瞬之间，我的启蒙老师就变成了我的竞争者，还是一个在相关问题上无比强大的竞争者。[32]

几周之后，李最坏的猜想就得到了证实。包括李的一位在纽约的纪录片制作人朋友在内的许多人都收到了吉恩·萨沃伊发出的一封格式化的信件，然而李并不是收信人之一。 435
吉恩·萨沃伊在信中称自己在长时间的间断之后刚刚重返了秘鲁并立即“发现了”令人兴奋的印加“太阳神庙”，神庙的位置就在比尔卡班巴的山峰之上。萨沃伊决心重返这个地点进行更多的探索，但是他需要经费来负担所需的开支。因此萨沃伊想出了一个巧妙的解决方法：他打算发行二百五十册《安蒂苏尤：寻找亚马孙的失落城市》限量版，每本售价二百五十美元，并且只出售给探险活动成员和朋友。萨沃伊说新版本的独特之处在于其中加入了遗迹的照片、地图和建筑效果图等，这些内容都是此前尚未公开过的。

李很快地计算了一下：二百五十本书，每本二百五十美元，总收入将超过六万美元。“还说什么这本书不是为了赚钱”,[33]李后来回忆道，一边说一边摇着头。书里当然会有尚未公开的遗迹照片、地图和建筑效果图，因为这些内容都是李的研究成果，而他本人还没能发表这些内容。鉴于萨沃伊的这本书预计于 1985 年 6 月出版，也就是萨沃伊要求李提交要被添加到该书中的章节的截止日期的同一个月份，李认定萨沃伊是给自己安排了一个“徒劳无功的任务”，为的就是保证李不会在萨沃伊出书之前出版那些内容。李后来写道：

> 哪怕我不是福尔摩斯也能看出这其中的诡计，到 6 月 1 日我按他的要求把稿件提交给他的时候，他一定会说已经来不及将我写的内容加入他售价二百五十美元的新书了。实际上，萨沃伊在 11 月就已经得到了所有他想从我这里得到的东西，就是我像傻瓜一样留给他的那些草图。这一切激发了我行动的决心。我回到我的文字处理器前，花了双倍的努力，终于在 3 月底前完成了我

> 的作品《曼可六人组：穿行在印加人中间》（*Sixpac Manco*：*Travels Among the Incas*），并用桌面排版系统将其排版后自行出版。我小心地将所有留给萨沃伊的草图和地图都包含在我的作品之中并到国会图书馆注册了版权。为了体现这次富有诗意的伸张正义的行动，我选择在1985年4月1日愚人节这一天将我的出版物成品寄给萨沃伊，同时还附上了一封信，建议他如果想要在他的新书中使用任何我作品中的内容一定要先征求我的许可……我在书信［最后］唯一的评价是："你从一开始就告诉我'不要相信任何人'——现在看来你说的任何人也包括你自己。"[34]

萨沃伊没有回复我，他那本关于在比尔卡班巴地区的"新 436
发现"的作品也再没有出版。

对于整个世界而言已经失落了几个世纪的比尔卡班巴第一次毫无疑问地被确定了身份和位置，吉恩·萨沃伊和文森特·李都为这个创举收集了证据。终其一生都在坚称马丘比丘就是古时的比尔卡班巴的海勒姆·宾厄姆显然是错了。如今，真正的比尔卡班巴的位置已经被世人所发现，然而最初的问题又重新摆在了我们的面前：既然马丘比丘不是比尔卡班巴，那么马丘比丘究竟是什么？

437 # 后记　马丘比丘和比尔卡班巴，寻找安第斯山脉的失落城市

如果你带着一张比尔卡班巴的地图，在每个主要的印加帝国遗迹上做个标记，你会发现形成的图案中有一片巨大的空白，就在阿普里马克河上从丘奇基拉再向下游方向的地方。有两条印加古道通向那片区域——如果那里什么也没有，印加人怎么会修建通往那里的路呢？那里也许还有一个用石料修建的城市，不过谁知道呢？我猜这就是吸引我们不断回到这里的原因。[1]

——文森特·李，2005 年

要理解为什么比尔卡班巴和马丘比丘曾经被混为一谈，人们必须回头去看这两个地方最初建立时的情况：据推测它们都是在 15 世纪中期修建起来的。① 在 15 世纪初期，被称为印加人的这个民族还只生活在以库斯科河谷为中心的一个小王国里，那时在安第斯山脉上和海岸地区存在许多和他们

① 马丘比丘被认为是 1450～1470 年建造的。最近在比尔卡班巴的考古挖掘成果也暗示这个城市是在 15 世纪时建造的。[2]

一样弱小的王国。印加人告诉西班牙人他们的领袖是老印加
王维拉科查·印加。当时强大的昌卡王国带领大军逼近，印 438
加统治者出逃，只把自己已成年的儿子库西·尤潘基留在了城中。后者马上就主持起了大局，集结了军队，奇迹般地战胜了入侵者。库西·尤潘基随后罢黜了自己的父亲，举行了自己的加冕礼，并将自己的名字改为帕查库提，这个词语在盖丘亚语中是“颠覆世界”、“大动乱”或“将要颠覆世界之人”的意思。这个名字预告了帕查库提的未来，他确实很快就给整个安第斯世界带来了革命性的巨变。

根据印加人的口述历史，帕查库提在年少时就有过一次宗教顿悟的经历，这次经历让他看到了自己神圣的本质和等待着他的无可限量的未来。耶稣会士贝尔纳韦·科沃写道：

> 据说印加君主［帕查库提］还没有登上君主之位以前，有一次他到……距离库斯科五里格之外的地方看望他的父亲维拉科查，途中他经过一条被称为苏瑟普丘(Susurpuquiu)的泉水旁边时，看到一块水晶板掉进了泉水，在水晶之中显露出这样一个印第安人的形象：他的头上有一个与印加人佩戴的样式类似的拉图头饰(llauto)，还有三道像太阳光一样的金光闪耀在他的头顶之上；他的手臂至肩膀上缠绕着几条蛇……还有一条蛇一样的的东西伸展在他的整个后背上。看到这样的画面之后，帕查库提感到非常害怕，所以他跑开了。但是那个印第安人的形象从泉水中召唤他：“到这里来，我

的孩子。不要恐惧，因为我就是你的父亲太阳。我知道你将征服许多国家，你也会用牺牲来铭记我、崇敬我。”说完这些话之后，水晶中的形象就消失不见了，只剩水晶板还留在泉水中。帕查库提于是把水晶板捞了上来并保留好，据说从那以后水晶板就成了一面魔镜，他能够从里面看到任何他想看的事情。当帕查库提成为君主之后，他就依着自己记住的水晶中的形象为太阳制作了雕像，还修建了后来西班牙人来到这里时见到的富丽堂皇的科里坎查太阳神殿，在那之前的太阳神庙原本只是一座又小又简朴的建筑。除此之外，帕查库提还下令所有被他征服的归顺印加帝国的地方都必须建造专门敬奉太阳的神庙，他还专门拨付了补助来让他的臣民全都崇拜和尊敬太阳。[3]

439 成为君主后不久，帕查库提就立即开启了按照自己见到的独特幻象来重塑这个世界的行动，最先着手改造的地方就是库斯科。他在这里实施了一项重大的重建工程，重新调整了首都的布局，拆掉了一些旧建筑，修建了新的大道，并下令建造一系列宫殿和神庙。所有建筑都是依照帕查库提偏爱的新型石砌工艺建造的，就是把完美切割的石料紧密地拼接在一起的方式。这样的建筑样式后来被称为帝国样式，它体现出来的精湛技艺和高超艺术水准最终会让这些建筑举世闻名，并成为新大陆上的奇迹之一。

不过，战胜昌卡人并没有让野心勃勃的年轻君主感到满足。帕查库提很快又带领他的军队来到了临近的尤卡伊

（维坎纳塔）河谷，征服了库尤（Cuyos）和坦博（Tambos）两个民族。为了庆祝这些胜利，帕查库提下令在库尤人领地的中心位置建造一个被称作皮萨克的皇室庄园；之后他又下令在被征服的坦博人领地内一片叫奥扬泰坦博的地方修建了第二个皇室庄园。这两个庄园的非比寻常之处在于它们是属于征服者个人所有的。随后继位的各个印加君主，甚至是一些高级别的印加精英也都纷纷效仿。他们拥有的这些庄园也是这个迅速扩张的印加帝国里仅有的私人拥有的土地。

帕查库提建造这些新庄园有几个明确的目的，其中最重要的也许就是支持他的家族世系。每个新登基的印加君主都应当建立他自己的帕纳卡（*panaca*），也就是他自己的血脉后代，帕纳卡的实质就是新君主成了自己家族的大家长，由此将建立一条新的家族线。在帕查库提的私人领地里种植的作物和放牧的牲畜都是用来供养他的皇家帕纳卡成员的。当君主去世后，这些地产也会继续由他的后代使用和维护。

建造皇室庄园的另一个目的是纪念帕查库提的征服成果：当一个皇家庄园被修建完毕之后，它就变成了一个能够体现新君主果敢、进取和强大的纪念碑。最后一个目的就是这些庄园也可以成为皇室人员专用的度假地点，即远离首都的奢侈豪华的休闲场所，君主和他选定的亲属及精英们可以在这里不受打扰地休息、放松并和附近山峰上的神明进行交流。

从他下令在库斯科建造的那些新建筑可以推定，帕查库 440
提很可能是第一个见到自己规划的庄园的泥土模型的人，模型里涵盖了所有他打算建造的建筑和梯田。帕查库提批准了这些设计之后，王国里最优秀的建筑师、工程师、石匠和泥瓦匠们就要依此开工了。同时，作为首席军事将领的帕查库提则继续扩展着帝国的疆域，这一次是向北推进到比尔卡班巴河谷。如科沃神父写道的那样：

> 他［帕查库提］在维特科斯和比尔卡班巴地区展开了征服活动，这里地势险峻，还有茂密的丛林，所以也是最难攻陷的地区之一……印加［君主］率领着他精挑细选的最勇猛的战士离开库斯科，穿过尤卡伊［维坎纳塔］河谷，继续沿着河流向下游的［奥扬泰］坦博进发，最后抵达了安倍班巴（Ambaybamba）河谷。到了那里之后，帕查库提得到消息说前面已经无路可走了，因为没有可以跨越乌鲁班巴河的桥；他的敌人已经拆掉了丘基萨卡的［吊桥］……但是印加君主［帕查库提］的力量太强大了，他不但修复了丘基萨卡的吊桥，还在河道上其他较窄的地方修建了更多的桥。比尔卡班巴地区里的人看到这一切感到无比惊奇和惶恐，他们承认只有太阳的后代才能实现这样的壮举。修完桥之后，印加［君主］下令让他的军队保持好队形继续行进，这样敌人就无法给他们造成任何伤害了。当军队来到距离库斯科二十五里格［八十七英里］之外的科科斯帕塔（Cocospata）时，维特科斯和比尔卡班巴地区里的酋长们（首领们）都派了使者到这里来见他……酋长们为了取悦印加［君主］并获得他的恩赐，告诉他他们愿意送给他一座拥有储量丰

> 富的金银矿藏的山峰。印加［君主］对此很是满意，
> 于是派遣自己的手下前去查看他们说的话是否属实并
> 带回一些金银样品。君主的手下马上就领命出发了，
> 结果他们发现矿藏里的财富甚至比那些人向印加［君
> 主］描述的还要巨大，他们还给君主带回了大量的金
> 银，这让君主更加高兴了……［帕查库提］按来时的
> 原路返回了库斯科，然后下令举行公共庆典来赞颂他
> 的这次远征及发现的矿藏。庆祝活动整整持续了两个 441
> 月。[4]

为了纪念自己征服比尔卡班巴地区，帕查库提下令建造第三处皇室庄园，这一次是在非常靠近丘基萨卡桥的地方，那里有一个可以俯瞰今天的乌鲁班巴河的山脊。印加人管那个新地点叫“比丘”，也就是山峰的意思。由于这个计划建造的堡垒及其附近零散的居民区从一开始就被定位为奢华的私人领地，所以这一整片建筑群也要体现出印加人工艺和艺术的最高水平。

实际上，这片如今被称为马丘比丘的遗迹在工匠们切割第一块石料并将其运上山脊开工建造之前是经过长时间的精心设计的。首先，马丘比丘的位置必须是既神圣又世俗的：帕查库提选定的地点在高高的山脊之上，那里有一个居高临下如神明一般饱览整个区域和四周围绕的神圣山峰（阿普）的视角。其次，同样非常关键的一点在于这里有清洁的水源，水本身就是一种神圣的物质，可以饮用、净身，还可以用于宗教仪式。所以比丘这个位置实际上拥有一些极为重要

的特质：它位于现在被称为马丘比丘的巨大山峰顶部，此外，在堡垒的计划建设地点之上更高的地方，工程师们发现了天然的泉水，于是他们遵循重力原理设计了一套流水系统，让水流能够最终从山顶流进山脊上的十六个高度逐渐降低的用于举行仪式的喷泉中。

工人们在山脊上用沙砾、石料，甚至半地下的挡土墙建造地基，仔细规划如何使山脊上的部分区域变得平整。在马丘比丘进行过挖掘的考古学家报告说这片遗迹上的建筑有大约 60% 的工程量其实都隐藏在地面以下的部分。[5] 因为花岗岩建筑本身的自重就很大，再加上这个地区经常下大雨，所以印加的建筑师们必须确保建筑的地基绝对坚实，才能承受住重量和雨水的挑战。地基建成之后，工人们才开始修建上面的堡垒部分。[6] 建筑所需的巨型石料来自同样位于这个山脊上的采石场，那里的工人们用各种各样的石器和铜质工具开凿石料。当第一块石料被切割好之后，建造马丘比丘的房屋、宫殿和神庙的工作才算正式开始。

来自全国各地的工匠和手艺人都聚集到这个偏远的地区
442 来，在一群建筑师和工程师的监督下进行工作。为了让堡垒的建造符合当时最新、最先进的科技，印加的天文学家们也要协助工程师、石匠们一起建造能够精准地标记冬至、夏至和其他天文现象的观象台。与此同时，工人们也在忙着建造通往这里和从这里出发的道路，好将马丘比丘与首都库斯科以及奥扬泰坦博、皮萨克之类的新建核心城市连接起来，最终这些道路也会连通维特科斯和比尔卡班巴。工人们参与这些建设就是在缴纳自己的密塔，即劳役税。此外还有更多的工人被安排来修建大规模的梯田，好为堡垒中未来的居民提供食物，也要为祭祀仪式提供祭品。很快，凭借印加人的劳动和技术，崎岖陡峭、被丛林覆盖的山坡转化成了一系列令人惊奇的梯田，这里最终开垦出了十四英亩可供种植神圣的庄稼的良田。

马丘比丘最终修建完成并投入使用的时间是在 15 世纪五六十年代，新建立起来的印加帝国的第一位君主帕查库提肯定是乘坐自己的皇室轿子来到马丘比丘的，后面跟随着皇室的宾客和大队的仆从及至少一部分后宫佳丽。堡垒中的配套设施、管路系统、食物、补给、仆人和厨师都是精心配备和挑选的，这样君主就可以在这里和他的客人们一起休闲放松。那时和现在一样，山中云雾缭绕，山峰时隐时现；然而和现在不一样的是，那时建筑的人字形房顶上都铺着新鲜的黄色秘鲁针茅，建筑上的白色石料都是刚刚切割好的，在阳光的照射下会反射出点点光芒。

与库斯科中那些新建的建筑类似，马丘比丘的建筑中大部分的石料也是按照帕查库提偏爱的帝国样式切割的；实际上，有一些建筑所用的石块甚至有一辆小轿车那么大，每块石料都完美地拼接在一起，最重的能达到十四吨。[7] 从附近的马丘比丘山峰上流进堡垒的水通过石头砌成的引水渠最先流到帕查库提的生活区，这样君主就可以使用这里能够获得的最纯净的水。帕查库提的住处里有一个在石头上凿出的水池，君主可以在完全私密的环境中沐浴，而且君主的住处也是马丘比丘里唯一有可以冲水的卫生间的地方。

443 当帕查库提在他的私人浴室中沐浴的时候，他还可以听到外面广场上飘来的客人们的声音，以及远处的金属装饰工匠们锻造和捶打金银饰品、器皿和首饰的声音。长长的美洲驼队伍络绎不绝地抵达这里，从天空中秃鹫的视角来看，这些驼队一定就像结绳语上的绳结一般。这些从安第斯山脉脚下及丛林中送来的食物和补给在堡垒外面不远处一个站点就要被仔细地卸下。即便是在这个私人的隐居地点，跑步传信的查斯基仍然会定时前来给君主和他的官员们送信，然后再将君主和官员们的指示带回去传达到帝国各处。实际上，君主去哪里，他的整个宫廷就都要跟着他到哪里。正因为如此，每当帕查库提来到他在马丘比丘的隐居地点时，这个巍峨高耸、绝世而立的堡垒就会暂时变为权力的中心和整个印加世界的焦点。

今天的马丘比丘是归秘鲁政府所有的，也是向公众开放的。源源不断的旅行大巴每年会把几十万的游客带到这里。在帕查库提的时代，这里的情况则完全不同，马丘比丘是一个私人专属的场所，连通往这里的道路也只有执行国家公务的人才可以走，帝国中其他地方的道路也是如此。帝国的普通居民根本不知道马丘比丘的存在，只有帕查库提的直系亲属、负责维护堡垒各项功能正常运转的工人们和受到邀请的精英阶层才能够前往这里。贵族们通常是乘坐带顶棚的轿子前往的，轿子上还要装饰贵重的金属和色彩斑斓的羽毛。显然，马丘比丘就是帕查库提的戴维营——这个几乎凭借一己之力，将一个弱小的地方王国转变为新大陆上为人们所知的最庞大帝国的人在这里为自己建造了一个皇家度假区。

所以，马丘比丘就是帕查库提为自己建造的第三个纪念庄园，但很可能是所有镶嵌在他功绩王冠上的宝石中最耀眼的一颗，前两个地方分别是皮萨克和奥扬泰坦博。对于习惯了冬天极为寒冷的首都和整个安第斯山脉惯常的恶劣气候的君主来说，堡垒上的气候温暖舒适，这无疑能给他提供一个让人欣喜的喘息机会。即便是帕查库提已经去世，他的遗体被仪式性地进行防腐处理并制成木乃伊很久之后，他的仆人们无疑还在继续将神圣的君主送到马丘比丘及另外那些由他下令在安第斯山脉上建造的庄园里。他无神的眼睛似乎还在凝视着远处那些皇家帕纳卡的成员们，看着他们继续享受自己家族创立者无与伦比的征服和劳动带来的丰硕成果。

既然马丘比丘是帕查库提的私人皇室庄园，那么问题依 444
然摆在那儿：这个地方是怎么被和曼可·印加的起义首都比尔卡班巴联系到一起的？我们可以从印加人的口述历史中发现这个问题的部分答案。根据西班牙人在16世纪时对印加人进行的采访可知，帕查库提在征服了比尔卡班巴河谷之后曾一度停下了继续攻城略地的脚步。然而他的儿子图帕克·印加后来显然又将其统治区域扩展到了潘帕科纳斯河谷，并最终将后来的比尔卡班巴镇所在的区域也纳入了自己的版图。

帕查库提军事征服比尔卡班巴河谷之后，在那里实施了一套发展模式，后来这个模式很快就被印加人复制到了整个帝国范围内。首先，向新地区派遣工程师和结绳语专家（会计师），让他们评估该地区的资源并编目登记。结绳语专家的任务是普查当地的人口并将当地的耕地面积、作物、金属种类（铜、锡、金、银）和其他资源的数据用绳结记录下来。印加的工程师要做的是按照新地区的情况制作一个陶土模型，包括当地居民聚居区的位置。这个模型将被带回库斯科展示给君主。在获得了这些信息的基础上，帕查库提和他的顾问们就开始规划如何重新安排人口分布，在哪里需要修建印加道路，在哪里挖掘皇家矿藏，以及在哪里建立新的聚居区。

当整体的发展规划获得通过之后，印加的管理者就将劳动力送到新的地区去建造或修缮深入该地区的道路，并在老路两边修建典型的印加坦普（*tambos*）[1] 和仓库；然后管理者会在仓库里堆满给政府官员、工人和即将要被永久地迁移到这里的米特玛科纳移民准备的补给。除此之外还要建立查斯基的站点，之后这些新地区就可以被归入君主的由跑步信差接力的通信系统之内。如果需要建造水渠、桥梁、梯田，甚至是城镇，印加管理者们也会派遣相应的建筑师、石匠和工程师前往。

当这些新征服的地区逐渐被重新整合以后，印加的精英阶层就可以顺畅地役使当地人力和开发当地资源了，新地区的首府城市也会获得建设。总体来说，印加人喜欢将地区的首府城市选在能够很好地观察四周区域的高点上的一片平坦区域中。在比尔卡班巴河谷上流地区，帕查库提亲自挑选了
445 一个海拔约一万英尺之上的山顶，从那里可以俯瞰下面整个富饶的河谷。在这里建造的官方城镇就是后来被称为维特科

① 坦普即物品存放处或房舍，另一种拼法是“tampu”。——译者注

斯的地方。这里最终建起了一些皇家房屋、一个广场、一片行政性建筑群、一些仓储设施、一座太阳神庙、一个位于山顶的堡垒和一些民用住房。

就大多数地区首府而言，各种建筑采用的大多是印加人的皮尔卡（*pirca*）样式，也就是使用粗切石料和黏土作为建筑材料，只有皇室建筑中会多少出现一些和首都库斯科一样的经典的帝国样式石砌工艺。根据蒂图·库西的说法，帕查库提和他的儿子图帕克·印加在维特科斯都有居所，连曼可的父亲瓦伊纳·卡帕克也有。尽管印加的君主们只会短期驾临维特科斯，但是他们一定会任命一个印加管理者长期生活在这个山顶之上的首府里。①

图帕克·印加重新征服了这一区域之后，印加的管理者们又挑选了一个地方来建立边境的前哨站和贸易中心。这个地方距离维特科斯有三天的路程，海拔也降低了五千多英尺。人们管那个地方叫“比尔卡班巴”，意思是“神圣的平原”。[8] 被安排到这里服劳役的劳动者们开始用石头或铜质斧头砍伐浓密的热带树木，清理出一片区域作为建设用地。在为新聚居区设计了一个广场和一套饮水系统之后，印加的建筑师们又开始在这片空地上监督建造风格粗犷的皮尔卡样式建筑，典型的人字形屋顶上铺的是从高地上带来的秘鲁针茅晒成的干草。印加管理者们接下来安排了米特玛科纳移民到这一区域里定居，为的是继续清理这片区域，然后在这里种

① 建筑师文森特·李认为维特科斯是作为帕查库提的另一个皇室庄园而建造的。

植古柯。移民们还可以开始用安第斯山脉上人们制造的产品来交换当地亚马孙丛林部落生产的产品和天然原料。当地的原住民群体显然也有来到比尔卡班巴居住的，或者至少是暂时居住过，因为在城市遗迹中还能够发现一些圆柱形的石头建筑散落在各处。

大约半个世纪之后，当曼可·印加抛弃了帕查库提的皇室庄园和草草改造的奥扬泰坦博堡垒之后，时年二十一岁的君主选择的最终庇护所恰巧就是他的曾祖父征服的第一个地区——崎岖不平的比尔卡班巴。

446 比尔卡班巴位于库斯科西北一百英里左右的地方，而马丘比丘距离首都只有五十英里。曼可·印加当时选择了比尔卡班巴而不是马丘比丘作为他的流亡首都。比尔卡班巴四周围绕着浓密的树林，只有陡峭的山路可以前往，附近还有很多河流，如果需要，曼可也可以从水路逃脱，这样的比尔卡班巴在曼可看来一定是个可以被重新打造为首都的地方，也是让他能够将自己的游击队战争进行到底的绝佳阵地。虽然曼可最终为自己建造了一座宫殿，但我们仍然可以确定这个地方最初是作为行政管理中心，而非皇室庄园而建造的。这里发现的大约四百栋部分未损毁的建筑中，绝大部分都是用未经切割的石料和黏土灰浆建造的，只有极少数的建筑采用了印加帝国样式。所以曼可在1537年迁移到这里这件事，打个比方说的话，就好像是让19世纪40年代的美国总统突然放弃白宫，被迫将他的整个执政团队都迁移到西部边界上的某个粗切石块建造的要塞里一样。

正因为如此，比尔卡班巴并没有多少曼可的皇室祖先们习以为常的物质方面的奢华。这里没有居高临下的地形，所以也不能一览周围乡村的情况；这里的气候比印加精英阶层偏爱的气候条件更炎热潮湿；这里几乎没有什么帕查库提下令在马丘比丘、奥扬泰坦博、皮萨克和库斯科建造的那样的帝国样式建筑。比尔卡班巴的居民们和附近的西班牙人入侵者进行了几乎是持续不断的游击战争，他们大部分的精力和资源都花在了保卫他们弱小的王国上，所以没有多少时间和意愿在这个和库斯科或维特科斯一样随时可能被抛弃的城市里建造什么浮华的建筑。

出于这些原因，在 1911 年 8 月，当海勒姆·宾厄姆在伊斯皮里图大草原上只考察了短短几天的时间，只发现了十几栋粗切石料建筑遗迹时，他无法相信这就是传说中印加人最后四位君主的首都的一部分，这件事也就没有什么可奇怪的了。虽然这个地理位置似乎基本符合编年史中对于比尔卡班巴的描述，但是在宾厄姆的想象中，曼可的城市里应该会有一些更精美的建筑。他觉得马丘比丘的地理位置更有气势，还有大量帝国样式建筑，所以那里一定就是印加人最后的首都。

然而实际上，马丘比丘并不是比尔卡班巴，而是帕查 447
库提的一处皇室庄园，这也能够解释为什么西班牙人的编年史中很难找到任何关于马丘比丘或华纳比丘的内容。因为到 1534 年西班牙人入侵库斯科的时候，马丘比丘的堡垒已经基本上被弃用了。就算有任何帕查库提的皇家帕纳卡成员生活在马丘比丘，他们也肯定会在西班牙人到来之后的动乱中尽快赶回库斯科。至于那些从帝国各个地方招来的仆人肯定也会离开这一小块废弃的皇家领地，要么是跟随他们的主人返回库斯科，要么是回到自己的家乡去。就好比一个失去了收入的主人无法再承担维护自己的豪华度假胜地所需的高额费用一样，帕查库提的皇室庄园也因为印加帝国税收和劳役制度的崩溃，以及贵族享乐时间的消失而被抛弃了。

城市中神圣的金属器物都已经被主人带走，再加上这里并没有什么特别重要的政治或地理意义，入侵的西班牙人对于马丘比丘当然不会产生任何兴趣。实际上，可能根本没有任何一个西班牙人来过这里，否则这里的神庙肯定也都会被毁掉。[9]很快，云雾林里浓密的植物就将通往这里的印加道路吞没，宫殿和建筑四周也长满杂草。被抛弃了不过十年之后，从下面深深的河谷中经过的人就几乎完全看不到位于他们头顶之上的帕查库提最精美的建筑明珠了。

鉴于西班牙人喜欢将笔墨过多地集中于描写西班牙人感兴趣的东西，其余一概省略，我们也就不用奇怪为什么宾厄姆和萨沃伊都无法在西班牙人的编年史中找到任何关于马丘比丘的内容了。然而，当代的科学家们最终还是发现了在一些零散的西班牙文件中确实曾经不止一次提到过一个被称为“比乔”（Picho）的地方，这很可能就是指马丘比丘。比如，一位在1565年从库斯科前往比尔卡班巴的西班牙特使在自己的报告中写道：“那天晚上，我在位于一座冰雪覆盖的山峰脚下被抛弃的［印加］小镇孔多玛卡
448 （Condormarca）过夜，那里有一座古代样式的桥横跨于维特科斯河［即比尔卡班巴河］之上，过了桥可以前往［奥扬

泰］坦博，萨帕玛卡（Sapamarca）和比乔，那里是一个平静祥和的地方。”[10]

在 1568 年，也是西班牙人最终攻陷比尔卡班巴的四年之前，另一份西班牙人的文件中也提到了一个被称为“比乔村”的地方，它也在今天的马丘比丘所在的位置。[11]又过了漫长的三个世纪之后，这个地方真正的名字“比丘”才终于出现在一位意大利地理学家和探险家安东尼奥·拉伊蒙迪绘制的地图上。这份地图是 1865 年出版的，上面标注了一座名叫“马丘比丘”的山峰，就矗立在乌鲁班巴河沿岸。又过了十年之后，法国探险家夏尔·维纳（Charles Wiener）本打算从奥扬泰坦博出发，经过潘蒂卡拉关口，抵达乌鲁班巴河上古老的丘基萨卡桥。在他 1880 年出版的作品中，维纳写到了奥扬泰坦博的本地人说过“还有其他［古代印加］城镇存在，以及关于华纳比丘（*Huaina-Picchu*）和马丘比丘（*Matcho-Picchu*）的事。于是我决定在向南继续行进之前，先向东进行最后一次远足探险来［寻找这些地方］”。[12]然而，维纳选择了从丘基萨卡桥向下游前往圣安娜种植园的路线而不是逆流而上向着马丘比丘的方向，因为在圣安娜和奥扬泰坦博之间沿着乌鲁班巴河的道路还要再过十五年才修好，而且乌鲁班巴河也不适于航行。① 不过维纳还是给乌鲁

---

① 根据地图来看，维纳原本打算从奥扬泰坦博出发前往丘基萨卡桥，这一路线应该是由南向北的，与其在书中提到的“向南继续行进”不符。另外，维纳选择从丘基萨卡桥向下流前往圣安娜种植园的路线也是由南向北的，并非如其所说“向东进行最后一次远足”，此处疑有误。——译者注

班巴河谷绘制了一幅精细的地图，其中就包含了两座被称为马丘比丘和华纳比丘的山峰。

虽然当地的秘鲁人已经告诉维纳这个地区里有印加遗迹，但是探险家还是没有继续跟进自己得到的这个线索。如果他当时去那里找了，那么今天挂在马丘比丘遗迹上的铜质纪念牌就该是纪念维纳的了，自然也就不会有什么人知道海勒姆·宾厄姆是谁了。

在宾厄姆被领到这片最终会让的他的名字载入史册的遗迹将近一个世纪之后，海勒姆·宾厄姆和他的发现仍然在引发各种争议。宾厄姆 1911 年来到马丘比丘的这件事，实际上一直让人们忍不住问一个问题：发现这个新大陆最
449 著名的建筑遗迹的功劳真的应该被记在宾厄姆头上吗，还是说应该归属于那些显然是在他之前就发现了这里的人们呢？

毕竟，在宾厄姆来到这里之前，已经有三个秘鲁家庭在马丘比丘山峰旁边生活并部分清理了遗迹。至于那个带领宾厄姆来到这里的农民向导梅尔乔·阿特亚加不仅仅是已经来过这片遗迹，甚至是已经将遗迹附近的土地出租给了那些在这里生活的家庭。如前文所说，宾厄姆自己也发现了遗迹中建筑的墙壁上有之前的探险者留下的名字和来到这里的时间：“利萨拉加，1902 年”。这个字迹是一位名叫阿古斯丁·利萨拉加（Agustín Lizarraga）的本地赶骡人留下的，宾厄姆后来还见到了利萨拉加本人，他就生活在不远处的河谷谷底，已经在这里生活了三十多年，他显然是感觉到了遗迹的重要性才会把自己的名字用木炭写到墙上的，而且是在

这个高个子的北美人来到这里九年之前。① 他们之间的区别当然就在于利萨拉加只能用木炭标注自己的发现，而不可能有机会在国内或国际范围的出版物上发表文章。除以上这些之外，至少还有三个人告诉过宾厄姆去哪里能找到这片遗迹，虽然那三个人都没有亲自前往，但是这三人之中的艾伯特·吉塞克甚至还明确告诉宾厄姆去联系一个叫梅尔乔·阿特亚加的生活在那里的农民，因为他可以带领宾厄姆前往遗迹。

显然，这个地区里的一些人是知道马丘比丘遗迹的存在的，至少其中一部分人还亲身前往过那里，甚至还有一些人是居住在那里的。他们其中的一些人将这些信息告诉了宾厄姆。然而，令人惊讶的是，在宾厄姆发现马丘比丘之后，他本人完全没有提及以上任何人给他的帮助。在他最后一本著作《印加人的失落城市》中，宾厄姆直截了当地声称“库斯科大学的教授们对于［乌鲁班巴河］河谷下游存在的遗迹一无所知”。[13]如果严格抠字眼的话，这种说法可以算是真的，毕竟同属于这所大学的吉塞克是一名牧师而非教授。

类似的，宾厄姆也“忘了”提及其他信息对他产生的帮助，这些信息中既有他前往探险时随身携带的，也有他在找到遗迹之前进行研究时就获得的。宾厄姆称自己在 1911 年的探险之旅中“只带着安东尼奥·拉伊蒙迪［1865 年］绘制的细致的地图，地图涵盖了我们打算探索的这片区域”。[14]这里省略不说的事实是，拉伊蒙迪的地图里已经用大 450

① 利萨拉加在 1912 年去世了，也就是宾厄姆第一次到访马丘比丘一年之后。

字体明确标注了马丘比丘的确切位置。宾厄姆还说“我们直到［1911 年］返回纽黑文之后才得知法国探险家夏尔·维纳曾经听说华纳比丘和马丘比丘上有遗迹存在，但是没能找到的事”。然而事实是，宾厄姆早就仔细研读过维纳的作品了。在此仅仅一年之前，宾厄姆曾在《美国人类学家》（*American Anthropologist*）上发表过一篇文章，其中就引用了维纳的作品，并加了脚注说明：“夏尔·维纳在他不算可信但相当有趣的作品《秘鲁和玻利维亚》（*Perou et Bolivie*，巴黎，1889 年）中（该书第 249 页脚注）提到另一个法国人也到过丘奇基拉（Choquequirau）……”[15]无论维纳的书是不是“不算可信”的，但他包含在书中的地图上确实明确标记了马丘比丘和华纳比丘两座山峰的位置，而且他提到的被告知那里有遗迹的事也是完全可信的。

对自己从许多个人那里获得帮助的事实避而不谈，对于自己掌握的各种信息轻描淡写，对于自己的探险技能夸大其词，最终宾厄姆成功地改写了自己是如何发现这个著名遗迹的历史，他一定是凭直觉就知道真相会让他的书变得乏善可陈、索然无味，因为事实就是，他在库斯科的时候就已经听人说了要去哪里找遗迹，而且他还有一张甚至是多张地图告诉他怎么走。

当有其他可能与他得出的结论相矛盾的信息出现时，历史学家宾厄姆也同样选择了隐瞒或压制。比如在他 1930 年撰写的一篇专题论文中，宾厄姆引用了西班牙人迭戈·罗德里格斯·德·菲格罗亚（Diego Rodríguez de Figueroa）在 1565 年写的一份报告中的内容。菲格罗亚说在奥扬泰坦博和丘基萨卡吊桥之间的乌鲁班巴河沿岸有一个被称为“比乔”的镇子。宾厄姆在一个简略的脚注中谨慎地写道：“这个名字也许指的是马丘比丘。这是我们在早期的编年史里找到的唯一接近的内容。”[16]宾厄姆当然很明白，如果马丘比丘在1565年真的被称为“比丘”或“比乔”，而同一时期的起义首都却被称为比尔卡班巴的话，那么无疑就能证明马丘比丘根本不是比尔卡班巴。

在已经凭借宣称马丘比丘就是比尔卡班巴而名声大噪之后，宾厄姆在《印加人的失落城市》一书中再一次引用了 451
菲格罗亚在1565年写的这份报告，然而这一次，他将提到“比乔”的那部分内容全部省略了。[17]如美国人类学家和印加问题专家约翰·H. 罗后来提到这次令人诧异的省略时所说的那样，宾厄姆显然是知道如果将这一部分内容包含在内的话，“将会给他将马丘比丘异想天开地认定为老比尔卡班巴的理论带来致命的打击”。[18]

尽管海勒姆·宾厄姆有很多缺陷，但除了一些本地人之外，在1911年之前外部世界对于马丘比丘的古代堡垒一无所知，这也是事实。无论秘鲁人还是外国人，没有一个科学家或历史学家到达过这个库斯科以外仅五十英里的山脊顶部的堡垒，也没有人为这里测绘过地图，没人为这里拍摄过照片，没人对这里进行过研究，也没有人出版过任何关于到这里探访的内容。在海勒姆·宾厄姆到来之前，马丘比丘的遗迹已经与世隔绝了将近四个世纪。

宾厄姆不仅是第一个向世界宣告马丘比丘的存在的人，他还带领了三支多学科科学家队伍到这里来进行测绘、挖掘并探索了遗迹周边的地区。① 因此，虽然宾厄姆绝对不是自印加帝国灭亡之后第一个来到马丘比丘遗迹的人，但毋庸置疑，他就是第一个从科学意义上发现马丘比丘的人。其他科学家和探险家们——安东尼奥·拉伊蒙迪、夏尔·维纳和艾伯特·吉塞克——曾经无比接近成功，但是成功的只有宾厄姆一人。如作家安东尼·勃兰特（Anthony Brandt）在为宾厄姆 1922 年出版的《印加大地》（*Inca Land*）现代版创作的序言中写到的那样："宾厄姆是一位探险家，而不是考古学家；他的使命不是解释，而是发现马丘比丘。"[19]

发现马丘比丘三十七年之后，海勒姆·宾厄姆又一次短暂地返回了秘鲁，为的是参加第一条从谷底的火车站一路蜿蜒向上攀升至山顶遗迹的人工道路的落成典礼。当依然又高又瘦，只是头发已经斑白的探险家站在能够将各个印加人的
452 神圣山峰饱览无遗的山脊顶端之时，秘鲁政府的代表正式宣布将这条道路命名为海勒姆·宾厄姆公路（Carretera Hiram Bingham）。八年之后的 1956 年，八十一岁的海勒姆·宾厄姆寿终正寝。那个曾经渴望"成就一番大事业"的男孩后来当上了中校、美国参议员，还发现了马丘比丘。他去世后被安葬在阿灵顿国家公墓，还享受了完全军礼的至高荣誉。

---

① 宾厄姆在 1912～1916 年从马丘比丘挖掘出的文物全被放在无数个大木板箱里，被运回了位于康涅狄格州纽黑文的耶鲁大学皮博迪博物馆供科学研究之用。秘鲁政府估算其中包含的文物数量超过五千件。尽管宾厄姆这么做在当时是受到秘鲁政府许可的，但是宾厄姆和耶鲁大学同意的挖掘规定中已经说明一旦秘鲁政府提出要求，耶鲁大学必须返还所有文物。自 1920 年提出正式要求之后，秘鲁一直在努力追求文物的安全回归。很多人认为到发现马丘比丘的一百周年纪念之时（2011 年），这些文物理应被返还给秘鲁。

与此同时，宾厄姆在1911年7月的一天幸运地发现的古老印加遗迹则至今仍在接待大批的访客，来此游览的人数每天超过一千人，每年超过五十万人。

如果说海勒姆·宾厄姆是想要独占发现马丘比丘的功劳，并自作主张地隐瞒某些事实以维护自己的名声或支持自己的理论，那么美国探险家吉恩·萨沃伊则更远地偏离了追求真实历史的道路，甚至一头扎进了自己创造的神话不能自拔。当萨沃伊来到比尔卡班巴地区的时候，乌鲁班巴河沿岸已经有了铁路，剩下的一段进入比尔卡班巴河谷的道路也可以乘坐卡车前进。然而萨沃伊对于比尔卡班巴地区的描述依然像是直接从维多利亚时期的旅行见闻录里复制下来的一般。如宾厄姆的畅销书都是以勇敢的白人探险家如何在充满敌意的丛林中寻找传说中的失落城市为主题一样，类似的套路也反复出现在萨沃伊1970年出版的著作《安蒂苏尤：寻找亚马孙的失落城市》中：

> 我们身处在热带地区，没有医疗救治的话，最轻微的感染也可能像野火一样发展到无法控制的程度。我们很快就进入了一个有很多蛇的区域，这里有大批的巨腹属毒蛇，它们是安第斯山脉里体型最大的毒蛇，能够长到十二英尺长。被称为齐姆克（chimuco）的毒蛇会攻击任何它看到的东西，这种危险的蝮蛇是丛林中那些能够伤及性命的动物中最让人惧怕的一种。除此之外，还有枪头蛇、矛头蝮蛇以及其他可以咬死人的毒蛇。另

> 外，如果被塔兰图拉毒蛛、蝎子、吸血蝙蝠、咬人的蚂蚁和各种有毒的植物弄伤而没有适当的药物治疗的话，后果也可能很严重。幸运的是我们携带了各种医疗补
> 453 给。（然而，我们的药箱中并没有能够治疗黄热病、疟疾、麻风、脚气等其他许多热带地区常见疾病的药品。我们也没有能够应对这里一种特殊的苍蝇叮咬的药物，据说它可能引发一种严重的皮肤病，能够破坏口腔、鼻腔和耳朵里的软组织。）水和食物也都被污染了，如果饮用或食用了这些水和食物，寄生虫就可能入侵人体内部的肠道、肝脏和血液。总之，这些都是我们准备好要面临的困难。[20]

萨沃伊在自己的叙述中忘了提及的是：20世纪30年代就已经有了预防黄热病的疫苗，注射一下就可以了；而脚气则是由于缺乏维生素而引发的；麻风更是极为少见也非常不容易感染的一种疾病；那些巨腹属毒蛇也不会“攻击任何它看到的东西”，除非是受到惊吓或是被踩到了；至于被塔兰图拉毒蛛咬到的概率更是只有百万分之一，而且就算是真的被咬到，这种伤也并不比被蜜蜂蜇一下严重多少。萨沃伊大费笔墨地把比尔卡班巴地区描述得像一个充满危险的绿色地狱一般，而实际上他和他的团队全都舒舒服服地留在科沃斯家位于潘帕科纳斯河谷中距离伊斯皮里图大草原不远的种植园里。

类似的，虽然萨沃伊承认宾厄姆是第一个来到伊斯皮里图大草原并发现了这里的印加遗迹的科学家，但他同时也毫不掩饰地指出宾厄姆并没有发现“真正的”比尔卡班巴，

这无疑是要确保这项功绩全落到自己的头上。然而，宾厄姆确实提出过在伊斯皮里图大草原上的遗迹和马丘比丘中的遗迹在16世纪时可能都被称为比尔卡班巴的假设，结果证明宾厄姆只猜对了一半：从来就只有一个比尔卡班巴，那就是伊斯皮里图大草原。所以萨沃伊顶多只能宣称自己在比尔卡班巴中找到了比宾厄姆找到的更多的遗迹，并且准确地认定了这里的真实身份。

和宾厄姆一样，萨沃伊最初也希望自己能够在秘鲁发现什么重大的失落的遗迹，那么他的探险生涯就可以达到一个新的层次，甚至也能获得某种程度上的国际声誉。然而，海勒姆·宾厄姆之所以获得世界性的认可是因为他发现了马丘比丘，那里算得上是世界上被拍照最多，被游览次数也最多的古代建筑遗迹。可是时至今日，仍然没有多少人听说过比尔卡班巴或吉恩·萨沃伊。萨沃伊与宾厄姆的不同就是，他把一切希望都寄托在成为探险家这件事上，而探险家充其量 454
不过是一种特殊且鲜有人问津的职业。也许正是为了弥补他选择的这个职业本身具有的这些明显的弊端，其中就包括探险家要怎么养活自己的问题，于是萨沃伊又把自己创造的伟大的探险家形象转变为了同样是他自己创造的伟大的宗教领袖、新救世主的父亲和上帝信使的形象。萨沃伊逐渐转型的过程讽刺地应对了拉迪亚德·吉卜林的短篇小说《国王迷》（*The Man Who Would Be King*）的内容，故事的主角是两个白人探险家，他们在一个偏远的异国乡村里哄骗当地人说自己是神明。在吉卜林的故事里，探险家们的骗局最终被揭穿了，两个人为此都付出了惨痛的代价，一个人掉了脑袋，另一个失去了骗来的王位和财富，勉强活着逃了出来。

与故事结尾不同的是，萨沃伊依然主持着他在秘鲁创建的宗教，从某种程度上说，这个宗教的组成部分就是他声称自己在秘鲁丛林中探险时发现的各种“秘密”。1977 年，萨沃伊出版了一本著作，他在书中说自己发现了永生的秘密。实际上，在过去几十年的时间里，萨沃伊似乎确实战胜了年龄的增长。不过时间最终还是追赶上了这位特立独行的探险家。到 2004 年，七十七岁的萨沃伊再也不能无视自己的生物钟，他出于健康原因不得不放弃继续进行探险活动。如今，从小接受萨沃伊宗教教育的儿子肖恩（Sean）还在秘鲁北部的查查波亚地区继续领导探险活动。他会定期陪同萨沃伊教派的宗教侍者前往秘鲁丛林之中，以这样的方法来延续他父亲的发现。

终生虔诚地崇敬太阳的萨沃伊相信，通过直接凝视太阳就可以让太阳的能量进入自己的身体，他也相信太阳的能量能够延缓衰老，恢复身体健康。与此同时，萨沃伊也还在继续写书，这无疑也在为他本人最后的使命做准备，那就是与太阳神因蒂令人欣喜的重聚，这个天空中金光灿灿的球体曾经也受到古代印加人的崇敬和热爱。

寻找秘鲁境内其他未被发现的印加遗迹的探索活动仍在继续。文森特·李和南希·李夫妇现在都已经年过六十，从他们 1982 年第一次前往古老的比尔卡班巴地区开始，两人
455 几乎每年旱季都会返回那里。1911 年宾厄姆在比尔卡班巴地区停留了大概四周，1964 ~ 1965 年吉恩·萨沃伊在这里待了约三个月。而文森特和南希在过去的几十年中在这一地

区停留的总时间已经超过两年，全部用于测绘、勘察和进行系统化的探索活动。

李还和其他专家一起去过几次蓬库尤的遗迹，他认为那里曾经是一个可以标记夏至和春秋分的太阳天文台。李相信蓬库尤曾经的作用就是为整个比尔卡班巴地区制定官方的历法。

> 那里显然是一个太阳天文台。所以我们突然就明白了为什么那里如此重要，为什么人们要在这样一个偏僻的地方建造一栋这样精美的建筑，还有为什么会有一段长达五千英尺的台阶通往这里。这里显然就是维特科斯的太阳天文台。我认为这里很可能是帕查库提下令建造的。维特科斯最好的建筑都是在帕查库提时期建造的，所以我认为蓬库尤也是其中之一。蓬库尤是太阳天文台，不是太阳神庙，因为作为太阳神庙的纽斯塔伊斯潘娜在［丘基帕尔塔］，就在从维特科斯出来的路上。［古代天文学家］伯纳德·贝尔（Bernard Bell）和我将就此问题发表文章，因为我们已经找到了关于蓬库尤的各种新信息。这里不仅仅是一个有意思的遗迹，更是一栋完全保留了原始样貌的建筑——在过去四百多年里没有任何人破坏过这里。[21]

文森特·李在蓬库尤继续进行调查的同时，在比尔卡班巴区域中的其他地方，人们近来又发现了更多的印加遗迹。如同发现失落的遗迹时经常会出现的情况一样，有些新发现也引发了不小的争议。毕竟，失落的印加城市就如其他为人们所垂涎的资源一样，其数量是十分有限的，如果你能找到一个足够好的遗迹，你很可能马上会名利双收。因此，想要找到失落的印加城市并宣称自己为遗迹发现者的人们之间的竞争也是相当激烈的。

在 1999 年，一位五十三岁的英国作家、向导和印加问题专家彼得·弗罗斯特（Peter Frost）带领一支远足队伍来到了比尔卡班巴南部地区临近丘奇基拉遗迹的地方。弗罗斯特的队伍中有一个来自加利福尼亚州圣巴巴拉的名叫斯科特·戈萨奇（Scott Gorsuch）的临床心理学医生认为自己看到了远处一个相邻的山脊上有遗迹存在。“我们［通过望远
456 镜］看到一座山峰上有一个看起来像是祭司圣坛的地方，”戈萨奇说，“那里看起来似乎意义重大——是一个能够迎接第一缕晨光和送走最后一缕夕照的地方。”[22]山脊位于海拔一万两千七百四十六英尺的维多利亚山（Cerro Victoria）侧面，这座山峰矗立于比尔卡班巴南部地区，在马丘比丘西北方大约六十英里处。弗罗斯特和他的远足队伍穿过层层树林抵达了这个山脊，并在那里发现了各种遗迹，包括被劫掠的墓地、圆形的建筑地基，还有一段看起来似乎是一条古代石砌水渠残留的部分。

经过初步查看之后，弗罗斯特把这里的信息介绍给了一位五十九岁的美国探险家和考古学家加里·齐格勒（Gary Ziegler），后者一直都是一位比尔卡班巴的狂热爱好者。齐格勒是一家探险旅游公司——玛努探险（Manu Expeditions）的共同拥有者之一，正是他在最近这次远足中雇用了弗罗斯

特。据齐格勒说，正是戈萨奇说服他和弗罗斯特向国家地理学会申请资助。

最终，国家地理学会同意为于2001年旱季时到该遗址进行一次考察活动出资（国家地理学会第一次资助实地考察的项目是1912年海勒姆·宾厄姆第二次前往马丘比丘，自那之后该学会又资助了超过八千次探险活动）。弗罗斯特、齐格勒和秘鲁考古学家阿尔弗雷多·巴伦西亚·塞加拉（Alfredo Valencia Zegarra）是这次探险活动的联合领队。最终，他们三个组建了一支庞大的团队，包括多位秘鲁考古学家、一位地图绘图员、一位古代物理学家、十几位赶骡人、一架直升机和一名飞行员，还有一支由国家地理学会派来随行的纪录片制作团队。“我从来没有参与过这么大规模的探险活动，”齐格勒说，“我们的队伍人数众多。”[23]这次活动还是由多学科专家共同进行的，就如大约九十年前宾厄姆在这一地区开创的考察形式一样。

在2001年安第斯山脉上的寒冬时节，探险队最终抵达了位置偏僻的维多利亚山。在山峰侧面海拔大约九千至一万两千五百英尺的地方，他们发现了几处此前尚无文献记载的聚居地零散分布在被当地讲盖丘亚语的人们称为奎里瓦拉齐纳（Qoriwayrachina）的地方，这个词语的意思是“利用风力炼金的地方”。探险队最终在这里发现了两百多栋建筑，有仓库、住所、印加古道和接近五英里长的水渠、用于举行仪式的平台、公墓、葬礼祭塔等，分散在一片面积超过十六平方英里的区域内。这里的建筑中至少有一百栋以上是圆形的，损蚀已经很严重，但是能看出是按照粗犷的印加皮尔卡

样式建造的，而不是像在库斯科和马丘比丘一样用精细切割
457 的石料建造的帝国样式。然而与宾厄姆发现马丘比丘时的情况一样，虽然奎里瓦拉齐纳在科学意义上尚未为外界所知，也没有出现在任何地图上，但是这片区域中也已经居住了两户农民家庭，他们显然是把一些已经被遗弃的石砌建筑重新利用了起来。

初步研究的结果显示在印加帝国形成的一千多年前就已经有人在奎里瓦拉齐纳居住了，据推断，在帕查库提最初征服这里之后，印加人的领地才扩展至此。而且这里也不是像马丘比丘一样专供印加君主和他的皇族后裔偶尔休闲度假的地方，相反，奎里瓦拉齐纳在印加时代更可能只是一个聚居区，住的都是非印加人的矿工，就是那些被送到维多利亚山的银矿里做工以服劳役的人。有一条印加古道连通了奎里瓦拉齐纳的矿工聚居区和不到十英里之外的丘奇基拉，从丘奇基拉就有更多通往维特科斯、比尔卡班巴和马丘比丘的道路了。

即便如此，国际上的一些媒体还是马上大肆渲染了这个发现的重要性，有时甚至使用了诸如“安第斯山脉上可能是印加人最后的避难所的地方”之类具有煽动性的标题。这篇文章的开头是这么写的：

> 差不多每一代探险家都会在秘鲁的安第斯山脉上发现一个研究印加文明的考古学家们还不知道的构造精美的神圣地点或城市。其中最令人印象深刻的无疑就是1911年被发现的马丘比丘。自20世纪60年代以来一

> 直也没再出现关于重要的“失落的城市”重见天日的报道［指的是当时萨沃伊找到真正的比尔卡班巴的事迹］。不过，这样的情况到现在终于要发生变化了。[24]

在2001年探险活动接近尾声的时候，弗罗斯特和齐格勒之间闹僵了。有《国家地理》杂志可能刊登专题报道文章的巨大诱惑摆在面前，有纪录片团队的施压，再加上这次探险活动的规模巨大，更重要的是队伍中没有一个能够掌控大局的领导者，反而同时存在三个共同领队，综合这些原因，领队之间会出现分歧也就完全不奇怪了。最终齐格勒决定带领一小支队伍离开，去进行一些额外的探险活动。齐格勒后来说：

> 我们之前活动中的一位牧马人在结束探险活动之后，在前往丘奇基拉的小道旁边清理出了一小片地方做农场。他是真正下到过峡谷底部的人，所以当他对我说 458
> “头儿（Jefe），我在下面发现了一些墙壁，你应该下去亲自看看”的时候，我就去了。这名牧马人的名字叫弗罗伊兰·穆尼奥斯（Froilan Muñoz），他是受我们雇用很多年的一名牧马人。[25]

距离奎里瓦拉齐纳遗迹不过两英里远，但是海拔下降大约四千英尺的地方有一片孤立的平台，大约有1.5英里长，位于亚纳玛河（Yanama River）上方。穆尼奥斯带领齐格勒、英国探险家休·汤姆森（Hugh Thomson）及他的团队来到的这个地方无疑也是一片印加遗迹，曾经被称作科塔科卡（Cotacoca）。他们很快就发现这块地方是完全与世隔绝的。如齐格勒描述的那样：

> 无论你沿着［亚纳玛］河向上游还是向下游走都无法来到这里，因为这里比水面高出了两三百英尺，但是曾经某个时候，河水一定是能够被引入这个遗迹的，因为这里有水渠。这个失落的世界就这么摆在那里，仿佛时间错位了一般。这里当然也已经长满了浓密的植物，再加上下面的峡谷很难通行，所以还没有人来过这里。[26]

这个印加遗迹里共有三十多栋建筑，其中有一栋印加样式的，长度为七十五英尺长的会议大厅（*kallanka*），还有一个用墙壁圈起来的大型封闭区域，那是这里的中央广场。除此之外还有很多方形的房屋，也有一些与在奎里瓦拉齐纳和比尔卡班巴发现的类似的圆形建筑。据齐格勒说，科塔科卡很可能是一个印加人的行政中心和（或）补给存放处（坦普）。它本来是位于一条从比尔卡班巴地区的腹地延伸出来的印加主路路边，这条路一直通向阿普里马克河上的一座巨型吊桥，从那里过河可以到达对岸的阿普里马克地区。齐格勒声称：

> 我认为科塔科卡控制着前往丘奇基拉和阿普里马克河上游地区的通路。曼可的勇士在后征服时期也许就曾在这里布置针对河对岸的西班牙人的攻击。我们最终还

> 确认了印加人是如何前往丘奇基拉的，他们从科塔科卡
> 直接下到阿普里马克河河边，然后逆流而上可以走到河
> 流上游的一个吊桥处。不过在到达吊桥之前，有一条岔 459
> 道可以通往丘奇基拉。[27]

翌年夏天，彼得·弗罗斯特再一次返回奎里瓦拉齐纳，他仍然是在国家地理学会的资助下继续进行探险工作的。与此同时，齐格勒则带领自己的队伍返回了科塔科卡。在2004年2月，《国家地理》杂志刊登了报道奎里瓦拉齐纳的专题文章，作者是弗罗斯特，他在文中只提到了一次齐格勒的名字，说他在一个“当地农民”的带领下前往了附近的一片遗迹。在国家地理学会发表的所有关于奎里瓦拉齐纳探险的内容中，也都完全没有加里·齐格勒的名字。

这样一次曝光度极高的探险活动的领导者之间会出现争执甚至分道扬镳毫无疑问是与发现可能带来的高收益直接相关的。你只要看看人们为了争抢发现马丘比丘和比尔卡班巴的荣誉而做的那些事，就很容易理解像弗罗斯特和齐格勒这样的情况并不罕见。如宾厄姆所说的“要成就一番大事业”的心理谁都有，将自己的名字与那些永恒不朽的东西联系在一起的愿望似乎是一种全人类共通的内在动力。也许正是这种心理需求促使帕查库提建造了马丘比丘：印加君主通过它满足了自己心中对于永生的渴望，其他很多古代文明的君主也都有过类似的行为。

与帕查库提和自己的其他祖先不同，曼可·印加几乎没有什么时间去建造能够永垂不朽的建筑。他也没有时间建造

休闲度假场所，更没时间设计城市布局或发明新的建筑样式。曼可的首都比尔卡班巴在任何方面都算不上卓越，就像他本人一样——除了发动游击战争和管理曾经庞大的帝国的剩余部分之外再无暇追求其他的发展。虽然他出生时，印加帝国还是一个完整的帝国，由他的父亲瓦伊纳·卡帕克统治，但是最终曼可还是不得不做出选择：是作为傀儡君主继续统治，还是诉诸武力将西班牙人赶出自己祖先的领地？当然，曼可选择了后者。然而结果是他只能保留住他继承的伟大帝国中的一点点残留部分：他的首都被攻陷了，他的遗体
460 被烧毁了，被他改造为领导游击战争的首都的城市最终也被抛弃，慢慢被丛林掩盖和吞噬。

如果曼可能够保住自己王国的独立，如果他的儿子能够和西班牙人达成和解，那么也许今天的联合国里就会有一位讲盖丘亚语的比尔卡班巴王国大使，还会有某位印加君王继续端坐在王位之上统治自己的国家。那些现在去参观马丘比丘的游客们也许就可以继续前行去参观位于亚马孙地区里仍有人居住的印加首都，那里无疑还会竖立起印加人古代领袖的铜像，而铜像也许就是曼可·印加骑在马上，一手举着火绳枪，一手握着西班牙人的宝剑的样子。如果是那样的话，肯定就会有人能够示范如何解读结绳语，或是教授古代印加人切割石料的技法，或者这些至少会被拍成影片制成碟片出售。可惜，就如据推测仅仅存在了九十年就灭亡了的印加帝国一样，在曼可和他的追随者们英勇的抵抗失败之后，曼可的起义王国最终也走向了终结。

曼可去世后的秘鲁历史可以说是丑陋和肮脏的。印加人

虽然施行的是专制的君主体制，但是在他们掌权的这段短暂的时间里，印加人不仅成功创立了庞大的帝国，更重要的是保证了帝国内百万人口的基本生活需求，让他们有足够的食物、水和居所。单这一点成就，就是后来所有无论是西班牙人还是秘鲁人组建的政府至今都没能实现的壮举。[28]

印加人生活在一片受到周期性地震困扰和毁灭性厄尔尼诺现象频发的地区，这可能也是印加人都相信历史是要随着一系列巨变事件而展开的部分原因。类似的“改变世界的大事”被他们称为“帕查库提”，帕查库提就是时代与时代之间的界限。人们还相信每一次巨变都会彻底地改变所有事物的自然法则：曾经在上的会沦为在下，曾经昌盛的会转为衰败，曾经软弱的会变为坚强，等等。印加帝国的创立就被认为是一件帕查库提，所以帝国的创立者会以这个词语为名并不是一个巧合。类似的，西班牙人入侵并征服帝国也被认为是一件帕查库提，它之后形成的“翻天覆地”的世界一
直延续到了今天。根据印加人的信仰，过去的时代并没有就 461
此被湮没在历史的长河里，反而只是蛰伏在印加人的转世轮回中，等待着新的帕查库提将它们唤醒。很多居住在安第斯山脉上的人都相信，下一次发生帕查库提，也许就将迎来印加世界的回归。

至今仍有一千四百万人在使用古老的印加语言——盖丘亚语；还有许多生活在安第斯山脉上的农民会将吉开酒（玉米啤酒）和古柯叶敬献给居住在山顶覆盖着白雪的山峰上的阿普们，那也是他们的祖先曾经崇拜和敬爱的神明。关于一个原本生活在库斯科地区的弱小王国征服了一大片文明

世界，之后却发生了帕查库提，于是一个无比庞大的帝国就突然间覆灭消亡了的故事也仍然在人们之间流传。穿着便鞋的农民还会咀嚼古柯叶，仍然使用印加人修建的从安第斯山脉东部一直延伸进丛林之中的道路，有一些道路也许还能将人们指引到尚未被发现的遗迹中去。云海时聚时散，蜂鸟在林中穿梭觅食，至于这些用无数切割石料建造起来的道路——谁知道它们究竟通向哪里呢？

致　谢 463

创作这样的一本作品无疑会需要许多人的帮助，在此我想对这些帮助了我的人表示由衷的感谢。很多年前，我曾经为《利马时报》（*Lima Times*）写过一段时间的文章。那时我就采访了探险家、建筑师文森特·李和他的妻子南希。他们当时刚从比尔卡班巴返回利马。这对夫妇已经去过比尔卡班巴很多次了，而我才到秘鲁没多久，正在这里完成我的人类学研究生课程，此前我刚刚去过一次马丘比丘。就是在印加堡垒下面很远地方的一个小旅馆的书架上，我发现了李的第一本作品——《曼可六人组：穿行在印加人中间》。那是我第一次了解到比尔卡班巴，听说人们还在寻找并且在这附近又发现了新的印加遗迹，这让我感到非常震惊。很多年以后，文森特慷慨地提供了很多重现比尔卡班巴和附近一些遗址的细节效果图供我创作此书。能成为文森特和南希的朋友让我感到非常骄傲。

我在英国的经纪人朱利安·亚历山大（Julian Alexander）从我提出要写关于曼可·印加和比尔卡班巴的故事开始就一直是我热心的支持者，正是由于他和我的美国经纪人萨拉·拉欣（Sarah Lazin）的不懈努力，这本书才能最终成为现实。我对他们两人感激不尽。

我还要感谢西蒙与舒斯特出版公司的编辑鲍勃·本德（Bob Bender）。他也从一开始就支持我创作本书，并为我提供了很多有价值的建议和鼓励。在创作这本书的那些年中，他一直是我期待中的完美编辑。我还要感谢阿里安娜·丁曼（Ariana Dingman）为我设计的精美封面，感谢一丝不苟的文字编辑弗雷德·蔡斯（Fred Chase），感谢编辑助理约翰娜·李（Johanna Li）。还要感谢英国派亚特克斯出版社（Piatkus Books, UK）的阿兰·布鲁克（Alan Brooke）的大力协助。

在创作这本书的过程中，我还参考了大量的文献和收藏品。我认为加州大学洛杉矶分校的图书馆系统和拉丁美洲馆
464 藏内容都是一流的。我要感谢那里的工作人员和地图收藏室的工作人员，还有伦敦、纽约、哥伦比亚特区和利马的很多图书馆的工作人员。

不少专家利用自己忙碌生活中的宝贵时间阅读了本书的部分章节，并给我提供了极有价值的反馈。在此我要感谢文森特·李、特伦斯·多特里博士（Dr. Terrence D'Altroy）、约翰·莱茵哈德博士（Dr. Johan Reinhard）、诺布尔·大卫·萨维奇博士（Dr. Noble David Savage）、布莱恩·S. 鲍尔博士（Dr. Brian S. Bauer）、马修·雷斯托尔博士（Dr. Matthew Restall）、杰里米·芒福德（Dr. Jeremy Mumford）和克里斯·莱恩博士（Dr. Kris Lane）。如果书稿中还存在任何错误，应是我个人的责任。

我还想感谢巴特·刘易斯（Bart Lewis）在各个方面给我的巨大帮助，还有加里·齐格勒、詹姆斯·吉尔曼（James Gierman）、阿德里安娜·范哈根（Adriana von Hagen）、肖恩·萨沃伊、吉恩·萨沃伊、尼克·阿什绍夫（Nick Asheshov）、保罗·戈德里克（Paul Goldrick）、莱恩·麦夸里（Layne MacQuarrie）和道格拉斯·沙伦博士，感谢菲比·A. 赫斯特人类学博物馆（Phoebe A. Hearst Museum of Anthropology）的帮助。萨博·沃尔什（Sadhbh Walshe）在本书完稿初期就最先阅读本书并为我提供了很多很有帮助的建议。最后我想表达我对西娅拉·伯恩（Ciara Byrne）的爱与感激，为了让我完成并出版这本书，她再一次为我提供了比任何人都要多的帮助。

465 # 注　释

前　言

1 Felipe Huamán Poma de Ayala, Letter to a King (New York: Dutton, 1978), 19.

第一章

1 Alfred Bingham, *Explorer of Machu Picchu: Portrait of Hiram Bingham* (Greenwich: Triune, 2000), 37.

2 Hiram Bingham, *Inca Land* (Boston: Houghton Mifflin, 1922), 317.

3 Hiram Bingham, *Lost City of the Incas* (London: Weidenfeld & Nicolson, 2002), 178.

4 同上书，179。

5 Hiram Bingham, *Inca Land*, 321.

6 Hiram Bingham, *Lost City*, 180.

7 Alfred Bingham, *Explorer*, 20.

8 同上书，25。

9 Hiram Bingham, *Lost City of the Incas* (New York: Duell, Sloan and Pearce, 1948), third photo insert, 2.

第二章

1 Seneca，转引自 Henry Kamen, *How Spain Became a World Power, 1492 - 1763* (New York: HarperCollins, 2003), 46。

2 Cecil Jane (trans.), *The Journal of Christopher Columbus* (New York: Bonanza, 1989), 191 - 201.

3 Bartolomé de Las Casas, *A Short Account of the Destruction of the Indies* (London: Penguin, 1992), xix.

4 同上书，xix。

5 James Lockhart, *The Men of Cajamarca* (Austin: University of Texas Press, 1972), 38.

6 Rafael Varón Gabai, *Francisco Pizarro and His Brothers* (Norman: University of Oklahoma Press, 1997), 24.

7 Matthew Restall, *Seven Myths of the Spanish Conquest* (Oxford: Oxford University Press, 2003), 35.

8 黎凡特公司正式签订组建合同是在 1526 年 3 月 10 日。

9 Pedro de Cieza de León, *Guerra de las Salinas*, in *Guerras Civiles del Perú*, vol. 1, Chapter 70 (Madrid: Librería de la Viuda de Rico, 1899), 355.

10 Raúl Porras Barrenechea, *Los Cronistas del Perú* (Lima: Biblioteca Clásicos del Perú, vol. 2, 1986), 55.

11 Garcilaso de la Vega, *Royal Commentaries of the Incas*, Part 2 (Austin: University of Texas Press, 1966), 651.

12 这个官员很可能是一位低级别的贵族，即库拉卡。

13 Pedro de Cieza de León, *The Discovery and Conquest of Peru* (Durham: Duke University Press, 1998), 108.

14 同上。

15 同上书，109。

16 Pedro de Cieza de León, *Crónica del Perú* (Tercera Parte), Chap. xx (Lima: Universidade Catolica del Perú, 1989), 57.

17 Cieza de León, *The Discovery and Conquest of Peru*, 113.

18 同上书，126。

19 同上书，136 - 38。

20 皮萨罗同母异父的弟弟弗朗西斯科·马丁·德·阿尔坎塔拉的实际出生日期并不为人所知。

第三章

1Thucydides, *The History of the Peloponnesian War*, 转引自 Andrew Schmookler, *The Parable of the Tribes* (Boston: Houghton Mifflin, 1984), 70。

2 Pedro Sarmiento de Gamboa, *History of the Incas* (Mineola: Dover, 1999), 109.

3 这一段落中的内容主要来源于作者与 Dr. Terrence D'Altroy 的私人交流。

4 Eric Wolf, *Peasants* (Englewood Cliffs: Prentice Hall, 1966), 10.

5 Luis Guillermo Lumbreras, *De los Orígines de la Civilización en el Perú*

(Lima: Peisa, 1988), 51.

6 关于印加人国家历史的不同理解的讨论可见于 Brian S. Bauer, *The Development of the Inca State* (Austin: University of Texas Press, 1992), 4。

7 同上书, 103。

8 Juan de Betanzos, *Narrative of the Incas* (Austin: University of Texas Press, 1996), 183.

9 Miguel Cabello de Balboa, 转引自 Noble David Cook, *Born to Die: Disease and New World Conquest, 1492 - 1650* (Cambridge: Cambridge University Press, 1998), 80。

10 Francisco López de Gómara, 转引自 Cook, *Born to Die*, 66。

11 Cook, *Born to Die*, 77.

12 D'Altroy, *The Incas*, 106.

13 同上。

14 同上书, 107。

15 同上书, 80。

16 Betanzos, *Narrative*, 227.

17 同上书, 244。

18 同上。

第四章

1 Thucydides, *The History of the Peloponnesian War*, 转引自 Andrew Schmookler, *The Parable of the Tribes* (Boston: Houghton Mifflin, 1984), 46。

2 Francisco López de Xerez, *Verdadera Relación de la Conquista del Perú*, in *Colección de Libros y Documentos Referentes a la Historia del Perú*, First Series, Vol. 5 (Lima: 1917), 41.

3 Miguel de Estete, *El Descubrimiento y la Conquista del Perú*, in *Boletín de la Sociedad Ecuatoriana de Estudios Históricos Americanos*, Vol. 1 (Quito: 1918), 321.

4 Xerez, *Verdadera Relación*, 48.

5 同上书, 53。

6 Estete, *El Descubrimiento*, 321.

7 Hernando Pizarro, *Carta de Hernando Pizarro a los Oidores de la Audiencia de Santo Domingo*, 转引自 Gonzalo Fernández de Oviedo y Valdés, *La Historia General y Natural de las Indias*, Book 5, Chapter 15, in *Biblioteca de Autores Españoles (Continuación)*, Vol. 121 (Madrid: 1959), 86。

8 Pedro Pizarro, *Relación del Descubrimiento y Conquista de los Reinos del Perú*, in *Colección de Documentos Inéditos para la Historia de España.* Vol. 5 (Madrid: 1844), 248.

9 Garcilaso de la Vega, *Royal Commentaries of the Incas*, Part 2 (Austin: University of Texas Press, 1966), 673.

10 同上书，681。

11 Felipe Huamán Poma de Ayala, *Letter to a King* (New York: E. P. Dutton, 1978), 108.

12 Hernando Pizarro, *Carta de Hernando Pizarro*, 85.

13 Xerez, *Verdadera Relación*, 52.

14 同上书，69。

15 同上书，25。

16 同上书，52。

17 同上。

18 Hernando Pizarro, *Carta de Hernando Pizarro*, 86.

19 Estete, *El Descubrimiento*, 322.

20 Pedro de Cieza de León, *The Discovery and Conquest of Peru* (Durham: Duke University Press, 1998), 203.

21 Pedro Pizarro, *Relación*, 227.

22 Xerez, *Verdadera Relación*, 55.

23 同上书，56。

24 Estete, *El Descubrimiento*, 323.

25 Xerez, *Verdadera Relación*, 56.

26 Pedro Pizarro, *Relación*, 227.

27 Hernando Pizarro, *Carta de Hernando Pizarro*, 86.

28 Ronald Wright, *Stolen Continents: The Americas Through Indian Eyes Since 1492* (Boston: Houghton Mifflin, 1992), 65.

29 同上书，66。

30 Xerez, *Verdadera Relación*, 57.

31 Cristóbal de Mena, in Raúl Porras Barrenechea, *Las Relaciones Primitivas de la Conquista del Perú* (Lima: 1967), 86.

32 Estete, *El Descubrimiento*, 323.

33 Juan Ruiz de Arce, *Advertencias que Hizo el Fundador del Vínculo y Mayorazgo a Los Sucesores en Él*, in *Tres Testigos de la Conquista del Perú* (Buenos Aires: 1953), 99.

34 Xerez, *Verdadera Relación*, 58.

35 同上书，57。

36 Mena, *Las Relaciones*, 87.

37 Pedro Pizarro, *Relación*, 229.

38 Pedro Cataño，转引自 José Antonio del Busto Durhurburu, *Una Relación y un Estudio Sobre la Conquista*, *Revista Histórica*, Vol. 27 (Lima: Instituto Histórico del Perú, 1964), 282。

39 Xerez, *Verdadera Relación*, 58.

第五章

1Francisco López de Xerez, *Verdadera Relación de la Conquista del Perú*, in *Colección de Libros y Documentos Referentes a la Historia del Perú*, First Series, Vol. 5 (Lima: 1917), 59.

2 Niccolò Machiavelli, *Il Principe* [*The Prince*] (Milan: RCS Rizzoli, 1999), 167.

3 Xerez, *Verdadera Relación*, 59.

4 同上。

5 同上。

6 同上书，60。

7 同上。

8 Cristóbal de Mena, in Raúl Porras Barrenechea, *Las Relaciones Primitivas de la Conquista del Perú* (Lima: 1967), 88.

9 Xerez, *Verdadera Relación*, 62.

10 同上书，68。

11 同上书，69。

12 Pablo E. Pérez-Mallaína, *Spain's Men of the Sea: Daily Life on the Indies Fleets in the Sixteenth Century* (Baltimore: Johns Hopkins University Press, 1998), 124.

13 Pedro Sancho de la Hoz, *Relación para S. M. de lo Sucedido en la Conquista y Pacificación de Estas Provincias de la Nueva Castilla y de la Calidad de la Tierra*, in *Colección de Libros y Documentos Referentes a la Historia del Perú*, First Series, Vol. 5 (Lima: 1917), 194.

14 Xerez, *Verdadera Relación*, 72.

15 同上书，71。

16 Miguel de Estete, *El Descubrimiento y la Conquista del Perú*, in *Boletín de la Sociedad Ecuatoriana de Estudios Históricos Americanos*, Vol. 1 (Quito: 1918), 325.

17 Xerez, *Verdadera Relación*, 71.

18 Estete, *El Descubrimiento*, 325.

19 Pedro Pizarro, *Relación del Descubrimiento y Conquista de los Reinos del Perú*, in *Colección de Documentos Inéditos para la Historia de España*, Vol. 5 (Madrid: 1844), 248.

20 Felipe Huamán Poma de Ayala, *Letter to a King* (New York: E. P. Dutton, 1978), 110.

21 同上。

22 Xerez, *Verdadera Relación*, 108.

23 Gaspar de Espinoza, in *Colección de Documentos Inéditos Relativos al Descubrimiento, Conquista, y Organización de las Antiguas Posesiones Españolas de América y Oceanía Sacados de los Archivos del Reino y Muy Especialmente del de Indias*, Vol. 42 (Madrid: 1884), 70.

24 Pedro Pizarro, *Relación*, 249.

25 同上书，250。

26 同上。

27 在那三个西班牙人前往库斯科之前，弗朗西斯科·皮萨罗实际上曾于 1533 年 1 月 5 日派遣他的弟弟埃尔南多带领二十名骑兵从卡哈马卡向南行进。埃尔南多沿安第斯山脉向南行进了十五天之后改为向海岸方向前进，后来抵达了今天的利马以南的帕查卡马克（Pachacamac），那里是一个神圣的祭祀圣地。不过埃尔南多和他的手下并没有像另外三个坐着轿子的西班牙人一样继续向南前往库斯科。

28 Sancho de la Hoz, *Relación*, 190.

29 Municipal Council of Lima, *Libro Primero de Cabildos de Lima*, Part 3 (Lima: 1888), 4.

30 Sancho de la Hoz, *Relación*, 192.

31 同上书，193。

32 同上。

33 Pedro Pizarro, *Relación*, 275.

34 Sancho de la Hoz, *Relación*, 194.

35 Xerez, *Verdadera Relación*, 103.

36 Mena, *Las Relaciones*, 93.

37 Huamán Poma de Ayala, *Letter*, 108.

38 Mena, *Las Relaciones*, 93.

39 同上。

40 Xerez, *Verdadera Relación*, 104.

41 Pedro Pizarro, *Relación*, 244.

42 同上。

第六章

1 Bartolomé de Las Casas, *A Short Account of the Destruction of the Indies* (London: Penguin, 1992), 107.

2 Gonzalo Fernández de Oviedo y Valdés, *Historia General y Natural de las Indias*, in *Biblioteca de Autores Españoles*, Vol. 5 (Madrid: 1959), 122.

3 Niccolò Machiavelli, *The Prince* (New York: Bantam, 1966), 57.

4 Pedro Pizarro, *Relación del Descubrimiento y Conquista de los Reinos del Perú*, in *Colección de Documentos Inéditos para la Historia de España*, Vol. 5 (Madrid: 1844), 245.

5 James Lockhart, *The Men of Cajamarca: A Social and Biographical Study of the First Conquistadors of Peru* (Austin: University of Texas Press, 1972), 459.

6 Pedro Pizarro, *Relación*, 245.

7 Hernando Pizarro, *Confesión de Hernando Pizarro*, in *Colección de Documentos Inéditos Para la Historia de Chile*, Vol. 5 (Santiago: 1889), 408.

8 Francisco López de Xerez, *Verdadera Relación de la Conquista del Perú*, in *Colección de Libros y Documentos Referentes a la Historia del Perú*, First Series, Vol. 5 (Lima: 1917), 107.

9 同上书，108。

10 同上。

11 Pedro Cataño，转引自 José Antonio de Busto Duthurburu, *Una Relación y un Estudio Sobre la Conquista*, in *Revista Histórica*, *Organo del Instituto Histórico del Perú*, Vol. 27 (Lima: 1964), 285。

12 Xerez, *Verdadera Relación*, 108.

13 Miguel de Estete, *El Descubrimiento y la Conquista del Perú*, in *Boletín de la Sociedad Ecuatoriana de Estudios Históricos Americanos*, Vol. 1 (Quito: 1918), 328.

14 Xerez, *Verdadera Relación*, 110.

15 Pedro Pizarro, *Relación*, 246.

16 同上书，247。

17 同上。

18 同上书，248。

19 Pedro Sancho de la Hoz, *Relación para S. M. de lo Sucedido en la Conquista y Pacificación de Estas Provincias de la Nueva Castilla y de la Calidad de*

la Tierra, in *Colección de Libros y Documentos Referentes a la Historia del Perú*, First Series, Vol. 5 (Lima: 1917), 127.

20 C. Gangotena y Jirón, *La Descendencia de Atahualpa*, in *Boletín de la Academia Nacional de Historia* (*Ecuador*), Vol. 38, No. 91 (Quito: 1958), 118.

21 修道士巴尔韦德具体祈祷的内容我们无从得知。目击者称他在阿塔瓦尔帕被行刑期间，念诵了很多祷文和信条。

22 Sancho de la Hoz, *Relación*, 127.

23 Xerez, *Verdadera Relación*, 111.

24 Gonzalo Fernández de Oviedo y Valdés, *Historia General y Natural de las Indias*, in *Biblioteca de Autores Españoles*, Vol. 121, Chapter 22 (Madrid: 1959), 122.

25 同上。

26 同上。

27 同上。

第七章

1 Niccolò Machiavelli, *The Prince* (New York: Bantam, 1966), 65.

2 Cristóbal de Molina (of Santiago), *Relación de Muchas Cosas Acaescidas en el Perú*, in *Colección de Libros y Documentos Referentes a la Historia del Perú*, Series 1, Vol. 1 (Lima: 1916), 156.

3 Pedro Sancho de la Hoz, *Relación para S. M. de lo Sucedido en la Conquista y Pacificación de Estas Provincias de la Nueva Castilla y de la Calidad de la Tierra*, in *Colección de Libros y Documentos Referentes a la Historia del Perú*, First Series, Vol. 5 (Lima: 1917), 167.

4 Inca Diego de Castro Titu Cusi Yupanqui, *Relación de la Conquista del Perú*, in Carlos Romero, *Colección de Libros y Documentos Referentes a la Historia del Perú*, First Series, Vol. 2 (Lima: 1916), 8.

5 Miguel de Estete, *El Descubrimiento y la Conquista del Perú*, in *Boletín de la Sociedad Ecuatoriana de Estudios Históricos Americanos*, Vol. 1 (Quito: 1918), 329.

6 Juan Ruiz de Arce, *Advertencias que Hizo el Fundador del Vínculo y Mayorazgo a Los Sucesores en Él*, in *Tres Testigos de la Conquista del Perú* (Buenos Aires: 1953), 106.

7 Sancho de la Hoz, *Relación*, 169.

8 Ruiz de Arce, *Advertencias*, 107.

9 Sancho de la Hoz, *Relación*, 169.

10 同上书，201。

11 Estete, *El Descubrimiento*, 329.

12 Sancho de la Hoz, *Relación*, 170.

13 同上书，130。

14 Francisco López de Xerez, *Verdadera Relación de la Conquista del Perú*, in *Colección de Libros y Documentos Referentes a la Historia del Perú*, First Series, Vol. 5 (Lima: 1917), 112.

15 Estete, *El Descubrimiento*, 334.

16 Sancho de la Hoz, *Relación*, 173.

17 Ronald Wright, Stolen Continents: The Americas Through Indian Eyes Since 1492 (Boston: Houghton Mifflin, 1992), 66.

18 Estete, *El Descubrimiento*, 334.

19 Sancho de la Hoz, *Relación*, 173.

20 Rafael Loredo, *Los Repartos: Bocetos para la Nueva Historia del Perú* (Lima: 1958), 101.

21 人类学家约翰·默拉（John Murra）认为很多人（无依据地）将建立福利体系归功于印加人，实际上这种体系在安第斯山脉上出现国家政府之前很可能已经存在很久了。默拉认为地方群体一直都是自给自足的，通常情况下也会照管自己群体中的弱者。不管怎样，各个西班牙作者都暗示印加人仓库中充足的储备在出现旱灾或其他紧急情况时是可以满足当地人的需求的。见于 John Murra, *The Economic Organization of the Inka State* (Greenwich: Jai, 1980), 121 - 37。

22 Terrence N. D'Altroy, *The Incas* (Oxford: Blackwell, 2002), 266.

23 Francisco López de Gómara, *Historia General de las Indias*, Vol. 2, Chapter 128 (Madrid: Espasa Calpe, 1932), 46.

24 同上。

25 同上。

26 同上。

27 Marcos de Niza, 转引自 Juan de Velasco, in *Biblioteca Ecuatoriana Mínima* (*Historia del Reino de Quito*), Vol. 2, Book 4, Chapter 6 (Puebla: 1961), 239。

第八章

1 Marcos de Niza, in Bartolomé de *Las Casas*, *A Short Account of the Destruction of the Indies* (London: Penguin, 1992), 113.

2 Niccolò Machiavelli, *Il Principe* (Oxford: Clarendon, 1891), 188.

3 Pedro de Cieza de León, *The Discovery and Conquest of Peru* (Durham: Duke University Press, 1998), 371.

4 同上书，368。

5 Antonio de Herrera Tordesillas, *Historia General de los Hechos de los Castellanos en las Islas y Tierrafirme del Mar Océano*, Vol. 11, Decada 5, Book 7, Chapter 6 (Madrid: 1950), 129.

6 Pedro Pizarro, *Relación del Descubrimiento y Conquista de los Reinos del Perú*, in *Colección de Documentos Inéditos para la Historia de España.* Vol. 5 (Madrid: 1844), 285.

7 Antonio Téllez de Guzmán, in Raúl Porras Barrenechea, *Cartas del Perú*, Carta 140 (Lima: 1959), 205.

8 Cieza de León, *The Discovery*, 372.

9 Cristóbal de Molina (of Santiago), *Relación de Muchas Cosas Acaescidas en el Perú*, in *Colección de Libros y Documentos Referentes a la Historia del Perú*, Series 1, Vol. 1 (Lima: 1916), 159.

10 Agustín de Zárate, *Historia del Descubrimiento y Conquista del Perú*, in *Biblioteca de Autores Españoles (Continuación)*, Vol. 26, Book 5, Chapter 14 (Madrid: 1862), 522.

11 同上。

12 Inca Diego de Castro Titu Cusi Yupanqui, *Relación de la Conquista del Perú*, in Carlos Romero, *Colección de Libros y Documentos Referentes a la Historia del Perú*, First Series, Vol. 2 (Lima: 1916), 29.

13 Molina, *Relación*, 163.

14 Titu Cusi Yupanqui, *Relación*, 50.

15 同上书，54。

16 同上。

17 同上书，55。

18 同上。

19 Manco Inca，转引自 Porras Barrenechea, *Cartas*, Carta 217, 337。

20 Molina, *Relación*, 165.

21 同上书，166。

22 同上书，171。

23 同上书，115。

24 同上书，155。

25 Martín de Murúa, *Historia General del Perú* (Madrid: DASTIN, 2001), 222.

26 Cieza de León, *The Discovery*, 408.

27 Pedro de Cieza de León, *Crónica del Perú* (Tercera Parte), Chap. xc (Lima: Universidad Católica del Perú, 1989), 300.

28 同上。

29 Murúa, *Historia*, 220.

30 Cieza de León, *The Discovery*, 409.

31 同上书，410。

32 Cieza de León, *Crónica del Perú*, Chap. xc, 302.

33 Titu Cusi Yupanqui, *Relación*, 45.

34 Gonzalo Fernández de Oviedo y Valdés, *Historia General y Natural de las Indias*, in *Biblioteca de Autores Españoles*, Vol. 121, Chapter 7 (Madrid: 1959), 155.

35 Titu Cusi Yupanqui, *Relación*, 30.

36 同上。

37 Molina, *Relación*, 173.

38 Rafael Varón Gabai, *Francisco Pizarro and His Brothers* (Norman: University of Oklahoma Press, 1997), 44.

39 有些材料说弗朗西斯科·皮萨罗在1502年前往新大陆之前也许曾经在意大利战争中服役，不过皮萨罗本人从来没有提起过服役的事情。参考José Antonio del Busto Duthurburu, Pizarro, Vol. 1 (Lima: Ediciones Copé, 2000), 58。

40 Pedro Pizarro, *Relación*, 288.

第九章

1 Felipe Huamán Poma de Ayala, *Letter to a King* (New York: E. P. Dutton, 1978), 141.

2 *Pedro Pizarro*, *Relación del Descubrimiento y Conquista de los Reinos del Perú*, in *Colección de Documentos Inéditos para la Historia de España*, Vol. 5 (Madrid: 1844), 289.

3 Niccolò Machiavelli, *The Art of War* (Mineola: Dover Publications, 2006), 161.

4 Inca Diego de Castro Titu Cusi Yupanqui, *Relación de la Conquista del Perú*, in Carlos Romero, *Colección de Libros y Documentos Refer entes a la Historia del Perú*, First Series, Vol. 2 (Lima: 1916), 61.

5 *Relación del Sitio del Cuzco*, in *Colección de Libros Españoles Raros o Curiosos*, Vol. 13 (Madrid: 1879), 9.

6 Pedro Pizarro, *Relación*, 289.

7 同上书，291。

8 *Relación de los Sucesos del Perú con Motivo de las Luchas de los Pizarros y los Almagros, hasta la Pacificación Realizada por el Licenciado La Gasca*, in Roberto Levillier, *Los Gobernantes del Perú*, Vol. 2 (Madrid: 1921), 391.

9Titu Cusi Yupanqui, *Relación*, 65.

10Pedro Pizarro, *Relation of the Discovery and Conquest of the Kingdoms of Peru*, Vol. 1 (New York: Cortes Society, 1921), 273.

11 Father Bernabé Cobo, in Roland Hamilton (trans.), *Inca Religion and Customs* (Austin: University of Texas Press, 1990), 216.

12 Alonzo Enríquez de Guzmán, *Libro de la Vida y Costumbres de Don Alonzo Enríquez de Guzmán, in Colección de Documentos Inéditos para la Historia de España*, Vol. 85 (Madrid: 1886), 270.

13 Pedro Pizarro, *Relación*, 301.

14 Titu Cusi Yupanqui, *Relación*, 67.

15 Pedro Pizarro, *Relación*, 292.

16 *Relación de los Sucesos*, 392.

17 Pedro Pizarro, *Relación*, 292.

18 *Relación del Sitio*, 18.

19 Cristóbal de Molina (of Santiago), *Relación de Muchas Cosas Acaescidas en el Perú*, in *Colección de Libros y Documentos Referentes a la Historia del Perú*, Series 1, Vol. 1 (Lima: 1916), 175.

20 Pedro de Cieza de León, *The Discovery and Conquest of Peru* (Durham: Duke University Press, 1998), 449.

21 Garcilaso de la Vega, *Royal Commentaries of the Incas*, Part 2 (Austin: University of Texas Press, 1966), 799.

22 *Relación del Sitio*, 19.

23 Titu Cusi Yupanqui, *Relación*, 67.

24 Huamán Poma de Ayala, *Letter*, 114.

25 *Relación del Sitio*, 22.

26 *Relación de los Sucesos*, 392.

27 Enríquez de Guzmán, *Libro de la Vida*, 270.

28 Garcilaso de la Vega, *Royal Commentaries*, 804.

29 Pedro Pizarro, *Relación*, 292.

30 Pedro Sancho de la Hoz, *Relación para S. M. de lo Sucedido en la Conquista y Pacificación de Estas Provincias de la Nueva Castilla y de la Calidad de*

la Tierra, in *Colección de Libros y Documentos Referentes a la Historia del Perú*, First Series, Vol. 5 (Lima: 1917), 193 – 94.

31 Titu Cusi Yupanqui, *Relación*, 67.

32 Pedro Pizarro, *Relación*, 293.

33 Robert Himmerich y Valencia, "The Siege of Cuzco: An Analysis of Inca and Spanish Warfare," *Colonial Latin American Historical Review*, Vol. 7, No. 4 (Fall 1998), 393.

34 Pedro Pizarro, *Relación*, 293.

35 Juan Pizarro, *Testamento de Juan Pizarro*, in *Una Documentación Interesante Sobre la Familia del Conquistador del Perú*, *Revista de Indias*, Año 8, Number 30, October – December (Madrid: 1947), 872 – 73.

36 *Relación del Sitio*, 30.

37 *Relación de los Sucesos*, 394.

38 *Relación del Sitio*, 30.

39 Enríquez de Guzmán, *Libro de la Vida*, 271.

40 *Relación de los Sucesos*, 395.

41 *Relación del Sitio*, 32.

42 Pedro Pizarro, *Relación*, 296.

43 同上。

44 *Relación del Sitio*, 32.

45 同上书，33。

46 Enríquez de Guzmán, *Libro de la Vida*, 270.

第十章

1 Inca Diego de Castro Titu Cusi Yupanqui, *Relación de la Conquista del Perú*, in Carlos Romero, *Colección de Libros y Documentos Referentes a la Historia del Perú*, First Series, Vol. 2 (Lima: 1916), 72.

2 Niccolò Machiavelli, *The Prince* (New York: Bantam, 1966), 88.

3 Alonzo Enríquez de Guzmán, in *Colección de Documentos Inéditos para la Historia de España*, Vol. 85 (Madrid: 1886), 274.

4: Agustín de Zárate, 转引自 John Hemming, *The Conquest of the Incas* (London: Penguin Books, 1970), 206。

5 阿塔瓦尔帕的将军之一基斯基斯在 1533 年曾经使用过这种策略，成功突袭了埃尔南多·德·索托的先遣队并杀死了六名西班牙人和三匹马。但基斯基斯将军从来没有成功打败过人数更多的西班牙队伍。

6 *Relación de los Sucesos del Perú con Motivo de las Luchas de los Pizarros y los*

Almagros, Hasta la Pacificación Realizada por el Licenciado La Gasca, in Roberto Levillier, Los Gobernantes del Perú, Vol. 2 (Madrid: 1921), 396.

7 在皮萨罗将利马定为首都之后，豪哈城中原本的五十三名受封人大多迁往了那里。见于 Martín de Murúa, *Historia General del Perú* (Madrid: DASTIN, 2001), 219。

8 同上书，230。

9 同上。

10 同上。

11 Francisco López de Gómara, *Historia General de las Indias*, Vol. 2, Chapter 128 (Madrid: Espasa Calpe, 1932), 55.

12 Titu Cusi Yupanqui, *Relación*, 74.

13 *Relación del Sitio del Cuzco*, in *Colección de Libros Españoles Raros o Curiosos*, Vol. 13 (Madrid: 1879), 76.

14 Raúl Porras Barrenechea, *Cartas del Perú*, Carta 143 (Lima: 1959), 216 – 17.

15 同上书，218。

16 Titu Cusi Yupanqui, *Relación*, 72.

17 同上书，74。

18 Enríquez de Guzmán, *Libro de la Vida*, 276.

19 Pedro Pizarro, *Relación del Descubrimiento y Conquista de los Reinos del Perú*, in *Colección de Documentos Inéditos para la Historia de España*, Vol. 5 (Madrid: 1844), 306.

20 *Relación del Sitio*, 48.

21 Pedro Pizarro, *Relación*, 306.

22 同上书，307。

23 *Relación de los Sucesos*, 397.

24 Pedro Pizarro, *Relación*, 307.

25 López de Gómara, *Historia*, 56.

26 *Relación del Sitio*, 76.

27 Murúa, *Historia*, 231.

28 同上。

29 *Relación del Sitio*, 77.

30 同上书，79。

31 同上书，80。

32 同上。

33 同上。

34 同上。

第十一章

1 Pedro de Cieza de León, *The Discovery and Conquest of Peru* (Durham: Duke University Press, 1998), 368.

2 Niccolò Machiavelli, *Il Principe* (Oxford: Clarendon, 1891), 196.

3Gonzalo Fernández de Oviedo y Valdés, *Historia General y Natural de las Indias*, in *Biblioteca de Autores Españoles*, Vol. 121, Chapter 7 (Madrid: 1959), 151.

4 同上书，152。

5 Pedro de Oñate y Juan Gómez Malaver, *Colección de Documentos Inéditos para la Historia de Chile*, Vol. 5 (Santiago: 1889), 277.

6 Pedro Pizarro, *Relación*, 314.

7 Pedro de Cieza de León, *Guerra de las Salinas*, in *Guerras Civiles del Perú*, Vol. 1, Chapter 5 (Madrid: Libreria de la Viuda de Rico, 1899), 21.

8 同上书，Chapter 6, 27。

9 同上。

10 同上书，Chapter 9, 42。

11 同上书，44。

12 Titu Cusi Yupanqui, *Relación*, 76.

13 同上书，78。

14 同上书，79。

15 同上书，80。

16 Cieza de León, *Guerra de Las Salinas*, Chapter 21, 106.

第十二章

1 Pedro Pizarro, *Relación del Descubrimiento y Conquista de los Reinos del Perú*, in *Colección de Documentos Inéditos para la Historia de España*, Vol. 5 (Madrid: 1844), 323.

2 Pedro Sancho de la Hoz, *Relación para S. M. de lo Sucedido en la Conquista y Pacificación de Estas Provincias de la Nueva Castilla y de la Calidad de la Tierra*, in *Colección de Libros y Documentos Referentes a la Historia del Perú*, First Series, Vol. 5 (Lima: 1917), 189.

3 Pedro Sarmiento de Gamboa, *History of the Incas* (Mineola: Dover, 1999), 142.

4 同上。

5 Raúl Porras Barrenechea, *Cartas del Perú*, Vol. 1, Carta 115 (Lima: 1959), 167.

6 Pedro de Cieza de León, *Guerra de las Salinas*, in *Guerras Civiles del Perú*, Vol. 1, Chapter 21 (Madrid: Libreria de la Viuda de Rico, 1899), 107.

7 同上书，109。

8 Titu Cusi Yupanqui, *Relación*, 82.

9 Cieza de León, *Guerra de las Salinas*, Chapter 19, 97.

10 同上书，Chapter 20, 102。

11 同上书，Chapter 48, 266。

12 同上书，Chapter 62, 318。

13 同上书，Chapter 63, 323。

14 同上书，Chapter 63, 320。

15 同上书，Chapter 62, 318。

16 Alonzo Enríquez de Guzmán, *Libro de la Vida y Costumbres de Don Alonzo Enríquez de Guzmán*, in *Coleccion de Documentos ineditos para la Historia de España*, Vol. 85 (Madrid: 1886), 315.

17 Cieza de León, *Guerra de las Salinas*, Chapter 19, 97.

18 同上书，Chapter 64, 329。

19 Enríquez de Guzmán, in *Libro de la Vida*, 319.

20 同上书，320。

21 同上。

22 同上。

23 同上书，321。

24 同上。

25 同上书，322。

第十三章

1 Cristóbal de Molina (of Santiago), *Relación de Muchas Cosas Acaescidas en el Perú*, in *Colección de Libros y Documentos Referentes a la Historia del Perú*, Series 1, Vol. 1 (Lima: 1916), 183.

2 (Ernesto) "Che" Guevarra, *La Guerra de Guerrillas* (Havana: MINFAR, 1961), 21.

3United States Government, *U. S. Department of the Army Interim Counterinsurgency Operations Field Manual* (Washington: 2004), Chapter 3, 3 - 2.

4 Juan de Betanzos, *Narrative of the Incas* (Austin: University of Texas Press, 1996), 126.

5 Pedro de Cieza de León, *Guerra de las Salinas*, in *Guerras Civiles del Perú*,

Vol. 1, Chapter 87 (Madrid: Libreria de la Viuda de Rico, 1899), 424.

6 同上书, Chapter 186, 419。

7 Titu Cusi Yupanqui, *Relación de la Conquista del Perú*, in Carlos Romero, *Colección de Libros y Documentos Referentes a la Historia del Perú*, First Series, Vol. 2 (Lima: 1916), 85.

8 Francisco Pizarro, *Carta de D. Francisco Pizarro a S. M.*, in *Revista de Historia de América*, No. 47 (Mexico: 1959), 154 - 157.

9 Pedro de Cieza de León, *Guerra de Chupas*, in *Guerras Civiles del Perú*, Vol. 2, Chapter 17 (Madrid: Libreria de la Viuda de Rico, 1899), 57.

10 Municipal Council of Lima, *Libros de Cabildos de Lima*, Second Series, Vol. 1 (Lima: 1935), 280.

11 此处提到的刚刚写好的大事记名为 *Relación del Sitio del Cuzco y Principio de las Guerras Civiles del Perú Hasta la Muerte de Diego de Almagro*, 该作品写于 1539 年, 作者不详。In *Colección de Libros Españoles Raros o Curiosos*, Vol. 13 (Madrid: 1879), 1 - 195.

12 Cieza de León, *Guerra de las Salinas*, Chapter 93, 450.

13 Pedro Pizarro, *Relación del Descubrimiento y Conquista de los Reinos del Perú*, in *Colección de Documentos Inéditos para la Historia de España*, Vol. 5 (Madrid: 1844), 340.

14 *Relación del Sitio*, 194.

15 Blas Valera, 转引自 Garcilaso de la Vega, *Royal Commentaries of the Incas*, Part 1 (Austin: University of Texas Press, 1989), 33。

16 Pedro Pizarro, *Relación*, 342.

17 Titu Cusi Yupanqui, *Relación*, 88.

18 Pedro Pizarro, *Relación*, 343.

19 Titu Cusi Yupanqui, *Relación*, 89.

20 同上。

21 Pedro Pizarro, *Relación*, 344.

22 同上。

23 Titu Cusi Yupanqui, *Relación*, 89.

24 Mansio Serra de Leguizamón, *Papeles Varios é Información de Méritos del Marqués Don Francisco Pizarro*, in Roberto Levillier (ed.), *Gobernantes del Perú, Cartas y Papeles, Siglo XVI, Documentos del Archivo de Indias*, Vol. 2 (Madrid: 1921), 146.

25 Titu Cusi Yupanqui, *Relación*, 90.

26 Cieza de León, *Guerra de Chupas*, Chapter 1, 5.

27 同上书，4。

28 Antonio de Herrera Tordesillas, Historia General de los Hechos de los Castellanos en las Islas y Tierrafirme del Mar Océano, Vol. 11, Decada 6, Book 7, Chapter 1 (Madrid: 1954), 77.

29 Martín de Murúa, *Historia General del Perú* (Madrid: DASTIN, 2001), 240.

30 Titu Cusi Yupanqui, *Relación*, 90.

31 Pedro Pizarro, *Relación*, 346.

32 Murúa, *Historia*, 240.

第十四章

1 Felipe Huamán Poma de Ayala, *Letter to a King* (New York: E. P. Dutton, 1978), 142.

2 Shakespeare, *Julius Caesar*, Act 3, Scene 1.

3 人们对于弗朗西斯科·皮萨罗年少时的经历了解不多：他小时候很可能是在自己母亲身边长大的，但是也有可能在他爷爷的家中生活过一段时间。见于 José Antonio del Busto Duthurburu, Pizarro, Vol. 1 (Lima: Ediciones Copé, 3000), 51。

4 Jean Orieux, *Voltaire ou la Royauté de L'Esprit* (Paris: Flammarion, 1966), 168.

5 Agustín de Zárate, *Historia del Descubrimiento y Conquista del Perú*, in *Biblioteca de Autores Españoles* (*Continuación*), Vol. 26, Book 4, Chapter 9 (Madrid: 1862), 498.

6 同上书，499。

7 James Lockhart, *The Men of Cajamarca: A Social and Biographical Study of the First Conquistadors of Peru* (Austin: University of Texas Press, 1972), 148。

8 同上。

9 Agustín de Zárate，转引自 Lockhart, *The Men of Cajamarca*, 148。

10Alonzo Enríquez de Guzmán, *Libro de la Vida y Costumbres de Don Alonzo Enríquez de Guzmán*, in *Colección de Documentos Inéditos para la Historia de España*, Vol. 85 (Madrid: 1886), 390 – 95.

11 Pedro de Cieza de León, *Guerra de Chupas, in Guerras Civiles del Perú*, Vol. 2, Chapter 29 (Madrid: Libreria de la Viuda de Rico, 1899), 104.

12 同上书，Chapter 28, 98。

13 Zárate, *Historia*, 496.

14 Pedro Pizarro, Relación del Descubrimiento y Conquista de los Reinos del

Perú, in Colección de Documentos Inéditos para la Historia de España, Vol. 5 (Madrid: 1844), 340.

15 Cieza de León, *Guerra de Chupas*, Chapter 28, 99.

16 同上书，115.

17 同上。

18 同上书，116。

19 同上。

20 Pedro Pizarro, *Relación*, 354.

21 同上。

22 Cieza de León, *Guerra de Chupas*, Chapter 31, 112.

23 Raúl Porras Barrenechea，转引自 Antonio San Cristóbal Sebastián, *La Ficción del Esqueleto de Pizarro* (Lima: 1986), 30。

24 Cieza de León, *Guerra de Chupas*, Chapter 80, 286.

25 Titu Cusi Yupanqui, *Relación*, 91.

26 同上书，92。

27 同上书，95。

28 Cieza de León, in Clements Robert Markham, *The War of Quito*, Hakluyt Society, Second Series, No. 31 (London: 1913), 82.

29 Gonzalo Pizarro，转引自 Sarah de Laredo (ed.), *From Panama to Peru: The Conquest of Peru by the Pizarros, the Rebellion of Gonzalo Pizarro, and the Pacification by La Gasca* (London: Maggs Bros., 1925), 328。

30 同上书，416 - 418。

31 Garcilaso de la Vega, *Royal Commentaries of the Incas*, Part 2 (Austin: University of Texas Press, 1966), 1193.

32 Zárate, *Historia*, 569.

33 同上。

第十五章

1 Thucydides, *The History of the Peloponnesian War*，转引自 Andrew Schmookler, *The Parable of the Tribes* (Boston: Houghton Mifflin, 1984), 47。

2 James Lockhart, *Spanish Peru: 1532 - 1560* (Madison: University of Wisconsin Press, 1983), 12.

3 Baltasar Ramírez, *Descripción del Reyno del Piru, del Sitio Tem- ple, Provincias, Obispados, y Ciudades, de los Naturales de sus Lenguas y Trage*, in Herman Trimborn, *Quellen zur Kulturgeschichte des Präkolumbischen Amerika* (Stuttgart: 1936), 26.

4 Hernando de Santillán, *Relación*, in Horacio Urteaga (ed.), *Colección de Libros y Documentos Referentes a la Historia del Perú*, Second Series, Vol. 9 (Lima: 1927), 73.

5 Father Bernabé Cobo, in Roland Hamilton (trans.), *History of the Inca Empire* (Austin: University of Texas Press, 1983), 181.

6 Father Bernabé Cobo, in Roland Hamilton (trans.), *Inca Religion and Customs* (Austin: University of Texas Press, 1990), 3.

7 Antonio de la Calancha, *Crónica Moralizada de Antonio de la Calancha*, Vol. 5 (Lima: Universidad Nacional Mayor de San Marcos, 1978), 1804.

8 同上书，1806。

9 同上书，1817。

10 同上。

11 同上书，1818。

12 Inca Diego de Castro Titu Cusi Yupanqui, *Relación de la Conquista del Perú*, in Carlos Romero, *Colección de Libros y Documentos Referentes a la Historia del Perú*, First Series, Vol. 2 (Lima: 1916), 107.

13 Calancha, *Crónica Moralizada*, 1820.

14 同上书，1800、1827。

15 同上书，1830。

16 同上书，1838。

17 *Martín de Murúa*, *Historia General del Perú* (Madrid: DASTIN, 2001), 263.

18 Francisco de Toledo，转引自 Antonio Bautista de Salazar, *Relación Sobre el Período de Gobierno de los Virreyes Don Francisco de Toledo y Don García Hurtado de Mendoza* (1596), in Luis Torres de Mendoza (ed.), *Colección de Documentos Inéditos Relativos al Descubrimiento, Conquista, y Colonización de las Antiguas Posesiones Españolas de América y Oceanía Sacados de los Archivos del Reino y Muy Especialmente de Indias*, Vol. 8 (Madrid: 1867), 267。

19 Francisco de Toledo, in Roberto Levillier, *Los Gobernantes del Perú*, Vol. 4 (Madrid: 1924), 295.

20 Murúa, *Historia*, 285.

21 Martín Hurtado de Arbieto, *Report to Viceroy Francisco de Toledo*, in Roberto Levillier (ed.), *Don Francisco de Toledo: Supremo Organizador del Perú, Su Vida, Su Obra (1515 - 1582)*, Vol. 1 (Madrid: Espasa Calpe, 1935), 329.

22 Murúa, *Historia*, 286.

23 同上书，287。

24 Martín García de Oñaz y Loyola, *Información de Servicios de Martín García de Oñaz y Loyola*, in Victor Maurtua (ed.), *Juicio de Límites Entre el Perú y Bolivia*, Vol. 7 (Barcelona: 1906), 3.

25 同上书，4。

26 同上书，291。

27 Antonio de Vega Loaiza, *Historia del Colegio y Universidad de San Ignacio de Loyola de la Ciudad del Cuzco* (1590), 转引自 Rubén Vargas Ugarte, *Historia del Perú Virreinato* (*1551 – 1600*) (Lima: 1949), 257。

28 Baltasar de Ocampo, in Pedro Sarmiento de Gamboa, *History of the Incas* (Mineola: Dover, 1999), 226.

29 同上书，258。

30 同上书，226。

31 Vega Loaiza, *Historia del Colegio*, 转引自 Ugarte, *Historia del Perú Virreinato*, 258。

32 Murúa, *Historia*, 298.

33 同上。

34 Ocampo, in Sarmiento de Gamboa, *History*, 227.

35 Bautista de Salazar, *Relación*, 280.

36 Ocampo, in Sarmiento de Gamboa, *History*, 228.

第十六章

1 Rudyard Kipling, "The Explorer," in *Rudyard Kipling's Verse*, *Inclusive Edition* (Garden City: Doubleday, Page, 1920), 120.

2 Hiram Bingham, *Lost City of the Incas* (London: Weidenfeld & Nicolson, 2002), 95.

3 Hiram Bingham, *Inca Land* (Boston: Houghton Mifflin, 1922), 165.

4 Hiram Bingham, *Lost City*, 95.

5 Hiram Bingham, "The Ruins of Choqquequirau," in *American Anthropologist*, New Series, Vol. 12 (1910): 513.

6 Hiram Bingham, *Lost City*, 107.

7 同上书，106。

8 同上书，111。

9 Hiram Bingham, "The Ruins," in *American Anthropologist*, New Series, Vol. 12 (1910), 516.

10 Hiram Bingham, "A Search for the Last Inca Capital," *Harper's*, Vol. 125, No. 749 (October 1912): 698.

11 Baltasar de Ocampo, *Account of the Province of Vilcapampa and a Narrative of the Inca Tupac Amaru* (1610), in Pedro Sarmiento de Gamboa, *History of the Incas* (Mineola: Dover, 1999), 220.

12 同上书，216。

13 Hiram Bingham, *Inca Land*, 2.

14 Albert Giesecke, *The Reminiscences of Albert A. Gieseke* (1962), in *The New York Times Oral History Program: Columbia University Collection*, Part 2, No. 71 (New York: 1963).

15 Hiram Bingham, *Inca Land*, 200.

16 同上书，201。

17 Alfred Bingham, *Portrait of an Explorer* (Greenwich: Triune, 2000), 4.

18 同上书，150。

19 Hiram Bingham, *Inca Land*, 208.

20 Hiram Bingham, *Lost City*, 173.

21 Hiram Bingham, *Inca Land*, 314.

22 同上书，215。

23 同上书，315。

24 Hiram Bingham, *Lost City*, 175.

25 Hiram Bingham, *Inca Land*, 317.

26 同上书，319。

27 Hiram Bingham, *Lost City*, 178.

28 Hiram Bingham, *Inca Land*, 319.

29 Hiram Bingham, *Lost City*, 178.

30 同上书，124。

31 同上书，179。

32 Alfred Bingham, *Explorer*, 13.

33 同上。

34 Hiram Bingham, *Inca Land*, 216.

35 Alfred Bingham, "Raiders of the Lost City," *American Heritage*, Vol. 38, No. 5 (July-August 1987): 61.

36 Ocampo, *Account of the Province*, 216.

37 同上书，219。

38 Hiram Bingham, *Inca Land*, 235.

39 同上书，237。

40 Hiram Bingham, *Lost City*, 132.

41 同上书，135。

42 Ocampo, *Account of the Province*, 216.

43 Antonio de la Calancha, *Crónica Moralizada de Antonio de la Calancha*, Vol. 5 (Lima: Universidad Nacional Mayor de San Marcos, 1978), 1800, 1827.

44 这个地区也被称为纽斯塔伊斯潘娜，字面的意思是“印加公主小便的地方”。见于 Vincent Lee, *Forgotten Vilcabamba* (Cortéz: Sixpac Manco, 2000), 142。

45 Hiram Bingham, *Lost City*, 137.

46 Alfred Bingham, *Explorer*, 186.

47 Hiram Bingham, *Inca Land*, 266.

48 同上书，268。

49 同上书，269。

50 Hiram Bingham, *Lost City*, 149.

51 同上书，274。

52 同上书，285。

53 同上书，294。

54 同上书，290。

55 同上书，297。

56 Calancha, *Crónica Moralizada*, 1796, 1820.

57 Hiram Bingham, "The Ruins of Espíritu Pampa," *American Anthropologist*, Vol. 16, No. 2 (April-June 1914): 196.

58 Hiram Bingham, *Inca Land*, 295.

59 Alfred Bingham, *Explorer*, 196.

60 Hiram Bingham, *Inca Land*, 340.

61 Hiram Bingham, *Lost City of the Incas* (New York: Duell, Sloan and Pearce, 1948), third photo insert, 2.

第十七章

1 Vincent Lee, *Forgotten Vilcabamba* (Cortéz: Sixpac Manco, 2000), 52.

2 Gene Savoy, *Jamil: The Child Christ* (Reno: International Community of Christ, 1976), 106.

3 Alfred M. Bingham, *Explorer of Machu Picchu: Portrait of Hiram Bingham* (Greenwich: Triune, 2000), 40, 43.

4 Gene Savoy, *Antisuyo* (New York: Simon & Schuster, 1970), 16.

5 同上。

6 Hiram Bingham, *Lost City of the Incas* (London: Weidenfeld & Nicolson, 2002), 159.

7 同上书，192。

8 Victor von Hagen, *Highway of the Sun* (New York: Duell, Sloan & Pearce, 1955), 106.

9 同上书，111。

10 Savoy, *Antisuyo*, 55, 71.

11 同上。

12 同上书，94。

13 同上书，103。

14 同上书，106。

15 同上书，97 – 98。

16 同上书，105。

17 文森特·李在 2005 年 10 月接受作者采访。

18 Lee, *Forgotten Vilcabamba*, 44.

19 同上书，206。

20 同上书，52。

21 同上。

22 有必要指出的是，在萨沃伊来到比尔卡班巴十几年之后，秘鲁历史学家埃德蒙多·纪廉博士（Dr. Edmundo Guillén）于 1976 年探访了比尔卡班巴峡谷，并确认了几个西班牙入侵者在 1572 年入侵比尔卡班巴时沿途经过的地点。见于 Edmundo Guillén, *La Guerra de Reconquista Inka* (Lima: 1994), 206。

23 Lee, *Forgotten Vilcabamba*, 106.

24 Martín de Murúa, *Historia General del Perú* (Madrid: DASTIN, 2001), 287.

25 Richard L. Burger, *Machu Picchu* (New Haven: Yale University Press, 2004), 30.

26 John Hemming，转引自 Lee, *Forgotten Vilcabamba*, 17。

27 Lee, *Forgotten Vilcabamba*, 144.

28 Gene Savoy，转引自 Lee, *Forgotten Vilcabamba*, 52。

29 同上书，170 – 173。

30 同上书，205。

31 同上书，208。

32 同上书，215。

33 文森特·李在 2005 年 10 月接受作者采访。

34 Lee, *Forgotten Vilcabamba*, 217.

后记

1 文森特·李在2005年10月接受作者采访。

2 Richard L. Burger, *Machu Picchu* (New Haven: Yale University Press, 2004), 24.

3 Father Bernabé Cobo, in Roland Hamilton (trans.), *Inca Religion and Customs* (Austin: University of Texas Press, 1990), 133.

4 同上书，135－136。

5 Kenneth Wright, *Machu Picchu: A Civil Engineering Marvel* (Reston: ASCE, 2000), 59.

6 同上书，70、77。

7 包括帝国样式在内，考古学家在马丘比丘发现了十八种不同的石墙样式和建筑风格。

8 来自秘鲁国家文化研究院（INC）的考古学家们自2002年起在伊斯皮里图大草原上进行了一场为期五年的挖掘活动，这也是自1572年西班牙人攻陷这个城市之后在这一地区进行的第一次挖掘活动。初步研究结果显示这个城市确实是由印加人建造的，建造时间很可能是在15世纪中期（信息来源于作者与国家文化研究院进行的私人交流）。国家文化研究院还清理了城市中的大部分区域，让到访者有机会第一次初步领略一下16世纪的比尔卡班巴在被废弃之前的样子。

9 人类学家和印加问题专家约翰·H. 罗（John H. Rowe）相信一个名叫加夫列尔·胡阿雷斯（Gabriel Xuárez）的西班牙人在1568年曾经来过马丘比丘，因为胡阿雷斯买下了这附近的土地。然而目前尚无明确的文献记载能证明在20世纪之前有任何欧洲人来过这里。John H. Rowe, "Machu Picchu a la Luz de Documentos de Siglo XVII," *Histórica*, Vol. 14, No. 1 (Lima: 1990): 142.

10 同上书，140。

11 同上书，141。

12 Charles Wiener, *Voyage au Perou et Bolivie* (Paris: Librarie Hachette, 1880), 345.

13 Hiram Bingham, *Lost City of the Incas* (London: Weidenfeld & Nicolson, 2002), 115.

14 同上。

15 Hiram Bingham, "The Ruins of Choqquequirau," in *American Anthropologist*, New Series, Vol. 12 (1910): 523.

16 Hiram Bingham, *Machu Picchu, A Citadel of the Incas* (New Haven: Yale

University Press, 1930), 1.

17 宾厄姆在 1930 年的文章中引用并在脚注中注明的是菲格罗亚报告的西班牙语原文，该文献完整版是于 1910 年在一份德国出版物上出版的［*Relación del Camino e Viage que D. Rodríguez Hizo Desde la Ciudad del Cuzco a la Tierra de Guerra de Mango Ynga*, in Richard Pietschmann, *Nachrichten der Königlichen Gesellschaft der Wissenchaften zu Göttingen*, *Philologisch-historische Klasse aus dem Jahre* 1910, Vol. 66, No. 1 (Berlin, 1910)］。然而在 1948 年出版的《印加人的失落城市》中，宾厄姆再次引用菲格罗亚的报告时却选择使用克莱门茨・马卡姆爵士（Sir Clements Markham）于 1913 年翻译的并不准确的英文版本［Clements Markham, *The War of Quito*, Series 2, No. 31 (London: Hakluyt Society, 1913), 175］。因为在马卡姆的版本中，他错误地将"比丘"译为了"维特科斯"，因此完全漏掉了提到"比丘"的这部分内容。即便如此，宾厄姆仍然将这一整个有误的段落也全部省略了，无疑是意识到自己在 1930 年发表的专题论文第一页就提到过这里漏掉的"比丘"。

18 John H. Rowe, "Machu Picchu a la Luz de Documentos," 140.

19 Anthony Brandt, "Introduction," Hiram Bingham, *Inca Land* (Washington, D. C.: National Geographic Society, 2003), xvii.

20 Gene Savoy, *Antisuyo* (New York: Simon & Schuster, 1970), 99.

21 文森特・李在 2005 年 10 月 20 日接受作者电话采访。

22 D. L. Parsell, "City Occupied by Inca Discovered on Andean Peak in Peru," *National Geographic News*, March 22, 2002.

23 加里・齐格勒在 2005 年 10 月 11 日接受作者电话采访。

24 John Noble Wilford, "High in Andes, a Place That May Have Been Incas' Last Refuge," *New York Times*, March 19, 2002.

25 加里・齐格勒在 2005 年 10 月 11 日接受作者电话采访。

26 同上。

27 同上。

28 见于 Luis Guillermo Lumbreras, *De los Orígines de la Civilización en el Perú* (Lima: Peisa, 1988), 138。

491 参考文献

Early Authors

Bautista de Salazar, Antonio. *Relación sobre el Período de Gobierno de los Virreyes Don Francisco de Toledo y Don García Hurtado de Mendoza* (1596). In Luis Torres de Mendoza (ed.), *Colección de Documentos Inéditos Relativos al Descubrimiento, Conquista, y Colonización de las Antiguas Posesiones Españolas de América y Oceanía Sacados de los Archivos del Reino y muy Especialmente de Indias.* Vol 8. Madrid: 1867.

Betanzos, Juan de. Roland Hamilton (trans.). *Narrative of the Incas.* Austin: University of Texas Press, 1996.

Calancha, Antonio de la. *Crónica Moralizada de Antonio de la Calancha.* Lima: Universidad Nacional Mayor de San Marcos, 1978.

Cieza de León, Pedro de. Alexandra Parma Cook (trans.). *The Discovery and Conquest of Peru.* Durham: Duke University Press, 1998.

———. *Guerra de Chupas.* In *Guerras Civiles del Perú,* Vol. 2. Madrid: Libreria de la Viuda de Rico, 1899.

———. *Guerra de las Salinas.* In *Guerras Civiles del Perú,* Vol. 1. Madrid: Libreria de la Viuda de Rico, 1899.

Cobo, Father Bernabé. Roland Hamilton (trans.). *History of the Inca Empire.* Austin: University of Texas Press, 1979.

———. Roland Hamilton (trans.). *Inca Religion and Customs.* Austin: University of Texas Press, 1990.

Columbus, Christopher. Cecil Jane (trans.). *The Journal of Christopher Columbus.* New York: Bonanza, 1989.

Enríquez de Guzmán, Alonzo. *Libro de la Vida y Costumbres de don Alonzo Enríquez de Guzmán.* In *Colección de Documentos Inéditos para la Historia de España,* Vol. 85. Madrid: 1886.

Estete, Miguel de. *El Descubrimiento y la Conquista del Perú.* In *Boletín de la Sociedad Ecuatoriana de Estudios Históricos Americanos.* Vol. 1. Quito: 1918.

García de Oñaz y Loyola, Martín. "Información de Servicios de Martín García de Oñaz y Loyola." In Victor Maurtua (ed.), *Juicio de Límites Entre el Perú y Bolivia.* Vol. 7. Barcelona: 1906.

Garcilaso de la Vega, El Inca. Harold Livermore (trans.). *Royal Commentaries of the Incas.* Parts 1 and 2. Austin: University of Texas Press, 1966.

Herrera Tordesillas, Antonio de. *Historia General de los Hechos de los Castellanos en las Islas y Tierrafirme del Mar Océano.* Vol. 11, Decada 5, Book 7, Chapter 6. Madrid: 1950.

Hurtado de Arbieto, Martín. *Report to Viceroy Francisco de Toledo.* In Roberto Levillier (ed.), *Don Francisco de Toledo: Supremo Organizador del Perú, Su Vida, Su Obra (1515–1582).* Vol. 1. Madrid: Espasa-Calpe, 1935.

Las Casas, Bartolomé de. Nigel Griffin (trans.). *A Short Account of the Destruction of the Indies.* London: Penguin, 1992.

López de Gómara, Francisco. *Historia General de las Indias.* Madrid: Espasa-Calpe, 1932.

López de Xerez, Francisco. *Verdadera Relación de la Conquista del Perú.* In *Colección de Libros y Documentos Referentes a la Historia del Perú.* First Series, Vol 5. Lima: 1917.

Mena, Cristóbal de. In Raúl Porras Barrenechea, *Las Relaciones Primitivas de la Conquista del Perú.* Lima: 1967.

Molina (of Santiago), Cristóbal de. *Relación de Muchas Cosas Acaescidas en el Perú.* In *Colección de Libros y Documentos Referentes a la Historia del Perú.* Series 1, Vol. 1. Lima: 1916.

Murúa, Martín de. *Historia General del Perú.* Madrid: DASTIN, 2001.

Ocampo, Baltasar de. *Account of the Province of Vilcapampa and a Narrative of the Inca Tupac Amaru* (1610). In Pedro Sarmiento de Gamboa. Clements Markham (trans.). *History of the Incas.* Mineola: Dover, 1999.

Oviedo y Valdés, Gonzalo Fernández de. *Historia General y Natural de las Indias.* In *Biblioteca de Autores Españoles.* Vol. 5. Madrid: 1959.

Pizarro, Pedro. *Relación del Descubrimiento y Conquista de los Reinos del Perú.* In *Colección de Documentos Inéditos para la Historia de España.* Vol 5. Madrid: 1844.

Poma de Ayala, Felipe Huamán. Christopher Dilke (trans.). *Letter to a King.* New York: E. P. Dutton, 1978.

Ramírez, Baltasar. *Descripción del Reyno del Piru, del Sitio Temple, Provincias, Obispados, y Ciudades, de los Naturales de sus Lenguas y Trage* (1597). In Herman Trimborn, *Quellen zur Kulturgeschichte des Präkolumbischen Amerika.* Stuttgart: 1936.

Relación de los Sucesos del Perú con Motivo de las Luchas de los Pizarros y los Almagros, hasta la Pacificación Realizada por el Licenciado La Gasca. In Roberto Levillier, *Los Gobernantes del Perú.* Vol. 2. Madrid: 1921.

Relación del Sitio del Cuzco. In *Colección de Libros Españoles Raros o Curiosos.* Vol. 13. Madrid: 1879.

Rodriguez de Figueroa, Diego. "Relación del camino e viage que D. Rodríguez hizo desde la ciudad del Cuzco a la tierra de guerra de mango ynga" (1565). In Richard Pietschmann, *Nachrichten der Königlichen Gesellschaft der Wissenchaften zu*

Göttingen, Philologisch-historische Klasse aus dem Jahre 1910. Vol. 66, No. 1. Berlin, 1910.

Ruiz de Arce, Juan. *Advertencias que Hizo el Fundador del Vínculo y Mayorazgo a Los Sucesores en él*. In *Tres Testigos de la Conquista del Perú*. Buenos Aires: 1953.

Sancho de la Hoz, Pedro. *Relación para S. M. de lo Sucedido en la Conquista y Pacificación de estas Provincias de la Nueva Castilla y de la Calidad de la Tierra*. In *Colección de Libros y Documentos Referentes a la Historia del Perú*. First Series, Vol. 5. Lima: 1917.

Santillán, Hernando de. *Relación del Origen, Descendencia, Política, y Gobierno de los Incas*. In Horacio Urteaga (ed.), *Colección de Libros y Documentos Referentes a la Historia del Perú*. Second Series, Vol. 9. Lima: 1927.

Sarmiento de Gamboa, Pedro. Clements Markham (trans.). *History of the Incas*. Mineola: Dover, 1999.

Titu Cusi Yupanqui, Inca Diego de Castro. *Relación de la Conquista del Perú*. In Carlos Romero, *Colección de Libros y Documentos Referentes a la Historia del Perú*. First Series, Vol. 2. Lima: 1916.

Zárate, Agustín de. *Historia del Descubrimiento y Conquista del Perú*. In *Biblioteca de Autores Españoles* (Continuación). Vol. 26. Madrid: 1862.

Modern Authors

Bauer, Brian S. *Ancient Cuzco: Heartland of the Inca*. Austin: University of Texas Press, 2004.

Bingham, Alfred M. *Portrait of an Explorer*. Greenwich: Triune Books, 2000.

———. "Raiders of the Lost City," *American Heritage Magazine*. Vol. 38, Issue 5. July/August 1987.

Bingham, Hiram. "Along the Uncharted Pampaconas." *Harper's Magazine*. Vol. 129. 1914.

———. "The Discovery of Machu Picchu." *Harper's Magazine*. Vol. 126. 1913.

———. *Inca Land*. Boston: Houghton Mifflin, 1922.

———. "In the Wonderland of Peru." *National Geographic Magazine*. Vol. 24. No. 4. 1913.

———. *Lost City of the Incas*. London: Weidenfeld & Nicolson, 2002.

———. *Machu Picchu, A Citadel of the Incas*. New Haven: Yale University Press, 1930.

———. "The Ruins of Espiritu Pampa." *American Anthropologist*. Vol. 16. No. 2. 1914.

———. "A Search for the Last Inca Capital." *Harper's Magazine*. Vol. 125. 1912.

———. "Vitcos, the Last Inca Capital." *Proceedings of the American Antiquarian Society*. Vol. 22. 1912.

Burger, Richard L. *Machu Picchu: Unveiling the Mystery of the Incas*. New Haven: Yale University Press, 2004.

Busto Duthurburu, José Antonio del. *Pizarro*. Vols. 1 & 2. Lima: Ediciones Copé, 2000.

Cook, Noble David. *Born to Die: Disease and New World Conquest, 1492–1650*. Cambridge: Cambridge University Press, 1998.

Covey, R. Alan. *How the Incas Built their Heartland: State Formation and the Innovation of Imperial Strategies in the Sacred Valley, Peru*. Ann Arbor: University of Michigan Press, 2006.

D'Altroy, Terrence. *The Incas*. Malden: Blackwell Publishers, 2002.

Diamond, Jared. *Guns, Germs, and Steel: The Fates of Human Societies*. New York: W. W. Norton, 1999.

Frost, Peter. "Lost Outpost of the Inca." *National Geographic Magazine*. Feb. 2004.

Giesecke, Albert. "The Reminiscences of Albert A. Giesecke" (1962). In *The New York Times Oral History Program: Columbia University Collection*. Part 2, No. 71. New York: 1963.

Guillén-Guillén, Edmundo. *La Guerra de Reconquista Inka*. Lima: 1994.

Hemming, John. *The Conquest of the Incas*. New York: Harcourt, 1970.

Himmerich y Valencia, Robert. "The 1536 Siege of Cuzco: An Analysis of Inca and Spanish Warfare," in *Colonial Latin American Historical Review* 7:4. Fall, 1998.

Kamen, Henry. *How Spain Became a World Power, 1492–1763*. New York: HarperCollins, 2003.

Kubler, George. "A Peruvian Chief of State: Manco Inca (1515–1545)." *The Hispanic American Historical Review*. Vol. 24. 1944.

Lee, Vincent. *Forgotten Vilcabamba*. Cortez: Sixpac Manco Publications, 2000.

Lockhart, James. *The Men of Cajamarca: a Social and Biographical Study of the First Conquerors of Peru*. Austin: University of Texas Press, 1972.

———. *Spanish Peru: 1532–1560: A Colonial Society*. Madison: University of Wisconsin Press. 1968.

Lumbreras, Luis Guillermo. *De los Orígines de la Civilización en el Perú*. Lima: Peisa, 1988.

Murra, John V. *The Economic Organization of the Inka State*. In *Research in Economic Anthropology*. Supplement 1. Greewich: Cornell University, 1980.

Pérez-Mallaína, Pablo E. *Spain's Men of the Sea: Daily Life on the Indies Fleets in the Sixteenth Century*. Baltimore: Johns Hopkins University Press, 1998.

Porras Barrenechea, Raúl. *Cartas del Perú*. Lima: 1959.

———. *Los Cronistas del Perú*. Lima: Biblioteca Clásicos del Perú 2, 1986.

Prescott, William Hickling. *History of the Conquest of Peru*. New York: Harper & Brothers, 1847.

Reinhard, Johan. *Machu Picchu: The Sacred Center*. Lima: Nuevas Imágines, 1991.

Restall, Matthew. *Seven Myths of the Spanish Conquest*. Oxford: Oxford University Press, 2003.

Rowe, John H. "Machu Picchu a la Luz de Documentos de Siglo XVII," *Histórica* 14 (1), Lima: 1990.

Savoy, Gene. *Antisuyo.* New York: Simon and Schuster, 1970.

———. *Jamil: the Child Christ.* Reno: The International Community of Christ, 1976.

———. *Project "X": The Search for the Secrets of Immortality.* New York: Bobbs-Merrill, 1977.

Stirling, Stuart. *The Last Conquistador: Mansio Serra de Leguizamón and the Conquest of the Incas.* Phoenix Mill: Sutton Publishing, 1999.

———. *Pizarro: Conqueror of the Inca.* London: Sutton Publishing, 2006.

Thomson, Hugh. *The White Rock: An Exploration of the Inca Heartland.* London: Orion Books, 2001.

Varón Gabai, Rafael. *Francisco Pizarro and His Brothers: The Illusion of Power in Sixteenth-Century Peru.* Norman: University of Oklahoma Press, 1997.

von Hagen, Victor. *Highway of the Sun.* New York: Duell, Sloan & Pearce, 1955.

Wiener, Charles. *Voyage au Perou et Bolivie.* Paris: Librarie Hachette, 1880.

Wolf, Eric. *Peasants.* Englewood Cliffs: Prentice Hall, 1966.

Wright, Kenneth. *Machu Picchu: A Civil Engineering Marvel.* Reston: ASCE Press, 2000.

Wright, Ronald. *Stolen Continents: The Americas Through Indian Eyes Since 1492.* Boston: Houghton Mifflin, 1992.

（以下页码为原书页码，即本书的页边码）

Page numbers in *italics* refer to illustrations and maps.

图书在版编目(CIP)数据

印加帝国的末日 / （美）金·麦夸里（Kim MacQuarrie）著；冯璇译. -- 北京：社会科学文献出版社，2017.8（2024.3 重印）

书名原文：The Last Days of the Incas

ISBN 978 - 7 - 5201 - 0454 - 8

Ⅰ.①印… Ⅱ.①金… ②冯… Ⅲ.①印加帝国 - 通俗读物 Ⅳ.①K778.2 - 49

中国版本图书馆 CIP 数据核字（2017）第 047321 号

印加帝国的末日

著　　者 / [美] 金·麦夸里（Kim MacQuarrie）
译　　者 / 冯　璇

出 版 人 / 冀祥德
项目统筹 / 段其刚　董风云
责任编辑 / 沈　艺　朱露茜
责任印制 / 王京美

出　　版 / 社会科学文献出版社·甲骨文工作室（分社）（010）59366527
地址：北京市北三环中路甲 29 号院华龙大厦　邮编：100029
网址：www.ssap.com.cn
发　　行 / 社会科学文献出版社（010）59367028
印　　装 / 三河市东方印刷有限公司

规　　格 / 开　本：889mm × 1194mm　1/32
印　张：22.5　插　页：0.375　字　数：479 千字
版　　次 / 2017 年 8 月第 1 版　2024 年 3 月第 4 次印刷
书　　号 / ISBN 978 - 7 - 5201 - 0454 - 8
著作权合同登记号 / 图字 01 - 2016 - 5828 号
定　　价 / 92.00 元

读者服务电话：4008918866